Platon, Sohn des Ariston, geboren um 427 v. Chr. in Athen, ist ebendort 349 v. Chr. gestorben.

Das umfangreiche und vielschichtige Werk Platons fordert noch heute jeden zur Auseinandersetzung heraus, dem es um philosophische Bildung zu tun ist. Schon seit der Antike genießt Platon den Ruf eines klassischen philosophischen Autors. Seine Schriften haben daher nicht nur in der von ihm gegründeten Akademie zu differenzierten Reaktionen geführt, sondern auch darüber hinaus eine sehr komplexe Wirkungsgeschichte ausgelöst; noch in der Neuzeit hat man sich auf immer wieder neue Weisen mit Platon befaßt. Angesichts einer solch bedeutenden Tradition ist zu wünschen, daß sich auch künftig viele Köpfe an Platon zu schulen versuchen. Die vorliegende insel taschenbuch-Ausgabe in zehn Bänden unterstützt diesen Wunsch, indem sie das gesamte Corpus der Platonischen Schriften im griechischen Originaltext und in einer deutschen Übersetzung einem breiten Publikum zugänglich macht.

insel taschenbuch 1403

Platon

Menon · Kratylos

PLATON

SÄMTLICHE WERKE

in zehn Bänden
Griechisch und Deutsch
Nach der Übersetzung
Friedrich Schleiermachers,
ergänzt durch Übersetzungen
von Franz Susemihl
und anderen
Herausgegeben von
Karlheinz Hülser

PLATON

MENON · KRATYLOS
EUTHYDEMOS · HIPPIAS MAIOR

Griechisch und Deutsch
Sämtliche Werke III

Insel Verlag

insel taschenbuch 1403
Erste Auflage 1991

Hinweise zu dieser Ausgabe zu Beginn des ersten Bandes
Vertrieb durch den Suhrkamp Taschenbuch Verlag
Umschlag nach Entwürfen von Willy Fleckhaus
Satz: Pagina GmbH, Tübingen
Druck: Nomos Verlagsgesellschaft, Baden-Baden
Printed in Germany

1 2 3 4 5 6 – 96 95 94 93 92 91

INHALT

Μένων
Menon

GLIEDERUNG

4.6. Es gibt keine Lehrer der Tugend; also ist sie nicht lehrbar (95a2)

4.7. Auch richtige Vorstellung ist eine hinreichende, Erkenntnis keine notwendige Bedingung tugendhaften Handelns (96d1)

4.8. Zusammenfassung: Tugend ist nicht lehrbar und keine Erkenntnis, sondern richtige Vorstellung (98c5)

5. Schluß: Tugend scheint auf göttliche Schickung zurückzugehen. Die Frage nach ihrem Wesen bleibt (99c6)

Μένων

ΜΕΝΩΝ ΣΩΚΡΑΤΗΣ ΠΑΙΣ ΜΕΝΩΝΟΣ
ΑΝΥΤΟΣ

ΜΕΝΩΝ. Ἔχεις μοι εἰπεῖν, ὦ Σώκρατες, ἆρα διδακ- 70
τὸν ἡ ἀρετή, ἢ οὐ διδακτὸν ἀλλ᾽ ἀσκητόν, ἢ οὔτε ἀσκητὸν
οὔτε μαθητόν, ἀλλὰ φύσει παραγίγνεται τοῖς ἀνθρώποις ἢ
ἄλλῳ τινὶ τρόπῳ;

ΣΩΚΡΑΤΗΣ. Ὦ Μένων, πρὸ τοῦ μὲν Θετταλοὶ εὐδό-
κιμοι ἦσαν ἐν τοῖς Ἕλλησιν καὶ ἐθαυμάζοντο ἐφ᾽ ἱππικῇ
τε καὶ πλούτῳ, νῦν δέ, ὡς ἐμοὶ δοκεῖ, καὶ ἐπὶ σοφίᾳ, καὶ b
οὐχ ἥκιστα οἱ τοῦ σοῦ ἑταίρου Ἀριστίππου πολῖται Λαρι-
σαῖοι. Τούτου δὲ ὑμῖν αἴτιός ἐστι Γοργίας· ἀφικόμενος γὰρ
εἰς τὴν πόλιν ἐραστὰς ἐπὶ σοφίᾳ εἴληφεν Ἀλευαδῶν τε
τοὺς πρώτους, ὧν ὁ σὸς ἐραστής ἐστιν Ἀρίστιππος, καὶ
τῶν ἄλλων Θετταλῶν· καὶ δὴ καὶ τοῦτο τὸ ἔθος ὑμᾶς εἴθι-
κεν, ἀφόβως τε καὶ μεγαλοπρεπῶς ἀποκρίνεσθαι ἐάν τίς
τι ἔρηται, ὥσπερ εἰκὸς τοὺς εἰδότας, ἅτε καὶ αὐτὸς παρέ-
χων αὑτὸν ἐρωτᾶν τῶν Ἑλλήνων τῷ βουλομένῳ ὅ τι ἄν τις c
βούληται, καὶ οὐδενὶ ὅτῳ οὐκ ἀποκρινόμενος.

Ἐνθάδε δέ, ὦ φίλε Μένων, τὸ ἐναντίον περιέστηκεν·
ὥσπερ αὐχμός τις τῆς σοφίας γέγονεν, καὶ κινδυνεύει ἐκ 71
τῶνδε τῶν τόπων παρ᾽ ὑμᾶς οἴχεσθαι ἡ σοφία. Εἰ γοῦν
τινα ἐθέλεις οὕτως ἐρέσθαι τῶν ἐνθάδε, οὐδεὶς ὅστις οὐ
γελάσεται καὶ ἐρεῖ· Ὦ ξένε, κινδυνεύω σοι δοκεῖν μακάριός
τις εἶναι, ἀρετὴν γοῦν εἴτε διδακτὸν εἴθ᾽ ὅτῳ τρόπῳ παρα-
γίγνεται εἰδέναι· ἐγὼ δὲ τοσοῦτον δέω εἴτε διδακτὸν εἴτε
μὴ διδακτὸν εἰδέναι, ὥστ᾽ οὐδὲ αὐτό, ὅ τί ποτ᾽ ἐστὶ τὸ
παράπαν ἀρετή, τυγχάνω εἰδώς.

Menon

MENON SOKRATES EIN KNABE DES MENON
ANYTOS

1. Einleitung: Die Frage nach der Lehrbarkeit und dem Wesen der Tugend

MENON: Kannst du mir wohl sagen, Sokrates, ob die Tu- 70a
gend gelehrt werden kann? oder ob nicht gelehrt, sondern
geübt? oder ob weder angeübt noch angelernt sondern von
Natur sie den Menschen einwohnt oder auf irgend eine andere
Art?

SOKRATES: O Menon, vor diesem waren die Thessalier be-
rühmt unter den Hellenen und wurden bewundert ihrer Reit-
kunst wegen und ihres Reichtums, nun aber, wie mir scheint, b
auch der Weisheit wegen! und nicht die letzten sind darin die
Mitbürger deines Freundes Aristippos des Larisäers. Daran
nun ist euch Gorgias Schuld. Denn als er in jene Stadt kam,
gewann er zu Liebhabern seiner Weisheit wegen die ersten
unter den Aleuaden sowohl, zu denen auch dein Liebhaber
Aristippos gehört, als unter den übrigen Thessaliern. Und so
hat er euch auch diese Gewohnheit angewöhnt, daß ihr ohne
Scheu und mit edler Zuversicht antwortet, wenn euch jemand
etwas fragt, wie auch zu erwarten ist von denen welche wissen.
Denn auch er selbst bot sich ja dar jedem Hellenen, was nur c
jeder wollte ihn zu fragen, und nie ließ er einen ohne Antwort.
Hier aber, lieber Menon, steht es ganz entgegengesetzt; es ist
ordentlich wie eine Dürre an Weisheit eingetreten, und sie 71a
scheint ganz aus unsern Gegenden fort zu euch gezogen zu sein
die Weisheit. Wenigstens wenn du hier jemand so fragen willst,
wirst du nicht Einen treffen, der nicht lachte und sagte: O
Fremdling, du scheinst mich ja für gar glückselig zu halten, daß
ich von der Tugend doch wenigstens wissen soll, ob sie lehrbar
ist, oder auf welche Art man sonst dazu gelangt; ich aber bin so
weit davon entfernt, zu wissen ob sie lehrbar ist oder nicht
lehrbar, daß ich nicht einmal dieses, was die Tugend überall ist,

Ἐγὼ οὖν καὶ αὐτός, ὦ Μένων, οὕτως ἔχω· συμπένομαι b
τοῖς πολίταις τούτου τοῦ πράγματος, καὶ ἐμαυτὸν καταμέμφομαι ὡς οὐκ εἰδὼς περὶ ἀρετῆς τὸ παράπαν· ὃ δὲ μὴ οἶδα τί ἐστιν, πῶς ἂν ὁποῖόν γέ τι εἰδείην ; Ἢ δοκεῖ σοι οἷόν τε εἶναι, ὅστις Μένωνα μὴ γιγνώσκει τὸ παράπαν ὅστις ἐστίν, τοῦτον εἰδέναι εἴτε καλὸς εἴτε πλούσιος εἴτε καὶ γενναῖός ἐστιν, εἴτε καὶ τἀναντία τούτων ; Δοκεῖ σοι οἷόν τ' εἶναι ;

ΜΕΝ. Οὐκ ἔμοιγε. Ἀλλὰ σύ, ὦ Σώκρατες, ἀληθῶς οὐδ' c
ὅ τι ἀρετή ἐστιν οἶσθα, ἀλλὰ ταῦτα περὶ σοῦ καὶ οἴκαδε ἀπαγγέλλωμεν ;

ΣΩ. Μὴ μόνον γε, ὦ ἑταῖρε, ἀλλὰ καὶ ὅτι οὐδ' ἄλλῳ πω ἐνέτυχον εἰδότι, ὡς ἐμοὶ δοκῶ.

ΜΕΝ. Τί δέ ; Γοργίᾳ οὐκ ἐνέτυχες ὅτε ἐνθάδε ἦν ;

ΣΩ. Ἔγωγε.

ΜΕΝ. Εἶτα οὐκ ἐδόκει σοι εἰδέναι ;

ΣΩ. Οὐ πάνυ εἰμὶ μνήμων, ὦ Μένων, ὥστε οὐκ ἔχω εἰπεῖν ἐν τῷ παρόντι πῶς μοι τότε ἔδοξεν. Ἀλλ' ἴσως ἐκεῖνός τε οἶδεν, καὶ σὺ ἃ ἐκεῖνος ἔλεγεν· ἀνάμνησον οὖν d
με πῶς ἔλεγεν. Εἰ δὲ βούλει, αὐτὸς εἰπέ· δοκεῖ γὰρ δήπου σοὶ ἅπερ ἐκείνῳ.

ΜΕΝ. Ἔμοιγε.

ΣΩ. Ἐκεῖνον μὲν τοίνυν ἐῶμεν, ἐπειδὴ καὶ ἄπεστιν· σὺ δὲ αὐτός, ὦ πρὸς θεῶν, Μένων, τί φῄς ἀρετὴν εἶναι ; Εἰπὲ καὶ μὴ φθονήσῃς, ἵνα εὐτυχέστατον ψεῦσμα ἐψευσμένος ὦ, ἂν φανῇς σὺ μὲν εἰδὼς καὶ Γοργίας, ἐγὼ δὲ εἰρηκὼς μηδενὶ πώποτε εἰδότι ἐντετυχηκέναι.

ΜΕΝ. Ἀλλ' οὐ χαλεπόν, ὦ Σώκρατες, εἰπεῖν. Πρῶτον e
μέν, εἰ βούλει ἀνδρὸς ἀρετήν, ῥᾴδιον, ὅτι αὕτη ἐστὶν ἀν-

ordentlich weiß. Auch mir selbst, Menon, geht es eben so; ich b
teile die Armut in dieser Sache mit meinen Landsleuten, und tadle mich genug darüber, daß ich gar nichts von der Tugend weiß. Wovon ich aber gar nicht weiß, was es ist, wie soll ich davon irgend eine besondere Beschaffenheit wissen? Oder dünkt dich das möglich, daß wer den Menon gar nicht kennt wer er ist, doch wissen kann, ob er schön ist oder reich oder auch nur vornehm oder ob ganz das Gegenteil davon? Dünkt dich das möglich?

MENON: Nein freilich. Aber weißt du in der Tat nicht ein- c
mal was die Tugend ist, Sokrates? und soll ich das von dir auch zu Hause erzählen?

SOKRATES: Nicht nur das, Freund, sondern auch daß mir auch noch kein Anderer vorgekommen ist, der es gewußt hat, so viel mich dünkt.

MENON: Wie? ist dir Gorgias gar nicht vorgekommen, als er hier war?

SOKRATES: O ja.

MENON: Nun, und es schien dir nicht, daß er es wisse?

SOKRATES: Ich habe kein sehr gutes Gedächtnis, Menon, so daß ich jetzt im Augenblick nicht zu sagen weiß wie es mir damals schien. Allein vielleicht weiß er es, und du, was er ge- d
sagt hat. Bringe mich also darauf, wie er sie erklärte; oder wenn du das nicht willst, so sage es selbst. Denn du bist doch gewiß derselben Meinung wie er.

MENON: Das bin ich.

SOKRATES: So lassen wir jenen, da er ohnedies abwesend ist. Du selbst aber, Menon, um der Götter willen, was sagst du daß die Tugend ist? Sprich, und vorenthalte es mir nicht, damit ich die glückseligste Lüge möge gelogen haben, wenn sich zeigt, daß du es weißt und Gorgias, ich aber gesagt habe, mir sei noch nie einer vorgekommen, der es wisse.

2. Über das Wesen der Tugend

2.1. Aufzählung einiger Tugenden durch Menon. Sokrates präzisiert seine Wesensfrage

MENON: Das ist ja gar nicht schwer zu sagen, Sokrates. e
Zuerst, wenn du willst die Tugend des Mannes, so ist es leicht,

δρὸς ἀρετή, ἱκανὸν εἶναι τὰ τῆς πόλεως πράττειν, καὶ
πράττοντα τοὺς μὲν φίλους εὖ ποιεῖν, τοὺς δ᾽ ἐχθροὺς
κακῶς, καὶ αὐτὸν εὐλαβεῖσθαι μηδὲν τοιοῦτον παθεῖν. Εἰ
δὲ βούλει γυναικὸς ἀρετήν, οὐ χαλεπὸν διελθεῖν ὅτι δεῖ
αὐτὴν τὴν οἰκίαν εὖ οἰκεῖν, σῴζουσάν τε τὰ ἔνδον καὶ κατή-
κοον οὖσαν τοῦ ἀνδρός. Καὶ ἄλλη ἐστὶν παιδὸς ἀρετή, καὶ
θηλείας καὶ ἄρρενος, καὶ πρεσβυτέρου ἀνδρός, εἰ μὲν βού-
λει, ἐλευθέρου, εἰ δὲ βούλει, δούλου. Καὶ ἄλλαι πάμπολλαι 72
ἀρεταί εἰσιν, ὥστε οὐκ ἀπορία εἰπεῖν ἀρετῆς πέρι ὅ τί
ἐστιν· καθ᾽ ἑκάστην γὰρ τῶν πράξεων καὶ τῶν ἡλικιῶν
πρὸς ἕκαστον ἔργον ἑκάστῳ ἡμῶν ἡ ἀρετή ἐστιν· ὡσαύτως
δέ, οἶμαι, ὦ Σώκρατες, καὶ ἡ κακία.

ΣΩ. Πολλῇ γέ τινι εὐτυχίᾳ ἔοικα κεχρῆσθαι, ὦ Μένων,
εἰ μίαν ζητῶν ἀρετὴν σμῆνός τι ἀνηύρηκα ἀρετῶν παρὰ
σοὶ κείμενον. Ἀτάρ, ὦ Μένων, κατὰ ταύτην τὴν εἰκόνα
τὴν περὶ τὰ σμήνη, εἴ μου ἐρομένου μελίττης περὶ οὐσίας
ὅ τί ποτ᾽ ἐστίν, πολλὰς καὶ παντοδαπὰς ἔλεγες αὐτὰς b
εἶναι, τί ἂν ἀπεκρίνω μοι, εἴ σε ἠρόμην· Ἆρα τούτῳ φῄς
πολλὰς καὶ παντοδαπὰς εἶναι καὶ διαφερούσας ἀλλήλων,
τῷ μελίττας εἶναι; Ἢ τούτῳ μὲν οὐδὲν διαφέρουσιν, ἄλλῳ
δέ τῳ, οἷον ἢ κάλλει ἢ μεγέθει ἢ ἄλλῳ τῳ τῶν τοιούτων;
Εἰπέ, τί ἂν ἀπεκρίνω οὕτως ἐρωτηθείς;

ΜΕΝ. Τοῦτ᾽ ἔγωγε, ὅτι οὐδὲν διαφέρουσιν, ᾗ μέλιτται
εἰσίν, ἡ ἑτέρα τῆς ἑτέρας.

ΣΩ. Εἰ οὖν εἶπον μετὰ ταῦτα· Τοῦτο τοίνυν μοι αὐτὸ c
εἰπέ, ὦ Μένων· ᾧ οὐδὲν διαφέρουσιν ἀλλὰ ταὐτόν εἰσιν
ἅπασαι, τί τοῦτο φῂς εἶναι; εἶχες δήπου ἄν τί μοι εἰπεῖν;

ΜΕΝ. Ἔγωγε.

ΣΩ. Οὕτω δὴ καὶ περὶ τῶν ἀρετῶν· κἂν εἰ πολλαὶ καὶ
παντοδαπαί εἰσιν, ἕν γέ τι εἶδος ταὐτὸν ἅπασαι ἔχουσιν,
δι᾽ ὃ εἰσὶν ἀρεταί, εἰς ὃ καλῶς που ἔχει ἀποβλέψαντα τὸν

daß dieses des Mannes Tugend ist, daß er vermöge die Ange-
legenheiten des Staates zu verwalten, und in seiner Verwaltung
seinen Freunden wohlzutun und seinen Feunden weh, sich
selbst aber zu hüten, daß ihm nichts dergleichen begegne.
Willst du die Tugend des Weibes, so ist auch nicht schwer zu
beschreiben, daß sie das Hauswesen gut verwalten muß, alles
im Hause gut im Stande halten und dem Manne gehorchend.
Eine andere wiederum ist die Tugend eines Kindes, sowohl
Knaben als Mädchen, und eines Alten, sei er ein Freier wenn
du willst, oder ein Knecht. Und so gibt es noch gar viele andere 72a
Tugenden, so daß man nicht in Verlegenheit sein kann, von der
Tugend zu sagen was sie ist. Denn nach jeder Handlungsweise
und jedem Alter hat für jedes Geschäft jeder von uns seine
Tugend, und eben so auch, Sokrates, glaube ich mit der
Schlechtigkeit.

SOKRATES: Gar besonders glücklich, o Menon, scheine ich
es getroffen zu haben, da ich nur eine Tugend suche und einen
ganzen Schwarm von Tugenden finde, die sich bei dir nieder-
gelassen. Allein, Menon, um bei diesem Bilde von dem
Schwarm zu bleiben, wenn ich dich fragte nach der Natur einer
Biene, was sie wohl ist, und du sagtest mir, es wären ihrer gar b
viele und mancherlei; was würdest du mir antworten, wenn ich
dich fragte: Meinst du, in sofern wären sie viele und vielerlei
und von einander unterschieden, als sie Bienen sind? oder sind
sie hierin wohl nicht unterschieden, sondern nur in etwas an-
derem, wie in Schönheit, Größe oder sonst etwas dergleichen?
Sage mir, was würdest du antworten auf diese Frage?

MENON: Dieses, daß sie nicht verschieden sind, sofern sie Bienen sind, eine von der andern.

SOKRATES: Wenn ich nun hierauf weiter spräche: Sage mir c
denn eben dieses, worin sie nicht verschieden sind, sondern alle
einerlei, was doch dieses ist nach deiner Meinung: so würdest
du mir doch wohl etwas zu antworten wissen.

MENON: Das würde ich.

SOKRATES: So ist es nun auch mit den Tugenden, daß, wenn sie auch viele und mancherlei sind, sie doch sämtlich eine und dieselbe gewisse Gestalt haben, um derentwillen sie eben Tugenden sind, und eben hierauf wird derjenige hinzusehn

ἀποκρινόμενον τῷ ἐρωτήσαντι ἐκεῖνο δηλῶσαι ὃ τυγχάνει
οὖσα ἀρετή· ἢ οὐ μανθάνεις ὅ τι λέγω; d

ΜΕΝ. Δοκῶ γέ μοι μανθάνειν· οὐ μέντοι ὥς βούλομαί
γέ πω κατέχω τὸ ἐρωτώμενον.

ΣΩ. Πότερον δὲ περὶ ἀρετῆς μόνον σοι οὕτω δοκεῖ, ὦ
Μένων, ἄλλη μὲν ἀνδρὸς εἶναι, ἄλλη δὲ γυναικὸς καὶ τῶν
ἄλλων, ἢ καὶ περὶ ὑγιείας καὶ περὶ μεγέθους καὶ περὶ ἰσ-
χύος ὡσαύτως; Ἄλλη μὲν ἀνδρὸς δοκεῖ σοι εἶναι ὑγίεια,
ἄλλη δὲ γυναικός; Ἦ ταὐτὸν πανταχοῦ εἶδός ἐστιν, ἐάν
περ ὑγίεια ᾖ, ἐάν τε ἐν ἀνδρὶ ἐάν τε ἐν ἄλλῳ ὁτῳοῦν ᾖ; e

ΜΕΝ. Ἡ αὐτή μοι δοκεῖ ὑγίειά γε εἶναι καὶ ἀνδρὸς καὶ
γυναικός.

ΣΩ. Οὐκοῦν καὶ μέγεθος καὶ ἰσχύς; Ἐάν περ ἰσχυρὰ
γυνὴ ᾖ, τῷ αὐτῷ εἴδει καὶ τῇ αὐτῇ ἰσχύϊ ἰσχυρὰ ἔσται; Τὸ
γὰρ τῇ αὐτῇ τοῦτο λέγω· οὐδὲν διαφέρει πρὸς τὸ ἰσχὺς
εἶναι ἡ ἰσχύς, ἐάν τε ἐν ἀνδρὶ ᾖ ἐάν τε ἐν γυναικί· ἢ δοκεῖ
τί σοι διαφέρειν;

ΜΕΝ. Οὐκ ἔμοιγε.

ΣΩ. Ἡ δὲ ἀρετὴ πρὸς τὸ ἀρετὴ εἶναι διοίσει τι, ἐάν 73
τε ἐν παιδὶ ᾖ ἐάν τε ἐν πρεσβύτῃ, ἐάν τε ἐν γυναικὶ ἐάν
τε ἐν ἀνδρί;

ΜΕΝ. Ἔμοιγέ πως δοκεῖ, ὦ Σώκρατες, τοῦτο οὐκέτι
ὅμοιον εἶναι τοῖς ἄλλοις τούτοις.

ΣΩ. Τί δέ; οὐκ ἀνδρὸς μὲν ἀρετὴν ἔλεγες πόλιν εὖ
διοικεῖν, γυναικὸς δὲ οἰκίαν;

ΜΕΝ. Ἔγωγε.

ΣΩ. Ἆρ' οὖν οἷόν τε εὖ διοικεῖν ἢ πόλιν ἢ οἰκίαν ἢ
ἄλλο ὁτιοῦν, μὴ σωφρόνως καὶ δικαίως διοικοῦντα;

ΜΕΝ. Οὐ δῆτα. b

ΣΩ. Οὐκοῦν ἄν περ δικαίως καὶ σωφρόνως διοικῶσιν,
δικαιοσύνῃ καὶ σωφροσύνῃ διοικήσουσιν;

haben, der in seiner Antwort auf jene Frage richtig angeben will, was die Tugend eigentlich ist. Oder verstehst du nicht, d was ich meine?

MENON: Ich glaube zwar es zu verstehn: aber doch habe ich das wornach gefragt ist, noch nicht so inne, wie ich wollte.

SOKRATES: Meinst du aber dieses etwa nur von der Tugend, Menon, daß es eine andere gibt für den Mann, und eine andere für die Frau und so für die Übrigen? oder auch von der Gesundheit und von der Größe und Stärke eben so? Dünkt dich eine andere Gesundheit die des Mannes zu sein und eine andere die der Frau? oder ist es überall derselbe Begriff wenn es Gesundheit ist, mag sie in einem Manne sein, oder in wem e sonst immer?

MENON: Dieselbe dünkt mich wohl die Gesundheit des Mannes zu sein und der Frau.

SOKRATES: Also auch wohl Größe und Stärke? Wenn eine Frau stark ist, wird sie vermöge desselben Begriffs und derselben Stärke stark sein. Dieses derselben meine ich aber so, daß es der Stärke keinen Unterschied macht in dem Stärkesein, ob sie in einem Manne ist oder in einer Frau. Oder scheint es dir einen Unterschied zu machen?

MENON: Mir nicht.

SOKRATES: Der Tugend aber soll es in dem Tugendsein 73a
einen Unterschied machen, ob sie in einem Knaben ist oder in einem Alten, in einem Manne oder in einer Frau?

MENON: Mir wenigstens schwebt irgendwie vor, daß dieses jenem übrigen nicht mehr ganz ähnlich ist.

SOKRATES: Wie doch? sagtest du nicht, die Tugend des Mannes wäre den Staat wohl zu verwalten, die der Frau aber das Hauswesen?

MENON: Ja.

SOKRATES: Ist es nun wohl möglich, Staat oder Hauswesen oder was irgend sonst gut zu verwalten, wenn man es nicht besonnen und gerecht verwaltet?

MENON: Gewiß nicht. b

SOKRATES: Wenn sie es nun besonnen und gerecht verwalten: so verwalten sie es doch mit Besonnenheit und Gerechtigkeit?

ΜΕΝ. Ἀνάγκη.

ΣΩ. Τῶν αὐτῶν ἄρα ἀμφότεροι δέονται, εἴπερ μέλλουσιν ἀγαθοὶ εἶναι, καὶ ἡ γυνὴ καὶ ὁ ἀνήρ, δικαιοσύνης καὶ σωφροσύνης.

ΜΕΝ. Φαίνονται.

ΣΩ. Τί δέ; Παῖς καὶ πρεσβύτης μῶν ἀκόλαστοι ὄντες καὶ ἄδικοι ἀγαθοὶ ἄν ποτε γένοιντο;

ΜΕΝ. Οὐ δῆτα.

ΣΩ. Ἀλλὰ σώφρονες καὶ δίκαιοι;

ΜΕΝ. Ναί. c

ΣΩ. Πάντες ἄρ᾽ ἄνθρωποι τῷ αὐτῷ τρόπῳ ἀγαθοί εἰσιν· τῶν αὐτῶν γὰρ τυχόντες ἀγαθοὶ γίγνονται.

ΜΕΝ. Ἔοικεν.

ΣΩ. Οὐκ ἂν δήπου, εἴ γε μὴ ἡ αὐτὴ ἀρετὴ ἦν αὐτῶν, τῷ αὐτῷ ἂν τρόπῳ ἀγαθοὶ ἦσαν.

ΜΕΝ. Οὐ δῆτα.

ΣΩ. Ἐπειδὴ τοίνυν ἡ αὐτὴ ἀρετὴ πάντων ἐστίν, πειρῶ εἰπεῖν καὶ ἀναμνησθῆναι τί αὐτό φησι Γοργίας εἶναι καὶ σὺ μετ᾽ ἐκείνου.

ΜΕΝ. Τί ἄλλο γ᾽ ἢ ἄρχειν οἷόν τ᾽ εἶναι τῶν ἀνθρώπων; εἴπερ ἕν γέ τι ζητεῖς κατὰ πάντων. d

ΣΩ. Ἀλλὰ μὴν ζητῶ γε. Ἀλλ᾽ ἆρα καὶ παιδὸς ἡ αὐτὴ ἀρετή, ὦ Μένων, καὶ δούλου, ἄρχειν οἵω τε εἶναι τοῦ δεσπότου, καὶ δοκεῖ σοι ἔτι ἂν δοῦλος εἶναι ὁ ἄρχων;

ΜΕΝ. Οὐ πάνυ μοι δοκεῖ, ὦ Σώκρατες.

ΣΩ. Οὐ γὰρ εἰκός, ὦ ἄριστε. Ἔτι γὰρ καὶ τόδε σκόπει· ἄρχειν φῂς οἷόν τ᾽ εἶναι· οὐ προσθήσομεν αὐτόσε τὸ δικαίως, ἀδίκως δὲ μή;

ΜΕΝ. Οἶμαι ἔγωγε· ἡ γὰρ δικαιοσύνη, ὦ Σώκρατες, ἀρετή ἐστιν.

ΣΩ. Πότερον ἀρετή, ὦ Μένων, ἢ ἀρετή τις; e

ΜΕΝ. Πῶς τοῦτο λέγεις;

MENON: Notwendig.

SOKRATES: Dasselbe also bedürfen Beide, wenn sie gut sein sollen, das Weib und der Mann, Gerechtigkeit nämlich und Besonnenheit?

MENON: Offenbar.

SOKRATES: Und wie? ein Kind oder Greis, die zügellos wären und ungerecht, könnten die wohl gut sein?

MENON: Gewiß nicht.

SOKRATES: Wohl aber wenn besonnen und gerecht?

MENON: Ja. c

SOKRATES: Alle Menschen also sind auf einerlei Art gut. Denn indem sie dasselbe an sich haben, werden sie gut.

MENON: So scheint es.

SOKRATES: Gewiß aber könnten sie, wenn ihre Tugend nicht eine und dieselbe wäre, nicht auf einerlei Art gut sein.

MENON: Nicht füglich.

2.2. Menons erste Definition der Tugend: die Fähigkeit, über Menschen zu herrschen – abermals ungenügend

SOKRATES: Da also die Tugend eine und dieselbe ist für Alle: so versuche nun auszusprechen und mir in Erinnerung zu bringen, was doch Gorgias sagt daß sie sei, und du mit ihm.

MENON: Was sonst als daß man vermöge über die Menschen zu herrschen, wenn du doch etwas suchst, was durch alles d
geht.

SOKRATES: Das suche ich freilich. Aber ist eben dieses auch die Tugend eines Kindes, Menon, und eines Knechtes, daß er vermöge zu herrschen über seinen Herrn? und dünkt dich noch ein Knecht zu sein wer herrscht?

MENON: Das dünkt mich keinesweges, Sokrates.

SOKRATES: Es geht auch freilich nicht, Bester. Denn erwäge auch noch dieses. Du sagst daß man vermöge zu herrschen. Sollen wir nicht hier gleich hinzusetzen, gerecht nämlich, ungerecht aber nicht?

MENON: Das glaube ich allerdings. Denn die Gerechtigkeit, o Sokrates, ist Tugend.

SOKRATES: Die Tugend, o Menon, oder eine Tugend? e

MENON: Wie meinst du das?

ΣΩ. Ὡς περὶ ἄλλου ὁτουοῦν. Οἷον, εἰ βούλει, στρογγυλότητος πέρι εἴποιμ' ἂν ἔγωγε ὅτι σχῆμά τί ἐστιν, οὐχ οὕτως ἁπλῶς ὅτι σχῆμα. Διὰ ταῦτα δὲ οὕτως ἂν εἴποιμι, ὅτι καὶ ἄλλα ἔστι σχήματα.

ΜΕΝ. Ὀρθῶς γε λέγων σύ, ἐπεὶ καὶ ἐγὼ λέγω οὐ μόνον δικαιοσύνην ἀλλὰ καὶ ἄλλας εἶναι ἀρετάς.

ΣΩ. Τίνας ταύτας; Εἰπέ· οἷον καὶ ἐγὼ σοὶ εἴποιμι ἂν 74
καὶ ἄλλα σχήματα, εἴ με κελεύοις· καὶ σὺ οὖν ἐμοὶ εἰπὲ ἄλλας ἀρετάς.

ΜΕΝ. Ἡ ἀνδρεία τοίνυν ἔμοιγε δοκεῖ ἀρετὴ εἶναι καὶ σωφροσύνη καὶ σοφία καὶ μεγαλοπρέπεια καὶ ἄλλαι πάμπολλαι.

ΣΩ. Πάλιν, ὦ Μένων, ταὐτὸν πεπόνθαμεν· πολλὰς αὖ ηὑρήκαμεν ἀρετὰς μίαν ζητοῦντες, ἄλλον τρόπον ἢ νυνδή· τὴν δὲ μίαν, ἣ διὰ πάντων τούτων ἐστίν, οὐ δυνάμεθα ἀνευρεῖν.

ΜΕΝ. Οὐ γὰρ δύναμαί πω, ὦ Σώκρατες, ὡς σὺ ζητεῖς, b
μίαν ἀρετὴν λαβεῖν κατὰ πάντων, ὥσπερ ἐν τοῖς ἄλλοις.

ΣΩ. Εἰκότως γε· ἀλλ' ἐγὼ προθυμήσομαι, ἐὰν οἷός τ' ὦ, ἡμᾶς προβιβάσαι. Μανθάνεις γάρ που ὅτι οὑτωσὶ ἔχει περὶ παντός· εἴ τίς σε ἀνέροιτο τοῦτο ὃ νυνδὴ ἐγὼ ἔλεγον, Τί ἐστιν σχῆμα, ὦ Μένων; εἰ αὐτῷ εἶπες ὅτι στρογγυλότης, εἴ σοι εἶπεν ἅπερ ἐγώ, Πότερον σχῆμα ἡ στρογγυλότης ἐστὶν ἢ σχῆμά τι; εἶπες δήπου ἂν ὅτι σχῆμά τι.

ΜΕΝ. Πάνυ γε.

ΣΩ. Οὐκοῦν διὰ ταῦτα, ὅτι καὶ ἄλλα ἔστιν σχήματα; c

ΜΕΝ. Ναί.

ΣΩ. Καὶ εἴ γε προσανηρώτα σε ὁποῖα, ἔλεγες ἄν;

ΜΕΝ. Ἔγωγε.

ΣΩ. Καὶ αὖ εἰ περὶ χρώματος ὡσαύτως ἀνήρετο ὅ τί ἐστιν, καὶ εἰπόντος σου ὅτι τὸ λευκόν, μετὰ ταῦτα ὑπέλαβεν ὁ ἐρωτῶν, Πότερον τὸ λευκὸν χρῶμά ἐστιν ἢ χρῶμά

SOKRATES: Wie bei irgend etwas anderem. Zum Beispiel von der Rundung würde ich sagen, sie sei eine Gestalt, nicht so schlechthin die Gestalt. Deshalb nämlich würde ich so sagen; weil es auch noch andere Gestalten gibt.

MENON: Und ganz recht würdest du sagen, denn auch ich nenne nicht die Gerechtigkeit allein Tugend, sondern auch noch viele andere.

SOKRATES: Was für welche doch? sprich. Wie auch ich dir 74a
andere Gestalten nennen könnte, wenn du es fordertest: so nenne auch du mir andere Tugenden.

MENON: Die Tapferkeit also dünkt mich Tugend zu sein, und die Besonnenheit, und die Weisheit, und die Großmut und viele andere.

SOKRATES: Wiederum also ist uns dasselbe begegnet. Viele Tugenden nämlich haben wir gefunden, da wir nur eine suchen, nur auf eine andere Art als vorhin; die eine aber, die in allen diesen ist, können wir nicht finden.

MENON: Ich kann eben noch nicht, wie du Sokrates es b
suchst, die eine Tugend in allen finden, so wie ich es bei den übrigen Dingen konnte.

2.3. Erneute Präzisierung der Wesensfrage am Beispiel von Gestalt und Farbe

SOKRATES: Ganz natürlich. Aber ich will einen Versuch machen, uns, wenn ich es vermag, weiter zu bringen. Denn du siehst doch ein, daß es sich so mit jedem verhält. Wenn dich Jemand nach dem fragte was ich eben anführte, Was ist doch Gestalt, Menon, und du ihm sagtest, das Runde, und er dann sagte eben wie ich, Ist das Runde die Gestalt oder eine Gestalt, so würdest du wohl sagen, eine Gestalt?

MENON: Freilich.

SOKRATES: Nicht wahr deswegen, weil es noch andere Ge- c
stalten gibt?

MENON: Ja.

SOKRATES: Und wenn er dich weiter fragte, was für welche doch: so würdest du sie nennen?

MENON: Das täte ich.

SOKRATES: Und wiederum wenn er dich über die Farbe

τι ; εἶπες ἂν ὅτι χρῶμά τι, διότι καὶ ἄλλα τυγχάνει
ὄντα ;

ΜΕΝ. Ἔγωγε.

ΣΩ. Καὶ εἴ γέ σε ἐκέλευε λέγειν ἄλλα χρώματα, ἔλεγες d
ἂν ἄλλα, ἃ οὐδὲν ἧττον τυγχάνει ὄντα χρώματα τοῦ λευκοῦ ;

ΜΕΝ. Ναί.

ΣΩ. Εἰ οὖν ὥσπερ ἐγὼ μετῄει τὸν λόγον, καὶ ἔλεγεν
ὅτι, Ἀεὶ εἰς πολλὰ ἀφικνούμεθα, ἀλλὰ μή μοι οὕτως, ἀλλ'
ἐπειδὴ τὰ πολλὰ ταῦτα ἑνί τινι προσαγορεύεις ὀνόματι,
καὶ φῄς οὐδὲν αὐτῶν ὅ τι οὐ σχῆμα εἶναι, καὶ ταῦτα καὶ
ἐναντία ὄντα ἀλλήλοις, τί ἐστιν τοῦτο ὃ οὐδὲν ἧττον
κατέχει τὸ στρογγύλον ἢ τὸ εὐθύ, ὃ δὴ ὀνομάζεις σχῆμα
καὶ οὐδὲν μᾶλλον φῄς τὸ στρογγύλον σχῆμα εἶναι ἢ τὸ e
εὐθύ ; Ἦ οὐχ οὕτω λέγεις ;

ΜΕΝ. Ἔγωγε.

ΣΩ. Ἆρ' οὖν, ὅταν οὕτω λέγῃς, τότε οὐδὲν μᾶλλον φῄς
τὸ στρογγύλον εἶναι στρογγύλον ἢ εὐθύ, οὐδὲ τὸ εὐθὺ εὐθὺ
ἢ στρογγύλον ;

ΜΕΝ. Οὐ δήπου, ὦ Σώκρατες.

ΣΩ. Ἀλλὰ μὴν σχῆμά γε οὐδὲν μᾶλλον φῄς εἶναι τὸ
στρογγύλον τοῦ εὐθέος, οὐδὲ τὸ ἕτερον τοῦ ἑτέρου.

ΜΕΝ. Ἀληθῆ λέγεις.

ΣΩ. Τί ποτε οὖν τοῦτο οὗ τοῦτο ὄνομά ἐστιν τὸ σχῆμα ;
Πειρῶ λέγειν. Εἰ οὖν τῷ ἐρωτῶντι οὕτως ἢ περὶ σχήματος
ἢ χρώματος εἶπες ὅτι, Ἀλλ' οὐδὲ μανθάνω ἔγωγε ὅ τι βού- 75
λει, ὦ ἄνθρωπε, οὐδὲ οἶδα ὅ τι λέγεις, ἴσως ἂν ἐθαύμασε
καὶ εἶπεν· Οὐ μανθάνεις ὅτι ζητῶ τὸ ἐπὶ πᾶσιν τούτοις
ταὐτόν ; Ἦ οὐδὲ ἐπὶ τούτοις, ὦ Μένων, ἔχοις ἂν εἰπεῖν,
εἴ τίς σε ἐρωτῴη· Τί ἐστιν ἐπὶ τῷ στρογγύλῳ καὶ εὐθεῖ καὶ
ἐπὶ τοῖς ἄλλοις ἃ δὴ σχήματα καλεῖς ταὐτὸν ἐπὶ πᾶσιν ;
Πειρῶ εἰπεῖν, ἵνα καὶ γένηταί σοι μελέτη πρὸς τὴν περὶ
τῆς ἀρετῆς ἀπόκρισιν.

ΜΕΝ. Μή, ἀλλὰ σύ, ὦ Σώκρατες, εἰπέ. b

gleichermaßen befragte, was sie ist, und auf deine Antwort, das Weiße wäre Farbe, der Fragende dann erwiderte, Ist das Weiße die Farbe oder eine Farbe: so würdest du sagen eine Farbe, weil es noch mehrere gibt.

MENON: Das würde ich sagen.

SOKRATES: Und wenn er dich hieße andere Farben nennen: d
so würdest du ihm andere nennen, die nicht weniger Farben sind als das Weiße.

MENON: Ja.

SOKRATES: Wenn er nun, wie ich, die Rede herumnähme und sagte, Immer kommen wir auf vieles; aber nicht also, sondern da du doch dieses Viele insgesamt mit Einem Namen benennst und behauptest, jedes davon sei Gestalt, und zwar ohnerachtet sie einander entgegengesetzt sind: was ist doch dieses, was das Runde nicht minder unter sich begreift als das Gerade, was du eben Gestalt nennst, und behauptest, das Run-
de sei nicht minder Gestalt als das Gerade? Oder meinst du es e
etwa nicht so?

MENON: Freilich so.

SOKRATES: Wenn du nun so sagst, meinst du dann etwa, das Runde sei nicht mehr rund als gerade, und das Gerade nicht mehr gerade als rund?

MENON: Keinesweges, Sokrates.

SOKRATES: Aber Gestalt, sagst du, sei das Runde nicht mehr als das Gerade, und das eine nicht mehr als das Andere.

MENON: Richtig.

SOKRATES: Was ist nun also das, dem du diesen Namen Gestalt beilegst? versuche es zu beschreiben. Wenn du nun dem, der so fragt, sei es nun über die Gestalt oder über die
Farbe, sagtest, Ich verstehe gar nicht einmal was du willst, 75a
lieber Mensch, noch weiß ich was du meinst: so würde er sich vielleicht wundern und sagen, Verstehst du nicht, daß ich das suche, was in allen diesen dasselbe ist? Oder wüßtest du es auch hierin nicht anzugeben, wenn dich Jemand fragte, was doch im Runden und Geraden und dem übrigen was du Gestalt nennst in Allem dasselbe ist? Versuche es anzugeben, damit du daran auch eine Übung habest auf die Antwort über die Tugend.

MENON: Nein, sondern gib du es an, Sokrates. b

ΣΩ. Βούλει σοι χαρίσωμαι;

ΜΕΝ. Πάνυ γε.

ΣΩ. Ἐθελήσεις οὖν καὶ σὺ ἐμοὶ εἰπεῖν περὶ τῆς ἀρετῆς;

ΜΕΝ. Ἔγωγε.

ΣΩ. Προθυμητέον τοίνυν· ἄξιον γάρ.

ΜΕΝ. Πάνυ μὲν οὖν.

ΣΩ. Φέρε δή, πειρώμεθά σοι εἰπεῖν τί ἐστιν σχῆμα.
Σκόπει οὖν εἰ τόδε ἀποδέχει αὐτὸ εἶναι· ἔστω γὰρ δὴ ἡμῖν
τοῦτο σχῆμα, ὃ μόνον τῶν ὄντων τυγχάνει χρώματι ἀεὶ
ἑπόμενον. Ἱκανῶς σοι, ἢ ἄλλως πως ζητεῖς; Ἐγὼ γὰρ κἂν c
οὕτως ἀγαπῴην εἴ μοι ἀρετὴν εἴποις.

ΜΕΝ. Ἀλλὰ τοῦτό γε εὔηθες, ὦ Σώκρατες.

ΣΩ. Πῶς λέγεις;

ΜΕΝ. Ὅτι σχῆμά πού ἐστιν κατὰ τὸν σὸν λόγον, ὃ ἀεὶ χρόᾳ ἕπεται. Εἶεν· εἰ δὲ δὴ τὴν χρόαν τις μὴ φαίη εἰδέναι, ἀλλὰ ὡσαύτως ἀποροῖ ὥσπερ περὶ τοῦ σχήματος, τί ἂν οἴει σοι ἀποκεκρίσθαι;

ΣΩ. Τἀληθῆ ἔγωγε· καὶ εἰ μέν γε τῶν σοφῶν τις εἴη
καὶ ἐριστικῶν τε καὶ ἀγωνιστικῶν ὁ ἐρόμενος, εἴποιμ' ἂν
αὐτῷ ὅτι, Ἐμοὶ μὲν εἴρηται· εἰ δὲ μὴ ὀρθῶς λέγω, σὸν ἔργον d
λαμβάνειν λόγον καὶ ἐλέγχειν. Εἰ δὲ ὥσπερ ἐγώ τε καὶ σὺ
νυνὶ φίλοι ὄντες βούλοιντο ἀλλήλοις διαλέγεσθαι, δεῖ δὴ
πρᾳότερόν πως καὶ διαλεκτικώτερον ἀποκρίνεσθαι. Ἔστι δὲ
ἴσως τὸ διαλεκτικώτερον μὴ μόνον τἀληθῆ ἀποκρίνεσθαι,
ἀλλὰ καὶ δι' ἐκείνων ὧν ἂν προσομολογῇ εἰδέναι ὁ ἐρωτώ-
μενος. Πειράσομαι δὴ καὶ ἐγώ σοι οὕτως εἰπεῖν. Λέγε γάρ
μοι· τελευτὴν καλεῖς τι; Τοιόνδε λέγω οἷον πέρας καὶ e
ἔσχατον· πάντα ταῦτα ταὐτόν τι λέγω· ἴσως δ' ἂν ἡμῖν Πρό-
δικος διαφέροιτο· ἀλλὰ σύ γέ που καλεῖς πεπεράνθαι τι καὶ
τετελευτηκέναι· τὸ τοιοῦτον βούλομαι λέγειν, οὐδὲν ποικίλον.

SOKRATES: Soll ich es dir zu Gefallen tun?

MENON: Freilich.

SOKRATES: Wirst du mir dann auch das von der Tugend sagen wollen?

MENON: Allerdings.

SOKRATES: So will ich mich daran geben; denn es lohnt.

MENON: Allerdings.

SOKRATES: Wohlan denn, ich will versuchen dir zu sagen, was Gestalt ist. Sieh also zu, ob du annimmst sie sei dieses. Dasjenige nämlich soll uns Gestalt sein, was allein unter allen
Dingen überall die Farbe begleitet. Genügt es dir, oder be- c
gehrst du es noch anders? denn ich meines Teils wollte mich schon begnügen, wenn du mir auch nur so die Tugend erklärtest.

MENON: Allein dies ist doch sehr einfältig, o Sokrates.

SOKRATES: Wie meinst du?

MENON: Daß dasjenige Gestalt ist nach deiner Erklärung, was überall der Farbe folgt.

SOKRATES: Gut.

MENON: Wenn nun einer leugnete zu wissen was Farbe ist, sondern darüber eben so im ungewissen wäre wie über die Gestalt, was meinst du dann geantwortet zu haben?

SOKRATES: Doch das Rechte meine ich. Und wäre der Fragende einer von jenen Weisen, Streitkünstlern und Wortfech-
tern: so würde ich ihm sagen, ich habe nun gesprochen, und d
wenn ich nicht richtig erklärt habe, so ist nun deine Sache das Wort zu nehmen und mich zu widerlegen. Wäre es aber, daß wir wie du und ich jetzt als Freunde mit einander uns zur Belehrung unterhalten wollten, so müßte ich dann freilich sanfter und kunstmäßiger antworten. Dies kunstmäßigere mag aber wohl sein, daß man nicht nur das Rechte antworte, sondern auch nur durch solche Merkmale, welche der Fragende ebenfalls eingeständig ist zu verstehen. Auf diese Art nun will ich auch versuchen, es dir zu erklären. Sage mir also, nennst du
etwas Ende, und meinst damit wie eine Grenze und ein letztes? e
Alles dergleichen nehme ich hier für einerlei. Vielleicht nun würde Prodikos uns zuwider sein; du aber nennst doch auch etwas begrenzt sein und ein Ende haben? nur dieses meine ich und keine krausen Unterschiede weiter.

ΜΕΝ. Ἀλλὰ καλῶ, καὶ οἶμαι μανθάνειν ὃ λέγεις.

ΣΩ. Τί δ'; Ἐπίπεδον καλεῖς τι, καὶ ἕτερον αὖ στερεόν, 76
οἷον ταῦτα τὰ ἐν ταῖς γεωμετρίαις;

ΜΕΝ. Ἔγωγε καλῶ.

ΣΩ. Ἤδη τοίνυν ἂν μάθοις μου ἐκ τούτων σχῆμα ὃ λέγω. Κατὰ γὰρ παντὸς σχήματος τοῦτο λέγω, εἰς ὃ τὸ στερεὸν περαίνει, τοῦτ' εἶναι σχῆμα· ὅπερ ἂν συλλαβὼν εἴποιμι στερεοῦ πέρας σχῆμα εἶναι.

ΜΕΝ. Τὸ δὲ χρῶμα τί λέγεις, ὦ Σώκρατες;

ΣΩ. Ὑβριστής γ' εἶ, ὦ Μένων· ἀνδρὶ πρεσβύτῃ πράγ-
ματα παρέχεις ἀποκρίνεσθαι, αὐτὸς δὲ οὐκ ἐθέλεις ἀνα-
μνησθεὶς εἰπεῖν ὅ τί ποτε λέγει Γοργίας ἀρετὴν εἶναι. b

ΜΕΝ. Ἀλλ' ἐπειδάν μοι σὺ τοῦτ' εἴπῃς, ὦ Σώκρατες, ἐρῶ σοι.

ΣΩ. Κἂν κατακεκαλυμμένος τις γνοίη, ὦ Μένων, διαλεγομένου σου, ὅτι καλὸς εἶ καὶ ἐρασταί σοι ἔτι εἰσίν.

ΜΕΝ. Τί δή;

ΣΩ. Ὅτι οὐδὲν ἀλλ' ἢ ἐπιτάττεις ἐν τοῖς λόγοις· ὅπερ
ποιοῦσιν οἱ τρυφῶντες, ἅτε τυραννεύοντες, ἕως ἂν ἐν ὥρᾳ
ὦσιν. Καὶ ἅμα ἐμοῦ ἴσως κατέγνωκας ὅτι εἰμὶ ἥττων τῶν c
καλῶν. Χαριοῦμαι οὖν σοι καὶ ἀποκρινοῦμαι.

ΜΕΝ. Πάνυ μὲν οὖν χάρισαι.

ΣΩ. Βούλει οὖν σοι κατὰ Γοργίαν ἀποκρίνωμαι, ᾗ ἂν σὺ μάλιστα ἀκολουθήσαις;

ΜΕΝ. Βούλομαι· πῶς γὰρ οὔ;

ΣΩ. Οὐκοῦν λέγετε ἀπορροάς τινας τῶν ὄντων κατὰ Ἐμπεδοκλέα;

ΜΕΝ. Σφόδρα γε.

ΣΩ. Καὶ πόρους εἰς οὓς καὶ δι' ὧν αἱ ἀπορροαὶ πορεύονται;

ΜΕΝ. Πάνυ γε.

ΣΩ. Καὶ τῶν ἀπορροῶν τὰς μὲν ἁρμόττειν ἐνίοις τῶν
πόρων, τὰς δὲ ἐλάττους ἢ μείζους εἶναι; d

MENON: O ja, ich nenne etwas so, und glaube zu verstehen was du meinst.

SOKRATES: Auch Fläche mennst du etwas, und etwas an- 76a
deres wiederum Körper, eben wie die in der Meßkunst?

MENON: Ja, auch das.

SOKRATES: Hieraus wirst du vielleicht schon verstehen, was ich meine unter der Gestalt. Denn in allen Gestalten sage ich, daß, was den Körper begrenzt, eigentlich die Gestalt ist: so daß ich im Allgemeinen sagen möchte, die Gestalt sei die Grenze des Körpers.

MENON: Und was nennst du Farbe, Sokrates?

SOKRATES: Du bist übermütig, Menon! einem alten Mann legst du schwierige Sachen auf zu beantworten, du selbst aber willst dir nicht zurückrufen und mitteilen, was Gorgias sagt,
daß die Tugend sei. b

MENON: Aber wenn du mir dies wirst erklärt haben, Sokrates, will ich es dir auch gewiß sagen.

SOKRATES: Auch verhüllt, o Menon, kann Jeder, sobald du nur sprichst, merken, daß du schön bist, und daß du noch Liebhaber hast.

MENON: Wie so?

SOKRATES: Weil du immer nur befiehlst im Gespräch, wie jene Verwöhnten es machen, die ja immer herrisch sind, so lange die Jugend währt. Und vielleicht hast du es auch mir
schon abgemerkt, daß ich den Schönen nicht gewachsen bin. c
Ich will dir also den Willen tun und antworten.

MENON: Allerdings tue mir den Willen.

SOKRATES: Ist es dir also genehm, daß ich dir nach Gorgias Weise antworte, der du doch am besten folgen wirst?

MENON: Allerdings ist mir das genehm. Wie anders?

SOKRATES: Nicht wahr, ihr nehmt gewisse Ausflüsse an aus Allem was ist nach Empedokles?

MENON: Ganz recht.

SOKRATES: Und Gänge, in welche und durch welche die Ausflüsse gehn?

MENON: Allerdings.

SOKRATES: Und daß von den Ausflüssen einige einigen
Gängen angemessen sind, andere aber für dieselbigen zu groß d
oder zu klein?

ΜΕΝ. Ἔστι ταῦτα.

ΣΩ. Οὐκοῦν καὶ ὄψιν καλεῖς τι;

ΜΕΝ. Ἔγωγε.

ΣΩ. Ἐκ τούτων δὴ σύνες ὅ τοι λέγω, ἔφη Πίνδαρος· ἔστιν γὰρ χρόα ἀπορροὴ σχημάτων ὄψει σύμμετρος καὶ αἰσθητός.

ΜΕΝ. Ἄριστά μοι δοκεῖς, ὦ Σώκρατες, ταύτην τὴν ἀπόκρισιν εἰρηκέναι.

ΣΩ. Ἴσως γάρ σοι κατὰ συνήθειαν εἴρηται· καὶ ἅμα, οἶμαι, ἐννοεῖς ὅτι ἔχοις ἂν ἐξ αὐτῆς εἰπεῖν καὶ φωνὴν ὅ ἐστι, καὶ ὀσμὴν καὶ ἄλλα πολλὰ τῶν τοιούτων. e

ΜΕΝ. Πάνυ μὲν οὖν.

ΣΩ. Τραγικὴ γάρ ἐστιν, ὦ Μένων, ἡ ἀπόκρισις, ὥστε ἀρέσκει σοι μᾶλλον ἢ ἡ περὶ τοῦ σχήματος.

ΜΕΝ. Ἔμοιγε.

ΣΩ. Ἀλλ' οὐκ ἔστιν, ὦ παῖ Ἀλεξιδήμου, ὡς ἐγὼ ἐμαυτὸν πείθω, ἀλλ' ἐκείνη βελτίων· οἶμαι δὲ οὐδ' ἂν σοὶ δόξαι, εἰ μή, ὥσπερ χθὲς ἔλεγες, ἀναγκαῖόν σοι ἀπιέναι πρὸ τῶν μυστηρίων, ἀλλ' εἰ περιμείναις τε καὶ μυηθείης.

ΜΕΝ. Ἀλλὰ περιμένοιμ' ἄν, ὦ Σώκρατες, εἴ μοι πολλὰ 77
τοιαῦτα λέγοις.

ΣΩ. Ἀλλὰ μὴν προθυμίας γε οὐδὲν ἀπολείψω, καὶ σοῦ ἕνεκα καὶ ἐμαυτοῦ, λέγων τοιαῦτα· ἀλλ' ὅπως μὴ οὐχ οἷός τ' ἔσομαι πολλὰ τοιαῦτα λέγειν. Ἀλλ' ἴθι δὴ πειρῶ καὶ σὺ ἐμοὶ τὴν ὑπόσχεσιν ἀποδοῦναι, κατὰ ὅλου εἰπὼν ἀρετῆς πέρι ὅ τί ἐστιν, καὶ παῦσαι πολλὰ ποιῶν ἐκ τοῦ ἑνός, ὅπερ φασὶ τοὺς συντρίβοντάς τι ἑκάστοτε οἱ σκώπτοντες, ἀλλὰ ἐάσας ὅλην καὶ ὑγιᾶ εἰπὲ τί ἐστιν ἀρετή. Τὰ δέ γε παραδείγματα παρ' ἐμοῦ εἴληφας. b

ΜΕΝ. Δοκεῖ τοίνυν μοι, ὦ Σώκρατες, ἀρετὴ εἶναι, καθάπερ ὁ ποιητὴς λέγει, χαίρειν τε καλοῖσι καὶ δύνασθαι· καὶ ἐγὼ τοῦτο λέγω ἀρετήν, ἐπιθυμοῦντα τῶν καλῶν δυνατὸν εἶναι πορίζεσθαι.

MENON: So ist es.

SOKRATES: Nun nennst du doch etwas Gesicht?

MENON: Allerdings.

SOKRATES: Hieraus nun vernimm was ich meine, sagt Pindaros. Nämlich Farbe ist der dem Gesicht angemessene und wahrnehmbare Ausfluß aus den Gestalten.

MENON: Ganz vortrefflich, Sokrates, dünkst du mich diese Antwort abgefaßt zu haben.

SOKRATES: Vielleicht ist sie nach einer dir gewohnten Weise abgefaßt. Und überdies, glaube ich, merkst du, daß du aus ihr zugleich erklären könntest, was der Schall ist und der Geruch, und viel anderes dieser Art. e

MENON: Allerdings.

SOKRATES: Es ist nämlich eine gar prächtige Antwort, Menon, darum gefällt sie dir besser als die von der Gestalt.

MENON: Mir wenigstens.

SOKRATES: Aber nicht sie, o Sohn des Alexidemos, wie ich meines Teils mich überzeuge, sondern jene ist die bessere. Und auch du, glaube ich, würdest sie nicht dafür halten, wenn du nicht, wie du gestern sagtest, genötiget wärest, vor den Weihungen fortzugehn, sondern hier bleiben könntest, um dich einweihen zu lassen.

MENON: Gern bliebe ich, Sokrates, wenn du mir viel der- 77a
gleichen sagen wolltest.

SOKRATES: Am guten Willen wollte ich es nicht fehlen lassen, sowohl deinetwegen als meinetwegen dir dergleichen zu sagen; wenn ich nur nicht unvermögend sein werde, viel dergleichen zu sagen. Allein nun komm und versuche auch du mir dein Versprechen zu erfüllen und im Allgemeinen zu erklären, was die Tugend ist; und höre auf, Vieles aus Einem zu machen, wie man im Scherz zu denen sagt, die etwas zerstoßen; sondern gesund laß sie und ganz, und so sage, was die Tugend ist. Die Beispiele dazu hast du ja von mir erhalten. b

2.4. Menons zweite Definition der Tugend: das Vermögen, Gutes herbeizuschaffen

MENON: So dünkt mich denn, o Sokrates, Tugend zu sein, wie der Dichter sagt „sich erfreuen am Schönen und es ver-

ΣΩ. Ἆρα λέγεις τὸν τῶν καλῶν ἐπιθυμοῦντα ἀγαθῶν ἐπιθυμητὴν εἶναι ;

ΜΕΝ. Μάλιστά γε.

ΣΩ. Ἆρα ὡς ὄντων τινῶν οἳ τῶν κακῶν ἐπιθυμοῦσιν, ἑτέρων δὲ οἳ τῶν ἀγαθῶν ; Οὐ πάντες, ὤριστε, δοκοῦσί σοι c
τῶν ἀγαθῶν ἐπιθυμεῖν ;

ΜΕΝ. Οὐκ ἔμοιγε.

ΣΩ. Ἀλλά τινες τῶν κακῶν ;

ΜΕΝ. Ναί.

ΣΩ. Οἰόμενοι τὰ κακὰ ἀγαθὰ εἶναι, λέγεις, ἢ καὶ γιγνώσκοντες ὅτι κακά ἐστιν ὅμως ἐπιθυμοῦσιν αὐτῶν ;

ΜΕΝ. Ἀμφότερα ἔμοιγε δοκεῖ.

ΣΩ. Ἦ γὰρ δοκεῖ τίς σοι, ὦ Μένων, γιγνώσκων τὰ κακὰ ὅτι κακά ἐστιν ὅμως ἐπιθυμεῖν αὐτῶν ;

ΜΕΝ. Μάλιστα.

ΣΩ. Τί ἐπιθυμεῖν λέγεις ; Ἦ γενέσθαι αὐτῷ ;

ΜΕΝ. Γενέσθαι· τί γὰρ ἄλλο ; d

ΣΩ. Πότερον ἡγούμενος τὰ κακὰ ὠφελεῖν ἐκεῖνον ᾧ ἂν γένηται, ἢ γιγνώσκων τὰ κακὰ ὅτι βλάπτει ᾧ ἂν παρῇ ;

ΜΕΝ. Εἰσὶ μὲν οἳ ἡγούμενοι τὰ κακὰ ὠφελεῖν, εἰσὶν δὲ καὶ οἳ γιγνώσκοντες ὅτι βλάπτει.

ΣΩ. Ἦ καὶ δοκοῦσί σοι γιγνώσκειν τὰ κακὰ ὅτι κακά ἐστιν οἱ ἡγούμενοι τὰ κακὰ ὠφελεῖν ;

ΜΕΝ. Οὐ πάνυ μοι δοκεῖ τοῦτό γε.

ΣΩ. Οὐκοῦν δῆλον ὅτι οὗτοι μὲν οὐ τῶν κακῶν ἐπιθυμοῦσιν, οἱ ἀγνοοῦντες αὐτά, ἀλλὰ ἐκείνων ἃ ᾤοντο ἀγαθὰ e
εἶναι, ἔστιν δὲ ταῦτά γε κακά· ὥστε οἱ ἀγνοοῦντες αὐτὰ καὶ οἰόμενοι ἀγαθὰ εἶναι δῆλον ὅτι τῶν ἀγαθῶν ἐπιθυμοῦσιν. Ἢ οὔ ;

ΜΕΝ. Κινδυνεύουσιν οὗτοί γε.

ΣΩ. Τί δέ ; Οἱ τῶν κακῶν μὲν ἐπιθυμοῦντες, ὡς φῄς σύ, ἡγούμενοι δὲ τὰ κακὰ βλάπτειν ἐκεῖνον ᾧ ἂν γίγνηται, γιγνώσκουσιν δήπου ὅτι βλαβήσονται ὑπ᾽ αὐτῶν ;

mögen.“ Und dies nenne ich Tugend, daß man dem Schönen nachstrebend vermöge es herbeizuschaffen.

SOKRATES: Meinst du mit dem, der dem Schönen nachstrebt, einen Streber des Guten.

MENON: Ganz eigentlich.

SOKRATES: Etwa als gäbe es Einige die das Böse begehren, und Andere die das Gute? und scheinen dir, Bester, nicht Alle c
das Gute zu begehren?

MENON: Nein, mir nicht.

SOKRATES: Sondern Einige das Böse?

MENON: Ja.

SOKRATES: In der Meinung daß es gut sei, willst du sagen, oder gar wissend daß es böse ist begehren sie es doch?

MENON: Beides, dünkt mich.

SOKRATES: Glaubst du denn also, Menon, daß Jemand das Böse kennend daß es böse ist, es dennoch begehrt?

MENON: Allerdings.

SOKRATES: Und was meinst du begehre er? daß es ihm werde?

MENON: Daß es ihm werde. Denn was sonst? d

SOKRATES: Etwa glaubend, daß das Böse dem nutzt, dem es zu Teil wird? oder das Böse kennend, daß es dem schadet, dem es beiwohnt?

MENON: Einige wohl indem sie glauben, das Böse nütze, Andere auch indem sie es kennen, daß es schadet.

SOKRATES: Und dünkt dich denn, daß diejenigen das Böse erkennen, daß es böse ist, welche glauben das Böse nütze?

MENON: Das dünkt mich wohl nicht recht.

SOKRATES: Offenbar also begehren jene, welche es nicht erkennen, schon nicht mehr das Böse; sondern das vielmehr, e
was sie für gut halten, es ist aber eben böse, so daß die, welche das Böse nicht erkennen, sondern glauben es sei gutes, offenbar das Gute begehren. Oder nicht?

MENON: Diese scheinen ja wohl.

SOKRATES: Und wie, die das Böse begehren, und doch dafür halten, wie du behauptest, daß das Böse dem schade, dem es zu Teil wird, die erkennen ja doch, daß sie Schaden davon haben werden?

ΜΕΝ. Ἀνάγκη.

ΣΩ. Ἀλλὰ τοὺς βλαπτομένους οὗτοι οὐκ οἴονται ἀθλίους 78
εἶναι καθ' ὅσον βλάπτονται ;

ΜΕΝ. Καὶ τοῦτο ἀνάγκη.

ΣΩ. Τοὺς δὲ ἀθλίους οὐ κακοδαίμονας ;

ΜΕΝ. Οἶμαι ἔγωγε.

ΣΩ. Ἔστιν οὖν ὅστις βούλεται ἄθλιος καὶ κακοδαίμων εἶναι ;

ΜΕΝ. Οὔ μοι δοκεῖ, ὦ Σώκρατες.

ΣΩ. Οὐκ ἄρα βούλεται, ὦ Μένων, τὰ κακὰ οὐδείς, εἴπερ μὴ βούλεται τοιοῦτος εἶναι. Τί γὰρ ἄλλο ἐστὶν ἄθλιον εἶναι ἢ ἐπιθυμεῖν τε τῶν κακῶν καὶ κτᾶσθαι ;

ΜΕΝ. Κινδυνεύεις ἀληθῆ λέγειν, ὦ Σώκρατες· καὶ b
οὐδεὶς βούλεσθαι τὰ κακά.

ΣΩ. Οὐκοῦν νυνδὴ ἔλεγες ὅτι ἔστιν ἡ ἀρετὴ βούλεσθαί τε τἀγαθὰ καὶ δύνασθαι ;

ΜΕΝ. Εἶπον γάρ.

ΣΩ. Οὐκοῦν τοῦ λεχθέντος τὸ μὲν βούλεσθαι πᾶσιν ὑπάρχει, καὶ ταύτῃ γε οὐδὲν ὁ ἕτερος τοῦ ἑτέρου βελτίων ;

ΜΕΝ. Φαίνεται.

ΣΩ. Ἀλλὰ δῆλον ὅτι, εἴπερ ἐστὶ βελτίων ἄλλος ἄλλου, κατὰ τὸ δύνασθαι ἂν εἴη ἀμείνων.

ΜΕΝ. Πάνυ γε.

ΣΩ. Τοῦτ' ἐστὶν ἄρα, ὡς ἔοικε, κατὰ τὸν σὸν λόγον
ἀρετή, δύναμις τοῦ πορίζεσθαι τἀγαθά. c

ΜΕΝ. Παντάπασί μοι δοκεῖ, ὦ Σώκρατες, οὕτως ἔχειν ὡς σὺ νῦν ὑπολαμβάνεις.

ΣΩ. Ἴδωμεν δὴ καὶ τοῦτο εἰ ἀληθὲς λέγεις· ἴσως γὰρ ἂν εὖ λέγοις. Τἀγαθὰ φῂς οἷόν τ' εἶναι πορίζεσθαι ἀρετὴν εἶναι ;

ΜΕΝ. Ἔγωγε.

ΣΩ. Ἀγαθὰ δὲ καλεῖς οὐχὶ οἷον ὑγίειάν τε καὶ πλοῦτον ;

MENON: Notwendig.

SOKRATES: Und diese glauben nicht daß die Beschädigten elend sind, sofern sie beschädigt werden? 78a

MENON: Auch das ist notwendig.

SOKRATES: Und nicht, daß die Elenden unselig sind?

MENON: Ich glaube wohl.

SOKRATES: Gibt es nun wohl irgend einen, der elend sein will und unselig?

MENON: Nein, dünkt mich, Sokrates.

SOKRATES: Also, o Menon, will auch Niemand das Böse, wenn er doch nicht ein solcher sein will. Denn was hieße wohl anders elend sein, als dem Bösen nachstreben, und es erlangen?

MENON: Du scheinst Recht zu haben, Sokrates, und Niemand will das Böse. b

SOKRATES: Sagtest du nun nicht so eben, die Tugend wäre das Gute wollen, und es vermögen?

MENON: Das sagte ich.

SOKRATES: Ist nun dieses gesagt: so kommt das Wollen Allen zu; und insofern ist keiner besser als der andere.

MENON: So scheint es.

SOKRATES: Sondern offenbar, wenn Einer besser ist als der Andere, so wäre er in Bezug auf das Können vorzüglicher.

MENON: Allerdings.

SOKRATES: Dies also ist, wie es scheint, nach deiner Rede die Tugend, das Vermögen das Gute herbeizuschaffen. c

MENON: Auf alle Weise, Sokrates, dünkt mich daß es sich so damit verhalte, wie du es eben vorstellst.

SOKRATES: Laß uns also auch dieses in Augenschein nehmen ob du Recht hast, denn vielleicht magst du Recht haben. Daß man vermag das Gute herbeizuschaffen, dies, sagst du, ist Tugend.

MENON: Das sage ich.

SOKRATES: Nennst du aber nicht Gutes so etwas wie Ge-

ΜΕΝ. Καὶ χρυσίον λέγω καὶ ἀργύριον κτᾶσθαι καὶ τιμὰς ἐν πόλει καὶ ἀρχάς;

ΣΩ. Μὴ ἄλλ' ἄττα λέγεις τἀγαθὰ ἢ τὰ τοιαῦτα;

ΜΕΝ. Οὔκ, ἀλλὰ πάντα λέγω τὰ τοιαῦτα.

ΣΩ. Εἶεν· χρυσίον δὲ δὴ καὶ ἀργύριον πορίζεσθαι ἀρετή d
ἐστιν, ὥς φησι Μένων ὁ τοῦ μεγάλου βασιλέως πατρικὸς ξένος. Πότερον προστιθεῖς τούτῳ τῷ πόρῳ, ὦ Μένων, τὸ δικαίως καὶ ὁσίως, ἢ οὐδέν σοι διαφέρει, ἀλλὰ κἂν ἀδίκως τις αὐτὰ πορίζηται, ὁμοίως σὺ αὐτὸ ἀρετὴν καλεῖς;

ΜΕΝ. Οὐ δήπου, ὦ Σώκρατες.

ΣΩ. Ἀλλὰ κακίαν;

ΜΕΝ. Πάντως δήπου.

ΣΩ. Δεῖ ἄρα, ὡς ἔοικε, τούτῳ τῷ πόρῳ δικαιοσύνην ἢ σωφροσύνην ἢ ὁσιότητα προσεῖναι, ἢ ἄλλο τι μόριον
ἀρετῆς· εἰ δὲ μή, οὐκ ἔσται ἀρετή, καίπερ ἐκπορίζουσα e
τἀγαθά.

ΜΕΝ. Πῶς γὰρ ἄνευ τούτων ἀρετὴ γένοιτ' ἄν;

ΣΩ. Τὸ δὲ μὴ ἐκπορίζειν χρυσίον καὶ ἀργύριον, ὅταν μὴ δίκαιον ᾖ, μήτε αὑτῷ μήτε ἄλλῳ, οὐκ ἀρετὴ καὶ αὕτη ἐστὶν ἡ ἀπορία;

ΜΕΝ. Φαίνεται.

ΣΩ. Οὐδὲν ἄρα μᾶλλον ὁ πόρος τῶν τοιούτων ἀγαθῶν ἢ ἡ ἀπορία ἀρετὴ ἂν εἴη, ἀλλά, ὡς ἔοικεν, ὃ μὲν ἂν μετὰ δικαιοσύνης γίγνηται, ἀρετὴ ἔσται, ὃ δ' ἂν ἄνευ πάντων
τῶν τοιούτων, κακία. 79

ΜΕΝ. Δοκεῖ μοι ἀναγκαῖον εἶναι ὡς λέγεις.

ΣΩ. Οὐκοῦν τούτων ἕκαστον ὀλίγον πρότερον μόριον ἀρετῆς ἔφαμεν εἶναι, τὴν δικαιοσύνην καὶ σωφροσύνην καὶ πάντα τὰ τοιαῦτα;

ΜΕΝ. Ναί.

ΣΩ. Εἶτα, ὦ Μένων, παίζεις πρός με;

ΜΕΝ. Τί δή, ὦ Σώκρατες;

ΣΩ. Ὅτι ἄρτι ἐμοῦ δεηθέντος σου μὴ καταγνύναι μηδὲ

sundheit und Reichtum? ich meine Gold und Silber besitzen, und Ansehn und Ämter im Staate. Nennst du etwa andere Dinge Gutes als dergleichen?

MENON: Nein, sondern alles dergleichen meine ich.

2.5. Von der zweiten Definition zur Aporie

SOKRATES: Wohl! Gold also und Silber herbeischaffen ist d
Tugend, wie Menon behauptet der angestammte Gastfreund des großen Königes! Setzest du nun zu diesem Verfahren etwa noch hinzu auf gerechte und fromme Weise? oder macht dir dies keinen Unterschied, sondern auch wenn es jemand ungerechter Weise herbeischafft, nennst du das doch nicht minder Tugend?

MENON: Mit nichten, Sokrates, sondern Schlechtigkeit.

SOKRATES: Auf alle Weise also muß, wie es scheint, bei diesem Erwerb Gerechtigkeit oder Besonnenheit oder Frömmigkeit dabei sein, oder ein anderer Teil der Tugend; wo nicht,
so wird er nicht Tugend sein, obschon Gutes herbeischaffend. e

MENON: Wie könnte er auch wohl ohne diese Tugend sein!

SOKRATES: Aber Gold und Silber nicht herbeischaffen, wenn es nicht gerecht wäre, weder für sich selbst noch für einen Andern, wäre nicht auch dieser Nichterwerb und Mangel Tugend?

MENON: Offenbar wohl.

SOKRATES: Der Erwerb solcher Güter also wäre um nichts mehr Tugend als ihr Nichterwerb auch; sondern, wie es scheint, was nur mit Gerechtigkeit geschieht, wird Tugend
sein, was aber ohne alles dergleichen, das Schlechtigkeit. 79a

MENON: Es dünkt mich notwendig zu sein, so wie du sagst.

SOKRATES: Behaupteten wir nun nicht vor kurzem, jedes von diesen sei ein Teil der Tugend, die Gerechtigkeit und die Besonnenheit, und alles dieses?

MENON: Ja.

SOKRATES: Also, o Menon, scherzest du mit mir.

MENON: Wie so, Sokrates?

SOKRATES: Weil ohnerachtet ich dich nur eben gebeten, mir

κερματίζειν τὴν ἀρετήν, καὶ δόντος παραδείγματα καθ' ἃ
δέοι ἀποκρίνεσθαι, τούτου μὲν ἠμέλησας, λέγεις δέ μοι
ὅτι ἀρετή ἐστιν οἷόν τ' εἶναι τἀγαθὰ πορίζεσθαι μετὰ b
δικαιοσύνης· τοῦτο δὲ φῂς μόριον ἀρετῆς εἶναι;

ΜΕΝ. Ἔγωγε.

ΣΩ. Οὐκοῦν συμβαίνει ἐξ ὧν σὺ ὁμολογεῖς, τὸ μετὰ
μορίου ἀρετῆς πράττειν ὅ τι ἂν πράττῃ, τοῦτο ἀρετὴν
εἶναι· τὴν γὰρ δικαιοσύνην μόριον φῂς ἀρετῆς εἶναι, καὶ
ἕκαστα τούτων. Τί οὖν δὴ τοῦτο λέγω; Ὅτι ἐμοῦ δεηθέν-
τος ὅλον εἰπεῖν τὴν ἀρετήν, αὐτὴν μὲν πολλοῦ δεῖς εἰπεῖν
ὅ τί ἐστιν, πᾶσαν δὲ φῂς πρᾶξιν ἀρετὴν εἶναι, ἐάνπερ
μετὰ μορίου ἀρετῆς πράττηται, ὥσπερ εἰρηκὼς ὅ τι ἀρετή c
ἐστιν τὸ ὅλον καὶ ἤδη γνωσομένου ἐμοῦ, καὶ ἐὰν σὺ κατα-
κερματίζῃς αὐτὴν κατὰ μόρια. Δεῖται οὖν σοι πάλιν ἐξ
ἀρχῆς, ὡς ἐμοὶ δοκεῖ, τῆς αὐτῆς ἐρωτήσεως, ὦ φίλε Μέ-
νων, τί ἐστιν ἀρετή, εἰ μετὰ μορίου ἀρετῆς πᾶσα πρᾶξις
ἀρετὴ ἂν εἴη; Τοῦτο γάρ ἐστιν λέγειν ὅταν λέγῃ τις ὅτι
πᾶσα ἡ μετὰ δικαιοσύνης πρᾶξις ἀρετή ἐστιν. Ἢ οὐ δοκεῖ
σοι πάλιν δεῖσθαι τῆς αὐτῆς ἐρωτήσεως, ἀλλ' οἴει τινὰ
εἰδέναι μόριον ἀρετῆς ὅ τί ἐστιν, αὐτὴν μὴ εἰδότα;

ΜΕΝ. Οὐκ ἔμοιγε δοκεῖ.

ΣΩ. Εἰ γὰρ καὶ μέμνησαι, ὅτ' ἐγώ σοι ἀπεκρινάμην περὶ d
τοῦ σχήματος, ἀπεβάλλομέν που τὴν τοιαύτην ἀπόκρισιν
τὴν διὰ τῶν ἔτι ζητουμένων καὶ μήπω ὡμολογημένων ἐπι-
χειροῦσαν ἀποκρίνεσθαι.

ΜΕΝ. Καὶ ὀρθῶς γε ἀπεβάλλομεν, ὦ Σώκρατες.

ΣΩ. Μὴ τοίνυν, ὦ ἄριστε, μηδὲ σὺ ἔτι ζητουμένης
ἀρετῆς ὅλης ὅ τί ἐστιν οἴου διὰ τῶν ταύτης μορίων ἀπο-
κρινόμενος δηλώσειν αὐτὴν ὁτῳοῦν, ἢ ἄλλο ὁτιοῦν τούτῳ e
τῷ αὐτῷ τρόπῳ λέγων, ἀλλὰ πάλιν τῆς αὐτῆς δεήσεσθαι

die Tugend weder zu zerbrechen noch zu zerkrümeln, und dir Beispiele gegeben, wie du antworten solltest, du unbekümmert um dies alles mir sagst, das sei Tugend, wenn man ver- b
möge Gutes herbeizuschaffen mit Gerechtigkeit, welche wie du selbst behauptest ein Teil der Tugend ist.

MENON: Das behaupte ich.

SOKRATES: Also folgt ja aus dem was du eingestehst, Alles, was man tut, mit einem Teile der Tugend zu tun, das sei Tugend. Denn die Gerechtigkeit, sagst du, sei ein Teil der Tugend, und so jede von diesen.

MENON: Was nun weiter, wenn ich dies behaupte?

SOKRATES: Daß ohnerachtet ich dich gebeten mir die ganze Tugend zu erklären, du weit entfernt bist mir zu sagen was sie ist, sondern nur sagst, jede Handlung sei Tugend wenn sie mit einem Teile der Tugend verrichtet wird; als hättest du schon c
erklärt was die Tugend ist im Ganzen, und als würde ich sie nun schon erkennen, wenn du sie auch nach ihren Teilen zerstückelst. Also bedarf es wie mich dünkt noch einmal von Anfang an derselben Frage, o Menon, Was ist denn die Tugend, wenn jede Handlung, in der sich ein Teil der Tugend findet, Tugend sein soll? Denn das sagt derjenige, welcher sagt, daß jede Handlung mit Gerechtigkeit Tugend ist. Oder dünkt dich nicht, daß es nochmals derselben Frage bedarf, sondern glaubst du, einer kenne einen Teil der Tugend was er ist, der nicht weiß, was sie selbst ist?

MENON: Das denke ich wohl nicht.

SOKRATES: Denn wenn du dich nur erinnern willst, als ich d
dir vorher antwortete wegen der Gestalt, verwarfen wir eine solche Antwort, welche durch noch zu suchendes und noch nicht eingestandenes antworten wollte.

MENON: Und mit Recht gewiß verwarfen wir sie, o Sokrates.

SOKRATES: Also meine auch du nicht, Bester, so lange noch die ganze Tugend, was sie ist, gesucht wird, wenn du ihre Teile in die Antwort hineinbringst, sie dadurch irgend jemanden deutlich machen zu können, noch auch sonst irgend etwas, e
wenn du es auf eben die Weise wie dieses erklärst; sondern es wird immer die alte Frage zurückkehren, was denn die Tugend

ἐρωτήσεως, τίνος ὄντος ἀρετῆς λέγεις ἃ λέγεις· ἢ οὐδέν σοι δοκῶ λέγειν;

ΜΕΝ. Ἔμοιγε δοκεῖς ὀρθῶς λέγειν.

ΣΩ. Ἀπόκριναι τοίνυν πάλιν ἐξ ἀρχῆς· τί φῄς ἀρετὴν εἶναι καὶ σὺ καὶ ὁ ἑταῖρός σου;

ΜΕΝ. Ὦ Σώκρατες, ἤκουον μὲν ἔγωγε πρὶν καὶ συγ-
γενέσθαι σοι ὅτι σὺ οὐδὲν ἄλλο ἢ αὐτός τε ἀπορεῖς καὶ 80
τοὺς ἄλλους ποιεῖς ἀπορεῖν· καὶ νῦν, ὥς γέ μοι δοκεῖς, γοητεύεις με καὶ φαρμάττεις καὶ ἀτεχνῶς κατεπᾴδεις, ὥστε μεστὸν ἀπορίας γεγονέναι. Καὶ δοκεῖς μοι παντελῶς, εἰ δεῖ τι καὶ σκῶψαι, ὁμοιότατος εἶναι τό τε εἶδος καὶ τἆλλα ταύτῃ τῇ πλατείᾳ νάρκῃ τῇ θαλαττίᾳ. Καὶ γὰρ αὕτη τὸν ἀεὶ πλησιάζοντα καὶ ἁπτόμενον ναρκᾶν ποιεῖ, καὶ σὺ δοκεῖς μοι νῦν ἐμὲ τοιοῦτόν τι πεποιηκέναι [ναρκᾶν]. Ἀλη-
θῶς γὰρ ἔγωγε καὶ τὴν ψυχὴν καὶ τὸ στόμα ναρκῶ, καὶ οὐκ b
ἔχω ὅ τι ἀποκρίνωμαί σοι. Καίτοι μυριάκις γε περὶ ἀρετῆς παμπόλλους λόγους εἴρηκα καὶ πρὸς πολλούς, καὶ πάνυ εὖ, ὥς γε ἐμαυτῷ ἐδόκουν· νῦν δὲ οὐδ᾽ ὅ τί ἐστιν τὸ παράπαν ἔχω εἰπεῖν. Καί μοι δοκεῖς εὖ βουλεύεσθαι οὐκ ἐκπλέων ἐνθένδε οὐδ᾽ ἀποδημῶν· εἰ γὰρ ξένος ἐν ἄλλῃ πόλει τοιαῦτα ποιοῖς, τάχ᾽ ἂν ὡς γόης ἀπαχθείης.

ΣΩ. Πανοῦργος εἶ, ὦ Μένων, καὶ ὀλίγου ἐξηπάτησάς με.

ΜΕΝ. Τί μάλιστα, ὦ Σώκρατες;

ΣΩ. Γιγνώσκω οὗ ἕνεκά με ᾔκασας. c

ΜΕΝ. Τίνος δὴ οἴει;

ΣΩ. Ἵνα σε ἀντεικάσω. Ἐγὼ δὲ τοῦτο οἶδα περὶ πάντων τῶν καλῶν, ὅτι χαίρουσιν εἰκαζόμενοι. Λυσιτελεῖ γὰρ αὐτοῖς· καλαὶ γάρ, οἶμαι, τῶν καλῶν καὶ αἱ εἰκόνες. Ἀλλ᾽ οὐκ ἀντεικάσομαί σε. Ἐγὼ δέ, εἰ μὲν ἡ νάρκη αὐτὴ ναρκῶσα οὕτω καὶ τοὺς ἄλλους ποιεῖ ναρκᾶν, ἔοικα αὐτῇ· εἰ δὲ μή, οὔ. Οὐ γὰρ εὐπορῶν αὐτὸς τοὺς ἄλλους ποιῶ ἀπο-

ist, von der du jenes sagst, was du sagst. Oder dünkt dich dies nichts gesagt?

MENON: Mich dünkt es allerdings richtig gesagt.

SOKRATES: Antworte also nochmals von vorne, was du sagst daß die Tugend sei, du und dein Freund?

2.6. Intermezzo: Sokrates, der Zitterrochen

MENON: O Sokrates, ich habe schon gehört, ehe ich noch mit dir zusammengekommen bin, daß du allemal so selbst in 80a
Verwirrung bist, und auch Andere in Verwirrung bringst. Auch jetzt kommt mir vor, daß du mich bezauberst und mir etwas antust und mich offenbar besprichst, daß ich voll Verwirrung geworden bin, und du dünkst mich vollkommen, wenn ich auch etwas scherzen darf, in der Gestalt und auch sonst jenem breiten Seefisch dem Krampfrochen zu gleichen. Denn auch dieser macht jeden, der ihm nahe kommt und ihn berührt, erstarren. Und so dünkt mich, hast auch du mir jetzt etwas ähnliches angetan daß ich erstarre. Denn in der Tat an Seele und Leib bin ich erstarrt und weiß dir nichts zu antwor- b
ten; wiewohl ich schon tausendmal über die Tugend gar vielerlei Reden gehalten habe vor Vielen, und sehr gut wie mich dünkt. Jetzt aber weiß ich überall nicht einmal was sie ist zu sagen. Daher dünkt es mich weislich gehandelt, daß du von hier nicht fortreisest, weder zur See noch sonst. Denn wenn du anderwärts dergleichen als Fremder tätest: so würde man dich vielleicht als einen Zauberer abführen.

SOKRATES: Schlau bist du, Menon, und hättest mich beinahe überlistet.

MENON: Wie so, Sokrates?

SOKRATES: Ich weiß wohl, weshalb du mich so abgebildet c
hast.

MENON: Weshalb meinst du denn?

SOKRATES: Damit ich dich wieder abbilden möchte. Ich weiß das von allen Schönen, daß sie gern mögen abgebildet werden. Denn es gereicht ihnen zum Ruhme, weil auch die Bilder der Schönen, meine ich, schön sind. Aber ich werde dich nicht wieder abbilden. Ist nun dein Krampffisch selbst auch erstarrt, wenn er andere erstarren macht, dann gleiche ich ihm;

ρεῖν, ἀλλὰ παντὸς μᾶλλον αὐτὸς ἀπορῶν οὕτως καὶ τοὺς
ἄλλους ποιῶ ἀπορεῖν. Καὶ νῦν περὶ ἀρετῆς ὅ ἐστιν d
ἐγὼ μὲν οὐκ οἶδα, σὺ μέντοι ἴσως πρότερον μὲν ᾔδησθα
πρὶν ἐμοῦ ἅψασθαι, νῦν μέντοι ὁμοῖος εἶ οὐκ εἰδότι.
Ὅμως δὲ ἐθέλω μετὰ σοῦ σκέψασθαι καὶ συζητῆσαι ὅ τί
ποτέ ἐστιν.

ΜΕΝ. Καὶ τίνα τρόπον ζητήσεις, ὦ Σώκρατες, τοῦτο
ὃ μὴ οἶσθα τὸ παράπαν ὅ τί ἐστιν ; Ποῖον γὰρ ὧν οὐκ
οἶσθα προθέμενος ζητήσεις ; Ἢ εἰ καὶ ὅ τι μάλιστα ἐντύ-
χοις αὐτῷ, πῶς εἴσει ὅτι τοῦτό ἐστιν ὃ σὺ οὐκ ᾔδησθα ;

ΣΩ. Μανθάνω οἷον βούλει λέγειν, ὦ Μένων. Ὁρᾷς τοῦ- e
τον ὡς ἐριστικὸν λόγον κατάγεις, ὡς οὐκ ἄρα ἔστιν ζητεῖν
ἀνθρώπῳ οὔτε ὃ οἶδεν οὔτε ὃ μὴ οἶδεν ; Οὔτε γὰρ ἂν ὅ γε
οἶδεν ζητοῖ· οἶδεν γάρ, καὶ οὐδὲν δεῖ τῷ γε τοιούτῳ
ζητήσεως· οὔτε ὃ μὴ οἶδεν· οὐδὲ γὰρ οἶδεν ὅ τι ζητήσει.

ΜΕΝ. Οὐκοῦν καλῶς σοι δοκεῖ λέγεσθαι ὁ λόγος οὗτος, 81
ὦ Σώκρατες ;

ΣΩ. Οὐκ ἔμοιγε.

ΜΕΝ. Ἔχεις λέγειν ὅπῃ ;

ΣΩ. Ἔγωγε· ἀκήκοα γὰρ ἀνδρῶν τε καὶ γυναικῶν σοφῶν
περὶ τὰ θεῖα πράγματα —

ΜΕΝ. Τίνα λόγον λεγόντων ;

ΣΩ. Ἀληθῆ, ἔμοιγε δοκεῖν, καὶ καλόν.

ΜΕΝ. Τίνα τοῦτον, καὶ τίνες οἱ λέγοντες ;

ΣΩ. Οἱ μὲν λέγοντές εἰσι τῶν ἱερέων τε καὶ τῶν ἱερειῶν
ὅσοις μεμέληκε περὶ ὧν μεταχειρίζονται λόγον οἵοις τ'
εἶναι διδόναι· λέγει δὲ καὶ Πίνδαρος καὶ ἄλλοι πολλοὶ τῶν b

wenn aber nicht, dann nicht. Denn keinesweges bin ich etwa selbst in Ordnung, wenn ich die Andern in Verwirrung bringe; sondern auf alle Weise bin ich selbst auch in Verwirrung, und ziehe nur so die Andern mit hinein. So auch jetzt, was die d
Tugend ist, weiß ich keinesweges; du aber hast es vielleicht vorher gewußt ehe du mich berührtest, jetzt indes bist du einem Nichtwissenden ganz ähnlich. Dennoch will ich mit dir erwägen und untersuchen, was sie wohl ist.

3. Das Lernen als Anamnesis

3.1. Der eristische Satz, zu lernen sei unmöglich, und die Antwort der Wiedererinnerungslehre

MENON: Und auf welche Weise willst du denn dasjenige suchen, Sokrates, wovon du überall gar nicht weißt, was es ist. Denn als welches besondere von allem, was du nicht weißt, willst du es dir denn vorlegen und so suchen? Oder wenn du es auch noch so gut träfest, wie willst du denn erkennen, daß es dieses ist, was du nicht wußtest?

SOKRATES: Ich verstehe was du sagen willst, Menon! Siehst e
du was für einen streitsüchtigen Satz du uns herbringst? Daß nämlich ein Mensch unmöglich suchen kann, weder was er weiß, noch was er nicht weiß. Nämlich weder was er weiß, kann er suchen, denn er weiß es ja, und es bedarf dafür keines Suchens weiter; noch was er nicht weiß, denn er weiß ja dann auch nicht, was er suchen soll.

MENON: Scheint dir das nicht ein gar schöner Satz zu sein, 81a
Sokrates?

SOKRATES: Mir gar nicht.

MENON: Kannst du sagen weshalb?

SOKRATES: O ja! Denn ich habe es von Männern und Frauen, die in göttlichen Dingen gar weise waren.

MENON: Was sagten denn diese?

SOKRATES: Etwas sehr Wahres, meines Erachtens, und Schönes.

MENON: Aber was? und wer waren die es sagten?

SOKRATES: Die es sagen, sind Priester und Priesterinnen so viele es deren gibt, denen daran gelegen ist, von dem was sie verwalten Rechenschaft geben zu können. Es sagt es auch b

ποιητῶν, ὅσοι θεῖοί εἰσιν. Ἃ δὲ λέγουσι, ταυτί ἐστιν· ἀλλὰ σκόπει εἴ σοι δοκοῦσιν ἀληθῆ λέγειν.

Φασὶ γὰρ τὴν ψυχὴν τοῦ ἀνθρώπου εἶναι ἀθάνατον, καὶ τοτὲ μὲν τελευτᾶν, ὃ δὴ ἀποθνῄσκειν καλοῦσι, τοτὲ δὲ πάλιν γίγνεσθαι, ἀπόλλυσθαι δ' οὐδέποτε· δεῖν δὴ διὰ ταῦτα ὡς ὁσιώτατα διαβιῶναι τὸν βίον·

οἷσι γὰρ ἂν Φερσεφόνα ποινὰν παλαιοῦ πένθεος
δέξεται, εἰς τὸν ὕπερθεν ἅλιον κείνων ἐνάτῳ ἔτει
ἀνδιδοῖ ψυχὰς πάλιν, ἐκ τᾶν βασιλῆες ἀγαυοὶ c
καὶ σθένει κραιπνοὶ σοφίᾳ τε μέγιστοι
ἄνδρες αὔξοντ'· ἐς δὲ τὸν λοιπὸν χρόνον
ἥρωες ἁγνοὶ πρὸς ἀνθρώπων καλεῦνται.

Ἅτε οὖν ἡ ψυχὴ ἀθάνατός τε οὖσα καὶ πολλάκις γεγονυῖα, καὶ ἑωρακυῖα καὶ τὰ ἐνθάδε καὶ τὰ ἐν Ἅιδου [καὶ] πάντα χρήματα, οὐκ ἔστιν ὅ τι οὐ μεμάθηκεν· ὥστε οὐδὲν θαυμαστὸν καὶ περὶ ἀρετῆς καὶ περὶ ἄλλων οἷόν τ' εἶναι αὐτὴν ἀναμνησθῆναι, ἅ γε καὶ πρότερον ἠπίστατο. Ἅτε γὰρ τῆς φύσεως ἁπάσης συγγενοῦς οὔσης, καὶ μεμαθη- d
κυίας τῆς ψυχῆς ἅπαντα, οὐδὲν κωλύει ἓν μόνον ἀναμνησθέντα, ὃ δὴ μάθησιν καλοῦσιν ἄνθρωποι, τἆλλα πάντα αὐτὸν ἀνευρεῖν, ἐάν τις ἀνδρεῖος ᾖ καὶ μὴ ἀποκάμνῃ ζητῶν· τὸ γὰρ ζητεῖν ἄρα καὶ τὸ μανθάνειν ἀνάμνησις ὅλον ἐστίν.

Οὔκουν δεῖ πείθεσθαι τούτῳ τῷ ἐριστικῷ λόγῳ· οὗτος μὲν γὰρ ἂν ἡμᾶς ἀργοὺς ποιήσειεν καὶ ἔστιν τοῖς μαλακοῖς τῶν ἀνθρώπων ἡδὺς ἀκοῦσαι, ὅδε δὲ ἐργατικούς τε καὶ ζητητικοὺς ποιεῖ· ᾧ ἐγὼ πιστεύων ἀληθεῖ εἶναι ἐθέλω μετὰ e
σοῦ ζητεῖν ἀρετὴ ὅ τί ἐστιν.

ΜΕΝ. Ναί, ὦ Σώκρατες. Ἀλλὰ πῶς λέγεις τοῦτο, ὅτι οὐ μανθάνομεν, ἀλλὰ ἣν καλοῦμεν μάθησιν ἀνάμνησίς ἐστιν; Ἔχεις με τοῦτο διδάξαι ὡς οὕτως ἔχει;

ΣΩ. Καὶ ἄρτι εἶπον, ὦ Μένων, ὅτι πανοῦργος εἶ, καὶ

Pindaros und viele andere Dichter, welche göttlicher Art sind. Und was sie sagen, ist folgendes, erwäge aber wohl, ob dich dünkt, daß sie wahr reden. Sie sagen nämlich, die Seele des Menschen sei unsterblich, so daß sie jetzt zwar ende, was man sterben nennt, und jetzt wieder werde, untergehe aber niemals. Und deshalb müsse man aufs heiligste sein Leben verbringen. Denn von welchen Persephone schon die Strafen des alten Elendes genommen, deren Seelen gibt sie der obern Sonne im
neunten Jahre zurück, aus welchen dann ruhmvolle tatenreiche c
Könige und an Weisheit die vorzüglichsten Männer hervorgehn, und von da an als heilige Heroen unter den Menschen genannt werden. Wie nun die Seele unsterblich ist und oftmals geboren, und, was hier ist und in der Unterwelt, alles erblickt hat; so ist auch nichts, was sie nicht hätte in Erfahrung gebracht, so daß nicht zu verwundern ist, wenn sie auch von der Tugend und allem andern vermag sich dessen zu erinnern was
sie ja früher gewußt hat. Denn da die ganze Natur unter sich d
verwandt ist, und die Seele alles inne gehabt hat: so hindert nichts, daß wer nur an ein einziges erinnert wird, was bei den Menschen lernen heißt, alles übrige selbst auffinde, wenn er nur tapfer ist und nicht ermüdet im Suchen. Denn das Suchen und Lernen ist demnach ganz und gar Erinnerung. Keineswegs also darf man jenem streitsüchtigen Satze folgen; denn er würde uns träge machen, und ist nur den weichlichen Menschen angenehm zu hören; dieser aber macht uns tätig und
forschend, welchem vertrauend, daß er wahr sei, ich eben Lust e
habe mit dir zu untersuchen, was die Tugend ist.

MENON: Ja, Sokrates, aber meinst du dies so schlechthin, daß wir nicht lernen, sondern daß, was wir so nennen, nur ein Erinnern ist? Kannst du mich wohl belehren, daß sich dieses so verhält?

SOKRATES: Schon eben sagte ich, daß du schlau bist, Me-

νῦν ἐρωτᾷς εἰ ἔχω σε διδάξαι, ὃς οὔ φημι διδαχὴν εἶναι 82
ἀλλ' ἀνάμνησιν, ἵνα δὴ εὐθὺς φαίνωμαι αὐτὸς ἐμαυτῷ
τἀναντία λέγων.

ΜΕΝ. Οὐ μὰ τὸν Δία, ὦ Σώκρατες, οὐ πρὸς τοῦτο
βλέψας εἶπον, ἀλλ' ὑπὸ τοῦ ἔθους· ἀλλ' εἴ πώς μοι ἔχεις
ἐνδείξασθαι ὅτι ἔχει ὥσπερ λέγεις, ἔνδειξαι.

ΣΩ. Ἀλλ' ἔστι μὲν οὐ ῥᾴδιον, ὅμως δὲ ἐθέλω προθυμη-
θῆναι σοῦ ἕνεκα. Ἀλλά μοι προσκάλεσον τῶν πολλῶν ἀκο-
λούθων τουτωνὶ τῶν σαυτοῦ ἕνα, ὅντινα βούλει, ἵνα ἐν b
τούτῳ σοι ἐπιδείξωμαι.

ΜΕΝ. Πάνυ γε. Δεῦρο πρόσελθε.

ΣΩ. Ἕλλην μέν ἐστι καὶ ἑλληνίζει ;

ΜΕΝ. Πάνυ γε σφόδρα, οἰκογενής.

ΣΩ. Πρόσεχε δὴ τὸν νοῦν ὁπότερ' ἄν σοι φαίνηται, ἢ
ἀναμιμνῃσκόμενος ἢ μανθάνων παρ' ἐμοῦ.

ΜΕΝ. Ἀλλὰ προσέξω.

ΣΩ. Εἰπὲ δή μοι, ὦ παῖ, γιγνώσκεις τετράγωνον χωρίον
ὅτι τοιοῦτόν ἐστιν ;

ΠΑΙΣ. Ἔγωγε.

ΣΩ. Ἔστιν οὖν τετράγωνον χωρίον ἴσας ἔχον τὰς γραμ- c
μὰς ταύτας πάσας, τέτταρας οὔσας ;

ΠΑΙΣ. Πάνυ γε.

ΣΩ. Οὐ καὶ ταυτασὶ τὰς διὰ μέσου ἐστὶν ἴσας ἔχον ;

ΠΑΙΣ. Ναί.

ΣΩ. Οὐκοῦν εἴη ἂν τοιοῦτον χωρίον καὶ μεῖζον καὶ
ἔλαττον ;

ΠΑΙΣ. Πάνυ γε.

ΣΩ. Εἰ οὖν εἴη αὕτη ἡ πλευρὰ δυοῖν ποδοῖν καὶ αὕτη
δυοῖν, πόσων ἂν εἴη ποδῶν τὸ ὅλον ; Ὧδε δὲ σκόπει· εἰ
ἦν ταύτῃ δυοῖν ποδοῖν, ταύτῃ δὲ ἑνὸς ποδὸς μόνον, ἄλλο
τι ἅπαξ ἂν ἦν δυοῖν ποδοῖν τὸ χωρίον ;

ΠΑΙΣ. Ναί.

ΣΩ. Ἐπειδὴ δὲ δυοῖν ποδοῖν καὶ ταύτῃ, ἄλλο τι ἢ δὶς d
δυοῖν γίγνεται ;

non; auch jetzt fragst du, ob ich dich lehren kann, der ich doch 82a
behaupte, es gebe keine Belehrung, sondern nur Erinnerung, damit ich nur gleich mit mir selbst im Widerspruch erscheine.

MENON: Nein wahrlich, Sokrates, nicht in solcher Absicht sagte ich es, sondern aus Gewohnheit. Wenn du mir also irgend wie zeigen kannst, daß es sich so verhält, wie du sagst, so tue es.

3.2. Demonstration der Wiedererinnerungslehre durch Befragung eines Sklaven zu geometrischen Sachverhalten

SOKRATES: Freilich ist dies nicht leicht, ich will es aber doch unternehmen, dir zu Liebe. Rufe mir also von den vielen Dienern hier, welche dich begleiten, irgend einen her, welchen du b
willst, damit ich es dir an diesem zeige.

MENON: Sehr gern. Du da komm her.

SOKRATES: Er ist doch ein Hellene und spricht hellenisch?

MENON: Sehr gut; er ist im Hause aufgezogen.

SOKRATES: Merke also wohl auf, wie er dir erscheinen wird, ob als erinnerte er sich oder als lernte er von mir.

MENON: Das will ich tun.

SOKRATES: Sage mir also, Knabe, weißt du wohl, daß ein Viereck eine solche Figur ist?

KNABE: Das weiß ich.

SOKRATES: Gibt es also ein Viereck, welches alle diese Sei- c
ten, deren viere sind, gleich hat?

KNABE: Allerdings.

SOKRATES: Hat es nicht auch diese beiden, welche durch die Mitte hindurchgehn, gleich?

KNABE: Ja.

SOKRATES: Ein solcher Raum nun kann doch größer und kleiner sein.

KNABE: Freilich.

SOKRATES: Wenn nun diese Seite zwei Fuß hätte und diese auch zwei; wieviel Fuß enthielte das Ganze? – Überlege es dir so. Wenn es hier zwei Fuß hätte, hier aber nur einen, enthielte dann nicht der ganze Raum einmal zwei Fuß?

KNABE: Ja.

SOKRATES: Da er nun aber auch hier zwei Fuß hat, wird er d
nicht von zweimal zwei Fuß?

ΠΑΙΣ. Γίγνεται.

ΣΩ. Δυοῖν ἄρα δὶς γίγνεται ποδῶν ;

ΠΑΙΣ. Ναί.

ΣΩ. Πόσοι οὖν εἰσιν οἱ δύο δὶς πόδες; Λογισάμενος εἰπέ.

ΠΑΙΣ. Τέτταρες, ὦ Σώκρατες.

ΣΩ. Οὐκοῦν γένοιτ' ἂν τούτου τοῦ χωρίου ἕτερον διπλάσιον, τοιοῦτον δέ, ἴσας ἔχον πάσας τὰς γραμμὰς ὥσπερ τοῦτο ;

ΠΑΙΣ. Ναί.

ΣΩ. Πόσων οὖν ἔσται ποδῶν ;

ΠΑΙΣ. Ὀκτώ.

ΣΩ. Φέρε δή, πειρῶ μοι εἰπεῖν πηλίκη τις ἔσται ἐκείνου ἡ γραμμὴ ἑκάστη ; Ἡ μὲν γὰρ τοῦδε δυοῖν ποδοῖν· τί e
δὲ ἡ ἐκείνου τοῦ διπλασίου ;

ΠΑΙΣ. Δῆλον δή, ὦ Σώκρατες, ὅτι διπλασία.

ΣΩ. Ὁρᾷς, ὦ Μένων, ὡς ἐγὼ τοῦτον οὐδὲν διδάσκω, ἀλλ' ἐρωτῶ πάντα ; Καὶ νῦν οὗτος οἴεται εἰδέναι ὁποία ἐστὶν ἀφ' ἧς τὸ ὀκτώπουν χωρίον γενήσεται· ἢ οὐ δοκεῖ σοι ;

ΜΕΝ. Ἔμοιγε.

ΣΩ. Οἶδεν οὖν ;

ΜΕΝ. Οὐ δῆτα.

ΣΩ. Οἴεται δέ γε ἀπὸ τῆς διπλασίας ;

ΜΕΝ. Ναί.

ΣΩ. Θεῶ δὴ αὐτὸν ἀναμιμνῃσκόμενον ἐφεξῆς, ὡς δεῖ ἀναμιμνῄσκεσθαι. — Σὺ δέ μοι λέγε· ἀπὸ τῆς διπλασίας γραμ-
μῆς φῄς τὸ διπλάσιον χωρίον γίγνεσθαι ; Τοιόνδε λέγω, μὴ 83
ταύτῃ μὲν μακρόν, τῇ δὲ βραχύ, ἀλλὰ ἴσον πανταχῇ ἔστω ὥσπερ τουτί, διπλάσιον δὲ τούτου, ὀκτώπουν· ἀλλὰ ὅρα εἰ ἔτι σοι ἀπὸ τῆς διπλασίας δοκεῖ ἔσεσθαι.

ΠΑΙΣ. Ἔμοιγε.

ΣΩ. Οὐκοῦν διπλασία αὕτη ταύτης γίγνεται, ἂν ἑτέραν τοσαύτην προσθῶμεν ἐνθένδε ;

KNABE: Das wird er.

SOKRATES: Zweimal zwei Fuß ist er also?

KNABE: Ja.

SOKRATES: Wieviel nun zweimal zwei Fuß sind, das rechne aus und sage es.

KNABE: Viere, o Sokrates.

SOKRATES: Kann es nun nicht einen andern Raum geben, der das doppelte von diesem wäre, sonst aber ein eben solcher, in dem alle Seiten gleich sind wie in diesem?

KNABE: O ja.

SOKRATES: Wieviel Fuß muß der halten?

KNABE: Acht Fuß.

SOKRATES: Gut! Nun versuche auch mir zu sagen, wie groß jede Seite in diesem Viereck sein wird. Nämlich die des ersten e
ist von zwei Fuß; die aber jenes doppelten?

KNABE: Offenbar, o Sokrates, zweimal so groß.

SOKRATES: Siehst du wohl, Menon, wie ich diesen nichts lehre, sondern alles nur frage? Und jetzt glaubt er zu wissen, wie groß die Seite ist, aus der das achtfüßige Viereck entstehn wird. Oder denkst du nicht, daß er es glaubt?

MENON: Allerdings.

SOKRATES: Weiß er es aber wohl?

MENON: Wohl nicht.

SOKRATES: Er glaubt aber doch, es entstehe aus der doppelten?

MENON: Ja.

SOKRATES: Sieh nun zu, wie er sich weiter so erinnern wird, wie man sich erinnern muß. – Du aber sage mir, aus der doppelten Seite, sagst du, entstehe das doppelte Viereck? ich 83a
meine aber ein solches, nicht etwa was hier lang ist, dort aber kurz; sondern es soll nach allen Seiten gleich sein, wie dieses hier, aber das zwiefache von diesem, also achtfüßig. Sieh nun zu, ob du noch meinst, dies werde aus der zwiefachen Seite entstehn?

KNABE: So meine ich.

SOKRATES: Wohl! dies wird doch die zwiefache von dieser, wenn wir hier noch eine eben so große hinzusetzen?

ΠΑΙΣ. Πάνυ γε.

ΣΩ. Ἀπὸ ταύτης δή, φῄς, ἔσται τὸ ὀκτώπουν χωρίον, ἂν τέτταρες τοσαῦται γένωνται ;

ΠΑΙΣ. Ναί.

ΣΩ. Ἀναγραψώμεθα δὴ ἀπ' αὐτῆς ἴσας τέτταρας. Ἄλλο b
τι ἢ τουτὶ ἂν εἴη ὃ φῄς τό ὀκτώπουν εἶναι ;

ΠΑΙΣ. Πάνυ γε.

ΣΩ. Οὐκοῦν ἐν αὐτῷ ἐστιν ταυτὶ τέτταρα, ὧν ἕκαστον ἴσον τούτῳ ἐστὶν τῷ τετράποδι ;

ΠΑΙΣ. Ναί.

ΣΩ. Πόσον οὖν γίγνεται ; Οὐ τετράκις τοσοῦτον ;

ΠΑΙΣ. Πῶς δ' οὔ ;

ΣΩ. Διπλάσιον οὖν ἐστιν τὸ τετράκις τοσοῦτον ;

ΠΑΙΣ. Οὐ μὰ Δία.

ΣΩ. Ἀλλὰ ποσαπλάσιον ,

ΠΑΙΣ. Τετραπλάσιον.

ΣΩ. Ἀπὸ τῆς διπλασίας ἄρα, ὦ παῖ, οὐ διπλάσιον ἀλλὰ c
τετραπλάσιον γίγνεται χωρίον.

ΠΑΙΣ. Ἀληθῆ λέγεις.

ΣΩ. Τεττάρων γὰρ τετράκις ἐστὶν ἑκκαίδεκα. Οὐχί ;

ΠΑΙΣ. Ναί.

ΣΩ. Ὀκτώπουν δ' ἀπὸ ποίας γραμμῆς ; Οὐχὶ ἀπὸ μὲν ταύτης τετραπλάσιον ;

ΠΑΙΣ. Φημί.

ΣΩ. Τετράπουν δὲ ἀπὸ τῆς ἡμισέας ταυτησὶ τουτί ;

ΠΑΙΣ. Ναί.

ΣΩ. Εἶεν· τὸ δὲ ὀκτώπουν οὐ τοῦδε μὲν διπλάσιόν ἐστιν, τούτου δὲ ἥμισυ ;

⟨ΠΑΙΣ. Ναί.⟩

ΣΩ. Οὐκ ἀπὸ μὲν μείζονος ἔσται ἢ τοσαύτης γραμμῆς, d
ἀπὸ ἐλάττονος δὲ ἢ τοσησδί ; Ἢ οὔ ;

ΠΑΙΣ. Ἔμοιγε δοκεῖ οὕτω.

ΣΩ. Καλῶς· τό γάρ σοι δοκοῦν τοῦτο ἀποκρίνου. Καί μοι λέγε· οὐχ ἥδε μὲν δυοῖν ποδοῖν ἦν, ἡ δὲ τεττάρων;

KNABE: Allerdings.

SOKRATES: Und aus dieser, glaubst du, werde das achtfüßige Viereck entstehn, wenn wir vier solche nehmen?

KNABE: Ja.

SOKRATES: So laß uns von ihr vier gleiche beschreiben. b
Nicht wahr also, dies wäre, was du für das Achtfüßige hältst?

KNABE: Allerdings.

SOKRATES: Sind nun nicht in ihm diese Viere, deren jedes diesem vierfüßigen gleich ist?

KNABE: Ja.

SOKRATES: Wie groß ist es also? nicht viermal so groß?

KNABE: Nicht anders.

SOKRATES: Ist nun das viermal so große das zwiefache?

KNABE: Nein, beim Zeus.

SOKRATES: Sondern das wievielfache?

KNABE: Das vierfache.

SOKRATES: Aus der zwiefachen Seite also entsteht uns c
nicht das zwiefache, sondern das vierfache Viereck.

KNABE: Du hast Recht.

SOKRATES: Denn von vier ist das vierfache Sechszehn. Nicht?

KNABE: Ja.

SOKRATES: Das Achtfüßige aber, von welcher Seite entsteht das? Nicht wahr? aus dieser entsteht das vierfache?

KNABE: Das sage ich auch.

SOKRATES: Und das vierfüßige entsteht aus dieser halben?

KNABE: Ja.

SOKRATES: Wohl. Das Achtfüßige aber, ist es nicht von diesem hier das zwiefache, von diesem aber die Hälfte?

KNABE: Allerdings.

SOKRATES: Muß es also nicht aus einer größeren Seite ent- d
stehn als diese, und aus einer kleineren als diese? Oder nicht?

KNABE: Ich wenigstens denke so.

SOKRATES: Schön! denn immer nur was du denkst mußt du antworten. Und sage mir, hatte nicht diese zwei Fuß, diese aber vier?

ΠΑΙΣ. Ναί.

ΣΩ. Δεῖ ἄρα τὴν τοῦ ὀκτώποδος χωρίου γραμμὴν μείζω μὲν εἶναι τῆσδε τῆς δίποδος, ἐλάττω δὲ τῆς τετράποδος.

ΠΑΙΣ. Δεῖ.

ΣΩ. Πειρῶ δὴ λέγειν πηλίκην τινὰ φῂς αὐτὴν εἶναι. e

ΠΑΙΣ. Τρίποδα.

ΣΩ. Οὐκοῦν ἄνπερ τρίπους ᾖ, τὸ ἥμισυ ταύτης προσληψόμεθα καὶ ἔσται τρίπους; Δύο μὲν γὰρ οἵδε, ὁ δὲ εἷς· καὶ ἐνθένδε ὡσαύτως δύο μὲν οἵδε, ὁ δὲ εἷς· καὶ γίγνεται τοῦτο τὸ χωρίον ὃ φῄς.

ΠΑΙΣ. Ναί.

ΣΩ. Οὐκοῦν ἂν ᾖ τῇδε τριῶν καὶ τῇδε τριῶν, τὸ ὅλον χωρίον τριῶν τρὶς ποδῶν γίγνεται;

ΠΑΙΣ. Φαίνεται.

ΣΩ. Τρεῖς δὲ τρὶς πόσοι εἰσὶ πόδες;

ΠΑΙΣ. Ἐννέα.

ΣΩ. Ἔδει δὲ τὸ διπλάσιον πόσων εἶναι ποδῶν;

ΠΑΙΣ. Ὀκτώ.

ΣΩ. Οὐδ' ἄρ' ἀπὸ τῆς τρίποδός πω τὸ ὀκτώπουν χωρίον γίγνεται.

ΠΑΙΣ. Οὐ δῆτα.

ΣΩ. Ἀλλ' ἀπὸ ποίας; Πειρῶ ἡμῖν εἰπεῖν ἀκριβῶς· καὶ εἰ μὴ βούλει ἀριθμεῖν, ἀλλὰ δεῖξον ἀπὸ ποίας. 84

ΠΑΙΣ. Ἀλλὰ μὰ τὸν Δία, ὦ Σώκρατες, ἔγωγε οὐκ οἶδα.

ΣΩ. Ἐννοεῖς αὖ, ὦ Μένων, οὗ ἐστιν ἤδη βαδίζων ὅδε τοῦ ἀναμιμνῄσκεσθαι; Ὅτι τὸ μὲν πρῶτον ᾔδει μὲν οὔ, ἥτις ἐστὶν ἡ τοῦ ὀκτώποδος χωρίου γραμμή, ὥσπερ οὐδὲ νῦν πω οἶδεν, ἀλλ' οὖν ᾤετό γ' αὐτὴν τότε εἰδέναι, καὶ θαρραλέως ἀπεκρίνετο ὡς εἰδώς, καὶ οὐχ ἡγεῖτο ἀπορεῖν· νῦν δὲ ἡγεῖται ἀπορεῖν ἤδη, καὶ ὥσπερ οὐκ οἶδεν, οὐδ' οἴεται εἰδέναι. b

KNABE: Ja.

SOKRATES: Also muß des achtfüßigen Vierecks Seite größer sein als diese zweifüßige, und kleiner als die vierfüßige?

KNABE: Das muß sie.

SOKRATES: So versuche denn zu sagen, wie groß du meinst e
daß sie sei.

KNABE: Dreifüßig.

SOKRATES: Gut. Wenn sie dreifüßig sein soll, so wollen wir von dieser noch die Hälfte dazunehmen, so wird sie dreifüßig; denn dies ist zwei Fuß, und dies ist ein Fuß, und auf dieser Seite eben so, sind dies zweie, dies einer. Und dies wird nun das Viereck, welches du meinst.

KNABE: Ja.

SOKRATES: Wenn es nun hier drei Fuß hat, und hier auch drei Fuß: so wird das ganze Viereck von dreimal drei Fuß.

KNABE: Offenbar.

SOKRATES: Dreimal drei aber, wieviel Fuß sind das?

KNABE: Neun.

SOKRATES: Wieviel Fuß aber sollte das zwiefache halten?

KNABE: Acht.

SOKRATES: Auch nicht aus der dreifüßigen Seite also wird uns das achtfüßige Viereck.

KNABE: Freilich nicht.

SOKRATES: Von welcher also, das versuche doch uns genau
zu bestimmen; und wenn du es nicht durch Zählen willst, so 84a
zeige uns nur von welcher.

KNABE: Aber beim Zeus, Sokrates, ich weiß es nicht.

3.3. Zwischenauswertung und Abschluß der Demonstration

SOKRATES: Siehst du wohl, Menon, wie weit er schon fortgeht im Erinnern? Denn zuerst wußte er zwar auch keinesweges, welches die Seite des achtfüßigen Vierecks ist, wie er es auch jetzt noch nicht weiß: allein er glaubte damals es zu wissen, und antwortete dreist fort als ein Wissender, und glaubte nicht in Verlegenheit zu kommen. Nun aber glaubt er schon in Verlegenheit zu sein, und wie er es nicht weiß, so glaubt er es
auch nicht zu wissen. b

ΜΕΝ. Ἀληθῆ λέγεις.

ΣΩ. Οὐκοῦν νῦν βέλτιον ἔχει περὶ τὸ πρᾶγμα ὃ οὐκ ᾔδει;

ΜΕΝ. Καὶ τοῦτό μοι δοκεῖ.

ΣΩ. Ἀπορεῖν οὖν αὐτὸν ποιήσαντες καὶ ναρκᾶν ὥσπερ ἡ νάρκη, μῶν τι ἐβλάψαμεν;

ΜΕΝ. Οὐκ ἔμοιγε δοκεῖ.

ΣΩ. Προὔργου γοῦν τι πεποιήκαμεν, ὡς ἔοικε, πρὸς τὸ ἐξευρεῖν ὅπῃ ἔχει· νῦν μὲν γὰρ καὶ ζητήσειεν ἂν ἡδέως οὐκ εἰδώς, τότε δὲ ῥᾳδίως ἂν καὶ πρὸς πολλοὺς καὶ πολ- c
λάκις ᾤετ' ἂν εὖ λέγειν περὶ τοῦ διπλασίου χωρίου, ὡς δεῖ διπλασίαν τὴν γραμμὴν ἔχειν μήκει.

ΜΕΝ. Ἔοικεν.

ΣΩ. Οἴει οὖν ἂν αὐτὸν πρότερον ἐπιχειρῆσαι ζητεῖν ἢ μανθάνειν τοῦτο ὃ ᾤετο εἰδέναι οὐκ εἰδώς, πρὶν εἰς ἀπορίαν κατέπεσεν ἡγησάμενος μὴ εἰδέναι, καὶ ἐπόθησεν τὸ εἰδέναι;

ΜΕΝ. Οὔ μοι δοκεῖ, ὦ Σώκρατες.

ΣΩ. Ὤνητο ἄρα ναρκήσας;

ΜΕΝ. Δοκεῖ μοι.

ΣΩ. Σκέψαι δὴ ἐκ ταύτης τῆς ἀπορίας ὅ τι καὶ ἀνευ-
ρήσει ζητῶν μετ' ἐμοῦ, οὐδὲν ἀλλ' ἢ ἐρωτῶντος ἐμοῦ καὶ d
οὐ διδάσκοντος· φύλαττε δὲ ἄν που εὕρῃς με διδάσκοντα καὶ διεξιόντα αὐτῷ, ἀλλὰ μὴ τὰς τούτου δόξας ἀνερωτῶντα. Λέγε γάρ μοι σύ· οὐ τὸ μὲν τετράπουν τοῦτο ἡμῖν ἐστι χωρίον; Μανθάνεις;

ΠΑΙΣ. Ἔγωγε.

ΣΩ. Ἕτερον δὲ αὐτῷ προσθεῖμεν ἂν τουτὶ ἴσον;

ΠΑΙΣ. Ναί.

ΣΩ. Καὶ τρίτον τόδε ἴσον ἑκατέρῳ τούτων;

ΠΑΙΣ. Ναί.

ΣΩ. Οὐκοῦν προσαναπληρωσαίμεθ' ἂν τὸ ἐν τῇ γωνίᾳ τόδε;

MENON: Du hast Recht.

SOKRATES: Steht es alo nun nicht besser mit ihm in Bezug auf die Sache, die er nicht wußte?

MENON: Auch das dünkt mich.

SOKRATES: Indem wir ihn also in Verlegenheit brachten und zum Erstarren, wie der Krampfrochen, haben wir ihm dadurch etwa Schaden getan?

MENON: Mich dünkt nicht.

SOKRATES: Vielmehr haben wir vorläufig etwas ausgerichtet, wie es scheint, damit er heraus finden kann, wie sich die Sache verhält. Denn jetzt möchte er es wohl gern suchen, da er es nicht weiß; damals aber glaubte er ohne Schwierigkeit vor c
vielen oftmals gut zu reden über das zweifache Viereck, daß es auch eine zwiefach so lange Seite haben müsse.

MENON: So mag es wohl sein.

SOKRATES: Glaubst du nun, er würde sich vorher bemüht haben, das zu suchen oder zu lernen, was er nicht wissend glaubte zu wissen, ehe er überzeugt er wisse nicht, in Verwirrung geriet, und sich nach dem Wissen sehnte?

MENON: Nein dünkt mich, Sokrates.

SOKRATES: Nutzen hat ihm also das Erstarren gebracht?

MENON: So dünkt mich.

SOKRATES: Sieh nun aber auch zu, was er von dieser Verlegenheit aus mit mir suchend auch finden wird, indem ich ihn d
immer nur frage und niemals lehre. Und gib wohl Acht, ob du mich je darauf betriffst, daß ich ihn lehre und ihm vortrage, und nicht seine eignen Gedanken nur ihm abfrage. Sage mir du, ist dies nicht unser vierfüßiges Viereck? verstehst du?

KNABE: Ja.

SOKRATES: Können wir nun nicht hier noch ein gleiches daran setzen?

KNABE: Ja.

SOKRATES: Und auch dies dritte jeden von den beiden gleich?

KNABE: Ja.

SOKRATES: Können wir nun nicht auch das noch hier in der Ecke ausfüllen?

ΠΑΙΣ. Πάνυ γε.

ΣΩ. Ἄλλο τι οὖν γένοιτ' ἂν τέτταρα ἴσα χωρία τάδε;

ΠΑΙΣ. Ναί. e

ΣΩ. Τί οὖν; Τὸ ὅλον τόδε ποσαπλάσιον τοῦδε γίγνεται;

ΠΑΙΣ. Τετραπλάσιον.

ΣΩ. Ἔδει δὲ διπλάσιον ἡμῖν γενέσθαι· ἢ οὐ μέμνησαι;

ΠΑΙΣ. Πάνυ γε.

ΣΩ. Οὐκοῦν ἔστιν αὕτη γραμμὴ ἐκ γωνίας εἰς γωνίαν [τινὰ] τέμνουσα δίχα ἕκαστον τούτων τῶν χωρίων; 85

ΠΑΙΣ. Ναί.

ΣΩ. Οὐκοῦν τέτταρες αὗται γίγνονται γραμμαὶ ἴσαι, περιέχουσαι τουτὶ τὸ χωρίον;

ΠΑΙΣ. Γίγνονται.

ΣΩ. Σκόπει δή· πηλίκον τί ἐστιν τοῦτο τὸ χωρίον;

ΠΑΙΣ. Οὐ μανθάνω.

ΣΩ. Οὐχὶ τεττάρων ὄντων τούτων ἥμισυ ἑκάστου ἑκάστη ἡ γραμμὴ ἀποτέτμηκεν ἐντός; Ἢ οὔ;

ΠΑΙΣ. Ναί.

ΣΩ. Πόσα οὖν τηλικαῦτα ἐν τούτῳ ἔνεστιν;

ΠΑΙΣ. Τέτταρα.

ΣΩ. Πόσα δὲ ἐν τῷδε;

ΠΑΙΣ. Δύο.

ΣΩ. Τὰ δὲ τέτταρα τοῖν δυοῖν τί ἐστιν;

ΠΑΙΣ. Διπλάσια.

ΣΩ. Τόδε οὖν ποσάπουν γίγνεται; b

ΠΑΙΣ. Ὀκτώπουν.

ΣΩ. Ἀπὸ ποίας γραμμῆς;

ΠΑΙΣ. Ἀπὸ ταύτης.

ΣΩ. Ἀπὸ τῆς ἐκ γωνίας εἰς γωνίαν τεινούσης τοῦ τετράποδος;

ΠΑΙΣ. Ναί.

ΣΩ. Καλοῦσιν δέ γε ταύτην διάμετρον οἱ σοφισταί· ὥστ'

KNABE: Allerdings.

SOKRATES: Sind dies nun nicht vier gleiche Vierecke?

KNABE: Ja. e

SOKRATES: Wie nun? das wievielfache ist wohl dies Ganze von diesen?

KNABE: Das vierfache.

SOKRATES: Wir sollten aber ein zweifaches bekommen, oder erinnerst du dich nicht?

KNABE: Allerdings.

SOKRATES: Schneidet nun nicht diese Linie, welche aus einem Winkel in den andern geht, jedes von diesen Vierecken in zwei gleiche Teile? 85a

KNABE: Ja.

SOKRATES: Und werden nicht dieses vier gleiche Linien, welche dieses Viereck einschließen?

KNABE: Allerdings.

SOKRATES: So betrachte nun wie groß wohl dieses Viereck ist?

KNABE: Das verstehe ich nicht.

SOKRATES: Hat nicht von diesen vieren von je einem jede Seite die Hälfte nach innen zu abgeschnitten? Oder nicht?

KNABE: Ja.

SOKRATES: Wieviel solche sind nun in diesem?

KNABE: Vier.

SOKRATES: Wieviel aber in diesem?

KNABE: Zwei.

SOKRATES: Vier aber ist von Zwei was doch?

KNABE: Das zweifache.

SOKRATES: Wievielfüßig ist also dieses? b

KNABE: Achtfüßig.

SOKRATES: Von welcher Linie?

KNABE: Von dieser.

SOKRATES: Von der welche aus einem Winkel in den andern das vierfüßige schneidet?

KNABE: Ja.

SOKRATES: Diese nun nennen die Gelehrten die Diagonale;

εἰ ταύτῃ διάμετρος ὄνομα, ἀπὸ τῆς διαμέτρου ἄν, ὡς σὺ φῄς, ὦ παῖ Μένωνος, γίγνοιτ' ἂν τὸ διπλάσιον χωρίον.

ΠΑΙΣ. Πάνυ μὲν οὖν, ὦ Σώκρατες.

ΣΩ. Τί σοι δοκεῖ, ὦ Μένων; Ἔστιν ἥντινα δόξαν οὐχ αὑτοῦ οὗτος ἀπεκρίνατο;

ΜΕΝ. Οὔκ, ἀλλ' ἑαυτοῦ. c

ΣΩ. Καὶ μὴν οὐκ ᾔδει γε, ὡς ἔφαμεν ὀλίγον πρότερον.

ΜΕΝ. Ἀληθῆ λέγεις.

ΣΩ. Ἐνῆσαν δέ γε αὐτῷ αὗται αἱ δόξαι, ἢ οὔ;

ΜΕΝ. Ναί.

ΣΩ. Τῷ οὐκ εἰδότι ἄρα περὶ ὧν ἂν μὴ εἰδῇ ἔνεισιν ἀληθεῖς δόξαι περὶ τούτων [ὧν οὐκ οἶδε];

ΜΕΝ. Φαίνεται.

ΣΩ. Καὶ νῦν μέν γε αὐτῷ ὥσπερ ὄναρ ἄρτι ἀνακεκίνηνται αἱ δόξαι αὗται· εἰ δὲ αὐτόν τις ἀνερήσεται πολλάκις τὰ αὐτὰ ταῦτα καὶ πολλαχῇ, οἶσθ' ὅτι τελευτῶν οὐδενὸς ἧττον ἀκριβῶς ἐπιστήσεται περὶ τούτων. d

ΜΕΝ. Ἔοικεν.

ΣΩ. Οὐκοῦν οὐδενὸς διδάξαντος ἀλλ' ἐρωτήσαντος ἐπιστήσεται, ἀναλαβὼν αὐτὸς ἐξ αὑτοῦ τὴν ἐπιστήμην;

ΜΕΝ. Ναί.

ΣΩ. Τὸ δὲ ἀναλαμβάνειν αὐτὸν ἐν αὑτῷ ἐπιστήμην οὐκ ἀναμιμνῄσκεσθαί ἐστιν;

ΜΕΝ. Πάνυ γε.

ΣΩ. Ἆρ' οὖν οὐ τὴν ἐπιστήμην, ἣν νῦν οὗτος ἔχει, ἤτοι ἔλαβέν ποτε ἢ ἀεὶ εἶχεν;

ΜΕΝ. Ναί.

ΣΩ. Οὐκοῦν εἰ μὲν ἀεὶ εἶχεν, ἀεὶ καὶ ἦν ἐπιστήμων· εἰ δὲ ἔλαβέν ποτε, οὐκ ἂν ἔν γε τῷ νῦν βίῳ εἰληφὼς εἴη. Ἢ δεδίδαχέν τις τοῦτον γεωμετρεῖν; Οὗτος γὰρ ποιήσει περὶ e

so daß wenn diese die Diagonale heißt, alsdann aus der Diagonale, wie du behauptest, das zwiefache Viereck entsteht.

KNABE: Allerdings, Sokrates.

3.4. Das Ergebnis bezüglich Lernen, Wiedererinnerung und Unsterblichkeit

SOKRATES: Was dünkt dich nun, Menon? hat dieser irgend eine Vorstellung, die nicht sein war, zur Antwort gegeben?

MENON: Nein, nur seine eignen. c

SOKRATES: Und doch wußte er es vor kurzem noch nicht, wie wir gestanden?

MENON: Ganz recht.

SOKRATES: Es waren aber doch diese Vorstellungen in ihm. Oder nicht?

MENON: Ja.

SOKRATES: In dem Nichtwissenden also sind von dem was er nicht weiß dennoch richtige Vorstellungen.

MENON: Das zeigt sich.

SOKRATES: Und jetzt sind ihm nur noch eben wie im Traume diese Vorstellungen aufgeregt. Wenn ihn aber Jemand oftmals um dies nämliche befragt und auf vielfache Art: so wisse nur, daß er am Ende nicht minder genau als irgend ein Anderer um diese Dinge wissen wird. d

MENON: Das scheint wohl.

SOKRATES: Ohne daß ihn also Jemand lehrt sondern nur ausfragt, wird er wissen, und wird die Erkenntnis nur aus sich selbst hervorgeholt haben.

MENON: Ja.

SOKRATES: Dieses nun, selbst aus sich eine Erkenntnis hervorholen, heißt das nicht sich erinnern?

MENON: Allerdings.

SOKRATES: Und hat etwa nicht dieser die Erkenntnis, die er jetzt hat, entweder einmal erlangt oder immer gehabt?

MENON: Ja.

SOKRATES: Hat er sie nun immer gehabt, so ist er auch immer wissend gewesen. Hat er sie einmal erlangt, so hat er sie wenigstens nicht in diesem Leben erlangt. Oder hat Jemand diesen die Meßkunst gelehrt? Denn gewiß wird er mit der e

πάσης γεωμετρίας ταὐτὰ ταῦτα, καὶ τῶν ἄλλων μαθημάτων ἁπάντων. Ἔστιν οὖν ὅστις τοῦτον πάντα δεδίδαχεν; Δίκαιος γάρ που εἶ εἰδέναι, ἄλλως τε ἐπειδὴ ἐν τῇ σῇ οἰκίᾳ γέγονεν καὶ τέθραπται.

ΜΕΝ. Ἀλλ' οἶδα ἔγωγε ὅτι οὐδεὶς πώποτε ἐδίδαξεν.

ΣΩ. Ἔχει δὲ ταύτας τὰς δόξας, ἢ οὐχί;

ΜΕΝ. Ἀνάγκη, ὦ Σώκρατες, φαίνεται.

ΣΩ. Εἰ δὲ μὴ ἐν τῷ νῦν βίῳ λαβών, οὐκ ἤδη τοῦτο δῆλον, ὅτι ἐν ἄλλῳ τινὶ χρόνῳ εἶχε καὶ ἐμεμαθήκει; **86**

ΜΕΝ. Φαίνεται.

ΣΩ. Οὐκοῦν οὗτός γέ ἐστιν ὁ χρόνος ὅτ' οὐκ ἦν ἄνθρωπος;

ΜΕΝ. Ναί.

ΣΩ. Εἰ οὖν ὅν τ' ἂν ᾖ χρόνον καὶ ὃν ἂν μὴ ᾖ ἄνθρωπος, ἐνέσονται αὐτῷ ἀληθεῖς δόξαι, αἳ ἐρωτήσει ἐπεγερθεῖσαι ἐπιστῆμαι γίγνονται, ἆρ' οὖν τὸν ἀεὶ χρόνον μεμαθηκυῖα ἔσται ἡ ψυχὴ αὐτοῦ; Δῆλον γὰρ ὅτι τὸν πάντα χρόνον ἔστιν ἢ οὐκ ἔστιν ἄνθρωπος.

ΜΕΝ. Φαίνεται.

ΣΩ. Οὐκοῦν εἰ ἀεὶ ἡ ἀλήθεια ἡμῖν τῶν ὄντων ἐστὶν ἐν b
τῇ ψυχῇ, ἀθάνατος ἂν ἡ ψυχὴ εἴη, ὥστε θαρροῦντα χρὴ ὃ μὴ τυγχάνεις ἐπιστάμενος νῦν, τοῦτο δ' ἐστὶν ὃ μὴ μεμνημένος, ἐπιχειρεῖν ζητεῖν καὶ ἀναμιμνῄσκεσθαι;

ΜΕΝ. Εὖ μοι δοκεῖς λέγειν, ὦ Σώκρατες, οὐκ οἶδ' ὅπως.

ΣΩ. Καὶ γὰρ ἐγὼ ἐμοί, ὦ Μένων. Καὶ τὰ μέν γε ἄλλα οὐκ ἂν πάνυ ὑπὲρ τοῦ λόγου διισχυρισαίμην· ὅτι δ' οἰόμενοι δεῖν ζητεῖν ἃ μή τις οἶδεν, βελτίους ἂν εἶμεν καὶ ἀνδρικώτεροι καὶ ἧττον ἀργοὶ ἢ εἰ οἰοίμεθα ἃ μὴ ἐπιστάμεθα μηδὲ δυνατὸν εἶναι εὑρεῖν μηδὲ δεῖν ζητεῖν, περὶ c
τούτου πάνυ ἂν διαμαχοίμην, εἰ οἷός τε εἴην, καὶ λόγῳ καὶ ἔργῳ.

ΜΕΝ. Καὶ τοῦτο μέν γε δοκεῖς μοι εὖ λέγειν, ὦ Σώκρατες.

ganzen Meßkunst eben so verfahren, und mit allen andern Wissenschaften auch. Hat nun Jemand diesen dies alles gelehrt? Denn du mußt es ja wohl wissen, da er in deinem Hause geboren und erzogen ist?

MENON: Ich weiß sehr gut, daß Niemand sie ihn jemals gelehrt hat.

SOKRATES: Er hat aber diese Vorstellungen; oder nicht?

MENON: Notwendig, wie man ja sieht.

SOKRATES: Wenn er sie aber in diesem Leben nicht erlangt
hat und daher nicht wußte: so hat er sie ja offenbar in einer
andern Zeit gehabt und gelernt. 86a

MENON: Offenbar.

SOKRATES: Ist nun nicht dieses doch die Zeit, wo er kein Mensch war?

MENON: Offenbar.

SOKRATES: Wenn also in der ganzen Zeit, wo er Mensch ist oder auch wo er es nicht ist, richtige Vorstellungen in ihm sein sollen, welche durch Fragen aufgeregt Erkenntnisse werden, muß dann nicht seine Seele von je her in dem Zustande des Gelernthabens sein? Denn offenbar ist er durch alle Zeit entweder Mensch oder nicht.

MENON: Das ist einleuchtend.

SOKRATES: Wenn nun von jeher immer die Wahrheit von b
allem was ist der Seele einwohnt, so wäre ja die Seele unsterblich, so daß du getrost, was du jetzt nicht weißt, das heißt aber, dessen du dich nicht erinnerst, trachten kannst zu suchen und dir zurückzurufen.

MENON: Du scheinst mir, ich weiß nicht wie, vortrefflich zu reden, Sokrates.

SOKRATES: Auch mir selbst scheine ich es, o Menon. Und
das Übrige freilich möchte ich nicht eben ganz verfechten für
diese Rede; daß wir aber, wenn wir glauben das suchen zu
müssen was wir nicht wissen, besser werden und mannhafter
und weniger träge, als wenn wir glauben, was man nicht wisse
sei nicht möglich zu finden, und man müsse es also auch nicht c
erst suchen, dafür möchte ich allerdings streiten, wenn ich es
könnte, mit Wort und Tat.

MENON: Auch dies dünkt mich sehr richtig gesagt, Sokrates.

ΣΩ. Βούλει οὖν, ἐπειδὴ ὁμονοοῦμεν ὅτι ζητητέον περὶ οὗ μή τις οἶδεν, ἐπιχειρήσωμεν κοινῇ ζητεῖν τί ποτ' ἐστὶν ἀρετή;

ΜΕΝ. Πάνυ μὲν οὖν. Οὐ μέντοι, ὦ Σώκρατες, ἀλλ' ἔγωγε ἐκεῖνο ἂν ἥδιστα, ὅπερ ἠρόμην τὸ πρῶτον, καὶ σκεψαίμην καὶ ἀκούσαιμι, πότερον ὡς διδακτῷ ὄντι αὐτῷ δεῖ d
ἐπιχειρεῖν, ἢ ὡς φύσει ἢ ὡς τίνι ποτὲ τρόπῳ παραγιγνομένης τοῖς ἀνθρώποις τῆς ἀρετῆς.

ΣΩ. Ἀλλ' εἰ μὲν ἐγὼ ἦρχον, ὦ Μένων, μὴ μόνον ἐμαυτοῦ ἀλλὰ καὶ σοῦ, οὐκ ἂν ἐσκεψάμεθα πρότερον εἴτε διδακτὸν εἴτε οὐ διδακτὸν ἡ ἀρετή, πρὶν ὅ τι ἐστιν πρῶτον ἐζητήσαμεν αὐτό· ἐπειδὴ δὲ σὺ σαυτοῦ μὲν οὐδ' ἐπιχειρεῖς ἄρχειν, ἵνα δὴ ἐλεύθερος ᾖς, ἐμοῦ δὲ ἐπιχειρεῖς τε ἄρχειν καὶ ἄρχεις, συγχωρήσομαί σοι· τί γὰρ χρὴ ποιεῖν;

Ἔοικεν οὖν σκεπτέον εἶναι ποῖόν τί ἐστιν ὃ μήπω ἴσμεν e
ὅ τί ἐστιν. Εἰ μή τι οὖν ἀλλὰ σμικρόν γέ μοι τῆς ἀρχῆς χάλασον, καὶ συγχώρησον ἐξ ὑποθέσεως αὐτὸ σκοπεῖσθαι, εἴτε διδακτόν ἐστιν εἴτε ὁπωσοῦν. Λέγω δὲ τὸ ἐξ ὑποθέσεως ὧδε, ὥσπερ οἱ γεωμέτραι πολλάκις σκοποῦνται, ἐπειδάν τις ἔρηται αὐτούς, οἷον περὶ χωρίου, εἰ οἷόν τε ἐς τόνδε τὸν κύκλον τόδε τὸ χωρίον τρίγωνον ἐνταθῆναι, 87
εἴποι ἄν τις ὅτι, Οὔπω οἶδα εἰ ἔστιν τοῦτο τοιοῦτον, ἀλλ' ὥσπερ μέν τινα ὑπόθεσιν προὔργου οἶμαι ἔχειν πρὸς τὸ πρᾶγμα τοιάνδε· εἰ μέν ἐστιν τοῦτο τὸ χωρίον τοιοῦτον οἷον παρὰ τὴν δοθεῖσαν αὐτοῦ γραμμὴν παρατείναντα ἐλλείπειν τοιούτῳ χωρίῳ οἷον ἂν αὐτὸ τὸ παρατεταμένον ᾖ, ἄλλο τι συμβαίνειν μοι δοκεῖ, καὶ ἄλλο αὖ, εἰ ἀδύνατόν ἐστιν ταῦτα παθεῖν. Ὑποθέμενος οὖν ἐθέλω εἰπεῖν σοι τὸ συμβαῖνον περὶ τῆς ἐντάσεως αὐτοῦ εἰς τὸν κύκλον, εἴτε ἀδύνατον εἴτε μή. b

Οὕτω δὴ καὶ περὶ ἀρετῆς ἡμεῖς, ἐπειδὴ οὐκ ἴσμεν οὔθ' ὅ τί ἐστιν οὔθ' ὁποῖόν τι, ὑποθέμενοι αὐτὸ σκοπῶμεν εἴτε διδακτὸν εἴτε οὐ διδακτόν ἐστιν, ὧδε λέγοντες· εἰ ποῖόν τί

4. Rückkehr zur Frage nach Wesen und Lehrbarkeit der Tugend
4.1. Wenn die Tugend ein Wissen ist, ist sie lehrbar, wenn nicht, dann nicht

SOKRATES: Da wir nun einig darüber sind, daß gesucht werden muß was jemand noch nicht weiß; willst du daß wir mit einander unternehmen zu suchen, was wohl die Tugend ist?

MENON: Gar gern. Jedoch, Sokrates, möchte ich am liebsten jenes, wonach ich zuerst fragte, untersuchen und hören, ob
man ihr als etwas lehrbarem nachstreben muß, oder so als d
wenn von Natur oder auf sonst irgend eine Weise die Tugend den Menschen einwohnte.

SOKRATES: Hätte ich zu gebieten, Menon, nicht nur über mich, sondern auch über dich: so würden wir nicht eher überlegen, ob die Tugend lehrbar ist oder nicht, bis wir zuvor, was sie ist, untersucht hätten. Allein da du, über sich selbst zwar gar nicht begehrst zu gebieten um nämlich frei zu bleiben, über mich aber begehrst zu gebieten und auch wirklich gebietest: so muß ich dir nachgeben. Denn was will ich machen? Wie es
scheint also, sollen wir untersuchen, wie etwas beschaffen ist, e
wovon wir noch nicht wissen was es ist. Wenn also auch nicht ganz, so laß mir doch ein wenig nach von deinem Gebot, und gestatte mir, von einer Voraussetzung aus dieses zu betrachten, ob sie lehrbar ist oder was sonst. Dieses von einer Voraussetzung aus meine ich aber so, wie die Meßkünstler oft etwas zur Betrachtung ziehn, wenn ihnen jemand einen Frage vorlegt, wie etwa von einer Figur, ob es möglich ist in diesen Kreis
dieses Dreieck einzuspannen, darauf möchte einer sagen, ich 87a
weiß noch nicht, ob dieses ein solches ist, aber als eine Voraussetzung für die Sache glaube ich folgendes bei der Hand zu haben. Wenn dieses Dreieck ein solches ist, daß wenn man um seine gegebene Grundlinie den Kreis herumzieht, noch ein eben solcher Raum übrig bleibt als der umspannte selbst ist, alsdann, dünkt mich, wird etwas anderes erfolgen, und wiederum etwas anderes, wenn dies unmöglich ist. In Beziehung auf diese Voraussetzung nun will ich dir sagen wie es mit der
Einspannung desselben in den Kreis steht, ob sie unmöglich ist b
oder nicht. So auch wir in Beziehung auf die Tugend, da wir gar nicht wissen was sie ist noch wie beschaffen, wollen eine

ἐστι τῶν περὶ τὴν ψυχὴν ὄντων ἀρετή, διδακτὸν ἂν εἴη ἢ οὐ διδακτόν ; Πρῶτον μὲν εἰ ἔστιν ἀλλοῖον ἢ οἷον ἐπιστήμη, ἆρα διδακτόν ἢ οὔ, ἢ ὃ νυνδὴ ἐλέγομεν, ἀναμνηστόν· διαφερέτω δὲ μηδὲν ἡμῖν ὁποτέρῳ ἂν τῷ ὀνόματι χρώμεθα· ἀλλ' ἆρα διδακτόν ; Ἢ τοῦτό γε παντὶ δῆλον ὅτι οὐδὲν ἄλλο c
διδάσκεται ἄνθρωπος ἢ ἐπιστήμην ;

ΜΕΝ. Ἔμοιγε δοκεῖ.

ΣΩ. Εἰ δέ γ' ἐστὶν ἐπιστήμη τις ἡ ἀρετή, δῆλον ὅτι διδακτὸν ἂν εἴη.

ΜΕΝ. Πῶς γὰρ οὔ ;

ΣΩ. Τούτου μὲν ἄρα ταχὺ ἀπηλλάγμεθα, ὅτι τοιοῦδε μὲν ὄντος διδακτόν, τοιοῦδε δ' οὔ.

ΜΕΝ. Πάνυ γε.

ΣΩ. Τὸ δὴ μετὰ τοῦτο, ὡς ἔοικε, δεῖ σκέψασθαι, πότερόν ἐστιν ἐπιστήμη ἡ ἀρετὴ ἢ ἀλλοῖον ἐπιστήμης.

ΜΕΝ. Ἔμοιγε δοκεῖ τοῦτο μετὰ τοῦτο σκεπτέον εἶναι. d

ΣΩ. Τί δὲ δή ; Ἄλλο τι ἢ ἀγαθὸν αὐτό φαμεν εἶναι τὴν ἀρετήν, καὶ αὕτη ἡ ὑπόθεσις μένει ἡμῖν, ἀγαθὸν αὐτὸ εἶναι ;

ΜΕΝ. Πάνυ μὲν οὖν.

ΣΩ. Οὐκοῦν εἰ μέν τί ἐστιν ἀγαθὸν καὶ ἄλλο χωριζόμενον ἐπιστήμης, τάχ' ἂν εἴη ἡ ἀρετὴ οὐκ ἐπιστήμη τις· εἰ δὲ μηδέν ἐστιν ἀγαθὸν ὃ οὐκ ἐπιστήμη περιέχει, ἐπιστήμην ἄν τιν' αὐτὸ ὑποπτεύοντες εἶναι ὀρθῶς ὑποπτεύοιμεν.

ΜΕΝ. Ἔστι ταῦτα.

ΣΩ. Καὶ μὴν ἀρετῇ γ' ἐσμὲν ἀγαθοί ;

ΜΕΝ. Ναί.

ΣΩ. Εἰ δὲ ἀγαθοί, ὠφέλιμοι· πάντα γὰρ τἀγαθὰ ὠφέλιμα. Οὐχί ; e

ΜΕΝ. Ναί.

ΣΩ. Καὶ ἡ ἀρετὴ δὴ ὠφέλιμόν ἐστιν ;

Voraussetzung machend dieses erwägen, ob sie lehrbar ist oder nicht lehrbar, indem wir so sagen, Wenn sie was doch von dem in der Seele vorkommenden ist, wird sie lehrbar sein oder nicht lehrbar? Zuerst also, wenn sie etwas ganz anderes ist als Erkenntnis, kann sie dann gelehrt werden oder nicht, oder, wie wir eben sagten, in Erinnerung gebracht? Denn es soll uns gleich gelten welches Wortes wir uns bedienen. Also ist sie dann lehrbar? Oder ist das wohl Jedem klar, daß nichts anders c
dem Menschen kann gelehrt werden als Erkenntnis?

MENON: Mir wenigstens scheint es so.

SOKRATES: Wenn nun die Tugend irgend Erkenntnis ist, offenbar ist sie dann lehrbar.

MENON: Wie sollte sie nicht.

SOKRATES: Damit also sind wir bald fertig geworden, daß wenn sie ein solches ist, so ist sie lehrbar; wenn nicht, so nicht.

MENON: Freilich.

4.2. Es scheint: die Tugend ist ein Wissen, also lehrbar

SOKRATES: Nächstdem nun, wie es scheint, müssen wir untersuchen, ob die Tugend Erkenntnis ist oder etwas ganz verschiedenes von der Erkenntnis.

MENON: Allerdings müssen wir dies zunächst untersuchen. d

SOKRATES: Wie nun, sagen wir nicht, daß die Tugend gut ist, und bleibt uns nicht diese Voraussetzung daß sie gut ist?

MENON: Allerdings.

SOKRATES: Also wenn es noch irgend anderes Gute gibt was gänzlich getrennt ist von der Erkenntnis, dann könnte vielleicht auch die Tugend nicht Erkenntnis sein; gibt es aber gar kein Gutes was die Erkenntnis nicht unter sich begreift, so dürften wir, wenn wir ahnden, sie sei irgend eine Erkenntnis, ganz richtig ahnden.

MENON: Das mag so sein.

SOKRATES: Gewiß doch sind wir vermöge der Tugend gut?

MENON: Ja.

SOKRATES: Und wenn gut, auch nützlich; denn alles Gute e
ist nützlich. Nicht so?

MENON: Ja.

SOKRATES: Also ist auch die Tugend nützlich?

ΜΕΝ. Ἀνάγκη ἐκ τῶν ὡμολογημένων.

ΣΩ. Σκεψώμεθα δὴ καθ' ἕκαστον ἀναλαμβάνοντες ποῖά ἐστιν ἅ ἡμᾶς ὠφελεῖ. Ὑγίεια, φαμέν, καὶ ἰσχὺς καὶ κάλλος καὶ πλοῦτος δή· ταῦτα λέγομεν καὶ τὰ τοιαῦτα ὠφέλιμα. Οὐχί ;

ΜΕΝ. Ναί.

ΣΩ. Ταὐτὰ δὲ ταῦτά φαμεν ἐνίοτε καὶ βλάπτειν· ἢ σὺ 88
ἄλλως φῂς ἢ οὕτως ;

ΜΕΝ. Οὔκ, ἀλλ' οὕτως.

ΣΩ. Σκόπει δή, ὅταν τί ἑκάστου τούτων ἡγῆται, ὠφελεῖ ἡμᾶς, καὶ ὅταν τί, βλάπτει ; Ἆρ' οὐχ ὅταν μὲν ὀρθὴ χρῆσις, ὠφελεῖ, ὅταν δὲ μή, βλάπτει ;

ΜΕΝ. Πάνυ γε.

ΣΩ. Ἔτι τοίνυν καὶ τὰ κατὰ τὴν ψυχὴν σκεψώμεθα. Σωφροσύνην τι καλεῖς καὶ δικαιοσύνην καὶ ἀνδρείαν καὶ εὐμαθίαν καὶ μνήμην καὶ μεγαλοπρέπειαν καὶ πάντα τὰ τοιαῦτα ;

ΜΕΝ. Ἔγωγε. b

ΣΩ. Σκόπει δή, τούτων ἅττα σοι δοκεῖ μὴ ἐπιστήμη εἶναι ἀλλ' ἄλλο ἐπιστήμης, εἰ οὐχὶ τοτὲ μὲν βλάπτει, τοτὲ δὲ ὠφελεῖ ; Οἷον ἀνδρεία, εἰ μὴ ἔστι φρόνησις ἡ ἀνδρεία ἀλλ' οἷον θάρρος τι· οὐχ ὅταν μὲν ἄνευ νοῦ θαρρῇ ἄνθρωπος, βλάπτεται, ὅταν δὲ σὺν νῷ, ὠφελεῖται ;

ΜΕΝ. Ναί.

ΣΩ. Οὐκοῦν καὶ σωφροσύνη ὡσαύτως καὶ εὐμαθία· μετὰ μὲν νοῦ καὶ μανθανόμενα καὶ καταρτυόμενα ὠφέλιμα, ἄνευ
δὲ νοῦ βλαβερά ; c

ΜΕΝ. Πάνυ σφόδρα.

ΣΩ. Οὐκοῦν συλλήβδην πάντα τὰ τῆς ψυχῆς ἐπιχειρήματα καὶ καρτερήματα ἡγουμένης μὲν φρονήσεως εἰς εὐδαιμονίαν τελευτᾷ, ἀφροσύνης δ' εἰς τοὐναντίον ;

ΜΕΝ. Ἔοικεν.

ΣΩ. Εἰ ἄρα ἀρετὴ τῶν ἐν τῇ ψυχῇ τί ἐστιν καὶ ἀναγ-

MENON: Notwendig aus dem eingestandenen.

SOKRATES: Betrachten wir also das einzelne durchnehmend, was doch für Dinge es sind, die uns nützen. Gesundheit sagen wir und Stärke und Schönheit und Reichtum doch wohl. Dieses und dergleichen nennen wir doch nützlich. Nicht so?

MENON: Ja.

SOKRATES: Diese nämlichen Dinge aber, sagen wir, schaden auch bisweilen. Oder behauptest du es anders als so? 88a

MENON: Nein, sondern eben so.

SOKRATES: Bedenke also was wohl alle diese Dinge regieren muß, wenn sie uns nützen sollen, und was, wenn sie uns schaden? Nicht so, wenn rechter Gebrauch, dann nützen sie, wenn unrechter, dann schaden sie?

MENON: Freilich.

SOKRATES: Auch das was in der Seele ist laß uns betrachten. Du nennst doch etwas Besonnenheit und Gerechtigkeit und Tapferkeit, und Fassungskraft und Gedächtnis und Edelsinn und alles dergleichen?

MENON: Ja wohl. b

SOKRATES: Betrachte nun hievon was dir nicht Erkenntnis zu sein scheint, sondern etwas anderes als Erkenntnis, ob das nicht bisweilen schadet und bisweilen nutzt? Wie die Tapferkeit, wenn sie nicht Einsicht ist, sondern nur wie eine gewisse Kühnheit; nicht so, wenn ein Mensch ohne Vernunft kühn ist, so hat er Schaden; wenn mit Vernunft, dann Nutzen?

MENON: Ja.

SOKRATES: Nicht auch die Besonnenheit eben so und die Gelehrigkeit sind, wenn mit Vernunft gelernt und Ordnung gehalten wird, nützlich, ohne Vernunft aber schädlich? c

MENON: Ganz gewiß.

SOKRATES: Also auch überhaupt, alles was die Seele unternimmt und aushält, endet, wenn Einsicht dabei regiert, in Glückseligkeit, wenn aber Torheit, in das Gegenteil?

MENON: So scheint es.

SOKRATES: Ist nun die Tugend etwas in der Seele, und dem

καῖον αὐτῷ ὠφελίμῳ εἶναι, φρόνησιν αὐτὸ δεῖ εἶναι, ἐπει-
δήπερ πάντα τὰ κατὰ τὴν ψυχὴν αὐτὰ μὲν καθ' αὑτὰ οὔτε
ὠφέλιμα οὔτε βλαβερά ἐστιν, προσγενομένης δὲ φρονήσεως
ἢ ἀφροσύνης βλαβερά τε καὶ ὠφέλιμα γίγνεται. Κατὰ δὴ d
τοῦτον τὸν λόγον ὠφέλιμόν γε οὖσαν τὴν ἀρετὴν φρόνησιν
δεῖ τιν' εἶναι.

ΜΕΝ. Ἔμοιγε δοκεῖ.

ΣΩ. Καὶ μὲν δὴ καὶ τἆλλα ἃ νυνδὴ ἐλέγομεν, πλοῦτόν
τε καὶ τὰ τοιαῦτα, τοτὲ μὲν ἀγαθὰ τοτὲ δὲ βλαβερὰ εἶναι,
ἆρα οὐχ ὥσπερ τῇ ἄλλῃ ψυχῇ ἡ φρόνησις ἡγουμένη ὠφέ-
λιμα τὰ τῆς ψυχῆς ἐποίει, ἡ δὲ ἀφροσύνη βλαβερά, οὕτως
αὖ καὶ τούτοις ἡ ψυχὴ ὀρθῶς μὲν χρωμένη καὶ ἡγουμένη e
ὠφέλιμα αὐτὰ ποιεῖ, μὴ ὀρθῶς δὲ βλαβερά ;

ΜΕΝ. Πάνυ γε.

ΣΩ. Ὀρθῶς δέ γε ἡ ἔμφρων ἡγεῖται, ἡμαρτημένως δ'
ἡ ἄφρων ;

ΜΕΝ. Ἔστι ταῦτα.

ΣΩ. Οὐκοῦν οὕτω δὴ κατὰ πάντων εἰπεῖν ἔστιν, τῷ
ἀνθρώπῳ τὰ μὲν ἄλλα πάντα εἰς τὴν ψυχὴν ἀνηρτῆσθαι,
τὰ δὲ τῆς ψυχῆς αὐτῆς εἰς φρόνησιν, εἰ μέλλει ἀγαθὰ 89
εἶναι· καὶ τούτῳ τῷ λόγῳ φρόνησις ἂν εἴη τὸ ὠφέλιμον·
φαμὲν δὲ τὴν ἀρετὴν ὠφέλιμον εἶναι ;

ΜΕΝ. Πάνυ γε.

ΣΩ. Φρόνησιν ἄρα φαμὲν ἀρετὴν εἶναι, ἤτοι ξύμπασαν
ἢ μέρος τι ;

ΜΕΝ. Δοκεῖ μοι καλῶς λέγεσθαι, ὦ Σώκρατες, τὰ
λεγόμενα.

ΣΩ. Οὐκοῦν εἰ ταῦτα οὕτως ἔχει, οὐκ ἂν εἶεν φύσει οἱ
ἀγαθοί.

ΜΕΝ. Οὔ μοι δοκεῖ.

ΣΩ. Καὶ γὰρ ἄν που καὶ τόδ' ἦν· εἰ φύσει οἱ ἀγαθοὶ b
ἐγίγνοντο, ἦσάν που ἂν ἡμῖν οἳ ἐγίγνωσκον τῶν νέων τοὺς
ἀγαθοὺς τὰς φύσεις, οὓς ἡμεῖς ἂν παραλαβόντες ἐκείνων

notwendig zukommt nützlich zu sein: so muß sie Einsicht sein,
weil alles übrige in der Seele an und für sich weder nützlich ist
noch schädlich, und nur durch Hinzukommen der Einsicht
oder Torheit schädlich und nützlich wird. Also diesem zufolge, d
wenn die Tugend nützlich ist, muß sie Einsicht sein.

MENON: So scheint es mir.

SOKRATES: So auch mit dem übrigen, Reichtum und dergleichen, dessen wir vorhin erwähnten, daß es bisweilen gut bisweilen schädlich wäre, wird nicht eben wie die Vernunft, wenn sie die übrige Seele regiert, das in der Seele nützlich
machte, die Unvernunft aber schädlich: so wiederum die Seele e
diese Dinge, wenn sie sie richtig gebraucht und regiert, nützlich machen, wenn aber unrichtig, dann schädlich?

MENON: Freilich.

SOKRATES: Recht aber regiert die vernünftige, fehlerhaft und verkehrt die unvernünftige?

MENON: So ist es.

SOKRATES: Kann man nun nicht im Allgemeinen sagen, daß dem Menschen alles andere, ob es ihm gut sein wird, von
der Seele abhange, was aber in der Seele selbst ist, dieses von 89a
der Vernunft. Und nach dieser Rede wäre überhaupt Vernunft das Nützliche. Und wir sagen die Tugend sei nützlich.

MENON: Freilich.

SOKRATES: Vernunft also, sagen wir, sei Tugend, entweder die ganze oder ein Teil von ihr.

MENON: Mir scheint das Gesagte, o Sokrates, gut gesagt zu sein.

SOKRATES: Wenn sich nun dieses so verhält, so wären die Guten es wohl nicht von Natur.

MENON: Nein, dünkt mich.

SOKRATES: Auch dieses würde wohl der Fall sein. Wenn die b
Guten es von Natur wären: so würde es auch welche unter uns geben, welche die von Natur Guten unter der Jugend zu un-

ἀποφηνάντων ἐφυλάττομεν ἐν ἀκροπόλει, κατασημηνάμενοι
πολὺ μᾶλλον ἢ τὸ χρυσίον, ἵνα μηδεὶς αὐτοὺς διέφθειρεν,
ἀλλ' ἐπειδὴ ἀφίκοιντο εἰς τὴν ἡλικίαν, χρήσιμοι γίγνοιντο
ταῖς πόλεσιν.

ΜΕΝ. Εἰκός γέ τοι, ὦ Σώκρατες.

ΣΩ. Ἆρ' οὖν ἐπειδὴ οὐ φύσει οἱ ἀγαθοὶ ἀγαθοὶ γίγνον-
ται, ἆρα μαθήσει; c

ΜΕΝ. Δοκεῖ μοι ἤδη ἀναγκαῖον εἶναι· καὶ δῆλον, ὦ
Σώκρατες, κατὰ τὴν ὑπόθεσιν, εἴπερ ἐπιστήμη ἐστὶν
ἀρετή, ὅτι διδακτόν ἐστιν.

ΣΩ. Ἴσως νὴ Δία· ἀλλὰ μὴ τοῦτο οὐ καλῶς ὡμολογή-
σαμεν;

ΜΕΝ. Καὶ μὴν ἐδόκει μὲν ἄρτι καλῶς λέγεσθαι.

ΣΩ. Ἀλλὰ μὴ οὐκ ἐν τῷ ἄρτι μόνον δέῃ αὐτὸ δοκεῖν
καλῶς λέγεσθαι, ἀλλὰ καὶ ἐν τῷ νῦν καὶ ἐν τῷ ἔπειτα, εἰ
μέλλει τι αὐτοῦ ὑγιὲς εἶναι.

ΜΕΝ. Τί οὖν δή; Πρὸς τί βλέπων δυσχεραίνεις αὐτὸ d
καὶ ἀπιστεῖς μὴ οὐκ ἐπιστήμη ᾖ ἡ ἀρετή;

ΣΩ. Ἐγώ σοι ἐρῶ, ὦ Μένων. Τὸ μὲν γὰρ διδακτὸν αὐτὸ
εἶναι, εἴπερ ἐπιστήμη ἐστίν, οὐκ ἀνατίθεμαι μὴ οὐ καλῶς
λέγεσθαι· ὅτι δὲ οὐκ ἔστιν ἐπιστήμη, σκέψαι ἐάν σοι δοκῶ
εἰκότως ἀπιστεῖν. Τόδε γάρ μοι εἰπέ· εἰ ἔστιν διδακτὸν
ὁτιοῦν πρᾶγμα, μὴ μόνον ἀρετή, οὐκ ἀναγκαῖον αὐτοῦ καὶ
διδασκάλους καὶ μαθητὰς εἶναι;

ΜΕΝ. Ἔμοιγε δοκεῖ. e

ΣΩ. Οὐκοῦν τοὐναντίον αὖ, οὗ μήτε διδάσκαλοι μήτε
μαθηταὶ εἶεν, καλῶς ἂν αὐτὸ εἰκάζοντες εἰκάζοιμεν μὴ
διδακτὸν εἶναι;

ΜΕΝ. Ἔστι ταῦτα· ἀλλ' ἀρετῆς διδάσκαλοι οὐ δοκοῦσί
σοι εἶναι;

ΣΩ. Πολλάκις γοῦν ζητῶν εἴ τινες εἶεν αὐτῆς διδά-

terscheiden wüßten, welche wir dann, sobald jene sie angezeigt hätten, aussondern und in der Feste verwahren würden, weit sorgfältiger sie besiegelnd als das Gold, damit Niemand sie uns verderben könne, sondern sobald sie das gehörige Alter erreicht hätten, sie dem Staat nützlich würden.

MENON: Ganz natürlich.

SOKRATES: Werden nun etwa die Guten, wenn sie nicht von Natur gut sind, es durch Belehrung. c

MENON: Das dünkt mich nun schon notwendig, Sokrates, und es ist auch klar nach unserer Voraussetzung, wenn die Tugend Erkenntnis ist, daß sie lehrbar sein muß.

4.3. Zweifel am Ergebnis: Wenn die Tugend lehrbar ist, muß es Lehrer der Tugend geben!

SOKRATES: Vielleicht, beim Zeus! Aber daß wir nur dieses nicht etwa mit Unrecht zugegeben haben!

MENON: Es schien uns ja nur noch eben sehr richtig gesagt.

SOKRATES: Wenn das nur nicht etwa zu wenig ist, daß es uns noch eben richtig dünkte, sondern es uns auch jetzt und hernach so dünken muß, wofern etwas gesundes daran sein soll.

MENON: Was nun wieder? Was hast du vor Augen, weshalb d
es dir nicht mehr recht ist und du bezweifelst, ob die Tugend Erkenntnis ist?

SOKRATES: Das will ich dir sagen, Menon. Daß die Tugend lehrbar ist, wenn sie Erkenntnis ist, das nehme ich nicht zurück, als wäre es nicht richtig gesagt; daß sie aber wohl nicht kann Erkenntnis sein, sieh zu, ob ich dir scheine, dies mir Recht zu bezweifeln. Nämlich sage mir nur dieses, wenn irgend eine Sache lehrbar ist, nicht nur die Tugend, muß es dann nicht auch Lehrer darin geben und Schüler?

MENON: Das denke ich wohl. e

SOKRATES: Und im Gegenteil, wovon es weder Lehrer noch Schüler gibt, würden wir davon nicht ganz recht vermuten, wenn wir vermuteten, es sei auch nicht lehrbar?

MENON: Das ist wohl richtig. Aber dünkt dich, es gäbe keine Lehrer der Tugend?

SOKRATES: Oftmals schon habe ich gesucht, ob es Lehrer

σκαλοι, πάντα ποιῶν οὐ δύναμαι εὑρεῖν. Καίτοι μετὰ πολ-
λῶν γε ζητῶ καὶ τούτων μάλιστα οὓς ἂν οἴωμαι ἐμπειρο-
τάτους εἶναι τοῦ πράγματος. Καὶ δὴ καὶ νῦν, ὦ Μένων,
εἰς καλὸν ἡμῖν Ἄνυτος ὅδε παρεκαθέζετο, ᾧ μεταδῶμεν
τῆς ζητήσεως. Εἰκότως δ' ἂν μεταδοῖμεν· Ἄνυτος γὰρ ὅδε
πρῶτον μέν ἐστι πατρὸς πλουσίου τε καὶ σοφοῦ Ἀνθεμίω- 90
νος, ὃς ἐγένετο πλούσιος οὐκ ἀπὸ τοῦ αὐτομάτου οὐδὲ
δόντος τινός, ὥσπερ ὁ νῦν νεωστὶ εἰληφὼς τὰ Πολυκράτους
χρήματα Ἰσμηνίας ὁ Θηβαῖος, ἀλλὰ τῇ αὑτοῦ σοφίᾳ κτη-
σάμενος καὶ ἐπιμελείᾳ, ἔπειτα καὶ τὰ ἄλλα οὐχ ὑπερήφανος
δοκῶν εἶναι πολίτης οὐδὲ ὀγκώδης τε καὶ ἐπαχθής, ἀλλὰ
κόσμιος καὶ εὐσταλὴς ἀνήρ· ἔπειτα τοῦτον εὖ ἔθρεψεν b
καὶ ἐπαίδευσεν, ὡς δοκεῖ Ἀθηναίων τῷ πλήθει· αἱροῦνται
γοῦν αὐτὸν ἐπὶ τὰς μεγίστας ἀρχάς. Δίκαιον δὴ μετὰ
τοιούτων ζητεῖν ἀρετῆς πέρι διδασκάλους, εἴτ' εἰσὶν εἴτε
μή, καὶ οἵτινες.

Σὺ οὖν ἡμῖν, ὦ Ἄνυτε, συζήτησον, ἐμοί τε καὶ τῷ σαυ-
τοῦ ξένῳ Μένωνι τῷδε, περὶ τούτου τοῦ πράγματος τίνες
ἂν εἶεν διδάσκαλοι. Ὧδε δὲ σκέψαι· εἰ βουλοίμεθα Μένωνα
τόνδε ἀγαθὸν ἰατρὸν γενέσθαι, παρὰ τίνας ἂν αὐτὸν πέμ-
ποιμεν διδασκάλους ; Ἆρ' οὐ παρὰ τοὺς ἰατρούς ; c

ΑΝΥΤΟΣ. Πάνυ γε.

ΣΩ. Τί δ' εἰ σκυτοτόμον ἀγαθὸν βουλοίμεθα γενέσθαι,
ἆρ' οὐ παρὰ τοὺς σκυτοτόμους ;

ΑΝ. Ναί.

ΣΩ. Καὶ τἆλλα οὕτως ;

ΑΝ. Πάνυ γε.

ΣΩ. Ὧδε δή μοι πάλιν περὶ τῶν αὐτῶν εἰπέ. Παρὰ
τοὺς ἰατρούς, φαμέν, πέμποντες τόνδε καλῶς ἂν ἐπέμ-
πομεν, βουλόμενοι ἰατρὸν γενέσθαι· ἆρ' ὅταν τοῦτο λέγωμεν,
τόδε λέγομεν, ὅτι παρὰ τούτους πέμποντες αὐτὸν σωφρο- d
νοῖμεν ἄν, τοὺς ἀντιποιουμένους τε τῆς τέχνης μᾶλλον ἢ

derselben gäbe, und habe alles mögliche getan und kann sie nicht finden, wiewohl ich sie mit Vielen gemeinschaftlich suche, und zwar mit solchen vorzüglich, von denen ich glaube, daß sie am erfahrensten sind in der Sache. So auch jetzt, Menon, sitzt wohl ganz zur gelegenen Zeit dieser hier bei uns, dem wir Anteil geben wollen an unserer Untersuchung. Und wohl mit Recht können wir ihn mit dazuziehn. Denn zuerst hat
er selbst einen reichen und verständigen Vater, den Anthe- 90a
mion, welcher reich geworden ist nicht von ohngefähr oder durch ein Geschenk, wie der Thebaner Ismenias, der nur neuerlich die Schätze des Polykrates bekommen hat; sondern durch eignen Verstand und Sorgfalt hat er ihn erworben. So auch im übrigen steht er nicht im Ruf ein hochmütiger Bürger zu sein, aufgeblasen und gehässig, sondern in dem eines sittsa-
men und stattlichen Mannes. Nächstdem hat er auch diesen b
sehr wohl erzogen und gebildet, wie das Athenische Volk glaubt; sie wählen ihn ja wenigstens zu den größten Würden. Billig also ist es gerade mit solchen die Untersuchung anzustellen über die Lehrer der Tugend, ob es welche gibt oder nicht und wer sie sind.

4.4. Diskussion mit Anytos, ob die Sophisten Lehrer der Tugend sind

Untersuche also mit uns, Anytos, mit mir und hier deinem Gastfreund Menon, was für Lehrer es wohl für diese Sache geben mag. Erwäge es aber so. Wenn wir wollten, dieser Menon sollte ein guter Arzt werden, zu was für Lehrern möchten
wir ihn wohl schicken? Nicht zu den Ärzten? c

ANYTOS: Freilich.

SOKRATES: Und wollten wir, er solle ein guter Schuhmacher werden, nicht dann zu den Schuhmachern?

ANYTOS: Ja.

SOKRATES: Und eben so im übrigen?

ANYTOS: Freilich.

SOKRATES: Auch das sage mir noch hierüber. Wir sagen, wir würden recht daran tun ihn zu Ärzten zu schicken, wenn wir wollten, er solle ein Arzt werden. Wenn wir dies sagen,
meinen wir, es sei doch verständiger gehandelt, ihn zu denen d
zu schicken, welche diese Kunst betreiben, als zu denen, die es

τοὺς μή, καὶ τοὺς μισθὸν πραττομένους ἐπ' αὐτῷ τούτῳ, ἀποφήναντας αὐτοὺς διδασκάλους τοῦ βουλομένου ἰέναι τε καὶ μανθάνειν ; Ἆρ' οὐ πρὸς ταῦτα βλέψαντες καλῶς ἂν πέμποιμεν ;

ΑΝ. Ναί.

ΣΩ. Οὐκοῦν καὶ περὶ αὐλήσεως καὶ τῶν ἄλλων τὰ αὐτὰ
ταῦτα ; Πολλὴ ἄνοιά ἐστι βουλομένους αὐλητήν τινα ποι- e
ῆσαι παρὰ μὲν τοὺς ὑπισχνουμένους διδάξειν τὴν τέχνην καὶ μισθὸν πραττομένους μὴ ἐθέλειν πέμπειν, ἄλλοις δέ τισιν πράγματα παρέχειν, ζητοῦντα μανθάνειν παρὰ τούτων οἳ μήτε προσποιοῦνται διδάσκαλοι εἶναι μήτ' ἔστιν αὐτῶν μαθητὴς μηδεὶς τούτου τοῦ μαθήματος ὃ ἡμεῖς ἀξιοῦμεν μανθάνειν παρ' αὐτῶν ὃν ἂν πέμπωμεν· οὐ πολλή σοι δοκεῖ ἀλογία εἶναι ;

ΑΝ. Ναὶ μὰ Δία ἔμοιγε, καὶ ἀμαθία γε πρός.

ΣΩ. Καλῶς λέγεις. Νῦν τοίνυν ἔξεστί σε μετ' ἐμοῦ 91
κοινῇ βουλεύεσθαι περὶ τοῦ ξένου τουτουὶ Μένωνος. Οὗτος γάρ, ὦ Ἄνυτε, πάλαι λέγει πρός με ὅτι ἐπιθυμεῖ ταύτης τῆς σοφίας καὶ ἀρετῆς ᾗ οἱ ἄνθρωποι τάς τε οἰκίας καὶ τὰς πόλεις καλῶς διοικοῦσι, καὶ τοὺς γονέας τοὺς αὐτῶν θεραπεύουσι, καὶ πολίτας καὶ ξένους ὑποδέξασθαί τε καὶ ἀποπέμψαι ἐπίστανται ἀξίως ἀνδρὸς ἀγαθοῦ. Ταύτην οὖν
τὴν ἀρετὴν ⟨μαθησόμενον⟩ σκόπει παρὰ τίνας ἂν πέμποντες b
αὐτὸν ὀρθῶς πέμποιμεν. Ἢ δῆλον δή, κατὰ τὸν ἄρτι λόγον, ὅτι παρὰ τούτους τοὺς ὑπισχνουμένους ἀρετῆς διδασκάλους εἶναι καὶ ἀποφήναντας αὐτοὺς κοινοὺς τῶν Ἑλλήνων τῷ βουλομένῳ μανθάνειν, μισθὸν τούτου ταξαμένους τε καὶ πραττομένους ;

ΑΝ. Καὶ τίνας λέγεις τούτους, ὦ Σώκρατες ;

ΣΩ. Οἶσθα δήπου καὶ σὺ ὅτι οὗτοί εἰσιν οὓς οἱ ἄνθρω-
ποι καλοῦσι σοφιστάς. c

ΑΝ. Ἡράκλεις, εὐφήμει, ὦ Σώκρατες. Μηδένα τῶν

nicht tun? und zu denen die eben hiefür Bezahlung nehmen und sich ankündigen als Lehrer einem jeden, der kommen und lernen will? Nicht wahr, deshalb würden wir gut tun, ihn hinzuschicken?

ANYTOS: Ja.

SOKRATES: Wird es nun nicht mit dem Flötenspielen und
allem andern eben so sein, daß es großer Unverstand wäre, e
wenn man einen zum Flötenspieler machen wollte, ihn doch zu denen, welche diese Kunst zu lehren versprechen und sich dafür bezahlen lassen, nicht schicken zu wollen, sondern irgend Andern beschwerlich zu fallen und bei denen Unterricht zu suchen, welche sich weder für Lehrer ausgeben noch irgend Schüler haben in der Kunst, worin wir den gern unterrichten ließen, den wir zu ihnen schicken? Dünkt dich das nicht großer Unverstand zu sein?

ANYTOS: Beim Zeus mir gewiß, und große Ungeschicktheit dazu.

SOKRATES: Wohl gesprochen, und nun kannst du gemein- 91a
schaftlich mit mir Rat pflegen über diesen unsern Gastfreund Menon. Denn dieser, o Anytos, sagt schon lange zu mir, es verlange ihn nach derjenigen Weisheit und Tugend, vermöge der die Menschen ihr Hauswesen und ihren Staat gut verwalten, und Bürger und Fremde aufzunehmen und zu entlassen wissen, wie es eines rechtlichen Mannes würdig ist. Überlege
dir also, zu wem wir ihn dieser Tugend wegen am besten hin- b
schicken. Oder offenbar ja nach der vorigen Rede zu denen, welche sich für Lehrer der Tugend ausgeben, und sich allen Hellenen insgemein dazu anbieten, wer nur lernen will, auch Bezahlung dafür festsetzen und annehmen.

ANYTOS: Und was für welche meinst du denn hierunter, Sokrates?

SOKRATES: Du weißt es ja wohl auch, daß es die sind, wel-
che man Sophisten nennt. c

ANYTOS: Beim Herakles, Sokrates, sprich besser. Daß doch

συγγενῶν μηδὲ οἰκείων μηδὲ φίλων, μήτε ἀστὸν μήτε ξένον, τοιαύτη μανία λάβοι, ὥστε παρὰ τούτους ἐλθόντα λωβηθῆναι, ἐπεὶ οὗτοί γε φανερά ἐστι λώβη τε καὶ διαφθορὰ τῶν συγγιγνομένων.

ΣΩ. Πῶς λέγεις, ὦ Ἄνυτε ; Οὗτοι ἄρα μόνοι τῶν ἀντιποιουμένων τι ἐπίστασθαι εὐεργετεῖν τοσοῦτον τῶν ἄλλων διαφέρουσιν, ὅσον οὐ μόνον οὐκ ὠφελοῦσιν, ὥσπερ οἱ ἄλλοι, ὅ τι ἄν τις αὐτοῖς παραδῷ, ἀλλὰ καὶ τὸ ἐναντίον διαφθείρουσιν ; Καὶ τούτων φανερῶς χρήματα ἀξιοῦσι πράττεσθαι ; d
Ἐγὼ μὲν οὖν οὐκ ἔχω ὅπως σοι πιστεύσω· οἶδα γὰρ ἄνδρα ἕνα Πρωταγόραν πλείω χρήματα κτησάμενον ἀπὸ ταύτης τῆς σοφίας ἢ Φειδίαν τε, ὃς οὕτως περιφανῶς καλὰ ἔργα εἰργάζετο, καὶ ἄλλους δέκα τῶν ἀνδριαντοποιῶν. Καίτοι τέρας λέγεις, εἰ οἱ μὲν τὰ ὑποδήματα ἐργαζόμενοι τὰ παλαιὰ καὶ τὰ ἱμάτια ἐξακούμενοι οὐκ ἂν δύναιντο λαθεῖν τριάκονθ' ἡμέρας μοχθηρότερα ἀποδιδόντες ἢ παρέλαβον e
τὰ ἱμάτιά τε καὶ ὑποδήματα, ἀλλ' εἰ τοιαῦτα ποιοῖεν, ταχὺ ἂν τῷ λιμῷ ἀποθάνοιεν, Πρωταγόρας δὲ ἄρα ὅλην τὴν Ἑλλάδα ἐλάνθανεν διαφθείρων τοὺς συγγιγνομένους καὶ μοχθηροτέρους ἀποπέμπων ἢ παρελάμβανεν πλεῖν ἢ τετταράκοντα ἔτη· οἶμαι γὰρ αὐτὸν ἀποθανεῖν ἐγγὺς καὶ ἑβδομήκοντα ἔτη γεγονότα, τετταράκοντα δὲ ἐν τῇ τέχνῃ ὄντα· καὶ ἐν ἅπαντι τῷ χρόνῳ τούτῳ ἔτι εἰς τὴν ἡμέραν ταυτηνὶ εὐδοκιμῶν οὐδὲν πέπαυται· καὶ οὐ μόνον Πρωταγόρας, ἀλλὰ καὶ ἄλλοι πάμπολλοι, οἱ μὲν πρότερον γεγονότες 92
ἐκείνου, οἱ δὲ καὶ νῦν ἔτι ὄντες. Πότερον δὴ οὖν φῶμεν κατὰ τὸν σὸν λόγον εἰδότας αὐτοὺς ἐξαπατᾶν καὶ λωβᾶσθαι τοὺς νέους, ἢ λεληθέναι καὶ ἑαυτούς ; Καὶ οὕτω μαίνεσθαι ἀξιώσωμεν τούτους, οὓς ἔνιοί φασι σοφωτάτους ἀνθρώπων εἶναι ;

ΑΝ. Πολλοῦ γε δέουσι μαίνεσθαι, ὦ Σώκρατες, ἀλλὰ πολὺ μᾶλλον οἱ τούτοις διδόντες ἀργύριον τῶν νέων· τούτων δ' ἔτι μᾶλλον οἱ τούτοις ἐπιτρέποντες, οἱ προσήκοντες·

keinen Verwandten oder Angehörigen und Freund unter den Einheimischen oder Fremden solche Raserei ergriffe, zu diesen zu gehn und sich zu verkrüppeln. Denn diese sind doch das offenbare Verderben und Unglück derer, die mit ihnen umgehn.

SOKRATES: Wie meinst du das, Anytos? Diese allein unter allen denen, welche sich dafür ausgeben, etwas Gutes erzeigen zu können, sollten so weit von allen übrigen verschieden sein, daß sie nicht nur dem keinen Vorteil, wie doch die Andern, bringen, was ihnen einer übergibt, sondern es ganz im Gegenteil verderben, und dich dafür doch ohne Hehl Geld geben d
lassen? Das weiß ich meines Teils nicht, wie ich es dir glauben soll. Denn ich weiß, daß der einzige Protagoras mit dieser Weisheit mehr Geld erworben hat als Pheidias, der doch so ausgezeichnet schöne Werke verfertigte, und noch zehn andere Bildhauer dazu. Und wunderbar wäre doch, was du sagst, wenn von Schuhflickern und denen, die Kleider ausbessern, nicht einen Monat lang verborgen bleiben könnte, wenn sie Schuhe und Kleider schlechter zurückgäben, als sie sie empfan- e
gen haben, sondern diese, wenn sie es so machten, gewiß bald Hungers sterben müßten, vom Protagoras aber ganz Griechenland nicht gemerkt hätte, daß er seine Schüler verderbte, und sie schlechter wegschickte als er sie empfangen hatte, und das länger als Vierzig Jahre. Denn wie ich glaube, ist er nahe an Siebenzig Jahr alt gestorben und nachdem er Vierzig Jahr seine Kunst ausgeübt. Und in dieser ganzen Zeit bis auf den heutigen Tag hat er nicht aufgehört gepriesen zu werden. Und nicht nur Protagoras, sondern noch gar viele andere 92a
teils ältere teils noch jetzt lebende. Sollen wir nun sagen nach deiner Meinung, daß diese wissentlich die Jünglinge hintergehen und verkrüppeln, oder auch ohne es selbst zu wissen? und so töricht sollen wir glauben daß diejenigen sind, welche von Einigen für die weisesten unter den Menschen angesehen werden?

ANYTOS: Weit gefehlt, daß diese töricht wären, Sokrates; sondern nur die Jünglinge, welche ihnen Geld geben, und noch mehr als diese ihre Angehörigen, die es ihnen verstatten

πολὺ δὲ μάλιστα πάντων αἱ πόλεις, ἐῶσαι αὐτοὺς εἰσαφικνεῖσθαι καὶ οὐκ ἐξελαύνουσαι, εἴτε τις ξένος ἐπιχειρεῖ τοιοῦτόν τι ποιεῖν εἴτε ἀστός. b

ΣΩ. Πότερον δέ, ὦ Ἄνυτε, ἠδίκηκέ τίς σε τῶν σοφιστῶν, ἢ τί οὕτως αὐτοῖς χαλεπὸς εἶ;

ΑΝ. Οὐδὲ μὰ Δία ἔγωγε συγγέγονα πώποτε αὐτῶν οὐδενί, οὐδ' ἂν ἄλλον ἐάσαιμι τῶν ἐμῶν οὐδένα.

ΣΩ. Ἄπειρος ἄρ' εἶ παντάπασι τῶν ἀνδρῶν;

ΑΝ. Καὶ ⟨ἀεὶ⟩ εἴην γε. c

ΣΩ. Πῶς οὖν ἄν, ὦ δαιμόνιε, εἰδείης περὶ τούτου τοῦ πράγματος, εἴτε τι ἀγαθὸν ἔχει ἐν αὑτῷ εἴτε φλαῦρον, οὗ παντάπασιν ἄπειρος εἴης;

ΑΝ. Ῥᾳδίως· τούτους γοῦν οἶδα οἵ εἰσιν, εἴτ' οὖν ἄπειρος αὐτῶν εἰμι εἴτε μή.

ΣΩ. Μάντις εἶ ἴσως, ὦ Ἄνυτε· ἐπεὶ ὅπως γε ἄλλως οἶσθα τούτων πέρι, ἐξ ὧν αὐτὸς λέγεις θαυμάζοιμ' ἄν. Ἀλλὰ γὰρ οὐ τούτους ἐπιζητοῦμεν τίνες εἰσίν, παρ' οὓς ἂν Μένων ἀφικόμενος μοχθηρὸς γένοιτο· οὗτοι μὲν γάρ, εἰ σὺ βούλει, ἔστων οἱ σοφισταί· ἀλλὰ δὴ ἐκείνους εἰπὲ ἡμῖν, καὶ τὸν πατρικὸν τόνδε ἑταῖρον εὐεργέτησον φράσας αὐτῷ παρὰ τίνας ἀφικόμενος ἐν τοσαύτῃ πόλει τὴν ἀρετὴν ἣν νυνδὴ ἐγὼ διῆλθον γένοιτ' ἂν ἄξιος λόγου. d

ΑΝ. Τί δὲ αὐτῷ οὐ σὺ ἔφρασας;

ΣΩ. Ἀλλ' οὓς μὲν ἐγὼ ᾤμην διδασκάλους τούτων εἶναι, εἶπον, ἀλλὰ τυγχάνω οὐδὲν λέγων, ὡς σὺ φῄς· καὶ ἴσως τὶ λέγεις. Ἀλλὰ σὺ δὴ ἐν τῷ μέρει αὐτῷ εἰπὲ παρὰ τίνας ἔλθῃ Ἀθηναίων· εἰπὲ ὄνομα ὅτου βούλει. e

Am allermeisten aber unter allen die Städte, welche sie herein- b
kommen lassen, und nicht vielmehr Jeden austreiben, welcher dergleichen zu tun unternimmt, mag es ein Fremder sein oder ein Bürger.

SOKRATES: Hat dir etwa einer von den Sophisten etwas zu Leide getan, Anytos? oder weshalb bist du ihnen so böse?

ANYTOS: Nein, beim Zeus, ich habe mich auch niemals mit irgend einem von ihnen eingelassen, und wollte es auch keinem von den Meinigen gestatten.

SOKRATES: Du bist also ganz und gar unbekannt mit den Männern?

ANYTOS: Und wünsche es auch zu bleiben. c

SOKRATES: Wie kannst denn aber du Wunderlicher von dieser Sache wissen, ob sie etwas Gutes an sich hat oder nur schlechtes, wenn du ganz unbekannt damit bist?

ANYTOS: Gar leicht. Diese kenne ich ja doch wohl was für Menschen sie sind, mag ich auch selbst mit ihnen unbekannt sein oder nicht.

SOKRATES: Du bist eben vielleicht ein Wahrsager, Anytos. Denn wie du sonst etwas über diese wissen kannst, nach dem was du selbst sagst, begreife ich nicht. Allein wir fragten ja gar nicht danach, wer diejenigen wären, durch die Menon, wenn er
zu ihnen ginge, schlecht werden würde. Denn dies, wenn du d
willst, sollen die Sophisten sein. Sondern jene nenne uns, und mache dich um diesen deinen väterlichen Gastfreund verdient durch Bezeichnung derer, zu welchen er gehen muß in dieser großen Stadt, um in der Tugend, welche ich nur eben beschrieb, etwas würdiges zu leisten.

4.5. Ob, wie Anytos meint, die Bürger und Politiker Lehrer der Tugend sind

ANYTOS: Warum hast du sie ihm denn nicht bezeichnet?

SOKRATES: Die ich für Lehrer hierin hielt habe ich genannt; aber es war nichts gesagt, wie du behauptetest.

ANYTOS: Darin hast du vielleicht recht.

SOKRATES: Nun sage du ihm doch deinerseits, zu welchem e
unter den Athenern er gehen soll. Nenne ihm irgend einen Namen, welchen du willst!

ΑΝ. Τί δὲ ἑνὸς ἀνθρώπου ὄνομα δεῖ ἀκοῦσαι; Ὅτῳ γὰρ ἂν ἐντύχῃ Ἀθηναίων τῶν καλῶν κἀγαθῶν, οὐδεὶς ἔστιν ὃς οὐ βελτίω αὐτὸν ποιήσει ἢ οἱ σοφισταί, ἐάν περ ἐθέλῃ πείθεσθαι.

ΣΩ. Πότερον δὲ οὗτοι οἱ καλοὶ κἀγαθοὶ ἀπὸ τοῦ αὐτομάτου ἐγένοντο τοιοῦτοι, παρ' οὐδενὸς μαθόντες ὅμως
μέντοι ἄλλους διδάσκειν οἷοί τε ὄντες ταῦτα ἃ αὐτοὶ οὐκ 93
ἔμαθον;

ΑΝ. Καὶ τούτους ἔγωγε ἀξιῶ παρὰ τῶν προτέρων μαθεῖν, ὄντων καλῶν κἀγαθῶν· ἢ οὐ δοκοῦσί σοι πολλοὶ καὶ ἀγαθοὶ γεγονέναι ἐν τῇδε τῇ πόλει ἄνδρες;

ΣΩ. Ἔμοιγε, ὦ Ἄνυτε, καὶ εἶναι δοκοῦσιν ἐνθάδε ἀγαθοὶ τὰ πολιτικά, καὶ γεγονέναι ἔτι οὐχ ἧττον ἢ εἶναι· ἀλλὰ μῶν καὶ διδάσκαλοι ἀγαθοὶ γεγόνασιν τῆς αὐτῶν ἀρετῆς; Τοῦτο γάρ ἐστιν περὶ οὗ ὁ λόγος ἡμῖν τυγχάνει ὤν· οὐκ εἰ εἰσὶν ἀγαθοὶ ἢ μὴ ἄνδρες ἐνθάδε, οὐδ' εἰ γεγό-
νασιν ἐν τῷ πρόσθεν, ἀλλ' εἰ διδακτόν ἐστιν ἀρετὴ πάλαι b
σκοποῦμεν. Τοῦτο δὲ σκοποῦντες τόδε σκοποῦμεν, ἆρα οἱ ἀγαθοὶ ἄνδρες καὶ τῶν νῦν καὶ τῶν προτέρων ταύτην τὴν ἀρετὴν ἣν αὐτοὶ ἀγαθοὶ ἦσαν ἠπίσταντο καὶ ἄλλῳ παραδοῦναι, ἢ οὐ παραδοτὸν τοῦτο ἀνθρώπῳ οὐδὲ παραληπτὸν ἄλλῳ παρ' ἄλλου· τοῦτ' ἔστιν ὃ πάλαι ζητοῦμεν ἐγώ τε καὶ
Μένων. Ὧδε οὖν σκόπει ἐκ τοῦ σαυτοῦ λόγου· Θεμιστοκλέα c
οὐκ ἀγαθὸν ἂν φαίης ἄνδρα γεγονέναι;

ΑΝ. Ἔγωγε, πάντων γε μάλιστα.

ΣΩ. Οὐκοῦν καὶ διδάσκαλον ἀγαθόν, εἴπερ τις ἄλλος τῆς αὑτοῦ ἀρετῆς διδάσκαλος ἦν, κἀκεῖνον εἶναι;

ΑΝ. Οἶμαι ἔγωγε, εἴπερ ἐβούλετό γε.

ΣΩ. Ἀλλ', οἴει, οὐκ ἂν ἐβουλήθη ἄλλους τέ τινας καλοὺς κἀγαθοὺς γενέσθαι, μάλιστα δέ που τὸν ὑὸν τὸν αὑτοῦ; Ἢ οἴει αὐτὸν φθονεῖν αὐτῷ καὶ ἐξεπίτηδες οὐ παραδιδό-
ναι τὴν ἀρετὴν ἣν αὐτὸς ἀγαθὸς ἦν; Ἢ οὐκ ἀκήκοας ὅτι d

ANYTOS: Was braucht er dazu den Namen eines einzelnen
Menschen zu hören. Denn auf welchen guten und recht-
schaffenen Athener er auch treffe, da ist wohl keiner, der ihn
nicht besser machen sollte als die Sophisten, wenn er ihm nur
folgen will.

SOKRATES: Sind denn aber diese guten und rechtschaffe-
nen es von selbst so geworden, ohne bei Jemand gelernt zu
haben: und doch im Stande, Andern dasjenige zu lehren, was 93a
sie selbst nicht gelernt haben?

ANYTOS: Auch sie, denke ich, haben es von den Früheren
gelernt, die auch gut und rechtschaffen waren. Oder meinst du
nicht, daß es viele rechtschaffene Männer gegeben hat in dieser
Stadt?

SOKRATES: Ich meines Teils glaube, daß es hier noch jetzt
solche gibt, die gut und tüchtig sind in bürgerlichen Dingen,
und ehedem gewiß nicht minder gegeben hat als jetzt: sind sie
aber etwa auch gute und tüchtige Lehrer gewesen in dieser
ihrer Tugend? Denn das ist es ja eben, wovon jetzt unter uns
die Rede ist; nicht ob es hier rechtschaffene Männer gibt oder
nicht, noch ob es deren vorher gegeben hat, sondern ob die b
Tugend lehrbar ist, das untersuchen wir schon so lange. Und
bei dieser Untersuchung untersuchen wir nun auch dieses, ob
die rechtschaffenen Männer von jetzt und von ehedem diese
Tugend, in welcher sie sich selbst auszeichneten, auch Andern
mitzuteilen wußten; oder ob dies nicht mitteilbar ist und nicht
überträglich von einem auf den andern. Das ist es, wonach wir
schon so lange fragen ich und Menon. Und dies erwäge du nun
nach deiner eignen Rede so. Würdest du nicht vom Themi- c
stokles sagen, er sei ein tüchtiger Mann gewesen?

ANYTOS: Ganz vorzüglich.

SOKRATES: Also auch ein tüchtiger Lehrer, wenn irgend
ein Anderer ein Lehrer in seiner eignen Tugend war, sei er
gewesen?

ANYTOS: Das glaube ich allerdings, wenn er gewollt hätte.

SOKRATES: Aber meinst du etwa, er habe nicht gewollt daß
Andre auch sollten gut und rechtschaffen werden, vorzüglich
sein eigner Sohn? Oder meinst du, er habe es ihm mißgönnt
und ihm absichtlich die Tugend nicht mitgeteilt, in welcher er d

Θεμιστοκλῆς Κλεόφαντον τὸν ὑὸν ἱππέα μὲν ἐδιδάξατο ἀγαθόν; Ἐπέμενεν γοῦν ἐπὶ τῶν ἵππων ὀρθὸς ἑστηκώς, καὶ ἠκόντιζεν ἀπὸ τῶν ἵππων ὀρθός, καὶ ἄλλα πολλὰ καὶ θαυμαστὰ εἰργάζετο, ἃ ἐκεῖνος αὐτὸν ἐπαιδεύσατο καὶ ἐποίησε σοφόν, ὅσα διδασκάλων ἀγαθῶν εἴχετο. Ἢ ταῦτα οὐκ ἀκήκοας τῶν πρεσβυτέρων;

ΑΝ. Ἀκήκοα.

ΣΩ. Οὐκ ἂν ἄρα τήν γε φύσιν τοῦ ὑέος αὐτοῦ ᾐτιάσατ' ἄν τις εἶναι κακήν.

ΑΝ. Ἴσως οὐκ ἄν. e

ΣΩ. Τί δὲ τόδε; Ὡς Κλεόφαντος ὁ Θεμιστοκλέους ἀνὴρ ἀγαθὸς καὶ σοφὸς ἐγένετο ἅπερ ὁ πατὴρ αὐτοῦ, ἤδη του ἀκήκοας ἢ νεωτέρου ἢ πρεσβυτέρου;

ΑΝ. Οὐ δῆτα.

ΣΩ. Ἆρ' οὖν ταῦτα μὲν οἰόμεθα βούλεσθαι αὐτὸν τὸν αὑτοῦ ὑὸν παιδεῦσαι, ἣν δὲ αὐτὸς σοφίαν ἦν σοφός, οὐδὲν τῶν γειτόνων βελτίω ποιῆσαι, εἴπερ ἦν γε διδακτὸν ἡ ἀρετή;

ΑΝ. Ἴσως μὰ Δί' οὔ.

ΣΩ. Οὗτος μὲν δή σοι τοιοῦτος διδάσκαλος ἀρετῆς, ὃν καὶ σὺ ὁμολογεῖς ἐν τοῖς ἄριστον τῶν προτέρων εἶναι· ἄλλον 94 δὲ δὴ σκεψώμεθα, Ἀριστείδην τὸν Λυσιμάχου· ἢ τοῦτον οὐχ ὁμολογεῖς ἀγαθὸν γεγονέναι;

ΑΝ. Ἔγωγε, πάντως δήπου.

ΣΩ. Οὐκοῦν καὶ οὗτος τὸν ὑὸν τὸν αὑτοῦ Λυσίμαχον, ὅσα μὲν διδασκάλων εἴχετο, κάλλιστα Ἀθηναίων ἐπαίδευσεν, ἄνδρα δὲ βελτίω δοκεῖ σοι ὁτουοῦν πεποιηκέναι; Τούτῳ γάρ που καὶ συγγέγονας καὶ ὁρᾷς οἷός ἐστιν. Εἰ δὲ βούλει, Περικλέα, οὕτως μεγαλοπρεπῶς σοφὸν ἄνδρα, οἶσθ' ὅτι δύο b ὑεῖς ἔθρεψε, Πάραλον καὶ Ξάνθιππον;

ΑΝ. Ἔγωγε.

ΣΩ. Τούτους μέντοι, ὡς οἶσθα καὶ σύ, ἱππέας μὲν ἐδί-

selbst vollkommen war? Und hast du nicht gehört, daß Themistokles seinen Sohn Kleophantos gar trefflich im Reiten unterrichten ließ, so daß er aufrecht auf dem Pferde stehn, und so stehend auch vom Pferde herab schießen, und sonst viel wunderbar künstliches machen konnte, worin jener ihn unterrichten und vollkommen machen ließ, so weit es nur irgend von guten Lehrern abhing. Oder hast du dies nicht gehört von den Älteren?

ANYTOS: Ich habe es gehört.

SOKRATES: Also kann wohl niemand der Natur seines Sohnes Schuld geben, daß sie wäre untauglich gewesen.

ANYTOS: Vielleicht wohl nicht. e

SOKRATES: Und wie nun? Daß Kleophantos der Sohn des Themistokles ein tüchtiger und weiser Mann geworden wäre darin, worin sein Vater es war, hast du das je von irgend jemand jung oder alt gehört?

ANYTOS: Freilich nicht.

SOKRATES: Sollen wir also glauben, er habe in jenen Dingen zwar seinen Sohn unterrichten gewollt, in der Weisheit aber, die er selbst besaß, ihn um nichts besser machen als einen seiner Nachbarn, wenn doch die Tugend lehrbar wäre?

ANYTOS: Nicht füglich, beim Zeus.

SOKRATES: Ein solcher Lehrer in der Tugend ist also dieser, von dem du doch gestehst, daß er zu den trefflichsten der
älteren Zeit gehöre! Laß uns noch einen andern betrachten, 94a
Aristeides den Sohn des Lysimachos. Oder stimmst du nicht darin bei, daß dieser rechtschaffen gewesen?

ANYTOS: Ich auf alle Weise.

SOKRATES: Ließ nun nicht auch dieser seinen Sohn Lysimachos in Allem, wobei es nur auf Lehrer ankam, ganz vorzüglich unter allen Athenern unterrichten: aber dünkt dich, er habe ihn zu einem besseren Manne als irgend einen gemacht? Denn mit diesem bist du wohl selbst umgegangen und siehst
was für einer er ist. Willst du den Perikles, diesen so herrlich b
weisen Mann, so weißt du ja, daß er zwei Söhne erzogen hat, den Paralos und Xanthippos.

ANYTOS: Das weiß ich.

SOKRATES: Diese nun hat er, wie auch du weißt, im Reiten

δαξεν οὐδενὸς χείρους Ἀθηναίων, καὶ μουσικὴν καὶ ἀγωνίαν καὶ τἆλλα ἐπαίδευσεν ὅσα τέχνης ἔχεται οὐδενὸς χείρους· ἀγαθοὺς δὲ ἄρα ἄνδρας οὐκ ἐβούλετο ποιῆσαι; Δοκῶ μέν, ἐβούλετο, ἀλλὰ μὴ οὐκ ᾖ διδακτόν. Ἵνα δὲ μὴ ὀλίγους οἴῃ καὶ τοὺς φαυλοτάτους Ἀθηναίων ἀδυνάτους
γεγονέναι τοῦτο τὸ πρᾶγμα, ἐνθυμήθητι ὅτι Θουκυδίδης αὖ c
δύο ὑεῖς ἔθρεψεν, Μελησίαν καὶ Στέφανον, καὶ τούτους ἐπαίδευσεν τά τε ἄλλα εὖ καὶ ἐπάλαισαν κάλλιστα Ἀθηναίων· τὸν μὲν γὰρ Ξανθίᾳ ἔδωκε, τὸν δὲ Εὐδώρῳ· οὗτοι δέ που ἐδόκουν τῶν τότε κάλλιστα παλαίειν· ἢ οὐ μέμνησαι;

ΑΝ. Ἔγωγε, ἀκοῇ.

ΣΩ. Οὐκοῦν δῆλον ὅτι οὗτος οὐκ ἄν ποτε, οὗ μὲν ἔδει
δαπανώμενον διδάσκειν, ταῦτα μὲν ἐδίδαξε τοὺς παῖδας d
τοὺς αὑτοῦ, οὗ δὲ οὐδὲν ἔδει ἀναλώσαντα ἀγαθοὺς ἄνδρας ποιῆσαι, ταῦτα δὲ οὐκ ἐδίδαξεν, εἰ διδακτὸν ἦν; Ἀλλὰ γὰρ ἴσως ὁ Θουκυδίδης φαῦλος ἦν, καὶ οὐκ ἦσαν αὐτῷ πλεῖστοι φίλοι Ἀθηναίων καὶ τῶν συμμάχων; Καὶ οἰκίας μεγάλης ἦν καὶ ἐδύνατο μέγα ἐν τῇ πόλει καὶ ἐν τοῖς ἄλλοις Ἕλλησιν, ὥστε εἴπερ ἦν τοῦτο διδακτόν, ἐξευρεῖν ἂν ὅστις ἔμελλεν αὐτοῦ τοὺς ὑεῖς ἀγαθοὺς ποιήσειν, ἢ τῶν ἐπιχωρίων τις ἢ
τῶν ξένων, εἰ αὐτὸς μὴ ἐσχόλαζεν διὰ τὴν τῆς πόλεως e
ἐπιμέλειαν. Ἀλλὰ γάρ, ὦ ἑταῖρε Ἄνυτε, μὴ οὐκ ᾖ διδακτὸν ἀρετή.

ΑΝ. Ὦ Σώκρατες, ῥᾳδίως μοι δοκεῖς κακῶς λέγειν ἀνθρώπους. Ἐγὼ μὲν οὖν ἂν σοι συμβουλεύσαιμι, εἰ ἐθέλεις ἐμοὶ πείθεσθαι, εὐλαβεῖσθαι· ὡς ἴσως μὲν καὶ ἐν ἄλλῃ πόλει ῥᾷόν ἐστιν κακῶς ποιεῖν ἀνθρώπους ἢ εὖ, ἐν τῇδε δὲ καὶ
πάνυ· οἶμαι δὲ σὲ καὶ αὐτὸν εἰδέναι. 95

ΣΩ. Ὦ Μένων, Ἄνυτος μέν μοι δοκεῖ χαλεπαίνειν, καὶ οὐδὲν θαυμάζω· οἴεται γάρ με πρῶτον μὲν κακηγορεῖν τού-

unterrichten lassen nicht schlechter als irgend ein Athener, und
die Tonkunst und die Leibesübungen und was nur Kunst ist
ließ er sie lehren nicht schlechter als einer; aber zu tüchtigen
Männern wollte er sie etwa nicht machen? ich denke wohl er
wollte; aber das läßt sich vielleicht nicht lehren! Und damit du
nicht etwa glaubst, nur wenige und etwa die schlechtesten un-
ter den Athenern wären unvermögend gewesen hiezu: so erin- c
nere dich, daß Thukydides eben auch zwei Söhne erzogen hat,
den Melesias und Stephanos, und auch diese übrigens gut un-
terrichtet, daß sie namentlich die besten Ringer waren in
Athen. Denn den einen übergab er dem Xanthias, den andern
dem Eudoros, welche damals für die vortrefflichsten Ringer
galten. Oder erinnerst du dich dessen nicht?

ANYTOS: Gar wohl, vom Hörensagen.

SOKRATES: Ist nun nicht offenbar, daß dieser gewiß nicht
seinen Söhnen nur darin, worin der Unterricht Aufwand er- d
forderte, würde Lehrer gehalten haben, das aber wozu es gar
keines Aufwandes bedurfte, sie zu tüchtigen Männern zu ma-
chen, gerade dieses sie nicht würde gelehrt haben, wenn es
lehrbar wäre? Aber vielleicht war Thukydides nur ein gemei-
ner Mann und hatte etwa nicht viel Freunde unter den Athe-
nern und Bundesgenossen. Wohl war er aus einem großen
Hause und vielvermögend in der Stadt und unter den andern
Hellenen; so daß, wenn dies nur lehrbar wäre, er gewiß, um
seine Söhne tugendhaft zu machen, einen gefunden hätte unter
den Einheimischen oder Fremden, wenn er selbst nicht Zeit e
hatte wegen der Geschäfte des Staates. Aber eben, lieber Any-
tos, die Tugend mag wohl nicht lehrbar sein.

ANYTOS: O Sokrates, du scheinst mir sehr leichthin
schlecht von den Menschen zu reden. Ich nun möchte dir wohl
raten, wenn du mir folgen willst, dich vorzusehn. Denn, auch
anderwärts mag es leichter sein Jemanden Böses anzutun als
Gutes, hier in dieser Stadt ist es gar vorzüglich leicht. Und ich
denke, daß du das auch selbst weißt. 95a

4.6. Es gibt keine Lehrer der Tugend; also ist sie nicht lehrbar

SOKRATES: O Menon, Anytos scheint mir böse zu sein. Das
wundert mich auch nicht. Denn erstlich glaubt er, daß ich diese

τους τοὺς ἄνδρας, ἔπειτα ἡγεῖται καὶ αὐτὸς εἶναι εἷς τού-
των. Ἀλλ' οὗτος μὲν ἐάν ποτε γνῷ οἷόν ἐστιν τὸ κακῶς
λέγειν, παύσεται χαλεπαίνων, νῦν δὲ ἀγνοεῖ· σὺ δέ μοι
εἰπέ, οὐ καὶ παρ' ὑμῖν εἰσιν καλοὶ κἀγαθοὶ ἄνδρες;

ΜΕΝ. Πάνυ γε.

ΣΩ. Τί οὖν; Ἐθέλουσιν οὗτοι παρέχειν αὑτοὺς διδα- b
σκάλους τοῖς νέοις, καὶ ὁμολογεῖν διδάσκαλοί τε εἶναι καὶ
διδακτὸν ἀρετήν;

ΜΕΝ. Οὐ μὰ τὸν Δία, ὦ Σώκρατες, ἀλλὰ τοτὲ μὲν ἂν
αὐτῶν ἀκούσαις ὡς διδακτόν, τοτὲ δὲ ὡς οὔ.

ΣΩ. Φῶμεν οὖν τούτους διδασκάλους εἶναι τούτου τοῦ
πράγματος, οἷς μηδὲ αὐτὸ τοῦτο ὁμολογεῖται;

ΜΕΝ. Οὔ μοι δοκεῖ, ὦ Σώκρατες.

ΣΩ. Τί δὲ δή; Οἱ σοφισταί σοι οὗτοι, οἵπερ μόνοι
ἐπαγγέλλονται, δοκοῦσι διδάσκαλοι εἶναι ἀρετῆς; c

ΜΕΝ. Καὶ Γοργίου μάλιστα, ὦ Σώκρατες, ταῦτα ἄγα-
μαι, ὅτι οὐκ ἄν ποτε αὐτοῦ τοῦτο ἀκούσαις ὑπισχνουμένου,
ἀλλὰ καὶ τῶν ἄλλων καταγελᾷ, ὅταν ἀκούσῃ ὑπισχνουμένων·
ἀλλὰ λέγειν οἴεται δεῖν ποιεῖν δεινούς.

ΣΩ. Οὐδ' ἄρα σοὶ δοκοῦσιν οἱ σοφισταὶ διδάσκαλοι εἶναι;

ΜΕΝ. Οὐκ ἔχω λέγειν, ὦ Σώκρατες. Καὶ γὰρ αὐτὸς
ὅπερ οἱ πολλοὶ πέπονθα· τοτὲ μέν μοι δοκοῦσιν, τοτὲ δὲ οὔ.

ΣΩ. Οἶσθα δὲ ὅτι οὐ μόνον σοί τε καὶ τοῖς ἄλλοις τοῖς d
πολιτικοῖς τοῦτο δοκεῖ τοτὲ μὲν εἶναι διδακτόν, τοτὲ δ' οὔ,
ἀλλὰ καὶ Θέογνιν τὸν ποιητὴν οἶσθ' ὅτι ταὐτὰ ταῦτα λέγει;

ΜΕΝ. Ἐν ποίοις ἔπεσιν;

ΣΩ. Ἐν τοῖς ἐλεγείοις, οὗ λέγει

Καὶ παρὰ τοῖσιν πῖνε καὶ ἔσθιε, καὶ μετὰ τοῖσιν
  ἵζε, καὶ ἅνδανε τοῖς, ὧν μεγάλη δύναμις.
Ἐσθλῶν μὲν γὰρ ἄπ' ἐσθλὰ διδάξεαι· ἢν δὲ κακοῖσιν
  συμμίσγῃς, ἀπολεῖς καὶ τὸν ἐόντα νόον. e

Οἶσθ' ὅτι ἐν τούτοις μὲν ὡς διδακτοῦ οὔσης τῆς ἀρετῆς
λέγει;

Männer lästere, und dann hält er sich selbst auch für einen von ihnen. Allein wenn er einmal einsehn wird was es sagen will übles nachreden, dann wird er schon aufhören böse zu sein, jetzt aber weiß er es nicht. Du aber sage mir, gibt es nicht auch bei euch gute und rechtschaffene Männer?

MENON: Allerdings.

SOKRATES: Wie nun? werfen sich diese wohl zu Lehrern auf b
für die Jugend und sagen, sie wären Lehrer und die Tugend
lehrbar?

MENON: Nein wahrlich nicht, sondern manchmal würdest du von ihnen hören, sie wäre lehrbar, manchmal auch wieder, sie wäre es nicht.

SOKRATES: Und die sollten wir als Lehrer in dieser Sache ansehn, die hierüber noch nicht einmal einig sind!

MENON: Nein dünkt mich.

SOKRATES: Oder wie, diese Sophisten, die sich allein dafür
ausgeben, dünken dich diese Lehrer der Tugend zu sein? c

MENON: Eben das, Sokrates, liebe ich so vorzüglich am Gorgias, daß du ihn gewiß nie dergleichen versprechen hörst; vielmehr lacht er auch über die Andern, wenn er es sie versprechen hört. Nur im Reden meint er Andre stark machen zu können.

SOKRATES: Also auch du hältst die Sophisten nicht für Lehrer?

MENON: Ich kann nichts darüber sagen, Sokrates. Denn es ergeht mir wie den meisten; bisweilen glaube ich es, bisweilen auch wieder nicht.

SOKRATES: Und du weißt doch, daß nicht nur dir und an- d
dern Staatsmännern so bisweilen scheint, dies sei lehrbar, bis-
weilen auch wieder nicht; sondern auch der Dichter Theognis,
weißt du doch, sagt dasselbe.

MENON: In was für Versen?

SOKRATES: In den Elegien wo er sagt: Also zu denen beim
Trunk und beim Mahle geselle dich, Denen Suche gefällig zu
sein welche die trefflichsten sind, Denn von den Guten ist Gu-
tes zu lernen, doch in der Gesellschaft Schlechter verlierest du e
leicht auch den Verstand den du hast. Merkst du wohl, daß er
hier von der Tugend spricht als wäre sie lehrbar?

ΜΕΝ. Φαίνεταί γε.

ΣΩ. Ἐν ἄλλοις δέ γε ὀλίγον μεταβάς,

Εἰ δ' ἦν ποιητόν, φησί, καὶ ἔνθετον ἀνδρὶ νόημα,

λέγει πως ὅτι

πολλοὺς ἂν μισθοὺς καὶ μεγάλους ἔφερον

οἱ δυνάμενοι τοῦτο ποιεῖν, καὶ

οὔ ποτ' ἂν ἐξ ἀγαθοῦ πατρὸς ἔγεντο κακός,
πειθόμενος μύθοισι σαόφροσιν· ἀλλὰ διδάσκων 96
οὔ ποτε ποιήσεις τὸν κακὸν ἄνδρ' ἀγαθόν.

Ἐννοεῖς ὅτι αὐτὸς αὑτῷ πάλιν περὶ τῶν αὐτῶν τἀναντία λέγει;

ΜΕΝ. Φαίνεται.

ΣΩ. Ἔχεις οὖν εἰπεῖν ἄλλου ὁτουοῦν πράγματος, οὗ οἱ μὲν φάσκοντες διδάσκαλοι εἶναι οὐχ ὅπως ἄλλων διδάσκαλοι ὁμολογοῦνται, ἀλλὰ οὐδ' αὐτοὶ ἐπίστασθαι, ἀλλὰ πονηροὶ εἶναι περὶ αὐτὸ τοῦτο τὸ πρᾶγμα οὗ φασι διδά- b
σκαλοι εἶναι, οἱ δὲ ὁμολογούμενοι αὐτοὶ καλοὶ κἀγαθοὶ τοτὲ μέν φασιν αὐτὸ διδακτὸν εἶναι, τοτὲ δὲ οὔ; Τοὺς οὖν οὕτω τεταραγμένους περὶ ὁτουοῦν φαίης ἂν σὺ κυρίως διδασκάλους εἶναι;

ΜΕΝ. Μὰ Δί' οὐκ ἔγωγε.

ΣΩ. Οὐκοῦν εἰ μήτε οἱ σοφισταὶ μήτε οἱ αὐτοὶ καλοὶ κἀγαθοὶ ὄντες διδάσκαλοί εἰσι τοῦ πράγματος, δῆλον ὅτι οὐκ ἂν ἄλλοι γε;

ΜΕΝ. Οὔ μοι δοκεῖ.

ΣΩ. Εἰ δέ γε μὴ διδάσκαλοι, οὐδὲ μαθηταί; c

ΜΕΝ. Δοκεῖ μοι ἔχειν ὡς λέγεις.

ΣΩ. Ὡμολογήκαμεν δέ γε, πράγματος οὗ μήτε διδάσκαλοι μήτε μαθηταὶ εἶεν, τοῦτο μηδὲ διδακτὸν εἶναι;

ΜΕΝ. Ὡμολογήκαμεν.

ΣΩ. Οὐκοῦν ἀρετῆς οὐδαμοῦ φαίνονται διδάσκαλοι;

ΜΕΝ. Ἔστι ταῦτα.

ΣΩ. Εἰ δέ γε μὴ διδάσκαλοι, οὐδὲ μαθηταί;

MENON: Offenbar.

SOKRATES: Anderwärts aber weicht er davon ab und sagt:
Ließ der Verstand sich machen und fest einpflanzen den Men-
schen, Großen und herrlichen Lohn trügen dann jene davon,
die dies verstünden; und Nimmer aus gutem Geblüt würde
dann einer verrucht In heilbringender Zucht aufwachsend! al- 96a
lein durch Belehrung Schaffst du den schlechteren Mann nim-
mer zum Guten dir um. Siehst du wie er hier über dieselbe
Sache wiederum das Gegenteil sagt?

MENON: Das ist klar.

SOKRATES: Kannst du nun wohl irgend etwas andres nen-
nen, worin die welche sich für Lehrer ausgeben, ich will nicht
sagen nicht für Lehrer der Andern anerkannt werden, sondern
nicht einmal dafür, daß sie es selbst verstehen, vielmehr für
untauglich in eben der Sache, worin sie Lehrer zu sein behaup- b
ten? und wiederum wovon die, welche selbst für gut und tüch-
tig darin erkannt werden, bald sagen die Sache sei lehrbar, bald
wieder es leugnen? und die in solcher Verwirrung wären über
irgend etwas, die, würdest du behaupten, wären ganz eigent-
lich die Lehrer darin?

MENON: Beim Zeus, das möchte ich nicht.

SOKRATES: Wenn also weder die Sophisten, noch die, welche selbst gut und rechtschaffen sind, Lehrer der Tugend sind; so gibt es doch wohl offenbar auch keine andere?

MENON: Nein, dünkt mich.

SOKRATES: Und wenn keine Lehrer, dann auch keine Schü- c
ler?

MENON: Das dünkt mich so zu sein, wie du sagst.

SOKRATES: Und darüber waren wir einig, daß etwas worin es weder Lehrer gäbe noch Schüler auch nicht lehrbar wäre.

MENON: Darüber waren wir einig.

SOKRATES: Und es zeigen sich doch nirgends Lehrer der Tugend.

MENON: So ist es.

SOKRATES: Und wenn keine Lehrer, dann doch auch keine Schüler!

ΜΕΝ. Φαίνεται οὕτως.

ΣΩ. Ἀρετὴ ἄρα οὐκ ἂν εἴη διδακτόν ;

ΜΕΝ. Οὐκ ἔοικεν, εἴπερ ὀρθῶς ἡμεῖς ἐσκέμμεθα. Ὥστε d
καὶ θαυμάζω δή, ὦ Σώκρατες, πότερόν ποτε οὐδ' εἰσὶν
ἀγαθοὶ ἄνδρες, ἢ τίς ἂν εἴη τρόπος τῆς γενέσεως τῶν
ἀγαθῶν γιγνομένων.

ΣΩ. Κινδυνεύομεν, ὦ Μένων, ἐγώ τε καὶ σὺ φαῦλοί
τινες εἶναι ἄνδρες, καὶ σέ τε Γοργίας οὐχ ἱκανῶς πεπαι-
δευκέναι καὶ ἐμὲ Πρόδικος. Παντὸς μᾶλλον οὖν προσ-
εκτέον τὸν νοῦν ἡμῖν αὐτοῖς, καὶ ζητητέον ὅστις ἡμᾶς
ἑνί γέ τῳ τρόπῳ βελτίους ποιήσει· λέγω δὲ ταῦτα ἀπο- e
βλέψας πρὸς τὴν ἄρτι ζήτησιν, ὡς ἡμᾶς ἔλαθεν καταγε-
λάστως ὅτι οὐ μόνον ἐπιστήμης ἡγουμένης ὀρθῶς τε καὶ
εὖ τοῖς ἀνθρώποις πράττεται τὰ πράγματα, ᾗ ἴσως καὶ
διαφεύγει ἡμᾶς τὸ γνῶναι τίνα ποτὲ τρόπον γίγνονται οἱ
ἀγαθοὶ ἄνδρες.

ΜΕΝ. Πῶς τοῦτο λέγεις, ὦ Σώκρατες ;

ΣΩ. Ὧδε· ὅτι μὲν τοὺς ἀγαθοὺς ἄνδρας δεῖ ὠφελίμους
εἶναι, ὀρθῶς ὡμολογήκαμεν τοῦτό γε ὅτι οὐκ ἂν ἄλλως 97
ἔχοι· ἦ γάρ ;

ΜΕΝ. Ναί.

ΣΩ. Καὶ ὅτι γε ὠφέλιμοι ἔσονται, ἂν ὀρθῶς ἡμῖν ἡγῶν-
ται τῶν πραγμάτων, καὶ τοῦτό που καλῶς ὡμολογοῦμεν ;

ΜΕΝ. Ναί.

ΣΩ. Ὅτι δ' οὐκ ἔστιν ὀρθῶς ἡγεῖσθαι, ἐὰν μὴ φρόνιμος
ᾖ, τοῦτο ὁμοίοί ἐσμεν οὐκ ὀρθῶς ὡμολογηκόσιν.

ΜΕΝ. Πῶς δὴ [ὀρθῶς] λέγεις ;

ΣΩ. Ἐγὼ ἐρῶ. Εἴ τις εἰδὼς τὴν ὁδὸν τὴν εἰς Λάρισαν
ἢ ὅποι βούλει ἄλλοσε βαδίζοι καὶ ἄλλοις ἡγοῖτο, ἄλλο τι
ὀρθῶς ἂν καὶ εὖ ἡγοῖτο ;

MENON: So scheint es.

SOKRATES: Also wäre die Tugend nicht lehrbar.

4.7. Auch richtige Vorstellung ist eine hinreichende, Erkenntnis keine notwendige Bedingung tugendhaften Handelns

MENON: Es scheint nicht, wenn wir nämlich unsere Un- d
tersuchung richtig geführt haben. So daß ich mich wundere, Sokrates, ob es etwa überall keine tugendhaften Männer gibt, oder welches wohl die Art und Weise ist wie sie es werden.

SOKRATES: Wenigstens, Menon, scheint es fast, daß wir Beide, ich und du, eben nicht sonderliche Leute sind, und daß weder dich Gorgias gehörig unterrichtet hat noch mich Prodikos. Desto mehr also laß uns für uns selbst Sorge tragen und nachforschen, wer uns auf irgend eine Art doch besser machen
kann. Ich sage dies nämlich mit Bezug auf unsere bisherige e
Untersuchung, wobei uns lächerlich genug entgangen ist, daß nicht dann allein, wenn die Erkenntnis herrscht, die Angelegenheiten der Menschen richtig und gut gehen; oder daß, wenn wir dies nicht zugeben wollen, daß es nicht nur durch Erkenntnis allein, sondern auch durch etwas anderes geschehen könne, wir dann vielleicht aufgeben müssen einzusehen, wie Menschen tugendhaft werden.

MENON: Wie meinst du dies, Sokrates?

SOKRATES: So. Daß die tugendhaften Männer nützlich sein
müssen, dieses haben wir doch wohl mit Recht zugegeben, daß 97a
es nicht anders sein könne. Nicht wahr?

MENON: Ja.

SOKRATES: Und daß sie nützlich sein werden, wenn sie richtig unsere Angelegenheiten leiten, auch das haben wir wohl mit Recht zugestanden?

MENON: Ja.

SOKRATES: Daß es aber einem nicht möglich ist richtig zu leiten der nicht Erkenntnis hat, dies mögen wir wohl nicht mit Recht festgesetzt haben.

MENON: Wie meinst du es nur mit dem richtig?

SOKRATES: Das will ich dir sagen. Wenn einer der den Weg nach Larissa weiß, oder wohin du sonst willst, vorangeht und die Andern führt, wird er sie nicht richtig und gut führen?

ΜΕΝ. Πάνυ γε.

ΣΩ. Τί δ' εἴ τις ὀρθῶς μὲν δοξάζων ἥτις ἐστὶν ἡ ὁδός, b
ἐληλυθὼς δὲ μὴ μηδ' ἐπιστάμενος, οὐ καὶ οὗτος ἂν ὀρθῶς ἡγοῖτο;

ΜΕΝ. Πάνυ γε.

ΣΩ. Καὶ ἕως γ' ἂν που ὀρθὴν δόξαν ἔχῃ περὶ ὧν ὁ ἕτερος ἐπιστήμην, οὐδὲν χείρων ἡγεμὼν ἔσται, οἰόμενος μὲν ἀληθῆ, φρονῶν δὲ μή, τοῦ τοῦτο φρονοῦντος.

ΜΕΝ. Οὐδὲν γάρ.

ΣΩ. Δόξα ἄρα ἀληθὴς πρὸς ὀρθότητα πράξεως οὐδὲν χείρων ἡγεμὼν φρονήσεως· καὶ τοῦτό ἐστιν ὃ νυνδὴ παρελείπομεν ἐν τῇ περὶ τῆς ἀρετῆς σκέψει ὁποῖόν τι εἴη, λέγοντες ὅτι φρόνησις μόνον ἡγεῖται τοῦ ὀρθῶς πράττειν· c
τὸ δὲ ἄρα καὶ δόξα ἦν ἀληθής.

ΜΕΝ. Ἔοικέ γε.

ΣΩ. Οὐδὲν ἄρα ἧττον ὠφέλιμόν ἐστιν ὀρθὴ δόξα ἐπιστήμης.

ΜΕΝ. Τοσούτῳ γε, ὦ Σώκρατες, ὅτι ὁ μὲν τὴν ἐπιστήμην ἔχων ἀεὶ ἂν ἐπιτυγχάνοι, ὁ δὲ τὴν ὀρθὴν δόξαν τοτὲ μὲν ἂν τυγχάνοι, τοτὲ δ' οὔ.

ΣΩ. Πῶς λέγεις; Ὁ ἀεὶ ἔχων ὀρθὴν δόξαν οὐκ ἀεὶ ἂν τυγχάνοι, ἕωσπερ ὀρθὰ δοξάζοι;

ΜΕΝ. Ἀνάγκη μοι φαίνεται· ὥστε θαυμάζω, ὦ Σώκρατες, τούτου οὕτως ἔχοντος, ὅ τι δή ποτε πολὺ τιμιω- d
τέρα ἡ ἐπιστήμη τῆς ὀρθῆς δόξης, καὶ δι' ὅ τι τὸ μὲν ἕτερον, τὸ δὲ ἕτερόν ἐστιν αὐτῶν.

ΣΩ. Οἶσθα οὖν δι' ὅ τι θαυμάζεις, ἢ ἐγώ σοι εἴπω;

ΜΕΝ. Πάνυ γ' εἰπέ.

ΣΩ. Ὅτι τοῖς Δαιδάλου ἀγάλμασιν οὐ προσέσχηκας τὸν νοῦν· ἴσως δὲ οὐδ' ἔστιν παρ' ὑμῖν.

ΜΕΝ. Πρὸς τί δὲ δὴ τοῦτο λέγεις;

MENON: Gewiß.

SOKRATES: Wie aber, wenn einer nur eine richtige Vorstel- b
lung davon hätte, welches der Weg wäre, ohne ihn jedoch gegangen zu sein oder ihn eigentlich zu wissen, wird nicht dennoch auch der richtig führen?

MENON: Allerdings.

SOKRATES: Und so lange er nur richtige Vorstellung hat von dem, wovon der Andere Erkenntnis: so wird er kein schlechterer Führer sein, er der nur richtig vorstellt, als jener Wissende?

MENON: Freilich nicht.

SOKRATES: Wahre Vorstellung also ist zur Richtigkeit des Handelns keine schlechtere Führerin als wahre Einsicht. Und dies ist es nun eben, was wir vorhin übergangen haben bei unserer Untersuchung über die Tugend wie sie wohl beschaffen wäre, als wir sagten daß Einsicht allein führen müsse c
beim richtigen Handeln, dies tut aber auch richtige Vorstellung.

MENON: So scheint es.

SOKRATES: Richtige Vorstellung ist also nicht minder nützlich als Erkenntnis?

MENON: Außer jedoch um soviel, o Sokrates, daß, wer die Erkenntnis hat, immer zum Ziele trifft, wer aber die richtige Vorstellung, es bisweilen trifft, bisweilen auch fehlt.

SOKRATES: Wie sagst du? wer immer die richtige Vorstellung hat, der sollte es nicht immer treffen, so lange er doch richtig vorstellt?

MENON: Notwendig, das leuchtet ein, so daß ich mich wundere, o Sokrates, wenn sich dieses so verhält, weshalb d
denn doch die Erkenntnis um soviel höher geschätzt wird als die richtige Vorstellung, ja warum überall die eine von ihnen etwas anderes ist, und die andere wiederum etwas anderes.

SOKRATES: Weißt du auch schon, weshalb du dich wunderst? oder soll ich es dir sagen?

MENON: Allerdings sage es mir.

SOKRATES: Weil du auf die Bildwerke des Daidalos nicht Acht gegeben hast. Vielleicht aber habt ihr auch keine bei euch.

MENON: Worauf geht nur dieses?

ΣΩ. Ὅτι καὶ ταῦτα, ἐὰν μὲν μὴ δεδεμένα ᾖ, ἀποδιδράσκει καὶ δραπετεύει, ἐὰν δὲ δεδεμένα, παραμένει.

ΜΕΝ. Τί οὖν δή; e

ΣΩ. Τῶν ἐκείνου ποιημάτων λελυμένον μὲν ἐκτῆσθαι οὐ πολλῆς τινος ἄξιόν ἐστι τιμῆς, ὥσπερ δραπέτην ἄνθρωπον· οὐ γὰρ παραμένει· δεδεμένον δὲ πολλοῦ ἄξιον· πάνυ γὰρ καλὰ τὰ ἔργα ἐστίν. Πρὸς τί οὖν δὴ λέγω ταῦτα; πρὸς τὰς δόξας τὰς ἀληθεῖς. Καὶ γὰρ αἱ δόξαι αἱ ἀληθεῖς, ὅσον μὲν ἂν χρόνον παραμένωσιν, καλὸν τὸ χρῆμα καὶ
πάντ᾽ἀγαθὰ ἐργάζονται· πολὺν δὲ χρόνον οὐκ ἐθέλουσι 98
παραμένειν, ἀλλὰ δραπετεύουσιν ἐκ τῆς ψυχῆς τοῦ ἀνθρώπου, ὥστε οὐ πολλοῦ ἄξιαί εἰσιν, ἕως ἄν τις αὐτὰς δήσῃ αἰτίας λογισμῷ. Τοῦτο δ᾽ ἐστίν, ὦ Μένων ἑταῖρε, ἀνάμνησις, ὡς ἐν τοῖς πρόσθεν ἡμῖν ὡμολόγηται. Ἐπειδὰν δὲ δεθῶσιν, πρῶτον μὲν ἐπιστῆμαι γίγνονται, ἔπειτα μόνιμοι· καὶ διὰ ταῦτα δὴ τιμιώτερον ἐπιστήμη ὀρθῆς δόξης ἐστίν, καὶ διαφέρει δεσμῷ ἐπιστήμη ὀρθῆς δόξης.

ΜΕΝ. Νὴ τὸν Δία, ὦ Σώκρατες, ἔοικεν τοιούτῳ τινί.

ΣΩ. Καὶ μὴν καὶ ἐγὼ ὡς οὐκ εἰδὼς λέγω, ἀλλὰ εἰκά- b
ζων· ὅτι δέ ἐστίν τι ἀλλοῖον ὀρθὴ δόξα καὶ ἐπιστήμη, οὐ πάνυ μοι δοκῶ τοῦτο εἰκάζειν, ἀλλ᾽ εἴπερ τι ἄλλο φαίην ἂν εἰδέναι, ὀλίγα δ᾽ ἂν φαίην, ἓν δ᾽ οὖν καὶ τοῦτο ἐκείνων θείην ἂν ὧν οἶδα.

ΜΕΝ. Καὶ ὀρθῶς γε, ὦ Σώκρατες, λέγεις.

ΣΩ. Τί δέ; Τόδε οὐκ ὀρθῶς, ὅτι ἀληθὴς δόξα ἡγουμένη τὸ ἔργον ἑκάστης τῆς πράξεως οὐδὲν χεῖρον ἀπεργάζεται ἢ ἐπιστήμη;

ΜΕΝ. Καὶ τοῦτο δοκεῖς μοι ἀληθῆ λέγειν.

ΣΩ. Οὐδὲν ἄρα ὀρθὴ δόξα ἐπιστήμης χεῖρον οὐδὲ ἧττον c
ὠφελίμη ἔσται εἰς τὰς πράξεις, οὐδὲ ἀνὴρ ὁ ἔχων ὀρθὴν δόξαν ἢ ὁ ἐπιστήμην.

ΜΕΝ. Ἔστι ταῦτα.

SOKRATES: Weil auch diese, wenn sie nicht gebunden sind, davon gehen und fliehen; sind sie aber gebunden, so bleiben sie.

MENON: Was also weiter? e

SOKRATES: Also ein losgelassenes Werk von ihm zu besit-
zen, das ist nicht eben sonderlich viel wert, gerade wie ein
herumtreiberischer Mensch, denn es bleibt doch nicht, ein ge-
bundenes aber ist viel wert, denn es sind gar schöne Werke.
Worauf das nun geht? Auf die richtigen Vorstellungen. Denn
auch die richtigen Vorstellungen sind eine schöne Sache, so
lange sie bleiben, und bewirken alles Gute; lange Zeit aber 98a
pflegen sie nicht zu bleiben, sondern gehen davon aus der Seele
des Menschen, so daß sie doch nicht viel wert sind, bis man sie
bindet durch Beziehung des Grundes. Und dies, Freund Me-
non, ist eben die Erinnerung, wie wir im vorigen zugestanden
haben. Nachdem sie aber gebunden werden, werden sie zuerst
Erkenntnisse und dann auch bleibend. Und deshalb nun ist die
Erkenntnis höher zu schätzen als die richtige Vorstellung, und
es unterscheidet sich eben durch das Gebundensein die Er-
kenntnis von der richtigen Vorstellung.

MENON: Beim Zeus, Sokrates, so etwas muß es auch sein.

SOKRATES: Wiewohl ich auch dies keinesweges sage, als b
wüßte ich es, sondern ich vermute es nur. Daß aber richtige
Vorstellung und Erkenntnis etwas verschiedenes sind, dies
glaube ich nicht nur zu vermuten; sondern wenn ich irgend
etwas behaupten möchte zu wissen, und nur von wenigem
möchte ich dies behaupten, so würde ich dies eine hieher setzen
unter das, was ich weiß.

MENON: Und gewiß hast du Recht daran, Sokrates.

SOKRATES: Und wie? hierin nicht auch Recht, daß nämlich, wenn richtige Vorstellung leitet, sie das Werk einer jeden Handlung nicht schlechter vollbringt als die Erkenntnis.

MENON: Auch das dünkt mich wahr zu sein.

SOKRATES: Also ist für das Handeln die richtige Vorstel- c
lung um nichts schlechter oder weniger nützlich als die Er-
kenntnis, noch wer die richtige Vorstellung besitzt als wer die
Erkenntnis.

MENON: So ist es.

ΣΩ. Καὶ μὴν ὅ γε ἀγαθὸς ἀνὴρ ὠφέλιμος ἡμῖν ὡμολόγηται εἶναι.

ΜΕΝ. Ναί.

ΣΩ. Ἐπειδὴ τοίνυν οὐ μόνον δι' ἐπιστήμην ἀγαθοὶ ἄνδρες ἂν εἶεν καὶ ὠφέλιμοι ταῖς πόλεσιν, εἴπερ εἶεν, ἀλλὰ καὶ δι' ὀρθὴν δόξαν, τούτοιν δὲ οὐδέτερον φύσει ἐστὶν τοῖς ἀνθρώποις, οὔτε ἐπιστήμη οὔτε δόξα ἀληθής, [οὔτ' ἐπίκτητα] — ἢ δοκεῖ σοι φύσει ὁποτερονοῦν αὐτοῖν εἶναι; d

ΜΕΝ. Οὐκ ἔμοιγε.

ΣΩ. Οὐκοῦν ἐπειδὴ οὐ φύσει, οὐδὲ οἱ ἀγαθοὶ φύσει εἶεν ἄν.

ΜΕΝ. Οὐ δῆτα.

ΣΩ. Ἐπειδὴ δέ γε οὐ φύσει, ἐσκοποῦμεν τὸ μετὰ τοῦτο, εἰ διδακτόν ἐστιν.

ΜΕΝ. Ναί.

ΣΩ. Οὐκοῦν διδακτὸν ἔδοξεν εἶναι, εἰ φρόνησις ἡ ἀρετή;

ΜΕΝ. Ναί.

ΣΩ. Κἂν εἴ γε διδακτὸν εἴη, φρόνησις ἂν εἶναι;

ΜΕΝ. Πάνυ γε.

ΣΩ. Καὶ εἰ μέν γε διδάσκαλοι εἶεν, διδακτὸν ἂν εἶναι, e μὴ ὄντων δὲ οὐ διδακτόν;

ΜΕΝ. Οὕτως.

ΣΩ. Ἀλλὰ μὴν ὡμολογήκαμεν μὴ εἶναι αὐτοῦ διδασκάλους;

ΜΕΝ. Ἔστι ταῦτα.

ΣΩ. Ὡμολογήκαμεν ἄρα μήτε διδακτὸν αὐτὸ μήτε φρόνησιν εἶναι;

ΜΕΝ. Πάνυ γε.

ΣΩ. Ἀλλὰ μὴν ἀγαθόν γε αὐτὸ ὁμολογοῦμεν εἶναι;

ΜΕΝ. Ναί.

ΣΩ. Ὠφέλιμον δὲ καὶ ἀγαθὸν εἶναι τὸ ὀρθῶς ἡγούμενον;

4.8. Zusammenfassung: Tugend ist nicht lehrbar und keine Erkenntnis, sondern richtige Vorstellung

SOKRATES: Und der rechtschaffene Mann, das stand uns fest, ist nützlich?

MENON: Ja.

SOKRATES: Wenn nun nicht nur durch Erkenntnis die Menschen tugendhaft sind und den Staaten nützlich, die es eben sind, sondern auch durch richtige Vorstellung, und von beiden keines den Menschen von Natur beiwohnt, weder die Erkenntnis noch die richtige Vorstellung; auch keines von beiden erwerblich – oder denkst du irgend eines von beiden sei schon d
von Natur vorhanden?

MENON: Nein, ich nicht.

SOKRATES: Wenn also nicht von Natur, so können auch die Guten es nicht von Natur sein?

MENON: Freilich nicht.

SOKRATES: Wenn aber nicht von Natur: so untersuchten wir demnächst, ob es lehrbar wäre.

MENON: Ja.

SOKRATES: Und lehrbar, glaubten wir, würde es, wenn die Tugend Einsicht wäre?

MENON: Ja.

SOKRATES: Und wenn sie lehrbar wäre, würde sie auch Einsicht sein?

MENON: Allerdings.

SOKRATES: Und wenn es Lehrer für sie gäbe, würde sie e
lehrbar sein, wenn aber nicht, dann auch nicht lehrbar?

MENON: So war es.

SOKRATES: Allein wir kamen überein, es gäbe keine Lehrer für sie?

MENON: Richtig.

SOKRATES: Wir kamen also überein, daß sie weder lehrbar wäre noch Einsicht.

MENON: Allerdings.

SOKRATES: Aber daß sie gut wäre, stellten wir doch fest?

MENON: Ja.

SOKRATES: Und nützlich und gut wäre das richtig leitende?

MENON: Freilich.

ΜΕΝ. Πάνυ γε.

ΣΩ. Ὀρθῶς δέ γε ἡγεῖσθαι δύο ὄντα ταῦτα μόνα, δόξαν 99
τε ἀληθῆ καὶ ἐπιστήμην, ἃ ἔχων ἄνθρωπος ὀρθῶς ἡγεῖται. Τὰ γὰρ ἀπὸ τύχης γιγνόμενα οὐκ ἀνθρωπίνῃ ἡγεμονίᾳ γίγνεται· ᾧ δὲ ἄνθρωπος ἡγεμών ἐστιν ἐπὶ τὸ ὀρθόν, δύο ταῦτα, δόξα ἀληθὴς καὶ ἐπιστήμη.

ΜΕΝ. Δοκεῖ μοι οὕτως.

ΣΩ. Οὐκοῦν ἐπειδὴ οὐ διδακτόν ἐστιν, οὐδ᾽ ἐπιστήμη δὴ ἔτι γίγνεται ἡ ἀρετή;

ΜΕΝ. Οὐ φαίνεται.

ΣΩ. Δυοῖν ἄρα ὄντοιν ἀγαθοῖν καὶ ὠφελίμοιν τὸ μὲν b
ἕτερον ἀπολέλυται, καὶ οὐκ ἂν εἴη ἐν πολιτικῇ πράξει ἐπιστήμη ἡγεμών.

ΜΕΝ. Οὔ μοι δοκεῖ.

ΣΩ. Οὐκ ἄρα σοφίᾳ τινὶ οὐδὲ σοφοὶ ὄντες οἱ τοιοῦτοι ἄνδρες ἡγοῦντο ταῖς πόλεσιν, οἱ ἀμφὶ Θεμιστοκλέα τε καὶ οὓς ἄρτι Ἄνυτος ὅδε ἔλεγεν· διὸ καὶ οὐχ οἷοί τε ἄλλους ποιεῖν τοιούτους οἷοι αὐτοί εἰσιν, ἅτε οὐ δι᾽ ἐπιστήμην ὄντες τοιοῦτοι.

ΜΕΝ. Ἔοικεν οὕτως ἔχειν, ὦ Σώκρατες, ὡς λέγεις.

ΣΩ. Οὐκοῦν εἰ μὴ ἐπιστήμῃ, εὐδοξίᾳ δὴ τὸ λοιπὸν
γίγνεται· ᾗ οἱ πολιτικοὶ ἄνδρες χρώμενοι τὰς πόλεις ὀρ- c
θοῦσιν, οὐδὲν διαφερόντως ἔχοντες πρὸς τὸ φρονεῖν ἢ οἱ χρησμῳδοί τε καὶ οἱ θεομάντεις· καὶ γὰρ οὗτοι λέγουσιν μὲν ἀληθῆ καὶ πολλά, ἴσασι δὲ οὐδὲν ὧν λέγουσιν.

ΜΕΝ. Κινδυνεύει οὕτως ἔχειν.

ΣΩ. Οὐκοῦν, ὦ Μένων, ἄξιον τούτους θείους καλεῖν τοὺς ἄνδρας, οἵτινες νοῦν μὴ ἔχοντες πολλὰ καὶ μεγάλα κατορθοῦσιν ὧν πράττουσιν καὶ λέγουσι;

ΜΕΝ. Πάνυ γε.

ΣΩ. Ὀρθῶς ἄρ᾽ ἂν καλοῖμεν θείους τε οὓς νυνδὴ

SOKRATES: Und richtig leiten könnten nur diese zweie al- 99a
lein, die wahre Vorstellung und die Erkenntnis, und der Mensch, der diese besitzt, leite richtig. Denn was durch Zufall wird, wird nicht durch menschliche Leitung; wodurch aber der Mensch Führer ist zum Rechten, das seien nur diese beiden, die wahre Vorstellung und die Erkenntnis?

MENON: So scheint es mir.

SOKRATES: Wenn nun die Tugend nicht lehrbar ist: so ist sie auch nicht mehr Erkenntnis.

MENON: Offenbar nicht.

SOKRATES: Von dem beiden, was gut und nützlich ist, löset b
sich also das eine ab, und im bürgerlichen Handeln wäre also sie Erkenntnis nicht Führerin.

MENON: Nein, dünkt mich.

SOKRATES: Nicht also durch irgend eine Weisheit noch als Weise haben diese Männer die Staaten geleitet, Themistokles und die andern, die Anytos vorher anführte. Daher waren sie auch nicht im Stande, Andere zu solchen zu machen wie sie selbst sind, da sie selbst nicht durch Erkenntnis solche waren.

MENON: Es scheint sich wohl so zu verhalten, Sokrates, wie du sagst.

SOKRATES: Also wenn nicht durch Erkenntnis: so ist rich-
tige Vorstellung das übrig bleibende, vermittelst dessen die
staatskundigen Männer die Staaten verwalten, ohne, was wah- c
re Einsicht betrifft, besser daran zu sein, als die Orakelsprecher und Wahrsager. Denn auch diese sagen viel Wahres, wissen aber nichts von dem was sie sagen.

MENON: So mag es wohl sein.

5. Schluß: Tugend scheint auf göttliche Schickung zurückzugehen. Die Frage nach ihrem Wesen bleibt

SOKRATES: Ist es nun nicht Recht, Menon, diese Männer göttlich zu nennen, welche ohne Vernunft zu gebrauchen vielerlei großes richtig vollbringen von dem was sie reden und tun?

MENON: Freilich.

SOKRATES: Mit Recht also würden wir sowohl die göttlich
nennen, deren wir eben erwähnten, die Orakelsprecher und
Wahrsager, als auch alle Dichtenden: und auch den Staatsmän- d

ἐλέγομεν χρησμῳδοὺς καὶ μάντεις καὶ τοὺς ποιητικοὺς ἅπαντας· καὶ τοὺς πολιτικοὺς οὐχ ἥκιστα τούτων φαῖμεν d
ἂν θείους τε εἶναι καὶ ἐνθουσιάζειν, ἐπίπνους ὄντας καὶ κατεχομένους ἔκ του θεοῦ, ὅταν κατορθῶσι λέγοντες πολλὰ καὶ μεγάλα πράγματα, μηδὲν εἰδότες ὧν λέγουσιν.

ΜΕΝ. Πάνυ γε.

ΣΩ. Καὶ αἵ γε γυναῖκες δήπου, ὦ Μένων, τοὺς ἀγαθοὺς ἄνδρας θείους καλοῦσι· καὶ οἱ Λάκωνες ὅταν τινὰ ἐγκωμιάζωσιν ἀγαθὸν ἄνδρα, Θεῖος ἀνήρ, φασίν, οὗτος.

ΜΕΝ. Καὶ φαίνονταί γε, ὦ Σώκρατες, ὀρθῶς λέγειν. e
Καίτοι ἴσως Ἄνυτος ὅδε σοι ἄχθεται λέγοντι.

ΣΩ. Οὐδὲν μέλει ἔμοιγε. Τούτῳ μέν, ὦ Μένων, καὶ αὖθις διαλεξόμεθα· εἰ δὲ νῦν ἡμεῖς ἐν παντὶ τῷ λόγῳ τούτῳ καλῶς ἐζητήσαμέν τε καὶ ἐλέγομεν, ἀρετὴ ἂν εἴη οὔτε φύσει οὔτε διδακτόν, ἀλλὰ θείᾳ μοίρᾳ παραγιγνομένη ἄνευ νοῦ οἷς ἂν παραγίγνηται, εἰ μή τις εἴη τοιοῦτος 100
τῶν πολιτικῶν ἀνδρῶν οἷος καὶ ἄλλον ποιῆσαι πολιτικόν. Εἰ δὲ εἴη, σχεδὸν ἄν τι οὗτος λέγοιτο τοιοῦτος ἐν τοῖς ζῶσιν οἷον ἔφη Ὅμηρος ἐν τοῖς τεθνεῶσιν τὸν Τειρεσίαν εἶναι, λέγων περὶ αὐτοῦ, ὅτι οἶος πέπνυται τῶν ἐν Ἅιδου, τοὶ δὲ σκιαὶ ἀΐσσουσι. Ταὐτὸν ἂν καὶ εὐθὺς τοιοῦτος ὥσπερ παρὰ σκιὰς ἀληθὲς ἂν πρᾶγμα εἴη πρὸς ἀρετήν.

ΜΕΝ. Κάλλιστα δοκεῖς μοι λέγειν, ὦ Σώκρατες. b

ΣΩ. Ἐκ μὲν τοίνυν τούτου τοῦ λογισμοῦ, ὦ Μένων, θείᾳ μοίρᾳ ἡμῖν φαίνεται παραγιγνομένη ἡ ἀρετὴ οἷς παραγίγνεται· τὸ δὲ σαφὲς περὶ αὐτοῦ εἰσόμεθα τότε, ὅταν πρὶν ᾧτινι τρόπῳ τοῖς ἀνθρώποις παραγίγνεται ἀρετή, πρότερον ἐπιχειρήσωμεν αὐτὸ καθ' αὑτὸ ζητεῖν τί ποτ' ἔστιν ἀρετή.

Νῦν δ' ἐμοὶ μὲν ὥρα ποι ἰέναι, σὺ δὲ ταῦτα ἅπερ αὐτὸς πέπεισαι πεῖθε καὶ τὸν ξένον τόνδε Ἄνυτον, ἵνα πρᾳότερος ᾖ· ὡς ἐὰν πείσῃς τοῦτον, ἔστιν ὅ τι καὶ Ἀθηναίους ὀνήσεις. c

nern könnten wir nicht am unverdientesten unter diesen dasselbe beilegen, daß sie göttlich sind und begeistert, angehaucht und bewohnt von dem Gotte, wenn sie durch Reden viele große Geschäfte glücklich vollbringen, ohne etwas eigentlich zu wissen von dem, worüber sie reden.

MENON: Allerdings wohl.

SOKRATES: Auch die Weiber, Menon, nennen ja tugendhafte Männer göttlich, und die Lakedaimonier wenn sie einen preisen wollen als einen tugendhaften Mann, so sagen sie, das ist ein göttlicher Mann.

MENON: Und es zeigt sich ja, daß es ganz recht gesagt ist, e
Sokrates; wiewohl Anytos dir vielleicht böse ist über die Rede.

SOKRATES: Das kümmert mich wenig. Und mit diesem, o Menon, wollen wir noch ein andermal reden. Wenn wir aber jetzt in unserer ganzen Untersuchung richtig zu Werke gegangen sind und geredet haben: so entstände die Tugend weder von Natur noch wäre sie lehrbar, sondern durch göttliche Schickung wohnte sie denen bei, und ohne Vernunft, denen sie
beiwohnt. Es müßte denn einer von den staatskundigen Män- 100a
nern ein solcher sein, der auch vermöchte einen Andern zum Staatsmann zu machen. Gäbe es aber so einen, den möchte man fast als einen solchen unter den Lebenden beschreiben, wie Homeros sagt, daß Teiresias unter den Toten sei, daß Er allein wahrnimmt, denn Andre sind flatternde Schatten. Denn grade so verhielte sich auch dieser zu den Andern wie zu Schatten ein wirkliches Ding in Beziehung auf die Tugend.

MENON: Ganz vortrefflich, dünkt mich, redest du, Sokra- b
tes.

SOKRATES: Zufolge dieser Untersuchung also, o Menon, scheint die Tugend durch eine göttliche Schickung denen einzuwohnen, denen sie einwohnt. Das Bestimmtere darüber werden wir aber erst dann wissen, wenn wir, ehe wir fragen, auf welche Art und Weise die Menschen zur Tugend gelangen, zuvor an und für sich untersuchen, was die Tugend ist. Jetzt aber ist Zeit, daß ich wohin gehen. Du aber suche das, wovon
du selbst überzeugt bist, auch deinem Gastfreund Anytos deut- c
lich zu machen, damit er sanftmütiger werde. Denn wenn du ihn überzeugst, wirst du auch den Athenern nützlich sein.

Κρατύλος
Kratylos

GLIEDERUNG

1. Die Fragestellung: Haben die Benennungen ihre Bedeutung von Natur aus, wie Kratylos, oder durch Übereinkunft, wie Hermogenes sagt? (383a1)

2. Das Gespräch des Sokrates mit Hermogenes (385a1)

2.1. Nochmals die These des Hermogenes (385a1)

2.2. Gegenargumentation des Sokrates in Richtung auf die These des Kratylos (385b2)

2.2.1. Wegen der Wahrheits- und Falschheitsfähigkeit der Rede muß es richtige und falsche Benennungen geben (385b2)

2.2.2. Die Benennungen entsprechen den Dingen in gewisser Weise von Natur aus (385e4)

2.2.2.1. Die Dinge haben unabhängig von uns ein beständiges Wesen, ähnlich die Handlungen (385e4)

2.2.2.2. Als Handlung muß auch das Benennen der ihm eigenen Natur entsprechen (387b9)

2.2.2.3. Das Wort als Werkzeug des Benennens; sein Urheber ist der Gesetzgeber (387d10)

2.2.2.4. Der Gesetzgeber verfertigt die Benennungen nach den Urbildern der Dinge (389a5)

2.2.2.5. Die Aufsicht und Beurteilung darüber obliegt dem Dialektiker (390b1)

2.2.3. Zusammenfassung (390d9)

2.3. Untersuchung der erschlossenen Richtigkeit der Benennungen anhand von Etymologien (391b4)

2.3.1. Protagoras und vor allem Homer als Lehrmeister für die aufgeworfene Frage (391b4)

2.3.2. Benennungen von Nachkommen (393b7)

2.3.2.1. Gleichartige Nachkommen benennt man nach ihren Vorfahren – mit einer Zwischenbemerkung über Lautverschiedenheiten (393b7)

2.3.2.2. Ungleichartige Nachkommen: der Stammbaum des Orest (394d5)

2.3.3. Die Benennungen höherer Lebewesen und ihrer Teile (396d3)

Κρατύλος

ΕΡΜΟΓΕΝΗΣ ΚΡΑΤΥΛΟΣ ΣΩΚΡΑΤΗΣ

ΕΡΜ. Βούλει οὖν καὶ Σωκράτει τῷδε ἀνακοινωσώμεθα 383 a
τὸν λόγον;

ΚΡ. Εἴ σοι δοκεῖ.

ΕΡΜ. Κρατύλος φησὶν ὅδε, ὦ Σώκρατες, ὀνόματος ὀρθότητα εἶναι ἑκάστῳ τῶν ὄντων φύσει πεφυκυῖαν, καὶ οὐ τοῦτο εἶναι ὄνομα ὃ ἄν τινες συνθέμενοι καλεῖν καλῶσι, τῆς αὑτῶν φωνῆς μόριον ἐπιφθεγγόμενοι, ἀλλὰ ὀρθότητά τινα
τῶν ὀνομάτων πεφυκέναι καὶ Ἕλλησι καὶ βαρβάροις τὴν b
αὐτὴν ἅπασιν. Ἐρωτῶ οὖν αὐτὸν ἐγὼ αὐτῷ πότερον Κρατύλος τῇ ἀληθείᾳ ὄνομά ἐστιν ἢ οὔ· ὁ δὲ ὁμολογεῖ. « Τί δὲ Σωκράτει; » ἔφην ἐγώ. « Σωκράτης », ἦ δ' ὅς. « Οὐκοῦν καὶ τοῖς ἄλλοις ἀνθρώποις πᾶσιν, ὅπερ καλοῦμεν ὄνομα ἕκαστον, τοῦτό ἐστιν ἑκάστῳ ὄνομα; » Ὁ δέ, « Οὔκουν σοί γε », ἦ δ' ὅς, « ὄνομα Ἑρμογένης, οὐδὲ ἂν πάντες καλῶσιν ἄνθρωποι. » Καὶ ἐμοῦ ἐρωτῶντος καὶ προθυμουμένου εἰδέναι
ὅ τι ποτὲ λέγει, οὔτε ἀποσαφεῖ οὐδὲν εἰρωνεύεταί τε πρός 384 a
με, προσποιούμενός τι αὐτὸς ἐν ἑαυτῷ διανοεῖσθαι ὡς εἰδὼς περὶ αὐτοῦ, ὃ εἰ βούλοιτο σαφῶς εἰπεῖν, ποιήσειεν ἂν καὶ ἐμὲ ὁμολογεῖν καὶ λέγειν ἅπερ αὐτὸς λέγει. Εἰ οὖν πῃ ἔχεις συμβαλεῖν τὴν Κρατύλου μαντείαν, ἡδέως ἂν ἀκούσαιμι· μᾶλλον δὲ αὐτῷ σοι ὅπῃ δοκεῖ ἔχειν περὶ ὀνομάτων ὀρθότητος ἔτι ἂν ἥδιον πυθοίμην, εἴ σοι βουλομένῳ ἐστίν.

ΣΩ. Ὦ παῖ Ἱππονίκου Ἑρμόγενες, παλαιὰ παροιμία ὅτι
χαλεπὰ τὰ καλά ἐστιν ὅπῃ ἔχει μαθεῖν· καὶ δὴ καὶ τὸ περὶ b
τῶν ὀνομάτων οὐ σμικρὸν τυγχάνει ὂν μάθημα. Εἰ μὲν οὖν

Kratylos

HERMOGENES KRATYLOS SOKRATES

1. Die Fragestellung: Haben die Benennungen ihre Bedeutung von Natur aus, wie Kratylos, oder durch Übereinkunft, wie Hermogenes sagt?

HERMOGENES: Willst du also, daß wir auch den Sokrates 383a
zu unserer Unterredung hinzuziehen?

KRATYLOS: Wenn du meinst.

HERMOGENES: Kratylos hier, o Sokrates, behauptet, jeg-
liches Ding habe seine von Natur ihm zukommende richtige
Benennung, und nicht das sei ein Name, wie Einige unter sich
ausgemacht haben etwas zu nennen, indem sie es mit einem
Teil ihrer besonderen Sprache anrufen; sondern es gebe eine
natürliche Richtigkeit der Wörter, für Hellenen und Barbaren b
insgesamt die nämliche. Ich frage ihn also, ob denn Kratylos in
Wahrheit sein Namen ist, und er gesteht zu, ihm gehöre dieser
Namen. – Und dem Sokrates? fragte ich weiter. – Sokrates,
antwortet er. – Haben nun nicht auch alle andern Menschen
jeder wirklich den Namen wie wir jeden rufen? – Wenigstens
der deinige, sagte er, ist nicht Hermogenes, und wenn dich
auch alle Menschen so rufen. – Allein wie ich ihn nun weiter
frage, und gar zu gern wissen will was er eigentlich meinet,
erklärt er sich gar nicht deutlich, und zieht mich noch auf, 384a
wobei er sich das Ansehn gibt als hielte er etwas bei sich zurück
was er darüber wüßte, und wodurch er mich wenn er es nur
heraussagen wollte auch zum Zugeständnis bringen könnte,
und zu derselben Meinung wie er. Wenn du also irgendwie den
Spruch des Kratylos auszulegen weißt, möchte ich es gern hö-
ren. Oder vielmehr, wie du selbst meinst, daß es mit der Rich-
tigkeit der Benennungen stehe, das möchte ich noch lieber er-
fahren, wenn es dir gelegen ist.

SOKRATES: Es ist ein altes Sprüchwort, Sohn des Hippo-
nikos, daß das Schöne schwierig ist, zu lernen wie es sich ver- b
halt; und so ist auch dies von den Wörtern kein kleines Lehr-

ἐγὼ ἤδη ἠκηκόη παρὰ Προδίκου τὴν πεντηκοντάδραχμον
ἐπίδειξιν, ἣν ἀκούσαντι ὑπάρχει περὶ τοῦτο πεπαιδεῦσθαι,
ὥς φησιν ἐκεῖνος, οὐδὲν ἂν ἐκώλυέν σε αὐτίκα μάλα εἰδέναι
τὴν ἀλήθειαν περὶ ὀνομάτων ὀρθότητος· νῦν δὲ οὐκ ἀκήκοα,
ἀλλὰ τὴν δραχμιαίαν. Οὔκουν οἶδα πῇ ποτε τὸ ἀληθὲς c
ἔχει περὶ τῶν τοιούτων· συζητεῖν μέντοι ἕτοιμός εἰμι καὶ
σοὶ καὶ Κρατύλῳ κοινῇ. Ὅτι δὲ οὔ φησί σοι Ἑρμογένη
ὄνομα εἶναι τῇ ἀληθείᾳ, ὥσπερ ὑποπτεύω αὐτὸν σκώπτειν·
οἴεται γὰρ ἴσως σε χρημάτων ἐφιέμενον κτήσεως ἀπο-
τυγχάνειν ἑκάστοτε. Ἀλλ᾽, ὃ νῦν δὴ ἔλεγον, εἰδέναι μὲν
τὰ τοιαῦτα χαλεπόν, εἰς τὸ κοινὸν δὲ καταθέντας χρὴ
σκοπεῖν εἴτε ὡς σὺ λέγεις ἔχει εἴτε ὡς Κρατύλος.

ΕΡΜ. Καὶ μὴν ἔγωγε, ὦ Σώκρατες, πολλάκις δὴ καὶ
τούτῳ διαλεχθεὶς καὶ ἄλλοις πολλοῖς, οὐ δύναμαι πεισθῆναι
ὡς ἄλλη τις ὀρθότης ὀνόματος ἢ ξυνθήκη καὶ ὁμολογία. d
Ἐμοὶ γὰρ δοκεῖ ὅ τι ἄν τίς τῳ θῆται ὄνομα, τοῦτο εἶναι τὸ
ὀρθόν· καὶ ἂν αὖθίς γε ἕτερον μεταθῆται, ἐκεῖνο δὲ μηκέτι
καλῇ, οὐδὲν ἧττον τὸ ὕστερον ὀρθῶς ἔχειν τοῦ προτέρου,
ὥσπερ τοῖς οἰκέταις ἡμεῖς μετατιθέμεθα, οὐδὲν ἧττον τοῦτ᾽
εἶναι ὀρθὸν τὸ μετατεθὲν τοῦ πρότερον κειμένου· οὐ γὰρ
φύσει ἑκάστῳ πεφυκέναι ὄνομα οὐδὲν οὐδενί, ἀλλὰ νόμῳ
καὶ ἔθει τῶν ἐθισάντων τε καὶ καλούντων. Εἰ δέ πῃ ἄλλῃ
ἔχει, ἕτοιμος ἔγωγε καὶ μανθάνειν καὶ ἀκούειν οὐ μόνον e
παρὰ Κρατύλου, ἀλλὰ καὶ παρ᾽ ἄλλου ὁτουοῦν.

ΣΩ. Ἴσως μέντοι τι λέγεις, ὦ Ἑρμόγενες· σκεψώμεθα 385 a
δέ. Ὃ ἂν θῇ καλεῖν τις ἕκαστον, τοῦτ᾽ ἐστὶν ἑκάστῳ
ὄνομα ;

ΕΡΜ. Ἔμοιγε δοκεῖ.

ΣΩ. Καὶ ἐὰν ἰδιώτης καλῇ καὶ ἐὰν πόλις ;

stück. Hätte ich nun schon bei dem Prodikos seinen Vortrag
für Funfzig Drachmen gehört, den man, wie er behauptet, nur
zu hören braucht um hierüber vollständig unterrichtet zu sein,
dann sollte dir nichts im Wege stehen sogleich das Wahre über
die Richtigkeit der Benennungen zu erfahren. Nun aber habe
ich ihn nicht gehört, sondern nur den für Eine Drachme, also c
weiß ich nicht, wie es sich eigentlich mit dieser Sache verhält.
Gemeinschaftlich jedoch mit dir und dem Kratylos sie zu untersuchen bin ich gern bereit. Daß er aber leugnet Hermogenes sei in Wahrheit dein Namen, damit merke ich beinahe daß er spöttelt. Denn er meint wohl gar du möchtest gern reich werden aber gar nicht wie vom Hermes abstammend, verfehltest du es immer. Allein, wie ich eben sagte, es ist schwer dergleichen zu wissen, gemeinschaftlich aber müssen wir es vornehmen und zusehen, ob es sich so wie du meinst verhält, oder wie Kratylos.

HERMOGENES: Ich meines Teils, Sokrates, habe schon oft
mit diesem und vielen Andern darüber gesprochen, und kann
mich nicht überzeugen, daß es eine andere Richtigkeit der d
Worte gibt, als die sich auf Vertrag und Übereinkunft gründet.
Denn mich dünkt, welchen Namen jemand einem Dinge beilegt, der ist auch der Rechte, und wenn man wieder einen andern an die Stelle setzt und jenen nicht mehr gebraucht, so ist der letzte nicht minder richtig als der zuerst beigelegte, wie wir unsern Knechten andere Namen geben. Denn kein Name keines Dinges gehört ihm von Natur, sondern durch Anordnung und Gewohnheit derer, welche die Wörter zur Gewohnheit machen und gebrauchen. Ob es sich aber anderswie verhält, bin
ich sehr bereit es zu lernen und zu hören nicht nur vom Kra- e
tylos, sondern auch von jedem Andern.

2. *Das Gespräch des Sokrates mit Hermogenes*

2.1. *Nochmals die These des Hermogenes*

SOKRATES: Vielleicht ist doch etwas in dem was du sagst, 385a
Hermogenes. Laß uns nur zusehen. Wie jemand festsetzt jedes zu nennen, das ist denn auch eines jeden Dinges Namen?

HERMOGENES: So dünkt mich.

SOKRATES: Nenne es nun ein Einzelner so, oder auch der Staat?

ΕΡΜ. Φημί.

ΣΩ. Τί οὖν; ἐὰν ἐγὼ καλῶ ὁτιοῦν τῶν ὄντων, οἷον ὃ νῦν καλοῦμεν ἄνθρωπον, ἐὰν ἐγὼ τοῦτο ἵππον προσαγορεύω, ὃ δὲ νῦν ἵππον, ἄνθρωπον, ἔσται δημοσίᾳ μὲν ὄνομα ἄνθρωπος τῷ αὐτῷ, ἰδίᾳ δὲ ἵππος; καὶ ἰδίᾳ μὲν αὖ ἄνθρωπος, δημοσίᾳ δὲ ἵππος; οὕτω λέγεις;

ΕΡΜ. Ἔμοιγε δοκεῖ. b

ΣΩ. Φέρε δή μοι τόδε εἰπέ· καλεῖς τι ἀληθῆ λέγειν καὶ ψευδῆ;

ΕΡΜ. Ἔγωγε.

ΣΩ. Οὐκοῦν εἴη ἂν λόγος ἀληθής, ὁ δὲ ψευδής;

ΕΡΜ. Πάνυ γε.

ΣΩ. Ἆρ' οὖν οὗτος ὃς ἂν τὰ ὄντα λέγῃ ὡς ἔστιν, ἀληθής· ὃς δ' ἂν ὡς οὐκ ἔστιν, ψευδής;

ΕΡΜ. Ναί.

ΣΩ. Ἔστιν ἄρα τοῦτο, λόγῳ λέγειν τὰ ὄντα τε καὶ μή;

ΕΡΜ. Πάνυ γε.

ΣΩ. Ὁ λόγος δ' ἐστὶν ὁ ἀληθὴς πότερον ὅλος μὲν ἀληθής, τὰ μόρια δ' αὐτοῦ οὐκ ἀληθῆ; c

ΕΡΜ. Οὔκ, ἀλλὰ καὶ τὰ μόρια.

ΣΩ. Πότερον δὲ τὰ μὲν μεγάλα μόρια ἀληθῆ, τὰ δὲ σμικρὰ οὔ· ἢ πάντα;

ΕΡΜ. Πάντα, οἶμαι ἔγωγε.

ΣΩ. Ἔστιν οὖν ὅ τι λέγεις λόγου σμικρότερον μόριον ἄλλο ἢ ὄνομα;

ΕΡΜ. Οὔκ, ἀλλὰ τοῦτο σμικρότατον.

ΣΩ. Καὶ τὸ ὄνομα ἄρα τὸ τοῦ ἀληθοῦς λόγου λέγεται;

ΕΡΜ. Ναί.

ΣΩ. Ἀληθές γε, ὡς φῄς.

HERMOGENES: Das behaupte ich.

SOKRATES: Wie nun, wenn ich irgend ein Ding benenne, wie was wir jetzt Mensch nennen, wenn ich das Pferd rufe, und was jetzt Pferd, Mensch: dann wird dasselbe Ding öffentlich und allgemein Mensch heißen, bei mir besonders aber Pferd, und das andere wiederum bei mir besonders Mensch, öffentlich aber Pferd. Meinst du es so?

HERMOGENES: So dünkt es mich. b

2.2. Gegenargumentation des Sokrates in Richtung auf die These des Kratylos

2.2.1. Wegen der Wahrheits- und Falschheitsfähigkeit der Rede muß es richtige und falsche Benennungen geben

SOKRATES: Wohlan sage mir dies. Nennst du etwas wahr reden, und etwas falsch?

HERMOGENES: O ja.

SOKRATES: Also wäre auch eine Rede wahr und eine andere falsch?

HERMOGENES: Freilich.

SOKRATES: Und nicht wahr, die von den Dingen aussagt was sie sind ist wahr, die aber, was sie nicht sind, ist falsch?

HERMOGENES: Ja.

SOKRATES: Also findet dieses doch Statt, durch eine Rede aussagen was ist, und auch was nicht ist?

HERMOGENES: Allerdings.

SOKRATES: Die wahre Rede aber, ist die zwar ganz wahr, c
ihre Teile aber nicht wahr?

HERMOGENES: Nein, sondern auch ihre Teile.

SOKRATES: Und sind etwa nur die größeren Teile wahr, die kleineren aber nicht? oder alle?

HERMOGENES: Alle, denke ich doch.

SOKRATES: Und kannst du wohl einen kleineren Teil einer Rede sagen als ein Wort?

HERMOGENES: Nein, dies ist der kleinste.

SOKRATES: Also auch das Wort in einer wahren Rede wird gesagt?

HERMOGENES: Ja.

SOKRATES: Und ist dann ein wahres, wie du behauptest?

ΕΡΜ. Ναί.

ΣΩ. Τὸ δὲ τοῦ ψευδοῦς μόριον οὐ ψεῦδος ;

ΕΡΜ. Φημί.

ΣΩ. Ἔστιν ἄρα ὄνομα ψευδὲς καὶ ἀληθὲς λέγειν, εἴπερ
καὶ λόγον ;

ΕΡΜ. Πῶς γὰρ οὔ ; d

ΣΩ. Ὃ ἂν ἄρα ἕκαστος φῇ τῳ ὄνομα εἶναι, τοῦτό ἐστιν
ἑκάστῳ ὄνομα ;

ΕΡΜ. Ναί.

ΣΩ. Ἦ καὶ ὁπόσα ἂν φῇ τις ἑκάστῳ ὀνόματα εἶναι,
τοσαῦτα ἔσται καὶ τότε ὁπόταν φῇ ;

ΕΡΜ. Οὐ γὰρ ἔχω ἔγωγε, ὦ Σώκρατες, ὀνόματος ἄλλην
ὀρθότητα ἢ ταύτην, ἐμοὶ μὲν ἕτερον εἶναι καλεῖν ἑκάστῳ
ὄνομα, ὃ ἐγὼ ἐθέμην, σοὶ δὲ ἕτερον, ὃ αὖ σύ. Οὕτω δὲ καὶ
ταῖς πόλεσιν ὁρῶ ἰδίᾳ ἑκάσταις ἐνίοτ᾽ ἐπὶ τοῖς αὐτοῖς e
κείμενα ὀνόματα, καὶ Ἕλλησι παρὰ τοὺς ἄλλους Ἕλληνας,
καὶ Ἕλλησι παρὰ βαρβάρους.

ΣΩ. Φέρε δὴ ἴδωμεν, ὦ Ἑρμόγενες, πότερον καὶ τὰ ὄντα
οὕτως ἔχειν σοι φαίνεται, ἰδίᾳ αὐτῶν ἡ οὐσία εἶναι ἑκάστῳ,
ὥσπερ Πρωταγόρας ἔλεγεν, λέγων « πάντων χρημάτων
μέτρον » εἶναι ἄνθρωπον, ὡς ἄρα οἷα μὲν ἂν ἐμοὶ φαίνηται 386 a
τὰ πράγματα εἶναι, τοιαῦτα μὲν ἔστιν ἐμοί, οἷα δ᾽ ἂν σοί,
τοιαῦτα δὲ σοί· ἢ ἔχειν δοκεῖ σοι αὐτὰ αὑτῶν τινα βεβαιό-
τητα τῆς οὐσίας ;

ΕΡΜ. Ἤδη ποτὲ ἔγωγε, ὦ Σώκρατες, ἀπορῶν καὶ ἐν-
ταῦθα ἐξηνέχθην εἰς ἅπερ Πρωταγόρας λέγει· οὐ πάνυ τι
μέντοι μοι δοκεῖ οὕτως ἔχειν.

ΣΩ. Τί δέ ; ἐς τόδε ἤδη ἐξηνέχθης ὥστε μὴ πάνυ σοι
δοκεῖν εἶναί τινα ἄνθρωπον πονηρόν ; b

ΕΡΜ. Οὐ μὰ τὸν Δία, ἀλλὰ πολλάκις δὴ αὐτὸ πέπονθα,
ὥστε μοι δοκεῖν πάνυ πονηροὺς εἶναί τινας ἀνθρώπους,
καὶ μάλα συχνούς.

HERMOGENES: Ja.

SOKRATES: Und ist der Teil einer falschen Rede nicht falsch?

HERMOGENES: Das behaupte ich.

SOKRATES: Also kann man falsche Worte und wahre sagen, wenn auch solche Sätze und Reden.

HERMOGENES: Wie anders! d

SOKRATES: Und soll noch, was Jeder als eines Dinges Namen angibt, auch eines jeden Namen sein?

HERMOGENES: Ja.

SOKRATES: Etwa auch so viele Namen Einer sagt daß ein Ding habe, so viele hat es auch, und dann, wenn er es sagt?

HERMOGENES: Ich wenigstens, Sokrates, weiß von keiner andern Richtigkeit der Benennungen als von dieser, daß ich jedes Ding mit einem andern Namen benennen kann, den ich ihm beigelegt habe, und du wieder mit einem andern, den du. Und so sehe ich auch, daß für dieselbe Sache bisweilen einzelne e
Städte ihr eigenes eingeführtes Wort haben, und Hellenen ein anderes als andere Hellenen, und Hellenen auch wiederum andere als Barbaren.

2.2.2. Die Benennungen entsprechen den Dingen in gewisser Weise von Natur aus

2.2.2.1. Die Dinge haben unabhängig von uns ein beständiges Wesen, ähnlich die Handlungen

SOKRATES: Wohlan laß uns sehen, Hermogenes, ob dir vorkommt, daß es auch mit den Dingen eben so steht, daß ihr Sein und Wesen für jeden besonders ist, wie Protagoras meinte, wenn er sagt, der Mensch sei das Maß aller Dinge, daß also 386a
die Dinge, wie sie mir erscheinen, so auch für mich wirklich sind, und wiederum wie dir, so auch für dich? Oder dünkt dich daß sie in sich eine Beständigkeit ihres Wesens haben?

HERMOGENES: Ich bin wohl sonst schon in der Verlegenheit auch dahin geraten, Sokrates, auf dasselbe, was auch Protagoras sagt; ganz und gar so glaube ich jedoch nicht, daß es sich verhalte.

SOKRATES: Wie aber? bist du auch darauf schon geraten, daß du nicht glauben konntest, ein Mensch sei gar schlecht? b

ΣΩ. Τί δέ ; πάνυ χρηστοὶ οὔπω σοι ἔδοξαν εἶναι ἄνθρωποι ;

ΕΡΜ. Καὶ μάλα ὀλίγοι.

ΣΩ. Ἔδοξαν δ' οὖν ;

ΕΡΜ. Ἔμοιγε.

ΣΩ. Πῶς οὖν τοῦτο τίθεσαι ; ἆρ' ὧδε, τοὺς μὲν πάνυ χρηστοὺς πάνυ φρονίμους, τοὺς δὲ πάνυ πονηροὺς πάνυ ἄφρονας ;

ΕΡΜ. Ἔμοιγε δοκεῖ οὕτως. c

ΣΩ. Οἷόν τε οὖν ἐστιν, εἰ Πρωταγόρας ἀληθῆ ἔλεγεν καὶ ἔστιν αὕτη ἡ ἀλήθεια, τὸ οἷα ἂν δοκῇ ἑκάστῳ τοιαῦτα καὶ εἶναι, τοὺς μὲν ἡμῶν φρονίμους εἶναι, τοὺς δὲ ἄφρονας ;

ΕΡΜ. Οὐ δῆτα.

ΣΩ. Καὶ ταῦτά γε, ὡς ἐγῷμαι, σοὶ πάνυ δοκεῖ, φρονήσεως οὔσης καὶ ἀφροσύνης μὴ πάνυ δυνατὸν εἶναι Πρωταγόραν ἀληθῆ λέγειν· οὐδὲν γὰρ ἄν που τῇ ἀληθείᾳ ὁ ἕτερος τοῦ ἑτέρου φρονιμώτερος εἴη, εἴπερ ἃ ἂν ἑκάστῳ δοκῇ ἑκάστῳ ἀληθῆ ἔσται. d

ΕΡΜ. Ἔστι ταῦτα.

ΣΩ. Ἀλλὰ μὴν οὐδὲ κατ' Εὐθύδημόν γε οἶμαι σοὶ δοκεῖ πᾶσι πάντα ὁμοίως εἶναι ἅμα καὶ ἀεί· οὐδὲ γὰρ ἂν οὕτως εἶεν οἱ μὲν χρηστοί, οἱ δὲ πονηροί, εἰ ὁμοίως ἅπασι καὶ ἀεὶ ἀρετή τε καὶ κακία εἴη.

ΕΡΜ. Ἀληθῆ λέγεις.

ΣΩ. Οὐκοῦν εἰ μήτε πᾶσι πάντα ἐστὶν ὁμοίως ἅμα καὶ ἀεί, μήτε ἑκάστῳ ἰδίᾳ ἕκαστον τῶν ὄντων ἐστίν, δῆλον δὴ ὅτι αὐτὰ αὑτῶν οὐσίαν ἔχοντά τινα βέβαιόν ἐστι τὰ πράγματα, οὐ πρὸς ἡμᾶς οὐδὲ ὑφ' ἡμῶν, ἑλκόμενα ἄνω καὶ κάτω τῷ ἡμετέρῳ φαντάσματι, ἀλλὰ καθ' αὑτὰ πρὸς τὴν αὑτῶν οὐσίαν ἔχοντα ᾗπερ πέφυκεν. e

ΕΡΜ. Δοκεῖ μοι, ὦ Σώκρατες, οὕτως ἔχειν.

HERMOGENES: Nein, beim Zeus, vielmehr ist mir schon oft begegnet, daß mir Menschen gar schlecht vorgekommen sind, und zwar recht viele.

SOKRATES: Und wie? gar gut hast du noch nicht geglaubt, daß Menschen wären?

HERMOGENES: Nur sehr wenige.

SOKRATES: Also doch welche?

HERMOGENES: O ja.

SOKRATES: Wie aber meinst du es? etwa so, daß die gar guten auch gar vernünftig sind, und die gar schlechten auch gar unvernünftig?

HERMOGENES: Ich meine es gerade so. c

SOKRATES: Können nun wohl, wenn Protagoras wahr redete, und dies die Wahrheit ist, daß für Jeden, wie ihm etwas erscheint, so es auch ist, alsdann Einige von uns vernünftig sein und Andere unvernünftig?

HERMOGENES: Nicht füglich.

SOKRATES: Auch dies, denke ich, glaubst du gar sehr, daß wenn es Vernunft und Unvernunft gibt, dann eben gar nicht möglich ist, daß Protagoras Recht habe. Denn es wäre ja in Wahrheit nicht Einer vernünftiger als der Andere, wenn was Jedem schiene auch für Jeden wahr wäre. d

HERMOGENES: Das ist richtig.

SOKRATES: Aber auch nicht mit dem Euthydemos, denke ich, hältst du es, daß Allen Alles auf gleiche Weise zugleich und immer zukommt. Denn auch so können nicht Einige gut und Andere schlecht sein, wenn gleichermaßen Allen immer Tugend und Laster zukommt.

HERMOGENES: Ganz recht.

SOKRATES: Also wenn weder Allen Alles auf gleiche Weise zugleich und immer zukommt, noch auch jedes Ding für Jeden auf eine besondere Weise da ist: so ist offenbar, daß die Dinge an und für sich ihr eignes bestehendes Wesen haben, und nicht e nur je nachdem wir sind, oder von uns hin und her gezogen nach unserer Einbildung, sondern für sich bestehend, je nach ihrem eigenen Wesen seiend wie sie geartet sind.

HERMOGENES: So verhält es sich meines Erachtens, Sokrates.

ΣΩ. Πότερον οὖν αὐτὰ μὲν ἂν εἴη οὕτω πεφυκότα, αἱ δὲ πράξεις αὐτῶν οὐ κατὰ τὸν αὐτὸν τρόπον; ἢ οὐ καὶ αὗται ἕν τι εἶδος τῶν ὄντων εἰσίν, αἱ πράξεις;

ΕΡΜ. Πάνυ γε καὶ αὗται.

ΣΩ. Κατὰ τὴν αὑτῶν ἄρα φύσιν καὶ αἱ πράξεις πράτ- 387 a
τονται, οὐ κατὰ τὴν ἡμετέραν δόξαν. Οἷον ἐάν τι ἐπιχειρήσωμεν ἡμεῖς τῶν ὄντων τέμνειν, πότερον ἡμῖν τμητέον ἐστὶν ἕκαστον ὡς ἂν ἡμεῖς βουλώμεθα καὶ ᾧ ἂν βουληθῶμεν, ἢ ἐὰν μὲν κατὰ τὴν φύσιν βουληθῶμεν ἕκαστον τέμνειν τοῦ τέμνειν τε καὶ τέμνεσθαι καὶ ᾧ πέφυκε, τεμοῦμέν τε καὶ πλέον τι ἡμῖν ἔσται καὶ ὀρθῶς πράξομεν τοῦτο, ἐὰν δὲ παρὰ φύσιν, ἐξαμαρτησόμεθά τε καὶ οὐδὲν πράξομεν;

ΕΡΜ. Ἔμοιγε δοκεῖ οὕτω. b

ΣΩ. Οὐκοῦν καὶ ἐὰν κάειν τι ἐπιχειρήσωμεν, οὐ κατὰ πᾶσαν δόξαν δεῖ κάειν, ἀλλὰ κατὰ τὴν ὀρθήν; αὕτη δ' ἐστὶν ᾗ πέφυκεν ἕκαστον κάεσθαί τε καὶ κάειν καὶ ᾧ πέφυκεν;

ΕΡΜ. Ἔστι ταῦτα.

ΣΩ. Οὐκοῦν καὶ τἆλλα οὕτω;

ΕΡΜ. Πάνυ γε.

ΣΩ. Ἆρ' οὖν οὐ καὶ τὸ λέγειν μία τις τῶν πράξεών ἐστιν;

ΕΡΜ. Ναί.

ΣΩ. Πότερον οὖν ᾗ ἂν τῳ δοκῇ λεκτέον εἶναι, ταύτῃ
λέγων ὀρθῶς λέξει, ἢ ἐὰν μὲν ᾗ πέφυκε τὰ πράγματα λέγειν c
τε καὶ λέγεσθαι καὶ ᾧ, ταύτῃ καὶ τούτῳ λέγῃ, πλέον τέ τι ποιήσει καὶ ἐρεῖ· ἂν δὲ μή, ἐξαμαρτήσεταί τε καὶ οὐδὲν ποιήσει;

ΕΡΜ. Οὕτω μοι δοκεῖ ὡς λέγεις.

ΣΩ. Οὐκοῦν τοῦ λέγειν μόριον τὸ ὀνομάζειν; ὀνομάζοντες γάρ που λέγουσι τοὺς λόγους.

SOKRATES: Sollen nun sie selbst zwar so geartet sein, ihre Handlungen aber nicht nach derselbigen Weise? oder sind nicht auch diese eine eigne Art dessen was ist, die Handlungen?

HERMOGENES: Allerdings auch diese.

SOKRATES: Also auch die Handlungen gehen nach ihrer 387a
eigenen Natur vor sich, und nicht nach unserer Vorstellung. Wie wenn wir unternehmen etwas zu schneiden, teilen, sollen wir dann jedes schneiden wie wir wollen und womit wir wollen? oder werden wir nur dann, wenn wir jedes nach der Natur des Schneidens und Geschnittenwerdens, und mit dem ihm angemessenen schneiden wollen, nur dann es wirklich schneiden und auch einen Vorteil davon haben, und die Handlung recht verrichten, wenn aber gegen die Natur, dann es verfehlen und nichts ausrichten?

HERMOGENES: So dünkt es mich. b

SOKRATES: Nicht auch, wenn wir etwas unternehmen zu brennen, müssen wir es nicht nach jeder Weise wie sie uns zuerst einfällt brennen, sondern nach der richtigen, und das ist die, wie eines jeden Natur ist zu brennen und gebrannt zu werden und womit?

HERMOGENES: Gewiß.

SOKRATES: Nicht auch so in allem übrigen?

HERMOGENES: Allerdings.

2.2.2.2. *Als Handlung muß auch das Benennen der ihm eigenen Natur entsprechen*

SOKRATES: Ist nun nicht auch das Reden eine Handlung?

HERMOGENES: Ja.

SOKRATES: Wird also wohl Einer, wenn er so redet wie er eben glaubt, daß man reden möge, richtig reden? oder nur
dann, wenn er auf die Weise und vermittelst dessen, wie es der c
Natur des Sprechens und Gesprochenwerdens angemessen ist, von den Dingen redet, nur dann Vorteil davon haben und wirklich etwas sagen, wenn aber nicht, dann es verfehlen und nichts damit ausrichten?

HERMOGENES: So dünkt es mich, wie du sagst.

SOKRATES: Und ein Teil des Redens ist doch das Benennen. Denn durch Benennung besteht jede Rede?

ΕΡΜ. Πάνυ γε.

ΣΩ. Οὐκοῦν καὶ τὸ ὀνομάζειν πρᾶξίς τίς ἐστιν, εἴπερ καὶ τὸ λέγειν πρᾶξίς τις ἦν περὶ τὰ πράγματα ;

ΕΡΜ. Ναί.

ΣΩ. Αἱ δὲ πράξεις ἐφάνησαν ἡμῖν οὐ πρὸς ἡμᾶς οὖσαι, d
ἀλλ' αὐτῶν τινα ἰδίαν φύσιν ἔχουσαι ;

ΕΡΜ. Ἔστι ταῦτα.

ΣΩ. Οὐκοῦν καὶ ὀνομαστέον ἐστὶν ᾗ πέφυκε τὰ πράγματα ὀνομάζειν τε καὶ ὀνομάζεσθαι καὶ ᾧ, ἀλλ' οὐχ ᾗ ἂν ἡμεῖς βουληθῶμεν, εἴπερ τι τοῖς ἔμπροσθεν μέλλει ὁμολογούμενον εἶναι ; καὶ οὕτω μὲν ἂν πλέον τι ποιοῖμεν καὶ ὀνομάζοιμεν, ἄλλως δὲ οὔ ;

ΕΡΜ. Φαίνεταί μοι.

ΣΩ. Φέρε δή, ὃ ἔδει τέμνειν, ἔδει τῳ, φαμέν, τέμνειν ;

ΕΡΜ. Ναί.

ΣΩ. Καὶ ὃ ἔδει κερκίζειν, ἔδει τῳ κερκίζειν ; καὶ ὃ ἔδει e
τρυπᾶν, ἔδει τῳ τρυπᾶν ;

ΕΡΜ. Πάνυ γε.

ΣΩ. Καὶ ὃ ἔδει δὴ ὀνομάζειν, ἔδει τῳ ὀνομάζειν ;

ΕΡΜ. Ἔστι ταῦτα. 388 a

ΣΩ. Τί δὲ ἦν ἐκεῖνο ᾧ ἔδει τρυπᾶν ;

ΕΡΜ. Τρύπανον.

ΣΩ. Τί δὲ ᾧ κερκίζειν ;

ΕΡΜ. Κερκίς.

ΣΩ. Τί δὲ ᾧ ὀνομάζειν ;

ΕΡΜ. Ὄνομα.

ΣΩ. Εὖ λέγεις. Ὄργανον ἄρα τί ἐστι καὶ τὸ ὄνομα.

ΕΡΜ. Πάνυ γε.

ΣΩ. Εἰ οὖν ἐγὼ ἐροίμην « Τί ἦν ὄργανον ἡ κερκίς ; » οὐχ ᾧ κερκίζομεν ;

ΕΡΜ. Ναί.

HERMOGENES: Freilich.

SOKRATES: Also ist auch das Benennen eine Handlung, wenn das Reden ein Handeln mit den Dingen war?

HERMOGENES: Ja.

SOKRATES: Die Handlungen aber waren, wie sich gezeigt d hatte, nicht nur je nachdem wir waren, sondern hatten jede ihre eigene Natur?

HERMOGENES: So ist es.

SOKRATES: Also auch benennen muß man so, und vermittelst dessen, wie es in der Natur des Benennens und Benanntwerdens der Dinge ist, nicht aber so wie wir etwa jedesmal möchten, wenn uns anders dies mit dem vorigen übereinstimmen soll, und nur so werden wir etwas davon haben und wirklich benennen, sonst aber nicht?

HERMOGENES: Offenbar.

2.2.2.3. Das Wort als Werkzeug des Benennens; sein Urheber ist der Gesetzgeber

SOKRATES: Wohlan! was man schneiden mußte, mußte man doch, sagen wir, vermittelst etwas schneiden.

HERMOGENES: Ja.

SOKRATES: Und was weben, vermittelst etwas weben, und e was bohren, mittelst etwas bohren?

HERMOGENES: Freilich.

SOKRATES: Also auch was man benennen mußte, mußte man mittelst etwas benennen?

HERMOGENES: So ist es. 388a

SOKRATES: Was ist nun jenes, womit man bohren muß?

HERMOGENES: Der Bohrer.

SOKRATES: Und womit man weben muß?

HERMOGENES: Die Weberlade.

SOKRATES: Und wie, womit benennen?

HERMOGENES: Das Wort.

SOKRATES: Richtig. Ein Werkzeug ist also auch das Wort.

HERMOGENES: Freilich.

SOKRATES: Wenn ich nun fragte, Was für ein Werkzeug war doch die Weberlade? nicht das, womit man webt?

HERMOGENES: Ja.

ΣΩ. Κερκίζοντες δὲ τί δρῶμεν· ; οὐ τὴν κρόκην καὶ τοὺς στήμονας συγκεχυμένους διακρίνομεν ; b

ΕΡΜ. Ναί.

ΣΩ. Οὐκοῦν καὶ περὶ τρυπάνου ἕξεις οὕτως εἰπεῖν καὶ περὶ τῶν ἄλλων ;

ΕΡΜ. Πάνυ γε.

ΣΩ. Ἔχεις δὴ καὶ περὶ ὀνόματος οὕτως εἰπεῖν ; ὀργάνῳ ὄντι τῷ ὀνόματι ὀνομάζοντες τί ποιοῦμεν ;

ΕΡΜ. Οὐκ ἔχω λέγειν.

ΣΩ. Ἆρ᾽ οὖν διδάσκομέν τι ἀλλήλους καὶ τὰ πράγματα διακρίνομεν ᾗ ἔχει ;

ΕΡΜ. Πάνυ γε.

ΣΩ. Ὄνομα ἄρα διδασκαλικόν τί ἐστιν ὄργανον καὶ διακριτικὸν τῆς οὐσίας, ὥσπερ κερκὶς ὑφάσματος. c

ΕΡΜ. Ναί.

ΣΩ. Ὑφαντικὸν δέ γε ἡ κερκίς ;

ΕΡΜ. Πῶς δ᾽ οὔ ;

ΣΩ. Ὑφαντικὸς μὲν ἄρα κερκίδι καλῶς χρήσεται, καλῶς δ᾽ ἐστὶν ὑφαντικῶς· διδασκαλικὸς δὲ ὀνόματι ⟨καλῶς⟩· καλῶς δ᾽ ἐστὶ διδασκαλικῶς.

ΕΡΜ. Ναί.

ΣΩ. Τῷ τίνος οὖν ἔργῳ ὁ ὑφάντης καλῶς χρήσεται, ὅταν τῇ κερκίδι χρῆται ;

ΕΡΜ. Τῷ τοῦ τέκτονος.

ΣΩ. Πᾶς δὲ τέκτων ἢ ὁ τὴν τέχνην ἔχων ;

ΕΡΜ. Ὁ τὴν τέχνην.

ΣΩ. Τῷ τίνος δὲ ἔργῳ ὁ τρυπητὴς καλῶς χρήσεται, ὅταν τῷ τρυπάνῳ χρῆται ; d

ΕΡΜ. Τῷ τοῦ χαλκέως.

ΣΩ. Ἆρ᾽ οὖν πᾶς χαλκεὺς ἢ ὁ τὴν τέχνην ἔχων ;

ΕΡΜ. Ὁ τὴν τέχνην.

ΣΩ. Εἶεν. Τῷ δὲ τίνος ἔργῳ ὁ διδασκαλικὸς χρήσεται, ὅταν τῷ ὀνόματι χρῆται ;

SOKRATES: Was tut man aber wenn man webt? Nicht daß b
wir den Einschlag und die ineinander verworrene Kette wieder sondern?

HERMOGENES: Ja.

SOKRATES: Und eben so wirst du mir auch über den Bohrer und die übrigen antworten können.

HERMOGENES: Gewiß.

SOKRATES: Kannst du mir nun eben so auch über das Wort Rechenschaft geben? Indem wir mit dem Wort als Werkzeug benennen, was tun wir?

HERMOGENES: Das weiß ich nicht zu sagen.

SOKRATES: Lehren wir etwa einander etwas und sondern die Gegenstände von einander, je nachdem sie beschaffen sind?

HERMOGENES: Allerdings.

SOKRATES: Das Wort ist also ein belehrendes Werkzeug, und ein das Wesen unterscheidendes und sonderndes, wie die
Weberlade das Gewebe sondert. c

HERMOGENES: Ja.

SOKRATES: Und die Lade gehört zur Weberei?

HERMOGENES: Wie anders!

SOKRATES: Der Weberkünstler also wird die Lade recht zu gebrauchen wissen, recht aber heißt weberkünstlerisch. Und ein Lehrkünstler das Wort, und recht heißt lehrkünstlerisch.

HERMOGENES: Ja.

SOKRATES: Und wessen Werk gebraucht dann der Weber recht, wenn er die Weberlade gebraucht?

HERMOGENES: Des Tischers Werk.

SOKRATES: Und ist Jeder ein Tischer, oder nur wer diese Kunst inne hat?

HERMOGENES: Nur der letzte.

SOKRATES: Und wessen Werk gebraucht der Bohrende d
recht, wenn er den Bohrer braucht?

HERMOGENES: Des Kleinschmieds.

SOKRATES: Und ist Jeder ein Kleinschmied, oder der die Kunst inne hat?

HERMOGENES: Der die Kunst inne hat.

SOKRATES: Wohl! Wessen Werk gebraucht nun aber jener Lehrkünstler, wenn er das Wort gebraucht?

ΕΡΜ. Οὐδὲ τοῦτ' ἔχω.

ΣΩ. Οὐδὲ τοῦτό γ' ἔχεις εἰπεῖν, τίς παραδίδωσιν ἡμῖν τὰ ὀνόματα οἷς χρώμεθα ;

ΕΡΜ. Οὐ δῆτα.

ΣΩ. Ἆρ' οὐχὶ ὁ νόμος δοκεῖ σοι εἶναι ὁ παραδιδοὺς αὐτά ;

ΕΡΜ. Ἔοικεν.

ΣΩ. Νομοθέτου ἄρα ἔργῳ χρήσεται ὁ διδασκαλικὸς ὅταν e
ὀνόματι χρῆται ;

ΕΡΜ. Δοκεῖ μοι.

ΣΩ. Νομοθέτης δέ σοι δοκεῖ πᾶς εἶναι ἀνὴρ ἢ ὁ τὴν τέχνην ἔχων ;

ΕΡΜ. Ὁ τὴν τέχνην.

ΣΩ. Οὐκ ἄρα παντὸς ἀνδρός, ὦ Ἑρμόγενες, ὄνομα θέσθαι
ἐστίν, ἀλλά τινος ὀνοματουργοῦ· οὗτος δ' ἐστίν, ὡς ἔοικεν, 389 a
ὁ νομοθέτης, ὃς δὴ τῶν δημιουργῶν σπανιώτατος ἐν ἀνθρώποις γίγνεται.

ΕΡΜ. Ἔοικεν.

ΣΩ. Ἴθι δή, ἐπίσκεψαι ποῖ βλέπων ὁ νομοθέτης τὰ ὀνόματα τίθεται· ἐκ τῶν ἔμπροσθεν δὲ ἀνάσκεψαι. Ποῖ βλέπων ὁ τέκτων τὴν κερκίδα ποιεῖ ; ἆρ' οὐ πρὸς τοιοῦτόν τι ὃ πέφυκε κερκίζειν ;

ΕΡΜ. Πάνυ γε.

ΣΩ. Τί δέ ; ἂν καταγῇ αὐτῷ ἡ κερκὶς ποιοῦντι, πότερον b
πάλιν ποιήσει ἄλλην πρὸς τὴν κατεαγυῖαν βλέπων, ἢ πρὸς ἐκεῖνο τὸ εἶδος πρὸς ὅπερ καὶ ἣν κατέαξεν ἐποίει ;

ΕΡΜ. Πρὸς ἐκεῖνο, ἔμοιγε δοκεῖ.

ΣΩ. Οὐκοῦν ἐκεῖνο δικαιότατ' ἂν αὐτὸ ὃ ἔστιν κερκὶς καλέσαιμεν ;

ΕΡΜ. Ἔμοιγε δοκεῖ.

ΣΩ. Οὐκοῦν ἐπειδὰν δέῃ λεπτῷ ἱματίῳ ἢ παχεῖ ἢ λινῷ ἢ ἐρεῷ ἢ ὁποιῳοῦν τινι κερκίδα ποιεῖν, πάσας μὲν δεῖ τὸ

HERMOGENES: Auch das weiß ich wieder nicht.

SOKRATES: Weißt du auch das nicht zu sagen, wer uns die Worte überliefert, die wir gebrauchen?

HERMOGENES: Auch nicht.

SOKRATES: Dünkt es dich nicht der Gebrauch und die eingeführte Ordnung zu sein, was sie uns überliefert?

HERMOGENES: Das scheint wohl.

SOKRATES: Es ist also ein Werk dessen, der die Gebräuche e
einrichtet, des Gesetzgebers, dessen jener Belehrende sich bedient, wenn er sich der Worte bedient?

HERMOGENES: So scheint es mir.

SOKRATES: Und meinst du, daß Jedermann ein Gesetzgeber ist, oder nur der die Kunst inne hat?

HERMOGENES: Der die Kunst inne hat.

SOKRATES: Also, o Hermogenes, kommt es nicht Jedem
zu, Worte einzuführen, sondern nur einem besonderen Wort- 389a
bildner. Und dieser ist, wie es scheint, der Gesetzgeber, von allen Künstlern unter den Menschen der seltenste.

HERMOGENES: So scheint es.

2.2.2.4. Der Gesetzgeber verfertigt die Benennungen nach den Urbildern der Dinge

SOKRATES: Wohl, so betrachte nun weiter, worauf der Gesetzgeber wohl sieht, indem er die Worte bestimmt. Mache es dir nur aus dem vorigen klar. Worauf wohl der Tischer; wenn er die Weberlade macht? Nicht auf so etwas, dessen Natur und Wesen eben dies ist, das Gewebe zu schlagen?

HERMOGENES: Freilich.

SOKRATES: Und wie wenn ihm die Lade während der Ar- b
beit noch zerbricht, wird er eine andere wieder machen indem er auf die zerbrochene sieht, oder wieder auf jenes selbige Bild, nach welchem er auch die zerbrochene gemacht hatte?

HERMOGENES: Auf jenes dünkt mich.

SOKRATES: Jenes also könnten wir mit Recht die wahre Weberlade nennen, das was sie wirklich ist.

HERMOGENES: Das meine ich auch.

SOKRATES: Also wenn für dichtes Zeug oder für klares, für leinenes oder für wollenes, oder wofür sonst eine Weberlade zu

τῆς κερκίδος ἔχειν εἶδος, οἵα δ' ἑκάστῳ καλλίστη πέφυκε,
ταύτην ἀποδιδόναι τὴν φύσιν εἰς τὸ ἔργον ἕκαστον ; c

ΕΡΜ. Ναί.

ΣΩ. Καὶ περὶ τῶν ἄλλων δὴ ὀργάνων ὁ αὐτὸς τρόπος· τὸ φύσει ἑκάστῳ πεφυκὸς ὄργανον ἐξευρόντα δεῖ ἀποδοῦναι εἰς ἐκεῖνο ἐξ οὗ ἂν ποιῇ τὸ ἔργον, οὐχ οἷον ἂν αὐτὸς βουληθῇ, ἀλλ' οἷον πέφυκε. Τὸ φύσει γὰρ ἑκάστῳ, ὡς ἔοικε, τρύπανον πεφυκὸς εἰς τὸν σίδηρον δεῖ ἐπίστασθαι τιθέναι.

ΕΡΜ. Πάνυ γε.

ΣΩ. Καὶ τὴν φύσει κερκίδα ἑκάστῳ πεφυκυῖαν εἰς ξύλον.

ΕΡΜ. Ἔστι ταῦτα.

ΣΩ. Φύσει γὰρ ἦν ἑκάστῳ εἴδει ὑφάσματος, ὡς ἔοικεν, d
ἑκάστη κερκίς, καὶ τἆλλα οὕτως.

ΕΡΜ. Ναί.

ΣΩ. Ἆρ' οὖν, ὦ βέλτιστε, καὶ τὸ ἑκάστῳ φύσει πεφυκὸς ὄνομα τὸν νομοθέτην ἐκεῖνον εἰς τοὺς φθόγγους καὶ τὰς συλλαβὰς δεῖ ἐπίστασθαι τιθέναι, καὶ βλέποντα πρὸς αὐτὸ ἐκεῖνο ὃ ἔστιν ὄνομα, πάντα τὰ ὀνόματα ποιεῖν τε καὶ τίθεσθαι, εἰ μέλλει κύριος εἶναι ὀνομάτων θέτης ; εἰ δὲ μὴ εἰς τὰς αὐτὰς συλλαβὰς ἕκαστος ὁ νομοθέτης τίθησιν, οὐδὲν
δεῖ τοῦτο ἀγνοεῖν· οὐδὲ γὰρ εἰς τὸν αὐτὸν σίδηρον ἅπας e
χαλκεὺς τίθησιν, τοῦ αὐτοῦ ἕνεκα ποιῶν τὸ αὐτὸ ὄργανον· ἀλλ' ὅμως, ἕως ἂν τὴν αὐτὴν ἰδέαν ἀποδιδῷ, ἐάν καὶ ἐν ἄλλῳ
σιδήρῳ, ὅμως ὀρθῶς ἔχει τὸ ὄργανον, ἐάντε ἐνθάδε ἐάντε 390 a
ἐν βαρβάροις τις ποιῇ. Ἦ γάρ ;

ΕΡΜ. Πάνυ γε.

ΣΩ. Οὐκοῦν οὕτως ἀξιώσεις καὶ τὸν νομοθέτην τόν τε ἐνθάδε καὶ τὸν ἐν τοῖς βαρβάροις, ἕως ἂν τὸ τοῦ ὀνόματος εἶδος ἀποδιδῷ τὸ προσῆκον ἑκάστῳ ἐν ὁποιαισοῦν συλλα-

machen ist: so müßten diese insgesamt das Bild der Weberlade in sich haben, wie sie aber nun für jedes insbesondere am besten geeignet wäre, diese Eigenschaft müßte ebenfalls in jedes c
Werk hineingelegt werden.

HERMOGENES: Ja.

SOKRATES: Und mit allen anderen Werkzeugen auf die nämliche Weise. Das seiner Natur nach jedem angemessene Werkzeug muß man ausgefunden haben, und dann in dem niederlegen, woraus das Werk so gemacht werden soll, nicht wie es Jedem einfällt, sondern wie es die Natur mit sich bringt. Denn wie für ein jedes insbesondere der Bohrer geartet sein muß, diese Art muß man wissen in das Eisen hineinzulegen.

HERMOGENES: Allerdings.

SOKRATES: Also die für jedes von Natur geeignete Weberlade in das Holz?

HERMOGENES: So ist es.

SOKRATES: Denn von Natur gehört wie wir sahen jeder d
Art von Gewebe seine besondere Weberlade, und so in allen andern Dingen?

HERMOGENES: Ja.

SOKRATES: Also, Bester, muß wohl auch den für jedes seiner Art nach gearteten Namen jener Gesetzgeber wissen in den Tönen und Silben niederzulegen, und so indem er auf jenes sieht, was das Wort wirklich ist, alle Worte machen und bilden, wenn er ein tüchtiger Bildner der Wörter sein will. Wenn aber nicht jeder solche Gesetzgeber das Wort in dieselben Silben niederlegt, das muß uns nicht irren. Denn auch nicht jener e
Schmied, der zu demselben Zweck dasselbe Werkzeug macht, legt dasselbe Bild in dasselbe Eisen hinein. Dennoch so lange er nur dieselbe Gestalt wiedergibt, wenn auch in anderem Eisen, ist doch das Werkzeug eben so gut und richtig gemacht, 390a
mag es einer hier oder unter den Barbaren gemacht haben. Nicht wahr?

HERMOGENES: Allerdings.

SOKRATES: Eben so wirst du auch dafür halten, daß unser Gesetzgeber, der hiesige wie der unter den Barbaren, so lange er nur die Idee des Wortes, wie sie jedem insbesondere zukommt, wiedergibt, in was für Silben es auch sei, alsdann der

βαῖς, οὐδὲν χείρω νομοθέτην εἶναι τὸν ἐνθάδε ἢ τὸν ὁπουοῦν ἄλλοθι;

ΕΡΜ. Πάνυ γε.

ΣΩ. Τίς οὖν ὁ γνωσόμενος εἰ τὸ προσῆκον εἶδος κερκίδος b
ἐν ὁποιῳοῦν ξύλῳ κεῖται; ὁ ποιήσας, ὁ τέκτων, ἢ ὁ χρησόμενος, ὁ ὑφάντης;

ΕΡΜ. Εἰκὸς μὲν μᾶλλον, ὦ Σώκρατες, τὸν χρησόμενον.

ΣΩ. Τίς οὖν ὁ τῷ τοῦ λυροποιοῦ ἔργῳ χρησόμενος; ἆρ' οὐχ οὗτος ὃς ἐπίσταιτο ἂν ἐργαζομένῳ κάλλιστα ἐπιστατεῖν καὶ εἰργασμένον γνοίη εἴτ' εὖ εἴργασται εἴτε μή;

ΕΡΜ. Πάνυ γε.

ΣΩ. Τίς;

ΕΡΜ. Ὁ κιθαριστής.

ΣΩ. Τίς δὲ ὁ τῷ τοῦ ναυπηγοῦ;

ΕΡΜ. Κυβερνήτης. c

ΣΩ. Τίς δὲ τῷ τοῦ νομοθέτου ἔργῳ ἐπιστατήσειέ τ' ἂν κάλλιστα καὶ εἰργασμένον κρίνειε καὶ ἐνθάδε καὶ ἐν τοῖς βαρβάροις; ἆρ' οὐχ ὅσπερ χρήσεται;

ΕΡΜ. Ναί.

ΣΩ. Ἆρ' οὖν οὐχ ὁ ἐρωτᾶν ἐπιστάμενος οὗτός ἐστιν;

ΕΡΜ. Πάνυ γε.

ΣΩ. Ὁ δὲ αὐτὸς καὶ ἀποκρίνεσθαι;

ΕΡΜ. Ναί.

ΣΩ. Τὸν δὲ ἐρωτᾶν καὶ ἀποκρίνεσθαι ἐπιστάμενον ἄλλο τι σὺ καλεῖς ἢ διαλεκτικόν;

ΕΡΜ. Οὔκ, ἀλλὰ τοῦτο.

ΣΩ. Τέκτονος μὲν ἄρα ἔργον ἐστὶν ποιῆσαι πηδάλιον d
ἐπιστατοῦντος κυβερνήτου, εἰ μέλλει καλὸν εἶναι τὸ πηδάλιον.

hiesige kein schlechterer Gesetzgeber ist, als einer irgendwo anders?

HERMOGENES: Freilich.

2.2.2.5. Die Aufsicht und Beurteilung darüber obliegt dem Dialektiker

SOKRATES: Wer wird nun aber erkennen, ob das gehörige Bild der Weberlade in irgend einem Holze liegt? Der sie gemacht hat, der Tischer, oder der sie gebrauchen soll, der Weber? b

HERMOGENES: Wohl eher, o Sokrates, der sie gebrauchen soll.

SOKRATES: Wer ist es nun der des Kitharenmachers Werk gebrauchen soll, und ist er nicht auch der, welcher am besten bei der Verfertigung die Aufsicht führen, und die verfertigten auch am besten beurteilen würde, ob sie gut gearbeitet sind oder nicht?

HERMOGENES: Gewiß.

SOKRATES: Aber wer?

HERMOGENES: Der Kitharenspieler.

SOKRATES: Und wer das Werk des Schiffbauers?

HERMOGENES: Der Steuermann. c

SOKRATES: Wer aber könnte am besten über dieses Geschäft des Gesetzgebers die Aufsicht führen und seine Arbeit beurteilen, hier sowohl als unter den Barbaren? Nicht der, der sie auch gebrauchen soll?

HERMOGENES: Ja.

SOKRATES: Ist das nun nicht der, welcher zu fragen versteht?

HERMOGENES: Allerdings.

SOKRATES: Und derselbe doch auch zu antworten?

HERMOGENES: Ja.

SOKRATES: Und der zu fragen und zu antworten versteht, nennst du den anders als Dialektiker?

HERMOGENES: Nein, sondern so.

SOKRATES: Des Zimmermanns Geschäft also wäre ein Steuerruder zu machen unter Aufsicht des Steuermanns, wenn das Ruder gut werden soll. d

ΕΡΜ. Φαίνεται.

ΣΩ. Νομοθέτου δέ γε, ὡς ἔοικεν, ὄνομα, ἐπιστάτην ἔχοντος διαλεκτικὸν ἄνδρα, εἰ μέλλει καλῶς ὀνόματα θήσεσθαι.

ΕΡΜ. Ἔστι ταῦτα.

ΣΩ. Κινδυνεύει ἄρα, ὦ Ἑρμόγενες, εἶναι οὐ φαῦλον, ὡς σὺ οἴει, ἡ τοῦ ὀνόματος θέσις, οὐδὲ φαύλων ἀνδρῶν οὐδὲ τῶν ἐπιτυχόντων. Καὶ Κρατύλος ἀληθῆ λέγει λέγων φύσει τὰ ὀνόματα εἶναι τοῖς πράγμασι, καὶ οὐ πάντα δημιουργὸν e ὀνομάτων εἶναι, ἀλλὰ μόνον ἐκεῖνον τὸν ἀποβλέποντα εἰς τὸ τῇ φύσει ὄνομα ὂν ἑκάστῳ καὶ δυνάμενον αὐτοῦ τὸ εἶδος τιθέναι εἴς τε τὰ γράμματα καὶ τὰς συλλαβάς.

ΕΡΜ. Οὐκ ἔχω, ὦ Σώκρατες, ὅπως χρὴ πρὸς ἃ λέγεις ἐναντιοῦσθαι. Ἴσως μέντοι οὐ ῥᾴδιόν ἐστιν οὕτως ἐξαίφνης 391 a πεισθῆναι, ἀλλὰ δοκῶ μοι ὧδε ἂν μᾶλλον πείθεσθαί σοι, εἴ μοι δείξειας ἥντινα φῂς εἶναι τὴν φύσει ὀρθότητα ὀνόματος.

ΣΩ. Ἐγὼ μέν, ὦ μακάριε Ἑρμόγενες, οὐδεμίαν λέγω, ἀλλ᾽ ἐπελάθου γε ὧν ὀλίγον πρότερον ἔλεγον, ὅτι οὐκ εἰδείην, ἀλλὰ σκεψοίμην μετὰ σοῦ. Νῦν δὲ σκοπουμένοις ἡμῖν, ἐμοί τε καὶ σοί, τοσοῦτον μὲν ἤδη φαίνεται παρὰ τὰ πρότερα, φύσει τέ τινα ὀρθότητα ἔχον εἶναι τὸ ὄνομα καὶ οὐ παντὸς ἀνδρὸς ἐπίστασθαι καλῶς αὐτὸ πράγματι ὁτῳοῦν b θέσθαι· ἢ οὔ;

ΕΡΜ. Πάνυ γε.

ΣΩ. Οὐκοῦν τὸ μετὰ τοῦτο χρὴ ζητεῖν, εἴπερ ἐπιθυμεῖς εἰδέναι, ἥτις ποτ᾽ αὖ ἐστιν αὐτοῦ ἡ ὀρθότης.

HERMOGENES: Richtig.

SOKRATES: Des Gesetzgebers aber, wie es scheint, auch Wörter, wobei er zum Aufseher hätte einen dialektischen Mann, wenn er die Wörter gut bilden soll.

HERMOGENES: Offenbar.

2.2.3. Zusammenfassung

SOKRATES: Also mag es doch wohl nichts so geringes sein, wie du glaubst, Hermogenes, Worte zu bilden und Benennungen festzusetzen, auch nicht schlechter Leute Sache oder des ersten Besten; sondern Kratylos hat Recht, wenn er sagt, die
Benennungen kämen den Dingen von Natur zu, und nicht e
jeder sei ein Meister im Wortbilden, sondern nur der, welcher auf die einem jeden von Natur eigene Benennung achtend, ihre Art und Eigenschaft in die Buchstaben und Silben hineinzulegen versteht.

HERMOGENES: Ich weiß freilich nicht, Sokrates, wie ich
dem, was du sagst, widersprechen soll. Es mag aber wohl nicht 391a
leicht sein, auf diese Art so schnell überzeugt zu werden, allein ich glaube, so würde ich leichter überzeugt werden, wenn du mir zeigtest, worin denn jene natürliche Richtigkeit der Benennungen bestehen soll.

SOKRATES: Ich du guter Hermogenes, weiß ja von gar keiner, sondern du hast vergessen was ich nur eben noch sagte, daß ich es nicht wüßte, aber es wohl mit dir untersuchen wollte. Nun aber ist durch unsere Untersuchung dir und mir soviel schon klar gegen das vorige, daß das Wort von Natur eine
gewisse Richtigkeit hat, und daß nicht Jeder versteht es irgend b
einem Dinge gehörig beizulegen. Oder nicht?

HERMOGENES: Gewiß.

2.3. Untersuchung der erschlossenen Richtigkeit der Benennungen anhand von Etymologien

2.3.1. Protagoras und vor allem Homer als Lehrmeister für die aufgeworfene Frage

SOKRATES: Also nächstdem müssen wir untersuchen, wenn du es zu wissen begehrst, was nun eigentlich die Richtigkeit desselben sei.

ΕΡΜ. Ἀλλὰ μὴν ἐπιθυμῶ γε εἰδέναι.

ΣΩ. Σκόπει τοίνυν.

ΕΡΜ. Πῶς οὖν χρὴ σκοπεῖν ;

ΣΩ. Ὀρθοτάτη μὲν τῆς σκέψεως, ὦ ἑταῖρε, μετὰ τῶν ἐπισταμένων, χρήματα ἐκείνοις τελοῦντα καὶ χάριτας κατατιθέμενον. Εἰσὶ δὲ οὗτοι οἱ σοφισταί, οἷσπερ καὶ ὁ ἀδελφός σου Καλλίας πολλὰ τελέσας χρήματα σοφὸς δοκεῖ εἶναι. c
Ἐπειδὴ δὲ οὐκ ἐγκρατὴς εἶ τῶν πατρῴων, λιπαρεῖν χρὴ τὸν ἀδελφὸν καὶ δεῖσθαι αὐτοῦ διδάξαι σε τὴν ὀρθότητα περὶ τῶν τοιούτων ἣν ἔμαθεν παρὰ Πρωταγόρου.

ΕΡΜ. Ἄτοπος μεντἂν εἴη μου, ὦ Σώκρατες, ἡ δέησις, εἰ τὴν μὲν Ἀλήθειαν τὴν Πρωταγόρου ὅλως οὐκ ἀποδέχομαι, τὰ δὲ τῇ τοιαύτῃ ἀληθείᾳ ῥηθέντα ἀγαπῴην ὥς του ἄξια.

ΣΩ. Ἀλλ' εἰ μὴ αὖ σε ταῦτα ἀρέσκει, παρ' Ὁμήρου χρὴ μανθάνειν καὶ παρὰ τῶν ἄλλων ποιητῶν. d

ΕΡΜ. Καὶ τί λέγει, ὦ Σώκρατες, Ὅμηρος περὶ ὀνομάτων, καὶ ποῦ ;

ΣΩ. Πολλαχοῦ· μέγιστα δὲ καὶ κάλλιστα ἐν οἷς διορίζει ἐπὶ τοῖς αὐτοῖς ἅ τε οἱ ἄνθρωποι ὀνόματα καλοῦσι καὶ οἱ θεοί. Ἢ οὐκ οἴει αὐτὸν μέγα τι καὶ θαυμάσιον λέγειν ἐν τούτοις περὶ ὀνομάτων ὀρθότητος ; δῆλον γὰρ δὴ ὅτι οἵ γε θεοὶ αὐτὰ καλοῦσιν πρὸς ὀρθότητα ἅπερ ἔστι φύσει ὀνόματα· ἢ σὺ οὐκ οἴει ; e

ΕΡΜ. Εὖ οἶδα μὲν οὖν ἔγωγε, εἴπερ καλοῦσιν, ὅτι ὀρθῶς καλοῦσιν. Ἀλλὰ ποῖα ταῦτα λέγεις ;

ΣΩ. Οὐκ οἶσθα ὅτι περὶ τοῦ ποταμοῦ τοῦ ἐν τῇ Τροίᾳ, ὃς ἐμονομάχει τῷ Ἡφαίστῳ, « ὃν Ξάνθον », φησί, « καλέουσι θεοί, ἄνδρες δὲ Σκάμανδρον » ;

ΕΡΜ. Ἔγωγε.

ΣΩ. Τί οὖν δή ; οὐκ οἴει τοῦτο σεμνόν τι εἶναι γνῶναι, 392 a
ὅπῃ ποτὲ ὀρθῶς ἔχει ἐκεῖνον τὸν ποταμὸν Ξάνθον καλεῖν μᾶλλον ἢ Σκάμανδρον ; εἰ δὲ βούλει, περὶ τῆς ὄρνιθος ἣν λέγει ὅτι

χαλκίδα κικλήσκουσι θεοί, ἄνδρες δὲ κύμινδιν,

HERMOGENES: Freilich begehre ich es zu wissen.

SOKRATES: So überlege denn!

HERMOGENES: Wie soll ich es überlegen?

SOKRATES: Die richtigste Überlegung, Freund, ist die man mit den Sachverständigen anstellt, denen man Geld dafür zahlt, und noch Dank dazu weiß. Dies sind aber die Sophisten,
denen auch dein Bruder Kallias soviel Geld eingebracht, daß er c
nun wohl für weise gilt. Da du nun nicht im Besitz des väterlichen Vermögens bist, so mußt du deinem Bruder schön tun, und ihn bitten, daß er dich lehre, was hierin richtig ist, wie er es vom Protagoras gelernt hat.

HERMOGENES: Ungereimt wäre doch wohl die Bitte von mir, Sokrates, wenn ich die Wahrheit des Protagoras im allgemeinen gar nicht annehme, doch aber mit dem, was in Folge dieser Wahrheit gesagt wird, zufrieden sein wollte, als wäre es etwas wert.

SOKRATES: Also wenn dir das wieder nicht gefällt; so müß-
ten wir es vom Homeros lernen und von den andern Dichtern. d

HERMOGENES: Und was sagt denn Homeros von der Richtigkeit der Benennungen, o Sokrates, und wo?

SOKRATES: An gar vielen Orten, vorzüglich aber und am schönsten da wo er an denselbigen Dingen unterscheidet, welche Namen die Menschen ihnen beilegen und welche die Götter. Oder meinst du nicht, daß er an diesen Stellen vortreffliche und wunderbare Dinge sagt von der Richtigkeit der Wörter? Denn offenbar werden doch die Götter wohl vollkommen richtig mit den Wörtern benennen, die es von Natur sind. Oder
meinst du nicht? e

HERMOGENES: Soviel weiß ich ja wenigstens, daß wenn sie etwas benennen, sie es auch richtig benennen. Aber was meinst du nur eigentlich?

SOKRATES: Weißt du nicht, daß er von dem Fluß bei Troja, welcher einen Zweikampf mit dem Hephaistos hatte, sagt: Xanthos im Kreis der Götter genannt, von Menschen Skamandros?

HERMOGENES: Das weiß ich; und was dann?

SOKRATES: Glaubst du nicht, daß das etwas hochwichtiges 392a
sein muß, zu verstehen, wie so es richtiger ist, jenen Fluß Xan-

φαῦλον ἡγεῖ τὸ μάθημα ὅσῳ ὀρθότερόν ἐστι καλεῖσθαι χαλκὶς κυμίνδιδος τῷ αὐτῷ ὀρνέῳ ; ἢ τὴν Βατίειάν τε καὶ Μυρίνην, καὶ ἄλλα πολλὰ καὶ τούτου τοῦ ποιητοῦ καὶ ἄλλων ; b Ἀλλὰ ταῦτα μὲν ἴσως μείζω ἐστὶν ἢ κατ' ἐμὲ καὶ σὲ ἐξευρεῖν· ὁ δὲ Σκαμάνδριός τε καὶ ὁ Ἀστυάναξ ἀνθρωπινώτερον διασκέψασθαι, ὡς ἐμοὶ δοκεῖ, καὶ ῥᾷον, ἅ φησιν ὀνόματα εἶναι τῷ τοῦ Ἕκτορος ὑεῖ, τίνα ποτὲ λέγει τὴν ὀρθότητα αὐτῶν. Οἶσθα γὰρ δήπου ταῦτα τὰ ἔπη ἐν οἷς ἔνεστιν ἃ ἐγὼ λέγω.

ΕΡΜ. Πάνυ γε.

ΣΩ. Πότερον οὖν οἴει Ὅμηρον ὀρθότερον ἡγεῖσθαι τῶν ὀνομάτων κεῖσθαι τῷ παιδί, τὸν « Ἀστυάνακτα » ἢ τὸν « Σκαμάνδριον » ;

ΕΡΜ. Οὐκ ἔχω λέγειν. c

ΣΩ. Ὧδε δὴ σκόπει. Εἴ τις ἔροιτό σε πότερον οἴει ὀρθότερον καλεῖν τὰ ὀνόματα τοὺς φρονιμωτέρους ἢ τοὺς ἀφρονεστέρους ;

ΕΡΜ. Δῆλον δὴ ὅτι τοὺς φρονιμωτέρους φαίην ἄν.

ΣΩ. Πότερον οὖν αἱ γυναῖκες ἐν ταῖς πόλεσιν φρονιμώτεραί σοι δοκοῦσιν εἶναι ἢ οἱ ἄνδρες, ὡς τὸ ὅλον εἰπεῖν γένος ;

ΕΡΜ. Οἱ ἄνδρες.

ΣΩ. Οὐκοῦν οἶσθα ὅτι Ὅμηρος τὸ παιδίον τὸ τοῦ Ἕκτορος ὑπὸ τῶν Τρώων φησὶν καλεῖσθαι Ἀστυάνακτα, d Σκαμάνδριον δὲ δῆλον ὅτι ὑπὸ τῶν γυναικῶν, ἐπειδὴ οἵ γε ἄνδρες αὐτὸν Ἀστυάνακτα ἐκάλουν ;

ΕΡΜ. Ἔοικέ γε.

ΣΩ. Οὐκοῦν καὶ Ὅμηρος τοὺς Τρῶας σοφωτέρους ἡγεῖτο ἢ τὰς γυναῖκας αὐτῶν ;

ΕΡΜ. Οἶμαι ἔγωγε.

ΣΩ. Τὸν « Ἀστυάνακτα » ἄρα ὀρθότερον ᾤετο κεῖσθαι τῷ παιδὶ ἢ τὸν « Σκαμάνδριον » ;

ΕΡΜ. Φαίνεται.

thos zu nennen als Skamandros? Oder wenn du lieber willst, wegen jenes Vogels von dem er sagt, er werde Chalkis von Göttern genannt, und Nachtaar unter den Menschen, hältst du es für eine geringfügige Einsicht wie viel richtiger es ist daß dieser Vogel Chalkis heiße als Nachtaar? Oder Batieia und das Mal der sprunggeübten Myrine, und viel Anderes bei diesem b
Dichter und andern? Doch dergleichen ist vielleicht zu groß, als daß ich und du es herausbringen sollten; von Skamandrios und Astyanax aber welche Namen beide, wie er sagt, der Sohn des Hektor gehabt, mag es menschenmöglicher sein wie mich dünkt und leichter aufs reine zu bringen, wie er es wohl mit ihrer Richtigkeit meint. Du kennst doch wohl die Verse worin das steht was ich meine?

HERMOGENES: Allerdings.

SOKRATES: Von welchem Namen also meinst du, daß Homeros geglaubt, er sei dem Kinde richtiger beigelegt worden, Astyanax oder Skamandrios?

HERMOGENES: Das weiß ich nicht zu sagen. c

SOKRATES: Überlege es nur so. Wenn dich jemand fragte: Wer glaubst du wohl kann richtiger Namen beilegen, die Vernünftigeren oder die Unvernünftigeren?

HERMOGENES: Offenbar die Vernünftigeren, würde ich sagen.

SOKRATES: Scheinen dir nun wohl die Weiber die Vernünftigeren in der Stadt zu sein oder die Männer, wenn man es so im Allgemeinen sagen soll?

HERMOGENES: Die Männer.

SOKRATES: Nun weißt du doch Homeros sagt das Söhnchen des Hektor sei von den Troern Astyanax genannt wor- d
den; also Skamandrios wohl von den Weibern, wenn die Männer ihn Astyanax nannten?

HERMOGENES: So scheint es ja.

SOKRATES: Nun hielt doch auch Homeros wohl die Troer für verständiger als ihre Weiber?

HERMOGENES: So glaube ich wenigstens.

SOKRATES: Also glaubte er, der Knabe hieße richtiger Astyanax als Skamandrios.

HERMOGENES: Das ist deutlich.

ΣΩ. Σκοπῶμεν δὴ διὰ τί ποτε. Ἦ αὐτὸς ἡμῖν κάλλιστα ὑφηγεῖται τὸ διότι; φησὶν γάρ·

οἶος γάρ σφιν ἔρυτο πόλιν καὶ τείχεα μακρά. e

Διὰ ταῦτα δή, ὡς ἔοικεν, ὀρθῶς ἔχει καλεῖν τὸν τοῦ σωτῆρος ὑὸν Ἀστυάνακτα τούτου ὃ ἔσῳζεν ὁ πατὴρ αὐτοῦ, ὥς φησιν Ὅμηρος.

ΕΡΜ. Φαίνεταί μοι.

ΣΩ. Τί δή ποτε; οὐ γάρ πω οὐδ' αὐτὸς ἔγωγε μανθάνω, ὦ Ἑρμόγενες· σὺ δὲ μανθάνεις;

ΕΡΜ. Μὰ Δί' οὐκ ἔγωγε.

ΣΩ. Ἀλλ' ἆρα, ὠγαθέ, καὶ τῷ Ἕκτορι αὐτὸς ἔθετο τὸ 393 a
ὄνομα Ὅμηρος;

ΕΡΜ. Τί δή;

ΣΩ. Ὅτι μοι δοκεῖ καὶ τοῦτο παραπλήσιόν τι εἶναι τῷ Ἀστυάνακτι, καὶ ἔοικεν Ἑλληνικοῖς ταῦτα τὰ ὀνόματα. Ὁ γὰρ « ἄναξ » καὶ ὁ « ἕκτωρ » σχεδόν τι ταὐτὸν σημαίνει, βασιλικὰ ἀμφότερα εἶναι τὰ ὀνόματα· οὗ γὰρ ἄν τις « ἄναξ » ᾖ, καὶ « ἕκτωρ » δήπου ἐστὶν τούτου· δῆλον γὰρ ὅτι κρατεῖ τε αὐτοῦ καὶ κέκτηται καὶ ἔχει αὐτό. Ἦ οὐδέν σοι δοκῶ b
λέγειν, ἀλλὰ λανθάνω καὶ ἐμαυτὸν οἰόμενός τινος ὥσπερ ἴχνους ἐφάπτεσθαι τῆς Ὁμήρου δόξης περὶ ὀνομάτων ὀρθότητος;

ΕΡΜ. Μὰ Δί' οὐ σύ γε, ὡς ἐμοὶ δοκεῖς, ἀλλὰ ἴσως του ἐφάπτει.

ΣΩ. Δίκαιόν γέ τοι ἐστιν, ὡς ἐμοὶ φαίνεται, τὸν λέοντος ἔκγονον λέοντα καλεῖν καὶ τὸν ἵππου ἔκγονον ἵππον. Οὔ τι λέγω ἐὰν ὥσπερ τέρας γένηται ἐξ ἵππου ἄλλο τι ἢ ἵππος, ἀλλ' ὃ ἂν ᾖ τοῦ γένους ἔκγονον τὴν φύσιν, τοῦτο λέγω· c
ἐὰν βοὸς ἔκγονον φύσει ἵππος παρὰ φύσιν τέκῃ [μόσχον], οὐ πῶλον κλητέον, ἀλλὰ μόσχον· οὐδ' ἂν ἐξ ἀνθρώπου οἶμαι μὴ τὸ ἀνθρώπου ἔκγονον γένηται, [ἀλλ' ὃ ἂν] τὸ ἔκγονον

SOKRATES: Laß uns denn zusehen, weshalb wohl. Oder gibt er uns selbst das Warum am besten an die Hand? Er sagt nämlich, denn er allein beschirmte die Stadt und die türmenden e
Mauern. Darum mag es ganz Recht sein des Beschützers Sohn Astyanax Stadtherrn zu nennen dessen was sein Vater beschützte, wie Homeros sagt.

HERMOGENES: Das leuchtet mir ein.

SOKRATES: Wie so denn? ich selbst verstehe es ja jetzt noch nicht recht, und du verstehst es?

HERMOGENES: Nein, beim Zeus, ich auch nicht.

SOKRATES: Hat etwa, du Guter, auch dem Hektor selbst 393a
Homeros seinen Namen beigelegt?

HERMOGENES: Wie so?

SOKRATES: Weil es mir damit fast eben so zu sein scheint wie mit dem Astyanax, und diese Namen ganz hellenischen gleichen. Denn Anax, Herr, und Hektor, Inhaber, bedeuten fast dasselbe, und scheinen beides königliche Namen zu sein. Denn worüber einer Herr ist, davon ist er auch Inhaber; denn offenbar beherrscht er es und besitzt es und hat es. Oder schei- b
ne ich dir nichts zu sagen und täusche mich, indem ich glaube die Spur ausgefunden zu haben von Homeros Meinung über die Richtigkeit der Benennungen?

HERMOGENES: Nein, beim Zeus, das nicht, wie mich dünkt, sondern du hast wahrscheinlich wohl etwas gefunden.

2.3.2. Benennungen von Nachkommen

2.3.2.1. Gleichartige Nachkommen benennt man nach ihren Vorfahren – mit einer Zwischenbemerkung über Lautverschiedenheiten

SOKRATES: Recht ist es wenigstens, wie mir scheint, eines Löwen Abkömmling Löwen zu nennen, und eines Pferdes Abkömmling Pferd. Nicht so meine ich es, wenn, als ein Wunder, einmal von einem Pferde etwas anderes geboren würde als ein Pferd; sondern was einer Gattung Abkömmling ist der c
Natur nach, das meine ich, so daß, wenn ein Pferd widernatürlich ein Kalb geboren hätte, was seiner Natur nach Abkömmling eines Stieres ist, man dies auch nicht Füllen nennen müßte, sondern Kalb. Eben so wenig, meine ich, müßte man, wenn was von einem Menschen geboren würde nicht eines

ἄνθρωπος κλητέος· καὶ τὰ δένδρα ὡσαύτως καὶ τἆλλα
ἅπαντα· ἢ οὐ ξυνδοκεῖ;

ΕΡΜ. Ξυνδοκεῖ.

ΣΩ. Καλῶς λέγεις· φύλαττε γάρ με μή πῃ παρακρούσω-
μαί σε. Κατὰ γὰρ τὸν αὐτὸν λόγον κἂν ἐκ βασιλέως γίγνη-
ταί τι ἔκγονον, βασιλεὺς κλητέος· εἰ δὲ ἐν ἑτέραις συλλα- d
βαῖς ἢ ἐν ἑτέραις τὸ αὐτὸ σημαίνει, οὐδὲν πρᾶγμα· οὐδ᾽ εἰ
πρόσκειταί τι γράμμα ἢ ἀφῄρηται, οὐδὲν οὐδὲ τοῦτο, ἕως ἂν
ἐγκρατὴς ᾖ ἡ οὐσία τοῦ πράγματος δηλουμένη ἐν τῷ
ὀνόματι.

ΕΡΜ. Πῶς τοῦτο λέγεις;

ΣΩ. Οὐδὲν ποικίλον, ἀλλ᾽ ὥσπερ τῶν στοιχείων οἶσθα
ὅτι ὀνόματα λέγομεν, ἀλλ᾽ οὐκ αὐτὰ τὰ στοιχεῖα, πλὴν
τεττάρων, τοῦ ε καὶ τοῦ υ καὶ τοῦ ο καὶ τοῦ ω· τοῖς δ᾽
ἄλλοις φωνήεσί τε καὶ ἀφώνοις οἶσθα ὅτι περιτιθέντες ἄλλα e
γράμματα λέγομεν, ὀνόματα ποιοῦντες· ἀλλ᾽ ἕως ἂν αὐτοῦ
δηλουμένην τὴν δύναμιν ἐντιθῶμεν, ὀρθῶς ἔχει ἐκεῖνο τὸ
ὄνομα καλεῖν ὃ αὐτὸ ἡμῖν δηλώσει. Οἷον τὸ «βῆτα»· ὁρᾷς
ὅτι τοῦ η καὶ τοῦ τ καὶ τοῦ α προστεθέντων οὐδὲν ἐλύ-
πησεν, ὥστε μὴ οὐχὶ τὴν ἐκείνου τοῦ στοιχείου φύσιν
δηλῶσαι ὅλῳ τῷ ὀνόματι οὗ ἐβούλετο ὁ νομοθέτης· οὕτως
ἠπιστήθη καλῶς θέσθαι τοῖς γράμμασι τὰ ὀνόματα.

ΕΡΜ. Ἀληθῆ μοι δοκεῖς λέγειν.

ΣΩ. Οὐκοῦν καὶ περὶ βασιλέως ὁ αὐτὸς λόγος; Ἔσται 394 a
γάρ ποτε ἐκ βασιλέως βασιλεύς, καὶ ἐξ ἀγαθοῦ ἀγαθός, καὶ
ἐκ καλοῦ καλός, καὶ τἆλλα πάντα οὕτως, ἐξ ἑκάστου γένους
ἕτερον τοιοῦτον ἔκγονον, ἐὰν μὴ τέρας γίγνηται· κλητέον
δὴ ταὐτὰ ὀνόματα. Ποικίλλειν δὲ ἔξεστι ταῖς συλλαβαῖς,
ὥστε δόξαι ἂν τῷ ἰδιωτικῶς ἔχοντι ἕτερα εἶναι ἀλλήλων τὰ
αὐτὰ ὄντα· ὥσπερ ἡμῖν τὰ τῶν ἰατρῶν φάρμακα χρώμασιν
ἢ ὀσμαῖς πεποικιλμένα ἄλλα φαίνεται τὰ αὐτὰ ὄντα, τῷ δέ
γε ἰατρῷ, ἅτε τὴν δύναμιν τῶν φαρμάκων σκοπουμένῳ, τὰ b

Menschen Abkömmling ist, sondern ein anderer, diese Ausgeburt Mensch nennen. Und eben so mit Bäumen und allem anderen. Oder dünkt dich nicht so?

HERMOGENES: Mich ebenfalls.

SOKRATES: Wohl gesprochen. Hüte mich nur, daß ich dich
nicht übervorteile. Denn nach demselben Verhältnis muß nun
auch was von einem Könige geboren wird König genannt d
werden. Ob aber in solchen oder in anderen Silben dasselbe angedeutet wird, daran liegt nichts, auch nicht ob ein Buchstabe zugesetzt oder weggenommen wird, auch das ist keine Sache, so lange nur das Wesen des Dinges im Besitz ist sich durch den Namen zu offenbaren.

HERMOGENES: Wie meinst du das?

SOKRATES: Gar nichts besonderes, sondern wie du weißt,
daß wir auch die Buchstaben mit Namen nennen, und nicht
unmittelbar sie selbst, die bekannten Selbstlauter ausgenom-
men, den übrigen aber, Selbstlautern und Mitlautern, weißt du e
wohl, fügen wir noch andere Buchstaben bei, und bilden einen Namen daraus. Allein so lange wir nur die Eigentümlichkeit des Buchstaben mit hineinbringen, und sie sich darin zeigt, ist es ganz recht ihn bei diesem Namen zu nennen, der ihn uns zu erkennen gibt. Wie beim Zet, siehst du wohl, daß die Hinzufügung dieses e und t keinen Schaden tut, daß sich nicht dennoch durch den ganzen Namen die Natur jenes Buchstaben kundgeben sollte, den der Gesetzgeber wollte. So gut verstand er den Buchstaben ihre Namen beizulegen.

HERMOGENES: Du scheinst mir Recht zu haben.

SOKRATES: Ist es nun nicht mit dem Könige eben so? Denn 394a
von einem Könige kommt doch ein König, von einem Guten ein Guter, von einem Schönen ein Schöner, und so in allem übrigen, aus jedem von einer Gattung ein eben solcher Abkömmling, wenn kein Wunder geschieht. Also ist dieser mit demselben Namen zu benennen, abwechseln aber kann man mit den Silben, so daß es dem Unkundigen scheint, als hätte jeder einen andern Namen, ungeachtet es dieselben sind, so wie uns die Mittel der Ärzte durch färbende und riechende Stoffe
vermannichfaltigt andere zu sein scheinen, obgleich sie diesel-
ben sind; der Arzt aber, welcher nur auf die Kraft der Mittel b

'Wirkung des Namens' und Heitsch (1984: 37, A 49) und nicht 'Bedeutung', wie sonst übersetzt wird

αὐτὰ φαίνεται, καὶ οὐκ ἐκπλήττεται ὑπὸ τῶν προσόντων. Οὕτω δὲ ἴσως καὶ ὁ ἐπιστάμενος περὶ ὀνομάτων τὴν δύναμιν αὐτῶν σκοπεῖ, καὶ οὐκ ἐκπλήττεται εἴ τι πρόσκειται γράμμα ἢ μετάκειται ἢ ἀφῄρηται, ἢ καὶ ἐν ἄλλοις παντάπασιν γράμμασίν ἐστιν ἡ τοῦ ὀνόματος δύναμις. Ὥσπερ ὃ νῦν δὴ ἐλέγομεν, « Ἀστυάναξ » τε καὶ « Ἕκτωρ » οὐδὲν τῶν αὐτῶν γραμμάτων ἔχει πλὴν τοῦ τ, ἀλλ' ὅμως ταὐτὸν c σημαίνει. Καὶ « Ἀρχέπολίς » γε τῶν μὲν γραμμάτων τί ἐπικοινωνεῖ ; δηλοῖ δὲ ὅμως τὸ αὐτό· καὶ ἄλλα πολλά ἐστιν ἃ οὐδὲν ἀλλ' ἢ βασιλέα σημαίνει· καὶ ἄλλα γε αὖ στρατηγόν, οἷον « Ἆγις » καὶ « Πολέμαρχος » καὶ « Εὐπόλεμος ». Καὶ ἰατρικά γε ἕτερα, « Ἰατροκλῆς » καὶ « Ἀκεσίμβροτος »· καὶ ἕτερα ἂν ἴσως συχνὰ εὕροιμεν ταῖς μὲν συλλαβαῖς καὶ τοῖς γράμμασι διαφωνοῦντα, τῇ δὲ δυνάμει ταὐτὸν φθεγγόμενα. Φαίνεται οὕτως ἢ οὔ ;

ΕΡΜ. Πάνυ μὲν οὖν. d

ΣΩ. Τοῖς μὲν δὴ κατὰ φύσιν γιγνομένοις τὰ αὐτὰ ἀποδοτέον ὀνόματα.

ΕΡΜ. Πάνυ γε.

ΣΩ. Τί δὲ τοῖς παρὰ φύσιν, οἳ ἂν ἐν τέρατος εἴδει γένωνται ; οἷον ὅταν ἐξ ἀνδρὸς ἀγαθοῦ καὶ θεοσεβοῦς ἀσεβὴς γένηται, ἆρ' οὐχ ὥσπερ ἐν τοῖς ἔμπροσθεν, κἂν ἵππος βοὸς ἔκγονον τέκῃ, οὐ τοῦ τεκόντος δήπου ἔδει τὴν ἐπωνυμίαν ἔχειν, ἀλλὰ τοῦ γένους οὗ εἴη ;

ΕΡΜ. Πάνυ γε.

ΣΩ. Καὶ τῷ ἐκ τοῦ εὐσεβοῦς ἄρα γενομένῳ ἀσεβεῖ τὸ e τοῦ γένους ὄνομα ἀποδοτέον.

ΕΡΜ. Ἔστι ταῦτα.

ΣΩ. Οὐ « Θεόφιλον », ὡς ἔοικεν, οὐδὲ « Μνησίθεον » οὐδὲ τῶν τοιούτων οὐδέν, ἀλλ' ὅ τι τἀναντία τούτοις σημαίνει, ἐάνπερ τῆς ὀρθότητος τυγχάνῃ τὰ ὀνόματα.

sieht, erkennt sie als dieselben und läßt sich nicht irre machen durch die Beimischungen. Eben so sieht auch wohl, wer sich auf die Wörter versteht, nur auf das Bedeutsame als ihre Kraft, und wird nicht irre, wenn wo ein Buchstabe hinzugetan oder weggenommen oder versetzt ist, oder wenn auch in ganz andere Buchstaben die Kraft des Wortes gelegt ist. So haben in unserm jetzigen Beispiel Astyanax und Hektor gar keinen Buchstaben gemein als nur das t, und bedeuten doch einerlei. c
Auch Archepolis, der in der Stadt regiert, wieviel hat es wohl von den Buchstaben der vorigen, und bedeutet doch dasselbe? Und so gibt es noch viele andere Benennungen, die alle einen König anzeigen, und wiederum andere einen Heerführer, wie Agis, Führer, Polemarchos, Kriegesherr, Eupolemos, Gutkrieg. Andere sind ärztlich wie Iatrokles, Helfrich, und Akesimbrotos, Heilmann, und so könnten wir noch mehrere finden, die in Buchstaben und Silben ganz ungleich klingen, der Bedeutung nach aber dasselbe aussprechen. Scheint es dir so oder nicht?

HERMOGENES: Allerdings. d

SOKRATES: Das naturgemäß entstandene also muß auch denselben Namen empfangen.

HERMOGENES: Freilich.

2.3.2.2. Ungleichartige Nachkommen: der Stammbaum des Orest

SOKRATES: Wie aber was widernatürlich nach Art eines Wunders entstanden ist? wie wenn von einem guten und frommen Manne ein Gottloser abstammt? nicht auch, wie vorher wenn ein Pferd geboren hätte was eigentlich von einem Stier abstammt, uns dies nicht nach dem Erzeugenden seine Benennung erhalten durfte, sondern nach der Gattung, der es angehört?

HERMOGENES: So war es.

SOKRATES: So auch der von dem Frommen abstammende e
Ruchlose muß seinen Namen erhalten von seiner Art?

HERMOGENES: Allerdings.

SOKRATES: Also nicht Gottlieb, wie es scheint, auch nicht Fürchtegott oder dergleichen etwas, sondern was das Gegenteil hiervon bedeutet, wenn anders Richtigkeit in der Benennung sein soll.

ΕΡΜ. Παντός γε μᾶλλον, ὦ Σώκρατες.

ΣΩ. Ὥσπερ γε καὶ ὁ « Ὀρέστης », ὦ Ἑρμόγενες, κινδυνεύει ὀρθῶς ἔχειν, εἴτε τις τύχη ἔθετο αὐτῷ τὸ ὄνομα εἴτε καὶ ποιητής τις, τὸ θηριῶδες τῆς φύσεως καὶ τὸ ἄγριον αὐτοῦ καὶ τὸ ὀρεινὸν ἐνδεικνύμενος τῷ ὀνόματι.

ΕΡΜ. Φαίνεται οὕτως, ὦ Σώκρατες. 395 a

ΣΩ. Ἔοικεν δέ γε καὶ τῷ πατρὶ αὐτοῦ κατὰ φύσιν τὸ ὄνομα εἶναι.

ΕΡΜ. Φαίνεται.

ΣΩ. Κινδυνεύει γὰρ τοιοῦτός τις εἶναι « Ἀγαμέμνων », οἷος ἃ δόξειεν αὐτῷ διαπονεῖσθαι καὶ καρτερεῖν τέλος ἐπιτιθεὶς τοῖς δόξασι δι' ἀρετήν. Σημεῖον δὲ αὐτοῦ ἡ ἐν Τροίᾳ μονὴ τοῦ πλήθους τε καὶ καρτερία. Ὅτι οὖν ἀγαστὸς κατὰ τὴν ἐπιμονὴν οὗτος ὁ ἀνὴρ ἐνσημαίνει τὸ b ὄνομα ὁ « Ἀγαμέμνων ». Ἴσως δὲ καὶ ὁ « Ἀτρεὺς » ὀρθῶς ἔχει. Ὅ τε γὰρ τοῦ Χρυσίππου αὐτῷ φόνος καὶ ἃ πρὸς τὸν Θυέστην ὡς ὠμὰ διεπράττετο, πάντα ταῦτα ζημιώδη καὶ ἀτηρὰ πρὸς ἀρετήν. Ἡ οὖν τοῦ ὀνόματος ἐπωνυμία σμικρὸν παρακλίνει καὶ ἐπικεκάλυπται, ὥστε μὴ πᾶσι δηλοῦν τὴν φύσιν τοῦ ἀνδρός· τοῖς δ' ἐπαΐουσι περὶ ὀνομάτων ἱκανῶς δηλοῖ ὃ βούλεται ὁ « Ἀτρεύς ». Καὶ γὰρ κατὰ τὸ ἀτειρὲς καὶ κατὰ τὸ ἄτρεστον καὶ κατὰ τὸ ἀτηρὸν πανταχῇ c ὀρθῶς αὐτῷ τὸ ὄνομα κεῖται. Δοκεῖ δέ μοι καὶ τῷ Πέλοπι τὸ ὄνομα ἐμμέτρως κεῖσθαι· σημαίνει γὰρ τοῦτο τοὔνομα τὸν τὰ ἐγγὺς ὁρῶντα [ἄξιον εἶναι ταύτης τῆς ἐπωνυμίας].

ΕΡΜ. Πῶς δή ;

ΣΩ. Οἷόν που καὶ κατ' ἐκείνου λέγεται τοῦ ἀνδρὸς ἐν τῷ τοῦ Μυρτίλου φόνῳ οὐδὲν οἵου τε γενέσθαι προνοηθῆναι οὐδὲ προϊδεῖν τῶν πόρρω τῶν εἰς τὸ πᾶν γένος, ὅσης αὐτὸ δυστυχίας ἐνεπίμπλη, τὸ ἐγγὺς μόνον ὁρῶν καὶ τὸ παραχρῆμα — τοῦτο δ' ἐστὶ « πέλας » — ἡνίκα προεθυμεῖτο d λαβεῖν παντὶ τρόπῳ τὸν τῆς Ἱπποδαμείας γάμον. Τῷ δὲ

HERMOGENES: Auf alle Weise, Sokrates.

SOKRATES: So scheint auch Orestes, wenn du an Oreinon denkst, ganz richtig genannt zu sein, es sei nun, daß ihm ein Zufall den Namen beigelegt, oder auch ein Dichter um das wilde rauhe rastlose seiner Gemütsart, wie durch die Ähnlichkeit mit einem rauhen Gebirge, in seinem Namen anzudeuten.

HERMOGENES: So scheint es allerdings, Sokrates. 395a

SOKRATES: Auch sein Vater scheint einen seiner Natur ganz angemessenen Namen gehabt zu haben.

HERMOGENES: Das glaub ich wohl.

SOKRATES: Denn ein solcher scheint doch Agamemnon zu
sein, daß, wenn er beschlossen hat etwas durchzuführen und
darauf zu bestehn, er seine Beschlüsse auch durch Tapferkeit
zum Ziele bringt. Beweis seiner Beharrlichkeit ist ja seine Aus-
dauer vor Troja mit einem solchen Heer. Daß also dieser Mann
bewundernswürdig ist im Ausharren, Agastos in der Epimo- b
ne, bedeutet sein Namen Agamemnon. Vielleicht ist auch
Atreus, von Atereus, eben so richtig. Denn die Ermordung des
Chrysippos, und was er grausames gegen den Thyestes verüb-
te, alles dies ist doch ganz verderblich und unver*träg*lich, atéra,
mit sittlicher *Art*. Ein wenig weicht freilich dieser Namen ab
und versteckt seine Bedeutung, daß er nicht Jedem gleich die
Natur des Mannes kund gibt. Aber denen, die sich auf Namen
verstehen offenbart er hinlänglich was Atreus sagen will. Denn
man nehme nun das untreue heraus, oder die harte Reue oder c
das Abtrünnige, von allen Seiten ist der Name richtig. Eben so
angemessen scheint auch dem Pelops der seinige beigelegt;
denn er deutet darauf daß einer der nur auf das Nahe sieht, von
pelas und ops, solches Namens würdig ist.

HERMOGENES: Wie so?

SOKRATES: Was ja über den Mann gesagt wird wegen Er-
mordung des Myrtilos, wie er gar nicht fähig war vorauszu-
sehen oder zu ahnden was in der Ferne lag für sein Geschlecht
und wie er es mit Unheil überlud, sondern nur das Nahe und d
Augenblickliche sehend, und das heißt doch Pelas, als er so
alles daran setzte, um nur auf alle Weise die Ehe mit der Hip-
podameia zu vollziehen. – Wie richtig aber und natürlich dem
Tantalos sein Namen gegeben ist, das kann Jeder sehen, wenn
nämlich wahr ist, was man von ihm erzählt.

Ταντάλῳ καὶ πᾶς ἂν ἡγήσαιτο τοὔνομα ὀρθῶς καὶ κατὰ φύσιν τεθῆναι, εἰ ἀληθῆ τὰ περὶ αὐτὸν λεγόμενα.

ΕΡΜ. Τὰ ποῖα ταῦτα ;

ΣΩ. Ἅ τέ που ἔτι ζῶντι δυστυχήματα ἐγένετο πολλὰ καὶ δεινά, ὧν καὶ τέλος ἡ πατρὶς αὐτοῦ ὅλη ἀνετράπετο, καὶ τελευτήσαντι ἐν Ἅιδου ἡ ὑπὲρ τῆς κεφαλῆς τοῦ λίθου ταλαντεία θαυμαστὴ ὡς σύμφωνος τῷ ὀνόματι· καὶ e
ἀτεχνῶς ἔοικεν, ὥσπερ ἂν εἴ τις βουλόμενος ταλάντατον ὀνομάσαι ἀποκρυπτόμενος ὀνομάσειε καὶ εἴποι ἀντ' ἐκείνου « Τάνταλον », τοιοῦτόν τι καί τούτῳ τὸ ὄνομα ἔοικεν ἐκπορίσαι ἡ τύχη τῆς φήμης. Φαίνεται δὲ καὶ τῷ πατρὶ αὐτοῦ λεγομένῳ τῷ Διὶ παγκάλως τὸ ὄνομα κεῖσθαι· ἔστι δὲ οὐ ῥᾴδιον κατανοῆσαι. Ἀτεχνῶς γάρ ἐστιν οἷον λόγος τὸ τοῦ 396 a
Διὸς ὄνομα· διελόντες δὲ αὐτὸ διχῇ οἱ μὲν τῷ ἑτέρῳ μέρει, οἱ δὲ τῷ ἑτέρῳ χρώμεθα. Οἱ μὲν γὰρ « Ζῆνα », οἱ δὲ « Δία » καλοῦσιν· συντιθέμενα δ' εἰς ἓν δηλοῖ τὴν φύσιν τοῦ θεοῦ, ὃ δὴ προσήκειν φαμὲν ὀνόματι οἵῳ τε εἶναι ἀπεργάζεσθαι. Οὐ γὰρ ἔστιν ἡμῖν καὶ τοῖς ἄλλοις πᾶσιν ὅστις ἐστὶν αἴτιος μᾶλλον τοῦ ζῆν ἢ ὁ ἄρχων τε καὶ βασιλεὺς τῶν πάντων. Συμβαίνει οὖν ὀρθῶς ὀνομάζεσθαι οὗτος ὁ θεὸς εἶναι, δι b
ὃν ζῆν ἀεὶ πᾶσι τοῖς ζῶσιν ὑπάρχει· διείληπται δὲ δίχα, ὥσπερ λέγω, ἓν ὂν τὸ ὄνομα, τῷ « Διὶ » καὶ τῷ « Ζηνί ». Τοῦτον δὲ Κρόνου ὑὸν εἶναι ὑβριστικὸν μὲν ἂν τι δόξειεν εἶναι ἀκούσαντι ἐξαίφνης, εὔλογον δὲ μεγάλης τινὸς διανοίας ἔκγονον εἶναι τὸν Δία· κόρον γὰρ σημαίνει, οὐ παῖδα, ἀλλὰ τὸ καθαρὸν αὐτοῦ καὶ ἀκήρατον τοῦ νοῦ. Ἔστι δὲ οὗτος Οὐρανοῦ ὑός, ὡς λόγος· ἡ δὲ αὖ ἐς τὸ ἄνω ὄψις καλῶς ἔχει τοῦτο τὸ ὄνομα καλεῖσθαι, « οὐρανία », ὁρῶσα τὰ ἄνω, c
ὅθεν δὴ καί φασιν, ὦ Ἑρμόγενες, τὸν καθαρὸν νοῦν παραγίγνεσθαι οἱ μετεωρολόγοι, καὶ τῷ οὐρανῷ ὀρθῶς τὸ ὄνομα κεῖσθαι· εἰ δ' ἐμεμνήμην τὴν Ἡσιόδου γενεαλογίαν, τίνας ἔτι τοὺς ἀνωτέρω προγόνους λέγει τούτων, οὐκ ἂν ἐπαυόμην διεξιὼν ὡς ὀρθῶς αὐτοῖς τὰ ὀνόματα κεῖται, ἕως ἀπεπει-

HERMOGENES: Was doch?

SOKRATES: Das vielfältige und schwere Unglück was ihm
bei seinem Leben widerfuhr, und sich mit der gänzlichen Zer-
störung seines Vaterlandes endigte, und dann auch nach seinem
Tode jenes Schweben, Talanteia, des Steines über seinem
Haupte stimmt wunderbar gut zu seinem Namen; und es sieht e
offenbar aus, als ob ihn jemand hätte den allerelendesten, Ta-
lantatos, nennen gewollt, statt dessen aber, um es zu verber-
gen, Tantalos gesagt; so etwa scheint auch diesen Namen die
Sage zufällig gebildet zu haben. – Auch für seinen angeblichen
Vater Zeus eignet sich offenbar dessen Namen gar herrlich, nur
ist es nicht leicht zu merken. Nämlich ordentlich wie eine Er- 396a
klärung ist der Namen des Zeus; nur haben wir ihn geteilt und
Einige bedienen sich der einen, Andere der anderen Hälfte. Die
Einen nämlich nennen ihn Zeus, die Anderen Dis; beide aber
zusammengestellt offenbaren uns das Wesen des Gottes, wel-
ches ja eben, wie wir sagen, ein Namen soll ausrichten können.
Denn keiner ist für uns und alles insgesamt so sehr die Ursache
des Lebens, als der Herrscher und König über alles. Ganz rich-
tig also wird dieser Gott benannt als der durch welchen zu b
leben alle Lebendigen sich rühmen. Nur wie gesagt, der Na-
men, der eigentlich einer ist, ist geteilt in *Dis* von durch und
Zen oder Zeus von leben. Daß nun dieser der Sohn des *Kronos*
ist, könnte anfänglich frevelhaft scheinen, wenn man es nur
schnell und überhin hört. Natürlich ist aber doch, daß Zeus der
Abkömmling eines großen Verstandes ist, und so bedeutet das
Koros in diesem Namen nicht Kind, sondern das reine und
ungetrübte des Geistes, *Nus*. Dieser selbst ist wiederum ein
Sohn des *Uranos*, und mit Recht wird die Hinaufsicht zur Hö-
he, mit diesem Namen die himmlische, urania, genannt, welche c
sieht was oben ist, horosa to ano, von wannen ja eben, wie die
Himmelskundigen sagen, der eine Geist herkommen soll, daß
also Uranos seinen Namen mit Recht führt. Hätte ich nun die
Geschlechtsbeschreibung des Hesiodos nur in Gedanken, was
für Vorfahren er noch von diesen höher hinauf angibt: so wür-
de ich kein Ende finden, zu zeigen, wie richtig ihre Namen
ihnen beigelegt sind, bis ich diese Weisheit ganz durchversucht
hätte, was sie wohl machen, ob sie mir versagen würde oder

ράθην τῆς σοφίας ταυτησὶ τί ποιήσει, εἴ ἄρα ἀπερεῖ ἢ οὔ,
ἣ ἐμοὶ ἐξαίφνης νῦν οὑτωσὶ προσπέπτωκεν ἄρτι οὐκ οἶδ' d
ὁπόθεν.

ΕΡΜ. Καὶ μὲν δή, ὦ Σώκρατες, ἀτεχνῶς γέ μοι δοκεῖς
ὥσπερ οἱ ἐνθουσιῶντες ἐξαίφνης χρησμῳδεῖν.

ΣΩ. Καὶ αἰτιῶμαί γε, ὦ Ἑρμόγενες, μάλιστα αὐτὴν ἀπὸ
Εὐθύφρονος τοῦ Προσπαλτίου προσπεπτωκέναι μοι· ἕωθεν
γὰρ πολλὰ αὐτῷ συνῆ καὶ παρεῖχον τὰ ὦτα. Κινδυνεύει οὖν
ἐνθουσιῶν οὐ μόνον τὰ ὦτά μου ἐμπλῆσαι τῆς δαιμονίας
σοφίας, ἀλλὰ καὶ τῆς ψυχῆς ἐπειλῆφθαι. Δοκεῖ οὖν μοι
χρῆναι οὑτωσὶ ἡμᾶς ποιῆσαι· τὸ μὲν τήμερον εἶναι χρή- e
σασθαι αὐτῇ καὶ τὰ λοιπὰ περὶ τῶν ὀνομάτων ἐπισκέψασθαι,
αὔριον δέ, ἂν καὶ ὑμῖν ξυνδοκῇ, ἀποδιοπομπησόμεθά τε
αὐτὴν καὶ καθαρούμεθα ἐξευρόντες ὅστις τὰ τοιαῦτα δεινὸς
καθαίρειν, εἴτε τῶν ἱερέων τις εἴτε τῶν σοφιστῶν. 397

ΕΡΜ. Ἀλλ' ἐγὼ μὲν ξυγχωρῶ· πάνυ γὰρ ἂν ἡδέως τὰ
ἐπίλοιπα περὶ τῶν ὀνομάτων ἀκούσαιμι.

ΣΩ. Ἀλλὰ χρὴ οὕτω ποιεῖν. Πόθεν οὖν βούλει ἀρξώ-
μεθα διασκοποῦντες, ἐπειδήπερ εἰς τύπον τινὰ ἐμβεβήκαμεν,
ἵνα εἰδῶμεν εἰ ἄρα ἡμῖν ἐπιμαρτυρήσει αὐτὰ τὰ ὀνόματα
μὴ πάνυ ἀπὸ τοῦ αὐτομάτου οὕτως ἕκαστα κεῖσθαι, ἀλλ'
ἔχειν τινὰ ὀρθότητα ; τὰ μὲν οὖν τῶν ἡρώων καὶ ἀνθρώπων b
λεγόμενα ὀνόματα ἴσως ἂν ἡμᾶς ἐξαπατήσειεν· πολλὰ μὲν
γὰρ αὐτῶν κεῖται κατὰ προγόνων ἐπωνυμίας, οὐδὲν προσῆ-
κον ἐνίοις, ὥσπερ κατ' ἀρχὰς ἐλέγομεν, πολλὰ δὲ ὥσπερ
εὐχόμενοι τίθενται, οἷον « Εὐτυχίδην » καὶ » Σωσίαν » καὶ
« Θεόφιλον » καὶ ἄλλα πολλά. Τὰ μὲν οὖν τοιαῦτα δοκεῖ
μοι χρῆναι ἐᾶν· εἰκὸς δὲ μάλιστα ἡμᾶς εὑρεῖν τὰ ὀρθῶς
κείμενα περὶ τὰ ἀεὶ ὄντα καὶ πεφυκότα. Ἐσπουδάσθαι γὰρ
ἐνταῦθα μάλιστα πρέπει τὴν θέσιν τῶν ὀνομάτων· ἴσως δ' c

nicht, die jetzt so plötzlich über mich gekommen ist, ich weiß d
nicht woher.

2.3.3. Die Benennungen höherer Lebewesen und ihrer Teile

2.3.3.1. Zwischenbemerkung: die euthyphronische Begeisterung des Sokrates; Plan der weiteren Untersuchung

HERMOGENES: Allerdings, Sokrates, scheinst du ordentlich wie ein Begeisterter auf einmal Orakel von dir zu geben.

SOKRATES: Ich vermute wohl, Hermogenes, daß sie vornehmlich durch Euthyphron den Prospaltier über mich gekommen ist. Denn ich war diesen Morgen viel mit ihm und hörte ihm zu. Und so scheint es, daß er in seiner Begeisterung mir nicht nur die Ohren angefüllt hat mit seiner herrlichen Weisheit, sondern auch die Seele muß sie mir ergriffen haben.
Mich dünkt also, wir wollen es so halten, daß wir sie heute nun e
schon gewähren lassen, und auch das übrige noch durchnehmen von den Wörtern; morgen aber, wenn ihr auch der Meinung seid, wollen wir sie feierlich fortbesprechen und uns reinigen, wenn wir einen finden können, der es versteht uns
hievon zu reinigen, sei es nun ein Priester oder ein Sophist. 397a

HERMOGENES: Ich bin es sehr zufrieden, denn gar gern möchte ich auch noch das weitere über die Wörter hören.

SOKRATES: Also wollen wir es immer tun. Wobei sollen wir nun unsere Untersuchung anfangen, da wir einmal auf eine gewisse Form geraten sind. Um nun zu erfahren, ob die Benennungen selbst uns Bestätigung dafür geben werden, daß sie keinesweges nur aufs Geratewohl jedem beigelegt werden,
sondern daß sie eine gewisse Richtigkeit haben? Die üblichen b
Namen von Menschen und Heroen könnten uns nun wohl leicht hintergehen. Viele nämlich werden beigelegt nach Benennungen der Vorfahren, und sind einigen gar nicht angemessen, wie wir auch anfangs sagten; viele wiederum teilt man aus als gute Wünsche, wie Eutychides gleichsam Glückskind, Sosias, wohlbehalten, Theophilos, Gottlieb und viele andere. Dergleichen, denke ich, müssen wir bei Seite lassen, und vermuten, daß wir das richtige vornehmlich bei demjenigen finden werden, was immer da ist und in der Natur fortbesteht;
denn hierauf muß sich doch wohl die Bildung der Namen am c

ἔνια αὐτῶν καὶ ὑπὸ θειοτέρας δυνάμεως ἢ τῆς τῶν ἀνθρώπων ἐτέθη.

ΕΡΜ. Δοκεῖς μοι καλῶς λέγειν, ὦ Σώκρατες.

ΣΩ. Ἆρ' οὖν οὐ δίκαιον ἀπὸ τῶν θεῶν ἄρχεσθαι, σκοπουμένους πῇ ποτε αὐτὸ τοῦτο τὸ ὄνομα οἱ « θεοὶ » ὀρθῶς ἐκλήθησαν ;

ΕΡΜ. Εἰκός γε.

ΣΩ. Τοιόνδε τοίνυν ἔγωγε ὑποπτεύω· φαίνονταί μοι οἱ πρῶτοι τῶν ἀνθρώπων τῶν περὶ τὴν Ἑλλάδα τούτους μόνους τοὺς θεοὺς ἡγεῖσθαι οὕσπερ νῦν πολλοὶ τῶν βαρβά- d
ρων, ἥλιον καὶ σελήνην καὶ γῆν καὶ ἄστρα καὶ οὐρανόν· ἅτε οὖν αὐτὰ ὁρῶντες πάντα ἀεὶ ἰόντα δρόμῳ καὶ θέοντα, ἀπὸ ταύτης τῆς φύσεως τῆς τοῦ θεῖν « θεοὺς » αὐτοὺς ἐπονομάσαι· ὕστερον δὲ κατανοοῦντες τοὺς ἄλλους πάντας ἤδη τούτῳ τῷ ὀνόματι προσαγορεύειν. Ἔοικέ τι ὃ λέγω τῇ ἀληθείᾳ ἢ οὐδέν ;

ΕΡΜ. Πάνυ μὲν οὖν ἔοικεν.

ΣΩ. Τί οὖν ἂν μετὰ τοῦτο σκοποῖμεν ; ἢ δῆλον δὴ ὅτι δαίμονάς τε καὶ ἥρωας καὶ ἀνθρώπους ;

ΕΡΜ. Δαίμονας. e

ΣΩ. Καὶ ὡς ἀληθῶς, ὦ Ἑρμόγενες, τί ἄν ποτε νοοῖ τὸ ὄνομα οἱ « δαίμονες » ; σκέψαι ἄν τί σοι δόξω εἰπεῖν.

ΕΡΜ. Λέγε μόνον.

ΣΩ. Οἶσθα οὖν τίνας φησὶν Ἡσίοδος εἶναι τοὺς δαίμονας ;

ΕΡΜ. Οὐκ ἐννοῶ.

ΣΩ. Οὐδὲ ὅτι χρυσοῦν γένος τὸ πρῶτόν φησιν γενέσθαι τῶν ἀνθρώπων ;

ΕΡΜ. Οἶδα τοῦτό γε.

ΣΩ. Λέγει τοίνυν περὶ αὐτοῦ,

Αὐτὰρ ἐπειδὴ τοῦτο γένος κατὰ μοῖρ' ἐκάλυψεν,
οἱ μὲν δαίμονες ἁγνοὶ ἐπιχθόνιοι καλέονται, 398 a
ἐσθλοί, ἀλεξίκακοι, φύλακες θνητῶν ἀνθρώπων.

meisten befleißiget haben, und vielleicht sind auch einige von diesen durch eine göttlichere, als der Menschen Kraft festgesetzt worden.

HERMOGENES: Sehr richtig scheint mir was du sagst; Sokrates!

2.3.3.2. Die Bezeichnungen „Gott“, „Daimon“, „Heros“, „Mensch“; eine weitere Zwischenbemerkung über Lautveränderungen

SOKRATES: Ist es nun nicht billig von den Göttern die Untersuchung anzufangen, wie sie wohl eben diesen Namen Götter mit Recht bekommen haben?

HERMOGENES: Ganz billig.

SOKRATES: Hierüber nun vermute ich dieses. Es scheint mir, daß die ältesten Bewohner von Hellas die allein für Götter
gehalten haben, welche auch jetzt noch vielen Barbaren dafür d
gelten, nämlich Sonne, Mond und Erde, die Gestirne und den Himmel; wie sie nun dies alles immer in seiner Bahn sich bewegen und gehn sahn, so haben sie sie von dieser Eigenschaft des Gehens Götter genannt. Hernach als ihnen auch die andern bekannt geworden, haben sie auch diese insgesamt mit demselben Namen angeredet. Sieht dir das aus wie etwas wahres, was ich sage oder nicht?

HERMOGENES: Gar sehr sieht es so aus.

SOKRATES: Was sollen wir nun nächstdem vornehmen?

HERMOGENES: Offenbar doch die Dämonen und Heroen und Menschen.

SOKRATES: Die Dämonen? Ja in der Tat, Hermogenes, was e
soll wohl dieser Name Daimon bedeuten? Sieh zu, ob dir das gefallen wird was ich sage.

HERMOGENES: Sage nur.

SOKRATES: Du weißt doch, was Hesiodos sagt, was die Dämonen wären.

HERMOGENES: Ich entsinne mich nicht.

SOKRATES: Auch nicht, daß er sagt, das erste Geschlecht der Menschen wäre das goldene gewesen?

HERMOGENES: Ja, das weiß ich wohl.

SOKRATES: Von diesem nun sagt er, Aber nachdem nun
jenes Geschlecht absenkte das Schicksal Werden sie fromme 398a

ΕΡΜ. Τί οὖν δή ;

ΣΩ. Ὅτι οἶμαι ἐγὼ λέγειν αὐτὸν τὸ χρυσοῦν γένος οὐκ ἐκ χρυσοῦ πεφυκός, ἀλλ' ἀγαθόν τε καὶ καλόν. Τεκμήριον δέ μοί ἐστιν ὅτι καὶ ἡμᾶς φησιν σιδηροῦν εἶναι γένος.

ΕΡΜ. Ἀληθῆ λέγεις.

ΣΩ. Οὐκοῦν καὶ τῶν νῦν οἴει ἂν φάναι αὐτὸν εἴ τις ἀγαθός ἐστιν ἐκείνου τοῦ χρυσοῦ γένους εἶναι ; b

ΕΡΜ. Εἰκός γε.

ΣΩ. Οἱ δ'ἀγαθοὶ ἄλλο τι ἢ φρόνιμοι ;

ΕΡΜ. Φρόνιμοι.

ΣΩ. Τοῦτο τοίνυν παντὸς μᾶλλον λέγει, ὥς ἐμοὶ δοκεῖ, τοὺς δαίμονας· ὅτι φρόνιμοι καὶ δαήμονες ἦσαν, « δαίμονας » αὐτοὺς ὠνόμασεν· καὶ ἔν γε τῇ ἀρχαίᾳ τῇ ἡμετέρᾳ φωνῇ αὐτὸ συμβαίνει τὸ ὄνομα. Λέγει οὖν καλῶς καὶ οὗτος καὶ ἄλλοι ποιηταὶ πολλοὶ ὅσοι λέγουσιν ὡς, ἐπειδάν τις ἀγαθὸς ὢν τελευτήσῃ, μεγάλην μοῖραν καὶ τιμὴν ἔχει καὶ γίγνεται δαίμων κατὰ τὴν τῆς φρονήσεως ἐπωνυμίαν. c Ταύτῃ οὖν τίθεμαι καὶ ἐγὼ [τὸν δαήμονα] πάντ' ἄνδρα ὃς ἂν ἀγαθὸς ᾖ, δαιμόνιον εἶναι καὶ ζῶντα καὶ τελευτήσαντα, καὶ ὀρθῶς « δαίμονα » καλεῖσθαι.

ΕΡΜ. Καὶ ἐγώ μοι δοκῶ, ὦ Σώκρατες, τούτου πάνυ σοι σύμψηφος εἶναι. Ὁ δὲ δὴ « ἥρως » τί ἂν εἴη ;

ΣΩ. Τοῦτο δὲ οὐ πάνυ χαλεπὸν ἐννοῆσαι. Σμικρὸν γὰρ παρῆκται αὐτῶν τὸ ὄνομα, δηλοῦν τὴν ἐκ τοῦ ἔρωτος γένεσιν.

ΕΡΜ. Πῶς λέγεις ;

ΣΩ. Οὐκ οἶσθα ὅτι ἡμίθεοι οἱ ἥρωες ;

ΕΡΜ. Τί οὖν ;

ΣΩ. Πάντες δήπου γεγόνασιν ἐρασθέντος ἢ θεοῦ θνητῆς d ἢ θνητοῦ θεᾶς. Ἐὰν οὖν σκοπῇς καὶ τοῦτο κατὰ τὴν Ἀττικὴν τὴν παλαιὰν φωνήν, μᾶλλον εἴσει· δηλώσει γάρ σοι ὅτι παρὰ τὸ τοῦ ἔρωτος ὄνομα, ὅθεν γεγόνασιν οἱ ἥρωες, σμικρὸν παρηγμένον ἐστὶν ὀνόματος χάριν. Καὶ ἤτοι τοῦτο

Dämonen der oberen Erde genennet, Gute, des Wehs Abwehrer, der sterblichen Menschen Behüter.

HERMOGENES: Und wie weiter?

SOKRATES: Ich denke nämlich, er meint das goldene Geschlecht nicht so, als ob es von Gold gewesen wäre, sondern daß es gut war und edel. Beweisen kann ich das dadurch, daß er auch uns das eiserne Geschlecht nennt.

HERMOGENES: Richtig.

SOKRATES: Also glaubst du doch, er würde, wenn es auch unter den jetztlebenden Gute gibt, auch von diesen sagen, daß sie zu dem goldenen Geschlecht gehören? b

HERMOGENES: Gewiß.

SOKRATES: Und die Guten sind die nicht vernünftig?

HERMOGENES: Vernünftig.

SOKRATES: Und dies, dünkt mich, will er eben vorzüglich sagen, sei den Daimonen begegnet, weil sie vernünftig waren. Daher sagt er ganz recht, wie auch viele andere Dichter tun, daß wenn ein Guter stirbt er großer Ehre und Glückes teilhaftig und ein Daimon wird, vom Daheim sein also genannt. c
Eben das nun nehme ich an, daß Jeder der dort daheim gehört ein Seliger ist im Leben und im Tode, und mit Recht ein Daimon genannt wird.

HERMOGENES: Darin, o Sokrates, werde auch ich, dünkt mich, dir ganz beistimmen. – Aber ein Heros, was bedeutet das wohl?

SOKRATES: Das ist gar nicht schwer zu sehen. Denn nur ein klein wenig ist der Namen verändert, und deutet darauf, daß sie ihre Entstehung dem Eros verdanken.

HERMOGENES: Wie meinst du das?

SOKRATES: Weißt du nicht, daß die Heroen Halbgötter sind?

HERMOGENES: Ja, und nun?

SOKRATES: Also sind sie Alle entstanden dadurch daß Eros d
entweder einen Gott einer Sterblichen, oder eine Göttin einem Sterblichen zuführte. Du mußt nur auch dieses nach der alten attischen Mundart betrachten um es noch leichter zu finden; denn dann wirst du sehen daß von dem Eros woher die Heroen entstehen nur ein weniges abgewichen ist des Namens wegen.

λέγει τοὺς ἥρωας, ἢ ὅτι σοφοὶ ἦσαν καὶ ῥήτορες δεινοὶ καὶ διαλεκτικοί, ἐρωτᾶν ⟨καὶ εἴρειν⟩ ἱκανοὶ ὄντες· τὸ γὰρ « εἴρειν » λέγειν ἐστίν. Ὅπερ οὖν ἄρτι λέγομεν, ἐν τῇ Ἀττικῇ φωνῇ λεγόμενοι οἱ ἥρωες ῥήτορές τινες καὶ ἐρωτη- e
τικοὶ συμβαίνουσιν, ὥστε ῥητόρων καὶ σοφιστῶν γένος γίγνεται τὸ ἡρωικὸν φῦλον. Ἀλλὰ οὐ τοῦτο χαλεπόν ἐστιν ἐννοῆσαι, ἀλλὰ μᾶλλον τὸ τῶν ἀνθρώπων, διὰ τί ποτε « ἄνθρωποι » καλοῦνται· σὺ ἔχεις εἰπεῖν ;

ΕΡΜ. Πόθεν, ὠγαθέ, ἔχω ; οὐδ' εἴ τι οἷός τ' ἂν εἴην εὑρεῖν, οὐ συντείνω διὰ τὸ ἡγεῖσθαι σὲ μᾶλλον εὑρήσειν ἢ ἐμαυτόν.

ΣΩ. Τῇ τοῦ Εὐθύφρονος ἐπιπνοίᾳ πιστεύεις, ὡς ἔοικας. 399 a

ΕΡΜ. Δῆλα δή.

ΣΩ. Ὀρθῶς γε σὺ πιστεύων· ὡς καὶ νῦν γέ μοι φαίνομαι κομψῶς ἐννενοηκέναι, καὶ κινδυνεύσω, ἐὰν μὴ εὐλαβῶμαι, ἔτι τήμερον σοφώτερος τοῦ δέοντος γενέσθαι. Σκόπει δὴ ὃ λέγω. Πρῶτον μὲν γὰρ τὸ τοιόνδε δεῖ ἐννοῆσαι περὶ ὀνομάτων, ὅτι πολλάκις ἐπεμβάλλομεν γράμματα, τὰ δ' ἐξαιροῦμεν, παρ' ὃ βουλόμεθα ὀνομάζοντες, καὶ τὰς ὀξύτητας μεταβάλλομεν. Οἷον « Διὶ φίλος » — τοῦτο ἵνα ἀντὶ ῥήματος ὄνομα ἡμῖν γένηται, τό τε ἕτερον αὐτόθεν ἰῶτα b
ἐξείλομεν καὶ ἀντὶ ὀξείας τῆς μέσης συλλαβῆς βαρεῖαν ἐφθεγξάμεθα. Ἄλλων δὲ τοὐναντίον ἐμβάλλομεν γράμματα, τὰ δὲ βαρύτερα ⟨ὀξύτερα⟩ φθεγγόμεθα.

ΕΡΜ. Ἀληθῆ λέγεις.

ΣΩ. Τούτων τοίνυν ἓν καὶ τὸ τῶν ἀνθρώπων ὄνομα πέπονθεν, ὡς ἐμοὶ δοκεῖ. Ἐκ γὰρ ῥήματος ὄνομα γέγονεν, ἑνὸς γράμματος τοῦ ἄλφα ἐξαιρεθέντος καὶ βαρυτέρας τῆς τελευτῆς γενομένης.

ΕΡΜ. Πῶς λέγεις ;

ΣΩ. Ὧδε. Σημαίνει τοῦτο τὸ ὄνομα ὁ « ἄνθρωπος » c
ὅτι τὰ μὲν ἄλλα θηρία ὧν ὁρᾷ οὐδὲν ἐπισκοπεῖ οὐδὲ ἀναλογίζεται οὐδὲ ἀναθρεῖ, ὁ δὲ ἄνθρωπος ἅμα ἑώρακεν — τοῦτο

Also entweder will der Name dieses von den Heroen sagen,
oder weil rufen und auch wohl reden ehedem haren hieß sagt er
daß sie weise waren, gewaltige Redner und dialektische Män-
ner, so daß die Heroen Redner bedeuten und Ausfrager, so daß e
dieser ganze heroische Stamm ein Geschlecht von Rednern und
Sophisten wird. Dies war also nicht schwer einzusehen, weit
mehr aber von wegen der Menschen, warum die doch Men-
schen heißen. Weißt du es zu sagen?

HERMOGENES: Woher doch, du Guter, sollte ich es wissen? Und wenn ich auch vielleicht im Stande wäre es zu finden, gebe ich mir doch keine Mühe darum, weil ich glaube, du wirst es weit besser finden als ich.

SOKRATES: Also hältst du etwas auf die Eingebung des 399a
Euthyphron, wie es scheint?

HERMOGENES: Ganz sicher.

SOKRATES: Du hast schon recht. Denn auch dies, glaube
ich, habe ich gar herrlich gefaßt, und werde am Ende, wenn ich
mich nicht bescheide, heute noch weiser sein als ich sollte. Sieh
nur zu, was ich meine. Zuerst aber mußt du dir dies merken
wegen der Wörter, daß wir oft Buchstaben einsetzen, oft auch
herauswerfen, wenn wir etwas wovon benennen wollen, und
eben so auch oft den Ton versetzen. Wie zum Beispiel an Frie-
den reich, damit uns hieraus ein Wort werde anstatt eines gan- b
zen Satzes, werfen wir das Ende des einen Wortes heraus, und
das andere stumpfen wir ab, daß es unbetont gesprochen wird,
da es vorher betont war. Bei andern Worten wiederum setzen
wir Buchstaben dazwischen und schärfen das unbetonte.

HERMOGENES: Richtig.

SOKRATES: Dergleichen etwas ist nun auch bei dem Worte Mensch begegnet, wie mich dünkt. Denn es ist ein ganzer Satz zu einem Worte geworden, dadurch, daß man Anfang und Ende herausgeworfen, und dafür einer stumpfen Sylbe den Ton gegeben und sie geschärft hat.

HERMOGENES: Wie meinst du das?

SOKRATES: So. Dieser Name Mensch bedeutet, daß die an- c
dern Tiere von dem was sie sehen nichts betrachten noch ver-
gleichen oder eigentlich anschauen, der Mensch aber sobald er
gesehen hat auch zusammenstellt und anschaut. Daher wird

δ' ἐστὶ « ὄπωπε » — καὶ ἀναθρεῖ καὶ λογίζεται τοῦτο ὃ ὄπωπεν. Ἐντεῦθεν δὴ μόνον τῶν θηρίων ὀρθῶς ὁ ἄνθρωπος « ἄνθρωπος » ὠνομάσθη, ἀναθρῶν ἃ ὄπωπε.

ΕΡΜ. Τί οὖν ; τὸ μετὰ τοῦτο ἔρωμαί σε, ὃ ἡδέως ἂν πυθοίμην ;

ΣΩ. Πάνυ γε.

ΕΡΜ. Ὥσπερ τοίνυν μοι δοκεῖ τούτοις ἑξῆς εἶναί τι d χρῆμα. « Ψυχὴν » γάρ που καὶ « σῶμά » τι καλοῦμεν τοῦ ἀνθρώπου.

ΣΩ. Πῶς γὰρ οὔ ;

ΕΡΜ. Πειρώμεθα δὴ καὶ ταῦτα διελεῖν ὥσπερ τὰ ἔμπροσθεν.

ΣΩ. Ψυχὴν λέγεις ἐπισκέψασθαι ὡς εἰκότως τούτου τοῦ ὀνόματος τυγχάνει, ἔπειτ' αὖ τὸ σῶμα ;

ΕΡΜ. Ναί.

ΣΩ. Ὡς μὲν τοίνυν ἐκ τοῦ παραχρῆμα λέγειν, οἶμαί τι τοιοῦτον νοεῖν τοὺς τὴν ψυχὴν ὀνομάσαντας, ὡς τοῦτο ἄρα, ὅταν παρῇ τῷ σώματι, αἴτιόν ἐστι τοῦ ζῆν αὐτῷ, τὴν τοῦ ἀναπνεῖν δύναμιν παρέχον καὶ ἀναψῦχον, ἅμα δὲ ἐκλεί- e ποντος τοῦ ἀναψύχοντος τὸ σῶμα ἀπόλλυταί τε καὶ τελευτᾷ· ὅθεν δή μοι δοκοῦσιν αὐτὸ « ψυχὴν » καλέσαι. Εἰ δὲ βούλει, ἔχε ἠρέμα· δοκῶ γάρ μοί τι καθορᾶν πιθανώτερον τούτου τοῖς ἀμφὶ Εὐθύφρονα. Τούτου μὲν γάρ, ὡς ἐμοὶ δοκεῖ, 400 a καταφρονήσαιεν ἂν καὶ ἡγήσαιντο φορτικὸν εἶναι· τόδε δὲ σκόπει ἐὰν ἄρα καὶ σοὶ ἀρέσῃ.

ΕΡΜ. Λέγε μόνον.

ΣΩ. Τὴν φύσιν παντὸς τοῦ σώματος, ὥστε καὶ ζῆν καὶ περιιέναι, τί σοι δοκεῖ ἔχειν τε καὶ ὀχεῖν ἄλλο ἢ ψυχή ;

ΕΡΜ. Οὐδὲν ἄλλο.

ΣΩ. Τί δέ ; καὶ τὴν τῶν ἄλλων ἁπάντων φύσιν οὐ πιστεύεις Ἀναξαγόρᾳ νοῦν καὶ ψυχὴν εἶναι τὴν διακοσμοῦσαν καὶ ἔχουσαν ;

unter allen Tieren der Mensch allein Mensch genannt, weil er zusammenschaut was er gesehen hat.

2.3.3.3. Die Bezeichnungen „Seele" und „Körper"

HERMOGENES: Wie nun? soll ich dir sagen, was ich nächstdem gern wüßte?

SOKRATES: Allerdings.

HERMOGENES: Mich wenigstens dünkt unmittelbar an die- d
sem hier etwas zu hängen. Denn dem Menschen schreiben wir doch zu Leib und Seele?

SOKRATES: Wie sollten wir nicht?

HERMOGENES: Versuchen wir also auch diese abzuleiten wie das vorige?

SOKRATES: Du meinst, wir sollen untersuchen, woher doch wohl die Seele verständigerweise diesen Namen trägt, und dann auch der Körper.

HERMOGENES: Ja.

SOKRATES: Wenn ich nun jetzt im Augenblick etwas hierüber sagen soll, so meine ich, diejenigen, welche die Seele so benannten, haben sich dieses dabei gedacht, daß sie, wenn sie sich bei, oder wie man sonst sagte, *selb* dem Leibe *hält*, die Ursache ist daß er lebt, weil sie ihm das Vermögen des Atmens
mitteilt, und ihn dadurch als ein *Selbst hält*, sobald aber dieses e
selbige fehlt, kommt der Leib um und stirbt; deshalb, glaube ich, haben sie sie Seele genannt. Aber noch besser, warte nur, still! denn ich glaube etwas zu sehn: was Leuten wie Euthy-
phron viel wahrscheinlicher vorkommen wird als das vorige. 400a
Denn jenes fürchte ich werden sie uns verachten, und für gar gemein und ungeschickt halten. Aber dieses erwäge nun, ob es auch dir gefällt.

HERMOGENES: Sage es nur.

SOKRATES: Die Natur des ganzen Leibes, so daß er lebt und umhergeht, wodurch glaubst du wird wohl diese gehalten und geleitet als durch die Seele?

HERMOGENES: Durch nichts anders.

SOKRATES: Und wie? glaubst du nicht dem Anaxagoras, daß auch was aller andern Dinge Sein ordnet und leitet, Geist und Seele ist?

ΕΡΜ. Ἔγωγε.

ΣΩ. Καλῶς ἄρα ἂν τὸ ὄνομα τοῦτο ἔχοι τῇ δυνάμει b
ταύτῃ ᾗ φύσιν ὀχεῖ καὶ ἔχει «φυσέχην» ἐπονομάζειν. Ἔξεστι δὲ καὶ «ψυχὴν» κομψευόμενον λέγειν.

ΕΡΜ. Πάνυ μὲν οὖν, καὶ δοκεῖ γέ μοι τοῦτο ἐκείνου τεχνικώτερον εἶναι.

ΣΩ. Καὶ γὰρ ἔστιν· γελοῖον μέντοι φαίνεται ὡς ἀληθῶς ὀνομαζόμενον ὡς ἐτέθη.

ΕΡΜ. Ἀλλὰ δὴ τὸ μετὰ τοῦτο πῶς φῶμεν ἔχειν ;

ΣΩ. Τὸ σῶμα λέγεις ;

ΕΡΜ. Ναί.

ΣΩ. Πολλαχῇ μοι δοκεῖ τοῦτό γε· ἂν μὲν καὶ σμικρόν τις παρακλίνῃ, καὶ πάνυ. Καὶ γὰρ σῆμά τινές φασιν αὐτὸ c
εἶναι τῆς ψυχῆς, ὡς τεθαμμένης ἐν τῷ νῦν παρόντι· καὶ διότι αὖ τούτῳ σημαίνει ἃ ἂν σημαίνῃ ἡ ψυχή, καὶ ταύτῃ «σῆμα» ὀρθῶς καλεῖσθαι. Δοκοῦσι μέντοι μοι μάλιστα θέσθαι οἱ ἀμφὶ Ὀρφέα τοῦτο τὸ ὄνομα, ὡς δίκην διδούσης τῆς ψυχῆς ὧν δὴ ἕνεκα δίδωσιν, τοῦτον δὲ περίβολον ἔχειν, ἵνα σῴζηται, δεσμωτηρίου εἰκόνα· εἶναι οὖν τῆς ψυχῆς τοῦτο, ὥσπερ αὐτὸ ὀνομάζεται, ἕως ἂν ἐκτείσῃ τὰ ὀφειλόμενα, τὸ «σῶμα», καὶ οὐδὲν δεῖν παράγειν οὐδὲ γράμμα.

ΕΡΜ. Ταῦτα μέν μοι δοκεῖ ἱκανῶς, ὦ Σώκρατες, εἰρῆ- d
σθαι· περὶ δὲ τῶν θεῶν τῶν ὀνομάτων, οἷον καὶ περὶ τοῦ «Διὸς» νῦν δὴ ἔλεγες, ἔχοιμεν ἄν που κατὰ τὸν αὐτὸν τρόπον ἐπισκέψασθαι κατὰ τίνα ποτὲ ὀρθότητα αὐτῶν τὰ ὀνόματα κεῖται ;

ΣΩ. Ναὶ μὰ Δία ἡμεῖς γε, ὦ Ἑρμόγενες, εἴπερ γε νοῦν ἔχοιμεν, ἕνα μὲν τὸν κάλλιστον τρόπον, ὅτι περὶ θεῶν οὐδὲν ἴσμεν, οὔτε περὶ αὐτῶν οὔτε περὶ τῶν ὀνομάτων, ἅττα ποτὲ ἑαυτοὺς καλοῦσιν· δῆλον γὰρ ὅτι ἐκεῖνοί γε τἀληθῆ

HERMOGENES: Das glaube ich.

SOKRATES: Sehr gut also schickte sich dieser Namen für die b
Kraft, welche das *Sein leitet* und hält, sie Seileit zu nennen. Und
dann kann man es noch schön machen und Seele sagen.

HERMOGENES: Sehr schön, und dies dünkt mich allerdings kunstreicher zu sein als jenes.

SOKRATES: Das ist es auch; aber ganz lächerlich kommt offenbar das Wort heraus, wenn man es genau so nimmt wie es heißt.

HERMOGENES: Aber was sollen wir nun von dem andern sagen?

SOKRATES: Dem Körper meinst du?

HERMOGENES: Ja.

SOKRATES: Auf vielerlei Weise dünkt mich dies zu gehn,
wenn man auch nur gar wenig ändert. Denn Einige sagen, die c
Körper wären die *Gräber* der Seele, als sei sie darin begraben
liegend für die gegenwärtige Zeit. Und wiederum weil durch
ihn die Seele alles begreiflich macht, was sie andeuten will,
auch deshalb heißt er mit Recht so gleichsam der Greifer und
Griffel. Am richtigsten jedoch scheinen mir die Orphiker diesen Namen eingeführt zu haben, weil nämlich die Seele, weswegen es nun auch sei, Strafe leide, und deswegen nun diese Befestigung habe, damit sie doch wenigstens erhalten werde wie in einem Gefängnis. Dieses also sei nun für die Seele, bis sie ihre Schuld bezahlt hat, genau was er heißt, so daß man kaum einen Buchstaben zu ändern brauche, der Körper ihr Kerker.

2.3.4. Götternamen

2.3.4.1. Die Namen vieler Götter im einzelnen

HERMOGENES: Das scheint mir gut genug gesagt zu sein, d
Sokrates. Aber könnten wir auch von andern Göttern, wie du
es vorher vom Zeus erklärt hast, auf dieselbe Weise untersuchen, in welcher Beziehung wohl ihre Namen ihnen mit Recht beigelegt sind?

SOKRATES: Ja beim Zeus, Hermogenes, können wir es, wenn wir doch Vernunft haben, auf eine und zwar die schönste Weise, daß wir nämlich von den Göttern nichts wissen, weder von ihnen selbst noch von ihren Namen, wie sie sich unter

καλοῦσι. Δεύτερος δ' αὖ τρόπος ὀρθότητος, ὥσπερ ἐν ταῖς e
εὐχαῖς νόμος ἐστὶν ἡμῖν εὔχεσθαι, οἵτινές τε καὶ ὁπόθεν
χαίρουσιν ὀνομαζόμενοι, ταῦτα καὶ ἡμᾶς αὐτοὺς καλεῖν,
ὡς ἄλλο μηδὲν εἰδότας· καλῶς γὰρ δὴ ἔμοιγε δοκεῖ νενομί- 401 a
σθαι. Εἰ οὖν βούλει, σκοπῶμεν ὥσπερ προειπόντες τοῖς
θεοῖς ὅτι περὶ αὐτῶν οὐδὲν ἡμεῖς σκεψόμεθα — οὐ γὰρ
ἀξιοῦμεν οἷοί τ' ἂν εἶναι σκοπεῖν — ἀλλὰ περὶ τῶν ἀνθρώ-
πων, ἥν τινά ποτε δόξαν ἔχοντες ἐτίθεντο αὐτοῖς τὰ ὀνό-
ματα· τοῦτο γὰρ ἀνεμέσητον.

ΕΡΜ. Ἀλλά μοι δοκεῖς, ὦ Σώκρατες, μετρίως λέγειν,
καὶ οὕτω ποιῶμεν.

ΣΩ. Ἄλλο τι οὖν ἀφ' Ἑστίας ἀρχώμεθα κατὰ τὸν b
νόμον ;

ΕΡΜ. Δίκαιον γοῦν.

ΣΩ. Τί οὖν ἄν τις φαίη διανοούμενον τὸν ὀνομάσαντα
Ἑστίαν ὀνομάσαι ;

ΕΡΜ. Οὐ μὰ τὸν Δία οὐδὲ τοῦτο οἶμαι ῥᾴδιον εἶναι.

ΣΩ. Κινδυνεύουσι γοῦν, ὠγαθὲ Ἑρμόγενες, οἱ πρῶτοι τὰ
ὀνόματα τιθέμενοι οὐ φαῦλοι εἶναι, ἀλλὰ μετεωρολόγοι καὶ
ἀδολέσχαι τινές.

ΕΡΜ. Τί δή ;

ΣΩ. Καταφαίνεταί μοι ἡ θέσις τῶν ὀνομάτων τοιούτων
τινῶν ἀνθρώπων εἶναι, καὶ ἐάν τις τὰ ξενικὰ ὀνόματα c
ἀνασκοπῇ, οὐχ ἧττον ἀνευρίσκεται ὃ ἕκαστον βούλεται.
Οἷον καὶ ἐν τούτῳ ὃ ἡμεῖς « οὐσίαν » καλοῦμεν, εἰσὶν οἳ
« ἐσσίαν » καλοῦσιν, οἳ δ' αὖ « ὠσίαν ». Πρῶτον μὲν οὖν
κατὰ τὸ ἕτερον ὄνομα τούτων ἡ τῶν πραγμάτων οὐσία
« Ἑστία » καλεῖσθαι ἔχει λόγον, καὶ ὅτι γε αὖ ἡμεῖς τὸ
τῆς οὐσίας μετέχον « Ἐστίαν » φαμέν, καὶ κατὰ τοῦτο
ὀρθῶς ἂν καλοῖτο « Ἑστία ». Ἐοίκαμεν γὰρ καὶ ἡμεῖς τὸ
παλαιὸν « ἐσσίαν » καλεῖν τὴν οὐσίαν. Ἔτι δὲ καὶ κατὰ τὰς
θυσίας ἄν τις ἐννοήσας ἡγήσαιτο οὕτω νοεῖν ταῦτα τοὺς d
τιθεμένους· τὸ γὰρ πρὸ πάντων θεῶν τῇ Ἑστίᾳ πρώτῃ

einander nennen. Denn offenbar werden sie selbst sich richtig
benennen. Die nächst dieser am meisten richtige Art aber wäre, e
wie es bei den Gebeten Gebrauch ist, daß, wie und woher sie
selbst begehren genannt zu werden, so auch wir sie nennen,
weil wir nämlich weiter von nichts wissen. Denn das scheint 401a
mir ein sehr guter Gebrauch. Willst du also, so wollen wir den
Göttern dies gleichsam vorher bedeuten, daß wir über sie gar
keine solche Untersuchung anstellen wollen, denn wir bilden
uns gar nicht ein, dies zu können, sondern nur über die Men-
schen, von was für Gedanken sie wohl ausgegangen sind bei
Bestimmung ihrer Namen. Denn dies ist wohl ohne Gefährde?

HERMOGENES: Das ist ja gar bescheiden gesprochen,
Sokrates, und so wollen wir es demnach machen.

SOKRATES: So laß uns denn, wie es Sitte ist, von der Hestia b
anfangen.

HERMOGENES: Ganz recht.

SOKRATES: Was soll man also sagen, daß sich der mag ge-
dacht haben, der die Hestia so genannt hat?

HERMOGENES: Beim Zeus, auch das scheint mir gar nicht
leicht.

SOKRATES: Es mögen wohl, mein guter Hermogenes, die
ersten, welche Namen festgesetzt haben, gar nicht gemeine
Leute gewesen sein, sondern von den Himmelskundigen und
Hochfliegenden welche.

HERMOGENES: Wie so?

SOKRATES: Mir wird es ganz klar, daß die Bestimmung der
Namen von solchen Leuten herrührt; und wenn man die frem- c
den Wortformen mit in Betrachtung zieht, findet man erst
recht was Jeder sagen will. So auch hiebei; das Sein, welches
wir Usia nennen, nennen Einige Esia und Andere wieder Osia.
Zuerst nun nach der einen von diesen Spracharten hat es ja
ganz guten Grund, daß das wahre Sein und Wesen der Dinge
Hestia genannt wird; so auch wenn wir wiederum das was an
diesem Sein Anteil hat Hestia nennen, so wäre auch das in
dieser Beziehung richtig, denn auch wir mögen statt Usia ehe-
dem Esia gesagt haben. Ja auch wenn man bedenkt, wie es bei
den Opfern gehalten wird, muß man glauben, bei Festsetzung d
dieses Namens sei hieran gedacht worden. Denn ganz billig

προθύειν εἰκὸς ἐκείνους οἵτινες τὴν πάντων οὐσίαν « Ἑστίαν » ἐπωνόμασαν. Ὅσοι δ' αὖ « ὠσίαν », σχεδόν τι αὖ οὗτοι καθ' Ἡράκλειτον ἂν ἡγοῖντο τὰ ὄντα ἰέναι τε πάντα καὶ μένειν οὐδέν· τὸ οὖν αἴτιον καὶ τὸ ἀρχηγὸν αὐτῶν εἶναι τὸ ὠθοῦν, ὅθεν δὴ καλῶς ἔχειν αὐτὸ « ὠσίαν » ὠνομάσθαι. Καὶ ταῦτα μὲν δὴ ταύτῃ ὡς παρὰ μηδὲν εἰδότων e
εἰρήσθω· μετὰ δ' Ἑστίαν δίκαιον Ῥέαν καὶ Κρόνον ἐπισκέψασθαι. Καίτοι τό γε τοῦ Κρόνου ὄνομα ἤδη διήλθομεν. Ἴσως μέντοι οὐδὲν λέγω.

ΕΡΜ. Τί δή, ὦ Σώκρατες;

ΣΩ. Ὠγαθέ, ἐννενόηκά τι σμῆνος σοφίας.

ΕΡΜ. Ποῖον δὴ τοῦτο;

ΣΩ. Γελοῖον μὲν πάνυ εἰπεῖν, οἶμαι μέντοι τινὰ πιθα- 402 a
νότητα ἔχον.

ΕΡΜ. Τίνα ταύτην;

ΣΩ. Τὸν Ἡράκλειτόν μοι δοκῶ καθορᾶν παλαί' ἄττα σοφὰ λέγοντα, ἀτεχνῶς τὰ ἐπὶ Κρόνου καὶ Ῥέας, ἃ καὶ Ὅμηρος ἔλεγεν.

ΕΡΜ. Πῶς τοῦτο λέγεις;

ΣΩ. Λέγει που Ἡράκλειτος ὅτι « πάντα χωρεῖ καὶ οὐδὲν μένει », καὶ ποταμοῦ ῥοῇ ἀπεικάζων τὰ ὄντα λέγει ὡς « δὶς ἐς τὸν αὐτὸν ποταμὸν οὐκ ἂν ἐμβαίης ».

ΕΡΜ. Ἔστι ταῦτα.

ΣΩ. Τί οὖν; δοκεῖ σοι ἀλλοιότερον Ἡρακλείτου νοεῖν ὁ b
τιθέμενος τοῖς τῶν ἄλλων θεῶν προγόνοις « Ῥέαν » τε καὶ « Κρόνον »; ἆρα οἴει ἀπὸ τοῦ αὐτομάτου αὐτὸν ἀμφοτέροις ῥευμάτων ὀνόματα θέσθαι; ὥσπερ αὖ Ὅμηρος « Ὠκεανόν τε θεῶν γένεσίν » φησιν « καὶ μητέρα Τηθύν »· οἶμαι δὲ καὶ Ἡσίοδος. Λέγει δέ που καὶ Ὀρφεὺς ὅτι

Ὠκεανὸς πρῶτος καλλίρροος ἦρξε γάμοιο,
ὅς ῥα κασιγνήτην ὁμομήτορα Τηθὺν ὄπυιεν. c

Ταῦτ' οὖν σκόπει ὅτι καὶ ἀλλήλοις συμφωνεῖ καὶ πρὸς τὰ τοῦ Ἡρακλείτου πάντα τείνει.

opfern wohl diejenigen vor allen andern Göttern zuerst der Hestia, welche das Wesen aller Dinge Hestia nannten. Die aber Osia gesagt haben, mögen wohl, sollte man denken, mit dem Herakleitos geglaubt haben, alles Seiende gehe, und es bleibe nichts fest, die Ursach also und das Regierende für Alles sei das stoßende, othun, woher es denn mit Recht Osia genannt wurde. Auch das aber wollen wir nur als Nichtswissende gesagt e
haben. Nach der Hestia nun wenden wir uns billig zur Rhea und dem Kronos. Doch des Kronos Namen haben wir ja schon durchgenommen. – Aber vielleicht ist es Nichts, was ich sagen will.

HERMOGENES: Was doch, Sokrates?

SOKRATES: O Guter, ich erblicke einen ganzen Schwarm von Weisheit.

HERMOGENES: Was doch für einen?

SOKRATES: Lächerlich ist es freilich zu sagen, aber ich glau- 402a
be doch, es hat seine Wahrscheinlichkeit.

HERMOGENES: In welcher Art denn?

SOKRATES: Ich glaube zu sehen, daß Herakleitos gar alte Weisheit vorbringt, offenbar dasselbe von Kronos und Rhea was auch Homeros schon gesagt hat.

HERMOGENES: Wie meinst du das?

SOKRATES: Herakleitos sagt doch, daß Alles davon geht und nichts bleibt, und indem er alles Seiende einem strömenden Flusse vergleicht, sagt er, man könne nicht zweimal in denselbigen Fluß steigen.

HERMOGENES: Ganz richtig.

SOKRATES: Wie nun? dünkt dich der viel anders gedacht zu b
haben als Herakleitos, der aller andern Götter Urahnen Kronos und Rhea genannt hat? oder meinst du, es sei von ohngefähr, daß er beiden ihre Namen von Flüssen gegeben hat? Wie auch Homeros den Okeanos den Vater der Götter nennt, und Tethys die Mutter; und ich glaube auch Hesiodos. Ja auch Orpheus sagt, wo Erst Okeanos selbst der geräuschige schreitet zur Ehe, Der sich mit Tethys von Mutterseit' ihm Schwester c
begattet. Betrachte nur, wie dies Alles unter sich zusammenstimmt, und wie es auch alles auf des Herakleitos Lehre sich bezieht.

ΕΡΜ. Φαίνει τί μοι λέγειν, ὦ Σώκρατες· τὸ μέντοι τῆς
Τηθύος οὐκ ἐννοῶ ὄνομα τί βούλεται.

ΣΩ. Ἀλλὰ μὴν τοῦτό γε ὀλίγου αὐτὸ λέγει ὅτι πηγῆς
ὄνομα ἐπικεκρυμμένον ἐστίν. Τὸ γὰρ διαττώμενον καὶ
τὸ ἠθούμενον πηγῆς ἀπεικασμά ἐστιν· ἐκ δὲ τούτων d
ἀμφοτέρων τῶν ὀνομάτων ἡ « Τηθὺς » τὸ ὄνομα ξύγκειται.

ΕΡΜ. Τοῦτο μέν, ὦ Σώκρατες, κομψόν.

ΣΩ. Τί δ' οὐ μέλλει; Ἀλλὰ τί τὸ μετὰ τοῦτο; τὸν μὲν
Δία εἴπομεν.

ΕΡΜ. Ναί.

ΣΩ. Τοὺς ἀδελφοὺς δὴ αὐτοῦ λέγωμεν, τόν τε Ποσειδῶ
καὶ τὸν Πλούτωνα καὶ τὸ ἕτερον ὄνομα ὃ ὀνομάζουσιν
αὐτόν.

ΕΡΜ. Πάνυ γε.

ΣΩ. Τὸ μὲν τοίνυν τοῦ Ποσειδῶνός μοι φαίνεται ὠνό-
μάσθαι, τοῦ πρώτου ὀνομάσαντος, ὅτι αὐτὸν βαδίζοντα e
ἐπέσχεν ἡ τῆς θαλάττης φύσις καὶ οὐκέτι εἴασεν προελθεῖν,
ἀλλ' ὥσπερ δεσμὸς τῶν ποδῶν αὐτῷ ἐγένετο. Τὸν οὖν
ἄρχοντα τῆς δυνάμεως ταύτης θεὸν ὠνόμασεν « Ποσει-
δῶνα », ὡς « ποσίδεσμον » ὄντα· τὸ δὲ ε ἔγκειται ἴσως
εὐπρεπείας ἕνεκα. Τάχα δὲ οὐκ ἂν τοῦτο λέγοι, ἀλλ' ἀντὶ
τοῦ σῖγμα δύο λάβδα τὸ πρῶτον ἐλέγετο, ὡς πολλὰ εἰδότος 403 a
τοῦ θεοῦ. Ἴσως δὲ ἀπὸ τοῦ σείειν « ὁ σείων » ὠνόμασται·
πρόσκειται δὲ τὸ πεῖ καὶ τὸ δέλτα. Τὸ δὲ Πλούτωνος,
τοῦτο μὲν κατὰ τὴν τοῦ πλούτου δόσιν, ὅτι ἐκ τῆς γῆς
κάτωθεν ἀνίεται ὁ πλοῦτος, ἐπωνομάσθη· ὁ δὲ « Ἅιδης »,
οἱ πολλοὶ μέν μοι δοκοῦσιν ὑπολαμβάνειν τὸ ἀειδὲς προσει-
ρῆσθαι τῷ ὀνόματι τούτῳ, καὶ φοβούμενοι τὸ ὄνομα « Πλού-
τωνα » καλοῦσιν αὐτόν.

ΕΡΜ. Σοὶ δὲ πῶς φαίνεται, ὦ Σώκρατες; b

ΣΩ. Πολλαχῇ ἔμοιγε δοκοῦσιν ἄνθρωποι διημαρτηκέναι
περὶ τούτου τοῦ θεοῦ τῆς δυνάμεως καὶ φοβεῖσθαι αὐτὸν
οὐκ ἄξιον. Ὅτι τε γάρ, ἐπειδὰν ἅπαξ τις ἡμῶν ἀποθάνῃ,

HERMOGENES: Daran scheint wohl etwas zu sein, Sokrates, nur sehe ich noch nicht, was der Namen der Tethys will.

SOKRATES: Das erklärt sich ja von selbst, daß es nur etwas versteckt der Namen einer Quelle ist. Denn das sickernde, tan-
zende und sinternde, diattomenon und athumenon, ist das Bild d
einer Quelle; und aus diesen beiden Worten ist der Namen Tethys zusammengesetzt.

HERMOGENES: Das war gar herrlich, Sokrates.

SOKRATES: Was wollte es nicht! Aber wie weiter? Den Zeus haben wir schon gehabt?

HERMOGENES: Ja.

SOKRATES: Wollen wir also seine Brüder erklären, den Poseidon, und Pluton, nebst dem andern Namen, den man diesem beilegt?

HERMOGENES: Das wollen wir.

SOKRATES: Poseidon nun mag wohl deswegen so benannt
worden sein von dem, der ihn zuerst so nannte, weil ihn im e
Gehen die Gewalt des Meeres aufhielt und ihn nicht weiter schreiten ließ, sondern ihm gleichsam eine Fessel wurde für seine Füße. Daher nannte er den diese Gewalt beherrschenden Gott Poseidon, weil er ein Posidesmos war, und das i ist vielleicht nur der Schicklichkeit wegen zum ei verlängert. Vielleicht aber wollte er auch das nicht sagen, sondern es waren
anstatt des s zwei l, weil nämlich der Gott ein Polla eidos ist, 403a
vieles weiß. Vielleicht heißt er aber auch der Erschütternde, ho seion, und das p und d sind nur hineingesetzt. Pluton aber ist offenbar in Beziehung auf die Gabe des Reichtums, Plutos, so genannt worden, weil nämlich der Reichtum von unten aus der Erde kommt. Durch den Namen Hades aber glauben, dünkt mich, die meisten Menschen sei eigentlich sein unscheinbares und sein Dunkel, Aeides bezeichnet, darum scheuen sie auch diesen Namen und nennen ihn lieber Pluton.

HERMOGENES: Was meinst aber du davon, Sokrates? b

SOKRATES: Mir scheinen auf gar vielerlei Art die Menschen das eigentliche Wesen dieses Gottes zu verkennen, und ihn zu fürchten ohne seine Schuld. Denn daß, wer von uns einmal gestorben ist, immer dort bleibt, davor fürchten sie sich, und auch daß die Seele vom Leibe entblößt dorthin zu ihm geht,

ἀεὶ ἐκεῖ ἐστιν, φοβοῦνται, καὶ ὅτι ἡ ψυχὴ γυμνὴ τοῦ σώματος παρ' ἐκεῖνον ἀπέρχεται, καὶ τοῦτο πεφόβηνται· τὰ δ' ἐμοὶ δοκεῖ πάντα ἐς ταὐτόν τι συντείνειν, καὶ ἡ ἀρχὴ τοῦ θεοῦ καὶ τὸ ὄνομα.

ΕΡΜ. Πῶς δή ;

ΣΩ. Ἐγώ σοι ἐρῶ ἅ γέ μοι φαίνεται. Εἰπὲ γάρ μοι, c
δεσμὸς ζῴῳ ὁτῳοῦν ὥστε μένειν ὁπουοῦν, πότερος ἰσχυρότερός ἐστιν, ἀνάγκη ἢ ἐπιθυμία ;

ΕΡΜ. Πολὺ διαφέρει, ὦ Σώκρατες, ἡ ἐπιθυμία.

ΣΩ. Οἴει οὖν τὸν Ἅιδην οὐκ ἂν πολλοὺς ἐκφεύγειν, εἰ μὴ τῷ ἰσχυροτάτῳ δεσμῷ ἔδει τοὺς ἐκεῖσε ἰόντας ;

ΕΡΜ. Δῆλα δή.

ΣΩ. Ἐπιθυμίᾳ ἄρα τινὶ αὐτούς, ὡς ἔοικε, δεῖ, εἴπερ τῷ μεγίστῳ δεσμῷ δεῖ, καὶ οὐκ ἀνάγκῃ.

ΕΡΜ. Φαίνεται.

ΣΩ. Οὐκοῦν ἐπιθυμίαι αὖ πολλαί εἰσιν ;

ΕΡΜ. Ναί.

ΣΩ. Τῇ μεγίστῃ ἄρα ἐπιθυμίᾳ τῶν ἐπιθυμιῶν δεῖ αὐτούς, d
εἴπερ μέλλει τῷ μεγίστῳ δεσμῷ κατέχειν.

ΕΡΜ. Ναί.

ΣΩ. Ἔστιν οὖν τις μείζων ἐπιθυμία ἢ ὅταν τίς τῳ συνὼν οἴηται δι' ἐκεῖνον ἔσεσθαι ἀμείνων ἀνήρ ;

ΕΡΜ. Μὰ Δι' οὐδ' ὁπωστιοῦν, ὦ Σώκρατες.

ΣΩ. Διὰ ταῦτα ἄρα φῶμεν, ὦ Ἑρμόγενες, οὐδένα δεῦρο ἐθελῆσαι ἀπελθεῖν τῶν ἐκεῖθεν, οὐδὲ αὐτὰς τὰς Σειρῆνας, ἀλλὰ κατακεκηλῆσθαι ἐκείνας τε καὶ τοὺς ἄλλους πάντας· e
οὕτω καλούς τινας, ὡς ἔοικεν, ἐπίσταται λόγους λέγειν ὁ Ἅιδης, καὶ ἔστιν, ὥς γ' ἐκ τοῦ λόγου τούτου, ὁ θεὸς οὗτος τέλεος σοφιστής τε καὶ μέγας εὐεργέτης τῶν παρ' αὐτῷ, ὅς γε καὶ τοῖς ἐνθάδε τοσαῦτα ἀγαθὰ ἀνίησιν· οὕτω πολλὰ αὐτῷ τὰ περιόντα ἐκεῖ ἐστιν, καὶ τὸν « Πλούτωνα » ἀπὸ τούτου ἔσχε τὸ ὄνομα. Καὶ τὸ αὖ μὴ ἐθέλειν συνεῖναι τοῖς ἀνθρώποις ἔχουσι τὰ σώματα, ἀλλὰ τότε συγγίγνεσθαι,

auch das schreckt sie; mir aber scheint, dies Alles auf eins und dasselbe hinzuzielen, sowohl die Macht des Gottes als sein Namen.

HERMOGENES: Wie doch?

SOKRATES: Ich will dir sagen wie ich es mir denke. Sage mir c
nur, welches von beiden ist wohl für jedes Lebende, wenn es irgendwo bleiben soll, das stärkere Band, der Zwang oder das Verlangen.

HERMOGENES: Bei weitem stärker, Sokrates, ist das Verlangen.

SOKRATES: Meinst du nun nicht, daß dem Hades Viele entfliehen würden, wenn er nicht die dort hingegangenen mit den stärksten Banden bände?

HERMOGENES: Offenbar.

SOKRATES: Also wie es scheint bindet er sie mit irgend einem Verlangen, wenn er sie mit dem stärksten Bande bindet, nicht durch Zwang.

HERMOGENES: Das leuchtet ein.

SOKRATES: Gibt es aber nicht auch vielerlei Verlangen?

HERMOGENES: Ja.

SOKRATES: Mit dem mächtigsten Verlangen also unter al- d
len bindet er sie, wenn er sie durch das stärkste Band festhalten soll?

HERMOGENES: Ja.

SOKRATES: Gibt es nun wohl ein stärkeres Verlangen, als wenn Jemand glaubt, durch den Umgang mit einem ein besserer Mann zu werden.

HERMOGENES: Ein stärkeres auf keine Weise, Sokrates.

SOKRATES: Deshalb also, das wollen wir sagen, hat keiner Lust von dort hieher zurück zu kehren, selbst die Sirenen
nicht, sondern diese sind eben so gut bezaubert wie alle ande- e
ren, so vortreffliche Reden, scheint es, weiß Hades ihnen zu halten, und so wäre, wenigstens wie hieraus folgen würde, dieser Gott ein vollendeter Sophist und ein großer Wohltäter derer die bei ihm sind; wie er denn auch denen die noch hier leben so großes Gut herauf schickt; so viel Überfluß hat er dort und eben davon führt er auch den Namen Pluton. Ferner daß er nicht mit Menschen verkehren will, die noch ihre Leiber

ἐπειδὰν ἡ ψυχὴ καθαρὰ ᾖ πάντων τῶν περὶ τὸ σῶμα κακῶν 404 a
καὶ ἐπιθυμιῶν, οὐ φιλοσόφου δοκεῖ σοι εἶναι καὶ εὖ ἐντεθυμημένου ὅτι οὕτω μὲν ἂν κατέχοι αὐτοὺς δήσας τῇ περὶ ἀρετὴν ἐπιθυμίᾳ, ἔχοντας δὲ τὴν τοῦ σώματος πτοίησιν καὶ μανίαν οὐδ' ἂν ὁ Κρόνος δύναιτο ὁ πατὴρ συγκατέχειν αὐτῷ ἐν τοῖς δεσμοῖς δήσας τοῖς αὐτοῦ λεγομένοις ;

ΕΡΜ. Κινδυνεύεις τι λέγειν, ὦ Σώκρατες.

ΣΩ. Καὶ τό γε ὄνομα ὁ « Ἅιδης », ὦ Ἑρμόγενες, b
πολλοῦ δεῖ ἀπὸ τοῦ ἀειδοῦς ἐπωνομάσθαι, ἀλλὰ πολὺ μᾶλλον ἀπὸ τοῦ πάντα τὰ καλὰ *εἰδέναι*, ἀπὸ τούτου ὑπὸ τοῦ νομοθέτου « Ἅιδης » ἐκλήθη.

ΕΡΜ. Εἶεν· τί δὲ Δήμητρά τε καὶ Ἥραν καὶ Ἀπόλλω καὶ Ἀθηνᾶν καὶ Ἥφαιστον καὶ Ἄρη καὶ τοὺς ἄλλους θεούς, πῶς λέγομεν ;

ΣΩ. Δημήτηρ μὲν φαίνεται κατὰ τὴν δόσιν τῆς ἐδωδῆς *διδοῦσα* ὡς *μήτηρ* « Δημήτηρ » κεκλῆσθαι, Ἥρα δὲ ἐρατή τις, ὥσπερ οὖν καὶ λέγεται ὁ Ζεὺς αὐτῆς ἐρασθεὶς c
ἔχειν. Ἴσως δὲ μετεωρολογῶν ὁ νομοθέτης τὸν *ἀέρα* « Ἥραν » ὠνόμασεν ἐπικρυπτόμενος, θεὶς τὴν ἀρχὴν ἐπὶ τελευτήν· γνοίης δ' ἄν, εἰ πολλάκις λέγοις τὸ τῆς Ἥρας ὄνομα. « Φερρέφαττα » δέ, πολλοὶ μὲν καὶ τοῦτο φοβοῦνται τὸ ὄνομα καὶ τὸν « Ἀπόλλω », ὑπὸ ἀπειρίας, ὡς ἔοικεν, ὀνομάτων ὀρθότητος. Καὶ γὰρ μεταβάλλοντες σκοποῦνται τὴν « Φερσεφόνην », καὶ δεινὸν αὐτοῖς φαίνεται· τὸ δὲ μηνύει σοφὴν εἶναι τὴν θεόν. Ἅτε γὰρ φερομένων τῶν d
πραγμάτων τὸ ἐφαπτόμενον καὶ ἐπαφῶν καὶ δυνάμενον ἐπακολουθεῖν σοφία ἂν εἴη. « Φερέπαφα » οὖν διὰ τὴν σοφίαν καὶ τὴν *ἐπαφὴν* τοῦ *φερομένου* ἡ θεὸς ἂν ὀρθῶς καλοῖτο, ἢ τοιοῦτόν τι — δι' ὅπερ καὶ σύνεστιν αὐτῇ ὁ Ἅιδης σοφὸς ὤν, διότι τοιαύτη ἐστίν — νῦν δὲ αὐτῆς ἐκκλίνουσι τὸ ὄνομα, εὐστομίαν περὶ πλείονος ποιούμενοι τῆς ἀληθείας, ὥστε « Φερρέφατταν » αὐτὴν καλεῖν. Ταὐτὸν δὲ καὶ περὶ

haben, sondern erst dann mit ihnen umgeht, wenn die Seele
rein ist von allen dem Leibe anhängenden Übeln und Begier- 404a
den, dünkt dich das nicht recht eines Philosophen würdig, der
sich wohl überlegt, daß er sie in diesem Zustande wohl, gebunden mit dem Verlangen nach der Tugend, festhalten könnte, so lange sie aber mit den Trieben und der Wut des Leibes behaftet sind, nicht einmal sein Vater Kronos sie bei sich festhalten könnte, wenn er sie auf die Art bande die wir seine Bande nennen?

HERMOGENES: Darin magst du wohl Recht haben, Sokrates.

SOKRATES: Und weit gefehlt, daß der Namen Hades von b
dem Dunkel, Aeides, sollte hergenommen sein, ist der Gott vielmehr deshalb, weil er alles Schöne weiß, von dem Namengeber statt Eidos Hades genannt worden.

HERMOGENES: Gut. Aber die Demeter und Hera, den Apollon und die Athene, den Hephaistos und Ares und die übrigen Götter, wie erklären wir die?

SOKRATES: Die Demeter scheint mir von dem Verleihen der Nahrung, weil sie diese als Mutter gibt, didusa meter, Demeter genannt zu sein. Die Hera aber als eine liebenswürdige,
erate, wie auch vom Zeus gesagt wird, daß er immer verliebt in c
sie bleibe. Vielleicht aber hat auch als ein Himmelskundiger der Namengeber die Luft, Aër, Hera genannt, halb versteckt, indem er den Anfang als Ende setzte, und wenn du den Namen Hera oft hinter einander aussprichst, mußt du merken, daß er so herauskommt. Den Namen der Pherrhephatta, den fürchten ebenfalls Viele, auch den Apollon, offenbar aus Unkenntnis der richtigen Beziehung der Namen. Denn weil sie ihn verändern und so die Phersephone betrachten, kommt er ihnen schrecklich
vor. Er bedeutet aber nichts, als daß die Göttin weise ist. d
Denn wenn alle Dinge sich bewegen, so ist doch, was sie berührt und betastet und ihnen zu folgen vermag, Weisheit. Wegen ihrer Weisheit also, mit der sie das bewegliche ergreift, wegen der Epaphe des pheromenon, hieße die Göttin mit Recht Pherepapha oder so ohngefähr, und darum lebt auch der weise Hades mit ihr, weil sie eine solche ist. Nun aber verdrehen sie ihren Namen, weil sie den Wohlklang höher achten als

τὸν Ἀπόλλω, ὅπερ λέγω, πολλοὶ πεφόβηνται περὶ τὸ ὄνομα e
τοῦ θεοῦ, ὥς τι δεινὸν μηνύοντος· ἢ οὐκ ᾔσθησαι;

ΕΡΜ. Πάνυ μὲν οὖν, καὶ ἀληθῆ λέγεις.

ΣΩ. Τὸ δέ γ' ἐστίν, ὡς ἐμοὶ δοκεῖ, κάλλιστα κείμενον
πρὸς τὴν δύναμιν τοῦ θεοῦ.

ΕΡΜ. Πῶς δή;

ΣΩ. Ἐγὼ πειράσομαι φράσαι ὅ γέ μοι φαίνεται· οὐ γὰρ
ἔστιν ὅτι ἂν μᾶλλον ὄνομα ἥρμοσεν ἓν ὂν τέτταρσι δυνάμεσι 405 a
ταῖς τοῦ θεοῦ, ὥστε πασῶν ἐφάπτεσθαι καὶ δηλοῦν τρόπον
τινὰ μουσικήν τε καὶ μαντικὴν καὶ ἰατρικὴν καὶ τοξικήν.

ΕΡΜ. Λέγε δή· ἄτοπον γάρ τί μοι λέγεις τὸ ὄνομα
εἶναι.

ΣΩ. Εὐάρμοστον μὲν οὖν, ἅτε μουσικοῦ ὄντος τοῦ θεοῦ.
Πρῶτον μὲν γὰρ ἡ κάθαρσις καὶ οἱ καθαρμοὶ καὶ κατὰ τὴν
ἰατρικὴν καὶ κατὰ τὴν μαντικὴν καὶ αἱ τοῖς ἰατρικοῖς
φαρμάκοις καὶ αἱ τοῖς μαντικοῖς περιθειώσεις τε καὶ τὰ b
λουτρὰ τὰ ἐν τοῖς τοιούτοις καὶ αἱ περιρράνσεις, πάντα
ἕν τι ταῦτα δύναιτ' ἄν, καθαρὸν παρέχειν τὸν ἄνθρωπον
καὶ κατὰ τὸ σῶμα καὶ κατὰ τὴν ψυχήν· ἢ οὔ;

ΕΡΜ. Πάνυ μὲν οὖν.

ΣΩ. Οὐκοῦν ὁ καθαίρων θεὸς καὶ ὁ ἀπολούων τε καὶ
ἀπολύων τῶν τοιούτων κακῶν οὗτος ἂν εἴη;

ΕΡΜ. Πάνυ μὲν οὖν.

ΣΩ. Κατὰ μὲν τοίνυν τὰς ἀπολύσεις τε καὶ ἀπολούσεις,
ὡς ἰατρὸς ὢν τῶν τοιούτων, « Ἀπολούων » ἂν ὀρθῶς c
καλοῖτο· κατὰ δὲ τὴν μαντικὴν καὶ τὸ ἀληθές τε καὶ τὸ
ἁπλοῦν — ταὐτὸν γάρ ἐστιν — ὥσπερ οὖν οἱ Θετταλοὶ
καλοῦσιν αὐτόν, ὀρθότατ' ἂν καλοῖτο· « Ἅπλουν » γάρ φασι
πάντες Θετταλοὶ τοῦτον τὸν θεόν. Διὰ δὲ τὸ ἀεὶ βολῶν
ἐγκρατὴς εἶναι τοξικῇ « ἀεὶ βάλλων » ἐστίν. Κατὰ δὲ
τὴν μουσικὴν δεῖ ὑπολαβεῖν ὥσπερ τὸν ἀκόλουθόν τε καὶ
τὴν ἄκοιτιν ὅτι τὸ ἄλφα σημαίνει πολλαχοῦ τὸ ὁμοῦ, καὶ
ἐνταῦθα τὴν ὁμοῦ πόλησιν καὶ περὶ τὸν οὐρανόν, οὓς δὴ

die Wahrheit, so daß sie sie Pherrhephatta nennen. Eben so ist
es mit dem Apollon wie ich sage; Viele sind bange vor dem e
Namen des Gottes, als deute er auf etwas furchtbares. Oder
hast du das nie bemerkt?

HERMOGENES: Allerdings, und du hast sehr recht.

SOKRATES: Mir aber scheint er ganz herrlich sich zu schicken für die Eigenschaft des Gottes.

HERMOGENES: Wie so?

SOKRATES: Ich will versuchen dir zu erklären was ich mei-
ne. Unmöglich nämlich könnte sich ein einziger Namen besser 405a
schicken zu den vier Eigenschaften des Gottes, so daß er auf
alle anspielte, und gewissermaßen die Tonkunst und das Weissagen und die Heilkunst und die Kunst des Schützen bezeichnete.

HERMOGENES: Sprich nur: Denn gar wunderbar kündigest du den Namen an.

SOKRATES: Sehr wohl gesetzt ist er, wie es dem Gotte der
Tonkunst geziemt. Zuerst nämlich das Waschen und die Reini-
gungen in der Heilkunst sowohl als beim Wahrsagen und, es
sei nun mit Arzeneien oder Zaubermitteln, alle Räucherungen b
und Bäder und Besprengungen, welche dabei vorgehen, diese
haben alle einen und denselben Zweck, nämlich den Menschen
rein darzustellen an Leib und Seele. Oder nicht?

HERMOGENES: Allerdings.

SOKRATES: Der reinigende und abwaschende Gott und der erlösende von solchen Übeln also wäre dieser?

HERMOGENES: Allerdings.

SOKRATES: Also in Beziehung auf die Abwaschungen und
Erlösungen von solchen Übeln könnte er als Arzt mit Recht c
Apolyon heißen. Aber wegen des Weissagens und des wahren
und einfältigen, haplun, darin, denn das ist einerlei, würde er
mit Recht so heißen wie ihn die Thessalier nennen; in ganz
Thessalien nämlich nennt man diesen Gott Aplos. Weil er ferner als Schütze immer seines Zieles gewiß ist, deswegen heißt
er der stets treffende, Aei ballon. Der Tonkunst wegen endlich
muß man annehmen, daß, wie in Akoluthos und Akoitis auch
sonst oftmals das A soviel bedeutet als zugleich, und dadurch
sein Mitgehn, homa Polesis, angedeutet worden, teils das um

« πόλους » καλοῦσιν, καὶ περὶ τὴν ἐν τῇ ᾠδῇ ἁρμονίαν, d
ἣ δὴ συμφωνία καλεῖται, ὅτι ταῦτα πάντα, ὥς φασιν οἱ
κομψοὶ περὶ μουσικὴν καὶ ἀστρονομίαν, ἁρμονίᾳ τινὶ
πολεῖται ἅμα πάντα· ἐπιστατεῖ δὲ οὗτος ὁ θεὸς τῇ
ἁρμονίᾳ ὁμοπολῶν αὐτὰ πάντα καὶ κατὰ θεοὺς καὶ κατ'
ἀνθρώπους· ὥσπερ οὖν τὸν ὁμοκέλευθον καὶ ὁμόκοιτιν
« ἀκόλουθον » καὶ « ἄκοιτιν » ἐκαλέσαμεν, μεταβαλόντες
ἀντὶ τοῦ « ὁμο- » « ἀ- », οὕτω καὶ « Ἀπόλλωνα » ἐκαλέσα-
μεν ὃς ἦν « Ὁμοπολῶν », ἕτερον λάβδα ἐμβαλόντες, ὅτι e
ὁμώνυμον ἐγίγνετο τῷ χαλεπῷ ὀνόματι. Ὅπερ καὶ νῦν
ὑποπτεύοντές τινες διὰ τὸ μὴ ὀρθῶς σκοπεῖσθαι τὴν δύνα-
μιν τοῦ ὀνόματος φοβοῦνται αὐτὸ ὡς σημαῖνον φθοράν τινα·
τὸ δέ, ὥσπερ ἄρτι ἐλέγετο, πασῶν ἐφαπτόμενον κεῖται 406 a
τῶν τοῦ θεοῦ δυνάμεων, ἁπλοῦ, ἀεὶ βάλλοντος, ἀπο-
λούοντος, ὁμοπολοῦντος. Τὰς δὲ « Μούσας » τε καὶ
ὅλως τὴν μουσικὴν ἀπὸ τοῦ μῶσθαι, ὡς ἔοικεν, καὶ τῆς
ζητήσεώς τε καὶ φιλοσοφίας τὸ ὄνομα τοῦτο ἐπωνόμασεν.
Λητὼ δὲ ἀπὸ τῆς πρᾳότητος τῆς θεοῦ, κατὰ τὸ ἐθελήμονα
εἶναι ὧν ἄν τις δέηται. Ἴσως δὲ ὡς οἱ ξένοι καλοῦσιν·
πολλοὶ γὰρ « Ληθὼ » καλοῦσιν· ἔοικεν οὖν πρὸς τὸ μὴ
τραχὺ τοῦ ἤθους, ἀλλ' ἥμερόν τε καὶ λεῖον « Ληθὼ »
κεκλῆσθαι ὑπὸ τῶν τοῦτο καλούντων. « Ἄρτεμις » δὲ τὸ b
ἀρτεμὲς φαίνεται καὶ τὸ κόσμιον, διὰ τὴν τῆς παρθενίας
ἐπιθυμίαν· ἴσως δὲ ἀρετῆς ἵστορα τὴν θεὸν ἐκάλεσεν ὁ
καλέσας, τάχα δ' ἂν καὶ ὡς τὸν ἄροτον μισησάσης τὸν
ἀνδρὸς ἐν γυναικί· ἢ διὰ τούτων τι ἢ διὰ πάντα ταῦτα τὸ
ὄνομα τοῦτο ὁ τιθέμενος ἔθετο τῇ θεῷ.

ΕΡΜ. Τί δὲ ὁ « Διόνυσός » τε καὶ ἡ « Ἀφροδίτη » ;

ΣΩ. Μεγάλα, ὦ παῖ Ἱππονίκου, ἐρωτᾷς. Ἀλλὰ ἔστι
γὰρ καὶ σπουδαίως εἰρημένος ὁ τρόπος τῶν ὀνομάτων τού-
τοις τοῖς θεοῖς καὶ παιδικῶς. Τὸν μὲν οὖν σπουδαῖον c

den Himmel, die Pole, teils auch in jener Zusammenstimmung d
beim Gesange welche man Harmonie nennt, wie denn auch die,
welche sich auf Tonkunst und Sternkunde verstehen wollen,
behaupten, daß auch jenes alles zusammen in einer gewissen
Harmonie gehe. Der Harmonie nun steht dieser Gott vor, und
führet so dies alles mit einander bei Göttern und Menschen.
Wie wir nun einen Beigänger homokeleuthos und eine
Beischläferin homokoitis durch Zusammenziehung des homo
in a Akoluthos nennen und Akoitis, so nennen wir auch jetzt
den Gott, der ein Begleiter, Homopolon, ist, Apollon, indem e
wir noch ein l hineinsetzen, weil er sonst gleichnamig würde
mit dem harten Worte, welches auch jetzt noch Einige darin zu
sehen glauben, und darüber die eigentliche Bedeutung des Na-
mens unrichtig auffassen, so daß sie ihn fürchten, als bedeute er
irgend ein Verderben, da er vielmehr, wie eben gezeigt ist, auf 406a
alle Eigenschaften des Gottes zugleich anspielt, auf seine
Wahrhaftigkeit, seine Sicherheit im Treffen, sein erlösendes
Abwaschen und seine ordnende Umherführung, und also in
sich enthält den haplos, aei ballon, apoluon und homopolon. –
Die Musen aber und überhaupt die Musik hat er wohl offenbar
vom Nachsinnen (Mosthai) also von der Liebe zum Nachfor-
schen und zur Weisheit so genannt. – Die Leto ferner von der
Gutmütigkeit der Göttin, und weil sie sich willig beweiset,
wenn einer etwas bedarf. Vielleicht ist es auch wie die Auslän-
der sprechen, deren viele Letho sagen, und dann schiene sie
von denen die sie so nennen, weil sie keine rauhe Gemütsart
hat, sondern eine sanfte und zarte, leion ethos, deshalb Letho b
genannt zu sein. Artemis aber bedeutet das unverletzte und
züchtige, artemes, wegen ihrer Liebe zur Jungfräulichkeit.
Vielleicht wollte auch der Benennende sie eine Kennerin der
Tugend (Aretes histor) nennen. Vielleicht auch weil sie die Bei-
wohnung des Mannes haßt (aroton misusa), aus einer von die-
sen oder aus allen diesen Ursachen hat die Göttin ihren Namen
bekommen.

HERMOGENES: Wie aber Dionysos und Aphrodite?

SOKRATES: Da fragst du schwere Dinge, Sohn des Hippo-
nikos! Doch es gibt ja sowohl eine ernsthafte als eine scherz-
hafte Art, die Namen dieser Götter auszulegen. Nach der ernst- c

ἄλλους τινὰς ἐρώτα, τὸν δὲ παιδικὸν οὐδὲν κωλύει διελθεῖν· φιλοπαίσμονες γὰρ καὶ οἱ θεοί. Ὅ τε γὰρ Διόνυσος εἴη ἂν ὁ διδοὺς τὸν οἶνον « Διδοίνυσος » ἐν παιδιᾷ καλούμενος, οἶνος δ', ὅτι οἴεσθαι νοῦν ἔχειν ποιεῖ τῶν πινόντων τοὺς πολλοὺς οὐκ ἔχοντας, « οἰόνους » δικαιότατ' ἂν καλούμενος. Περὶ δὲ Ἀφροδίτης οὐκ ἄξιον Ἡσιόδῳ ἀντιλέγειν, ἀλλὰ ξυγχωρεῖν ὅτι διὰ τὴν ⟨ἐκ⟩ τοῦ ἀφροῦ γένεσιν « Ἀφρο- d
δίτη » ἐκλήθη.

ΕΡΜ. Ἀλλὰ μὴν οὐδ' Ἀθηνᾶς Ἀθηναῖός γ' ὤν, ὦ Σώκρατες, ἐπιλήσει, οὐδ' Ἡφαίστου τε καὶ Ἄρεως.

ΣΩ. Οὐδὲ εἰκός γε.

ΕΡΜ. Οὐ γάρ.

ΣΩ. Οὐκοῦν τὸ μὲν ἕτερον ὄνομα αὐτῆς οὐ χαλεπὸν εἰπεῖν δι' ὃ κεῖται.

ΕΡΜ. Τὸ ποῖον ;

ΣΩ. « Παλλάδα » που αὐτὴν καλοῦμεν.

ΕΡΜ. Πῶς γὰρ οὔ ;

ΣΩ. Τοῦτο μὲν τοίνυν ἀπὸ τῆς ἐν τοῖς ὅπλοις ὀρχήσεως
ἡγούμενοι τεθῆναι ὀρθῶς ἄν, ὡς ἐγῷμαι, ἡγοίμεθα· τὸ γάρ e
που ἢ αὑτὸν ἢ τι ἄλλο μετεωρίζειν ἢ ἀπὸ τῆς γῆς ἢ ἐν
ταῖς χερσὶν « πάλλειν » τε καὶ « πάλλεσθαι » καὶ ὀρχεῖν 407 a
καὶ ὀρχεῖσθαι καλοῦμεν.

ΕΡΜ. Πάνυ μὲν οὖν.

ΣΩ. « Παλλάδα » μὲν τοίνυν ταύτῃ.

ΕΡΜ. Καὶ ὀρθῶς γε. Ἀλλὰ δὴ τὸ ἕτερον πῶς λέγεις ;

ΣΩ. Τὸ τῆς Ἀθηνᾶς ;

ΕΡΜ. Ναί.

ΣΩ. Τοῦτο ἐμβριθέστερον, ὦ φίλε. Ἐοίκασι δὴ καὶ οἱ παλαιοὶ τὴν Ἀθηνᾶν νομίζειν ὥσπερ οἱ νῦν περὶ Ὅμηρον
δεινοί. Καὶ γὰρ τούτων οἱ πολλοὶ ἐξηγούμενοι τὸν ποιητὴν b
φασι τὴν Ἀθηνᾶν αὐτὸν νοῦν τε καὶ διάνοιαν πεποιηκέναι, καὶ ὁ τὰ ὀνόματα ποιῶν ἔοικε τοιοῦτόν τι περὶ αὐτῆς διανοεῖσθαι, ἔτι δὲ μειζόνως λέγων θεοῦ νόησιν ὡσπερεὶ λέγει

haften frage bei gewissen Andern; die scherzhafte aber hindert
uns nichts durchzugehn, denn diese Götter selbst lieben den
Scherz. Dionysos nun könnte als der Geber des Weines didus
oinon Didoinysos im Scherze genannt worden sein; und der
Wein selbst, weil er vielen Trinkenden die Meinung erregt Ver-
stand zu haben, obschon sie ihn nicht haben, wird gewiß mit
vollem Recht Oionus genannt. Wegen der Aphrodite ist nicht
Not dem Hesiodos zu widersprechen, sondern man kann ihm
zugeben, sie sei wegen ihrer Entstehung aus dem Schaume des d
Meeres aphros so genannt worden.

HERMOGENES: Aber Sokrates, du wirst doch nicht als
Athener die Athene vergessen, oder den Hephästos und Ares?

SOKRATES: Das wäre wohl auch nicht recht.

HERMOGENES: Freilich nicht.

SOKRATES: Der eine von ihren Namen ist wohl gar nicht
schwer zu erklären, woher er rührt.

HERMOGENES: Was für einer?

SOKRATES: Wir nennen sie doch Pallas?

HERMOGENES: Freilich.

SOKRATES: Wenn wir nun glaubten, dieser sei ihr beigelegt
wegen des Waffentanzes, so würden wir, denke ich, ganz recht e
glauben. Denn sich selbst oder etwas anderes von der Erde in
die Höhe heben, oder in den Händen so halten, das nennen wir 407a
doch schweben und schwingen, pallein?

HERMOGENES: Allerdings.

SOKRATES: Also Pallas in sofern.

HERMOGENES: Und ganz richtig. Aber den andern Na-
men, wie erklärst du den?

SOKRATES: Athene meinst du?

HERMOGENES: Ja.

SOKRATES: Das ist schon schwieriger, Freund. Es scheinen
aber die Alten von der Athene eben das gehalten zu haben, was
noch jetzt die, welche sich auf den Homeros verstehen. Denn
die mehresten von diesen sagen auch bei ihren Auslegungen b
des Dichters, er habe durch die Athene Verstand und Einsicht
vorgestellt, und eben dergleichen etwas scheint auch, wer die
Namen bestimmt, von ihr gedacht zu haben, nur drückte er es
noch stärker aus, indem er sie gleichsam Gottes Vernunft,

ὅτι « ἁ θεονόα » ἐστὶν αὕτη, τῷ ἄλφα ξενικῶς ἀντὶ τοῦ ἦτα χρησάμενος καὶ τὸ ἰῶτα καὶ τὸ σῖγμα ἀφελών. Ἴσως δὲ οὐδὲ ταύτῃ, ἀλλ' ὡς τὰ θεῖα νοούσης αὐτῆς διαφερόντως τῶν ἄλλων « Θεονόην » ἐκάλεσεν. Οὐδὲν δὲ ἀπέχει καὶ τὴν ἐν τῷ ἤθει νόησιν ὡς οὖσαν τὴν θεὸν ταύτην « Ἠθονόην » μὲν βούλεσθαι προσειπεῖν· παραγαγὼν δὲ ἢ αὐτὸς ἤ τινες c ὕστερον ἐπὶ τὸ κάλλιον, ὡς ᾤοντο, « Ἀθηνάαν » ἐκάλεσαν.

ΕΡΜ. Τί δὲ δὴ τὸν Ἥφαιστον, πῇ λέγεις ;

ΣΩ. Ἦ τὸν γενναῖον τὸν « φάεος ἵστορα » ἐρωτᾷς ;

ΕΡΜ. Ἔοικα.

ΣΩ. Οὐκοῦν οὗτος μὲν παντὶ δῆλος « Φαῖστος » ὤν, τὸ ἦτα προσελκυσάμενος ;

ΕΡΜ. Κινδυνεύει, ἐὰν μή πῄ σοι, ὡς ἔοικεν, ἔτι ἄλλῃ δόξῃ.

ΣΩ. Ἀλλ' ἵνα μὴ δόξῃ, τὸν Ἄρη ἐρώτα.

ΕΡΜ. Ἐρωτῶ.

ΣΩ. Οὐκοῦν, εἰ μὲν βούλει, κατὰ τὸ ἄρρεν τε καὶ κατὰ d τὸ ἀνδρεῖον « Ἄρης » ἂν εἴη· εἰ δ' αὖ κατὰ τὸ σκληρόν τε καὶ ἀμετάστροφον, ὃ δὴ « ἄρρατον » καλεῖται, καὶ ταύτῃ ἂν πανταχῇ πολεμικῷ θεῷ πρέποι « Ἄρη » καλεῖσθαι.

ΕΡΜ. Πάνυ μὲν οὖν.

ΣΩ. Ἐκ μὲν οὖν τῶν θεῶν πρὸς θεῶν ἀπαλλαγῶμεν, ὡς ἐγὼ δέδοικα περὶ αὐτῶν διαλέγεσθαι· περὶ δὲ ἄλλων εἴ τινων βούλει πρόβαλλέ μοι, « ὄφρα ἴδηαι οἷοι » Εὐθύφρονος « ἵπποι ».

ΕΡΜ. Ἀλλὰ ποιήσω ταῦτα, ἔτι γε ἓν ἐρόμενός σε περὶ e Ἑρμοῦ, ἐπειδή με καὶ οὔ φησιν Κρατύλος Ἑρμογένη εἶναι. Πειρώμεθα οὖν τὸν « Ἑρμῆν » σκέψασθαι τί καὶ νοεῖ τὸ ὄνομα, ἵνα καὶ εἰδῶμεν εἴ τι ὅδε λέγει.

ΣΩ. Ἀλλὰ μὴν τοῦτό γε ἔοικε περὶ λόγον τι εἶναι ὁ « Ἑρμῆς », καὶ τὸ ἑρμηνέα εἶναι καὶ τὸ ἄγγελον καὶ τὸ

Theu noësis nennt, so daß sie ha Theonoa ist, indem er sich nur auf ausländische Art des a statt e bedient; und das sis wegwirft. Doch vielleicht auch nicht einmal so, sondern weil sie das göttliche bedenkt; theia mooresa hat er sie vorzüglich vor allen Theonoe genannt. Auch steht nichts im Wege, daß er das Vernünftige in der Gesinnung, was eben diese Göttin sein soll,
habe Ethonoe nennen gewollt, und nur er selbst oder Andere c
nach ihm es verschönern wollten, wie sie meinten, und sie dann Athenaa nannten.

HERMOGENES: Wie aber mit dem Hephaistos, wie erklärst du den?

SOKRATES: Meinst du den rechten, der sich auf das Licht versteht, Phaëos histor?

HERMOGENES: Ja wohl.

SOKRATES: Ist das nicht Jedem einleuchtend, daß dieser eigentlich Phaistos heißt, und das E nur vorgesetzt ist?

HERMOGENES: Das mag wohl sein, wenn dir nicht etwa, wie ich fast glaube, noch etwas anderes einfällt.

SOKRATES: Damit das nicht geschehe, so frage lieber gleich nach dem Ares.

HERMOGENES: Ich frage also.

SOKRATES: Also wenn du willst kann dieser von dem d
mannhaften und tapfern, arrhen und andreion, Ares heißen. Oder auch von seinem harten unbiegsamen Wesen, was ja arrhaton heißt, auch hievon dürfte ein ganz kriegerischer Gott Ares genannt werden.

HERMOGENES: Freilich.

SOKRATES: Aber nun laß uns bei den Göttern! von den Göttern aufhören, denn es ängstet mich von ihnen zu reden. Willst du aber irgend andere, die lege mir nur vor, daß du erkennest, wie doch Euthyphrons Rosse geübt sind.

HERMOGENES: Das will ich tun. Nur um Einen frage ich e
dich noch vorher, nämlich den Hermes, weil doch Kratylos leugnet, daß ich ein Hermogenes sei. Versuchen wir also von dem Hermes auch auszufinden, was sein Namen bedeutet, damit wir auch sehen, ob wohl dieser irgend Recht hat.

SOKRATES: Auf alle Weise muß doch Hermes etwas von der Rede bedeuten, denn daß er Dolmetscher ist und Bote, auch

κλοπικόν τε καὶ τὸ ἀπατηλὸν ἐν λόγοις καὶ τὸ ἀγοραστικόν, 408 a
περὶ λόγου δύναμίν ἐστιν πᾶσα αὕτη ἡ πραγματεία· ὅπερ οὖν καὶ ἐν τοῖς πρόσθεν ἐλέγομεν, τὸ « εἴρειν » λόγου χρεία ἐστί, τὸ δέ, οἷον καὶ Ὅμηρος πολλαχοῦ λέγει, « ἐμήσατό » φησιν, τοῦτο δὲ μηχανήσασθαί ἐστιν. Ἐξ ἀμφοτέρων οὖν τούτων τὸν τὸ λέγειν τε καὶ τὸν λόγον μησάμενον [τὸ δὲ λέγειν δή ἐστιν εἴρειν] τοῦτον τὸν θεὸν ὡσπερεὶ ἐπιτάττει ἡμῖν ὁ νομοθέτης· « Ὦ ἄνθρωποι, ὃς τὸ εἴρειν ἐμήσατο, b
δικαίως ἂν καλοῖτο ὑπὸ ὑμῶν Εἰρέμης »· νῦν δὲ ἡμεῖς, ὥς οἰόμεθα, καλλωπίζοντες τὸ ὄνομα « Ἑρμῆν » καλοῦμεν. [Καὶ ἥ γε Ἶρις ἀπὸ τοῦ εἴρειν ἔοικεν κεκλημένη, ὅτι ἄγγελος ἦν.]

ΕΡΜ. Νὴ τὸν Δία, εὖ ἄρα μοι δοκεῖ Κρατύλος λέγειν τὸ ἐμὲ μὴ εἶναι Ἑρμογένη· οὔκουν εὐμήχανός γέ εἰμι λόγου.

ΣΩ. Καὶ τό γε τὸν Πᾶνα τοῦ Ἑρμοῦ εἶναι ὑὸν διφυῆ ἔχει τὸ εἰκός, ὦ ἑταῖρε.

ΕΡΜ. Πῶς δή ; c

ΣΩ. Οἶσθα ὅτι ὁ λόγος τὸ πᾶν σημαίνει καὶ κυκλεῖ καὶ πολεῖ ἀεί, καὶ ἔστι διπλοῦς, ἀληθής τε καὶ ψευδής.

ΕΡΜ. Πάνυ γε.

ΣΩ. Οὐκοῦν τὸ μὲν ἀληθὲς αὐτοῦ λεῖον καὶ θεῖον καὶ ἄνω οἰκοῦν ἐν τοῖς θεοῖς, τὸ δὲ ψεῦδος κάτω ἐν τοῖς πολλοῖς τῶν ἀνθρώπων καὶ τραχὺ καὶ τραγικόν· ἐνταῦθα γὰρ πλεῖστοι οἱ μῦθοί τε καὶ τὰ ψεύδη ἐστίν, περὶ τὸν τραγικὸν βίον.

ΕΡΜ. Πάνυ γε.

ΣΩ. Ὀρθῶς ἄρ' ⟨ἂν⟩ ὁ πᾶν μηνύων καὶ ἀεὶ πολῶν
« Πὰν αἰπόλος » εἴη, διφυὴς Ἑρμοῦ ὑός, τὰ μὲν ἄνωθεν d
λεῖος, τὰ δὲ κάτωθεν τραχὺς καὶ τραγοειδής. Καὶ ἔστιν ἤτοι λόγος ἢ λόγου ἀδελφὸς ὁ Πάν, εἴπερ Ἑρμοῦ ὑός ἐστιν· ἀδελφῷ δὲ ἐοικέναι ἀδελφὸν οὐδὲν θαυμαστόν. Ἀλλ' ὅπερ ἐγὼ ἔλεγον, ὦ μακάριε, ἀπαλλαγῶμεν ἐκ τῶν θεῶν.

hinterlistig und betrügerisch in Reden, und auf dem Markte 408a
Verkehr treibt, dieses ganze Geschäft beruht doch auf der
Kraft der Rede. Wie wir nun auch schon vorher sagten, Eirein
ist der Gebrauch der Rede, und was beim Homeros so oft
vorkommt, emesato bedeutet erfinden. Aus diesen beiden zu-
sammen befiehlt uns also der Namengeber gleichsam, den wel- b
cher das Reden und die Rede erfunden hat, diesen Gott, ihr
Leute, müßtet ihr doch billig Eiremes nennen. Nun aber, wie
mir scheint, putzen wir den Namen aus, und nennen ihn Her-
mes. Auch die Iris ist offenbar von eirein benannt, weil sie
Botin war.

HERMOGENES: So mag, beim Zeus, Kratylos wohl ganz
Recht gehabt haben, daß ich kein Hermogenes bin; denn
keinesweges bin ich erfinderisch im Reden.

SOKRATES: Und daß Pan, der Sohn des Hermes, so zwit-
terhaft ist, das läßt sich auch sehr gut begreifen, Freund.

HERMOGENES: Wie so? c

SOKRATES: Du weißt doch, daß die Rede Alles, pan, an-
deutet, und immer umher sich wälzt und geht, und daß sie
zwiefach ist, wahr und falsch?

HERMOGENES: Allerdings.

SOKRATES: Also das wahre an ihr ist glatt und göttlich, und
wohnt oberhalb unter den Göttern; das falsche aber unterhalb
unter dem großen Haufen der Menschen, und ist rauh und
böckisch, was tragisch auch bedeutet, wie denn auch die mei-
sten Fabeln und Unwahrheiten sich finden auf dem Gebiete des
tragischen.

HERMOGENES: Freilich.

SOKRATES: Mit Recht also ist der Alles andeutende und
immer wandelnde, Aei polon, Pan Aipolos genannt worden, d
der zwitterhafte Sohn des Hermes, oberhalb glatt, unterhalb
aber rauh und bocksähnlich. Und offenbar ist doch Pan die
Rede oder der Bruder der Rede, wenn er ein Sohn des Hermes
ist, und daß Geschwister einander ähnlich sehn, ist ganz na-
türlich. Aber wie ich sagte, laß uns nun machen, Bester, daß wir
von den Göttern fortkommen.

ΕΡΜ. Τῶν γε τοιούτων, ὦ Σώκρατες, εἰ βούλει. Περὶ δὲ τῶν τοιῶνδε τί σε κωλύει διελθεῖν, οἷον ἡλίου τε καὶ σελήνης καὶ ἄστρων καὶ γῆς καὶ αἰθέρος καὶ ἀέρος καὶ πυρὸς καὶ ὕδατος καὶ ὡρῶν καὶ ἐνιαυτοῦ ;

ΣΩ. Συχνὰ μέν μοι προστάττεις, ὅμως δέ, εἴπερ σοι κεχαρισμένον ἔσται, ἐθέλω.

ΕΡΜ. Καὶ μὴν χαριεῖ.

ΣΩ. Τί δὴ οὖν πρῶτον βούλει ; ἢ ὥσπερ εἶπες τὸν ἥλιον διέλθωμεν ;

ΕΡΜ. Πάνυ γε.

ΣΩ. Ἔοικε τοίνυν κατάδηλον γενόμενον ἂν μᾶλλον εἰ τῷ Δωρικῷ τις ὀνόματι χρῷτο — « ἅλιον » γὰρ καλοῦσιν 409 a
οἱ Δωριῆς — « ἅλιος » οὖν εἴη μὲν ἂν κατὰ τὸ ἁλίζειν εἰς ταὐτὸν τοὺς ἀνθρώπους, ἐπειδὰν ἀνατείλῃ, εἴη δ' ἂν καὶ τῷ περὶ τὴν γῆν ἀεὶ εἱλεῖν ἰών, ἐοίκοι δ' ἂν καὶ ὅτι ποικίλλει ἰὼν τὰ γιγνόμενα ἐκ τῆς γῆς· τὸ δὲ ποικίλλειν καὶ αἰολεῖν ταὐτόν.

ΕΡΜ. Τί δὲ ἡ « σελήνη » ;

ΣΩ. Τοῦτο δὲ τὸ ὄνομα φαίνεται τὸν Ἀναξαγόραν πιέζειν.

ΕΡΜ. Τί δή ;

ΣΩ. Ἔοικε δηλοῦντι παλαιότερον ὃ ἐκεῖνος νεωστὶ ἔλεγεν, ὅτι ἡ σελήνη ἀπὸ τοῦ ἡλίου ἔχει τὸ φῶς. b

ΕΡΜ. Πῶς δή ;

ΣΩ. Τὸ μέν που « σέλας » καὶ τὸ « φῶς » ταὐτόν.

ΕΡΜ. Ναί.

ΣΩ. Νέον δέ που καὶ ἕνον ἀεί ἐστι περὶ τὴν σελήνην τοῦτο τὸ φῶς, εἴπερ ἀληθῆ οἱ Ἀναξαγόρειοι λέγουσιν· κύκλῳ γάρ που ἀεὶ αὐτὴν περιιὼν νέον ἀεὶ ἐπιβάλλει, ἕνον δὲ ὑπάρχει τὸ τοῦ προτέρου μηνός.

ΕΡΜ. Πάνυ γε.

ΣΩ. « Σελαναίαν » δέ γε καλοῦσιν αὐτὴν πολλοί.

ΕΡΜ. Πάνυ γε.

2.3.4.2. Andere Götter wie die Gestirne, die Elemente, die Zeit u.dgl.; warum manche Wörter unerklärbar sind

HERMOGENES: Von diesen wohl, Sokrates, wenn du willst. Aber was hindert dich jene andern durchzugehn, wie Sonne, Mond und Sterne, Erde und Äther, Luft, Feuer, Wasser, Jahr und Jahreszeiten. e

SOKRATES: Gar vielerlei legst du mir da auf. Indes, wenn es dir nur recht sein wird, so will ich wohl.

HERMOGENES: Sehr recht gewiß.

SOKRATES: Was willst du also zuerst? Oder sollen wir, wie auch du eben, mit der *Sonne* anfangen.

HERMOGENES: Ganz recht.

SOKRATES: Diese nun könnte so heißen, weil sie wenn sie aufgegangen ist die Gegenstände von einander *sondert*, auch 409a deshalb weil sie sich in ihrem Laufe um die Erde immer *so wendet*; auch weil sie was aus der Erde hervorwächst während ihres Umlaufes mit Farben schmückt, so daß das *Sehen* eine *Wonne* wird.

HERMOGENES: Wie aber der Mond?

SOKRATES: Dieser Namen scheint den Anaxagoras ins Gedränge zu bringen.

HERMOGENES: Wie so?

SOKRATES: Er scheint kund zu machen, daß das schon etwas älteres ist was dieser erst neuerlich gesagt hat, daß nämlich der Mond sein Licht von der *Sonne* hat. b

HERMOGENES: Wie das?

SOKRATES: Hell und glänzend hieß doch vor Alters Mon?

HERMOGENES: Ja.

SOKRATES: Und neu und alt ist dieser Schein immer am Monde, wenn anders die Anaxagoreer Recht haben. Denn so oft die Sonne im Kreise um ihn herumgeht, wirft sie immer neuen Schein auf ihn; der alte aber ist der vom vorigen Monat.

HERMOGENES: So ist es.

SOKRATES: Weil nun der Mond immer neuen und alten Schein hat, kann er mit Recht eigentlich *Moneualt* heißen, und c zusammengezogen heißt das *Mond*.

HERMOGENES: Das ist ja gar ein dithyrambischer Namen, Sokrates. Aber was machst du aus dem Monat und den Sternen?

ΣΩ. Ὅτι δὲ σέλας νέον καὶ ἕνον ἔχει ἀεί, « σελαενονεοάεια » μὲν δικαιότατ' ἂν τῶν ὀνομάτων καλοῖτο, συγκε- c
κροτημένον δὲ « σελαναία » κέκληται.

ΕΡΜ. Διθυραμβῶδές γε τοῦτο τοὔνομα, ὦ Σώκρατες. Ἀλλὰ τὸν μῆνα καὶ τὰ ἄστρα πῶς λέγεις ;

ΣΩ. Ὁ μὲν « μεὶς » ἀπὸ τοῦ μειοῦσθαι εἴη ἂν « μείης » ὀρθῶς κεκλημένος, τὰ δ' « ἄστρα » ἔοικε τῆς ἀστραπῆς ἐπωνυμίαν ἔχειν. Ἡ δὲ « ἀστραπή », ὅτι τὰ ὦπα ἀναστρέφει, « ἀναστρωπὴ » ἂν εἴη, νῦν δὲ « ἀστραπὴ » καλλωπισθεῖσα κέκληται.

ΕΡΜ. Τί δὲ τὸ πῦρ καὶ τὸ ὕδωρ ;

ΣΩ. Τὸ « πῦρ » ἀπορῶ· καὶ κινδυνεύει ἤτοι ἡ τοῦ Εὐθύ- d
φρονός με μοῦσα ἐπιλελοιπέναι, ἢ τοῦτό τι παγχάλεπον εἶναι. Σκέψαι οὖν ἣν εἰσάγω μηχανὴν ἐπὶ πάντα τὰ τοιαῦτα ἃ ἂν ἀπορῶ.

ΕΡΜ. Τίνα δή ;

ΣΩ. Ἐγώ σοι ἐρῶ. Ἀπόκριναι γάρ μοι· ἔχοις ἂν εἰπεῖν πῦρ κατὰ τίνα τρόπον καλεῖται ;

ΕΡΜ. Μὰ Δί' οὐκ ἔγωγε.

ΣΩ. Σκέψαι δὴ ὃ ἐγὼ ὑποπτεύω περὶ αὐτοῦ. Ἐννοῶ γὰρ
ὅτι πολλὰ οἱ Ἕλληνες ὀνόματα ἄλλως τε καὶ οἱ ὑπὸ τοῖς e
βαρβάροις οἰκοῦντες παρὰ τῶν βαρβάρων εἰλήφασιν.

ΕΡΜ. Τί οὖν δή ;

ΣΩ. Εἴ τις ζητοῖ ταῦτα κατὰ τὴν Ἑλληνικὴν φωνὴν ὡς εἰκότως κεῖται, ἀλλὰ μὴ κατ' ἐκείνην ἐξ ἧς τὸ ὄνομα τυγχάνει ὄν, οἶσθα ὅτι ἀποροῖ ἄν.

ΕΡΜ. Εἰκότως γε.

ΣΩ. Ὅρα τοίνυν καὶ τοῦτο τὸ ὄνομα τὸ « πῦρ » μή τι 410 a
βαρβαρικὸν ᾖ. Τοῦτο γὰρ οὔτε ῥᾴδιον προσάψαι ἐστὶν Ἑλληνικῇ φωνῇ, φανεροί τ' εἰσὶν οὕτως αὐτὸ καλοῦντες Φρύγες σμικρόν τι παρακλίνοντες· καὶ τό γε « ὕδωρ » καὶ τὰς « κύνας » καὶ ἄλλα πολλά.

ΕΡΜ. Ἔστι ταῦτα.

SOKRATES: Der Monat könnte, weil ein neuer alle Morgen näher kommt, Morgennaht heißen, die Sterne aber ihren Namen von den Strahlen haben, die Strahlen selbst aber, weil den Star Alle bekommen die immer hinein sehen wollten, eigentlich Starallen geheißen haben, nun aber hat man das schöner gemacht und Strahl gesagt.

HERMOGENES: Wie aber mit Feuer und Wasser?

SOKRATES: Vom Feuer weiß ich gar nichts, und entweder d
muß mich des Euthyphrons Muse verlassen haben, oder dies allzuschwer sein. Sieh nun zu, welchen Kunstgriff ich anbringe bei allen dergleichen, von denen ich nichts zu sagen weiß.

HERMOGENES: Was für einen?

SOKRATES: Das will ich dir sagen. Antworte mir nur. Weißt du zu sagen, weshalb das Feuer so heißt?

HERMOGENES: Ich, beim Zeus, gewiß nicht.

SOKRATES: So sieh zu, was mir davon ahndet. Ich denke
nämlich, daß die Hellenen, zumal die in der Nähe der Barbaren e
wohnenden, gar viele Worte von den Barbaren angenommen haben.

HERMOGENES: Und was weiter?

SOKRATES: Wenn einer nun aus der hellenischen Sprache erklären will, in wiefern diese mögen richtig gebildet sein, und nicht aus jener der das Wort wirklich angehört: so siehst du wohl, daß er nichts schaffen wird.

HERMOGENES: Ganz natürlich.

SOKRATES: Also sieh zu, ob nicht auch dieses Wort ein bar- 410a
barisches ist. Denn einerseits ist gar nicht leicht, es an die hellenische Sprache anzuknüpfen, andrerseits ist ganz bekannt, daß die Phryger es mit einer kleinen Abweichung eben so nennen, was auch von Wasser, Hund und vielen andern gilt.

HERMOGENES: Richtig.

ΣΩ. Οὐ τοίνυν δεῖ ταῦτα προσβιάζεσθαι, ἐπεὶ ἔχοι γ' ἄν
τις εἰπεῖν περὶ αὐτῶν. Τὸ μὲν οὖν πῦρ καὶ τὸ ὕδωρ ταύτῃ
ἀπωθοῦμαι· ὁ δὲ ἀὴρ ἆρά γε, ὦ Ἑρμόγενες, ὅτι αἴρει b
τὰ ἀπὸ τῆς γῆς, « ἀὴρ » κέκληται ; ἢ ὅτι ἀεὶ ῥεῖ ; ἢ ὅτι
πνεῦμα ἐξ αὐτοῦ γίγνεται ῥέοντος ; οἱ γὰρ ποιηταί που τὰ
πνεύματα « ἀήτας » καλοῦσιν· ἴσως οὖν λέγει, ὥσπερ ἂν εἰ
εἴποι πνευματόρρουν, « ἀητόρρουν « [ὅθεν δὴ βούλεται
αὐτὸν οὕτως εἰπεῖν, ὅτι ἐστὶν ἀήρ]. Τὸν δὲ αἰθέρα τῇδέ πῃ
ὑπολαμβάνω, ὅτι ἀεὶ θεῖ περὶ τὸν ἀέρα ῥέων « ἀειθεὴρ »
δικαίως ἂν καλοῖτο. Γῆ δὲ μᾶλλον σημαίνει ὃ βούλεται, ἐάν
τις « γαῖαν » ὀνομάσῃ· γαῖα γὰρ γεννήτειρα ἂν εἴη c
ὀρθῶς κεκλημένη, ὥς φησιν Ὅμηρος· τὸ γὰρ « γεγάασιν »
γεγεννῆσθαι λέγει. Εἶεν· τί οὖν ἡμῖν ἦν τὸ μετὰ τοῦτο ;

ΕΡΜ. Ὧραι, ὦ Σώκρατες, καὶ ἐνιαυτὸς καὶ ἔτος.

ΣΩ. Αἱ μὲν δὴ ὧραι Ἀττικιστὶ ὡς τὸ παλαιὸν ῥητέον,
εἴπερ βούλει τὸ εἰκὸς εἰδέναι· ὅραι γάρ εἰσι διὰ τὸ ὁρίζειν
χειμῶνάς τε καὶ θέρη καὶ πνεύματα καὶ τοὺς καρποὺς
τοὺς ἐκ τῆς γῆς· ὁρίζουσαι δὲ δικαίως ἂν « ὅραι » καλοῖντο.
Ἐνιαυτὸς δὲ καὶ ἔτος κινδυνεύει ἕν τι εἶναι. Τὸ γὰρ τὰ d
φυόμενα καὶ τὰ γιγνόμενα ἐν μέρει ἕκαστον προάγον εἰς
φῶς καὶ αὐτὸ ἐν αὑτῷ ἐξετάζον, τοῦτο, ὥσπερ ἐν τοῖς
πρόσθεν τὸ τοῦ Διὸς ὄνομα δίχα διῃρημένον οἱ μὲν Ζῆνα,
οἱ δὲ Δία ἐκάλουν, οὕτω καὶ ἐνταῦθα οἱ μὲν « ἐνιαυτόν »,
ὅτι ἐν ἑαυτῷ, οἱ δὲ « ἔτος », ὅτι ἐτάζει· ὁ δὲ ὅλος λόγος
ἐστὶν τὸ « ἐν αὑτῷ ἐτάζον » τοῦτο προσαγορεύεσθαι ἓν ὂν
δίχα, ὥστε δύο ὀνόματα γεγονέναι, « ἐνιαυτόν » τε καὶ
« ἔτος », ἐξ ἑνὸς λόγου. e

ΕΡΜ. Ἀλλὰ δῆτα, ὦ Σώκρατες, πολὺ ἐπιδίδως.

ΣΩ. Πόρρω ἤδη, οἶμαι, φαίνομαι σοφίας ἐλαύνειν.

ΕΡΜ. Πάνυ μὲν οὖν.

ΣΩ. Τάχα μᾶλλον φήσεις.

SOKRATES: Solchen muß man also keine Gewalt antun, denn sonst könnte einer wohl etwas von ihnen sagen. Aus diesem Grunde nun weise ich das Feuer und das Wasser von der Hand. Die Luft aber, Hermogenes, sollte die etwa deshalb b
so heißen, weil sie Dinge von der Erde lüpft? Oder weil sie immer läuft? Oder weil aus ihrer Bewegung der Wind entsteht? Den Wind nämlich nennt man auch wohl dichterisch Hauch, und sagt von ihm daß er weht. Vielleicht also ist sie, als ob man sagen wollte Laufhauch oder Laufweht, daher Luft genannt worden. Den Äther aber stelle ich mir so vor, weil er die Luft selbst umfließt und sich immer dreht, konnte er sehr leicht der sich um Allesdreher genannt werden. Was aber Erde sagen will, das versteht man besser, wenn man Welt dazunimmt, wo- c
für die Alten Werld sagen, wodurch sich beides verwandt zeigt und offenbar wird, daß Erde eigentlich Werde heißt, und mit Recht die Erzeugerin so genannt wird.

HERMOGENES: Gut.

SOKRATES: Was war uns nun das nächste?

HERMOGENES: Die Zeit und das Jahr.

SOKRATES: Die Zeit muß man nur, wie das oft in vielen Gegenden verwechselt wird, Ziet nennen. Denn Ziet heißt sie, weil sie dem Winter und Sommer, den Winden und den Früchten der Erde ihr Ziel setzt, dieser Bestimmung wegen heißt sie mit Recht Ziet oder Zeit. Jahr aber und Jahreszeit scheint ganz d
dasselbe zu sein. Denn was alles wachsende und werdende an seinem Teil ans Licht bringt und durch sich selbst *Jedes gar* macht und reift, das kann mit Recht Jahr heißen. Und von Jahreszeit gälte dann das umgekehrte von dem was wir vorher über den Namen Zeus sagten, wie nämlich dort eine Erklärung in zwei Namen zerteilt sich zeigte, und Einige sich des einen bedienten, Andere des andern, so sind hier gleichsam zwei Erklärungen in ein und dasselbe Wort zusammengebracht, und werden von Allen verbunden, wenn sie Jahreszeit sagen. e

HERMOGENES: Wahrhaftig, Sokrates, du machst große Fortschritte.

SOKRATES: Offenbar ja komme ich schon weit in der Weisheit.

HERMOGENES: Allerdings.

SOKRATES: Und bald wirst du es noch mehr sagen.

ΕΡΜ. Ἀλλὰ μετὰ τοῦτο τὸ εἶδος ἔγωγε ἡδέως ἂν 411 a
θεασαίμην ταῦτα τὰ καλὰ ὀνόματα τίνι ποτὲ ὀρθότητι
κεῖται, τὰ περὶ τὴν ἀρετήν, οἷον « φρόνησίς » τε καὶ
« σύνεσις » καὶ « δικαιοσύνη » καὶ τἆλλα τὰ τοιαῦτα
πάντα.

ΣΩ. Ἐγείρεις μέν, ὦ ἑταῖρε, οὐ φαῦλον γένος ὀνομάτων·
ὅμως δὲ ἐπειδήπερ τὴν λεοντῆν ἐνδέδυκα, οὐκ ἀποδειλιατέον,
ἀλλ' ἐπισκεπτέον, ὡς ἔοικε, φρόνησιν καὶ σύνεσιν καὶ γνώ-
μην καὶ ἐπιστήμην καὶ τἆλλα δὴ ἃ φῄς πάντα ταῦτα τὰ
καλὰ ὀνόματα. b

ΕΡΜ. Πάνυ μὲν οὖν οὐ δεῖ ἡμᾶς προαποστῆναι.

ΣΩ. Καὶ μήν, νὴ τὸν κύνα, δοκῶ γέ μοι οὐ κακῶς
μαντεύεσθαι ὃ καὶ νῦν δὴ ἐνενόησα, ὅτι οἱ πάνυ παλαιοὶ
ἄνθρωποι οἱ τιθέμενοι τὰ ὀνόματα παντὸς μᾶλλον, ὥσπερ
καὶ τῶν νῦν οἱ πολλοὶ τῶν σοφῶν ὑπὸ τοῦ πυκνὰ περι-
στρέφεσθαι ζητοῦντες ὅπῃ ἔχει τὰ ὄντα εἰλιγγιῶσιν, κἄπειτα
αὐτοῖς φαίνεται περιφέρεσθαι τὰ πράγματα καὶ πάντως
φέρεσθαι. Αἰτιῶνται δὴ οὐ τὸ ἔνδον τὸ παρὰ σφίσιν πάθος c
αἴτιον εἶναι ταύτης τῆς δόξης, ἀλλὰ αὐτὰ τὰ πράγματα
οὕτω πεφυκέναι, οὐδὲν αὐτῶν μόνιμον εἶναι οὐδὲ βέβαιον,
ἀλλὰ ῥεῖν καὶ φέρεσθαι καὶ μεστὰ εἶναι πάσης φορᾶς καὶ
γενέσεως ἀεί. Λέγω δὲ ἐννοήσας πρὸς πάντα τὰ νῦν δὴ
ὀνόματα.

ΕΡΜ. Πῶς δὴ τοῦτο, ὦ Σώκρατες ;

ΣΩ. Οὐ κατενόησας ἴσως τὰ ἄρτι λεγόμενα ὅτι παντά-
πασιν ὡς φερομένοις τε καὶ ῥέουσι καὶ γιγνομένοις τοῖς
πράγμασι τὰ ὀνόματα ἐπίκειται.

ΕΡΜ. Οὐ πάνυ ἐνεθυμήθην.

ΣΩ. Καὶ μὴν πρῶτον μὲν τοῦτο ὃ πρῶτον εἴπομεν d
παντάπασιν ὡς ἐπὶ τοιούτων ἐστίν.

ΕΡΜ. Τὸ ποῖον ;

2.3.5. Bezeichnungen für menschliches Verhalten, für Empfindungen, Beurteilungen u.ä.m.

2.3.5.1. Wörter, die sich auf bestimmte Tugenden beziehen

HERMOGENES: Aber nächst dieser Art möchte ich nun 411a
gern jene schönen Wörter betrachten, was für eine Richtigkeit sie wohl bei sich führen, die auf die Tugend gehn, wie Gesinnung, Verstand, Gerechtigkeit und die übrigen hieher gehörigen.

SOKRATES: Da störest du uns keine schlechte Art von Wörtern auf, Freund! indes da ich einmal die Löwenhaut umgetan habe, darf ich ja keine Furcht zeigen, sondern muß zusehn, wie es steht um Gesinnung, Verstand, Einsicht, Erkenntnis und die
andern schönen Wörter, welche du meinst. b

HERMOGENES: Freilich dürfen wir ja nicht eher ablassen.

SOKRATES: Und wahrlich, beim Hunde, das dünkt mich gar keine schlechte Ahndung zu sein, was ich auch vorher schon bemerkt habe, daß die ganz Alten, welche die Benennungen bestimmt haben, gerade wie jetzt die meisten unter den Weisen, weil sie sich so oft und vielfältig herumdrehen müssen bei der Untersuchung, wie es sich mit den Dingen verhält, immer gar sehr schwindlig werden und ihnen dann scheint, als ob die Dinge sich herumdrehten und auf alle Weise in Bewe-
gung wären. Sie suchen aber die Schuld von dieser Erschei- c
nung nicht innerlich in dem was ihnen selbst begegnet, sondern in den Dingen selbst, die eben so geartet wären, daß nichts fest und beständig bleibe, sondern alles fließe und sich rege und immer in voller Bewegung und Erzeugung sei. Das sage ich mit Hinsicht auf alle die Wörter, mit denen wir jetzt zu tun haben.

HERMOGENES: Wie so das, Sokrates?

SOKRATES: Du hast sie vielleicht nicht recht darauf angesehn, daß offenbar den Dingen nur unter dieser Voraussetzung, daß sie fließen und werden und sich bewegen, diese Namen sind beigelegt worden.

HERMOGENES: Das bin ich gar nicht gewahr worden.

SOKRATES: Gleich zuerst jenes was wir erst nannten hat auf d
alle Weise eine solche Beziehung.

HERMOGENES: Welches denn?

ΣΩ. Ἡ « φρόνησις »· φορᾶς γάρ ἐστι καὶ ῥοῦ νόησις.
Εἴη δ᾽ ἂν καὶ ὄνησιν ὑπολαβεῖν φορᾶς· ἀλλ᾽ οὖν περί γε
τὸ φέρεσθαί ἐστιν. Εἰ δὲ βούλει, ἡ « γνώμη » παντάπασιν
δηλοῖ γονῆς σκέψιν καὶ νώμησιν· τὸ γὰρ « νωμᾶν »
καὶ τὸ « σκοπεῖν » ταὐτόν. Εἰ δὲ βούλει, αὐτὸ ἡ « νόησις »
τοῦ νέου ἐστὶν ἕσις, τὸ δὲ νέα εἶναι τὰ ὄντα σημαίνει
γιγνόμενα ἀεὶ εἶναι· τούτου οὖν ἐφίεσθαι τὴν ψυχὴν μηνύει e
τὸ ὄνομα ὁ θέμενος τὴν « νεόεσιν ». Οὐ γὰρ « νόησις » τὸ
ἀρχαῖον ἐκαλεῖτο, ἀλλ᾽ ἀντὶ τοῦ ἦτα εἶ ἔδει λέγειν δύο,
« νοέεσιν ». « Σωφροσύνη » δὲ σωτηρία οὗ νῦν δὴ ἐσκέμ-
μεθα, φρονήσεως. Καὶ μὴν ἥ γε ἐπιστήμη μηνύει ὡς 412 a
φερομένοις τοῖς πράγμασιν ἑπομένης τῆς ψυχῆς τῆς ἀξίας
λόγου, καὶ οὔτε ἀπολειπομένης οὔτε προθεούσης· διὸ δὴ
ἐκβάλλοντας δεῖ τὸ εἶ « πιστήμην » αὐτὴν ὀνομάζειν.
« Σύνεσις » δ᾽ αὖ οὕτω μὲν δόξειεν ἂν ὥσπερ συλλογισμὸς
εἶναι· ὅταν δὲ συνιέναι λέγηται, ταὐτὸν παντάπασιν τῷ
ἐπίστασθαι συμβαίνει λεγόμενον· συμπορεύεσθαι γὰρ λέγει
τὴν ψυχὴν τοῖς πράγμασι τὸ « συνιέναι ». Ἀλλὰ μὴν ἥ γε b
« σοφία » φορᾶς ἐφάπτεσθαι σημαίνει. Σκοτωδέστερον δὲ
τοῦτο καὶ ξενικώτερον· ἀλλὰ δεῖ ἐκ τῶν ποιητῶν ἀναμιμνῄ-
σκεσθαι ὅτι πολλαχοῦ λέγουσιν περὶ ὅτου ἂν τύχωσιν τῶν
ἀρχομένων ταχὺ προϊέναι, « ἐσύθη » φασίν. Λακωνικῷ δὲ
ἀνδρὶ τῶν εὐδοκίμων καὶ ὄνομα ἦν « Σόος »· τὴν γὰρ ταχεῖαν
ὁρμὴν οἱ Λακεδαιμόνιοι τοῦτο καλοῦσιν. Ταύτης οὖν τῆς
φορᾶς ἐπαφὴν σημαίνει ἡ σοφία, ὡς φερομένων τῶν ὄντων.
Καὶ μὴν τό γε « ἀγαθόν », τοῦτο τῆς φύσεως πάσης τῷ c
ἀγαστῷ βούλεται τὸ ὄνομα ἐπικεῖσθαι. Ἐπειδὴ γὰρ πορεύ-
εται τὰ ὄντα, ἔνι μὲν ἄρ᾽ αὐτοῖς τάχος, ἔνι δὲ βραδυτής.
Ἔστιν οὖν οὐ πᾶν, [τὸ ταχὺ] ἀλλά τι αὐτοῦ ἀγαστόν, ⟨τὸ
θόον⟩. Τούτῳ οὖν δὴ τῷ ἀγαστῷ αὕτη ἡ ἐπωνυμία ἐστίν,
« τἀγαθόν ».

« Δικαιοσύνη » δέ, ὅτι μὲν ἐπὶ τῇ τοῦ δικαίου συνέσει

SOKRATES: Die Gesinnung. Denn diese ist offenbar der
Sinn für das Gehende und Junge, jung aber sind die Dinge,
weil sie immer werdend sind. Man könnte auch sagen, des
Gehenden Sein in uns; auf alle Weise deutet es auf Bewegung.
Oder wenn du willst, die Einsicht bezeichnet offenbar die An-
sicht und das Sehen des Eilens, und Eilen ist doch eine Art sich
zu bewegen. Eben so wenn du willst die Vernunft ist von
Vernehmen, das Nehmen des Werdens, denn daß nach diesem e
die Seele trachtet, macht der kund, der diesen Namen gleich-
sam Werdnehmen gesetzt hat. Denn Vernunft hieß es nicht vor
Alters, sondern das V muß man sich weich denken, und das D
ist herausgeworfen. Die Besonnenheit aber oder Besinnung ist
offenbar das Behalten dessen, was wir eben schon betrachtet
haben, der Gesinnung. Die Erkenntnis aber deutet sicher dar- 412a
auf, daß indem die Dinge sich bewegen, die Seele, die tüchtige
nämlich, sie begleitet und weder hinter ihnen zurückbleibt
noch ihnen voraneilt. Darum muß man dem Anfangs-
buchstaben einen scharfen Hauch geben, und hernach o lesen
statt e, so bekommt man die Herkommnis der Seele mit den
Dingen. Verstand aber von den Dingen scheint das zu sein, was
man durch Folgerungen erlangt, und wenn einer Verstehen
sagt mit Umkehrung zweier Buchstaben Werdsehen, meint er
dasselbe als Erkennen, und deutet an, daß die Seele sehend
dem Werden der Dinge folgt. So auch die Weisheit bedeutet b
nichts anders als des Wehenden Gewißheit, freilich etwas
dunkler und wunderlicher. Allein man muß sich nur erinnern
aus den Dichtern und ihrer Sprache, daß von allen schnellen
und kaum sichtbaren Bewegungen das Wehen gebraucht wird.
Von dieser Bewegung nun gewiß zu sein, daß bedeutet die
Weisheit, offenbar also unter Voraussetzung, daß die Dinge
sich bewegen. Eben so das Gute will eigentlich dem gültigen in c
der gesamten Natur diesen Namen geben. Wenn nämlich alle
Dinge sich bewegen, so gibt es doch darin Schnelligkeit und
Langsamkeit, und es ist nicht alles schnelle und mutige gültig
und zu loben, sondern nur einiges davon ist so gültig, und
eben dieses gültig mutige heißt das Gute. Die Gerechtigkeit
nun ist leicht zu verstehen, daß sie auf die Tunlichkeit des

τοῦτο κεῖται τὸ ὄνομα, ῥᾴδιον συμβαλεῖν· αὐτὸ δὲ τὸ
« δίκαιον » χαλεπόν. Καὶ γὰρ δὴ καὶ ἔοικε μέχρι μέν του
ὁμολογεῖσθαι παρὰ πολλῶν, ἔπειτα δὲ ἀμφισβητεῖσθαι. Ὅσοι d
γὰρ ἡγοῦνται τὸ πᾶν εἶναι ἐν πορείᾳ, τὸ μὲν πολὺ αὐτοῦ
ὑπολαμβάνουσιν τοιοῦτόν τι εἶναι οὐδὲν ἄλλο ἢ χωρεῖν, διὰ
δὲ τούτου παντὸς εἶναί τι διεξιόν, δι᾽ οὗ πάντα τὰ γιγνό-
μενα γίγνεσθαι· εἶναι δὲ τάχιστον τοῦτο καὶ λεπτότατον.
Οὐ γὰρ ἂν δύνασθαι ἄλλως διὰ τοῦ ὄντος ἰέναι παντός, εἰ
μὴ λεπτότατόν τε ἦν ὥστε αὐτὸ μηδὲν στέγειν, καὶ τάχιστον
ὥστε χρῆσθαι ὥσπερ ἑστῶσι τοῖς ἄλλοις. Ἐπεὶ δ᾽ οὖν ἐπι-
τροπεύει τὰ ἄλλα πάντα διαϊόν, τοῦτο τὸ ὄνομα ἐκλήθη e
ὀρθῶς « δίκαιον », εὐστομίας ἕνεκα τὴν τοῦ κάππα δύναμιν
προσλαβόν. Μέχρι μὲν οὖν ἐνταῦθα, ὃ νῦν δὴ ἐλέγομεν,
παρὰ πολλῶν ὁμολογεῖται τοῦτο εἶναι τὸ δίκαιον· ἐγὼ δέ, 413 a
ὦ Ἑρμόγενες, ἅτε λιπαρὴς ὢν περὶ αὐτοῦ, ταῦτα μὲν
πάντα διαπέπυσμαι ἐν ἀπορρήτοις, ὅτι τοῦτό ἐστι τὸ
δίκαιον καὶ τὸ αἴτιον — δι᾽ ὃ γὰρ γίγνεταί ⟨τι⟩, τοῦτ᾽ ἔστι
τὸ αἴτιον — καὶ ἰδίᾳ καλεῖν ἔφη τις τοῦτο ὀρθῶς ἔχειν διὰ
ταῦτα. Ἐπειδὰν δ᾽ ἠρέμα αὐτοὺς ἐπανερωτῶ ἀκούσας
ταῦτα μηδὲν ἧττον· « Τί οὖν ποτ᾽ ἔστιν, ὦ ἄριστε, δίκαιον,
εἰ τοῦτο οὕτως ἔχει » ; δοκῶ τε ἤδη μακρότερα τοῦ προσή-
κοντος ἐρωτᾶν καὶ ὑπὲρ τὰ ἐσκαμμένα ἅλλεσθαι. Ἱκανῶς
γάρ μέ φασι πεπύσθαι [ἀκηκοέναι] καὶ ἐπιχειροῦσιν, βουλό- b
μενοι ἀποπιμπλάναι με, ἄλλος ἄλλα ἤδη λέγειν, καὶ
οὐκέτι συμφωνοῦσιν. Ὁ μὲν γάρ τίς φησιν τοῦτο εἶναι
δίκαιον, τὸν ἥλιον· τοῦτον γὰρ μόνον διαϊόντα καὶ
κάοντα ἐπιτροπεύειν τὰ ὄντα. Ἐπειδὰν οὖν τῳ λέγω αὐτὸ
ἄσμενος ὥς καλόν τι ἀκηκοώς, καταγελᾷ μου οὗτος ἀκούσας
καὶ ἐρωτᾷ εἰ οὐδὲν δίκαιον οἶμαι εἶναι ἐν τοῖς ἀνθρώποις
ἐπειδὰν ὁ ἥλιος δύῃ. Λιπαροῦντος οὖν ἐμοῦ ὅ τι αὖ ἐκεῖνος c
λέγει, αὐτό τὸ πῦρ φησιν· τοῦτο δὲ οὐ ῥᾴδιόν ἐστιν εἰδέναι.
Ὁ δὲ οὐκ αὐτὸ τὸ πῦρ φησιν, ἀλλ᾽ αὐτὸ τὸ θερμὸν τὸ ἐν τῷ
πυρὶ ἐνόν. Ὁ δὲ τούτων μὲν πάντων καταγελᾶν φησιν,

gerechten geht. Das Gerechte selbst aber ist schwer. Denn das
sieht man wohl, bis zu einer gewissen Stelle sind die Meisten
darüber einig, weiterhin aber ist Streit. Die nämlich welche d
glauben, daß alles im Gange ist, denken sich das meiste so, daß
es eben nichts anderes ist als ein Fortgehn. Durch dieses Alles
aber gehe ein anderes hindurch, vermittelst dessen alles
werdende werde, und welches also erst das rechte gehende sei.
Dieses müsse das schnellste sein und das dünnste. Denn es
könnte sonst nicht durch alles gehende hindurch gehen, wenn
es nicht das dünnste wäre, so daß nichts es fassen und festhalten
kann, und zugleich das schnellste, so daß dieses rechte gehende
alles andere behandelt als stehendes. Da es nun durch alles
hindurchgehend über alles Aufsicht führt und ihm seine Rich- e
tung gibt, so führt es wohlverdient diesen Namen des gehend
richtenden, der nur des Wohlklangs wegen in gerecht zusam-
mengezogen worden. Bis hieher nun, wie ich eben sagte, sind
die meisten einig über das Gerechte. Und ich, o Hermogenes, 413a
der ich besonders lüstern danach bin, habe dies alles erforscht
als ein Geheimnis, und daß dieses Gerechte auch das ursächli-
che ist, denn wodurch etwas wird, das ist die Durchsache oder
Ursache; und es sagte mir auch einer ganz heimlich, deswegen
hieße es eben mit Recht so. Wenn ich sie aber, nachdem ich dies
alles gehört, nichts desto weniger ganz sachte weiter fragte,
Was, o Bester, ist doch aber nun das Gerechte, wenn dies alles
sich so verhält, dann dünkt ihnen schon daß ich weiter frage als
sich ziemt, und über die Schranken hinaus springe. Denn sie
meinen, ich hätte ja nun schon genug erfahren und gehört vom b
Gerechten, und wenn sie nun doch versuchen wollen mir satt
und genug zu geben, dann spricht jeder etwas anderes und sie
stimmen nicht mehr zusammen. Der Eine sagt wohl, das Ge-
rechte sei die Sonne, denn diese gehe durch alles hindurch,
Aufsicht führend und allem seine Richtung gebend. Wenn ich
denn dies, hocherfreut als hätte ich etwas herrliches gehört,
einem andern erzähle: so lacht mich der aus, wenn er es gehört
hat, und fragt mich, ob ich denn glaube es sei keine Gerechtig-
keit zu finden unter den Menschen nach Sonnenuntergang?
Und bin ich dann wieder lüstern danach, was der wohl meint, c
so sagt er es sei das Feuer, und das ist wahrlich nicht leicht zu

εἶναι δὲ τὸ δίκαιον ὃ λέγει Ἀναξαγόρας, νοῦν εἶναι τοῦτο· αὐτοκράτορα γὰρ αὐτὸν ὄντα καὶ οὐδενὶ μεμειγμένον πάντα φησὶν αὐτὸν κοσμεῖν τὰ πράγματα διὰ πάντων ἰόντα. »Ενταῦθα δὴ ἐγώ, ὦ φίλε, πολὺ ἐν πλείονι ἀπορίᾳ εἰμὶ ἢ πρὶν ἐπιχειρῆσαι μανθάνειν περὶ τοῦ δικαίου ὅ τι ποτ' d
ἔστιν. Ἀλλ' οὖν οὗπερ ἕνεκα ἐσκοποῦμεν, τό γε ὄνομα τοῦτο φαίνεται αὐτῷ διὰ ταῦτα κεῖσθαι.

ΕΡΜ. Φαίνει μοι, ὦ Σώκρατες, ταῦτα μὲν ἀκηκοέναι του καὶ οὐκ αὐτοσχεδιάζειν.

ΣΩ. Τί δὲ τἆλλα;

ΕΡΜ. Οὐ πάνυ.

ΣΩ. Ἄκουε δή· ἴσως γὰρ ἄν σε καὶ τὰ ἐπίλοιπα ἐξαπατήσαιμι ὡς οὐκ ἀκηκοὼς λέγω. Μετὰ γὰρ δικαιοσύνην τί ἡμῖν λείπεται; ἀνδρείαν, οἶμαι, οὔπω διήλθομεν. Ἀδικία μὲν γὰρ δῆλον ὅτι ἐστὶν ὄντως ἐμπόδισμα τοῦ διαϊόντος, e
ἀνδρεία δὲ σημαίνει ὡς ἐν μάχῃ ἐπονομαζομένης τῆς ἀνδρείας· μάχην δ' εἶναι ἐν τῷ ὄντι, εἴπερ ῥεῖ, οὐκ ἄλλο τι ἢ τὴν ἐναντίαν ῥοήν· ἐὰν οὖν τις ἐξέλῃ τὸ δέλτα τοῦ ὀνόματος τῆς ἀνδρείας, αὐτὸ μηνύει τὸ ἔργον τὸ ὄνομα ἡ « ἀνρεία ». Δῆλον οὖν ὅτι οὐ πάσῃ ῥοῇ ἡ ἐναντία ῥοὴ ἀνδρεία ἐστίν, ἀλλὰ τῇ παρὰ τὸ δίκαιον ῥεούσῃ· οὐ γὰρ ἂν 414 a
ἐπῃνεῖτο ἡ ἀνδρεία. Καὶ τὸ « ἄρρεν » καὶ ὁ « ἀνὴρ » ἐπὶ παραπλησίῳ τινὶ τούτῳ ἐστί, τῇ ἄνω ῥοῇ. « Γυνὴ » δὲ γονή μοι φαίνεται βούλεσθαι εἶναι. Τὸ δὲ « θῆλυ » ἀπὸ τῆς θηλῆς τι φαίνεται ἐπωνομάσθαι· ἡ δὲ « θηλὴ » ἆρά γε, ὦ Ἑρμόγενες, ὅτι τεθηλέναι ποιεῖ ὥσπερ τὰ ἀρδόμενα;

ΕΡΜ. Ἔοικέν γε, ὦ Σώκρατες.

ΣΩ. Καὶ μὴν αὐτό γε τὸ « θάλλειν » τὴν αὔξην μοι δοκεῖ ἀπεικάζειν τὴν τῶν νέων, ὅτι ταχεῖα καὶ ἐξαιφνιδία γίγνεται. Οἷόνπερ οὖν μεμίμηται τῷ ὀνόματι, συναρμόσας ἀπὸ b
τοῦ θεῖν καὶ ἅλλεσθαι τὸ ὄνομα. Ἀλλ' οὐ γὰρ ἐπισκοπεῖς

verstehen. Ein Anderer sagt wieder, nicht das Feuer selbst, sondern die dem Feuer einwohnende Wärme. Ein Anderer sagt, er lache alle diese aus, und das Gerechte sei, was auch schon Anaxagoras gesagt, die Vernunft. Denn diese sei, sagt er, selbstherrschend, und mit nichts anderm vermischt ordne sie alles, indem sie durch alles hindurchgeht. So komme ich denn in weit größere Verwirrung, Bester, als worin ich war, ehe ich mich bemühte zu erfahren, was das Gerechte wohl wäre. Wes- d
halb wir aber jetzt danach fragten, der Namen, der scheint ihm aus dieser Ursach zuzukommen.

HERMOGENES: Dies hast du offenbar von Jemand gehört, Sokrates, und nicht jetzt aus dem Stegreif vorgebracht.

SOKRATES: Wie aber? Das andere auch?

HERMOGENES: Nein das wohl nicht.

SOKRATES: So höre denn. Vielleicht kann ich dich auch mit dem übrigen noch hintergehen, daß du glaubst, ich hätte es nicht sonst wo gehört. Also was ist uns noch übrig nach der Gerechtigkeit? Die Tapferkeit, glaube ich sind wir noch nicht durchgegangen. Denn die Ungerechtigkeit ist ohne weiteres e
die Verhinderung des gehend richtenden. Die Tapferkeit aber zeigt, daß sie in Beziehung auf Streit so genannt worden; und Streit gibt es unter den Dingen, wenn sie sich bewegen, keinen andern als die entgegengesetzte Bewegung; und daher zeigt, wenn du nur ein weniges nachgibst, der Namen Tappfertigkeit, weil doch tappen stark entgegentreten heißt, ihr eigentliches Wesen. Offenbar aber ist nicht die einer jeden entgegengesetzte Bewegung Tapferkeit, sondern nur welche der bei 414a
dem gerechten vorbeilaufenden sich entgegensetzt, denn sonst könnte ja die Tapferkeit nicht gelobt werden. Eben so bedeuten Mann und mannhaft, woran man doch bei tapfer denken muß, das mächtig angehende. Weib hingegen will wohl offenbar Werden und Leib sagen. Frau aber scheint von frisch und saugen benannt zu sein, frisch aber, o Hermogenes, von frei und rasch, weil das befeuchtete und genährte ja so wird.

HERMOGENES: Das mag wohl sein, Sokrates.

SOKRATES: Und so bildet das frisch und erfrischen selbst das Wachstum der Jugend ab, daß es rasch und eifrig geschieht. b
Aber du gibst nicht gut Acht auf mich, daß ich aus der Bahn

με ὥσπερ ἐκτὸς δρόμου φερόμενον, ἐπειδὰν λείου ἐπιλάβωμαι· λοιπὰ δὲ ἡμῖν ἔτι συχνά ἐστι τῶν δοκούντων σπουδαίων εἶναι.

ΕΡΜ. Ἀληθῆ λέγεις.

ΣΩ. Ὧν γ' ἔστιν ἓν καὶ « τέχνην » ἰδεῖν ὅ τι ποτὲ βούλεται εἶναι.

ΕΡΜ. Πάνυ μὲν οὖν.

ΣΩ. Οὐκοῦν τοῦτό γε ἕξιν νοῦ σημαίνει, τὸ μὲν ταῦ ἀφελόντι, ἐμβαλόντι δὲ οὖ μεταξὺ τοῦ χεῖ καὶ νοῦ νῦ καὶ c ⟨τοῦ νῦ καὶ⟩ τοῦ ἦτα ;

ΕΡΜ. Καὶ μάλα γε γλίσχρως, ὦ Σώκρατες.

ΣΩ. Ὦ μακάριε, οὐκ οἶσθ' ὅτι τὰ πρῶτα ὀνόματα τεθέντα κατακέχωσται ἤδη ὑπὸ τῶν βουλομένων τραγῳδεῖν αὐτά, περιτιθέντων γράμματα καὶ ἐξαιρούντων εὐστομίας ἕνεκα καὶ πανταχῇ στρεφόντων, καὶ ὑπὸ καλλωπισμοῦ καὶ ὑπὸ χρόνου. Ἐπεὶ ἐν τῷ « κατόπτρῳ » οὐ δοκεῖ σοι ἄτοπον εἶναι τὸ ἐμβεβλῆσθαι τὸ ῥῶ ; ἀλλὰ τοιαῦτα, οἶμαι, ποιοῦσιν οἱ τῆς μὲν ἀληθείας οὐδὲν φροντίζοντες, τὸ δὲ στόμα πλάττοντες, d ὥστ' ἐπεμβάλλοντες πολλὰ ἐπὶ τὰ πρῶτα ὀνόματα τελευτῶντες ποιοῦσιν μηδ' ἂν ἕνα ἀνθρώπων συνεῖναι ὅ τι ποτὲ βούλεται τὸ ὄνομα· ὥσπερ καὶ τὴν Σφίγγα ἀντὶ « φικὸς » « σφίγγα » καλοῦσιν, καὶ ἄλλα πολλά.

ΕΡΜ. Ταῦτα μὲν ἔστιν οὕτως, ὦ Σώκρατες.

ΣΩ. Εἰ δ' αὖ τις ἐάσει καὶ ἐντιθέναι καὶ ἐξαιρεῖν ἅττ' ἂν βούληταί τις εἰς τὰ ὀνόματα, πολλὴ εὐπορία ἔσται καὶ πᾶν ἂν παντί τις ὄνομα πράγματι προσαρμόσειεν.

ΕΡΜ. Ἀληθῆ λέγεις. e

ΣΩ. Ἀληθῆ μέντοι. Ἀλλὰ τὸ μέτριον, οἶμαι, δεῖ φυλάττειν καὶ τὸ εἰκὸς σὲ τὸν σοφὸν ἐπιστάτην.

ΕΡΜ. Βουλοίμην ἄν.

ΣΩ. Καὶ ἐγώ σοι συμβούλομαι, ὦ Ἑρμόγενες. Ἀλλὰ μὴ λίαν, ὦ δαιμόνιε, ἀκριβολογοῦ, 415 a

« μή μ' ἀπογυιώσῃς μένεος ».

springe, wenn ich auf eine glatte Stelle komme, denn es sind mir noch mehrere von jenen wichtigen Worten übrig.

HERMOGENES: Ganz recht.

SOKRATES: Hievon ist nun eines auch die Kunst, zu wissen was die wohl sagen will.

HERMOGENES: Allerdings.

SOKRATES: Das ist nun wohl der Kunde Sinn, wenn du nur
das d wegwirfst, und statt des t das in annimmst. c

HERMOGENES: Gar sehr dürftig, Sokrates.

2.3.5.2. Erneute Zwischenbemerkung über Wortveränderungen

SOKRATES: Aber weißt du denn nicht, du Schwieriger, daß die ursprünglichen Namen schon ganz zusammengeschmolzen worden sind von denen, welche sie prächtig machen wollten, und nun Buchstaben darum hersetzten, und andere herausnahmen des bloßen Wohlklangs wegen, so daß sie auf vielerlei Weise verdreht sind teils der Verschönerung wegen, teils aus Schuld der Zeit. So wie in Spiegel, scheint dir da nicht auch ganz ungereimt das ge hineingesetzt zu sein? Aber dergleichen,
denke ich, tun die, welche sich um die Richtigkeit nichts be- d
kümmern, sondern nur der Stimme wohltun wollen, und deshalb oft soviel zu den ersten Namen hinzutun, daß zuletzt kein Mensch mehr verstehen kann, was das Wort sagen will, wie sie auch eine Spange anstatt Spanne Spange nennen und vieles andere.

HERMOGENES: Das ist freilich wohl so, Sokrates.

SOKRATES: Wenn man aber wieder Jeden läßt nach Belieben Buchstaben hineinsetzen in die Worte und herausnehmen, so muß es wohl sehr leicht sein, jeden Namen jeder Sache anzupassen.

HERMOGENES: Da hast du Recht. e

SOKRATES: Recht freilich; aber ich denke, du weiser Aufseher mußt eben Acht haben, daß Maß und Billigkeit beobachtet werde.

HERMOGENES: Das wollte ich wohl gern.

SOKRATES: Und ich will es auch mit dir, Hermogenes. Aber
nimm es nur nicht gar zu genau, du Wunderlicher, daß du mir 415a
nicht entnervest den Mut.

Ἔρχομαι γὰρ ἐπὶ τὴν κορυφὴν ὧν εἴρηκα, ἐπειδὰν μετὰ τέχνην μηχανὴν ἐπισκεψώμεθα. « Μηχανὴ » γάρ μοι δοκεῖ τοῦ ἄνειν ἐπὶ πολὺ σημεῖον εἶναι· τὸ γὰρ « μῆκός » πως τὸ πολὺ σημαίνει· ἐξ ἀμφοῖν οὖν τούτοιν σύγκειται, « μήκους » τε καὶ τοῦ « ἄνειν », τὸ ὄνομα ἡ « μηχανή ». Ἀλλ', ὅπερ νῦν δὴ εἶπον, ἐπὶ τὴν κορυφὴν δεῖ τῶν εἰρημένων ἐλθεῖν· « ἀρετὴ » γὰρ καὶ « κακία » ὅ τι βούλεται τὰ ὀνόματα ζητητέα. Τὸ μὲν οὖν ἕτερον οὔπω καθορῶ, τὸ δ' b
ἕτερον δοκεῖ μοι κατάδηλον εἶναι. Συμφωνεῖ γὰρ τοῖς ἔμπροσθεν πᾶσιν. Ἅτε γὰρ ἰόντων τῶν πραγμάτων, πᾶν τὸ κακῶς ἰὸν « κακία » ἂν εἴη· τοῦτο δὲ ὅταν ἐν ψυχῇ ᾖ, τὸ κακῶς ἰέναι ἐπὶ τὰ πράγματα, μάλιστα τὴν τοῦ ὅλου ἐπωνυμίαν ἔχει τῆς κακίας. Τὸ δὲ κακῶς ἰέναι ὅ τι ποτ' ἔστιν, δοκεῖ μοι δηλοῦν καὶ ἐν τῇ « δειλίᾳ », ὃ οὔπω διήλθομεν ἀλλ' ὑπερέβημεν, δέον αὐτὸ μετὰ τὴν ἀνδρείαν σκέ- c
ψασθαι· δοκοῦμεν δέ μοι καὶ ἄλλα πολλὰ ὑπερβεβηκέναι. Ἡ δ' οὖν δειλία τῆς ψυχῆς σημαίνει δεσμὸν εἶναί ἰσχυρόν· τὸ γὰρ « λίαν » ἰσχύς τίς ἐστιν. Δεσμὸς οὖν ὁ λίαν καὶ ὁ μέγιστος τῆς ψυχῆς ἡ δειλία ἂν εἴη· ὥσπερ γε καὶ ἡ ἀπορία κακόν, καὶ πᾶν, ὡς ἔοικεν, ὅ τι ἂν ἐμποδὼν ᾖ τῷ ἰέναι καὶ πορεύεσθαι. Τοῦτ' οὖν φαίνεται τὸ κακῶς ἰέναι δηλοῦν, τὸ ἰσχομένως τε καὶ ἐμποδιζομένως πορεύεσθαι, ὃ δὴ ψυχὴ ὅταν ἔχῃ, κακίας μεστὴ γίγνεται. Εἰ δ' ἐπὶ τοιούτοις ἡ « κακία » ἐστὶν τοὔνομα, τοὐναντίον τούτου ἡ « ἀρετὴ » ἂν εἴη, σημαῖνον πρῶτον μὲν εὐπορίαν, ἔπειτα δὲ λελυμένην d
τὴν ῥοὴν τῆς ἀγαθῆς ψυχῆς εἶναι ἀεί, ὥστε τὸ ἀσχέτως καὶ τὸ ἀκωλύτως ἀεὶ ῥέον ἐπωνυμίαν εἴληφεν, ὡς ἔοικε, τοῦτο τοὔνομα. Ὀρθῶς μὲν ἔχει « ἀειρείτην » καλεῖν, ἴσως δὲ αἱρετὴν λέγει, ὡς οὔσης ταύτης τῆς ἕξεως αἱρετωτάτης, συγκεκρότηται δὲ καὶ καλεῖται « ἀρετή ». Καὶ ἴσως με αὖ φήσεις πλάττειν· ἐγὼ δέ φημι, εἴπερ ὃ ἔμπροσθεν εἶπον ὀρθῶς ἔχει, ἡ « κακία », καὶ τοῦτο τὸ ὄνομα τὴν « ἀρετὴν » ὀρθῶς ἔχειν. e

2.3.5.3. Ausdrücke zur (ethischen) Charakterisierung menschlichen Verhaltens

Denn ich komme jetzt zum Gipfel alles bisherigen, wenn wir
nach der Kunst erst noch das Geschick betrachtet haben. Ge-
schick nämlich scheint mir dasjenige anzudeuten, wodurch
man es weit bringt. Daher muß, wenn doch alles in Bewegung
ist, aus diesen beiden dem Gehen und dem sich schicken in das
Gehen der Namen Geschick zusammengesetzt sein. Doch wie
gesagt, wir müssen nun zu dem Gipfel alles dessen, was wir
jetzt vorhaben, kommen, indem wir untersuchen, was wohl die
Namen der Tugend und der Bosheit sagen wollen. Das eine b
nun sehe ich noch nicht, das andere scheint mir aber deutlich zu
sein; es stimmt wenigstens mit allem bisherigen überein. Wenn
nämlich alle Dinge gehen, so muß alles bös hingehende Bosheit
sein; am meisten aber muß was in der Seele ein solches bös
hingehn zu den Dingen ist den Namen des Ganzen führen und
Bosheit sein. Was aber böse gehen heißt, das glaube ich zeigt
sich auch an der Feigheit, welche wir nicht mitgenommen, son-
dern übergangen haben, da wir sie sollten nach der Tapferkeit c
betrachtet haben; so haben wir wohl auch vieles andere über-
gangen. Die Feigherzigkeit also deutet darauf, daß sie ein fe-
stes Band für die Seele ist; denn das Ziehen ist etwas bindendes,
und die Feigherzigkeit ist ein fest sich herziehn der Seele; wie
auch die Verlegenheit etwas schlechtes ist, und alles, wie es
scheint, was die Bewegung und das Gehen hindert. Jenes böse
gehn deutet also auf eine aufgehaltene und gehinderte Bewe-
gung, wodurch die Seele, wenn sie eine solche hat, voll Bosheit
wird. Heißt nun aus dieser Ursache die Bosheit so, so muß ja
die Tugend das Gegenteil bedeuten, nämlich eine Unbefangen-
heit zuerst, und dann daß der Fluß einer guten Seele immer frei d
ist, so daß also ein unaufgehaltener und ungehinderter Gang,
wie es scheint, durch dieses Wort bezeichnet wird. Richtig also
hieße sie Tugehend, als immer zu gehend, denn t und z werden
häufig verwechselt. Vielleicht aber meint er auch das tunliche
Gehen als die vorzüglichste Beschaffenheit der Seele, es wird
aber zusammengeklappt und heißt Tugend. Vielleicht sagst du
nun wieder ich künstle; ich behaupte aber, daß wenn die Bos-
heit wie ich sie vorher erklärte richtig ist, dann auch dieses
Wort die Tugend richtig sein muß. e

ΕΡΜ. Τὸ δὲ δὴ « κακόν », δι᾽ οὗ πολλὰ τῶν ἔμπροσθεν εἴρηκας, τί ἂν νοοῖ τοὔνομα ; 416 a

ΣΩ. Ἄτοπόν τι νὴ Δία ἔμοιγε δοκεῖ καὶ χαλεπὸν συμβαλεῖν. Ἐπάγω οὖν καὶ τούτῳ ἐκείνην τὴν μηχανήν.

ΕΡΜ. Ποίαν ταύτην ;

ΣΩ. Τὴν τοῦ βαρβαρικόν τι καὶ τοῦτο φάναι εἶναι.

ΕΡΜ. Καὶ ἔοικάς γε ὀρθῶς λέγοντι. Ἀλλ᾽ εἰ δοκεῖ, ταῦτα μὲν ἐῶμεν, τὸ δὲ « καλὸν » καὶ τὸ « αἰσχρὸν » πειρώμεθα ἰδεῖν πῇ εὐλόγως ἔχει.

ΣΩ. Τὸ μὲν τοίνυν « αἰσχρὸν » καὶ δὴ κατάδηλόν μοι φαίνεται ὃ νοεῖ· καὶ τοῦτο γὰρ τοῖς ἔμπροσθεν ὁμολογεῖται. b
Τὸ γὰρ ἐμποδίζον καὶ ἴσχον τῆς ῥοῆς τὰ ὄντα λοιδορεῖν μοι φαίνεται διὰ παντὸς ὁ τὰ ὀνόματα τιθείς, καὶ νῦν τῷ ἀεὶ ἴσχοντι τὸν ῥοῦν τοῦτο τὸ ὄνομα ἔθετο ⟨τὸ⟩ « ἀεισχορροῦν »· νῦν δὲ συγκροτήσαντες « αἰσχρὸν » καλοῦσιν.

ΕΡΜ. Τί δὲ τὸ « καλόν » ;

ΣΩ. Τοῦτο χαλεπώτερον κατανοῆσαι. Καίτοι λέγει γε αὐτὸ ἁρμονίᾳ μόνον, καὶ μήκει τοῦ οὖ παρῆκται.

ΕΡΜ. Πῶς δή ;

ΣΩ. Τῆς διανοίας τις ἔοικεν ἐπωνυμία εἶναι τοῦτο τὸ ὄνομα.

ΕΡΜ. Πῶς λέγεις ;

ΣΩ. Φέρε, τί οἴει σὺ εἶναι τὸ αἴτιον κληθῆναι ἑκάστῳ c
τῶν ὄντων ; ἆρ᾽ οὐκ ἐκεῖνο τὸ τὰ ὀνόματα θέμενον ;

ΕΡΜ. Πάντως που.

ΣΩ. Οὐκοῦν διάνοια ἂν εἴη τοῦτο ἤτοι θεῶν ἢ ἀνθρώπων ἢ ἀμφότερα ;

ΕΡΜ. Ναί.

ΣΩ. Οὐκοῦν τὸ καλέσαν τὰ πράγματα καὶ τὸ καλοῦν ταὐτόν ἐστιν τοῦτο, διάνοια ;

ΕΡΜ. Φαίνεται.

ΣΩ. Οὐκοῦν καὶ ὅσα μὲν ἂν νοῦς τε καὶ διάνοια ἐργάσηται, ταῦτά ἐστι τὰ ἐπαινετά, ἃ δὲ μή, ψεκτά ;

HERMOGENES: Aber das Böse selbst, woraus du mehreres vorher erklärtest, was meint wohl das Wort? 416a

SOKRATES: Das scheint mir, beim Zeus, gar wunderlich und schwer zu erklären. Daher muß ich auch hiebei jenen Kunstgriff anwenden.

HERMOGENES: Welchen doch?

SOKRATES: Daß ich sage, auch das sei ein barbarisches Wort.

HERMOGENES: Und wohl mit Recht magst du das sagen, Sokrates. Also, wenn du meinst, wollen wir dies lassen, und dagegen das redliche und das schändliche versuchen auszufinden, worin das wohl gegründet ist.

SOKRATES: Das schändliche scheint mir gar sehr deutlich, was es meint, denn auch dieses stimmt mit dem vorigen überein. b Nämlich alles was die Dinge am Fließen hindert und darin aufhält scheint mir der Erfinder der Worte überall zu schmähen; daher hat er auch hier dem, was den Fluß stets hemmt diesen Namen gegeben das stethemmtliche, nun aber ziehn sie es zusammen und nennen es schändlich.

HERMOGENES: Wie aber das redliche?

SOKRATES: Das ist schwerer zu entdecken. Wiewohl doch in der Aussprache nur der Wohlklang und die Länge des Tons abweicht.

HERMOGENES: Wie so?

SOKRATES: Es scheint mir nämlich dieses Wort eigentlich eine Bezeichnung der Vernunft zu sein.

HERMOGENES: Wie meinst du das?

SOKRATES: Sprich doch, was glaubst du denn ist Ursach c daran, daß von jedem Ding geredet wird? Nicht jenes, welches die Namen bestimmt?

HERMOGENES: Allerdings.

SOKRATES: Und dies ist doch gewiß die Vernunft der Götter oder der Menschen oder beider?

HERMOGENES: Ja.

SOKRATES: Also das redende von den Dingen, und das redliche, ist dieses selbige, die Vernunft.

HERMOGENES: So scheint es.

SOKRATES: Und nicht wahr, was Vernunft und Verstand

ΕΡΜ. Πάνυ γε.

ΣΩ. Τὸ οὖν ἰατρικὸν ἰατρικὰ ἐργάζεται καὶ τὸ τεκτο- d
νικὸν τεκτονικά ; ἢ πῶς λέγεις ;

ΕΡΜ. Οὕτως ἔγωγε.

ΣΩ. Καὶ τὸ καλὸν ἄρα καλά ;

ΕΡΜ. Δεῖ γέ τοι.

ΣΩ. Ἔστι δέ γε τοῦτο, ὥς φαμεν, διάνοια ;

ΕΡΜ. Πάνυ γε.

ΣΩ. Ὀρθῶς ἄρα φρονήσεως αὕτη ἡ ἐπωνυμία ἐστὶν
τὸ « καλὸν » τῆς τὰ τοιαῦτα ἀπεργαζομένης ἃ δὴ καλὰ
φάσκοντες εἶναι ἀσπαζόμεθα.

ΕΡΜ. Φαίνεται.

ΣΩ. Τί οὖν ἔτι ἡμῖν λοιπὸν τῶν τοιούτων ; e

ΕΡΜ. Ταῦτα τὰ περὶ τὸ ἀγαθόν τε καὶ καλόν, ξυμ-
φέροντά τε καὶ λυσιτελοῦντα καὶ ὠφέλιμα καὶ κερδαλέα καὶ 417 a
τἀναντία τούτων.

ΣΩ. Οὐκοῦν τὸ μὲν « ξυμφέρον » ἤδη που κἂν σὺ εὕροις
ἐκ τῶν πρότερον ἐπισκοπῶν· τῆς γὰρ ἐπιστήμης ἀδελφόν
τι φαίνεται. Οὐδὲν γὰρ ἄλλο δηλοῖ ἢ τὴν ἅμα φορὰν τῆς
ψυχῆς μετὰ τῶν πραγμάτων, καὶ τὰ ὑπὸ τοῦ τοιούτου πρατ-
τόμενα « συμφέροντά » τε καὶ « σύμφορα » κεκλῆσθαι ἀπὸ
τοῦ συμπεριφέρεσθαι.

ΕΡΜ. Ἔοικε.

ΣΩ. Τὸ δέ γε « κερδαλέον » ἀπὸ τοῦ κέρδους. « Κέρδος »
δὲ νῦ ἀντὶ τοῦ δέλτα ἀποδιδόντι ἐς τὸ ὄνομα δηλοῖ ὃ βού- d
λεται· τὸ γὰρ ἀγαθὸν κατ' ἄλλον τρόπον ὀνομάζει. Ὅτι γὰρ
κεράννυται ἐς πάντα διεξιόν, ταύτην αὐτοῦ τὴν δύναμιν
ἐπονομάζων ἔθετο τοὔνομα· δέλτα ⟨δ'⟩ ἐνθεὶς ἀντὶ τοῦ νῦ
« κέρδος » ἐφθέγξατο.

ΕΡΜ. « Λυσιτελοῦν » δὲ τί δή ;

ΣΩ. Ἔοικεν, ὦ Ἑρμόγενες, οὐχὶ καθάπερ οἱ κάπηλοι
αὐτῷ χρῶνται, ἐὰν τὸ ἀνάλωμα ἀπολύῃ, οὐ ταύτῃ λέγειν
μοι δοκεῖ τὸ « λυσιτελοῦν », ἀλλ' ὅτι τάχιστον ὂν τοῦ ὄντος c

verrichten, das ist das löbliche, was aber nicht, das tadelnswerte?

HERMOGENES: Freilich.

SOKRATES: Das heilende Vermögen nun verrichtet heilsa- d
mes, und das bildende bildnerisches? Oder wie meinst du?

HERMOGENES: Eben so allerdings.

SOKRATES: Und das redende also redliches?

HERMOGENES: So muß es wohl.

SOKRATES: Und das ist, wie wir sagen, der Verstand?

HERMOGENES: Freilich.

SOKRATES: Also ist ganz richtig das redliche eine Benennung der Vernunft, welche ja dergleichen verrichtet, was wir als redlich loben.

HERMOGENES: So scheint es.

SOKRATES: Was ist uns nun wohl noch übrig von derglei- e
chen?

HERMOGENES: Dieses, was sich gleichfalls auf das gute
und redliche bezieht, das vorteilhafte, zweckmäßige, nützliche, 417a
gewinnvolle und das Gegenteil hievon.

SOKRATES: Das Vorteilhafte könntest du wohl schon selbst finden aus dem vorigen, wenn du es überlegtest. Denn es scheint mir sehr verwandt mit der Erkenntnis. Es deutet nämlich auf nichts anderes als auf das Fortgehn der Seele mit den Dingen. Was hiedurch ausgerichtet wird scheint vorteilhaft und Vorteil von dem zum Heil mit fortgehn zu heißen. Das gewinnvolle aber kommt von Gewinn, und das Wort Gewinn
wird dir, wenn du nur das n in l verwandeln willst, schon b
zeigen was es bedeutet. Es bezeichnet nämlich auch das Gute, nur auf andere Weise, daß es nämlich in alles gehen will. Um diese Eigenschaft desselben zu bezeichnen, ist das Wort gebildet, und wird nun durch Vertauschung des l mit n Gewinn ausgesprochen.

HERMOGENES: Was ist aber das zweckmäßige?

SOKRATES: Das scheint mir gar nicht so, wie etwa die Künstler und Handwerker sich dessen bedienen, für dasjenige, was zu ihrem Zweck das rechte Maß hat und ihn also erreicht,
wirklich zu verstehen zu sein; sondern weil es als das schnellste c

ἵστασθαι οὐκ ἐᾷ τὰ πράγματα, οὐδὲ τέλος λαβοῦσαν τὴν φορὰν τοῦ φέρεσθαι στῆναί τε καὶ παύσασθαι, ἀλλ' ἀεὶ λύει αὐτῆς ἄν τι ἐπιχειρῇ τέλος ἐγγίγνεσθαι, καὶ παρέχει ἄπαυστον καὶ ἀθάνατον αὐτήν, ταύτῃ μοι δοκεῖ ἐπιφημίσαι τὸ ἀγαθὸν λυσιτελοῦν· τὸ γὰρ τῆς φορᾶς λύον τὸ τέλος « λυσιτελοῦν » καλέσαι. « Ὠφέλιμον » δὲ ξενικὸν τοὔνομα, ᾧ καὶ Ὅμηρος πολλαχοῦ κέχρηται, τῷ « ὀφέλλειν »· ἔστι δὲ τοῦτο τοῦ αὔξειν καὶ ποιεῖν ἐπωνυμία.

ΕΡΜ. Τὰ δὲ δὴ τούτων ἐναντία πῶς ἔχει ἡμῖν ; d

ΣΩ. Ὅσα μὲν ἀπόφησιν αὐτῶν, ὥς γέ μοι δοκεῖ, οὐδὲν δεῖ ταῦτα διεξιέναι.

ΕΡΜ. Ποῖα ταῦτα ;

ΣΩ. « Ἀξύμφορον » καὶ « ἀνωφελὲς » καὶ « ἀλυσιτελὲς » καὶ « ἀκερδές ».

ΕΡΜ. Ἀληθῆ λέγεις.

ΣΩ. Ἀλλὰ « βλαβερόν » γε καὶ « ζημιῶδες ».

ΕΡΜ. Ναί.

ΣΩ. Καὶ τὸ μέν γε « βλαβερὸν » τὸ βλάπτον τὸν ῥοῦν εἶναι λέγει· τὸ δὲ « βλάπτον » αὖ σημαίνει βουλόμενον ἅπτειν· τὸ δὲ « ἅπτειν » καὶ δεῖν ταὐτόν ἐστι, τοῦτο δὲ πανταχοῦ ψέγει. Τὸ βουλόμενον οὖν ἅπτειν ῥοῦν ὀρθότατα μὲν ἂν εἴη « βουλαπτεροῦν », καλλωπισθὲν δὲ καλεῖσθαί μοι φαίνεται « βλαβερόν ». e

ΕΡΜ. Ποικίλα γέ σοι, ὦ Σώκρατες, ἐκβαίνει τὰ ὀνόματα. Καὶ γὰρ νῦν μοι ἔδοξας ὥσπερ τοῦ τῆς Ἀθηνάας νόμου προαύλιον στομαυλῆσαι, τοῦτο τὸ ὄνομα προειπὼν τὸ « βουλαπτεροῦν ». 418 a

ΣΩ. Οὐκ ἔγωγε, ὦ Ἑρμόγενες, αἴτιος, ἀλλ' οἱ θέμενοι τὸ ὄνομα.

ΕΡΜ. Ἀληθῆ λέγεις· ἀλλὰ δὴ τὸ « ζημιῶδες » τί ἂν εἴη ;

ΣΩ. Τί δ' ἂν εἴη ποτὲ « ζημιῶδες » ; θέασαι, ὦ Ἑρμόγενες, ὡς ἐγὼ ἀληθῆ λέγω λέγων ὅτι προστιθέντες γράμ-

überall die Dinge nicht stehen oder die Bewegung sich mäßigen und zu Ruhe und Stillstand kommen läßt, sondern wenn etwas ihr Maß verringern will, sie immer wieder weckt und sie dadurch unaufhörlich und unvergänglich macht, deswegen scheint mir das Gute als zweckmäßig dargestellt zu werden, und das was die ihr Maß verlierende Bewegung weckt zweckmäßig zu heißen. Nützlich vom Nutzen heißt so vom nur zu gehn; förderlich aber kommt von fördern, welches ein nicht überall sehr gewöhnliches Wort ist, das ebenfalls forttreiben bedeutet.

HERMOGENES: Wie steht es nun aber mit den Entgegen- d
gesetzten von diesen?

SOKRATES: So viele davon bloß das jetzt gesagte verneinen, haben wir wohl nicht nötig erst durchzugehn.

HERMOGENES: Was für welche meinst du?

SOKRATES: Solche wie das unvorteilhafte und unnütze und unzweckmäßige.

HERMOGENES: Du hast recht.

SOKRATES: Aber das Gefährliche und Hinderliche.

HERMOGENES: Ja.

SOKRATES: Das Gefährliche besagt, was das Gehen fäht
oder fängt, fangen aber bedeutet fest hängen, und alles befe- e
stigende, bindende, haltende tadelt er überall. Was nun das Gehn fäht, hieße am richtigsten das gehnfängliche, verschönert aber soll es nun sein, glaube ich, indem man es gefährlich nennt.

HERMOGENES: Nun geraten dir die Namen gar wunderlich und bunt, Sokrates. Und recht als wolltest du das Vorspiel zu dem Gesang der Athene zwischen den Lippen brummen, so
kam es mir vor, wie du das gehnfängliche herausbrachtest. 418a

SOKRATES: Ich kann nicht dafür, Hermogenes, sondern die welche das Wort gemacht haben.

HERMOGENES: Da hast du Recht. Was wäre denn aber das hinderliche?

SOKRATES: Was das hinderliche ist? sieh nur, Hermogenes, wie Recht ich habe, wenn ich sage, daß durch Hinzutun und

ματα καὶ ἐξαιροῦντες σφόδρα ἀλλοιοῦσι τὰς τῶν ὀνόματων διανοίας, οὕτως ὥστε σμικρὰ πάνυ παραστρέφοντες ἐνίοτε τἀναντία ποιεῖν σημαίνειν. Οἷον καὶ ἐν τῷ «δέοντι»· ἐνενόησα γὰρ αὐτὸ καὶ ἀνεμνήσθην ἄρτι ἀπὸ τοῦδε ὃ ἔμελλόν b σοι ἐρεῖν ὅτι ἡ μὲν νέα φωνὴ ἡμῖν ἡ καλὴ αὕτη καὶ τοὐναντίον περιέτρεψε μηνύειν τὸ «δέον» καὶ τὸ «ζημιῶδες», ἀφανίζουσα ὅ τι νοεῖ, ἡ δὲ παλαιὰ ἀμφότερον δηλοῖ ὃ βούλεται τοὔνομα.

ΕΡΜ. Πῶς λέγεις ;

ΣΩ. Ἐγώ σοι ἐρῶ. Οἶσθα ὅτι οἱ παλαιοὶ οἱ ἡμέτεροι τῷ ἰῶτα καὶ τῷ δέλτα εὖ μάλα ἐχρῶντο, καὶ οὐχ ἥκιστα αἱ γυναῖκες, αἵπερ μάλιστα τὴν ἀρχαίαν φωνὴν σῴζουσι. c Νῦν δὲ ἀντὶ μὲν τοῦ ἰῶτα ἢ εἶ ἢ ἦτα μεταστρέφουσιν, ἀντὶ δὲ τοῦ δέλτα ζῆτα, ὡς δὴ μεγαλοπρεπέστερα ὄντα.

ΕΡΜ. Πῶς δή ;

ΣΩ. Οἷον οἱ μὲν ἀρχαιότατοι «ἱμέραν» τὴν ἡμέραν ἐκάλουν, οἱ δὲ «ἑμέραν», οἱ δὲ νῦν «ἡμέραν».

ΕΡΜ. Ἔστι ταῦτα.

ΣΩ. Οἶσθα οὖν ὅτι μόνον τοῦτο δηλοῖ τὸ ἀρχαῖον ὄνομα τὴν διάνοιαν τοῦ θεμένου ; ὅτι γὰρ ἀσμένοις τοῖς ἀνθρώποις καὶ ἱμείρουσιν ἐκ τοῦ σκότους τὸ φῶς ἐγί- d γνετο, ταύτῃ ὠνόμασαν «ἱμέραν».

ΕΡΜ. Φαίνεται.

ΣΩ. Νῦν δέ γε τετραγῳδημένον οὐδ' ἂν κατανοήσαις ὅ τι βούλεται ἡ «ἡμέρα». Καίτοι τινὲς οἴονται, ὡς δὴ ἡ ἡμέρα ἥμερα ποιεῖ, διὰ ταῦτα ὠνομάσθαι αὐτὴν οὕτως.

ΕΡΜ. Δοκεῖ μοι.

ΣΩ. Καὶ τό γε «ζυγὸν» οἶσθα ὅτι «δυογὸν» οἱ παλαιοὶ ἐκάλουν.

ΕΡΜ. Πάνυ γε.

ΣΩ. Καὶ τὸ μέν γε «ζυγὸν» οὐδὲν δηλοῖ, τὸ δὲ τοῖν δυοῖν ἕνεκα τῆς δέσεως ἐς τὴν ἀγωγὴν ἐπωνόμασται e «δυογὸν» δικαίως· νῦν δὲ «ζυγόν». Καὶ ἄλλα πάμπολλα οὕτως ἔχει.

Ausmerzen von Buchstaben der Sinn der Worte oft so sehr verändert wird, daß wenn man dann nur noch ein wenig daran dreht, sie gerade das entgegengesetzte bedeuten können. Wie b
bei dem Billigen; da hatte ich es schon bemerkt, und es fiel mir eben jetzt wieder ein bei dem was ich dir sagen sollte, daß unsere neue schöne Sprache das Billige und das Hinderliche bis zur Andeutung des Gegenteils herumgedreht und ganz unkenntlich gemacht hat, was die Worte meinen; die alte aber legt deutlich zu Tage was beide wollen.

HERMOGENES: Wie meinst du das?

SOKRATES: Ich will es dir sagen. Du weißt doch, daß unsere Alten sich häufig des ei und des d bedienten, wie sie auch in den niederen Gegenden noch tun, wo sich die alte Sprechart am c
längsten erhält, jetzt aber kehren sie das ei in i oder in e um, und statt des d sagen sie t, als wäre das vornehmer.

HERMOGENES: Wie so?

SOKRATES: Zum Beispiel unsere Alten sagten Dag, jetzt aber sagen sie Tag.

HERMOGENES: Das ist wahr.

SOKRATES: Nun siehst du aber doch, daß nur das alte Wort den Sinn des Wortbildners kund macht; denn weil er den Menschen sagt was da ist, indem er sie aus der Finsternis in das d
Licht versetzt, deshalb ist er Dag genannt worden.

HERMOGENES: Das scheint mir.

SOKRATES: Nun aber ist es so prächtig geworden, daß du gar nicht merken kannst, was Tag bedeutet, wiewohl Einige sagen, weil der Tag den Menschen taugt zu ihren Verrichtungen, deshalb heiße er Tag.

HERMOGENES: Das mag wohl sein.

SOKRATES: Und das Tor, weißt du noch, nannten die Alten Dohr und Dühre.

HERMOGENES: Freilich.

SOKRATES: Tor nun bedeutet gar nichts, aber Dohr und Dühre ist es ganz richtig von Durchführen genannt worden. e
Nun heißt es aber Tor; und so ist es mit gar vielen andern.

ΕΡΜ. Φαίνεται.

ΣΩ. Κατὰ ταῦτα τοίνυν πρῶτον μὲν τὸ « δέον » οὕτω
λεγόμενον τοὐναντίον σημαίνει πᾶσι τοῖς περὶ τὸ ἀγαθὸν
ὀνόμασιν· ἀγαθοῦ γὰρ ἰδέα οὖσα τὸ δέον φαίνεται δεσμὸς
εἶναι καὶ κώλυμα φορᾶς, ὥσπερ ἀδελφὸν ὂν τοῦ βλαβεροῦ.

ΕΡΜ. Καὶ μάλα, ὦ Σώκρατες, οὕτω φαίνεται.

ΣΩ. Ἀλλ᾽ οὐκ ἐὰν τῷ ἀρχαίῳ ὀνόματι χρῇ, ὃ πολὺ
μᾶλλον εἰκός ἐστιν ὀρθῶς κεῖσθαι ἢ τὸ νῦν, ἀλλ᾽ ὁμολο- 419 a
γήσει τοῖς πρόσθεν ἀγαθοῖς, ἐὰν ἀντὶ τοῦ εἶ τὸ ἰῶτα ἀπο-
διδῷς, ὥσπερ τὸ παλαιόν· διὸν γὰρ αὖ σημαίνει, ἀλλ᾽ οὐ
δέον, τἀγαθόν, ὅπερ δὴ ἐπαινεῖ. Καὶ οὕτω οὐκ ἐναντιοῦται
αὐτὸς αὑτῷ ὁ τὰ ὀνόματα τιθέμενος, ἀλλὰ « δέον » καὶ
« ὠφέλιμον » καὶ « λυσιτελοῦν » καὶ « κερδαλέον » καὶ
« ἀγαθὸν » καὶ « ξυμφέρον » καὶ « εὔπορον » τὸ αὐτὸ
φαίνεται, ἑτέροις ὀνόμασι σημαῖνον τὸ διακοσμοῦν καὶ ἰὸν
πανταχοῦ ἐγκεκωμιασμένον, τὸ δὲ ἴσχον καὶ δοῦν ψεγό- b
μενον. Καὶ δὴ καὶ τὸ « ζημιῶδες », ἐὰν κατὰ τὴν ἀρχαίαν
φωνὴν ἀποδῷς ἀντὶ τοῦ ζῆτα δέλτα, φανεῖταί σοι κεῖσθαι
τὸ ὄνομα ἐπὶ τῷ δοῦντι τὸ ἰόν, ἐπονομασθὲν « δημιῶδες ».

ΕΡΜ. Τί δὲ δὴ « ἡδονὴ » καὶ « λύπη » καὶ « ἐπιθυμία »
καὶ τὰ τοιαῦτα, ὦ Σώκρατες ;

ΣΩ. Οὐ πάνυ χαλεπά μοι φαίνεται, ὦ Ἑρμόγενες. Ἥ
τε γὰρ « ἡδονή », ἡ πρὸς τὴν ὄνησιν ἔοικε τείνουσα
πρᾶξις τοῦτο ἔχειν τὸ ὄνομα — τὸ δέλτα δὲ ἔγκειται, ὥστε
« ἡδονὴ » ἀντὶ « ἡονῆς » καλεῖται — ἥ τε « λύπη » ἀπὸ c
τῆς διαλύσεως τοῦ σώματος ἔοικεν ἐπωνομάσθαι ἣν ἐν
τούτῳ τῷ πάθει ἴσχει τὸ σῶμα. Καὶ ἥ γε « ἀνία » τὸ
ἐμποδίζον τοῦ ἰέναι. Ἡ δὲ « ἀλγηδὼν » ξενικόν τι φαίνεταί
μοι, ἀπὸ τοῦ ἀλγεινοῦ ὠνομασμένον. « Ὀδύνη » δὲ ἀπὸ
τῆς ἐνδύσεως τῆς λύπης κεκλημένη ἔοικεν. « Ἀχθηδὼν »
δὲ καὶ παντὶ δῆλον ἀπῃκασμένον τὸ ὄνομα τῷ τῆς φορᾶς
βάρει. « Χαρὰ » δὲ τῇ διαχύσει καὶ εὐπορίᾳ τῆς ῥοῆς

HERMOGENES: Offenbar.

SOKRATES: Eben so deutet zuerst das Billige, wenn man es so spricht, das Gegenteil an von allen Worten durch welche das Gute bezeichnet wird. Denn obgleich es auch eine Art des Guten ist, scheint es doch ein liegendes und ein bindliches für die Bewegung zu sein, als wäre es dem Gefährlichen verwandt.

HERMOGENES: Allerdings, Sokrates, gar sehr scheint es so.

SOKRATES: Aber gar nicht, wenn du dich des alten Wortes bedienst, welches mir weit richtiger vorkommt als das jetzige; 419a
sondern es stimmt vielmehr mit allem bisherigen Guten überein, wenn du statt des i das ei wieder herstellst. Beilig nennt dann, nicht billig, das Gute der Worterfinder, wie er das immer lobt, und ist gar nicht mit sich selbst im Streite, sondern das beeilende und förderliche und gewinnvolle und gute und vorteilhafte und nützliche deutet durch verschiedene Namen dasselbe an, nämlich das durchziehende und forgehende überall zu loben, das aufhaltende und bindende aber zu tadeln. So wird b
auch das Hinderliche, wenn du nur bedenkst, daß dies noch von der alten Aussprache herrührt, und daß sie ehedem das hinden nannten, was wir jetzt hinten nennen, dir ganz dieselbe Beziehung anzeigen, daß nämlich das hintenlegende und zurückhaltende das hinderliche genannt wird.

2.3.5.4. Ausdrücke für Befindlichkeiten, geistige Vorgänge, Beurteilungen, das Wahre, Falsche, Seiende

HERMOGENES: Wie ist es aber mit Wollust, Schmerz, Bestreben und dergleichen Worten, Sokrates?

SOKRATES: Die scheinen mir eben nicht sehr schwer, Hermogenes. Die Wollust nämlich ist für die zum Genuß hinstrebende Handlung der Namen, man hat nur das n herausgeworfen und das t hinten angesetzt, und sagt statt Wollnuß Wollust. c
Der Schmerz aber scheint gleichsam von dem Schmelzen und Aufgelöstsein des Herzens den Namen zu haben, welches sich bei diesem Zustande vorfindet. Die Unlust aber ist das verhindernde der Lust und des Genusses. Die Angst ist wohl etwas wunderlich gebildet von dem Beengen des Gehens. Die Betrubnis aber scheint vom hineingetrieben werden des Schmerzens genannt zu sein. Die Beschwerde sieht wohl Jeder,

τῆς ψυχῆς ἔοικε κεκλημένη. « Τέρψις » δὲ ἀπὸ τοῦ d
τερπνοῦ· τὸ δὲ « τερπνὸν » ἀπὸ τῆς διὰ τῆς ψυχῆς ἕρψεως πνοῇ ἀπεικασθὲν κέκληται, ἐν δίκῃ μὲν ἂν « ἕρπνουν » καλούμενον, ὑπὸ χρόνου δὲ « τερπνὸν » παρηγμένον. « Εὐφροσύνη » δὲ οὐδὲν προσδεῖται τοῦ διότι ῥηθῆναι· παντὶ γὰρ δῆλον ὅτι ἀπὸ τοῦ εὖ τοῖς πράγμασι τὴν ψυχὴν συμφέρεσθαι τοῦτο ἔλαβε τὸ ὄνομα, « εὐφεροσύνην » τό γε δίκαιον· ὅμως δὲ αὐτὸ καλοῦμεν « εὐφροσύνην ». Οὐδ' « ἐπιθυμία » χαλεπόν· τῇ γὰρ ἐπὶ τὸν θυμὸν ἰούσῃ δυνάμει δῆλον ὅτι τοῦτο ἐκλήθη τὸ ὄνομα. e
« Θυμὸς » δὲ ἀπὸ τῆς θύσεως καὶ ζέσεως τῆς ψυχῆς ἔχοι ἂν τοῦτο τὸ ὄνομα. Ἀλλὰ μὴν « ἵμερός » γε τῷ μάλιστα ἕλκοντι τὴν ψυχὴν ῥῷ ἐπωνομάσθη· ὅτι γὰρ ἱέμενος 420 a
ῥεῖ καὶ ἐφιέμενος τῶν πραγμάτων, καὶ οὕτω δὴ ἐπισπᾷ σφόδρα τὴν ψυχὴν διὰ τὴν ἕσιν τῆς ῥοῆς, ἀπὸ ταύτης οὖν πάσης τῆς δυνάμεως « ἵμερος » ἐκλήθη. Καὶ μὴν « πόθος » αὖ καλεῖται σημαίνων οὐ τοῦ παρόντος εἶναι [ἱμέρου τε καὶ ῥεύματος], ἀλλὰ τοῦ ἄλλοθί που ὄντος καὶ ἀπόντος, ὅθεν « πόθος » ἐπωνόμασται ὃς τότε, ὅταν παρῇ οὗ τις ἐφίετο, « ἵμερος » ἐκαλεῖτο· ἀπογενομένου δὲ ὁ αὐτὸς οὗτος « πόθος » ἐκλήθη. « Ἔρως » δέ, ὅτι ἐσρεῖ ἔξωθεν καὶ οὐκ οἰκεία ἐστὶν ἡ ῥοὴ αὕτη τῷ ἔχοντι, ἀλλ' b
ἐπείσακτος διὰ τῶν ὀμμάτων, διὰ ταῦτα ἀπὸ τοῦ ἐσρεῖν « ἔσρος » τό γε παλαιὸν ἐκαλεῖτο — τῷ γὰρ οὖ ἀντὶ τοῦ ὦ ἐχρώμεθα — νῦν δ' « ἔρως » κέκληται διὰ τὴν τοῦ ὦ ἀντὶ τοῦ οὖ μεταλλαγήν. Ἀλλὰ τί ἔτι σὺ λέγεις ὅ τι σκοπῶμεν;

ΕΡΜ. « Δόξα » καὶ τὰ τοιαῦτα πῇ σοι φαίνεται;

ΣΩ. « Δόξα » δὴ ἤτοι τῇ διώξει ἐπωνόμασται, ἣν ἡ ψυχὴ διώκουσα τὸ εἰδέναι ὅπῃ ἔχει τὰ πράγματα πορεύεται, ἢ τῇ ἀπὸ τοῦ τόξου βολῇ. Ἔοικε δὲ τούτῳ μᾶλλον. Ἡ γοῦν « οἴησις » τούτῳ συμφωνεῖ. « Οἶσιν » γὰρ τῆς ψυχῆς c
ἐπὶ τὸ πρᾶγμα, οἷόν ἐστιν ἕκαστον τῶν ὄντων, δηλούσῃ προσέοικεν, ὥσπερ γε καὶ ἡ « βουλή » πως τὴν βολήν, καὶ

daß sie die Schwierigkeit des Werdens darstellen soll. Die Freu-
de dagegen scheint von dem freien und leichten Fluß der Seele
so zu heißen. Das Vergnügen aber müßte von dem genugsa- d
men Werden in der Seele, was es bezeichnen soll, eigentlich
Werdgenügen heißen, mit der Zeit aber hat man Vergnügen
daraus gemacht. Die Fröhlichkeit bedarf nicht erst erklärt zu
werden, denn Jedem muß klar sein, daß sie von dem Forteilen
der Seele mit den Dingen eigentlich den Namen Forteiligkeit
bekommen hat, doch sagen wir nun einmal Fröhlichkeit. Auch
das Bestreben ist nicht schwer. Es hat von dem Herbeiströmen
des Triebes den Namen, der Trieb aber von dem Treiben und e
Heben der Seele. Ferner der Reiz ist als der die Seele am stärk-
sten ziehende Fluß so genannt worden. Denn weil er rege fließt 420a
und sich nach den Dingen hinzieht, und so die Seele heftig
anzieht vermöge dieses regen Fließens, von dieser Eigenschaft
ist er Reiz genannt worden. Die Sehnsucht aber deutet durch
ihren Namen an, daß sie nicht auf ein gegenwärtiges fließendes
und bewegliches geht, sondern auf ein anderwärts gesehenes
und gesuchtes, weshalb sie Sehnsucht heißt, so daß das näm-
liche, wenn das zugegen ist, wonach Jemand strebt, Reiz heißt,
wenn es aber entfernt ist, alsdann Sehnsucht. Die Neigung
ferner, weil diese Bewegung von außen hineingeht und nicht
einheimisch ist bei dem der sie hat, sondern erst aufgenommen b
durch die Augen, ist von diesem Eingehn anfangs Hineinge-
hung genannt worden, jetzt aber sagt man mit Wegwerfung
des Anfangs und Zusammenziehung des Letzten, und indem
man das n vor dem g verschluckt, Neigung. Aber warum sagst
du nicht etwas neues, was wir vornehmen sollen?

HERMOGENES: Was meinst du also von Gedanken und dergleichen?

SOKRATES: Gedanken ist entweder nach dem Gehn auf das
Denken benannt, wodurch die Seele das Wissen sucht, oder
auch weil es der Dank oder Lohn ist für das Gehn der Seele.
Doch gefällt mir jenes besser. Auch stimmt die Meinung damit
überein, welche des Menschen Einigung mit den Dingen ist, c
wodurch er erfährt wie alles was ist geeignet ist; so wie auch
Entwurf und Beratschlagung von Schlägen und Werfen, und
Nachdenken, das nach den Dingen Lenken der Seele, dies alles

τὸ « βούλεσθαι » τὸ ἐφίεσθαι σημαίνει καὶ ⟨τὸ⟩ « βουλεύεσθαι »· πάντα ταῦτα δόξῃ ἑπόμεν᾽ ἄττα φαίνεται τῆς βολῆς ἀπεικάσματα, ὥσπερ αὖ καὶ τοὐναντίον ἡ « ἀβουλία » ἀτυχία δοκεῖ εἶναι, ὡς οὐ βαλόντος οὐδὲ τυχόντος οὗ ἔβαλλέ τε καὶ ὃ ἐβούλετο καὶ περὶ οὗ ἐβουλεύετο καὶ οὗ ἐφίετο.

ΕΡΜ. Ταῦτα ἤδη μοι δοκεῖς, ὦ Σώκρατες, πυκνότερα d
ἐπάγειν.

ΣΩ. Τέλος γὰρ ἤδη θεῷ. « Ἀνάγκην » δ᾽ οὖν ἔτι βούλομαι διαπερᾶναι, ὅτι τούτοις ἑξῆς ἐστι, καὶ τὸ « ἑκούσιον ». Τὸ μὲν οὖν « ἑκούσιον », τὸ εἶκον καὶ μὴ ἀντιτυποῦν, ἀλλ᾽, ὥσπερ λέγω, εἶκον τῷ ἰόντι δεδηλωμένον ἂν εἴη τούτῳ τῷ ὀνόματι, τῷ κατὰ τὴν βούλησιν γιγνομένῳ· τὸ δὲ « ἀναγκαῖον » καὶ ἀντίτυπον, παρὰ τὴν βούλησιν ὄν, τὸ περὶ τὴν ἁμαρτίαν ἂν εἴη καὶ ἀμαθίαν, ἀπῄκασται δὲ τῇ κατὰ
τὰ ἄγκη πορείᾳ, ὅτι δύσπορα καὶ τραχέα καὶ λάσια ὄντα e
ἴσχει τοῦ ἰέναι. Ἐντεῦθεν οὖν ἴσως ἐκλήθη « ἀναγκαῖον », τῇ διὰ τοῦ ἄγκους ἀπεικασθὲν πορείᾳ. Ἕως δὲ πάρεστιν ἡ ῥώμη, μὴ ἀνιῶμεν αὐτήν· ἀλλὰ καὶ σὺ μὴ ἀνίει, ἀλλὰ ἐρώτα.

ΕΡΜ. Ἐρωτῶ δὴ τὰ μέγιστα καὶ τὰ κάλλιστα, τήν τε 421 a
« ἀλήθειαν » καὶ τὸ « ψεῦδος » καὶ τὸ « ὂν » καὶ αὐτὸ τοῦτο περὶ ὃ νῦν ὁ λόγος ἡμῖν ἐστιν, « ὄνομα », δι᾽ ὅ τι τὸ ὄνομα ἔχει.

ΣΩ. Μαίεσθαι οὖν καλεῖς τι;

ΕΡΜ. Ἔγωγε, τό γε ζητεῖν.

ΣΩ. Ἔοικε τοίνυν ἐκ λόγου ὀνόματι συγκεκροτημένῳ, λέγοντος ὅτι τοῦτ᾽ ἔστιν ὄν, οὗ τυγχάνει ζήτημα, τὸ « ὄνομα ». Μᾶλλον δὲ ἂν αὐτὸ γνοίης ἐν ᾧ λέγομεν τὸ « ὀνομαστόν »· ἐνταῦθα γὰρ σαφῶς λέγει τοῦτο εἶναι ὂν οὗ
μάσμα ἐστίν. Ἡ δ᾽ « ἀλήθεια », καὶ τοῦτο τοῖς ἄλλοις b
ἔοικε συγκεκροτῆσθαι· ἡ γὰρ θεία τοῦ ὄντος φορὰ ἔοικε προσειρῆσθαι τούτῳ τῷ ῥήματι, τῇ « ἀληθείᾳ », ὡς θεία

hiemit zusammenhängt und auf mancherlei Weise den Wurf
bezeichnet, so wie im Gegenteil der Zweifel bedeutet, daß ei-
ner vom Ziel weit ab gefehlt, und also nichts getroffen hat was
er entwarf, oder worüber er beratschlagt und nachgedacht hat-
te.

HERMOGENES: Nun kommt es mir schon fast zu dicht auf d
einander, Sokrates.

SOKRATES: Der Gott geht eben zu Ende. Nur den Zwang
möchte ich noch gern durchgehn, weil er doch mit dem letzten
zusammenhängt, und das Freiwillige.

HERMOGENES: So tue das.

SOKRATES: Das Freiwillige wird als das was nicht wider-
strebt, sondern sich vereinigen will mit dem eiligen, durch
diesen Namen bezeichnet für das, was nach unserm Entwurfe
kommt. Der Zwang hingegen als widerstrebend und gegen
unsern Entwurf gehört zum Verfehlen und zur Torheit, und ist
deshalb bezeichnet als das zwischen dem Engen durchgehende,
weil dies als schwierig und rauh und holperig das Gehen auf- e
hält. Daher heißt er vielleicht der Zwang, weil er abgebildet ist
als der Gang zwischen dem Engen. – So lange nun noch Kraft
da ist, wollen wir ihr nichts nachlassen; also laß du auch nicht
nach, sondern frage.

HERMOGENES: So frage ich denn nach dem größten und 421a
schönsten, nämlich dem Wahren und Falschen und dem Seien-
den, ja nach dem wovon wir jetzt immer reden, dem Wort, was
das wohl für ein Wort ist.

SOKRATES: Du nennst doch etwas forschen?

HERMOGENES: Allerdings das Suchen.

SOKRATES: Es mag also wohl ein aus der Erklärung zusam-
mengezogenes Wort sein, indem einer sagen wollte, es wäre
das was man sucht. Du siehst es aber wohl leichter, wenn wir es
so ausdrücken, daß es ganz bestimmt zum Vorschein kommt;
es ist nämlich das, wonach geforscht ist. Die Wahrheit aber ist b
eben wie die übrigen auch zusammengezogen, so daß das gött-
liche ungetrübte in der Bewegung des Seienden angedeutet
wird durch diesen Namen, Wahrheit nämlich als heitere Wäh-

οὖσα ἄλη. Τὸ δὲ « ψεῦδος » τοὐναντίον τῇ φορᾷ· πάλιν γὰρ αὖ λοιδορούμενον ἥκει τὸ ἰσχόμενον καὶ τὸ ἀναγκαζόμενον ἡσυχάζειν, ἀπῄκασται δὲ τοῖς καθεύδουσι· τὸ ψεῖ δὲ προσγενόμενον ἐπικρύπτει τὴν βούλησιν τοῦ ὀνόματος. Τὸ δὲ « ὂν » καὶ ἡ « οὐσία » ὁμολογεῖ τῷ ἀληθεῖ, τὸ ἰῶτα ἀπολαβόν· ἰὸν γὰρ σημαίνει, καὶ τὸ « οὐκ ὂν » αὖ, ὥς τινες c
καὶ ὀνομάζουσιν αὐτό, « οὐκ ἰόν ».

ΕΡΜ. Ταῦτα μέν μοι δοκεῖς, ὦ Σώκρατες, ἀνδρείως πάνυ διακεκροτηκέναι· εἰ δέ τις ἔροιτο τοῦτο τὸ « ἰὸν » καὶ τὸ « ῥέον » καὶ τὸ « δοῦν », τίνα ἔχει ὀρθότητα ταῦτα τὰ ὀνόματα —

ΣΩ. Τί ἂν αὐτῷ ἀποκριναίμεθα, λέγεις ; ἦ γάρ ;

ΕΡΜ. Πάνυ μὲν οὖν.

ΣΩ. Ἓν μὲν τοίνυν ἄρτι που ἐπορισάμεθα, ὥστε δοκεῖν τι λέγειν ἀποκρινόμενοι.

ΕΡΜ. Τὸ ποῖον τοῦτο ;

ΣΩ. Φάναι, ὃ ἂν μὴ γιγνώσκωμεν, βαρβαρικόν τι τοῦτ' εἶναι. Εἴη μὲν οὖν ἴσως ἄν τι τῇ ἀληθείᾳ καὶ τοιοῦτον d
αὐτῶν, εἴη δὲ κἂν ὑπὸ παλαιότητος τὰ πρῶτα τῶν ὀνομάτων ἀνεύρετα εἶναι· διὰ γὰρ τὸ πανταχῇ στρέφεσθαι τὰ ὀνόματα, οὐδὲν θαυμαστὸν ἂν εἴη εἰ ἡ παλαιὰ φωνὴ πρὸς τὴν νυνὶ βαρβαρικῆς μηδὲν διαφέρει.

ΕΡΜ. Καὶ οὐδέν γε ἀπὸ τρόπου λέγεις.

ΣΩ. Λέγω γὰρ οὖν εἰκότα. Οὐ μέντοι μοι δοκεῖ προφάσεις ἀγὼν δέχεσθαι, ἀλλὰ προθυμητέον ταῦτα διασκέψασθαι. Ἐνθυμηθῶμεν δέ, εἴ τις ἀεί, δι' ὧν ἂν λέγηται τὸ ὄνομα, ἐκεῖνα ἐρήσεται τὰ ῥήματα, καὶ αὖθις αὖ δι' ὧν e
ἂν τὰ ῥήματα λεχθῇ, ἐκεῖνα πεύσεται, καὶ τοῦτο μὴ παύσεται ποιῶν, ἆρ' οὐκ ἀνάγκη τελευτῶντα ἀπειπεῖν τὸν ἀποκρινόμενον ;

rung. Das Falsche aber ist das Gegenteil der Bewegung, und hier finden wir das stillgestellte und zur Ruhe gezwungene schon wieder geschimpft. Es wird nämlich hergenommen vom Schlaf, und ist ganz dasselbe, nur, wunderlich genug, umgekehrt, um eben die Meinung des Wortes zu verbergen. Das Sein aber und das Wesen trifft ganz mit der Wahrheit zusammen, denn es ist das in der Zeit gehn und das Währen, und eben c
so im Gegenteil das Nichts ist das nie gehts.

2.4. Über die Richtigkeit der Stammwörter

2.4.1. Was Stammwörter sind und worin das Problem der Etymologie bei ihnen besteht

HERMOGENES: Das scheinst du mir sehr tüchtig zusammengeschlagen zu haben, Sokrates. Wenn dich aber nun einer fragt nach diesem Gehn und Fließen und Binden und Halten selbst, worin wohl die Richtigkeit dieser Benennungen besteht.

SOKRATES: Was ich dem antworten würde, meinst du?

HERMOGENES: Freilich.

SOKRATES: Eins habe ich schon vorher vorgebracht, was mich wohl dünkt eine gute Antwort zu sein.

HERMOGENES: Was war das?

SOKRATES: Zu sagen, wenn wir etwas nicht verstehen können, dies sei ein barbarisches und ausländisches Wort. Und vielleicht ist manches unter diesen in der Tat ein solches; es d
kann aber auch von ihrem Alter herrühren daß die ersten Worte uns unerforschlich sind. Denn da die Worte so nach allen Seiten herumgedreht werden; wäre es wohl nicht zu verwundern, wenn sich die alte Sprache zu der jetzigen nicht anders verhielte als eine barbarische.

HERMOGENES: Das wäre wohl gar nicht aus der Weise.

SOKRATES: Ich sage freilich was sich hören läßt; allein unser Kampf scheint mir keine Ausrede zu gestatten, sondern wir müssen doch versuchen die Wörter zu erklären. Laß uns nur bedenken, wenn jemand immer nach den Worten, aus welchen eine Benennung besteht, fragen will, und dann wieder nach e
jenen, woraus diese herstammen, forscht, und damit gar nicht aufhören will, wird dann nicht der Antwortende zuletzt notwendig verstummen?

ΕΡΜ. Ἔμοιγε δοκεῖ.

ΣΩ. Πότε οὖν ἀπειπὼν ὁ ἀπαγορεύων δικαίως παύοιτο 422 a
ἄν ; ἆρ' οὐκ ἐπειδὰν ἐπ' ἐκείνοις γένηται τοῖς ὀνόμασιν, ἃ
ὡσπερεὶ στοιχεῖα τῶν ἄλλων ἐστὶ καὶ λόγων καὶ ὀνομάτων ;
ταῦτα γάρ που οὐκέτι δίκαιον φανῆναι ἐξ ἄλλων ὀνομάτων
ξυγκείμενα, ἂν οὕτως ἔχῃ. Οἷον νῦν δὴ τὸ « ἀγαθὸν »
ἔφαμεν ἐκ τοῦ ἀγαστοῦ καὶ ἐκ τοῦ θοοῦ ξυγκεῖσθαι, τὸ
δὲ « θοὸν » ἴσως φαῖμεν ἂν ἐξ ἑτέρων, ἐκεῖνα δὲ ἐξ ἄλλων·
ἀλλ' ἐάν ποτέ γε λάβωμεν ὃ οὐκέτι ἔκ τινων ἑτέρων b
ξύγκειται ὀνομάτων, δικαίως ἂν φαῖμεν ἐπὶ στοιχείῳ τε
ἤδη εἶναι καὶ οὐκέτι τοῦτο ἡμᾶς δεῖν εἰς ἄλλα ὀνόματα
ἀναφέρειν.

ΕΡΜ. Ἔμοιγε δοκεῖς ὀρθῶς λέγειν.

ΣΩ. Ἆρ' οὖν καὶ νῦν ἃ ἐρωτᾷς τὰ ὀνόματα στοιχεῖα
ὄντα τυγχάνει, καὶ δεῖ αὐτῶν ἄλλῳ τινὶ τρόπῳ ἤδη τὴν
ὀρθότητα ἐπισκέψασθαι ἥτις ἐστίν ;

ΕΡΜ. Εἰκός γε.

ΣΩ. Εἰκὸς δῆτα, ὦ Ἑρμόγενες· πάντα γοῦν φαίνεται τὰ
ἔμπροσθεν εἰς ταῦτα ἀνεληλυθέναι. Εἰ δὲ τοῦτο οὕτως c
ἔχει, ὥς μοι δοκεῖ ἔχειν, δεῦρο αὖ συνεπίσκεψαι μετ' ἐμοῦ
μή τι παραληρήσω λέγων οἵαν δεῖ τὴν τῶν πρώτων ὀνομά-
των ὀρθότητα εἶναι.

ΕΡΜ. Λέγε μόνον, ὡς ὅσον γε δυνάμεως παρ' ἐμοί ἐστιν
συνεπισκέψομαι.

ΣΩ. Ὅτι μὲν τοίνυν μία γέ τις ἡ ὀρθότης παντὸς
ὀνόματος καὶ πρώτου καὶ ὑστάτου, καὶ οὐδὲν διαφέρει τῷ
ὄνομα εἶναι οὐδὲν αὐτῶν, οἶμαι καὶ σοὶ συνδοκεῖ.

ΕΡΜ. Πάνυ γε.

HERMOGENES: Das dünkt mich.

SOKRATES: Wann aber hätte er wohl ein Recht sich loszu- 422a
sagen, daß er nicht weiter könne? Nicht wenn er bei jenen Wörtern angekommen wäre, welche gleichsam die Urbestandteile der übrigen sowohl Sätze als Worte sind. Denn von diesen könnte man ja wohl billigerweise nicht mehr zeigen wollen, daß sie aus andern Wörtern zusammengesetzt sind, wenn es sich wirklich wie angenommen mit ihnen verhält. So wie wir eben das Gute erklärt haben als zusammengesetzt aus gültig und Mut, den Mut aber wieder von etwas anderem herleiten könnten, und dies wieder von etwas anderem, wenn wir aber endlich eins erhalten hätten, das nicht wieder aus irgend an- b
deren Wörtern entsteht, dann erst mit Recht sagen könnten, daß wir nun bei einem Urbestandteil oder Stammworte wären, welches wir nicht wieder auf andere Wörter zurückführen dürften.

HERMOGENES: Du scheinst mir hierin Recht zu haben.

SOKRATES: Sind nun etwa auch die Wörter, nach denen du jetzt fragst, solche Stammwörter, und müssen wir also ihre Richtigkeit schon auf eine andere Weise untersuchen, worin sie besteht?

HERMOGENES: Wahrscheinlich wohl.

SOKRATES: Wahrscheinlich freilich, Hermogenes, wenigstens scheinen doch alle vorigen auf diese zurückgekommen zu c
sein. Wenn sich nun dies so verhält, wie ich glaube daß es sich verhalte: so komm und erwäge mit mir worin ich sage daß die Richtigkeit der ersten Wörter bestehen müsse, ob ich wohl irre rede.

HERMOGENES: Sprich nur; soviel es in meinen Kräften steht will ich es mit erwägen.

2.4.2. Das Wesen des Wortes: Nachahmung des Wesens der benannten Sache durch Buchstaben und Silben

SOKRATES: Daß es nun nur eine und dieselbe Richtigkeit gibt für jedes Wort, sei es ein erstes oder ein letztes, und daß in Absicht auf das Wort sein, die einen sich nicht von den andern unterscheiden, das glaube ich ist auch deine Meinung.

HERMOGENES: Allerdings.

ΣΩ. Ἀλλὰ μὴν ὧν γε νῦν διεληλύθαμεν τῶν ὀνομάτων d
ἡ ὀρθότης τοιαύτη τις ἐβούλετο εἶναι, οἷα δηλοῦν οἷον ἕκαστόν ἐστι τῶν ὄντων.

ΕΡΜ. Πῶς γὰρ οὔ;

ΣΩ. Τοῦτο μὲν ἄρα οὐδὲν ἧττον καὶ τὰ πρῶτα δεῖ ἔχειν καὶ τὰ ὕστερα, εἴπερ ὀνόματα ἔσται.

ΕΡΜ. Πάνυ γε.

ΣΩ. Ἀλλὰ τὰ μὲν ὕστερα, ὡς ἔοικε, διὰ τῶν προτέρων οἷά τε ἦν τοῦτο ἀπεργάζεσθαι.

ΕΡΜ. Φαίνεται.

ΣΩ. Εἶεν· τὰ δὲ δὴ πρῶτα, οἷς οὔπω ἕτερα ὑπόκειται, τίνι τρόπῳ κατὰ τὸ δυνατὸν ὅ τι μάλιστα φανερὰ ἡμῖν
ποιήσει τὰ ὄντα, εἴπερ μέλλει ὀνόματα εἶναι; ἀπόκριναι δέ e
μοι τόδε· εἰ φωνὴν μὴ εἴχομεν μηδὲ γλῶτταν, ἐβουλόμεθα δὲ δηλοῦν ἀλλήλοις τὰ πράγματα, ἆρ' οὐκ ἄν, ὥσπερ νῦν οἱ ἐνεοί, ἐπεχειροῦμεν ἂν σημαίνειν ταῖς χερσὶ καὶ τῇ κεφαλῇ καὶ τῷ ἄλλῳ σώματι;

ΕΡΜ. Πῶς γὰρ ἂν ἄλλως, ὦ Σώκρατες;

ΣΩ. Εἰ μέν γ', οἶμαι, τὸ ἄνω καὶ τὸ κοῦφον ἐβουλόμεθα 423 a
δηλοῦν, ᾔρομεν ἂν πρὸς τὸν οὐρανὸν τὴν χεῖρα, μιμούμενοι αὐτὴν τὴν φύσιν τοῦ πράγματος· εἰ δὲ τὰ κάτω καὶ τὰ βαρέα, πρὸς τὴν γῆν. Καὶ εἰ ἵππον θέοντα ἤ τι ἄλλο τῶν ζῴων ἐβουλόμεθα δηλοῦν, οἶσθα ὅτι ὡς ὁμοιότατ' ἂν τὰ ἡμέτερα αὐτῶν σώματα καὶ σχήματα ἐποιοῦμεν ἐκείνοις.

ΕΡΜ. Ἀνάγκη μοι δοκεῖ ὡς λέγεις ἔχειν.

ΣΩ. Οὕτω γὰρ ἄν, οἶμαι, δήλωμά του τῷ σώματι ἐγί-
γνετο, μιμησαμένου, ὡς ἔοικε, τοῦ σώματος ἐκεῖνο ὃ ἐβού- b
λετο δηλῶσαι.

ΕΡΜ. Ναί.

ΣΩ. Ἐπειδὴ δὲ φωνῇ τε καὶ γλώττῃ καὶ στόματι βουλόμεθα δηλοῦν, ἆρ' οὐ τότε ἑκάστου δήλωμα ἡμῖν ἔσται τὸ ἀπὸ τούτων γιγνόμενον, ὅταν μίμημα γένηται διὰ τούτων περὶ ὁτιοῦν;

SOKRATES: Aber die Richtigkeit der bis jetzt von uns d
durchgegangenen Wörter wollte doch darin bestehen, daß sie kund machte, wie und was jedes Ding ist?

HERMOGENES: Was sollte sie anders wollen?

SOKRATES: Dies also müssen die ersten nicht minder leisten als die letzten, wenn doch jene auch Wörter sein sollen.

HERMOGENES: Freilich.

SOKRATES: Allein die späteren oder abgeleiteten Wörter, wie es scheint, konnten dies vermittelst der früheren bewirken.

HERMOGENES: So scheint es.

SOKRATES: Gut. Aber die ersten Wörter, denen noch nicht andere zum Grunde liegen, auf welche Weise werden uns diese wohl so weit als möglich die Dinge deutlich machen, wenn sie
doch Wörter sein sollen? – Beantworte mir nur dieses. Wenn e
wir weder Stimme noch Zunge hätten, und doch einander die Gegenstände kund machen wollten, würden wir nicht, wie auch jetzt die Stummen tun, versuchen sie vermittelst der Hände, des Kopfes und der übrigen Teile des Leibes anzudeuten?

HERMOGENES: Wie sollten wir es anders machen, Sokrates?

SOKRATES: Wenn wir also, meine ich, das leichte und obere 423a
ausdrücken wollten, so würden wir die Hand gen Himmel erheben, um die Natur des Dinges selbst nachzuahmen. Wenn aber das untere und schwere, so würden wir sie zur Erde senken. Und wenn wir ein laufendes Pferd oder anderes Tier darstellen wollten: so weißt du wohl würden wir unsern Leib und unsere Stellung möglichst jenen ähnlich zu machen suchen.

HERMOGENES: Notwendig, denke ich, verhält es sich so wie du sagst.

SOKRATES: So denke ich entstände wenigstens eine Dar-
stellung vermittelst des Leibes, wenn der Leib das was er dar- b
stellen will nachahmte.

HERMOGENES: Ja.

SOKRATES: Nun wir aber mit der Stimme, dem Munde und der Zunge kund machen wollen, wird uns nicht alsdann was durch sie geschieht eine Darstellung von irgend etwas sein, wenn vermittelst ihrer eine Nachahmung entsteht von irgend etwas?

ΕΡΜ. Ἀνάγκη μοι δοκεῖ.

ΣΩ. Ὄνομ' ἄρ' ἐστίν, ὡς ἔοικε, μίμημα φωνῇ ἐκείνου ὃ μιμεῖται καὶ ὀνομάζει ὁ μιμούμενος τῇ φωνῇ ὅταν μιμῆται.

ΕΡΜ. Δοκεῖ μοι.

ΣΩ. Μὰ Δί' ἀλλ' οὐκ ἐμοί πω δοκεῖ καλῶς λέγεσθαι, c
ὦ ἑταῖρε.

ΕΡΜ. Τί δή ;

ΣΩ. Τοὺς τὰ πρόβατα μιμουμένους τούτους καὶ τοὺς ἀλεκτρυόνας καὶ τὰ ἄλλα ζῷα ἀναγκαζοίμεθ' ἂν ὁμολογεῖν ὀνομάζειν ταῦτα ἅπερ μιμοῦνται.

ΕΡΜ. Ἀληθῆ λέγεις.

ΣΩ. Καλῶς οὖν ἔχειν δοκεῖ σοι ;

ΕΡΜ. Οὐκ ἔμοιγε. Ἀλλὰ τίς ἄν, ὦ Σώκρατες, μίμησις εἴη τὸ ὄνομα ;

ΣΩ. Πρῶτον μέν, ὡς ἐμοὶ δοκεῖ, οὐκ ἐάν, καθάπερ τῇ
μουσικῇ μιμούμεθα τὰ πράγματα, οὕτω μιμώμεθα, καίτοι d
φωνῇ γε καὶ τότε μιμούμεθα· ἔπειτα οὐκ ἐάν, ἅπερ ἡ μουσικὴ μιμεῖται, καὶ ἡμεῖς μιμώμεθα, οὔ μοι δοκοῦμεν ὀνομάσειν. Λέγω δέ τοι τοῦτο· ἔστι τοῖς πράγμασι φωνὴ καὶ σχῆμα ἑκάστῳ, καὶ χρῶμά γε πολλοῖς ;

ΕΡΜ. Πάνυ γε.

ΣΩ. Ἔοικε τοίνυν οὐκ, ἐάν τις ταῦτα μιμῆται, οὐδὲ περὶ ταύτας τὰς μιμήσεις ἡ τέχνη ὀνομαστικὴ εἶναι. Αὗται μὲν γάρ εἰσιν ἡ μὲν μουσική, ἡ δὲ γραφική· ἦ γάρ ;

ΕΡΜ. Ναί.

ΣΩ. Τί δὲ δὴ τόδε ; οὐ καὶ οὐσία δοκεῖ σοι εἶναι ἑκάστῳ, e
ὥσπερ καὶ χρῶμα καὶ ἃ νῦν δὴ ἐλέγομεν ; πρῶτον αὐτῷ τῷ χρώματι καὶ τῇ φωνῇ οὐκ ἔστιν οὐσία τις ἑκατέρῳ αὐτῶν καὶ τοῖς ἄλλοις πᾶσιν ὅσα ἠξίωται ταύτης τῆς προσρήσεως, τοῦ εἶναι ;

ΕΡΜ. Ἔμοιγε δοκεῖ.

ΣΩ. Τί οὖν ; εἴ τις αὐτὸ τοῦτο μιμεῖσθαι δύναιτο ἑκά-

HERMOGENES: Notwendig, denke ich.

SOKRATES: Das Wort also ist, wie es scheint, eine Nachahmung der Stimme dessen was es nachahmt, und derjenige benennt etwas, der was er nachahmt mit der Stimme nachahmt?

HERMOGENES: Das dünkt mich.

SOKRATES: Beim Zeus, mich aber dünkt noch nicht, daß c
dies gut erklärt ist, Freund!

HERMOGENES: Wie so?

SOKRATES: Wir müßten dann denen, welche den Schafen nachblöken und den Hähnen nachkrähen und so mit andern Tieren, auch zugestehen, daß sie das benennen was sie nachahmen.

HERMOGENES: Da hast du Recht.

SOKRATES: Hältst du also das vorige für gut?

HERMOGENES: Das nicht. Aber was für eine Nachahmung wäre dann das Wort?

SOKRATES: Zuerst, wie mich dünkt, nicht wenn wir die
Dinge so nachahmen, wie wir sie in der Tonkunst nachahmen, d
wiewohl wir sie auch dann durch die Stimme nachahmen; ferner auch nicht, wenn wir dasjenige nachahmen, was die Tonkunst auch nachahmt, auch dann glaube ich werden wir nichts benennen. Ich meine es nämlich auf diese Weise. Die Dinge haben doch jedes seine Gestalt und Stimme, auch Farbe wohl die meisten?

HERMOGENES: Allerdings.

SOKRATES: Mir scheint nun nicht, wenn Jemand diese nachahmt, und nicht in Nachahmungen dieser Art die benennende Kunst zu bestehen. Denn diese gehören die einen zur Tonkunst, die andern zur Malerei. Nicht wahr?

HERMOGENES: Ja.

SOKRATES: Und was sagst du hiezu? Meinst du nicht auch e
daß jedes Ding sein Wesen hat, so gut als seine Farbe und was wir sonst so eben erwähnten? Denn haben nicht zuerst gleich Farbe und Stimme selbst jede ihr Wesen? und so alles, dem überhaupt diese Bestimmung, das Sein, zukommt?

HERMOGENES: Ich glaube wenigstens.

SOKRATES: Wie nun, wenn eben dies, das Wesen eines jeden Dinges Jemand nachahmen und darstellen könnte durch

στου, τὴν οὐσίαν, γράμμασί τε καὶ συλλαβαῖς, ἆρ' οὐκ ἂν δηλοῖ ἕκαστον ὃ ἔστιν; ἢ οὔ;

ΕΡΜ. Πάνυ μὲν οὖν. 424 a

ΣΩ. Καὶ τί ἂν φαίης τὸν τοῦτο δυνάμενον, ὥσπερ τοὺς προτέρους τὸν μὲν μουσικὸν ἔφησθα, τὸν δὲ γραφικόν. Τοῦτον δὲ τίνα;

ΕΡΜ. Τοῦτο ἔμοιγε δοκεῖ, ὦ Σώκρατες, ὅπερ πάλαι ζητοῦμεν, οὗτος ἂν εἶναι ὁ ὀνομαστικός.

ΣΩ. Εἰ ἄρα τοῦτο ἀληθές, ἤδη ἔοικεν ἐπισκεπτέον περὶ ἐκείνων τῶν ὀνομάτων ὧν σὺ ἤρου, περὶ «ῥοῆς» τε καὶ τοῦ «ἰέναι» καὶ «σχέσεως», εἰ τοῖς γράμμασι καὶ ταῖς συλλαβαῖς τοῦ ὄντος ἐπιλαμβάνεται αὐτῶν ὥστε ἀπομιμεῖσθαι τὴν b
οὐσίαν, εἴτε καὶ οὔ;

ΕΡΜ. Πάνυ μὲν οὖν.

ΣΩ. Φέρε δὴ ἴδωμεν πότερον ἄρα ταῦτα μόνα ἐστὶ τῶν πρώτων ὀνομάτων ἢ καὶ ἄλλα πολλά.

ΕΡΜ. Οἶμαι ἔγωγε καὶ ἄλλα.

ΣΩ. Εἰκὸς γάρ. Ἀλλὰ τίς ἂν εἴη ὁ τρόπος τῆς διαιρέσεως ὅθεν ἄρχεται μιμεῖσθαι ὁ μιμούμενος; ἆρα οὐκ ἐπείπερ συλλαβαῖς τε καὶ γράμμασιν ἡ μίμησις τυγχάνει οὖσα τῆς οὐσίας, ὀρθότατόν ἐστι διελέσθαι τὰ στοιχεῖα πρῶτον, ὥσπερ οἱ ἐπιχειροῦντες τοῖς ῥυθμοῖς τῶν στοιχείων πρῶτον τὰς c
δυνάμεις διείλοντο, ἔπειτα τῶν συλλαβῶν, καὶ οὕτως ἤδη ἔρχονται ἐπὶ τοὺς ῥυθμοὺς σκεψόμενοι, πρότερον δ' οὔ;

ΕΡΜ. Ναί.

ΣΩ. Ἆρ' οὖν καὶ ἡμᾶς οὕτω δεῖ πρῶτον μὲν τὰ φωνήεντα διελέσθαι, ἔπειτα τῶν ἑτέρων κατὰ εἴδη τά τε ἄφωνα καὶ ἄφθογγα — οὑτωσὶ γάρ που λέγουσιν οἱ δεινοὶ περὶ τούτων — καὶ τὰ αὖ φωνήεντα μὲν οὔ, οὐ μέντοι γε ἄφθογγα; καὶ αὐτῶν τῶν φωνηέντων ὅσα διάφορα εἴδη ἔχει ἀλλήλων; καὶ ἐπειδὰν ταῦτα διελώμεθα, τὰ ὄντα εὖ πάντα αὖ οἷς δεῖ ὀνό- d
ματα ἐπιθεῖναι, εἰ ἔστιν εἰς ἃ ἀναφέρεται πάντα ὥσπερ τὰ

Buchstaben und Silben, würde er dann nicht kund machen, was jedes ist? oder etwa nicht?

HERMOGENES: Ganz gewiß. 424a

SOKRATES: Und wie würdest du den nennen, der dies könnte? so wie du doch die vorigen den einen Tonkünstler nanntest, den andern Maler, wie eben so diesen?

HERMOGENES: Eben das, o Sokrates, was wir schon lange suchen, scheint mir dieser zu sein, der Benennende.

2.4.3. Entwurf einer Wortentstehungslehre und einer etymologischen Methode für die Stammwörter

SOKRATES: Wenn nun dies wahr ist, so werden wir nun wohl wegen jener Worte nach denen du fragtest, des Flusses und des Gehns und Haltens zusehn müssen, ob sie durch Buchstaben und Silben das Sein jener Dinge ergreifen, so daß b
sie ihr Wesen abbilden, oder ob nicht.

HERMOGENES: Das werden wir müssen.

SOKRATES: Wohlan laß uns sehen, ob diese allein zu den Stammwörtern gehören, oder ob noch viele andere?

HERMOGENES: Ich wenigstens glaube auch noch andere.

SOKRATES: Man sollte ja denken. Auf welche Art sollen wir aber nun das einteilen wovon der Nachahmende seine Nachahmung anfängt? Wird es nicht, da doch die Nachahmung des Wesens in Silben und Buchstaben geschieht, am richtigsten sein, zuerst die Buchstaben zu bestimmen, wie diejenigen, welche sich mit den Silbenmaßen abgeben, zuerst die Eigenschaf- c
ten der Buchstaben bestimmen, dann der Silben, und so erst mit ihrer Betrachtung zu den Silbenmaßen gelangen, eher aber nicht?

HERMOGENES: Ja.

SOKRATES: Sollen nicht eben so auch wir zuerst die Selbstlauter bestimmen, hernach wiederum die übrigen ihrer Art nach, die welche weder Laut noch Ton haben, denn so nennen sie doch die, welche sich hierauf verstehen und dann die welche zwar keinen Laut haben, aber doch nicht ganz tonlos sind? und so auch unter den lautenden die sich von einander unterscheidenden Arten. Haben wir dann dies richtig eingeteilt, dann d
müssen wir wiederum eben so alle Dinge vor uns nehmen wie

στοιχεῖα, ἐξ ὧν ἔστιν ἰδεῖν αὐτά τε καὶ εἰ ἐν αὐτοῖς ἔνεστιν
εἴδη κατὰ τὸν αὐτὸν τρόπον ὥσπερ ἐν τοῖς στοιχείοις·
ταῦτα πάντα καλῶς διαθεασαμένους ἐπίστασθαι ἐπιφέρειν
ἕκαστον κατὰ τὴν ὁμοιότητα, ἐάντε ἓν ἑνὶ δέῃ ἐπιφέρειν,
ἐάντε συγκεραννύντα πολλὰ ἑνί, ὥσπερ οἱ ζωγράφοι βουλό-
μενοι ἀφομοιοῦν ἐνίοτε μὲν ὄστρεον μόνον ἐπήνεγκαν, ἐνίοτε
δὲ ὁτιοῦν ἄλλο τῶν φαρμάκων, ἔστι δὲ ὅτε πολλὰ συγκερά- e
σαντες, οἷον ὅταν ἀνδρείκελον σκευάζωσιν ἢ ἄλλο τι τῶν
τοιούτων — ὡς ἄν, οἶμαι, δοκῇ ἑκάστη ἡ εἰκὼν δεῖσθαι
ἑκάστου φαρμάκου — οὕτω δὴ καὶ ἡμεῖς τὰ στοιχεῖα ἐπὶ
τὰ πράγματα ἐποίσομεν, καὶ ἓν ἐπὶ ἕν, οὗ ἂν δοκῇ δεῖν, καὶ
σύμπολλα, ποιοῦντες ὃ δὴ συλλαβὰς καλοῦσιν, καὶ συλλαβὰς
αὖ συντιθέντες, ἐξ ὧν τά τε ὀνόματα καὶ τὰ ῥήματα συν- 425 a
τίθενται· καὶ πάλιν ἐκ τῶν ὀνομάτων καὶ ῥημάτων μέγα
ἤδη τι καὶ καλὸν καὶ ὅλον συστήσομεν, ὥσπερ ἐκεῖ τὸ ζῷον
τῇ γραφικῇ, ἐνταῦθα τὸν λόγον τῇ ὀνομαστικῇ ἢ ῥητορικῇ
ἢ ἥτις ἐστὶν ἡ τέχνη. Μᾶλλον δὲ οὐχ ἡμεῖς, ἀλλὰ λέγων
ἐξηνέχθην. Συνέθεσαν μὲν γὰρ οὕτως ᾗπερ σύγκειται οἱ
παλαιοί· ἡμᾶς δὲ δεῖ, εἴπερ τεχνικῶς ἐπιστησόμεθα σκο-
πεῖσθαι αὐτὰ πάντα, οὕτω διελομένους, εἴτε κατὰ τρόπον b
τά τε πρῶτα ὀνόματα κεῖται καὶ τὰ ὕστερα εἴτε μή, οὕτω
θεᾶσθαι· ἄλλως δὲ συνείρειν μὴ φαῦλον ᾖ καὶ οὐ καθ' ὁδόν,
ὦ φίλε Ἑρμόγενες.

ΕΡΜ. Ἴσως νὴ Δί', ὦ Σώκρατες.

ΣΩ. Τί οὖν; σὺ πιστεύεις σαυτῷ οἷός τ' ἂν εἶναι ταῦτα
οὕτω διελέσθαι; ἐγὼ μὲν γὰρ οὔ.

ΕΡΜ. Πολλοῦ ἄρα δέω ἔγωγε.

die Worte, und zusehen ob es auch hier so etwas gibt worauf
sich alle zurückbringen lassen wie die Buchstaben, woraus man
sie selbst erkennen kann, und ob es auch unter ihnen verschie-
dene Arten gibt auf dieselbe Weise wie bei den Buchstaben.
Haben wir nun auch diese alle wohl kennen gelernt: dann müs-
sen wir verstehen nach Maßgabe der Ähnlichkeit zusammen-
zubringen und auf einander zu beziehen, sei nun einzeln eines
auf eines zu beziehen oder mehrere zusammenmischend auf
eines, wie die Maler wenn sie etwas abbilden wollen bisweilen
Purpur allein auftragen, und ein andermal wieder eine andere
Farbe, dann aber auch wieder viele unter einander mengen, e
wenn sie zum Beispiel Fleischfarbe bereiten oder etwas anderes
der Art, je nachdem, meine ich, jedes Bild jeden Färbestoffs
bedarf. So wollen auch wir die Buchstaben den Dingen auf-
tragen, bald einem einen, wenn uns das nötig scheint, bald
mehrere zusammen indem wir bilden was man Silben nennt,
und wiederum Silben zusammensetzend, aus denen Wörter, 425a
Haupt- und Zeitwörter zusammengesetzt werden, und aus die-
sen endlich wollen wir dann etwas Großes, Schönes und Gan-
zes bilden, wie dort das Gemälde für die Malerei so hier den
Satz oder die Rede für die Sprach- oder Redekunst, oder wie
die Kunst heißen mag. Oder vielmehr nicht wir wollen dies,
denn ich habe mich zu weit verleiten lassen, sondern zusam-
mengesetzt haben sie schon, so wie wir es bereits finden, die
Alten und wir müssen nur, wenn wir verstehen wollen dies
alles kunstgerecht zu untersuchen, ob die Wörter ursprünglich b
sowohl als spätere nach einer ordentlichen Weise bestimmt
worden seien oder nicht, dies nach solcher Einteilung und auf
diese Weise betrachten. Auf geratewohl aber sie zusammen-
raffen möchte wohl schlecht sein, und nicht nach der Ordnung,
lieber Hermogenes.

HERMOGENES: Ja wohl, beim Zeus, Sokrates.

2.4.4. Das Prekäre der anstehenden Aufgabe. Was einige Phoneme ihrer Natur nach ausdrücken

SOKRATES: Wie also? traust du dir zu, dies alles so zu erklären? denn ich keinesweges mir.

HERMOGENES: Weit gefehlt also, daß ich es sollte.

ΣΩ. Ἐάσομεν οὖν, ἢ βούλει οὕτως ὅπως ἂν δυνώμεθα,
καὶ ἂν σμικρόν τι αὐτῶν οἷοί τ' ὦμεν κατιδεῖν, ἐπιχειρῶμεν,
προειπόντες, ὥσπερ ὀλίγον πρότερον τοῖς θεοῖς, ὅτι οὐδὲν c
εἰδότες τῆς ἀληθείας τὰ τῶν ἀνθρώπων δόγματα περὶ αὐτῶν
εἰκάζομεν, οὕτω δὲ καὶ νῦν αὖ εἰπόντες ἡμῖν αὐτοῖς ἴωμεν,
ὅτι εἰ μέν τι χρῆν [ἔδει] αὐτὰ διελέσθαι εἴτε ἄλλον ὁντινοῦν
εἴτε ἡμᾶς, οὕτως ἔδει αὐτὰ διαιρεῖσθαι, νῦν δὲ τὸ λεγό-
μενον κατὰ δύναμιν δεήσει ἡμᾶς περὶ αὐτῶν πραγματεύε-
σθαι ; δοκεῖ ταῦτα, ἢ πῶς λέγεις ;

ΕΡΜ. Πάνυ μὲν οὖν σφόδρα ἔμοιγε δοκεῖ.

ΣΩ. Γελοῖα μὲν οἶμαι φανεῖσθαι, ὦ Ἑρμόγενες, γράμμασι d
καὶ συλλαβαῖς τὰ πράγματα μεμιμημένα κατάδηλα γιγνό-
μενα· ὅμως δὲ ἀνάγκη. Οὐ γὰρ ἔχομεν τούτου βέλτιον εἰς
ὅ τι ἐπανενέγκωμεν περὶ ἀληθείας τῶν πρώτων ὀνομάτων,
εἰ μὴ ἄρα βούλει, ὥσπερ οἱ τραγῳδοποιοί, ἐπειδάν τι
ἀπορῶσιν, ἐπὶ τὰς μηχανὰς καταφεύγουσι θεοὺς αἴροντες,
καὶ ἡμεῖς οὕτως εἰπόντες ἀπαλλαγῶμεν, ὅτι τὰ πρῶτα
ὀνόματα οἱ θεοὶ ἔθεσαν καὶ διὰ ταῦτα ὀρθῶς ἔχει. Ἆρα
καὶ ἡμῖν κράτιστος οὗτος τῶν λόγων ; ἢ ἐκεῖνος, ὅτι παρὰ e
βαρβάρων τινῶν αὐτὰ παρειλήφαμεν, εἰσὶ δὲ ἡμῶν ἀρχαιό-
τεροι βάρβαροι ; ἢ ὅτι ὑπὸ παλαιότητος ἀδύνατον αὐτὰ
ἐπισκέψασθαι, ὥσπερ καὶ τὰ βαρβαρικά ; αὗται γὰρ ἂν 426 a
πᾶσαι ἐκδύσεις εἶεν καὶ μάλα κομψαὶ τῷ μὴ ἐθέλοντι λόγον
διδόναι περὶ τῶν πρώτων ὀνομάτων ὡς ὀρθῶς κεῖται. Καίτοι
ὅτῳ τις τρόπῳ τῶν πρώτων ὀνομάτων τὴν ὀρθότητα μὴ
οἶδεν, ἀδύνατόν που τῶν γε ὑστέρων εἰδέναι, ἃ ἐξ ἐκείνων
ἀνάγκη δηλοῦσθαι ὧν τις πέρι μηδὲν οἶδεν· ἀλλὰ δῆλον ὅτι
τὸν φάσκοντα περὶ αὐτῶν τεχνικὸν εἶναι περὶ τῶν πρώτων
ὀνομάτων μάλιστά τε καὶ καθαρώτατα δεῖ ἔχειν ἀποδεῖξαι, b
ἢ εὖ εἰδέναι ὅτι τά γε ὕστερα ἤδη φλυαρήσει. Ἢ σοὶ ἄλλως
δοκεῖ ;

SOKRATES: Lassen wir es denn. Oder willst du, daß wir, so gut wir es vermögen, wenn wir auch nur wenig davon einsehn können, es dennoch versuchen, indem wir vorher erklären, wie
nur eben den Göttern, daß wir, ohne etwas von der Wahrheit c
zu wissen, nur die Meinungen der Menschen von ihnen mutmaßlich angeben wollten, so auch jetzt, ehe wir weiter gehen, uns selbst die Erklärung tun, daß wenn die Sache gründlich sollte abgehandelt werden, es sei nun von jemand anderm oder von uns, es allerdings so geschehen müsse, wir aber jetzt nichts tun könnten, als nur, wie man sagt, nach Vermögen uns daran versuchen. Ist dir das Recht, oder was meinst du?

HERMOGENES: Allerdings ist es mir gar sehr recht.

SOKRATES: Lächerlich wird es freilich herauskommen, d
glaube ich, Hermogenes, wie durch Buchstaben und Silben nachgeahmt die Dinge kenntlich werden. Aber es muß doch so sein; denn wir haben nichts besseres als dieses, worauf wir uns wegen der Richtigkeit der ursprünglichen Wörter beziehn könnten. Wir müßten denn, auf ähnliche Art, wie die Tragödienschreiber, wenn sie sich nicht zu helfen wissen, zu den Maschinen ihre Zuflucht nehmen und Götter herabkommen lassen, uns auch hier aus der Sache ziehen, indem wir sagten, die ursprünglichen Wörter hätten die Götter eingeführt, und
darum wären sie richtig. Soll auch uns dies die beste Erklärung e
dünken, oder jene, daß wir manche unter ihnen von den Barbaren überkommen hätten, wie die Barbaren denn allerdings älter sind als wir, oder auch die, daß ihr Alter es eben so un-
möglich machte sie zu erklären, wie ihr barbarischer Ursprung? 426a
Denn dies wären wohl sämtlich Ausreden, und zwar recht stattliche, für den, der nicht Rechenschaft geben wollte von den ursprünglichen Wörtern, wiefern sie richtig wären. Indes aus welchem Grunde auch Jemand die Richtigkeit der ursprünglichen Wörter nicht verstände, es müßte ihm immer gleich unmöglich sein die der abgeleiteten zu verstehen, welche notwendig aus jenen müssen erklärt werden, von denen er nichts versteht. Sondern offenbar muß, wer hierin ein Kunstverständiger zu sein behauptet, dies an den ursprünglichen Wörtern
vorzüglich und am meisten zeigen können; oder er wisse, daß b
er bei den abgeleiteten nur leeres Geschwätz treiben wird. Oder dünkt es dich anders?

ΕΡΜ. Οὐδ' ὁπωστιοῦν, ὦ Σώκρατες, ἄλλως.

ΣΩ. Ἃ μὲν τοίνυν ἐγὼ ᾔσθημαι περὶ τῶν πρώτων ὀνο-
μάτων πάνυ μοι δοκεῖ ὑβριστικὰ εἶναι καὶ γελοῖα. Τούτων
οὖν σοι μεταδώσω, ἂν βούλῃ· σὺ δ' ἄν τι ἔχῃς βέλτιόν
ποθεν λαβεῖν, πειρᾶσθαι καὶ ἐμοὶ μεταδιδόναι.

ΕΡΜ. Ποιήσω ταῦτα. Ἀλλὰ θαρρῶν λέγε.

ΣΩ. Πρῶτον μὲν τοίνυν τὸ ῥῶ ἔμοιγε φαίνεται ὥσπερ c
ὄργανον εἶναι πάσης τῆς κινήσεως, ἣν οὐδ' εἴπομεν δι' ὅ τι
ἔχει τοῦτο τοὔνομα· ἀλλὰ γὰρ δῆλον ὅτι ἵεσις βούλεται
εἶναι· οὐ γὰρ ἦτα ἐχρώμεθα, ἀλλὰ εἶ τὸ παλαιόν. Ἡ δὲ
ἀρχὴ ἀπὸ τοῦ « κίειν » — ξενικὸν δὲ τοὔνομα — τοῦτο δ'
ἐστὶν ἰέναι. Εἰ οὖν τις τὸ παλαιὸν αὐτῆς εὕροι ὄνομα εἰς
τὴν ἡμετέραν φωνὴν συμβαῖνον, « ἵεσις » ἂν ὀρθῶς καλοῖτο·
νῦν δὲ ἀπό τε τοῦ ξενικοῦ τοῦ κίειν καὶ ἀπὸ τῆς τοῦ ἦτα
μεταβολῆς καὶ τῆς τοῦ νῦ ἐνθέσεως « κίνησις » κέκληται,
[ἔδει δὲ « κιείνησιν » καλεῖσθαι ἢ εἶσιν]. Ἡ δὲ στάσις ἀπό- d
φασις τοῦ ἰέναι βούλεται εἶναι, διὰ δὲ τὸν καλλωπισμὸν
« στάσις » ὠνόμασται. Τὸ δὲ οὖν ῥῶ τὸ στοιχεῖον, ὥσπερ
λέγω, καλὸν ἔδοξεν ὄργανον εἶναι τῆς κινήσεως τῷ τὰ ὀνό-
ματα τιθεμένῳ πρὸς τὸ ἀφομοιοῦν τῇ φορᾷ· πολλαχοῦ γοῦν
χρῆται αὐτῷ εἰς αὐτήν· πρῶτον μὲν ἐν αὐτῷ τῷ « ῥεῖν »
καὶ « ῥοῇ » διὰ τούτου τοῦ γράμματος τὴν φορὰν μιμεῖται,
εἶτα ἐν τῷ « τρόμῳ », εἶτα ἐν τῷ « τραχεῖ », ἔτι δὲ ἐν τοῖς e
τοιοῖσδε ῥήμασιν οἷον « κρούειν », « θραύειν », « ἐρείκειν »,
« θρύπτειν », « κερματίζειν «, « ῥυμβεῖν », πάντα ταῦτα τὸ
πολὺ ἀπε ικάζει διὰ τοῦ ῥῶ. Ἑώρα γάρ, οἶμαι, τὴν γλῶτταν ἐν
μοι τούτῳ πρὸς ταῦτα κατακεχρῆσθαι. Τῷ δὲ αὖ ἰῶτα πρὸς
τὰ λεπτὰ πάντα, ἃ δὴ μάλιστα διὰ πάντων ἴοι ἄν. Διὰ ταῦτα
τὸ « ἰέναι » καὶ τὸ « ἵεσθαι » διὰ τοῦ ἰῶτα ἀπομιμεῖται, ὥσπερ 427 a
γε διὰ τοῦ φεῖ καὶ τοῦ ψεῖ καὶ τοῦ σῖγμα καὶ τοῦ ζῆτα, ὅτι
πνευματώδη τὰ γράμματα, πάντα τὰ τοιαῦτα μεμίμηται
αὐτοῖς ὀνομάζων, οἷον τὸ « ψυχρὸν » καὶ τὸ « ζέον » καὶ

HERMOGENES: Keinesweges anders, o Sokrates.

SOKRATES: Was ich nun von den ursprünglichen Wörtern gemerkt habe, dünkt mich gar wild und lächerlich. Davon will ich dir also gern mitteilen, wenn du willst; weißt du aber irgend woher etwas besseres zu nehmen, so versuche mir das auch mitzuteilen.

HERMOGENES: Das will ich tun; sprich du nur dreist.

SOKRATES: Zuerst nun scheint mir das R gleichsam das c
Organ jeder Bewegung zu sein, welche wir ja selbst auch noch nicht erklärt haben, woher sie diesen Namen führt. Aber es ist wohl offenbar, daß er auch ein Gehen bedeuten will, und er kommt von Weg her; nur daß wir kein einfaches Zeitwort wegen mehr haben. Sich bewegen heißt aber soviel als sich auf den Weg machen, und Bewegung also drückt das auf dem Wege sein aus; indes könnte man auch das Gehn dazu nehmen,
und Weggehung sagen oder Weggang. Das Stehen aber will d
nur ein Stillen des Gehens ausdrücken, der Verschönerung wegen aber ist es Stehen genannt worden. Der Buchstabe R also, wie ich sage, schien dem, welcher die Benennungen festsetzte, ein schönes Organ für die Bewegung, indem er sie durch seine Rührigkeit selbst abbildet; daher bedient er sich desselben hiezu auch gar häufig. Zuerst schon in Strömen und Strom stellt er durch diesen Buchstaben die Bewegung dar;
eben so in Trotz und in rauh, und in allen solchen Zeitwörtern e
wie rasseln, reiben, reißen, zertrümmern, krümeln, drehen, alle dergleichen bildet er größtenteils ab durch das R. Denn er sah, daß die Zunge hiebei am wenigsten still bleibt, sondern vorzüglich erschüttert wird, daher gewiß hat er sich dessen hiezu bedient. Das G hingegen zu allem dünnen und zarten, was am leichtesten durch alles hindurchgeht; daher stellt er das Gehen
und das Gießen durch das G dar. Wie im Gegenteil durch W, S, 427a
Sch und Z, weil die Buchstaben sausend sind, stellt er alles dergleichen dar und benennt es damit, schaudern, sieden, zi-

τὸ « σείεσθαι » καὶ ὅλως σεισμόν. Καὶ ὅταν που τὸ φυσῶδες μιμῆται, πανταχοῦ ἐνταῦθα ὡς τὸ πολὺ τὰ τοιαῦτα γράμματα ἐπιφέρειν φαίνεται ὁ τὰ ὀνόματα τιθέμενος. Τῆς δ' αὖ τοῦ δέλτα συμπιέσεως καὶ τοῦ ταῦ καὶ ἀπερείσεως τῆς γλώττης τὴν δύναμιν χρήσιμον φαίνεται ἡγήσασθαι πρὸς b
τὴν μίμησιν τοῦ « δεσμοῦ » καὶ τῆς « στάσεως ». Ὅτι δὲ ὀλισθάνει μάλιστα ἐν τῷ λάβδα ἡ γλῶττα κατιδών, ἀφομοιῶν ὠνόμασε τά τε « λεῖα » καὶ αὐτὸ τὸ « ὀλισθάνειν » καὶ τὸ « λιπαρὸν » καὶ τὸ « κολλῶδες » καὶ τἆλλα πάντα τὰ τοιαῦτα. Ἧι δὲ ὀλισθανούσης τῆς γλώττης ἀντιλαμβάνεται ἡ τοῦ γάμμα δύναμις, τὸ « γλίσχρον » ἀπεμιμήσατο καὶ « γλυκὺ » καὶ « γλοιῶδες ». Τοῦ δ' αὖ νῦ τὸ εἴσω αἰσθόμενος τῆς c
φωνῆς, τὸ « ἔνδον » καὶ τὰ « ἐντὸς » ὠνόμασεν, ὡς ἀφομοιῶν τοῖς γράμμασι τὰ ἔργα. Τὸ δ' αὖ ἄλφα τῷ « μεγάλῳ » ἀπέδωκε, καὶ τῷ « μήκει » τὸ ἦτα, ὅτι μεγάλα τὰ γράμματα. Εἰς δὲ τὸ « γογγύλον » τοῦ οὖ δεόμενος σημείου, τοῦτο πλεῖστον αὐτῷ εἰς τὸ ὄνομα ἐνεκέρασεν. Καὶ τἆλλα οὕτω φαίνεται προσβιβάζειν καὶ κατὰ γράμματα καὶ κατὰ συλλαβὰς ἑκάστῳ τῶν ὄντων σημεῖόν τε καὶ ὄνομα ποιῶν ὁ νομοθέτης, ἐκ δὲ τούτων τὰ λοιπὰ ἤδη αὐτοῖς τούτοις συντιθέναι ἀπομιμούμενος. Αὕτη μοι φαίνεται, ὦ Ἑρμόγενες, βούλεσθαι εἶναι ἡ τῶν ὀνομάτων ὀρθότης, εἰ μή τι ἄλλο d
Κρατύλος ὅδε λέγει.

ΕΡΜ. Καὶ μήν, ὦ Σώκρατες, πολλά γέ μοι πολλάκις πράγματα παρέχει Κρατύλος, ὥσπερ κατ' ἀρχὰς ἔλεγον, φάσκων μὲν εἶναι ὀρθότητα ὀνομάτων, ἥτις δ' ἐστὶν οὐδὲν σαφὲς λέγων, ὥστε με μὴ δύνασθαι εἰδέναι πότερον ἑκὼν ἢ ἄκων οὕτως ἀσαφῶς ἑκάστοτε περὶ αὐτῶν λέγει. Νῦν οὖν μοι, ὦ Κρατύλε, ἐναντίον Σωκράτους εἰπὲ πότερον ἀρέσκει e
σοι ᾗ λέγει Σωκράτης περὶ ὀνομάτων, ἢ ἔχεις πῃ ἄλλῃ

schen, schwingen, schweben; auch wenn er das schwellende nachahmt, scheint der Wortbildner meistenteils dergleichen Buchstaben anzuwenden. Dagegen scheint er das Zusammendrücken und Anstemmen der Zunge bei d und t und der Lippen bei b, und p, für eine nützliche Eigenschaft zu halten zur b
Nachahmung des bindenden dauernden so wie des Pech und Teer. Eben so hat er bemerkt, daß bei dem l die Zunge am behendesten schlüpft, und hat sich dieser Ähnlichkeit bedient um das lose, lockere und schlüpfrige selbst, und das leckere und leimige und viel anderes dergleichen zu benennen. Wo nun aber der entschlüpfenden Zunge die Kraft des G oder K zu Hülfe kommt, dadurch bezeichnet er das glatte, gleitende, gelinde, klebrige. Von dem n bemerkte er, daß es die Stimme c
ganz nach innen zurückhält, und benannte daher damit das innere und innige um durch den Buchstaben die Sache abzubilden. Das a widmete er dem ganzen, langen, das e dem gedehnten ebenen, weil die Buchstaben groß und vollständig tönen. Für das runde brauchte er das u als Zeichen, und drängte daher in den Namen des kugelrunden besonders soviel davon zusammen als möglich. Und so scheint auch im übrigen der Wortbildner sowohl durch Buchstaben als Silben jeglichem Dinge seine eigene Bezeichnung und Benennung angewiesen und hieraus denn das übrige ebenfalls nachahmend zusammengesetzt zu haben. Dieses nun, o Hermogenes, scheint mir die Richtigkeit der Benennungen sein zu wollen, wenn nicht unser d
Kratylos etwas anderes meint.

3. Das Gespräch des Sokrates mit Kratylos

3.1. Hinzuziehung des Kratylos und seiner These von einer natürlichen Richtigkeit der Wörter

HERMOGENES: Mir wenigstens, Sokrates, macht Kratylos oft und viel hiemit zu schaffen, wie ich auch gleich anfangs sagte, indem er zwar behauptet, es gebe eine Richtigkeit der Worte, aber gar nichts bestimmtes darüber sagt, worin sie bestehen soll, so daß ich nicht einmal weiß, ob er mit Willen oder wider Willen jedesmal so unbestimmt darüber spricht. Jetzt also, Kratylos, sage in Gegenwart des Sokrates, ob dir das e
gefällt was Sokrates über die Benennungen sagt, oder ob du

κάλλιον λέγειν· καὶ εἰ ἔχεις, λέγε, ἵνα ἤτοι μάθῃς παρὰ Σωκράτους ἢ διδάξῃς ἡμᾶς ἀμφοτέρους.

ΚΡ. Τί δαί, ὦ Ἑρμόγενες; δοκεῖ σοι ῥᾴδιον εἶναι οὕτω ταχὺ μαθεῖν τε καὶ διδάξαι ὁτιοῦν πρᾶγμα, μὴ ὅτι τοσοῦτον, ὃ δὴ δοκεῖ ἐν τοῖς μέγιστον εἶναι;

ΕΡΜ. Μὰ Δί', οὐκ ἔμοιγε. Ἀλλὰ τὸ τοῦ Ἡσιόδου 428 a
καλῶς μοι φαίνεται ἔχειν, τὸ εἰ καί τις σμικρὸν ἐπὶ σμικρῷ καταθείη, προὔργου εἶναι. Εἰ οὖν καὶ σμικρόν τι οἷός τ' εἶ πλέον ποιῆσαι, μὴ ἀπόκαμνε, ἀλλ' εὐεργέτει καὶ Σωκράτη τόνδε, δίκαιος δ' εἶ καὶ ἐμέ.

ΣΩ. Καὶ μὲν δὴ ἔγωγε καὶ αὐτός, ὦ Κρατύλε, οὐδὲν ἂν ἰσχυρισαίμην ὧν εἴρηκα, ᾗ δέ μοι ἐφαίνετο μεθ' Ἑρμογένους ἐπεσκεψάμην, ὥστε τούτου γε ἕνεκα θαρρῶν λέγε, εἴ
τι ἔχεις βέλτιον, ὡς ἐμοῦ ἐνδεξομένου. Εἰ μέντοι ἔχεις τι b
σὺ κάλλιον τούτων λέγειν, οὐκ ἂν θαυμάζοιμι· δοκεῖς γάρ μοι αὐτός τε ἐσκέφθαι τὰ τοιαῦτα καὶ παρ' ἄλλων μεμαθηκέναι. Ἐὰν οὖν λέγῃς τι κάλλιον, ἕνα τῶν μαθητῶν περὶ ὀρθότητος ὀνομάτων καὶ ἐμὲ γράφου.

ΚΡ. Ἀλλὰ μὲν δή, ὦ Σώκρατες, ὥσπερ σὺ λέγεις, μεμέληκέν τέ μοι περὶ αὐτῶν καὶ ἴσως ἂν σε ποιησαίμην
μαθητήν. Φοβοῦμαι μέντοι μὴ τούτου πᾶν τοὐναντίον ᾖ, c
ὅτι μοί πως ἐπέρχεται λέγειν πρὸς σὲ τὸ τοῦ Ἀχιλλέως, ὃ ἐκεῖνος ἐν Λιταῖς πρὸς τὸν Αἴαντα λέγει. Φησὶ δὲ

Αἶαν Διογενὲς Τελαμώνιε, κοίρανε λαῶν,
πάντα τί μοι κατὰ θυμὸν ἐείσω μυθήσασθαι.

Καὶ ἐμοὶ σύ, ὦ Σώκρατες, ἐπιεικῶς φαίνει κατὰ νοῦν χρησμῳδεῖν, εἴτε παρ' Εὐθύφρονος ἐπίπνους γενόμενος, εἴτε καὶ ἄλλη τις Μοῦσα πάλαι σε ἐνοῦσα ἐλελήθει.

anderswie etwas besseres darüber zu sagen hast; und hast du das, so sage es, um entweder selbst vom Sokrates zu lernen, oder uns beide zu belehren.

KRATYLOS: Wie doch, Hermogenes, denkst du, es sei so leicht, auch nur irgend etwas so in der Geschwindigkeit zu lernen oder zu lehren, viel weniger etwas so wichtiges, daß man es wohl unter das größte rechnen muß.

HERMOGENES: Das denke ich beim Zeus nicht! nur scheint 428a
mir Hesiodos ganz recht zu haben, daß wenn noch so geringes zu noch so geringem du legest, es immer ein Vorteil ist. Wenn du uns also nur um ein Weniges weiter bringen kannst, so laß es dich nicht verdrießen, sondern tue dem Sokrates diesen Dienst, und auch mir denke ich, bist du es wohl schuldig.

SOKRATES: Wollte doch ich selbst, Kratylos, nichts von dem beschwören, was ich gesagt, sondern ich habe die Sache nur so wie sie mir erschien, mit dem Hermogenes durchgenommen. Deshalb also sage nur dreist, was du etwa Besseres hast, ich will es wohl aufnehmen. Und wenn du etwas schö- b
neres als dieses zu sagen hättest, wollte ich mich nicht wundern; denn ich merke wohl, du hast sowohl selbst hierüber nachgedacht, als auch von andern gelernt. Bringst du also etwas schöneres vor: so zeichne mich nur auch unter deine Schüler in der Sprachkunde.

KRATYLOS: Allerdings, Sokrates, habe ich mich wie du auch sagst, viel mit diesen Dingen beschäftiget, und machte dich vielleicht wohl zu meinem Schüler. Ich fürchte nur, es c
geschieht ganz das Gegenteil, weil mir in den Sinn kommt dir zu sagen, was Achilleus in der Bittgesandtschaft zum Aias sagt. Er sagt nämlich, Aias, göttlicher Sohn des Telamon, Völkergebieter, Alles hast du beinahe mir aus der Seele geredet. So hast auch du, Sokrates, mir gar sehr nach meinem Sinne geweissagt, es sei nun, daß du vom Euthyphron begeistert warst, oder daß eine andere Muse dir schon lange unbewußt eingewohnt hat.

ΣΩ. Ὠγαθὲ Κρατύλε, θαυμάζω καὶ αὐτὸς πάλαι τὴν d
ἐμαυτοῦ σοφίαν καὶ ἀπιστῶ. Δοκεῖ οὖν μοι χρῆναι ἐπανασκέψασθαι τί καὶ λέγω. Τὸ γὰρ ἐξαπατᾶσθαι αὐτὸν ὑφ' αὐτοῦ πάντων χαλεπώτατον· ὅταν γὰρ μηδὲ σμικρὸν ἀποστατῇ, ἀλλ' ἀεὶ παρῇ ὁ ἐξαπατήσων, πῶς οὐ δεινόν; δεῖ δή, ὡς ἔοικε, θαμὰ μεταστρέφεσθαι ἐπὶ τὰ προειρημένα, καὶ πειρᾶσθαι, τὸ ἐκείνου τοῦ ποιητοῦ, βλέπειν « ἅμα πρόσσω καὶ ὀπίσσω ». Καὶ δὴ καὶ νυνὶ ἡμεῖς ἴδωμεν τί ἡμῖν
εἴρηται. Ὀνόματος, φαμέν, ὀρθότης ἐστὶν αὕτη, ἥτις e
ἐνδείξεται οἷόν ἐστι τὸ πρᾶγμα· τοῦτο φῶμεν ἱκανῶς εἰρῆσθαι ;

ΚΡ. Ἐμοὶ μὲν δοκεῖ πάνυ σφόδρα, ὦ Σώκρατες.

ΣΩ. Διδασκαλίας ἄρα ἕνεκα τὰ ὀνόματα λέγεται ;

ΚΡ. Πάνυ γε.

ΣΩ. Οὐκοῦν φῶμεν καὶ ταύτην τέχνην εἶναι καὶ δημιουργοὺς αὐτῆς ;

ΚΡ. Πάνυ γε.

ΣΩ. Τίνας ;

ΚΡ. Οὕσπερ σὺ κατ' ἀρχὰς ἔλεγες, τοὺς νομοθέτας. 429 a

ΣΩ. Πότερον οὖν καὶ ταύτην φῶμεν τὴν τέχνην ἐν τοῖς ἀνθρώποις ἐγγίγνεσθαι, ὥσπερ καὶ τὰς ἄλλας, ἢ μή ; βούλομαι δὲ λέγειν τὸ τοιόνδε. Ζωγράφοι εἰσίν που οἱ μὲν χείρους, οἱ δὲ ἀμείνους ;

ΚΡ. Πάνυ γε.

ΣΩ. Οὐκοῦν οἱ μὲν ἀμείνους τὰ αὑτῶν ἔργα καλλίω παρέχονται, τὰ ζῷα, οἱ δὲ φαυλότερα ; καὶ οἰκοδόμοι ὡσαύτως οἱ μὲν καλλίους τὰς οἰκίας ἐργάζονται, οἱ δὲ αἰσχίους;

ΚΡ. Ναί.

3.2. Gegenargumentation des Sokrates in Richtung auf die These des Hermogenes

3.2.1. Die Wörter können die Dinge nicht in allem nachahmen

3.2.1.1. Die These des Kratylos, Benennungen seien immer notwendig richtig

SOKRATES: Ja, guter Kratylos, ich wundere mich selbst d
schon lange über meine eigne Weisheit, und kann kaum daran glauben. Daher dünkt mich, ich sollte wohl noch einmal genauer zusehen, was wohl eigentlich daran ist. Denn von sich selbst hintergangen zu werden ist doch das allerärgste. Denn wenn der Betrieger auch nicht auf ein Weilchen sich entfernt, sondern immer bei der Hand ist, wie sollte das nicht schrecklich sein? Daher muß man, denke ich, fleißig wieder umkehren zu dem zuvorgesagten, und versuchen, nach jenem Dichter, zugleich vorwärts zu schauen und rückwärts. So laß uns jetzt sehen, was wir doch gesagt haben. Die Richtigkeit des Wortes, e
sagten wir, besteht darin, daß es anzeigt wie die Sache beschaffen ist. Wollen wir sagen, dies sei gründlich gesprochen?

KRATYLOS: Mir wenigstens scheint es gar sehr, Sokrates.

SOKRATES: Also der Belehrung wegen werden Worte gesprochen?

KRATYLOS: Freilich.

SOKRATES: Sagen wir nun, daß dies auch eine Kunst ist, und es Meister darin gibt?

KRATYLOS: Freilich.

SOKRATES: Wer sind diese?

KRATYLOS: Die auch du anfänglich nanntest, die Gesetz- 429a
geber.

SOKRATES: Wollen wir nun zugeben, daß auch diese Kunst auf dieselbige Weise unter den Menschen besteht wie auch die übrigen, oder nicht? Ich will nämlich dieses sagen, Maler gibt es doch einige bessere, andere schlechtere?

KRATYLOS: Allerdings.

SOKRATES: Und nicht wahr, die besseren machen ihre Werke, die Bilder nämlich, besser, die anderen aber schlechter? und eben so einige Baumeister bauen bessere Häuser, andere schlechtere?

KRATYLOS: Ja.

ΣΩ. Ἆρ' οὖν καὶ νομοθέται οἱ μὲν καλλίω τὰ αὑτῶν ἔργα παρέχονται, οἱ δὲ αἰσχίω ; b

ΚΡ. Οὔ μοι δοκεῖ τοῦτο ἔτι.

ΣΩ. Οὐκ ἄρα δοκοῦσί σοι νόμοι οἱ μὲν βελτίους, οἱ δὲ φαυλότεροι εἶναι ;

ΚΡ. Οὐ δῆτα.

ΣΩ. Οὐδὲ δὴ ὄνομα, ὡς ἔοικε, δοκεῖ σοι κεῖσθαι τὸ μὲν χεῖρον, τὸ δὲ ἄμεινον ;

ΚΡ. Οὐ δῆτα.

ΣΩ. Πάντα ἄρα τὰ ὀνόματα ὀρθῶς κεῖται ;

ΚΡ. Ὅσα γε ὀνόματά ἐστιν.

ΣΩ. Τί οὖν; ὃ καὶ ἄρτι ἐλέγετο, Ἑρμογένει τῷδε πότερον μηδὲ ὄνομα τοῦτο κεῖσθαι φῶμεν, εἰ μή τι αὐτῷ Ἑρμοῦ c γενέσεως προσήκει, ἢ κεῖσθαι μέν, οὐ μέντοι ὀρθῶς γε ;

ΚΡ. Οὐδὲ κεῖσθαι ἔμοιγε δοκεῖ, ὦ Σώκρατες, ἀλλὰ δοκεῖν κεῖσθαι, εἶναι δὲ ἑτέρου τοῦτο τοὔνομα, οὗπερ καὶ ἡ φύσις [ἡ τὸ ὄνομα δηλοῦσα].

ΣΩ. Πότερον οὐδὲ ψεύδεται ὅταν τις φῇ Ἑρμογένη αὐτὸν εἶναι ; μὴ γὰρ οὐδὲ τοῦτο αὖ ᾖ, τὸ τοῦτον φάναι Ἑρμογένη εἶναι, εἰ μὴ ἔστιν ;

ΚΡ. Πῶς λέγεις ;

ΣΩ. Ἆρα ὅτι ψευδῆ λέγειν τὸ παράπαν οὐκ ἔστιν, ἆρα d τοῦτό σοι δύναται ὁ λόγος ; συχνοὶ γάρ τινες οἱ λέγοντες, ὦ φίλε Κρατύλε, καὶ νῦν καὶ πάλαι.

ΚΡ. Πῶς γὰρ ἄν, ὦ Σώκρατες, λέγων γέ τις τοῦτο ὃ λέγει, μὴ τὸ ὂν λέγοι ; ἢ οὐ τοῦτό ἐστιν τὸ ψευδῆ λέγειν, τὸ μὴ τὰ ὄντα λέγειν ;

ΣΩ. Κομψότερος μὲν ὁ λόγος ἢ κατ' ἐμὲ καὶ κατὰ τὴν ἐμὴν ἡλικίαν, ὦ ἑταῖρε. Ὅμως μέντοι εἰπέ μοι τοσόνδε· πότερον λέγειν μὲν οὐ δοκεῖ σοι εἶναι ψευδῆ, φάναι δέ ; e

ΚΡ. Οὔ μοι δοκεῖ οὐδὲ φάναι

SOKRATES: Fertigen so auch einige Gesetzgeber ihre Werke besser, andere schlechter? b

KRATYLOS: Das möchte ich nicht mehr zugeben.

SOKRATES: Also meinst du nicht, daß einige Gesetze besser sind, andere schlechter?

KRATYLOS: Nein eben.

SOKRATES: Also auch von den Worten, wie es scheint meinst du wohl nicht, daß einige besser beigelegt sind, andere nicht so gut?

KRATYLOS: Nein eben.

SOKRATES: Also sind alle Worte und Benennungen gleich richtig?

KRATYLOS: Was nun wirklich Benennungen sind.

SOKRATES: Wie also, was auch schon erwähnt ist, sollen wir sagen, unser Hermogenes hier führe diesen Namen gar nicht, c
wenn ihm nämlich gar nichts irgend wie von einer Abstammung vom Hermes zukommt? oder er führe ihn zwar, jedoch nicht mit Recht?

KRATYLOS: Er führe ihn auch gar nicht einmal, dünkt mich, Sokrates, sondern er scheine ihn nur zu führen, der Namen gehöre aber einem Andern zu, der auch eine solche Natur hat, wie der Namen andeutet.

SOKRATES: Lügt auch etwa nicht einmal derjenige, welcher sagt, er heiße Hermogenes? Daß nur nicht am Ende auch das nicht möglich ist, zu sagen er sei Hermogenes, wenn er es nicht ist?

KRATYLOS: Wie meinst du das?

SOKRATES: Ob dies etwa, daß man überhaupt nichts fal- d
sches sagen könne, ob dies der Gehalt deines Satzes ist? Denn gar Manche behaupten dies, lieber Kratylos, jetzt und auch sonst schon.

KRATYLOS: Wie sollte denn auch, Sokrates, wenn einer doch das sagt, was er sagt, er nicht etwas sagen was ist? Oder heißt das nicht eben falsches reden, sagen was nicht ist?

SOKRATES: Dieser Satz, Freund, ist für mich und für mein Alter zu hoch. Doch aber sage mir nur dieses, hältst du etwa zwar das nicht für möglich, falsches sagen, wohl aber sprechen? e

KRATYLOS: Nein, dünkt mich, auch nicht sprechen.

ΣΩ. Οὐδὲ εἰπεῖν οὐδὲ προσειπεῖν ; οἷον εἴ τις ἀπαντήσας σοι ἐπὶ ξενίας, λαβόμενος τῆς χειρὸς εἴποι· « Χαῖρε, ὦ ξένε Ἀθηναῖε, ὑὲ Σμικρίωνος Ἑρμόγενες », οὗτος λέξειεν ἂν ταῦτα ἢ φαίη ἂν ταῦτα ἢ εἴποι ἂν ταῦτα ἢ προσείποι ἂν οὕτω σὲ μὲν οὔ, Ἑρμογένη δὲ τόνδε ; ἢ οὐδένα ;

ΚΡ. Ἐμοὶ μὲν δοκεῖ, ὦ Σώκρατες, ἄλλως ἂν οὗτος ταῦτα φθέγξασθαι.

ΣΩ. Ἀλλ' ἀγαπητὸν καὶ τοῦτο. Πότερον γὰρ ἀληθῆ ἂν φθέγξαιτο ταῦτα ὁ φθεγξάμενος ἢ ψευδῆ ; ἢ τὸ μέν τι αὐτῶν ἀληθές, τὸ δὲ ψεῦδος ; καὶ γὰρ ἂν καὶ τοῦτο ἐξαρκοῖ. 430 a

ΚΡ. Ψοφεῖν ἔγωγ' ἂν φαίην τὸν τοιοῦτον, μάτην αὐτὸν ἑαυτὸν κινοῦντα, ὥσπερ ἂν εἴ τι χαλκίον κινήσειε κρούσας.

ΣΩ. Φέρε δή, ἐάν πῃ διαλλαχθῶμεν, ὦ Κρατύλε· ἆρ' οὐκ ἄλλο μὲν ἂν φαίης τὸ ὄνομα εἶναι, ἄλλο δὲ ἐκεῖνο οὗ τὸ ὄνομά ἐστιν ;

ΚΡ. Ἔγωγε.

ΣΩ. Οὐκοῦν καὶ τὸ ὄνομα ὁμολογεῖς μίμημά τι εἶναι τοῦ πράγματος ; b

ΚΡ. Πάντων μάλιστα.

ΣΩ. Οὐκοῦν καὶ τὰ ζωγραφήματα τρόπον τινὰ ἄλλον λέγεις μιμήματα εἶναι πραγμάτων τινῶν ;

ΚΡ. Ναί.

ΣΩ. Φέρε δή — ἴσως γὰρ ἐγὼ οὐ μανθάνω ἅττα ποτ' ἔστιν ἃ λέγεις, σὺ δὲ τάχ' ἂν ὀρθῶς λέγοις — ἔστι διανεῖμαι καὶ προσενεγκεῖν ταῦτα ἀμφότερα τὰ μιμήματα, τά τε ζωγραφήματα κἀκεῖνα τὰ ὀνόματα, τοῖς πράγμασιν ὧν μιμήματά ἐστιν, ἢ οὔ ;

ΚΡ. Ἔστιν. c

ΣΩ. Πρῶτον μὲν δὴ σκόπει τόδε. Ἆρ' ἄν τις τὴν μὲν τοῦ ἀνδρὸς εἰκόνα τῷ ἀνδρὶ ἀποδοίη, τὴν δὲ τῆς γυναικὸς τῇ γυναικί, καὶ τἆλλα οὕτως ;

ΚΡ. Πάνυ μὲν οὖν.

SOKRATES: Auch nicht rufen oder anrufen? wie wenn dir einer auf einer Reise begegnete, dich bei der Hand faßte und rief Willkommen, Hermogenes, athenischer Fremdling, Sohn des Smikrion, würde der dieses sagen oder sprechen oder rufen, oder anreden, immer aber wenn er es so tut nicht dich sondern diesen Hermogenes? oder Niemanden?

KRATYLOS: Mir scheint dieser dies nur vergeblich zu sprechen.

SOKRATES: Auch damit bin ich zufrieden. Hätte nun aber, 430a
wer dies spräche, es richtig gesprochen oder falsch? oder etwas davon richtig und anderes falsch? Denn auch daran hätte ich schon genug.

KRATYLOS: Ich würde sagen, ein solcher mache nur ein Geräusch, und setze sich ganz unnütz in Bewegung, wie wenn einer an Metall schlägt daß es tönen muß.

3.2.1.2. Erster Einwand: Die Nachahmung des Wortes kann genau wie die in der Malerei unrichtig ausfallen

SOKRATES: Komm laß sehen, Kratylos, ob wir irgendwie auseinander kommen. Du gibst doch zu, daß ein anderes das Wort ist; und ein anderes das, dessen Namen es ist?

KRATYLOS: Das tue ich.

SOKRATES: Auch gestehst du, das Wort sei eine gewisse
Nachahmung des Dinges? b

KRATYLOS: Auf alle Weise dieses.

SOKRATES: Aber auch die Gemälde, sagst du, sind auf eine andere Weise Nachahmungen gewisser Dinge.

KRATYLOS: Ja.

SOKRATES: Wohlan, so verstehe ich vielleicht nur nicht was das ist was du meinst, und du kannst dennoch Recht haben. Kann man wohl diese beiderlei Nachahmungen, die Bilder sowohl als die Wörter unter die Dinge verteilen und ihnen zuschreiben, deren Nachahmungen sie sind oder nicht?

KRATYLOS: Das kann man. c

SOKRATES: Zuerst bedenke dieses. Es kann doch einer das Bild des Mannes dem Manne zuteilen und das des Weibes dem Weibe, und so auch andere?

KRATYLOS: Allerdings.

ΣΩ. Οὐκοῦν καὶ τοὐναντίον τὴν μὲν τοῦ ἀνδρὸς τῇ γυναικί, τὴν δὲ τῆς γυναικὸς τῷ ἀνδρί ;

ΚΡ. Ἔστι καὶ ταῦτα.

ΣΩ. Ἆρ' οὖν αὗται αἱ διανομαὶ ἀμφότεραι ὀρθαί, ἢ ἡ ἑτέρα ;

ΚΡ. Ἡ ἑτέρα.

ΣΩ. Ἣ ἂν ἑκάστῳ, οἶμαι, τὸ προσῆκόν τε καὶ τὸ ὅμοιον ἀποδιδῷ.

ΚΡ. Ἔμοιγε δοκεῖ.

ΣΩ. Ἵνα τοίνυν μὴ μαχώμεθα ἐν τοῖς λόγοις ἐγώ τε καὶ d
σύ, φίλοι ὄντες, ἀπόδεξαί μου ὃ λέγω. Τὴν τοιαύτην γάρ,
ὦ ἑταῖρε, καλῶ ἔγωγε διανομὴν ἐπ' ἀμφοτέροις μὲν τοῖς
μιμήμασιν, τοῖς τε ζῴοις καὶ τοῖς ὀνόμασιν, ὀρθήν, ἐπὶ δὲ
τοῖς ὀνόμασιν πρὸς τῷ ὀρθὴν καὶ ἀληθῆ· τὴν δ' ἑτέραν, τὴν
τοῦ ἀνομοίου δόσιν τε καὶ ἐπιφοράν, οὐκ ὀρθήν, καὶ ψευδῆ
ὅταν ἐπ' ὀνόμασιν ᾖ.

ΚΡ. Ἀλλ' ὅπως μή, ὦ Σώκρατες, ἐν μὲν τοῖς ζωγραφή-
μασιν ᾖ τοῦτο, τὸ μὴ ὀρθῶς διανέμειν, ἐπὶ δὲ τοῖς ὀνόμασιν e
οὔ, ἀλλ' ἀναγκαῖον ᾖ ἀεὶ ὀρθῶς.

ΣΩ. Πῶς λέγεις ; τί τοῦτο ἐκείνου διαφέρει ; ἆρ' οὐκ ἔστι προσελθόντα ἀνδρί τῳ εἰπεῖν ὅτι « Τουτί ἐστι σὸν γράμμα », καὶ δεῖξαι αὐτῷ, ἂν μὲν τύχῃ, ἐκείνου εἰκόνα, ἂν δὲ τύχῃ, γυναικός ; τὸ δὲ δεῖξαι λέγω εἰς τὴν τῶν ὀφθαλμῶν αἴσθησιν καταστῆσαι.

ΚΡ. Πάνυ γε.

ΣΩ. Τί δέ ; πάλιν αὐτῷ τούτῳ προσελθόντα εἰπεῖν ὅτι
«Τουτί ἐστιν σὸν ὄνομα » ; ἔστι δέ που καὶ τὸ ὄνομα
μίμημα, ὥσπερ τὸ ζωγράφημα. Τοῦτο δὴ λέγω· ἆρ' οὐκ ἂν
εἴη αὐτῷ εἰπεῖν ὅτι « Τουτί ἐστι σὸν ὄνομα », καὶ μετὰ 431 a
τοῦτο εἰς τὴν τῆς ἀκοῆς αὖ αἴσθησιν καταστῆσαι, ἂν μὲν
τύχῃ, τὸ ἐκείνου μίμημα, εἰπόντα ὅτι ἀνήρ, ἂν δὲ τύχῃ, τὸ
τοῦ θήλεος τοῦ ἀνθρωπίνου γένους, εἰπόντα ὅτι γυνή ; οὐ
δοκεῖ σοι τοῦτο οἷόν τ' εἶναι καὶ γίγνεσθαι ἐνίοτε ;

SOKRATES: Aber auch umgekehrt das Bild des Mannes der Frau, und das der Frau dem Manne?

KRATYLOS: Auch das kann man.

SOKRATES: Sind nun diese Verteilungen etwa beide richtig oder nur eine von beiden?

KRATYLOS: Nur die eine von beiden.

SOKRATES: Diejenige doch, denke ich, welche jedem das ihm zukommende und ähnliche zuteilt.

KRATYLOS: So scheint es mir wenigstens.

SOKRATES: Damit also Freunde wie ich und du sich nicht d
um Worte streiten, so laß dir gefallen was ich sage. Nämlich
eine solche Verteilung beider Nachahmungen, der Bilder so-
wohl als der Wörter, nenne ich richtig, die der Wörter aber
zugleich auch wahr; die andere aber, welche unähnliches einan-
der gibt und beilegt, nenne ich unrichtig, und wenn sie mit den
Wörtern vorgeht, zugleich falsch.

KRATYLOS: Aber Sokrates, wenn nur nicht bei den Bildern
zwar dieses statt findet, das unrichtig verteilen, bei den Wör- e
tern aber nicht, sondern es da immer richtig geschieht!

SOKRATES: Wie meinst du das? worin unterscheidet sich das eine von dem andern? Kann man nicht zu einem Manne hingehn und ihm sagen, dies hier ist dein Bild, und ihm dabei wenn es sich trifft sein eigenes Bildnis zeigen, wenn es sich trifft aber auch ein weibliches? Zeigen aber nenne ich, ihm vor den Sinn des Gesichtes bringen.

KRATYLOS: Freilich kann man das.

SOKRATES: Und wie, kann man nicht eben zu demselben
auch gehen und ihm sagen, das ist dein Namen? Der Namen ist
aber doch eben so wohl eine Nachahmung als das Bild. Ich
meine also dieses. Kann man ihm etwa nicht sagen, dies ist dein 431a
Namen, und dabei wiederum ihm vor den Sinn des Gehörs
bringen, bald wie es sich trifft seine Nachahmung, indem man
zu ihm sagt Mann, bald auch wenn es sich trifft die des weib-
lichen Teiles der menschlichen Gattung, indem man zu ihm
sagt, Frau? Glaubst du nicht, daß das möglich ist, und daß
dergleichen bisweilen geschieht?

ΚΡ. Ἐθέλω σοι, ὦ Σώκρατες, ξυγχωρῆσαι καὶ ἔστω
οὕτως.

ΣΩ. Καλῶς γε σὺ ποιῶν, ὦ φίλε, εἰ ἔστι τοῦτο οὕτως·
οὐδὲν γὰρ δεῖ νῦν πάνυ διαμάχεσθαι περὶ αὐτοῦ. Εἰ δ' οὖν
ἔστι τοιαύτη τις διανομὴ καὶ ἐνταῦθα, τὸ μὲν ἕτερον τούτων b
ἀληθεύειν βουλόμεθα καλεῖν, τὸ δ' ἕτερον ψεύδεσθαι. Εἰ δὲ
τοῦτο οὕτως ἔχει, καὶ ἔστι μὴ ὀρθῶς διανέμειν τὰ ὀνόματα
μηδὲ ἀποδιδόναι τὰ προσήκοντα ἑκάστῳ, ἀλλ' ἐνίοτε τὰ μὴ
προσήκοντα, εἴη ἂν καὶ ῥήματα ταὐτὸν τοῦτο ποιεῖν. Εἰ δὲ
ῥήματα καὶ ὀνόματα ἔστιν οὕτω τιθέναι, ἀνάγκη καὶ λόγους·
λόγοι γάρ που, ὡς ἐγῷμαι, ἡ τούτων ξύνθεσίς ἐστιν· ἢ πῶς c
λέγεις, ὦ Κρατύλε ;

ΚΡ. Οὕτω· καλῶς γάρ μοι δοκεῖς λέγειν.

ΣΩ. Οὐκοῦν εἰ γράμμασιν αὖ τὰ πρῶτα ὀνόματα ἀπεικά-
ζομεν, ἔστιν ὥσπερ ἐν τοῖς ζωγραφήμασιν καὶ πάντα τὰ
προσήκοντα χρώματά τε καὶ σχήματα ἀποδοῦναι, καὶ μὴ
πάντα αὖ, ἀλλ' ἔνια ἐλλείπειν, ἔνια δὲ καὶ προστιθέναι, καὶ
πλείω καὶ μείζω· ἢ οὐκ ἔστιν ;

ΚΡ. Ἔστιν.

ΣΩ. Οὐκοῦν ὁ μὲν ἀποδιδοὺς πάντα καλὰ τὰ γράμματά
τε καὶ τὰς εἰκόνας ἀποδίδωσιν, ὁ δὲ ἢ προστιθεὶς ἢ ἀφαι-
ρῶν γράμματα μὲν καὶ εἰκόνας ἐργάζεται καὶ οὗτος, ἀλλὰ
πονηράς ;

ΚΡ. Ναί. d

ΣΩ. Τί δὲ ὁ διὰ τῶν συλλαβῶν τε καὶ γραμμάτων τὴν
οὐσίαν τῶν πραγμάτων ἀπομιμούμενος ; ἆρα οὐ κατὰ τὸν
αὐτὸν λόγον, ἂν μὲν πάντα ἀποδῷ τὰ προσήκοντα, καλὴ
ἡ εἰκὼν ἔσται — τοῦτο δ' ἐστὶν ὄνομα — ἐὰν δὲ σμικρὰ
ἐλλείπῃ ἢ προστιθῇ ἐνίοτε, εἰκὼν μὲν γενήσεται, καλὴ δὲ
οὔ ; ὥστε τὰ μὲν καλῶς εἰργασμένα ἔσται τῶν ὀνομάτων, τὰ
δὲ κακῶς ;

ΚΡ. Ἴσως.

ΣΩ. Ἴσως ἄρα ἔσται ὁ μὲν ἀγαθὸς δημιουργὸς ὀνομάτων, e
ὁ δὲ κακός ;

KRATYLOS: Ich will es dir einräumen, Sokrates, und es soll
so sein.

SOKRATES: Und wohl tust du daran. Lieber, wenn es sich
doch so verhält; denn du mußt ja nun nicht den Streit darüber
so weit treiben als möglich. Wenn also eine solche Verteilung
auch hier statt findet: so wollen wir das eine von diesen beiden b
wahr reden nennen, das andere unwahr reden. Wenn sich nun
dieses so verhält und es möglich ist, auch nicht richtig die Na-
men oder Hauptwörter zu verteilen, und nicht jedem sein
zugehöriges anzuweisen: so muß es auch möglich sein, eben
dieses mit den Zeitwörtern zu tun. Wenn man aber Zeitwörter
sowohl als Hauptwörter auf diese Weise setzen kann, dann
notwendig auch Sätze. Denn Sätze sind doch, wie ich meine, c
die Verbindung jener beiden. Oder was meinst du, Kratylos?

KRATYLOS: Eben das; denn das dünkt mich gut gesagt.

SOKRATES: Wenn wir nun wiederum die Stammwörter mit
Zeichnungen vergleichen: so kann man doch bei Gemälden
bisweilen alle dazu gehörigen Farben und Züge darstellen, bis-
weilen auch nicht alle, sondern einige auslassen, andere hin-
zusetzen bald mehr bald weniger. Oder kann man das nicht?

KRATYLOS: Man kann es.

SOKRATES: Wer nun alle darstellt, der wird auch schöne
Zeichnungen und Bilder darstellen, wer aber etwas hinzusetzt
oder wegnimmt, der macht zwar auch Bilder und Zeichnun-
gen, aber schlechte.

KRATYLOS: Ja. d

SOKRATES: Wie nun, wer in Silben und Buchstaben das
Wesen der Dinge nachbildet? wird nicht auf dieselbe Weise,
wenn er alles dem Dinge zukommende wiedergibt, sein Bild
schön sein, dies ist nämlich das Wort, wenn er aber ein Weniges
ausläßt oder bisweilen hinzufügt, es zwar auch ein Bild wer-
den, aber kein schönes, so daß doch wohl einige Wörter gut
werden gebildet sein, andere schlecht?

KRATYLOS: Vielleicht.

SOKRATES: Vielleicht also wird auch im Wortbilden der e
eine ein guter Künstler sein, der andere ein schlechter

ΚΡ. Ναί.

ΣΩ. Οὐκοῦν τούτῳ ὁ « νομοθέτης » ἦν ὄνομα.

ΚΡ. Ναί.

ΣΩ. Ἴσως ἄρα νὴ Δί' ἔσται, ὥσπερ ἐν ταῖς ἄλλαις τέχναις, καὶ νομοθέτης ὁ μὲν ἀγαθός, ὁ δὲ κακός, ἐάνπερ τὰ ἔμπροσθεν ἐκεῖνα ὁμολογηθῇ ἡμῖν.

ΚΡ. Ἔστι ταῦτα. Ἀλλ' ὁρᾷς, ὦ Σώκρατες, ὅταν ταῦτα τὰ γράμματα, τό τε ἄλφα καὶ τὸ βῆτα καὶ ἕκαστον τῶν στοιχείων, τοῖς ὀνόμασιν ἀποδιδῶμεν τῇ γραμματικῇ τέχνῃ,
ἐάν τι ἀφέλωμεν ἢ προσθῶμεν ἢ μεταθῶμέν τι, γέγραπται 432 a
μὲν ἡμῖν τὸ ὄνομα, οὐ μέντοι ὀρθῶς, ἀλλὰ τὸ παράπαν οὐδὲ γέγραπται, ἀλλ' εὐθὺς ἕτερόν ἐστιν, ἐάν τι τούτων πάθῃ.

ΣΩ. Μὴ γὰρ οὐ καλῶς σκοπῶμεν οὕτω σκοποῦντες, ὦ Κρατύλε.

ΚΡ. Πῶς δή ;

ΣΩ. Ἴσως ὅσα ἔκ τινος ἀριθμοῦ ἀναγκαῖον εἶναι ἢ μὴ εἶναι πάσχοι ἂν τοῦτο ὃ σὺ λέγεις, ὥσπερ καὶ αὐτὰ τὰ δέκα ἢ ὅστις βούλει ἄλλος ἀριθμός, ἐὰν ἀφέλῃς τι ἢ
προσθῇς, ἕτερος εὐθὺς γέγονε· τοῦ δὲ ποιοῦ τινος καὶ b
ξυμπάσης εἰκόνος μὴ οὐχ αὕτη ᾖ ὀρθότης, ἀλλὰ τὸ ἐναντίον οὐδὲ τὸ παράπαν δέῃ πάντα ἀποδοῦναι οἷόν ἐστιν ὃ εἰκάζει, εἰ μέλλει εἰκὼν εἶναι. Σκόπει δὲ εἴ τι λέγω. Ἆρ' ἂν δύο πράγματα εἴη τοιάδε, οἷον Κρατύλος καὶ Κρατύλου εἰκών, εἴ τις θεῶν μὴ μόνον τὸ σὸν χρῶμα καὶ σχῆμα ἀπεικάσειεν ὥσπερ οἱ ζωγράφοι, ἀλλὰ καὶ τὰ ἐντὸς πάντα τοιαῦτα ποιήσειεν οἷάπερ τὰ σά, καὶ μαλακότητας
καὶ θερμότητας τὰς αὐτὰς ἀποδοίη, καὶ κίνησιν καὶ ψυχὴν c
καὶ φρόνησιν οἷαπερ ἡ παρὰ σοὶ ἐνθείη αὐτοῖς, καὶ ἑνὶ λόγῳ πάντα ἅπερ σὺ ἔχεις, τοιαῦτα ἕτερα καταστήσειεν πλησίον

KRATYLOS: Ja.

SOKRATES: Und der hieß doch der Gesetzgeber?

KRATYLOS: Ja.

SOKRATES: Vielleicht also wird, beim Zeus, wie bei den anderen Künsten, auch der eine Gesetzgeber ein guter, der andere ein schlechter sein, wenn es bei jenem vorigen bleiben soll.

3.2.1.3. Zweiter Einwand: Bild und Abgebildetes sind nicht identisch, Nachahmungen immer fehlerträchtig

KRATYLOS: So ist es freilich. Aber du siehst doch, Sokrates, wenn wir nun diese Buchstaben, das a und b und so auch die anderen den Wörtern anweisen gemäß der Sprachkunst: so kann man, wenn wir hernach einen wegnehmen oder hinzusetzen oder auch nur versetzen, nicht sagen, daß wir das Wort 432a
zwar geschrieben haben, aber nur nicht richtig; sondern wir haben es ganz und gar nicht geschrieben, indem es gleich ein anderes ist, sobald ihm so etwas begegnet ist.

SOKRATES: Daß wir nur nicht die Sache unrichtig nehmen, wenn wir sie so nehmen, Kratylos!

KRATYLOS: Wie so?

SOKRATES: Vielleicht stände es um dasjenige was notwendig nur vermöge einer Zahl ist oder nicht ist, so wie du sagst, wie zum Beispiel Zehn oder jede andere Zahl welche du willst, wird freilich, wenn du etwas hinwegnimmst oder dazutust, sogleich eine andere geworden sein; die Richtigkeit dessen aber b
was vermöge einer gewissen Beschaffenheit ist, was es ist und so auch jedes Bildes, mag wohl nicht eine solche sein, sondern es wird im Gegenteil ganz und gar nicht einmal dürfen alles Einzelne so wiedergeben wie das abzubildende ist, wenn es ein Bild sein soll. Sieh nur zu, ob ich Recht habe. Wären dies wohl noch so zwei verschiedene Dinge wie Kratylos und des Kratylos Bild, wenn einer von den Göttern nicht nur deine Farbe und Gestalt nachbildete, wie die Maler, sondern auch alles Innere eben so machte wie das deinige, mit denselben Abstufungen der Weichheit und der Wärme, und dann auch Bewegung, c
Seele und Vernunft, wie dies alles bei dir ist, hineinlegte, und mit einem Worte alles wie du es hast noch einmal neben dir

σου ; πότερον Κρατύλος ἂν καὶ εἰκὼν Κρατύλου τότ' εἴη τὸ
τοιοῦτον, ἢ δύο Κρατύλοι ;

ΚΡ. Δύο ἔμοιγε δοκοῦσιν, ὦ Σώκρατες, Κρατύλοι.

ΣΩ. Ὁρᾷς οὖν, ὦ φίλε, ὅτι ἄλλην χρὴ εἰκόνος ὀρθότητα
ζητεῖν καὶ ὧν νῦν δὴ ἐλέγομεν, καὶ οὐκ ἀναγκάζειν, ἐάν τι
ἀπῇ ἢ προσῇ, μηκέτι αὐτὴν εἰκόνα εἶναι ; ἢ οὐκ αἰσθάνει d
ὅσου ἐνδέουσιν αἱ εἰκόνες τὰ αὐτὰ ἔχειν ἐκείνοις ὧν εἰκόνες
εἰσίν ;

ΚΡ. Ἔγωγε.

ΣΩ. Γελοῖα γοῦν, ὦ Κρατύλε, ὑπὸ τῶν ὀνομάτων πάθοι
ἂν ἐκεῖνα ὧν ὀνόματά ἐστιν τὰ ὀνόματα, εἰ πάντα πανταχῇ
αὐτοῖς ὁμοιωθείη. Διττὰ γὰρ ἄν που πάντα γένοιτο, καὶ
οὐκ ἂν ἔχοις αὐτῶν εἰπεῖν οὐδέτερον ὁπότερόν ἐστι τὸ μὲν
αὐτό, τὸ δὲ ὄνομα.

ΚΡ. Ἀληθῆ λέγεις.

ΣΩ. Θαρρῶν τοίνυν, ὦ γενναῖε, ἔα καὶ ὄνομα τὸ μὲν εὖ
κεῖσθαι, τὸ δὲ μή, καὶ μὴ ἀνάγκαζε πάντ' ἔχειν τὰ γράμ- e
ματα, ἵνα κομιδῇ ᾖ τοιοῦτον οἷόνπερ οὗ ὄνομά ἐστιν,
ἀλλ' ἔα καὶ τὸ μὴ προσῆκον γράμμα ἐπιφέρειν. Εἰ δὲ
γράμμα, καὶ ὄνομα ἐν λόγῳ· εἰ δὲ ὄνομα, καὶ λόγον ἐν λόγῳ
μὴ προσήκοντα τοῖς πράγμασιν ἐπιφέρεσθαι, καὶ μηδὲν
ἧττον ὀνομάζεσθαι τὸ πρᾶγμα καὶ λέγεσθαι, ἕως ἂν ὁ τύπος
ἐνῇ τοῦ πράγματος περὶ οὗ ἂν ὁ λόγος ᾖ, ὥσπερ ἐν τοῖς
τῶν στοιχείων ὀνόμασιν, εἰ μέμνησαι ἃ νῦν δὴ ἐγὼ καὶ 433 a
Ἑρμογένης ἐλέγομεν.

ΚΡ. Ἀλλὰ μέμνημαι.

ΣΩ. Καλῶς τοίνυν. Ὅταν γὰρ τοῦτο ἐνῇ, κἂν μὴ πάντα
τὰ προσήκοντα ἔχῃ, λελέξεταί γε τὸ πρᾶγμα, καλῶς ὅταν
πάντα, κακῶς δὲ ὅταν ὀλίγα· λέγεσθαι δ' οὖν, ὦ μακάριε,

aufstellte; wären dies denn Kratylos und ein Bild des Kratylos, oder zwei Kratylos?

KRATYLOS: Das, dünkt mich, wären zwei Kratylos.

SOKRATES: Du siehst also nun, Lieber, daß wir für das Bild sowohl eine andere Richtigkeit aufsuchen müssen, als die der vorher erwähnten Dinge, als auch besonders, daß wir nicht darauf bestehen dürfen, daß sobald etwas fehle oder hinzukomme es gleich nicht mehr ein Bild sei. Oder merkst du nicht, d
wie viel den Bildern daran fehlt, dasselbe zu haben wie das dessen Bilder sie sind?

KRATYLOS: Das merke ich wohl.

SOKRATES: Lächerliches wenigstens, o Kratylos, würde den Dingen widerfahren von den Wörtern die ihre Benennungen sind, wenn diese ihnen in allem auf alle Weise ähnlich gemacht würden. Alles nämlich würde zwiefach da sein, und man würde von keinem von beiden mehr angeben können, welches das Ding selbst wäre, und welches das Wort.

KRATYLOS: Richtig gesprochen.

SOKRATES: Wage also das nur immer zuzugeben, wackerer Freund, daß auch die Wörter teils gut abgefaßt sind teils schlecht, und bestehe nicht darauf, daß sie alle Buchstaben so e
haben sollen, daß sie ganz und gar dasselbe seien, wie das dessen Namen jedes ist, sondern laß immer auch einen nicht gehörigen Buchstaben hineinsetzen. Und wenn einen Buchstaben, dann auch ein Wort in einen Satz, und wenn ein Wort, dann auch einen Satz in eine Rede, wie es den Dingen nicht eben ganz angemessen ist, hineinsetzen, und nichts desto weniger die Dinge noch benannt und besprochen sein, so lange nur noch die Grundzüge des Dinges darin sind, von dem eben die Rede ist, wie es der Fall ist bei den Namen der Buchstaben, 433a
wenn du dich noch erinnerst, was ich und Hermogenes vorhin sagten.

KRATYLOS: Ich erinnere mich wohl.

SOKRATES: Gut also; so lange nur dieses bleibt, soll uns, wenn auch nicht alles gehörige vorhanden ist, der Gegenstand doch noch ausgesprochen sein, gut wenn alles, schlecht wenn nur weniges davon da ist. Immer doch wollen wir das Gesprochen sein zugeben, Bester, damit wir nicht in Strafe ver-

ἐῶμεν, ἵνα μὴ ὄφλωμεν ὥσπερ οἱ ἐν Αἰγίνῃ νύκτωρ περιιόντες ὀψὲ ὁδοῦ, καὶ ἡμεῖς ἐπὶ τὰ πράγματα δόξωμεν αὖ τῇ ἀληθείᾳ οὕτω πως ἐληλυθέναι ὀψιαίτερον τοῦ δέοντος, b
ἢ ζήτει τινὰ ἄλλην ὀνόματος ὀρθότητα, καὶ μὴ ὁμολόγει δήλωμα συλλαβαῖς καὶ γράμμασι πράγματος ὄνομα εἶναι. Εἰ γὰρ ταῦτα ἀμφότερα ἐρεῖς, οὐχ οἷός τ' ἔσει συμφωνεῖν σαυτῷ.

ΚΡ. Ἀλλά μοι δοκεῖς γε, ὦ Σώκρατες, μετρίως λέγειν, καὶ οὕτω τίθεμαι.

ΣΩ. Ἐπειδὴ τοίνυν ταῦτα ἡμῖν ξυνδοκεῖ, μετὰ ταῦτα τάδε σκοπῶμεν· εἰ μέλλει, φαμέν, καλῶς κεῖσθαι τὸ ὄνομα, τὰ προσήκοντα δεῖ αὐτὸ γράμματα ἔχειν ;

ΚΡ. Ναί.

ΣΩ. Προσήκει δὲ τὰ ὅμοια τοῖς πράγμασιν ; c

ΚΡ. Πάνυ γε.

ΣΩ. Τὰ μὲν ἄρα καλῶς κείμενα οὕτω κεῖται· εἰ δὲ μή τι καλῶς ἐτέθη, τὸ μὲν ἂν πολὺ ἴσως ἐκ προσηκόντων εἴη γραμμάτων καὶ ὁμοίων, εἴπερ ἔσται εἰκών, ἔχοι δ' ἄν τι καὶ οὐ προσῆκον, δι' ὃ οὐκ ἂν καλὸν εἴη οὐδὲ καλῶς εἰργασμένον τὸ ὄνομα. Οὕτω φαμὲν ἢ ἄλλως ;

ΚΡ. Οὐδὲν δεῖ, οἶμαι, διαμάχεσθαι, ὦ Σώκρατες· ἐπεὶ οὐκ ἀρέσκει γέ με τὸ φάναι ὄνομα μὲν εἶναι, μὴ μέντοι καλῶς γε κεῖσθαι.

ΣΩ. Πότερον τοῦτο οὐκ ἀρέσκει σε, τὸ εἶναι τὸ ὄνομα d
δήλωμα τοῦ πράγματος ;

ΚΡ. Ἐμέ γε.

ΣΩ. Ἀλλὰ τὸ εἶναι τῶν ὀνομάτων τὰ μὲν ἐκ προτέρων ξυγκείμενα, τὰ δὲ πρῶτα, οὐ καλῶς σοι δοκεῖ λέγεσθαι ;

ΚΡ. Ἔμοιγε.

ΣΩ. Ἀλλὰ τὰ πρῶτα εἰ μέλλει δηλώματά τινων γίγνε-

fallen, wie in Ägina die, welche des Nachts spät auf der Straße herumgehn, so auch wir auf diese Art in Wahrheit scheinen später als schicklich zu den Dingen zu kommen. Oder suche b eine andere Richtigkeit, und gib nicht zu, das Wort sei seines Gegenstandes Kundmachung durch Silben und Buchstaben; denn wenn du dieses und zugleich auch jenes sagst, kannst du nicht mit dir selbst einig sein.

KRATYLOS: Dagegen scheint nichts aufzubringen, Sokrates, und ich nehme es so an.

3.2.2. Einschränkung der Grundthese des Kratylos

3.2.2.1. Die Benennungen sind den Dingen ähnlich, ebenso die Buchstaben – entsprechend dem Ausdruckswert der Laute

SOKRATES: Da wir nun hierüber einig sind, so laß uns nächstdem dieses bedenken. Wenn ein Wort gut gebildet sein soll, so muß es, sagen wir, seine gehörigen Buchstaben haben.

KRATYLOS: Ja.

SOKRATES: Es gehören aber dazu die den Dingen ähnli- c chen?

KRATYLOS: Allerdings.

SOKRATES: Die also gut gebildet sind sind so gebildet. Wenn aber eines nicht gut abgefaßt ist, so kann es vielleicht größtenteils aus ihm gehörigen ähnlichen Buchstaben bestehen, wenn es doch ein Bild sein soll, aber auch etwas ungehöriges haben, um dessentwillen es eben nicht gut und ein nicht recht gut abgefaßtes Wort wäre. Wollen wir so sagen oder anders?

KRATYLOS: Es hilft wohl nicht, glaube ich, weiter zu streiten, Sokrates. Denn mir gefällt es nun nicht, zu sagen es sei etwas zwar ein Wort, es sei aber nicht recht abgefaßt.

SOKRATES: Gefällt dir etwa das nicht, daß das Wort eine d Darstellung des Gegenstandes sein soll?

KRATYLOS: Dieses, o ja.

SOKRATES: Aber daß einige Wörter aus früheren zusammengesetzt, andere aber Stammworte sind, scheint dir das nicht richtig gesagt zu sein?

KRATYLOS: O ja.

SOKRATES: Aber wenn die Stammwörter Darstellungen

σθαι, ἔχεις τινὰ καλλίω τρόπον τοῦ δηλώματα αὐτὰ γενέσθαι
ἄλλον ἢ αὐτὰ ποιῆσαι ὅ τι μάλιστα τοιαῦτα οἷα ἐκεῖνα ἃ δεῖ e
δηλοῦν αὐτά ; ἢ ὅδε μᾶλλόν σε ἀρέσκει ὁ τρόπος ὃν Ἑρ-
μογένης λέγει καὶ ἄλλοι πολλοί, τὸ ξυνθήματα εἶναι τὰ
ὀνόματα καὶ δηλοῦν τοῖς ξυνθεμένοις, προειδόσι δὲ τὰ
πράγματα, καὶ εἶναι ταύτην ὀρθότητα ὀνόματος, ξυνθήκην,
διαφέρειν δὲ οὐδὲν ἐάντε τις ξυνθῆται ὥσπερ νῦν ξύγ-
κειται, ἐάντε καὶ τοὐναντίον ἐπὶ μὲν ᾧ νῦν σμικρόν, μέγα
καλεῖν, ἐπὶ δὲ ᾧ μέγα, σμικρόν ; πότερός σε ὁ τρόπος
ἀρέσκει ;

ΚΡ. Ὅλῳ καὶ παντὶ διαφέρει, ὦ Σώκρατες, τὸ ὁμοιώματι 434 a
δηλοῦν ὅ τι ἄν τις δηλοῖ, ἀλλὰ μὴ τῷ ἐπιτυχόντι.

ΣΩ. Καλῶς λέγεις. Οὐκοῦν εἴπερ ἔσται τὸ ὄνομα ὅμοιον
τῷ πράγματι, ἀναγκαῖον πεφυκέναι τὰ στοιχεῖα ὅμοια τοῖς
πράγμασιν, ἐξ ὧν τὰ πρῶτα ὀνόματά τις ξυνθήσει ; ὧδε
δὲ λέγω· ἆρά ποτ' ἄν τις ξυνέθηκεν ὃ νῦν δὴ ἐλέγομεν
ζωγράφημα ὅμοιόν τῳ τῶν ὄντων, εἰ μὴ φύσει ὑπῆρχε
φαρμακεῖα ὅμοια ὄντα, ἐξ ὧν ξυντίθεται τὰ ζωγραφούμενα, b
ἐκείνοις ἃ μιμεῖται ἡ γραφική ; ἢ ἀδύνατον ;

ΚΡ. Ἀδύνατον.

ΣΩ. Οὐκοῦν ὡσαύτως καὶ ὀνόματα οὐκ ἄν ποτε ὅμοια
γένοιτο οὐδενί, εἰ μὴ ὑπάρξει ἐκεῖνα πρῶτον ὁμοιότητά τινα
ἔχοντα, ἐξ ὧν ξυντίθεται τὰ ὀνόματα, ἐκείνοις ὧν ἐστι τὰ
ὀνόματα μιμήματα ; ἔστι δέ, ἐξ ὧν συνθετέον, στοιχεῖα ;

ΚΡ. Ναί.

ΣΩ. Ἤδη τοίνυν καὶ σὺ κοινώνει τοῦ λόγου οὗπερ ἄρτι
Ἑρμογένης. Φέρε, καλῶς σοι δοκοῦμεν λέγειν ὅτι τὸ ῥῶ τῇ c
φορᾷ καὶ κινήσει καὶ σκληρότητι προσέοικεν, ἢ οὐ καλῶς ;

von etwas sein sollen, weißt du eine andere bessere Art wie sie Darstellungen sein können, als wenn man sie möglichst so e macht, wie dasjenige, was sie ausdrücken sollen? Oder gefällt dir die Art besser, welche Hermogenes vorträgt, und viele Andere, daß die Wörter Verabredungen sind, und nur darstellen für die Verabredenden, denen die Dinge vorher bekannt sind, und daß also die Richtigkeit der Wörter nur hierin liege, im Vertrage, und es gar keinen Unterschied mache, ob Jemand sie so festsetze, wie sie jetzt bestehen, oder auch ganz entgegengesetzt, was wir jetzt klein nennen, groß nenne, und was wir groß klein? Welche von beiden Weisen gefällt dir?

KRATYLOS: Bei weitem und ohne Frage ist es vorzüglicher, 434a
Sokrates, durch ein Ähnliches darzustellen, was Jemand darstellen will, als durch das erste beste.

SOKRATES: Wohl gesprochen. Wenn also nun das Wort dem Gegenstande ähnlich sein soll: so müssen notwendig auch von Natur den Gegenständen die Buchstaben ähnlich sein, aus denen man die Stammwörter zusammensetzen muß. Ich meine es so. Könnte wohl Jemand, wovon wir auch schon sprachen, ein Gemälde irgend einem Dinge ähnlich ausarbeiten, wenn nicht schon von Natur die Färbemittel, aus denen das Gemälde b
zusammengesetzt wird, jenen Dingen ähnlich wären, welche die Malerei nachahmt? Oder wäre das unmöglich?

KRATYLOS: Unmöglich!

SOKRATES: Eben so demnach würden auch die Wörter nie irgend einem Dinge ähnlich werden, wenn nicht zuvor jenes, woraus die Wörter müssen zusammengesetzt werden, eine gewisse Ähnlichkeit hätte mit dem, dessen Nachbildungen die Wörter sind. Zusammengesetzt aber müssen sie werden aus Buchstaben?

KRATYLOS: Ja.

3.2.2.2. Ohne Übereinkunft könnten Buchstaben und Wörter nichts kundtun

SOKRATES: Nimm du also nun auch Teil an dem, was ich vorher mit Hermogenes ausführte. Dünkt dich, daß wir Recht c
haben zu sagen, das R gehöre sich für den Strom und die Bewegung und das Reiten? oder nicht Recht?

ΚΡ. Καλῶς ἔμοιγε.

ΣΩ. Τὸ δὲ λάβδα τῷ λείῳ καὶ μαλακῷ καὶ οἷς νῦν δὴ ἐλέγομεν;

ΚΡ. Ναί.

ΣΩ. Οἶσθα οὖν ὅτι ἐπὶ τῷ αὐτῷ ἡμεῖς μέν φαμεν « σκληρότης », Ἐρετριῆς δὲ « σκληρότηρ »;

ΚΡ. Πάνυ γε.

ΣΩ. Πότερον οὖν τό τε ῥῶ καὶ τὸ σῖγμα ἔοικεν ἀμφότερα τῷ αὐτῷ, καὶ δηλοῖ ἐκείνοις τε τὸ αὐτὸ τελευτῶντος τοῦ ῥῶ καί ἡμῖν τοῦ σῖγμα, ἢ τοῖς ἑτέροις ἡμῶν οὐ δηλοῖ;

ΚΡ. Δηλοῖ μὲν οὖν ἀμφοτέροις. d

ΣΩ. Πότερον ᾗ ὅμοια τυγχάνει ὄντα τὸ ῥῶ καὶ τὸ σῖγμα, ἢ ᾗ μή;

ΚΡ. Ἧι ὅμοια.

ΣΩ. Ἦ οὖν ὅμοιά ἐστι πανταχῇ;

ΚΡ. Πρός γε τὸ ἴσως φορὰν δηλοῦν.

ΣΩ. Ἦ καὶ τὸ λάβδα ἐγκείμενον; οὐ τὸ ἐναντίον δηλοῖ σκληρότητος;

ΚΡ. Ἴσως γὰρ οὐκ ὀρθῶς ἔγκειται, ὦ Σώκρατες· ὥσπερ καὶ ἃ νῦν δὴ σὺ πρὸς Ἑρμογένη ἔλεγες ἐξαιρῶν τε καὶ ἐντιθεὶς γράμματα οὗ δέοι, καὶ ὀρθῶς ἐδόκεις ἔμοιγε. Καὶ νῦν ἴσως ἀντὶ τοῦ λάβδα ῥῶ δεῖ λέγειν.

ΣΩ. Εὖ λέγεις. Τί οὖν; νῦν ὡς λέγομεν, οὐδὲν μανθά- e
νομεν ἀλλήλων, ἐπειδάν τις φῇ « σκληρόν », οὐδὲ οἶσθα σὺ νῦν ὅ τι ἐγὼ λέγω;

ΚΡ. Ἔγωγε, διά γε τὸ ἔθος, ὦ φίλτατε.

ΣΩ. Ἔθος δὲ λέγων οἴει τι διάφορον λέγειν ξυνθήκης; ἢ ἄλλο τι λέγεις τὸ ἔθος ἢ ὅτι ἐγώ, ὅταν τοῦτο φθέγγωμαι, διανοοῦμαι ἐκεῖνο, σὺ δὲ γιγνώσκεις ὅτι ἐκεῖνο διανοοῦμαι; οὐ τοῦτο λέγεις;

ΚΡ. Ναί. 435 a

ΣΩ. Οὐκοῦν εἰ γιγνώσκεις ἐμοῦ φθεγγομένου, δήλωμά σοι γίγνεται παρ' ἐμοῦ;

KRATYLOS: Recht dünkt mich.

SOKRATES: Das T aber für das feste und haltende und was wir damals mehr anführten?

KRATYLOS: Ja.

SOKRATES: Weißt du auch wohl, daß wo wir war sagen, andere Gegenden sagen was?

KRATYLOS: Freilich.

SOKRATES: Sind nun r und s beide einem und demselben ähnlich, und stellt das Wort dasselbe dar für jene, denen es sich mit dem s, und für uns, denen es sich mit dem r endiget? oder stellt es für den einen Teil nicht dar?

KRATYLOS: Es stellt gewiß allen beiden dar. d

SOKRATES: Etwa in wiefern r und s ähnlich sind, oder in wiefern nicht?

KRATYLOS: In wie fern sie ähnlich sind.

SOKRATES: Sind sie das denn aber ganz und gar?

KRATYLOS: Vielleicht um die Zeitbewegung darzustellen.

SOKRATES: Ist es auch so mit dem t in Reiten? Drückt das nicht das Gegenteil der Bewegung aus?

KRATYLOS: Vielleicht ist das auch nicht richtig in dem Worte, und wie du auch oft, als du vorher mit dem Hermogenes sprachest, Buchstaben herausnahmst und hineinsetztest wo es nötig war, und das dünkte mich ganz richtig, so sollte man auch dort vielleicht statt des t ein r setzen.

SOKRATES: Wohl geprochen. Aber wie weiter? so wie wir e
jetzt sprechen, verstehen wir etwa so einander nicht, wenn einer reiten sagt, und verstehst du mich auch jetzt nicht, was ich meine?

KRATYLOS: Ich verstehe es wohl, weil ich es gewohnt bin, Liebster.

SOKRATES: Und wenn du Gewohnheit sagst, glaubst du etwas anderes zu sagen als Verabredung? Oder meinst du unter Gewohnheit etwas anderes, als daß ich wenn ich dieses Wort ausspreche jenes denke, und daß du erkennest daß ich jenes denke? Meinst du nicht das?

KRATYLOS: Ja. 435a

SOKRATES: Wenn du es nun indem ich es ausspreche erkennest, so wird es dir ja durch mich kund gemacht?

ΚΡ. Ναί.

ΣΩ. Ἀπὸ τοῦ ἀνομοίου γε ᾗ ὃ διανοούμενος φθέγγομαι,
εἴπερ τὸ λάβδα ἀνόμοιόν ἐστι τῇ ᾗ φῂς σὺ σκληρότητι· εἰ
δὲ τοῦτο οὕτως ἔχει, τί ἄλλο ἢ αὐτὸς σαυτῷ ξυνέθου καί
σοι γίγνεται ἡ ὀρθότης τοῦ ὀνόματος ξυνθήκη, ἐπειδή γε
δηλοῖ καὶ τὰ ὅμοια καὶ τὰ ἀνόμοια γράμματα, ἔθους τε καὶ
ξυνθήκης τυχόντα ; εἰ δ' ὅ τι μάλιστα μή ἐστι τὸ ἔθος
ξυνθήκη, οὐκ ἂν καλῶς ἔτι ἔχοι λέγειν τὴν ὁμοιότητα b
δήλωμα εἶναι, ἀλλὰ τὸ ἔθος· ἐκεῖνο γάρ, ὡς ἔοικε, καὶ
ὁμοίῳ καὶ ἀνομοίῳ δηλοῖ. Ἐπειδὴ δὲ ταῦτα ξυγχωροῦμεν,
ὦ Κρατύλε — τὴν γὰρ σιγήν σου ξυγχώρησιν θήσω — ἀναγ-
καῖόν που καὶ ξυνθήκην τι καὶ ἔθος ξυμβάλλεσθαι πρὸς
δήλωσιν ὧν διανοούμενοι λέγομεν· ἐπεί, ὦ βέλτιστε, εἰ
θέλεις ἐπὶ τὸν ἀριθμὸν ἐλθεῖν, πόθεν οἴει ἕξειν ὀνόματα
ὅμοια ἑνὶ ἑκάστῳ τῶν ἀριθμῶν ἐπενεγκεῖν, ἐὰν μὴ ἐᾷς τι
τὴν σὴν ὁμολογίαν καὶ ξυνθήκην κῦρος ἔχειν τῶν ὀνομάτων c
ὀρθότητος πέρι ; ἐμοὶ μὲν οὖν καὶ αὐτῷ ἀρέσκει μὲν κατὰ
τὸ δυνατὸν ὅμοια εἶναι τὰ ὀνόματα τοῖς πράγμασιν· ἀλλὰ μὴ
ὡς ἀληθῶς, τὸ τοῦ Ἑρμογένους, γλίσχρα ᾖ ἡ ὁλκὴ αὕτη τῆς
ὁμοιότητος, ἀναγκαῖον δὲ ᾖ καὶ τῷ φορτικῷ τούτῳ προσ-
χρῆσθαι, τῇ ξυνθήκῃ, εἰς ὀνομάτων ὀρθότητα. Ἐπεὶ ἴσως
κατά γε τὸ δυνατὸν κάλλιστ' ἂν λέγοιτο ὅταν ἢ πᾶσιν ἢ
ὡς πλείστοις ὁμοίοις λέγηται, τοῦτο δ' ἐστὶ προσήκουσιν,
αἴσχιστα δὲ τοὐναντίον. Τόδε δέ μοι ἔτι εἰπὲ μετὰ ταῦτα, d
τίνα ἡμῖν δύναμιν ἔχει τὰ ὀνόματα καὶ τί φῶμεν αὐτὰ καλὸν
ἀπεργάζεσθαι ;

KRATYLOS: Ja.

SOKRATES: Und zwar durch das dem Unähnliche, was ich mir denke und aussprechen will, wenn doch das t dem was du reiten nennst unähnlich ist. Wenn sich aber dies so verhält, wie kann es anders sein, als daß du es mit dir selbst so verabredet hast, und so wird dir doch die Verabredung der Grund der Richtigkeit der Wörter, da ja die unähnlichen Buchstaben nicht weniger als die ähnlichen kund machen, sobald sie Gewohnheit und Verabredung für sich haben. Und wenn denn auch ja Ge-
wohnheit nicht Verabredung ist: so ist es deshalb doch nicht b
richtig zu sagen, daß in der Ähnlichkeit die Darstellung liege, sondern in der Gewohnheit müßte man sagen, denn diese wie es scheint stellt dar, durch Ähnliches wie durch Unähnliches. Wenn wir dieses nun eingestehen, Kratylos, denn ich will dein Stillschweigen als ein Geständnis annehmen: so würden ja notwendig auch Verabredung und Gewohnheit etwas beitragen zur Kundwerdung der Gedanken, indem wir sprechen. Denn, Bester, wenn du nur an die Zahlen gehn willst, woher willst du wohl den einzelnen Zahlen lauter ähnliche Namen beizulegen
haben, wenn du nicht auch deiner Übereinkunft und Ver- c
abredung etwas einräumen willst bei Bestimmung der Richtigkeit der Worte. Denn mir ist es auch gar recht, daß nach Möglichkeit die Namen den Dingen sollen ähnlich sein; allein wenn nur nicht in der Tat, wie Hermogenes vorher sagte, dieser Strich, der Ähnlichkeit nach, gar zu dürftig ist, und es notwendig wird, jenes gemeinere, die Verabredung, mit zu Hülfe zu nehmen bei der Richtigkeit der Worte. Denn auf das bestmögliche werden sie wohl gebildet sein, wenn jedes ganz oder größtenteils aus ähnlichen Buchstaben besteht, denn das sind doch die gehörigen, und aufs schlechteste, wenn das Gegenteil
eintritt. Das aber sage mir noch hiernächst, was für ein Ver- d
mögen die Wörter eigentlich haben, und was wir sagen wollen, daß sie uns schönes ausrichten?

ΚΡ. Διδάσκειν ἔμοιγε δοκεῖ, ὦ Σώκρατες, καὶ τοῦτο πάνυ
ἁπλοῦν εἶναι, ὃς ἂν τὰ ὀνόματα ἐπίστηται, ἐπίστασθαι καὶ
τὰ πράγματα.

ΣΩ. Ἴσως γάρ, ὦ Κρατύλε, τὸ τοιόνδε λέγεις, ὡς ἐπειδάν
τις εἰδῇ τὸ ὄνομα οἷόν ἐστιν — ἔστι δὲ οἷόνπερ τὸ πρᾶγμα
— εἴσεται δὴ καὶ τὸ πρᾶγμα, ἐπείπερ ὅμοιον τυγχάνει ὂν e
τῷ ὀνόματι, τέχνη δὲ μία ἄρ᾽ ἐστὶν ἡ αὐτὴ πάντων τῶν
ἀλλήλοις ὁμοίων. Κατὰ τοῦτο δή μοι δοκεῖς λέγειν ὡς ὃς ἂν
τὰ ὀνόματα εἰδῇ εἴσεται καὶ τὰ πράγματα.

ΚΡ. Ἀληθέστατα λέγεις.

ΣΩ. Ἔχε δή, ἴδωμεν τίς ποτ᾽ ἂν εἴη ὁ τρόπος οὗτος τῆς
διδασκαλίας τῶν ὄντων ὃν σὺ λέγεις νῦν, καὶ πότερον ἔστι
μὲν καὶ ἄλλος, οὗτος μέντοι βελτίων, ἢ οὐδ᾽ ἔστιν ἄλλος
ἢ οὗτος. Ποτέρως οἴει ;

ΚΡ. Οὕτως ἔγωγε, οὐ πάνυ τι εἶναι ἄλλον, τοῦτον δὲ καὶ 436 a
μόνον καὶ βέλτιστον.

ΣΩ. Πότερον δὲ καὶ εὕρεσιν τῶν ὄντων τὴν αὐτὴν ταύτην
εἶναι, τὸν τὰ ὀνόματα εὑρόντα καὶ ἐκεῖνα ηὑρηκέναι ὧν
ἐστι τὰ ὀνόματα· ἢ ζητεῖν μὲν καὶ εὑρίσκειν ἕτερον δεῖν
τρόπον, μανθάνειν δὲ τοῦτον ;

ΚΡ. Πάντων μάλιστα καὶ ζητεῖν καὶ εὑρίσκειν τὸν αὐτὸν
τρόπον τοῦτον κατὰ ταὐτά.

ΣΩ. Φέρε δὴ ἐννοήσωμεν, ὦ Κρατύλε, εἴ τις ζητῶν τὰ
πράγματα ἀκολουθοῖ τοῖς ὀνόμασι, σκοπῶν οἷον ἕκαστον b
βούλεται εἶναι, ἆρ᾽ ἐννοεῖς ὅτι οὐ σμικρὸς κίνδυνός ἐστιν
ἐξαπατηθῆναι ;

ΚΡ. Πῶς ;

ΣΩ. Δῆλον ὅτι ὁ θέμενος πρῶτος τὰ ὀνόματα, οἷα ἡγεῖτο
εἶναι τὰ πράγματα, τοιαῦτα ἐτίθετο καὶ τὰ ὀνόματα, ὥς
φαμεν. Ἦ γάρ ;

ΚΡ. Ναί.

ΣΩ. Εἰ οὖν ἐκεῖνος μὴ ὀρθῶς ἡγεῖτο, ἔθετο δὲ οἷα

3.2.3. Führen allein die Wörter zu den Dingen?

3.2.3.1. Kratylos: Der und nur der, der die Wörter versteht, versteht auch die Dinge; der Sprachgeber hat sie nach deren Wesen gebildet

KRATYLOS: Mich dünkt, daß sie lehren, Sokrates, und daß man ohne Einschränkung sagen kann, wer die Wörter verstehe, der verstehe auch die Dinge.

SOKRATES: Vielleicht meinst du das wohl so, Kratylos, daß wenn einer ein Wort recht versteht wie es eigentlich ist, und es
ist eben wie das Ding, er dann auch das Ding verstehen wird, e
da es ja dem Worte ähnlich ist, und doch eine und dieselbe Kunst für alles gilt was einander ähnlich ist. In dieser Beziehung, dünkt mich, könntest du sagen, daß, wer die Wörter versteht, auch die Dinge verstehn werde.

KRATYLOS: Ganz vollkommen richtig.

SOKRATES: Halt aber, laß uns sehen, wie eigentlich diese Weise der Belehrung über das Seiende beschaffen ist, die du jetzt beschreibst, und ob es etwa zwar noch eine andere gibt, diese aber die bessere ist, oder ob es überall nicht einmal eine andere gibt als diese. Welches von beiden glaubst du?

KRATYLOS: Das glaube ich, daß es gar keine andere gibt, 436a
sondern nur diese eine und beste.

SOKRATES: Auch daß nur auf dieselbe Weise die Dinge auch gefunden werden, so daß wer die Wörter gefunden hat auch dasjenige gefunden habe, wovon sie die Benennungen sind? oder daß Suchen und Finden zwar auf eine andere Weise geschehen muß, das Lernen aber auf diese?

KRATYLOS: Allerdings, auch suchen und finden muß man eben so ganz auf dieselbe Weise.

SOKRATES: Wohlan denn, laß uns bedenken, Kratylos,
wenn einer in seiner Forschung nach den Dingen den Worten b
nachgeht, erwägend, was jedes wohl sagen will, merkst du nicht, daß der keine kleine Gefahr läuft irre geführt zu werden?

KRATYLOS: Wie so?

SOKRATES: Offenbar hat doch, wer zuerst die Worte festsetzte, so wie er meinte daß die Dinge wären, so auch die Worte festgesetzt, wie wir behaupten; nicht wahr?

KRATYLOS: Ja.

SOKRATES: Wenn nun jener nicht richtig meinte, und doch

ἡγεῖτο, τί οἴει ἡμᾶς τοὺς ἀκολουθοῦντας αὐτῷ πείσεσθαι ;
ἄλλο τι ἢ ἐξαπατηθήσεσθαι ;

ΚΡ. Ἀλλὰ μὴ οὐχ οὕτως ἔχῃ, ὦ Σώκρατες, ἀλλ' ἀναγκαῖον
ᾖ εἰδότα τίθεσθαι τὸν τιθέμενον τὰ ὀνόματα· εἰ δὲ μή, ὅπερ c
πάλαι ἐγὼ ἔλεγον, οὐδ' ἂν ὀνόματα εἴη. Μέγιστον δέ σοι
ἔστω τεκμήριον ὅτι οὐκ ἔσφαλται τῆς ἀληθείας ὁ τιθέμενος·
οὐ γὰρ ἄν ποτε οὕτω ξύμφωνα ἦν αὐτῷ ἅπαντα. Ἢ οὐκ
ἐνενόεις αὐτὸς λέγων ὡς πάντα κατὰ ταὐτὸν καὶ ἐπὶ ταὐτὸν
ἐγίγνετο τὰ ὀνόματα ;

ΣΩ. Ἀλλὰ τοῦτο μέν, ὠγαθὲ Κρατύλε, οὐδέν ἐστιν ἀπο-
λόγημα. Εἰ γὰρ τὸ πρῶτον σφαλεὶς ὁ τιθέμενος τἆλλα ἤδη
πρὸς τοῦτ' ἐβιάζετο καὶ αὐτῷ ξυμφωνεῖν ἠνάγκαζεν, οὐδὲν d
ἄτοπον, ὥσπερ τῶν διαγραμμάτων ἐνίοτε τοῦ πρώτου
σμικροῦ καὶ ἀδήλου ψευδοῦς γενομένου, τὰ λοιπὰ πάμπολλα
ἤδη ὄντα ἑπόμενα ὁμολογεῖν ἀλλήλοις. Δεῖ δὴ περὶ τῆς
ἀρχῆς παντὸς πράγματος παντὶ ἀνδρὶ τὸν πολὺν λόγον
εἶναι καὶ τὴν πολλὴν σκέψιν εἴτε ὀρθῶς εἴτε μὴ ὑπόκειται·
ἐκείνης δὲ ἐξετασθείσης ἱκανῶς, τὰ λοιπὰ φαίνεσθαι
ἐκείνῃ ἑπόμενα. Οὐ μέντοι ἀλλὰ θαυμάζοιμ' ἂν εἰ καὶ τὰ
ὀνόματα ξυμφωνεῖ αὐτὰ αὑτοῖς. Πάλιν γὰρ ἐπισκεψώμεθα e
ἃ τὸ πρότερον διήλθομεν. Ὡς τοῦ παντὸς ἰόντος τε καὶ
φερομένου καὶ ῥέοντός φαμεν σημαίνειν ἡμῖν τὴν οὐσίαν
τὰ ὀνόματα. Ἄλλο τι οὕτω σοι δοκεῖ δηλοῦν ;

ΚΡ. Πάνυ σφόδρα, καὶ ὀρθῶς γε σημαίνει. 437 a

ΣΩ. Σκοπῶμεν δὴ ἐξ αὐτῶν ἀναλαβόντες πρῶτον μὲν
τοῦτο τὸ ὄνομα, τὴν « ἐπιστήμην », ὡς ἀμφίβολόν ἐστι,
καὶ μᾶλλον ἔοικε σημαίνοντι ὅτι ἵστησιν ἡμῶν ἐπὶ τοῖς
πράγμασι τὴν ψυχὴν ἢ ὅτι ξυμπεριφέρεται, καὶ ὀρθότερόν
ἐστιν ὥσπερ νῦν αὐτοῦ τὴν ἀρχὴν λέγειν μᾶλλον ἢ ἐκβάλ-
λοντας τὸ εἶ « πιστήμην » [,ἀλλὰ τὴν ἐμβολὴν ποιήσασθαι
ἀντὶ τῆς ἐν τῷ εἶ ἐν τῷ ἰῶτα]. Ἔπειτα τὸ « βέβαιον », ὅτι
βάσεώς τινός ἐστιν καὶ στάσεως μίμημα, ἀλλ' οὐ φορᾶς.

die Worte so setzte, wie er meinte was wird wohl uns, die wir ihm nachgehn, begegnen? Nicht daß wir irre geführt werden?

KRATYLOS: Wenn das aber nur nicht gar nicht so sein kann, sondern vielmehr so sein muß, daß wer die Worte festgesetzt c hat ein Wissender muß gewesen sein, wo nicht, wie ich schon lange gesagt habe, sie gar keine Worte sein werden! Und der beste Beweis, daß er das rechte nicht verfehlt hat, ist der, es würde ihm nicht alles so zusammenstimmen. Oder hast du nicht bemerkt in deinem eigenen Vortrage, wie alle Worte auf dieselbe Weise und in derselben Beziehung gebildet waren?

3.2.3.2. Kratylos' These über den Sprachgeber ist unbegründet und kontraintuitiv; die Wörter zeigen das Sein teils bewegt, teils in Ruhe

SOKRATES: Mit dieser Verteidigung, mein guter Kratylos, ist es nun wohl nichts. Denn wenn der Wortbildner, nachdem er sich zuerst geirrt, hernach alles andere nach diesem ersten eingerichtet und genötiget hat damit übereinzustimmen: so ist d es wohl kein Wunder, wie bei Figuren bisweilen, auch der erste nur ein kleiner und unmerklicher Fehler ist, wenn alles übrige gar viele, was aus dem ersten folgt unter sich übereinstimmt. Daher muß eben über den Anfang jeder Sache Jedermann die genaueste Überlegung anstellen und die genaueste Untersuchung, ob er richtig gelegt ist oder nicht; und dann, wenn dieser gehörig geprüft ist, das übrige so darstellen, wie es aus ihm folgt. Indes sollte es mich dennoch wundern, wenn die Wörter so unter sich zusammenstimmten. Darum laß uns noch e einmal übersehen, was wir vorher durchgenommen haben. Also ob nämlich alles ströme und fließe und in Bewegung sei, dahin, sagten wir, deuten uns die Worte das Sein und Wesen der Dinge. Nicht wahr, so dünkt dich, stellen sie es uns dar.

KRATYLOS: Allerdings, und deuten es also ganz richtig. 437a

SOKRATES: Laß uns einmal sehen, wenn wir nun wieder aufnehmen zuerst etwa das Wort verstehen, wie zweideutig es ist, und weit eher anzudeuten scheint, daß unsere Seele bei den Gegenständen stehen bleibt, als daß sie sich mit ihnen herumbewegt, und wie es weit richtiger ist, die Buchstaben in der Mitte so zu lassen wie sie sind, und Anfangs nur den ganz offnen Hauch zu setzen. Dann das Beständige, wie es offenbar

Ἔπειτα ἡ « ἱστορία » αὐτό που σημαίνει ὅτι ἵστησι τὸν ῥοῦν. Καὶ τὸ « πιστὸν » ἱστὰν παντάπασι σημαίνει. Ἔπειτα δὲ ἡ « μνήμη » παντί που μηνύει ὅτι μονή ἐστιν ἐν τῇ ψυχῇ, ἀλλ' οὐ φορά. Εἰ δὲ βούλει, ἡ « ἁμαρτία » καὶ ἡ « ξυμφορά », εἰ κατὰ τὸ ὄνομά τις ἀκολουθήσει, φανεῖται ταὐτὸν τῇ « ξυνέσει » ταύτῃ καὶ « ἐπιστήμῃ » καὶ τοῖς ἄλλοις πᾶσι τοῖς περὶ τὰ σπουδαῖα ὀνόμασιν. Ἔτι τοίνυν ἡ « ἀμαθία » καὶ ἡ « ἀκολασία » παραπλησία τούτοις φαίνεται· ἡ μὲν γὰρ τοῦ ἅμα θεῷ ἰόντος πορεία φαίνεται, ἡ « ἀμαθία », ἡ δ' « ἀκολασία » παντάπασιν ἀκολουθία τοῖς πράγμασι φαίνεται. Καὶ οὕτως, ἃ νομίζομεν ἐπὶ τοῖς κακίστοις ὀνόματα εἶναι, ὁμοιότατ' ἂν φαίνοιτο τοῖς ἐπὶ τοῖς καλλίστοις. Οἶμαι δὲ καὶ ἄλλα πόλλ' ἄν τις εὕροι, εἰ πραγματεύοιτο, ἐξ ὧν οἰηθείη ἂν αὖ πάλιν τὸν τὰ ὀνόματα τιθέμενον οὐχὶ ἰόντα οὐδὲ φερόμενα, ἀλλὰ μένοντα τὰ πράγματα σημαίνειν. b c

ΚΡ. Ἀλλ', ὦ Σώκρατες, ὁρᾷς ὅτι τὰ πολλὰ ἐκείνως ἐσήμαινεν. d

ΣΩ. Τί οὖν τοῦτο, ὦ Κρατύλε; ὥσπερ ψήφους διαριθμησόμεθα τὰ ὀνόματα, καὶ ἐν τούτῳ ἔσται ἡ ὀρθότης; ὁπότερα ἂν πλείω φαίνηται τὰ ὀνόματα σημαίνοντα, ταῦτα δὴ ἔσται τἀληθῆ;

Nachbildung eines auf dem Grunde festen und stehenden ist,
und nicht einer Bewegung. Dann auch die Geschichte deutet b
doch wohl an, daß sie dem Gehen Schicht macht, und es also
zum Stehen bringt, und eben so Treue deutet doch in jedem
Fall auf Ruhe. Ferner die Erinnerung zeigt doch offenbar, daß
etwas innerlich ruht in der Seele, nicht aber in Bewegung ist.
Und wenn du willst, wird das Versehen und der Nachteil, wenn
man so die Worte auseinander legt, ganz als dasselbe erscheinen
mit der Einsicht und dem Vorteil und allen übrigen Namen
des Vortrefflichen. Dann auch die Trägheit und die Unbändigkeit
zeigen sich fast eben so, denn die erste ist, was getragen c
von den Dingen geht, und die andere ist, was sich nicht binden
und halten läßt. Auf diese Weise also zeigt sich, was wir als Benennungen des schlechtesten ansehn, ganz ähnlich dem Vortrefflichsten; und ich glaube, es könnte einer der sich Mühe geben wollte, noch vielerlei anderes finden, woraus man wieder glauben sollte der Wortbildner habe die Dinge nicht als fließend und bewegt, sondern als bleibend und feststehend angedeutet.

KRATYLOS: Aber du siehst doch, Sokrates, daß er das mei- d
ste auf jene Art bezeichnet hat.

SOKRATES: Was soll nun das, Kratylos? Wollen wir die Wörter zählen, wie die Steinchen beim Stimmensammeln, und soll sich dadurch die Richtigkeit zeigen? welches von beiden die meisten Wörter anzudeuten scheinen, das soll das wahre sein?

KRATYLOS: Nein, das wohl nicht.

3.2.3.3. Wenn es einen Sprachgeber und Stammwörter gibt, dann auch einen wortfreien Zugang zu den Dingen

SOKRATES: Ganz gewiß nicht, Lieber. Allein dies wollen wir nun hier gut sein lassen. Das aber laß uns in Erwägung ziehen, ob du auch darin mit uns einig bist, oder nicht. Sprich, die welche in den verschiedenen Gegenden sowohl hellenischen als barbarischen zu verschiedenen Zeiten die Benennungen festgesetzt haben, sind wir nicht vorher übereingekommen, daß diese Gesetzgeber wären, und die Kunst welche dies vermag der gesetzgebenden angehöre?

ΚΡ. Οὔκουν εἰκός γε.

ΣΩ. Οὐδ' ὁπωστιοῦν, ὦ φίλε. Καὶ ταῦτα μέν γε αὐτοῦ
ἐάσωμεν, ἐπανέλθωμεν δὲ πάλιν ὅθεν δεῦρο μετέβημεν. 438 a
Ἄρτι γὰρ ἐν τοῖς πρόσθεν, εἰ μέμνησαι, τὸν τιθέμενον τὰ
ὀνόματα ἀναγκαῖον ἔφησθα εἶναι εἰδότα τίθεσθαι οἷς
ἐτίθετο. Πότερον οὖν ἔτι σοι δοκεῖ οὕτως ἢ οὔ;

ΚΡ. Ἔτι.

ΣΩ. Ἦ καὶ τὸν τὰ πρῶτα τιθέμενον εἰδότα φῂς
τίθεσθαι;

ΚΡ. Εἰδότα.

ΣΩ. Ἐκ ποίων οὖν ὀνομάτων ἢ μεμαθηκὼς ἢ ηὑρηκὼς
ἦν τὰ πράγματα, εἴπερ τά γε πρῶτα μήπω ἔκειτο, μαθεῖν b
δ' αὖ φαμεν τὰ πράγματα καὶ εὑρεῖν ἀδύνατον εἶναι ἄλλως
ἢ τὰ ὀνόματα μαθόντας ἢ αὐτοὺς ἐξευρόντας οἷά ἐστι;

ΚΡ. Δοκεῖς τί μοι λέγειν, ὦ Σώκρατες.

ΣΩ. Τίνα οὖν τρόπον φῶμεν αὐτοὺς εἰδότας θέσθαι ἢ
νομοθέτας εἶναι, πρὶν καὶ ὁτιοῦν ὄνομα κεῖσθαί τε καὶ
ἐκείνους εἰδέναι, εἴπερ μὴ ἔστι τὰ πράγματα μαθεῖν ἀλλ'
ἢ ἐκ τῶν ὀνομάτων;

ΚΡ. Οἶμαι μὲν ἐγὼ τὸν ἀληθέστατον λόγον περὶ τούτων c
εἶναι, ὦ Σώκρατες, μείζω τινὰ δύναμιν εἶναι ἢ ἀνθρω-
πείαν τὴν θεμένην τὰ πρῶτα ὀνόματα τοῖς πράγμασιν,
ὥστε ἀναγκαῖον εἶναι αὐτὰ ὀρθῶς ἔχειν.

ΣΩ. Εἶτα, οἴει, ἐναντία ἂν ἐτίθετο αὐτὸς αὑτῷ ὁ θείς,
ὢν δαίμων τις ἢ θεός; ἢ οὐδέν σοι ἐδοκοῦμεν ἄρτι λέγειν;

ΚΡ. Ἀλλὰ μὴ οὐκ ᾖ τούτων τὰ ἕτερα ὀνόματα.

KRATYLOS: Allerdings.

SOKRATES: Sage mir also, als die ersten Gesetzgeber die ersten Benennungen festsetzten, kannten sie die Gegenstände, für welche sie sie festsetzten, oder kannten sie sie nicht?

KRATYLOS: Ich meines Teils denke, sie kannten sie.

SOKRATES: Kaum, lieber Freund, könnten sie sie auch wohl ohne sie zu kennen getan haben.

KRATYLOS: Nein freilich.

SOKRATES: Laß uns also noch einmal auf das zurückgehn, 438a
von wo aus wir hieher gekommen sind. Eben sagtest du doch, und auch im vorigen wenn du dich erinnerst, der die Benennungen bestimmt habe, habe dies notwendig getan mit Kenntnis dessen, wofür er sie bestimmte. Bist du noch dieser Meinung oder nicht?

KRATYLOS: Noch.

SOKRATES: Auch der die Stammwörter gebildet, glaubst du, habe es mit dieser Kenntnis getan?

KRATYLOS: Mit dieser Kenntnis.

SOKRATES: Vermittelst welcher Wörter nun hat er wohl die Kenntnis der Gegenstände erlernt oder gefunden, wenn doch die ersten Wörter noch nicht gegeben waren, wir aber sagen, es b
sei nicht möglich zur Erkenntnis der Dinge weder durch Lernen noch durch eignes Finden anders zu gelangen, als indem man die Wörter erlernt oder selbst findet, wie sie beschaffen sind?

KRATYLOS: Das scheint mir etwas zu sein, Sokrates.

SOKRATES: Auf welche Weise also konnten wohl jene nach Erkenntnis Wörter festsetzen oder Wortbildende Gesetzgeber sein, ehe überhaupt noch irgend eine Benennung vorhanden und ihnen bekannt war, wenn es nicht möglich ist zur Erkenntnis der Dinge anders zu gelangen als durch die Wörter?

KRATYLOS: Ich bin daher der Meinung, Sokrates, die rich- c
tigste Erklärung hierüber werde die sein, daß es eine größere als menschliche Kraft gewesen, welche den Dingen die ersten Namen beigelegt, und daß sie eben deshalb notwendig richtig sind.

SOKRATES: Und also sollte wer sie bestimmt, sie mit sich selbst im Widerspruch bestimmt haben, wenn er ein Dämon

ΣΩ. Πότερα, ὦ ἄριστε, τὰ ἐπὶ τὴν στάσιν ἄγοντα ἢ τὰ ἐπὶ τὴν φοράν ; οὐ γάρ που κατὰ τὸ ἄρτι λεχθὲν πλήθει κριθήσεται.

ΚΡ. Οὔτοι δὴ δίκαιόν γε, ὦ Σώκρατες. d

ΣΩ. Ὀνομάτων οὖν στασιασάντων, καὶ τῶν μὲν φασκόντων ἑαυτὰ εἶναι τὰ ὅμοια τῇ ἀληθείᾳ, τῶν δ᾽ ἑαυτά, τίνι ἔτι διακρινοῦμεν, ἢ ἐπὶ τί ἐλθόντες ; οὐ γάρ που ἐπὶ ὀνόματά γε ἕτερα ἄλλα τούτων· οὐ γὰρ ἔστιν, ἀλλὰ δῆλον ὅτι ἄλλ᾽ ἄττα ζητητέα πλὴν ὀνομάτων, ἃ ἡμῖν ἐμφανιεῖ ἄνευ ὀνομάτων ὁπότερα τούτων ἐστὶ τἀληθῆ, δείξαντα δῆλον ὅτι τὴν ἀλήθειαν τῶν ὄντων.

ΚΡ. Δοκεῖ μοι οὕτω. e

ΣΩ. Ἔστιν ἄρα, ὡς ἔοικεν, ὦ Κρατύλε, δυνατὸν μαθεῖν ἄνευ ὀνομάτων τὰ ὄντα, εἴπερ ταῦτα οὕτως ἔχει.

ΚΡ. Φαίνεται.

ΣΩ. Διὰ τίνος ἄλλου οὖν ἔτι προσδοκᾷς ἂν αὐτὰ μαθεῖν ; ἆρα δι᾽ ἄλλου του ἢ οὗπερ εἰκός τε καὶ δικαιότατον, δι᾽ ἀλλήλων γε, εἴ πῃ ξυγγενῆ ἐστιν, καὶ αὐτὰ δι᾽ αὑτῶν ; τὸ γάρ που ἕτερον ἐκείνων καὶ ἀλλοῖον ἕτερον ἄν τι καὶ ἀλλοῖον σημαίνοι, ἀλλ᾽ οὐκ ἐκεῖνα.

ΚΡ. Ἀληθῆ μοι φαίνει λέγειν.

ΣΩ. Ἔχε δὴ πρὸς Διός· τὰ δὲ ὀνόματα οὐ πολλάκις μέντοι ὡμολογήσαμεν τὰ καλῶς κείμενα ἐοικότα εἶναι ἐκείνοις ὧν ὀνόματα κεῖται, καὶ εἶναι εἰκόνας τῶν πραγμάτων ; 439 a

ΚΡ. Ναί.

ΣΩ. Εἰ οὖν ἔστι μὲν ὅ τι μάλιστα δι᾽ ὀνομάτων τὰ πράγματα μανθάνειν, ἔστι δὲ καὶ δι᾽ αὑτῶν, ποτέρα ἂν εἴη καλλίων καὶ σαφεστέρα ἡ μάθησις ; ἐκ τῆς εἰκόνος μανθάνειν αὐτήν τε αὑτὴν εἰ καλῶς ᾔκασται, καὶ τὴν ἀλήθειαν

oder ein Gott gewesen? oder ist alles nichts gewesen, was wir vorher gesagt haben?

KRATYLOS: Aber die einen von beiden mögen wohl keine Worte sein.

SOKRATES: Welche doch, Bester, die auf das Stehen oder die auf das Fließen führen? Denn nach der Menge soll das doch, wie wir eben ausgemacht haben, nicht entschieden werden?

KRATYLOS: Das wäre freilich nicht recht, Sokrates. d

SOKRATES: Wenn also die Wörter in Streit geraten, und die einen sagen, sie selbst wären die der Wahrheit ähnlichen, die andern aber sie, wodurch sollen wir es nun entscheiden oder mit Rücksicht worauf? Doch wohl nicht wieder auf andere Wörter als diese? Denn es gibt ja keine. Sondern offenbar muß etwas anderes aufgesucht werden als Worte, was uns ohne Worte offenbaren kann, welche von diesen beiden die richtigsten sind, indem es uns nämlich das Wesen der Dinge zeigt.

KRATYLOS: Das dünkt mich auch. e

SOKRATES: Es ist also doch möglich, wie es scheint, Kratylos, die Dinge kennen zu lernen ohne Hülfe der Worte, wenn sich dies so verhält.

KRATYLOS: So scheint es.

SOKRATES: Durch was anders erwartest du noch die Dinge selbst sie kennen zu lernen? nicht wie es am natürlichsten und einleuchtendsten ist durch einander, wenn sie irgend verwandt sind, und jedes durch sich selbst? Denn etwas von ihnen unterschiedenes und fremdartiges würde auch nur etwas fremdes und verschiedenes andeuten, nicht aber sie.

KRATYLOS: Das leuchtet mir ein als richtig gesagt.

SOKRATES: Wohlan denn, beim Zeus, haben wir nicht oft 439a
eingestanden, daß wohlabgefaßte Wörter müßten demjenigen welchem sie als Namen beigelegt sind ähnlich, und also Bilder der Gegenstände sein.

KRATYLOS: Ja.

SOKRATES: Wenn man also zwar auch wirklich die Dinge durch die Wörter kann kennen lernen, man kann es aber auch durch sie selbst, welches wäre wohl dann die schönere und sichrere Art zur Erkenntnis zu gelangen? Aus dem Bilde erst

ἧς ἦν εἰκών, ἢ ἐκ τῆς ἀληθείας αὐτήν τε αὐτὴν καὶ τὴν εἰκόνα αὐτῆς εἰ πρεπόντως εἴργασται ; b

ΚΡ. Ἐκ τῆς ἀληθείας μοι δοκεῖ ἀνάγκη εἶναι.

ΣΩ. Ὅντινα μὲν τοίνυν τρόπον δεῖ μανθάνειν ἢ εὑρίσκειν τὰ ὄντα, μεῖζον ἴσως ἐστὶν ἐγνωκέναι ἢ κατ᾽ ἐμὲ καὶ σέ· ἀγαπητὸν δὲ καὶ τοῦτο ὁμολογήσασθαι ὅτι οὐκ ἐξ ὀνομάτων, ἀλλὰ πολὺ μᾶλλον αὐτὰ ἐξ αὑτῶν καὶ μαθητέον καὶ ζητητέον ἢ ἐκ τῶν ὀνομάτων.

ΚΡ. Φαίνεται, ὦ Σώκρατες.

ΣΩ. Ἔτι τοίνυν τόδε σκεψώμεθα, ὅπως μὴ ἡμᾶς τὰ πολλὰ ταῦτα ὀνόματα ἐς ταὐτὸν τείνοντα ἐξαπατᾷ, εἰ τῷ c
ὄντι μὲν οἱ θέμενοι αὐτὰ διανοηθέντες γε ἔθεντο ὡς ἰόντων ἁπάντων ἀεὶ καὶ ῥεόντων — φαίνονται γὰρ ἔμοιγε καὶ αὐτοὶ οὕτω διανοηθῆναι — τὸ δ᾽, εἰ ἔτυχεν, οὐχ οὕτως ἔχει, ἀλλ᾽ οὗτοι αὐτοί τε ὥσπερ εἴς τινα δίνην ἐμπεσόντες κυκῶνται καὶ ἡμᾶς ἐφελκόμενοι προσεμβάλλουσιν. Σκέψαι γάρ, ὦ θαυμάσιε Κρατύλε, ὃ ἔγωγε πολλάκις ὀνειρώττω. Πότερον φῶμέν τι εἶναι αὐτὸ καλὸν καὶ ἀγαθὸν καὶ ἓν ἕκαστον τῶν ὄντων οὕτω, ἢ μή ; d

ΚΡ. Ἔμοιγε δοκεῖ, ὦ Σώκρατες, εἶναι.

ΣΩ. Αὐτὸ τοίνυν ἐκεῖνο σκεψώμεθα, μὴ εἰ πρόσωπόν τί ἐστιν καλὸν ἤ τι τῶν τοιούτων, καὶ δοκεῖ ταῦτα πάντα ῥεῖν· ἀλλ᾽ αὐτό, φῶμεν, τὸ καλὸν οὐ τοιοῦτον ἀεί ἐστιν οἷόν ἐστιν ;

ΚΡ. Ἀνάγκη.

ΣΩ. Ἆρ᾽ οὖν οἷόν τε προσειπεῖν αὐτὸ ὀρθῶς, εἰ ἀεὶ ὑπεξέρχεται, πρῶτον μὲν ὅτι ἐκεῖνό ἐστιν, ἔπειτα ὅτι τοιοῦτον, ἢ ἀνάγκη ἅμα ἡμῶν λεγόντων ἄλλο αὐτὸ εὐθὺς γίγνεσθαι καὶ ὑπεξιέναι καὶ μηκέτι οὕτως ἔχειν ;

dieses selbst kennen zu lernen, ob es gut gearbeitet ist, und dann auch das Wesen selbst, dessen Bild es war, oder aus dem b
Wesen erst dieses selbst, und dann auch sein Bild, ob es ihm angemessen gearbeitet ist?

KRATYLOS: Notwendig ja, dünkt mich, die aus dem Wesen.

SOKRATES: Auf welche Weise man nun Erkenntnis der Dinge erlernen oder selbst finden soll, das einzusehen sind wir vielleicht nicht genug, ich und du; es genüge uns aber schon, darin übereinzukommen, daß nicht durch die Worte, sondern weit lieber durch sie selbst man sie erforschen und kennen lernen muß, als durch die Worte.

KRATYLOS: Offenbar, Sokrates.

3.3. Schluß: Die Ideenlehre als Alternative zur Bedrohung der Erkenntnis durch die Flußlehre

SOKRATES: Auch das laß uns noch bedenken, daß nicht doch etwa diese vielen Worte, welche sich alle dieselbe Rich- c
tung haben, uns betrügen, und in der Tat diejenigen zwar, welche sie bildeten es in diesem Gedanken getan haben, als ob alles immer im Fluß und in Bewegung sei, die Sache selbst sich aber gar nicht so verhält, sondern nur sie selbst gleichsam in einen Strudel hineingefallen die Besinnung verloren haben, und uns nun auch mit sich hineinziehen. Denn überlege nur, teuerster Kratylos, was mir oft so vorschwebt im Traume, ob wir wohl sagen wollen, daß das Gute, das Schöne und so jegliches wirklich etwas sei oder nicht? d

KRATYLOS: Es muß doch wohl etwas sein, Sokrates.

SOKRATES: Dies also selbst laß uns betrachten, nicht ob irgend ein Angesicht schön ist oder dergleichen etwas, und dies Alles zu vergehen scheint; sondern das Schöne selbst laß uns sagen, ob es nicht immer so ist wie es ist?

KRATYLOS: Notwendig.

SOKRATES: Wäre es nun wohl möglich, wenn es uns immer unter der Hand verschwände, mit Wahrheit davon auszusagen, zuerst nur daß es jenes ist, und dann daß es so und so beschaffen ist? oder müßte es nicht notwendig, indem wir noch reden, gleich ein anderes werden, und uns entschlüpfen und gar nicht mehr so beschaffen sein?

ΚΡ. Ἀνάγκη.

ΣΩ. Πῶς οὖν ἂν εἴη τι ἐκεῖνο ὃ μηδέποτε ὡσαύτως e
ἔχει; εἰ γάρ ποτε ὡσαύτως ἴσχει, ἔν γ' ἐκείνῳ τῷ χρόνῳ
δῆλον ὅτι οὐδὲν μεταβαίνει· εἰ δὲ ἀεὶ ὡσαύτως ἔχει καὶ τὸ
αὐτό ἐστι, πῶς ἂν τοῦτό γε μεταβάλλοι ἢ κινοῖτο, μηδὲν
ἐξιστάμενον τῆς αὑτοῦ ἰδέας;

ΚΡ. Οὐδαμῶς.

ΣΩ. Ἀλλὰ μὴν οὐδ' ἂν γνωσθείη γε ὑπ' οὐδενός. Ἅμα
γὰρ ἂν ἐπιόντος τοῦ γνωσομένου ἄλλο καὶ ἀλλοῖον γίγνοιτο, 440 a
ὥστε οὐκ ἂν γνωσθείη ἔτι ὁποῖόν γέ τί ἐστιν ἢ πῶς ἔχον·
γνῶσις δὲ δήπου οὐδεμία γιγνώσκει ὃ γιγνώσκει μηδαμῶς
ἔχον.

ΚΡ. Ἔστιν ὡς λέγεις.

ΣΩ. Ἀλλ' οὐδὲ γνῶσιν εἶναι φάναι εἰκός, ὦ Κρατύλε, εἰ
μεταπίπτει πάντα χρήματα καὶ μηδὲν μένει. Εἰ μὲν γὰρ
αὐτὸ τοῦτο, ἡ γνῶσις, τοῦ γνῶσις εἶναι μὴ μεταπίπτει,
μένοι τε ἂν ἀεὶ ἡ γνῶσις καὶ εἴη γνῶσις. Εἰ δὲ καὶ αὐτὸ
τὸ εἶδος μεταπίπτει τῆς γνώσεως, ἅμα τ' ἂν μεταπίπτοι b
εἰς ἄλλο εἶδος γνώσεως καὶ οὐκ ἂν εἴη γνῶσις· εἰ δὲ ἀεὶ
μεταπίπτει, ἀεὶ οὐκ ἂν εἴη γνῶσις, καὶ ἐκ τούτου τοῦ λόγου
οὔτε τὸ γνωσόμενον οὔτε τὸ γνωσθησόμενον ἂν εἴη. Εἰ δὲ
ἔστι μὲν ἀεὶ τὸ γιγνῶσκον, ἔστι δὲ τὸ γιγνωσκόμενον, ἔστι
δὲ τὸ καλόν, ἔστι δὲ τὸ ἀγαθόν, ἔστι δὲ ἓν ἕκαστον τῶν
ὄντων, οὔ μοι φαίνεται ταῦτα ὅμοια ὄντα, ἃ νῦν ἡμεῖς
λέγομεν, ῥοῇ οὐδὲν οὐδὲ φορᾷ. Ταῦτ' οὖν πότερόν ποτε c
οὕτως ἔχει ἢ ἐκείνως ὡς οἱ περὶ Ἡράκλειτόν τε λέγουσιν
καὶ ἄλλοι πολλοί, μὴ οὐ ῥᾴδιον ᾖ ἐπισκέψασθαι, οὐδὲ πάνυ
νοῦν ἔχοντος ἀνθρώπου ἐπιτρέψαντα ὀνόμασιν αὑτὸν καὶ
τὴν αὑτοῦ ψυχὴν θεραπεύειν, πεπιστευκότα ἐκείνοις καὶ
τοῖς θεμένοις αὐτά, διισχυρίζεσθαι ὥς τι εἰδότα, καὶ αὑτοῦ
τε καὶ τῶν ὄντων καταγιγνώσκειν ὡς οὐδὲν ὑγιὲς οὐδενός,
ἀλλὰ πάντα ὥσπερ κεράμια ῥεῖ, καὶ ἀτεχνῶς ὥσπερ οἱ

KRATYLOS: Notwendig.

SOKRATES: Wie wäre das also etwas, was nie auf gleiche e
Weise ist? Denn wenn es nur irgend, wenn sich gleich hält: so
ist es doch zu dieser Zeit, in keiner Verwandlung begriffen.
Wenn es aber immer sich gleich bleibt und dasselbe ist, wie
könnte wohl auch dieses sich verwandeln und bewegen, was
aus seiner ursprünglichen Gestalt gar nicht herausgeht?

KRATYLOS: Auf keine Weise.

SOKRATES: Ja es könnte auch nicht einmal von Jemand
erkannt werden. Denn indem der welcher erkennen wollte hin- 440a
zuträte, würde es schon immer ein anderes und verschiedenes,
so daß gar nicht erkannt werden könnte wie es beschaffen wäre
und wie es sich verhielt. Keine Erkenntnis aber erkennt was sie
erkennt unter gar keiner Beschaffenheit.

KRATYLOS: Das ist wie du sagst.

SOKRATES: Ja es ist nicht einmal möglich zu sagen, daß es
eine Erkenntnis gebe, wenn alle Dinge sich verwandeln und
nichts bleibt. Denn nur wenn dieses selbst, die Erkenntnis von
dem Erkenntnis sein nicht weicht, so bliebe sie dann immer
Erkenntnis und es gäbe eine Erkenntnis. Soll aber auch diese
die Erkenntnis an und für sich selbst sich verwandeln, so ver- b
wandelt sie sich in etwas von anderer Art als die Erkenntnis,
und es gibt dann keine Erkenntnis. Verwandelte sie sich aber
immer, so gibt es immer keine Erkenntnis, und von diesem
Satze aus gibt es weder ein Erkennendes noch ein zu erken-
nendes. Ist aber immer das Erkennende und das Erkannte, ist
das Schöne, ist das Gute, ist jegliches seiende: so scheint mir
dies, wie wir es jetzt sagen, gar nicht mehr einem Fluß ähnlich
oder einer Bewegung. Ob nun dieses sich so verhält, oder viel- c
mehr so wie Herakleitos mit den seinigen und noch viele An-
dere behaupten, das mag wohl gar nicht leicht sein zu unter-
suchen, gewiß aber mag das einem vernünftigen Menschen gar
nicht wohl anstehen sich selbst und seine Seele lediglich den
Wörtern in Pflege hinzugeben und im Vertrauen auf sie, und
die welche sie eingeführt haben, dann seiner Sache so sicher zu
sein, als wisse er etwas, indem er über sich sowohl als alles
andere was ist so aburteilt, es gebe nichts gesundes daran, son-
dern alles sei zerbrechlich wie Töpferzeug, und indem er

κατάρρῳ νοσοῦντες ἄνθρωποι οὕτως οἴεσθαι καὶ τὰ πρά- d
γματα διακεῖσθαι, ὑπὸ ῥεύματός τε καὶ κατάρρου πάντα τὰ χρήματα ἔχεσθαι. Ἴσως μὲν οὖν δή, ὦ Κρατύλε, οὕτως ἔχει, ἴσως δὲ καὶ οὔ. Σκοπεῖσθαι οὖν χρὴ ἀνδρείως τε καὶ εὖ, καὶ μὴ ῥᾳδίως ἀποδέχεσθαι — ἔτι γὰρ νέος εἶ καὶ ἡλικίαν ἔχεις — σκεψάμενον δέ, ἐὰν εὕρῃς, μεταδιδόναι καὶ ἐμοί.

ΚΡ. Ἀλλὰ ποιήσω ταῦτα. Εὖ μέντοι ἴσθι, ὦ Σώκρατες, ὅτι οὐδὲ νυνὶ ἀσκέπτως ἔχω, ἀλλά μοι σκοπουμένῳ καὶ
πράγματα ἔχοντι πολὺ μᾶλλον ἐκείνως φαίνεται ἔχειν ὡς e
Ἡράκλειτος λέγει.

ΣΩ. Εἰσαῦθις τοίνυν με, ὦ ἑταῖρε, διδάξεις, ἐπειδὰν ἥκῃς· νῦν δέ, ὥσπερ παρεσκεύασαι, πορεύου εἰς ἀγρόν· προπέμψει δέ σε καὶ Ἑρμογένης ὅδε.

ΚΡ. Ταῦτ᾽ ἔσται, ὦ Σώκρατες· ἀλλὰ καὶ σὺ πειρῶ ἔτι ἐννοεῖν ταῦτα ἤδη.

glaubt, daß, ordentlich wie Menschen an Flüssen leiden, so d
auch die Dinge sich eben so befinden und von Reißen und Flüssen geplagt werden. Vielleicht nun verhält es sich so, lieber Kratylos, vielleicht auch nicht. Nachdenken aber mußt du wacker darüber und nichts leichtsinnig annehmen; denn du bist jung und hast noch Zeit; und wenn du es durch dein Nachdenken gefunden hast, dann teile es auch mir mit.

KRATYLOS: Das will ich wohl tun. Aber glaube mir nur, Sokrates, daß ich auch jetzt schon nicht ganz neu in der Sache bin, und daß wie ich auch darüber nachdenke und sie durcharbeite, es mir doch immer weit mehr so zu sein scheint, wie e
Herakleitos sagt.

SOKRATES: So unterrichte mich davon ein andermal, Freund, wenn du zurückgekehrt sein wirst; jetzt aber, wie du dich schon dazu bereitet hattest, gehe nur aufs Land, Hermogenes wird dich begleiten.

KRATYLOS: Das soll geschehen, Sokrates. Tue du nur auch das deinige, um dies noch näher zu untersuchen.

Εὐθύδημος
Euthydemos

GLIEDERUNG

1. Einleitung (271a1)

1.1. Sokrates erzählt Kriton von einem Gespräch am Vortag mit den Sophisten Euthydemos und Dionysodoros. Worin besteht ihre Weisheit? (271a1)

1.2. Euthydemos und Dionysodoros lehren neuerdings die Tugend (272d8)

1.3. Die beiden Sophisten wollen ihre Weisheit zeigen und sollen zur Probe Kleinias unterweisen (274a6)

2. Das erste Probestück der Sophisten: eine Aufhebung des Lernens (275c6)

2.1. Wer lernt: die Klugen oder die Dummen? (275c6)

2.2. Was lernt man: was man weiß oder was man nicht weiß? (276d1)

2.3. Sokrates interveniert: Begriffsklärung und Aufforderung zur Ernsthaftigkeit; ein Beispiel soll seine Erwartungen verdeutlichen (277d1)

3. Die Musterunterweisung des Sokrates: Glück setzt Erkenntnis voraus (278e3)

3.1. Alle Menschen wollen glücklich sein. Güter, die Glück bringen. Die Weisheit als Ursache des Glücks (278e3)

3.2. Nur Wissen und Weisheit sind an sich gut (280b1)

3.3. Um des Glücks willen muß man vorrangig nach Weisheit streben. – Aufforderung an die Sophisten, dem Beispiel zu folgen (282a1)

4. Das zweite Probestück der Sophisten: eine Leugnung von Widerspruch, Irrtum und Täuschung (283a1)

4.1. Dionysodoros: Weise zu werden bedeutet unterzugehen (283a1)

4.2. Euthydemos: Nichtseiendes zu sagen und zu lügen ist unmöglich. – Warnung des Sokrates vor bloßer Wortfechterei (283e7)

4.3. Dionysodoros: Wegen der Unmöglichkeit, Nichtseiendes zu sagen, heißt zu widersprechen nur, über etwas anderes zu reden (285d7)

4.4. Sokrates: Im Kern besagt die sophistische These, man

Εὐθύδημος

ΚΡΙΤΩΝ ΣΩΚΡΑΤΗΣ

ΚΡ. Τίς ἦν, ὦ Σώκρατες, ᾧ χθὲς ἐν Λυκείῳ διελέγου ; 271 a
ἦ πολὺς ὑμᾶς ὄχλος περιειστήκει, ὥστ᾽ ἔγωγε βουλόμενος
ἀκούειν προσελθὼν οὐδὲν οἷός τ᾽ ἦ ἀκοῦσαι σαφές· ὑπερ-
κύψας μέντοι κατεῖδον, καί μοι ἔδοξεν εἶναι ξένος τις,
ᾧ διελέγου. Τίς ἦν ;

ΣΩ. Πότερον καὶ ἐρωτᾷς, ὦ Κρίτων ; οὐ γὰρ εἷς, ἀλλὰ
δύο ἤστην.

ΚΡ. Ὃν μὲν ἐγὼ λέγω, ἐκ δεξιᾶς τρίτος ἀπὸ σοῦ καθῆ-
στο· ἐν μέσῳ δ᾽ ὑμῶν τὸ Ἀξιόχου μειράκιον ἦν. Καὶ μάλα b
πολύ, ὦ Σώκρατες, ἐπιδεδωκέναι μοι ἔδοξεν, καὶ τοῦ ἡμε-
τέρου οὐ πολύ τι τὴν ἡλικίαν διαφέρειν Κριτοβούλου. Ἀλλ᾽
ἐκεῖνος μὲν σκληφρός, οὗτος δὲ προφερὴς καὶ καλὸς καὶ
ἀγαθὸς τὴν ὄψιν.

ΣΩ. Εὐθύδημος οὗτός ἐστιν, ὦ Κρίτων, ὃν ἐρωτᾷς, ὁ δὲ
παρ᾽ ἐμὲ καθήμενος ἐξ ἀριστερᾶς ἀδελφὸς τούτου, Διονυ-
σόδωρος· μετέχει δὲ καὶ οὗτος τῶν λόγων.

ΚΡ. Οὐδέτερον γιγνώσκω, ὦ Σώκρατες. Καινοί τινες αὖ
οὗτοι, ὡς ἔοικε, σοφισταί· ποδαποί ; καὶ τίς ἡ σοφία ; c

ΣΩ. Οὗτοι τὸ μὲν γένος, ὡς ἐγᾦμαι, ἐντεῦθέν ποθέν
εἰσιν ἐκ Χίου, ἀπῴκησαν δὲ ἐς Θουρίους, φεύγοντες δὲ ἐκεῖ-
θεν πόλλ᾽ ἤδη ἔτη περὶ τούσδε τοὺς τόπους διατρίβουσιν.
Ὃ δὲ σὺ ἐρωτᾷς τὴν σοφίαν αὐτοῖν, θαυμασία, ὦ Κρίτων·
πάσσοφοι ἀτεχνῶς τώ γε, οὐδ᾽ ᾔδη πρὸ τοῦ ὅ τι εἶεν οἱ
παγκρατιασταί. Τούτω γὰρ ἐστον κομιδῇ παμμάχω, οὐ

Euthydemos

KRITON SOKRATES

1. Einleitung

1.1. Sokrates erzählt Kriton von einem Gespräch am Vortag mit den Sophisten Euthydemos und Dionysodoros. Worin besteht ihre Weisheit?

KRITON: Wer war doch der, Sokrates, mit dem du gestern 271a
im Lykeion Gespräch führtest? Wahrlich, eine so große Menge Menschen stand um euch her, daß, als ich auch hinzuging um zu hören, ich nichts deutlich verstehen konnte. Doch beugte ich mich über, um wenigstens zu sehen, da dünkte es mich ein Fremder zu sein mit dem du sprachest. Wer war es doch?

SOKRATES: Welchen magst du nur meinen? Denn nicht einer sondern zwei waren es.

KRITON: Der, den ich meine, saß der dritte von dir zur
Rechten, und zwischen euch saß des Axiochos Jüngling. Der b
schien mir ja sich gar sehr aufgenommen zu haben, o Sokrates, und den Jahren nach wohl nicht sehr unterschieden zu sein von meinem Kritobulos; aber der ist nur schmächtig, jener aber ganz vollständig und von gar hübschem Ansehn.

SOKRATES: Der also, o Kriton, nach welchem du fragst, ist Euthydemos, und der neben mir zur Linken saß, sein Bruder Dionysodoros, der auch seinen Teil hat am Gespräch.

KRITON: Ich kenne keinen von beiden, Sokrates.

SOKRATES: Es sind auch wieder ganz neue Sophisten, wie du leicht denken kannst.

KRITON: Woher denn? und was für Weisheit bringen sie? c

SOKRATES: Ursprünglich sind sie, so viel ich weiß, hier woher aus Chios; sie waren aber mit zu den Thuriern gezogen, und seitdem sie von dort geflüchtet sind, halten sie sich schon mehrere Jahre in diesen Gegenden auf. Was aber ihre Weisheit betrifft, nach der du fragst, o Kriton, so ist es zu verwundern, was für Alleswisser sie sind. So daß ich meines Teils bis jetzt noch gar nicht wußte, was ein wahrer Kunstfechter wäre. Diese

καθ' ἃ τὼ Ἀκαρνᾶνε ἐγενέσθην τὼ παγκρατιαστὰ ἀδελφώ·
ἐκείνω μὲν γὰρ τῷ σώματι μόνον οἵω τε μάχεσθαι, τούτω d
δὲ πρῶτον μὲν τῷ σώματι δεινοτάτω ἐστὸν καὶ μάχῃ πάν-
των κρατεῖν — ἐν ὅπλοις γὰρ αὐτώ τε σοφὼ πάνυ μάχεσθαι
καὶ ἄλλον, ὃς ἂν διδῷ μισθόν, οἵω τε ποιῆσαι — ἔπειτα 272 a
τὴν ἐν τοῖς δικαστηρίοις μάχην κρατίστω καὶ ἀγωνίσασθαι
καὶ ἄλλον διδάξαι λέγειν τε καὶ συγγράφεσθαι λόγους οἵους
εἰς τὰ δικαστήρια. Πρὸ τοῦ μὲν οὖν ταῦτα δεινὼ ἤστην
μόνον, νῦν δὲ τέλος ἐπιτεθήκατον παγκρατιαστικῇ τέχνῃ.
Ἣ γὰρ ἦν λοιπὴ αὐτοῖν μάχη ἀργός, ταύτην νῦν ἐξειργά-
σθον, ὥστε μηδ' ἂν ἕνα αὐτοῖς οἷόν τ' εἶναι μηδ' ἀνταραι·
οὕτω δεινὼ γεγόνατον ἐν τοῖς λόγοις μάχεσθαί τε καὶ ἐξε-
λέγχειν τὸ ἀεὶ λεγόμενον, ὁμοίως ἐάν τε ψεῦδος ἐάν τε b
ἀληθὲς ᾖ. Ἐγὼ μὲν οὖν, ὦ Κρίτων, ἐν νῷ ἔχω τοῖν ἀνδροῖν
παραδοῦναι ἐμαυτόν· καὶ γάρ φατον ἐν ὀλίγῳ χρόνῳ ποιῆσαι
ἂν καὶ ἄλλον ὁντινοῦν τὰ αὐτὰ ταῦτα δεινόν.

ΚΡ. Τί δαί, ὦ Σώκρατες; οὐ φοβεῖ τὴν ἡλικίαν, μὴ ἤδη
πρεσβύτερος ᾖς;

ΣΩ. Ἥκιστά γε, ὦ Κρίτων· ἱκανὸν τεκμήριον ἔχω καὶ
παραμύθιον τοῦ μὴ φοβεῖσθαι. Αὐτὼ γὰρ τούτω, ὡς ἔπος
εἰπεῖν, γέροντε ὄντε ἠρξάσθην ταύτης τῆς σοφίας ἧς
ἔγωγε ἐπιθυμῶ, τῆς ἐριστικῆς· πέρυσιν ἢ προπέρυσιν οὐδέπω
ἤστην σοφώ. Ἀλλ' ἐγὼ ἓν μόνον φοβοῦμαι, μὴ αὖ ὄνειδος c
τοῖν ξένοιν περιάψω, ὥσπερ Κόννῳ τῷ Μητροβίου, τῷ
κιθαριστῇ, ὃς ἐμὲ διδάσκει ἔτι καὶ νῦν κιθαρίζειν· ὁρῶντες
οὖν οἱ παῖδες οἱ συμφοιτηταί μοι ἐμοῦ τε καταγελῶσι καὶ
τὸν Κόννον καλοῦσι γεροντοδιδάσκαλον. Μὴ οὖν καὶ τοῖν
ξένοιν τις ταὐτὸν τοῦτο ὀνειδίσῃ· οἱ δ' αὐτὸ τοῦτο ἴσως
φοβούμενοι τάχα με οὐκ ἂν ἐθέλοιεν προσδέξασθαι. Ἐγὼ
δ', ὦ Κρίτων, ἐκεῖσε μὲν ἄλλους πέπεικα συμμαθητάς μοι

aber sind die rechten Unüberwindlichen in jeder Art, gar nicht
wie jene Akarnanischen Brüder, die sich auch im Fechten zeig-
ten. Denn die verstanden nur körperlich zu fechten. Jene aber d
sind zuerst körperlich ganz vollkommene Meister, und zwar in
der Art zu fechten, die vor allen andern den Vorzug hat, indem
sie vortrefflich verstehn in der Rüstung zu fechten, und auch
Andere, wer nur bezahlen will, geschickt darin machen. Dann 272a
aber auch im Kampf vor Gericht verstehen sie ganz vollkom-
men selbst den Streit auszufechten und auch Andere zu unter-
richten im reden und auch Reden zu schreiben zum Gebrauch
an der Gerichtsstätte. Bis jetzt nämlich waren sie nur hierin
Meister, nun aber haben sie ihrer kunstfechterischen Meister-
schaft die Krone aufgesetzt. Denn auch in dem Kampf, der
ihnen noch unversucht war, haben sie sich jetzt so eingeübt,
daß auch nicht Einer sich gegen sie auch nur wird erheben
können, solche Meister sind sie geworden im Gespräch zu
streiten und zu widerlegen was jedesmal gesagt wird, gleich- b
viel ob es falsch ist oder wahr. Daher nun, Kriton, bin ich auch
willens, mich den Männern in die Lehre zu geben; denn sie
versprechen, daß sie in kurzer Zeit auch jeden andern eben
hierin auslehren wollen.

KRITON: Und wie, Sokrates? fürchtest du nicht deine Jahre,
ob du nicht schon zu alt bist?

SOKRATES: Nichts weniger, Kriton! Denn ich habe genug,
worauf ich mich berufen und verlassen kann, um mich nicht zu
fürchten. Denn diese beiden selbst, daß ich es dir nur heraus
sage, haben erst als alte Leute den Anfang gemacht in dieser
Kunst, nach der ich strebe, in dieser Streitkunst, vor dem Jahre
aber oder vor zwei Jahren waren sie noch gar nicht weise. Nur
vor dem einen ist mir bange, daß ich den Männern nicht etwa c
selbst Spott zuziehe, wie dem Lyraspieler Konnos, der mir
noch jetzt Unterricht gibt im Lyraspielen. Denn die Knaben,
die mit mir zur Schule gehen, lachen immer über mich, und den
Konnos nennen sie den Altenmannslehrer. Wenn also nur
nicht auch den Fremden Jemand einen eben solchen Spottna-
men gibt, und sie sich vielleicht eben davor fürchtend mich
deshalb nicht annehmen wollen. Dort nun beim Konnos habe
ich schon noch einige andere Alte überredet, mit mir zum Un-

φοιτᾶν πρεσβύτας, ἐνταῦθα δέ γε ἑτέρους πειράσομαι πεί- d
θειν. Καὶ σὺ τί οὐ συμφοιτᾷς; ὡς δὲ δέλεαρ αὐτοῖς ἕξομεν
τοὺς σοὺς ὑεῖς· ἐφιέμενοι γὰρ ἐκείνων οἶδ' ὅτι καὶ ἡμᾶς
παιδεύσουσιν.

ΚΡ. Ἀλλ' οὐδὲν κωλύει, ὦ Σώκρατες, ἐάν γε σοὶ δοκῇ.
Πρῶτον δέ μοι διήγησαι τὴν σοφίαν τοῖν ἀνδροῖν τίς ἐστιν,
ἵνα εἰδῶ ὅ τι καὶ μαθησόμεθα.

ΣΩ. Οὐκ ἂν φθάνοις ἀκούων· ὡς οὐκ ἂν ἔχοιμί γε εἰπεῖν
ὅτι οὐ προσεῖχον τὸν νοῦν αὐτοῖν, ἀλλὰ πάνυ καὶ προσεῖχον
καὶ μέμνημαι, καί σοι πειράσομαι ἐξ ἀρχῆς ἅπαντα διηγή-
σασθαι. Κατὰ θεὸν γάρ τινα ἔτυχον καθήμενος ἐνταῦθα, e
οὗπερ σύ με εἶδες, ἐν τῷ ἀποδυτηρίῳ μόνος, καὶ ἤδη ἐν νῷ
εἶχον ἀναστῆναι· ἀνισταμένου δέ μου ἐγένετο τὸ εἰωθὸς
σημεῖον τὸ δαιμόνιον. Πάλιν οὖν ἐκαθεζόμην, καὶ ὀλίγῳ
ὕστερον εἰσέρχεσθον τούτω, ὅ τ' Εὐθύδημος καὶ ὁ Διονυ- 273 a
σόδωρος, καὶ ἄλλοι μαθηταὶ ἅμα αὖ πολλοὶ ἐμοὶ δοκεῖν·
εἰσελθόντε δὲ περιεπατείτην ἐν τῷ καταστέγῳ δρόμῳ. Καὶ
οὔπω τούτω δύ' ἢ τρεῖς δρόμους περιεληλυθότε ἤστην,
καὶ εἰσέρχεται Κλεινίας, ὃν σὺ φῄς πολὺ ἐπιδεδωκέναι,
ἀληθῆ λέγων· ὄπισθεν δὲ αὐτοῦ ἐρασταὶ πάνυ πολλοί
τε ἄλλοι καὶ Κτήσιππος, νεανίσκος τις Παιανιεύς, μάλα
καλός τε κἀγαθὸς τὴν φύσιν, ὅσον μὴ ὑβριστὴς [δὲ] διὰ τὸ
νέος εἶναι. Ἰδὼν οὖν με ὁ Κλεινίας ἀπὸ τῆς εἰσόδου μόνον b
καθήμενον, ἄντικρυς ἰὼν παρεκαθέζετο ἐκ δεξιᾶς, ὥσπερ
καὶ σὺ φῄς. Ἰδόντε δὲ αὐτὸν ὅ τε Διονυσόδωρος καὶ ὁ Εὐθύ-
δημος πρῶτον μὲν ἐπιστάντε διελεγέσθην ἀλλήλοιν, ἄλλην
καὶ ἄλλην ἀποβλέποντε εἰς ἡμᾶς — καὶ γὰρ πάνυ αὐτοῖν
προσεῖχον τὸν νοῦν — ἔπειτα ἰόντε ὁ μὲν παρὰ τὸ μειράκιον
ἐκαθέζετο, ὁ Εὐθύδημος, ὁ δὲ παρ' αὐτὸν ἐμὲ ἐν ἀριστερᾷ,
οἱ δ' ἄλλοι ὡς ἕκαστος ἐτύγχανεν.

Ἠσπαζόμην οὖν αὐτὼ ἅτε διὰ χρόνου ἑωρακώς· μετὰ δὲ c
τοῦτο εἶπον πρὸς τὸν Κλεινίαν· Ὦ Κλεινία, τώδε μέντοι
τὼ ἄνδρε σοφώ, Εὐθύδημός τε καὶ Διονυσόδωρος, οὐ τὰ

terricht zu gehen, und hier möchte ich es gern eben so machen. d
Komm du also doch auch mit, und als Lockspeise können wir
vielleicht deine Söhne dazunehmen; denn gewiß um nur die zu
bekommen werden sie uns auch schon unterrichten.

KRITON: Warum das nicht, Sokrates, wenn du meinst! Zu-
vor aber erzähle mir doch, worin denn der Männer Weisheit
besteht, damit ich sehe, was wir eigentlich lernen werden.

1.2. Euthydemos und Dionysodoros lehren neuerdings die Tugend

SOKRATES: Das soll dir nicht fehlen zu hören; denn ich
dürfte wahrlich nicht sagen, daß ich nicht Acht auf sie gegeben
hätte. Sondern gar sehr habe ich Acht gegeben und Alles gar
wohl behalten, so daß ich versuchen will, dir von Anfang an
alles zu erzählen. Nämlich gewiß durch eines Gottes Gunst saß e
ich noch da, wo du mich sahest, wo sie sich zu entkleiden
pflegen, allein, und war schon im Begriff gewesen aufzustehn;
indem ich es aber tun wollte, kam mir das gewohnte Zeichen,
das göttliche. Also setze ich mich wieder, und bald darauf tra-
ten diese beiden herein, Euthydemos und Dionysodoros, und 273a
mit ihnen noch viele andere, Schüler, glaube ich. Wie sie ge-
kommen waren, gingen sie im bedeckten Gange umher, und
mochten kaum zwei oder drei Gänge gemacht haben, als Klei-
nias kam, von dem du sagst, er habe sich so sehr herausgewach-
sen, was auch ganz richtig ist. Hinter diesem nun kamen viele
von seinen Verehrern, unter andern auch Ktesippos, ein junger
Mann aus der Paianischen Zunft von ganz schönen Naturga-
ben, nur etwas übermütig, wie die Jugend pflegt. Als nun
Kleinias am Eingange sah, daß ich allein saß, ging er grade b
durch, und setzte sich rechts zu mir, wie du auch sagst. Und als
Dionysodoros und Euthydemos ihn ansichtig wurden, blieben
sie zuerst stehen, und sprachen mit einander, wobei sie von
Zeit zu Zeit nach uns hinsahn, denn ich gab gar genau Achtung
auf sie; endlich kamen sie, und der eine, Euthydemos, setzte
sich zu dem Knaben, der andere zu mir, linker Hand. Ich be-
grüßte sie also als solche, die ich seit langer Zeit nicht gesehn, c
und sagte dann zum Kleinias, Diese Männer, o Kleinias, sind
große Meister, hier Euthydemos und Dionysodoros, und das
gar nicht in kleinen Dingen, sondern in sehr wichtigen. Alles

σμικρά, ἀλλὰ τὰ μεγάλα· τὰ γὰρ περὶ τὸν πόλεμον πάντα
ἐπίστασθον, ὅσα δεῖ τὸν μέλλοντα στρατηγὸν ἔσεσθαι, τάς
τε τάξεις καὶ τὰς ἡγεμονίας τῶν στρατοπέδων καὶ ὅσα ἐν
ὅπλοις μάχεσθαι διδακτέον· οἵω τε δὲ καὶ ποιῆσαι δυνατὸν
εἶναι αὐτὸν αὑτῷ βοηθεῖν ἐν τοῖς δικαστηρίοις, ἄν τις
αὐτὸν ἀδικῇ.

Εἰπὼν οὖν ταῦτα κατεφρονήθην ὑπ᾽ αὐτοῖν· ἐγελασάτην d
οὖν ἄμφω βλέψαντε εἰς ἀλλήλους, καὶ ὁ Εὐθύδημος εἶπεν·
Οὔτοι ἔτι ταῦτα, ὦ Σώκρατες, σπουδάζομεν, ἀλλὰ παρέρ-
γοις αὐτοῖς χρώμεθα.

Κἀγὼ θαυμάσας εἶπον· Καλὸν ἄν τι τὸ ἔργον ὑμῶν εἴη,
εἰ τηλικαῦτα πράγματα πάρεργα ὑμῖν τυγχάνει ὄντα, καὶ
πρὸς θεῶν εἴπετόν μοι τί ἐστι τοῦτο τὸ καλόν.

Ἀρετήν, ἔφη, ὦ Σώκρατες, οἰόμεθα οἵω τ᾽ εἶναι παρα-
δοῦναι κάλλιστ᾽ ἀνθρώπων καὶ τάχιστα.

Ὦ Ζεῦ, οἷον, ἦν δ᾽ ἐγώ, λέγετον πρᾶγμα· πόθεν τοῦτο e
τὸ ἕρμαιον ηὑρέτην; ἐγὼ δὲ περὶ ὑμῶν διενοούμην ἔτι, ὥσπερ
νῦν δὴ ἔλεγον, ὡς τὸ πολὺ τοῦτο δεινοῖν ὄντοιν, ἐν ὅπλοις
μάχεσθαι, καὶ ταῦτα ἔλεγον περὶ σφῷν· ὅτε γὰρ τὸ πρότε-
ρον ἐπεδημησάτην, τοῦτο μέμνημαι σφὼ ἐπαγγελλομένω.
Εἰ δὲ νῦν ἀληθῶς ταύτην τὴν ἐπιστήμην ἔχετον, ἵλεω
εἶτον — ἀτεχνῶς γὰρ ἔγωγε σφὼ ὥσπερ θεὼ προσαγορεύω,
συγγνώμην δεόμενος ἔχειν μοι τῶν ἔμπροσθεν εἰρημένων. 274 a
Ἀλλ᾽ ὁρᾶτον, ὦ Εὐθύδημέ τε καὶ Διονυσόδωρε, εἰ ἀληθῆ
λέγετον· ὑπὸ γὰρ τοῦ μεγέθους τοῦ ἐπαγγέλματος οὐδὲν
θαυμαστὸν ἀπιστεῖν.

Ἀλλ᾽ εὖ ἴσθι, ὦ Σώκρατες, ἐφάτην, τοῦτο οὕτως ἔχον.

Μακαρίζω ἄρ᾽ ὑμᾶς ἔγωγε τοῦ κτήματος πολὺ μᾶλλον ἢ
μέγαν βασιλέα τῆς ἀρχῆς· τοσόνδε δέ μοι εἴπετον, εἰ ἐν νῷ
ἔχετον ἐπιδεικνύναι ταύτην τὴν σοφίαν, ἢ πῶς σφῷν βεβού-
λευται.

Ἐπ᾽ αὐτό γε τοῦτο πάρεσμεν, ὦ Σώκρατες, ὡς ἐπιδεί-
ξοντε καὶ διδάξοντε, ἐάν τις ἐθέλῃ μανθάνειν. b

nämlich was zum Kriege gehört verstehen sie, was nur einem,
der ein großer Feldherr werden will, nötig ist, die Anordnung
und Führung der Heere, und was wer in Waffen fechten will
lernen muß. Auch sind sie im Stande einen dahin zu bringen,
daß er vermöge sich selbst zu helfen vor Gericht, wenn ihm
Jemand Unrecht tut. Wie ich nun dieses gesagt, wurde ich von d
ihnen verhöhnt; wenigstens lachten sie sich einander zu, und
Euthydemos sprach, Das ist gar nicht mehr unser Hauptge-
schäft, o Sokrates, sondern nur noch beiläufig betreiben wir es.
– Darüber verwunderte ich mich, und sprach, Dann müßt ihr ja
ein ganz herrliches Geschäft haben, wenn solche Dinge euch
nur noch das Beiläufige sind. Bei den Göttern also, sagt mir,
was ist dieses herrliche? – Die Tugend, o Sokrates, sagte er,
glauben wir einem jeden aufs beste und schnellste mitteilen zu
können. – O Zeus, sprach ich, was für ein großes Wort redet e
ihr! Wie seid ihr zu diesem Funde gekommen? Ich dachte noch
immer von euch, wie ich nur eben sagte, daß ihr hierin vor-
züglich Meister wäret, in Waffen zu fechten, und rühmte das
auch von euch. Denn als ihr zum ersten Mal hier eingewandert
kamt, erinnere ich mich, daß ihr dies ankündigtet. Wenn ihr
aber jetzt in der Tat diese Wissenschaft besitzt: so seid mir
gnädig und barmherzig. Denn ordentlich als Götter muß ich
euch anreden und euch bitten, das vorher Gesagte zu verzei- 274a
hen. Aber seht doch zu, Euthydemos und Dionysodoros, ob
ihr auch wahr gesprochen habt. Denn die Verheißung ist so
groß, daß es kein Wunder ist ungläubig zu sein. – Sei nur ganz
gewiß, Sokrates, sagten sie, daß sich dies so verhält. –

1.3. Die beiden Sophisten wollen ihre Weisheit zeigen und sollen zur Probe Kleinias unterweisen

Dann preise ich euch glückselig wegen dieses Besitzes, weit
mehr als den großen König wegen seiner Macht. Das aber sagt
mir nur, ob ihr gesonnen seid, euch mit dieser Weisheit zu
zeigen, oder was ihr hierüber beschlossen habt? – Eben dazu
sind wir gekommen, o Sokrates, um sie zu zeigen und zu leh-
ren, wenn Jemand lernen will. – Daß dieses Alle wollen wer- b
den, welche sie noch nicht besitzen, dafür leiste ich euch Bürg-
schaft, zuerst ich, dann dieser Kleinias und nächst uns Ktesip-

Ὅτι μὲν ἐθελήσουσιν ἅπαντες οἱ μὴ ἔχοντες, ἐγὼ ὑμῖν
ἐγγυῶμαι, πρῶτος μὲν ἐγώ, ἔπειτα δὲ Κλεινίας οὑτοσί,
πρὸς δ' ἡμῖν Κτήσιππός τε ὅδε καὶ ἄλλοι οὗτοι, ἦν δ' ἐγὼ
δεικνὺς αὐτῷ τοὺς ἐραστὰς τοὺς Κλεινίου· οἱ δὲ ἐτύγχανον
ἡμᾶς ἤδη περιιστάμενοι. Ὁ γὰρ Κτήσιππος ἔτυχε πόρρω
καθεζόμενος τοῦ Κλεινίου — κἀμοὶ δοκεῖν ὡς ἐτύγχανεν ὁ
Εὐθύδημος ἐμοὶ διαλεγόμενος προνενευκὼς εἰς τὸ πρόσθεν,
ἐν μέσῳ ὄντος ἡμῶν τοῦ Κλεινίου ἐπεσκότει τῷ Κτησίππῳ c
τῆς θέας — βουλόμενός τε οὖν θεάσασθαι ὁ Κτήσιππος τὰ
παιδικὰ καὶ ἅμα φιλήκοος ὢν ἀναπηδήσας πρῶτος προσέστη
ἡμῖν ἐν τῷ καταντικρύ· οὕτως οὖν καὶ οἱ ἄλλοι ἐκεῖνον
ἰδόντες περιέστησαν ἡμᾶς, οἵ τε τοῦ Κλεινίου ἐρασταὶ καὶ
οἱ τοῦ Εὐθυδήμου τε καὶ Διονυσοδώρου ἑταῖροι. Τούτους δὴ
ἐγὼ δεικνὺς ἔλεγον τῷ Εὐθυδήμῳ ὅτι πάντες ἕτοιμοι εἶεν
μανθάνειν· ὅ τε οὖν Κτήσιππος συνέφη μάλα προθύμως d
καὶ οἱ ἄλλοι, καὶ ἐκέλευον αὐτὼ κοινῇ πάντες ἐπιδεῖξασθαι
τὴν δύναμιν τῆς σοφίας.

Εἶπον οὖν ἐγώ· Ὦ Εὐθύδημε καὶ Διονυσόδωρε, πάνυ
μὲν οὖν παντὶ τρόπῳ καὶ τούτοις χαρίσασθον καὶ ἐμοῦ
ἕνεκα ἐπιδεῖξατον. Τὰ μὲν οὖν πλεῖστα δῆλον ὅτι οὐκ
ὀλίγον ἔργον ἐπιδεῖξαι· τόδε δέ μοι εἴπετον, πότερον πεπει-
σμένον ἤδη ὡς χρὴ παρ' ὑμῶν μανθάνειν δύναισθ' ἂν ἀγα-
θὸν ποιῆσαι ἄνδρα μόνον, ἢ καὶ ἐκεῖνον τὸν μήπω πεπει- e
σμένον διὰ τὸ μὴ οἴεσθαι ὅλως τὸ πρᾶγμα τὴν ἀρετὴν
μαθητὸν εἶναι ἢ μὴ σφὼ εἶναι αὐτῆς διδασκάλω ; φέρε, καὶ
τὸν οὕτως ἔχοντα τῆς αὐτῆς τέχνης ἔργον πεῖσαι ὡς καὶ
διδακτὸν ἡ ἀρετὴ καὶ οὗτοι ὑμεῖς ἐστὲ παρ' ὧν ἂν κάλλιστά
τις αὐτὸ μάθοι, ἢ ἄλλης ;

Ταύτης μὲν οὖν, ἔφη, τῆς αὐτῆς, ὦ Σώκρατες, ὁ Διονυ-
σόδωρος.

Ὑμεῖς ἄρα, ἦν δ' ἐγώ, ὦ Διονυσόδωρε, τῶν νῦν ἀνθρώ-
πων κάλλιστ' ἂν προτρέψαιτε εἰς φιλοσοφίαν καὶ ἀρετῆς 275 a
ἐπιμέλειαν ;

pos hier und diese Andern auch, sprach ich, indem ich auf die
Liebhaber des Kleinias zeigte, die sich schon um uns her ge-
stellt hatten. Denn Ktesippos hatte weit vom Kleinias geses-
sen, wie mich dünkt; wie aber Euthydemos indem er mit mir
sprach sich vorbeugte, weil nämlich Kleinias zwischen uns saß, c
benahm er dem Ktesippos die Aussicht auf ihn. Ktesippos also,
der teils seinen Liebling sehen wollte, teils auch gern genau
zuhören mag, sprang zuerst auf und stellte sich uns gerade
gegenüber. Das taten denn hernach auch die übrigen, die Lieb-
haber des Kleinias sowohl als die Freunde des Dionysodoros
und Euthydemos. Diese also zeigte ich dem Euthydemos, und
sagte, sie alle hätten Lust zu lernen. Ktesippos nun bekannte d
sich sehr bereitwillig dazu und auch die übrigen, und Alle ins-
gesamt redeten ihnen zu, zu zeigen, was ihre Weisheit eigent-
lich vermöge. – Darauf sagte ich, o Euthydemos und Diony-
sodoros, auf alle Weise seid doch sowohl gegen diese gefällig,
als auch mir zu Liebe gebt uns eine Probe. Zwar alles Wesent-
liche der Sache selbst uns hier vorzutragen, wäre offenbar kein
kleines Geschäft; allein soviel sagt mir wenigstens, ob ihr nur
den, welcher schon überzeugt ist, daß er es von euch lernen
muß, zu einem tugendhaften Manne zu machen vermögt, oder e
auch jenen, der noch nicht davon überzeugt ist, weil er ent-
weder überhaupt die ganze Sache nicht glaubt, daß die Tugend
lehrbar ist, oder doch daß ihr nicht Lehrer derselben seid?
Sprich, ist dies das Geschäft derselben Kunst, auch den so den-
kenden zu überzeugen, daß sowohl die Tugend lehrbar ist, als
auch ihr diejenigen seid, bei denen einer sie am besten lernen
könnte, oder einer andern? – Eben derselben, o Sokrates,
sprach Dionysodoros. – Ihr also, sprach ich, o Dionysodoros,
verständet unter den jetzt lebenden Menschen am besten zum 275a
Streben nach Weisheit und zum Fleiß in der Tugend aufzumun-
tern? – Das glauben wir allerdings, Sokrates. – Von allem übri-

Οἰόμεθά γε δή, ὦ Σώκρατες.

Τῶν μὲν τοίνυν ἄλλων τὴν ἐπίδειξιν ἡμῖν, ἔφην, εἰσαῦθις ἀπόθεσθον, τοῦτο δ' αὐτὸ ἐπιδείξασθον· τουτονὶ τὸν νεανίσκον πείσατον ὡς χρὴ φιλοσοφεῖν καὶ ἀρετῆς ἐπιμελεῖσθαι, καὶ χαριεῖσθον ἐμοί τε καὶ τουτοισὶ πᾶσιν. Συμβέβηκεν γάρ τι τοιοῦτον τῷ μειρακίῳ τούτῳ· ἐγώ τε καὶ οἵδε πάντες τυγχάνομεν ἐπιθυμοῦντες ὡς βέλτιστον αὐτὸν γενέσθαι. Ἔστι δὲ οὗτος Ἀξιόχου μὲν ὑὸς τοῦ Ἀλκιβιάδου τοῦ παλαιοῦ, αὐτανεψιὸς δὲ τοῦ νῦν ὄντος Ἀλκιβιάδου· ὄνομα b δ' αὐτῷ Κλεινίας. Ἔστι δὲ νέος· φοβούμεθα δὴ περὶ αὐτῷ, οἷον εἰκὸς περὶ νέῳ, μή τις φθῇ ἡμᾶς ἐπ' ἄλλο τι ἐπιτήδευμα τρέψας τὴν διάνοιαν καὶ διαφθείρῃ. Σφὼ οὖν ἥκετον εἰς κάλλιστον· ἀλλ' εἰ μή τι διαφέρει ὑμῖν, λάβετον πεῖραν τοῦ μειρακίου καὶ διαλέχθητον ἐναντίον ἡμῶν.

Εἰπόντος οὖν ἐμοῦ σχεδόν τι αὐτὰ ταῦτα ὁ Εὐθύδημος ἅμα ἀνδρείως τε καὶ θαρραλέως, Ἀλλ' οὐδὲν διαφέρει, ὦ Σώκρατες, ἔφη, ἐὰν μόνον ἐθέλῃ ἀποκρίνεσθαι ὁ νεανί- c σκος.

Ἀλλὰ μὲν δή, ἔφην ἐγώ, τοῦτό γε καὶ εἴθισται· θαμὰ γὰρ αὐτῷ οἵδε προσιόντες πολλὰ ἐρωτῶσίν τε καὶ διαλέγονται, ὥστε ἐπιεικῶς θαρρεῖ τὸ ἀποκρίνασθαι.

Τὰ δὴ μετὰ ταῦτα, ὦ Κρίτων, πῶς ἂν καλῶς σοι διηγησαίμην ; οὐ γὰρ σμικρὸν τό ἔργον δύνασθαι ἀναλαβεῖν διεξιόντα σοφίαν ἀμήχανον ὅσην· ὥστ' ἔγωγε, καθάπερ οἱ ποιηταί, δέομαι ἀρχόμενος τῆς διηγήσεως Μούσας τε καὶ d Μνήμην ἐπικαλεῖσθαι. Ἤρξατο δ' οὖν ἐνθένδε ποθὲν ὁ Εὐθύδημος, ὡς ἐγᾦμαι· Ὦ Κλεινία, πότεροί εἰσι τῶν ἀνθρώπων οἱ μανθάνοντες, οἱ σοφοὶ ἢ οἱ ἀμαθεῖς ;

Καὶ τὸ μειράκιον, ἅτε μεγάλου ὄντος τοῦ ἐρωτήματος, ἠρυθρίασέν τε καὶ ἀπορήσας ἔβλεπεν εἰς ἐμέ· καὶ ἐγὼ γνοὺς αὐτὸν τεθορυβημένον, Θάρρει, ἦν δ' ἐγώ, ὦ Κλεινία, καὶ ἀπόκριναι ἀνδρείως ὁπότερά σοι φαίνεται· ἴσως γάρ τοι e ὠφελεῖ τὴν μεγίστην ὠφελίαν.

gen also, sagte ich, mögt ihr uns ein andermal eine Probe ablegen; nur eben dies eine zeigt uns jetzt. Überzeugt uns diesen Jüngling hier, daß man die Weisheit suchen und Fleiß auf die Tugend wenden müsse, und werdet dadurch mir und allen diesen gefällig. Denn so steht es mit diesem Knaben; ich und alle diese tragen gar großes Verlangen, daß er ein recht vortrefflicher Mann werden möge. Er ist nämlich des Axiochos Sohn, ein Enkel also des älteren Alkibiades und ein leiblicher
Vetter des jetzigen, und heißt Kleinias. Nun ist er noch jung; b
also tragen wir Sorge für ihn, wie billig für die Jugend, daß nicht etwa Jemand früher sein Gemüt zu andern Bestrebungen hinlenke und er uns verderbt werde. Ihr beide kommt uns daher höchst gelegen; also wenn ihr nichts dawider habt, so macht einen Versuch mit dem Knaben, und unterredet euch mit ihm in unserer Gegenwart. – Als ich ohngefähr eben dieses gesagt, sprach Euthydemos ganz beherzt und zuversichtlich,
Gewiß wir haben nichts dawider, Sokrates, wenn der junge c
Mensch nur wird antworten wollen. – Daran, sagte ich, ist er uns ja schon gewöhnt. Denn gar oft reden ihn diese an, und fragen ihn vielerlei und besprechen sich mit ihm, so daß er schon ziemlich dreist ist im Antworten.

2. Das erste Probestück der Sophisten: eine Aufhebung des Lernens
2.1. Wer lernt: die Klugen oder die Dummen?

Was also nun folgt, o Kriton, wie soll ich dir das nur gut genug erzählen? Denn wahrlich es ist keine kleine Sache, so unerdenklich tiefe Weisheit ordentlich und gehörig wieder vortragen zu können: so daß ich, wie die Dichter, wohl nötig
habe, beim Anfang der Erzählung die Musen anzurufen und d
die Mnemosyne. – Euthydemos also begann damit ohngefähr, wie ich glaube. O Kleinias, welche von beiden unter den Menschen sind denn die welche lernen, die Klugen oder die Dummen? – Der Knabe aber, wie es denn eine schwere Frage war, errötete und sah mich verlegen an. Und da ich merkte, daß er verwirrt war, sprach ich, Nur dreist, Kleinias, und antworte
wacker eins von beiden, welches dir einleuchtet; denn wahr- e
scheinlich wirst du großen Nutzen davon haben. – Indem

Καὶ ἐν τούτῳ ὁ Διονυσόδωρος προσκύψας μοι σμικρὸν πρὸς τὸ οὖς, πάνυ μειδιάσας τῷ προσώπῳ, Καὶ μήν, ἔφη, σοί, ὦ Σώκρατες, προλέγω ὅτι ὁπότερ' ἂν ἀποκρίνηται τὸ μειράκιον, ἐξελεγχθήσεται.

Καὶ αὐτοῦ μεταξὺ ταῦτα λέγοντος ὁ Κλεινίας ἔτυχεν ἀποκρινάμενος, ὥστε οὐδὲ παρακελεύσασθαί μοι ἐξεγένετο εὐλαβηθῆναι τῷ μειρακίῳ, ἀλλ' ἀπεκρίνατο ὅτι οἱ σοφοὶ 276 a
εἶεν οἱ μανθάνοντες.

Καὶ ὁ Εὐθύδημος, Καλεῖς δέ τινας, ἔφη, διδασκάλους, ἢ οὔ; — Ὡμολόγει. — Οὐκοῦν τῶν μανθανόντων οἱ διδάσκαλοι διδάσκαλοί εἰσιν, ὥσπερ ὁ κιθαριστὴς καὶ ὁ γραμματιστὴς διδάσκαλοι δήπου ἦσαν σοῦ καὶ τῶν ἄλλων παίδων, ὑμεῖς δὲ μαθηταί; — Συνέφη. — Ἄλλο τι οὖν, ἡνίκα ἐμανθάνετε, οὔπω ἠπίστασθε ταῦτα ἃ ἐμανθάνετε; —
Οὐκ ἔφη. — Ἆρ' οὖν σοφοὶ ἦτε, ὅτε ταῦτα οὐκ ἠπίστασθε; b
— Οὐ δῆτα, ἦ δ' ὅς. — Οὐκοῦν εἰ μὴ σοφοί, ἀμαθεῖς; — Πάνυ γε. — Ὑμεῖς ἄρα μανθάνοντες ἃ οὐκ ἠπίστασθε, ἀμαθεῖς ὄντες ἐμανθάνετε. — Ἐπένευσε τὸ μειράκιον. — Οἱ ἀμαθεῖς ἄρα μανθάνουσιν, ὦ Κλεινία, ἀλλ' οὐχ οἱ σοφοί, ὡς σὺ οἴει.

Ταῦτ' οὖν εἰπόντος αὐτοῦ, ὥσπερ ὑπὸ διδασκάλου χορὸς ἀποσημήναντος, ἅμα ἀνεθορύβησάν τε καὶ ἐγέλασαν οἱ ἑπόμενοι ἐκεῖνοι μετὰ τοῦ Διονυσοδώρου τε καὶ Εὐθυδήμου· c
καὶ πρὶν ἀναπνεῦσαι καλῶς τε καὶ εὖ τὸ μειράκιον, ἐκδεξάμενος ὁ Διονυσόδωρος, Τί δέ, ὦ Κλεινία, ἔφη, ὁπότε ἀποστοματίζοι ὑμῖν ὁ γραμματιστής, πότεροι ἐμάνθανον τῶν παίδων τὰ ἀποστοματιζόμενα, οἱ σοφοὶ ἢ οἱ ἀμαθεῖς; — Οἱ σοφοί, ἔφη ὁ Κλεινίας. — Οἱ σοφοὶ ἄρα μανθάνουσιν, ἀλλ' οὐχ οἱ ἀμαθεῖς, καὶ οὐκ εὖ σὺ ἄρτι Εὐθυδήμῳ ἀπεκρίνω.

Ἐνταῦθα δὴ καὶ πάνυ ἐγέλασάν τε καὶ ἐθορύβησαν οἱ d
ἐρασταὶ τοῖν ἀνδροῖν, ἀγασθέντες τῆς σοφίας αὐτοῖν· οἱ δ' ἄλλοι ἡμεῖς ἐκπεπληγμένοι ἐσιωπῶμεν. Γνοὺς δὲ ἡμᾶς

bückte sich Dionysodoros zu mir, und sagte mir leise ins Ohr mit ganz lächelndem Angesicht, Ganz sicher, Sokrates, sage ich dir vorher, was der junge Mensch auch antwortet, er wird zu Schanden gemacht werden. – Und noch indem er mir das sagte, hatte auch Kleinias schon geantwortet, so daß ich nicht einmal dem Jüngling zurufen konnte sich vorzusehn. Er hatte aber 276a
geantwortet, die Klugen wären die Lernenden. – Da fragte Euthydemos weiter, Gibt es auch Lehrer, oder nicht? – Das gab er zu. – Und die Lehrer sind doch der Lernenden Lehrer, wie der Musikmeister und der Schreibmeister waren doch deine und der andern Knaben Lehrer, und ihr waret Schüler? – Das bejahete er. – Nicht wahr nun, als ihr lerntet, wußtet ihr das noch nicht, was ihr lerntet? – Nein, sagte er. – Waret ihr nun etwa klug damals als ihr das nicht wußtet. – Nein freilich, b
sagte er. – Wenn also nicht klug, dann dumm? – Freilich wohl. – Ihr also, als ihr lerntet, was ihr nicht wußtet, lerntet als dumme? – Der Knabe winkte zu. – Die Dummen also lernen, o Kleinias, und nicht die Klugen wie du meinst. – Als er dies gesagt hatte, erhoben, wie ein Chor, wenn der welcher es einübt das Zeichen gegeben hat, so einmütig alle jene, die den Euthydemos und den Dionysodoros begleitet hatten, ein gro- c
ßes Getümmel und Gelächter. – Und ehe noch der junge Mensch wieder gehörig zu Atem kommen konnte, nahm Dionysodoros das Wort auf und sagte, Wie doch, Kleinias, wenn euch nun der Lehrer etwas vorsagte, welche Knaben lernten dann das Vorgesagte, die Klugen oder die Dummen? – Die Klugen, sprach Kleinias. – Die Klugen also lernen, und nicht die Dummen, und nicht richtig hast du eben dem Euthydemos geantwortet. –

2.2. *Was lernt man: was man weiß oder was man nicht weiß?*

Auch hier wiederum lachten und lärmten die Verehrer der bei- d
den Männer und zwar ganz ausnehmend aus Bewunderung ihrer Weisheit. Wir Andern aber waren ganz betäubt und

ὁ Εὐθύδημος ἐκπεπληγμένους, ἵν' ἔτι μᾶλλον θαυμάζοιμεν αὐτόν, οὐκ ἀνίει τὸ μειράκιον, ἀλλ' ἠρώτα, καὶ ὥσπερ οἱ ἀγαθοὶ ὀρχησταί, διπλᾶ ἔστρεφε τὰ ἐρωτήματα περὶ τοῦ αὐτοῦ, καὶ ἔφη· Πότερον γὰρ οἱ μανθάνοντες μανθάνουσιν ἃ ἐπίστανται ἢ ἃ μὴ ἐπίστανται;

Καὶ ὁ Διονυσόδωρος πάλιν μικρὸν πρός με ψιθυρίσας, Καὶ τοῦτ', ἔφη, ὦ Σώκρατες, ἕτερον τοιοῦτον οἷον τὸ e
πρότερον.

Ὦ Ζεῦ, ἔφην ἐγώ, ἦ μὴν καὶ τὸ πρότερόν γε καλὸν ἡμῖν ἐφάνη [τὸ ἐρώτημα].

Πάντ', ἔφη, ὦ Σώκρατες, τοιαῦτα ἡμεῖς ἐρωτῶμεν ἄφυκτα.

Τοιγάρτοι, ἦν δ' ἐγώ, δοκεῖτέ μοι εὐδοκιμεῖν παρὰ τοῖς μαθηταῖς.

Ἐν δὲ τούτῳ ὁ μὲν Κλεινίας τῷ Εὐθυδήμῳ ἀπεκρίνατο ὅτι μανθάνοιεν οἱ μανθάνοντες ἃ οὐκ ἐπίσταιντο· ὁ δὲ ἤρετο
αὐτὸν διὰ τῶν αὐτῶν ὧνπερ τὸ πρότερον· Τί δέ; ἦ δ' ὅς, 277 a
οὐκ ἐπίστασαι σὺ γράμματα; — Ναί, ἔφη. — Οὐκοῦν ἅπαντα; — Ὡμολόγει. — Ὅταν οὖν τις ἀποστοματίζῃ ὁτιοῦν, οὐ γράμματα ἀποστοματίζει; — Ὡμολόγει. — Οὐκοῦν ὧν τι σὺ ἐπίστασαι, ἔφη, ἀποστοματίζει, εἴπερ πάντα ἐπίστασαι; — Καὶ τοῦτο ὡμολόγει. — Τί οὖν; ἦ δ' ὅς, ἆρα σὺ ⟨οὐ⟩ μανθάνεις ἅττ' ἂν ἀποστοματίζῃ τις, ὁ δὲ μὴ ἐπιστάμενος γράμματα μανθάνει; — Οὔκ, ἀλλ', ἦ δ' ὅς, μανθάνω. — Οὐκοῦν ἃ ἐπίστασαι, ἔφη, μανθάνεις,
εἴπερ γε ἅπαντα τὰ γράμματα ἐπίστασαι. — Ὡμολόγη- b
σεν. — Οὐκ ἄρα ὀρθῶς ἀπεκρίνω, ἔφη.

Καὶ οὔπω σφόδρα τι ταῦτα εἴρητο τῷ Εὐθυδήμῳ, καὶ ὁ Διονυσόδωρος ὥσπερ σφαῖραν ἐκδεξάμενος τὸν λόγον πάλιν ἐστοχάζετο τοῦ μειρακίου, καὶ εἶπεν· Ἐξαπατᾷ σε Εὐθύδημος, ὦ Κλεινία. Εἰπὲ γάρ μοι, τὸ μανθάνειν οὐκ ἐπιστήμην ἐστὶ λαμβάνειν τούτου οὗ ἄν τις μανθάνῃ; — Ὡμολόγει ὁ Κλεινίας. — Τὸ δ' ἐπίστασθαι, ἦ δ' ὅς, ἄλλο τι ἢ

schwiegen. – Als nun Euthydemos merkte, daß wir so betäubt
waren, ließ er, damit wir ihn noch mehr bewundern sollten,
den Knaben noch nicht los, sondern fragte weiter, und wie
gute Tänzer drehte er die Frage zweimal auf derselben Stelle
herum, und sagte, Welches von beiden lernen denn aber die
Lernenden, was sie wissen oder was sie nicht wissen? – Da
flüsterte mir Dionysodoros abermals ganz leise zu, und sagte,
Auch das, Sokrates, ist wiederum ein solches Stück wie das e
vorige. – O Zeus, sprach ich, auch das vorige ja schien uns eine
gar herrliche Frage! – Ja Sokrates, sagte er, wir fragen lauter
solche unausweichliche Fragen. – Daher, sprach ich, habt ihr
auch, wie man sieht, großen Ruhm unter euren Schülern. –
Unterdessen nun hatte Kleinias dem Euthydemos geantwor-
tet, die Lernenden lernten, was sie nicht wüßten. – Jener aber
fragte ihn nach derselben Weise, wie beim vorigen, Wie, sagte 277a
er, weißt du nicht die Buchstaben? – Ja, sprach er. – Und zwar
alle? – Das bejahte er. – Wenn nun Jemand etwas vorsagt, was
es auch sei, sagt er nicht Buchstaben vor? – Das gestand er ein. –
Von dem also, was du weißt, sagt er etwas vor, wenn du sie
doch alle weißt. – Auch das gestand er ein. – Wie also, sprach
er, lernst denn du etwa nicht, was einer vorsagt, wer aber die
Buchstaben nicht weiß, der lernt es? – Nein, antwortete er,
sondern ich lerne es. – Also was du weißt, sprach er, lernst du,
wenn du doch sämtliche Buchstaben weißt? – Das gab er zu. – b
Also hast du nicht richtig geantwortet, sagte er. – Und noch
hatte Euthydemos dieses nicht völlig ausgesprochen, als Dio-
nysodoros die Rede wie einen Ball abfing, und wieder nach
dem Knaben hinwarf, und sagte, Euthydemos hintergeht dich,
o Kleinias; denn sage mir, heißt nicht lernen eine Erkenntnis
desjenigen bekommen was man lernt? – Das gab Kleinias zu. –

ἔχειν ἐπιστήμην ἤδη ἐστίν ; — Συνέφη. — Τὸ ἄρα μὴ ἐπίστασθαι μήπω ἔχειν ἐπιστήμην ἐστίν ; — Ὡμολόγει c
αὐτῷ. — Πότερον οὖν εἰσιν οἱ λαμβάνοντες ὁτιοῦν οἱ ἔχοντες ἤδη ἢ οἳ ἂν μὴ ἔχωσιν ; — Οἳ ἂν μή. — Οὐκοῦν ὡμολόγηκας εἶναι τούτων καὶ τοὺς μὴ ἐπισταμένους, τῶν μὴ ἐχόντων ; — Κατένευσε. — Τῶν λαμβανόντων ἄρ' εἰσὶν οἱ μανθάνοντες, ἀλλ' οὐ τῶν ἐχόντων ; — Συνέφη. — Οἱ μὴ ἐπιστάμενοι ἄρα, ἔφη, μανθάνουσιν, ὦ Κλεινία, ἀλλ' οὐχ οἱ ἐπιστάμενοι.

Ἔτι δὴ ἐπὶ τὸ τρίτον καταβαλῶν ὥσπερ πάλαισμα ὥρμα d
ὁ Εὐθύδημος τὸν νεανίσκον· καὶ ἐγὼ γνοὺς βαπτιζόμενον τὸ μειράκιον, βουλόμενος ἀναπαῦσαι αὐτό, μὴ ἡμῖν ἀποδειλιάσειε, παραμυθούμενος εἶπον· Ὦ Κλεινία, μὴ θαύμαζε εἴ σοι φαίνονται ἀήθεις οἱ λόγοι. Ἴσως γὰρ οὐκ αἰσθάνει οἷον ποιεῖτον τὼ ξένω περὶ σέ· ποιεῖτον δὲ ταὐτὸν ὅπερ οἱ ἐν τῇ τελετῇ τῶν Κορυβάντων, ὅταν τὴν θρόνωσιν ποιῶσιν περὶ τοῦτον ὃν ἂν μέλλωσι τελεῖν. Καὶ γὰρ ἐκεῖ χορεία τίς ἐστι καὶ παιδιά, εἰ ἄρα καὶ τετέλεσαι· καὶ νῦν τούτω οὐδὲν ἄλλο ἢ χορεύετον περὶ σὲ καὶ οἷον ὀρχεῖσθον e
παίζοντε, ὡς μετὰ τοῦτο τελοῦντε. Νῦν οὖν νόμισον τὰ πρῶτα τῶν ἱερῶν ἀκούειν τῶν σοφιστικῶν. Πρῶτον γάρ, ὥς φησι Πρόδικος, περὶ ὀνομάτων ὀρθότητος μαθεῖν δεῖ· ὃ δὴ καὶ ἐνδείκνυσθόν σοι τὼ ξένω, ὅτι οὐκ ᾔδησθα τὸ μανθάνειν ὅτι οἱ ἄνθρωποι καλοῦσι μὲν ἐπὶ τῷ τοιῷδε, ὅταν τις ἐξ ἀρχῆς μηδεμίαν ἔχων ἐπιστήμην περὶ πράγματός τινος ἔπειτα ὕστερον αὐτοῦ λαμβάνῃ τὴν ἐπιστήμην, 278 a
καλοῦσι δὲ ταὐτὸν τοῦτο καὶ ἐπειδὰν ἔχων ἤδη τὴν ἐπιστήμην ταύτῃ τῇ ἐπιστήμῃ ταὐτὸν τοῦτο πρᾶγμα ἐπισκοπῇ ἢ πραττόμενον ἢ λεγόμενον. Μᾶλλον μὲν αὐτὸ συνιέναι καλοῦσιν ἢ μανθάνειν, ἔστι δ' ὅτε καὶ μανθάνειν· σὲ δὲ τοῦτο,

Und wissen, sprach er, heißt das etwas anderes, als eine Er-
kenntnis schon haben? – Darin stimmte er ein. – Nichtwissen
also heißt noch nicht Erkenntnis haben? – Das gestand er ihm c
ein. – Welche von beiden nun sind die, die etwas bekommen?
die es schon haben, oder die nicht? – Die es nicht haben. – Und
du hast doch eingestanden, daß zu diesen auch die Nichtwis-
senden gehören, zu den Nichthabenden? – Er winkte zu. – Und
zu den Bekommenden gehören doch die Lernenden, aber nicht
zu den Habenden? – Das bejahte er. – Die Nichtwissenden
also, sprach er, lernen, o Kleinias, aber nicht die Wissenden. –

2.3. Sokrates interveniert: Begriffsklärung und Aufforderung zur Ernsthaftigkeit; ein Beispiel soll seine Erwartungen verdeutlichen

Hierauf nun fiel Euthydemos gleichsam den dritten Gang be- d
ginnend noch einmal gegen den Jüngling aus. Ich aber, da ich
sah, wie der Knabe schon ganz zugedeckt war, wollte ihm
einige Ruhe verschaffen, damit er nicht verzagte; ich redete ihm
daher zu und sagte: Wundere dich nicht, Kleinias, wenn diese
Reden dir ungewohnt scheinen. Denn du merkst vielleicht
nicht, was eigentlich die Fremden mit dir vornehmen, dasselbe
nämlich, was bei der Weihung der Korybanten geschieht, wenn
sie die Einthronung mit demjenigen vornehmen, den sie ein-
weihen wollen. Denn auch dabei ist doch ein Tanz und Scherz,
wenn du anders schon eingeweiht bist. So auch diese beiden
jetzt tun nichts, als daß sie den Chor um dich herumführen, und e
gleichsam im Scherz dich umtanzen, bis sie dich hernach ein-
weihen. Jetzt also denke dir, daß du nur den ersten Anfang der
sophistischen Heiligtümer hörst. Denn das erste muß sein, wie
Prodikos sagt, daß man den richtigen Gebrauch der Worte
erlerne, wie dir die Fremden nun eben zeigen, daß du nicht
wußtest, wie die Menschen das Wort Lernen zwar davon ge-
brauchen, wenn Einer, der bis dahin noch gar keine Kenntnis
eines Gegenstandes hatte, die Kenntnis davon nun bekommt, 278a
wie sie aber auch dasselbe gebrauchen, wenn Einer, der diese
Kenntnis schon hat, mit dieser Kenntnis eben diesen Gegen-
stand betrachtet, wenn er behandelt oder besprochen wird.
Zwar nennt man dies häufiger erfahren als lernen, bisweilen
aber doch auch lernen. Dies nun, wie sie dir zeigen, ist dir

ὡς οὗτοι ἐνδείκνυνται, διαλέληθεν, ταὐτὸν ὄνομα ἐπ᾽ ἀνθρώποις ἐναντίως ἔχουσιν κείμενον, ἐπί τῷ τε εἰδότι καὶ ἐπὶ τῷ μή· παραπλήσιον δὲ τούτῳ καὶ τὸ ἐν τῷ δευτέρῳ ἐρωτήματι, ἐν ᾧ ἠρώτων σε πότερα μανθάνουσιν οἱ ἄνθρωποι ἃ b
ἐπίστανται ἢ ἃ μή. Ταῦτα δὴ τῶν μαθημάτων παιδιά ἐστιν — διὸ καί φημι ἐγώ σοι τούτους προσπαίζειν — παιδιὰν δὲ λέγω διὰ ταῦτα ὅτι, εἰ καὶ πολλά τις ἢ καὶ πάντα τὰ τοιαῦτα μάθοι, τὰ μὲν πράγματα οὐδὲν ἂν μᾶλλον εἰδείη πῇ ἔχει, προσπαίζειν δὲ οἷός τ᾽ ἂν εἴη τοῖς ἀνθρώποις διὰ τὴν τῶν ὀνομάτων διαφορὰν ὑποσκελίζων καὶ ἀνατρέπων, ὥσπερ οἱ τὰ σκολύθρια τῶν μελλόντων καθιζήσεσθαι ὑποσπῶντες χαίρουσι καὶ γελῶσιν, ἐπειδὰν ἴδωσιν ὕπτιον ἀνα- c
τετραμμένον. Ταῦτα μὲν οὖν σοι παρὰ τούτων νόμιζε παιδιὰν γεγονέναι· τὸ δὲ μετὰ ταῦτα δῆλον ὅτι τούτω γέ σοι αὐτὼ τὰ σπουδαῖα ἐνδείξεσθον, καὶ ἐγὼ ὑφηγήσομαι αὐτοῖν ἵνα μοι ὃ ὑπέσχοντο ἀποδῶσιν. Ἐφάτην γὰρ ἐπιδείξασθαι τὴν προτρεπτικὴν σοφίαν· νῦν δέ μοι δοκεῖ δεῖν ᾠηθήτην πρότερον παῖσαι πρὸς σέ. Ταῦτα μὲν οὖν, ὦ
Εὐθύδημέ τε καὶ Διονυσόδωρε, πεπαίσθω τε ὑμῖν, καὶ d
ἴσως ἱκανῶς ἔχει· τὸ δὲ δὴ μετὰ ταῦτα ἐπιδείξατον προτρέποντε τὸ μειράκιον ὅπως χρὴ σοφίας τε καὶ ἀρετῆς ἐπιμεληθῆναι. Πρότερον δ᾽ ἐγὼ σφῷν ἐνδείξομαι οἷον αὐτὸ ὑπολαμβάνω καὶ οἵου αὐτοῦ ἐπιθυμῶ ἀκοῦσαι. Ἐὰν οὖν δόξω ὑμῖν ἰδιωτικῶς τε καὶ γελοίως αὐτὸ ποιεῖν, μή μου καταγελᾶτε· ὑπὸ προθυμίας γὰρ τοῦ ἀκοῦσαι τῆς ὑμετέρας σοφίας τολμήσω ἀπαυτοσχεδιάσαι ἐναντίον ὑμῶν. Ἀνάσχεσθον οὖν ἀγελαστὶ ἀκούοντες αὐτοί τε καὶ οἱ μαθηταὶ e
ὑμῶν· σὺ δέ μοι, ὦ παῖ Ἀξιόχου, ἀπόκριναι.

entgangen, daß dasselbe Wort auf ganz entgegengesetzt be-
schaffene Menschen geht, auf Wissende und Nichtwissende.
Fast eben so war auch das bei der zweiten Frage, als sie dich
fragten, welches von beiden wohl die Menschen lernten, ob b
was sie wissen oder was nicht. Dergleichen nun ist in der Be-
schäftigung mit Kenntnissen nur Spiel; darum sage ich auch,
daß diese mit dir spielen. Spiel nenne ich es aber deshalb, weil,
wenn Einer auch Vieles und Alles dergleichen lernte, er doch
von den Gegenständen selbst um nichts besser wüßte, wie sie
sich verhalten; sondern nur geschickt sein würde, sein Spiel mit
Andern zu treiben, indem er ihnen durch die Vieldeutigkeit der
Worte ein Bein unterschlagen und sie umwerfen könnte; wie
wenn Jemand einem, der sich setzen will, den Sessel unten
wegzieht, und sich dann freut und lacht, wenn er ihn rücklings c
hinfallen sieht. Dieses also denke dir daß die Männer dir nur
zum Scherz angetan haben. Nun aber nach diesem werden sie
dir gewiß auch das rechte ernsthafte zeigen. Und das will ich
ihnen jetzt vorzeichnen, damit sie mir leisten, was sie mir ver-
sprochen haben. Sie sagten nämlich, sie wollten uns etwas zei-
gen von ihrer Kunst das Gemüt anzutreiben; nun aber, dünkt
mich, haben sie eben geglaubt erst mit dir scherzen zu müssen.
Dieses also möge von euch gescherzt gewesen sein, o Diony-
sodoros und Euthydemos, und vielleicht ist es zur Genüge. d
Nun aber nach diesem zeigt uns auch wirklich eure Kunst,
indem ihr den jungen Menschen aufmuntert, wie man muß auf
Weisheit und Tugend Fleiß verwenden. Zuvor aber will ich
euch zeigen, wie ich es mir denke, und in welcher Art ich es von
euch zu hören wünsche. Wenn Euch nun dünkt, daß ich mich
als ein Unkundiger auf eine lächerliche Art dabei anstelle: so
lacht mich dennoch nicht aus. Denn nur aus Verlangen eure
Weisheit zu hören will ich mir ein Herz fassen, vor euch aufs
Geratewohl und unvorbereitet zu reden. Nehmt euch also zu-
sammen, und hört mich ohne Gespötte an ihr selbst und eure e
Schüler, und du Sohn des Axiochos antworte mir.

Ἆρά γε πάντες ἄνθρωποι βουλόμεθα εὖ πράττειν; ἢ τοῦτο μὲν ἐρώτημα ὧν νῦν δὴ ἐφοβούμην ἓν τῶν καταγελάστων; ἀνόητον γὰρ δήπου καὶ τὸ ἐρωτᾶν τὰ τοιαῦτα· τίς γὰρ οὐ βούλεται εὖ πράττειν; — Οὐδεὶς ὅστις οὔκ, ἔφη ὁ Κλεινίας. — Εἶεν, ἦν δ' ἐγώ· τὸ δὴ μετὰ τοῦτο, ἐπειδὴ 279 a
βουλόμεθα εὖ πράττειν, πῶς ἂν εὖ πράττοιμεν; ἆρ' ἂν εἰ ἡμῖν πολλὰ κἀγαθὰ εἴη; ἢ τοῦτο ἐκείνου ἔτι εὐηθέστερον; δῆλον γάρ που καὶ τοῦτο ὅτι οὕτως ἔχει. — Συνέφη. — Φέρε δή, ἀγαθὰ δὲ ποῖα ἄρα τῶν ὄντων τυγχάνει ἡμῖν ὄντα; ἢ οὐ χαλεπὸν οὐδὲ σεμνοῦ ἀνδρὸς πάνυ τι οὐδὲ τοῦτο ἔοικεν εἶναι εὐπορεῖν; πᾶς γὰρ ἂν ἡμῖν εἴποι ὅτι τὸ πλουτεῖν ἀγαθόν· ἦ γάρ; — Πάνυ γ', ἔφη. — Οὐκοῦν καὶ τὸ ὑγιαίνειν καὶ τὸ καλὸν εἶναι καὶ τἆλλα κατὰ τὸ σῶμα ἱκανῶς b
παρεσκευάσθαι; — Συνεδόκει. — Ἀλλὰ μὴν εὐγένειαί τε καὶ δυνάμεις καὶ τιμαὶ ἐν τῇ ἑαυτοῦ δῆλά ἐστιν ἀγαθὰ ὄντα. — Ὡμολόγει. — Τί οὖν, ἔφην, ἔτι ἡμῖν λείπεται τῶν ἀγαθῶν; τί ἄρα ἐστὶν τὸ σώφρονά τε εἶναι καὶ δίκαιον καὶ ἀνδρεῖον; πότερον πρὸς Διός, ὦ Κλεινία, ἡγεῖ σύ, ἐὰν ταῦτα τιθῶμεν ὡς ἀγαθά, ὀρθῶς ἡμᾶς θήσειν, ἢ ἐὰν μή; ἴσως γὰρ ἄν τις ἡμῖν ἀμφισβητήσειεν· σοὶ δὲ πῶς δοκεῖ; — Ἀγαθά, ἔφη ὁ Κλεινίας. — Εἶεν, ἦν ἐγώ· τὴν δὲ σοφίαν ποῦ χοροῦ c
τάξομεν; ἐν τοῖς ἀγαθοῖς, ἢ πῶς λέγεις; — Ἐν τοῖς ἀγαθοῖς. — Ἐνθυμοῦ δὴ μή τι παραλείπωμεν τῶν ἀγαθῶν, ὅ τι καὶ ἄξιον λόγου. — Ἀλλά μοι δοκοῦμεν, ἔφη, οὐδέν, ὁ Κλεινίας. — Καὶ ἐγὼ ἀναμνησθεὶς εἶπον ὅτι Ναὶ μὰ Δία κινδυνεύομέν γε τὸ μέγιστον τῶν ἀγαθῶν παραλιπεῖν. — Τί τοῦτο; ἦ δ' ὅς. — Τὴν εὐτυχίαν, ὦ Κλεινία· ὃ πάντες φασί, καὶ οἱ πάνυ φαῦλοι, μέγιστον τῶν ἀγαθῶν εἶναι. — Ἀληθῆ λέγεις, ἔφη. — Καὶ ἐγὼ αὖ πάλιν μετανοήσας εἶπον ὅτι Ὀλίγου καταγέλαστοι ἐγενόμεθα ὑπὸ τῶν ξένων ἐγώ τε d

3. Die Musterunterweisung des Sokrates: Glück setzt Erkenntnis voraus

3.1. Alle Menschen wollen glücklich sein. Güter, die Glück bringen. Die Weisheit als Ursache des Glücks

Wollen wohl wir Menschen alle uns wohl befinden? oder
gehört schon diese Frage zu dem, wovor mir eben bange war,
dem belachenswerten? Denn unverständig ist es ja wohl, der-
gleichen auch nur zu fragen; denn welcher Mensch wollte sich
wohl nicht wohl befinden? – Gewiß keiner, antwortete Klei-
nias. – Gut, sprach ich. Nur aber weiter, da wir uns also wohl 279a
befinden wollen, wie können wir es denn? Etwa wenn wir viel
Gutes hätten? Oder ist dies noch einfältiger als jenes? denn
auch das ist ja deutlich genug, daß es sich so verhält. – Darin
stimmte er mir bei. – Wohlan denn, was aber unter allen Din-
gen ist uns wohl gut? Oder ist auch das nicht schwer, und
gehört keinesweges ein außerordentlicher Mann dazu um es zu
finden? Denn Jeder würde uns ja wohl sagen, reich sein wäre
gut. Nicht wahr? – Freilich, sagte er. – Nicht auch Gesundsein
und Schönsein, und das Übrige was den Leib betrifft in gutem b
Stande haben? – Das dünkte ihn ebenfalls. – Aber ausgezeich-
nete Geburt, und Macht und Ansehn in seinem Vaterlande ist
doch offenbar auch etwas Gutes? – Das gab er zu. – Was, sprach
ich, ist uns nun wohl noch Gutes übrig? Denn was ist wohl
besonnen sein, und gerecht und tapfer? Wie um Zeus willen
glaubst du, Kleinias? werden wir das Richtige setzen, wenn wir
auch dies als Gutes setzen, oder wenn nicht? Denn dies könnte
vielleicht Manchem zweifelhaft sein. Du aber, wie meinst du? –
Gut ist es, sagte Kleinias. – Wohl, sprach ich, und die Weisheit, c
in welche Reihe wollen wir die stellen? Unter das Gute, oder
wie meinst du? – Unter das Gute. – Besinne dich nun, daß wir
ja nicht vielleicht etwas Gutes auslassen, das der Rede wert
wäre. – Ich denke ja nicht, sagte Kleinias. – Da besann ich mich
noch, und sprach, Beim Zeus, hätten wir doch bald das größte
unter allen Gütern ausgelassen. – Welches doch? fragte er. –
Das gute Glück, o Kleinias, welches Alle auch die ganz
schlechten für das größte unter allem Guten halten. – Du hast
Recht, sprach er. – Da besann ich mich wieder anders, und
sagte, Beinahe hätten wir uns lächerlich gemacht vor diesen d

καὶ σύ, ὦ παῖ Ἀξιόχου. — Τί δή, ἔφη, τοῦτο ; — Ὅτι εὐτυχίαν ἐν τοῖς ἔμπροσθεν θέμενοι νῦν δὴ αὖθις περὶ τοῦ αὐτοῦ ἐλέγομεν. — Τί οὖν δὴ τοῦτο ; — Καταγέλαστον δήπου, ὃ πάλαι πρόκειται, τοῦτο πάλιν προτιθέναι καὶ δὶς ταὐτὰ λέγειν. — Πῶς, ἔφη, τοῦτο λέγεις ; — Ἡ σοφία δήπου, ἦν δ' ἐγώ, εὐτυχία ἐστίν· τοῦτο δὲ κἂν παῖς γνοίη. — Καὶ ὃς ἐθαύμασεν· οὕτως ἔτι νέος τε καὶ εὐήθης ἐστί. Κἀγὼ γνοὺς αὐτὸν θαυμάζοντα, Ἆρα οὐκ οἶσθα, ἔφην, ὦ Κλεινία, ὅτι περὶ αὐλημάτων εὐπραγίαν οἱ αὐληταὶ e
εὐτυχέστατοί εἰσιν ; — Συνέφη. — Οὐκοῦν, ἦν δ' ἐγώ, καὶ περὶ γραμμάτων γραφῆς τε καὶ ἀναγνώσεως οἱ γραμματισταί ; — Πάνυ γε. — Τί δέ ; πρὸς τοὺς τῆς θαλάττης κινδύνους μῶν οἴει εὐτυχεστέρους τινὰς εἶναι τῶν σοφῶν κυβερνητῶν, ὡς ἐπὶ πᾶν εἰπεῖν ; — Οὐ δῆτα. — Τί δέ ; στρατευόμενος μετὰ ποτέρου ἂν ἥδιον τοῦ κινδύνου τε καὶ τῆς τύχης μετέχοις, μετὰ σοφοῦ στρατηγοῦ ἢ μετὰ ἀμα- 280 a
θοῦς ; — Μετὰ σοφοῦ. — Τί δέ ; ἀσθενῶν μετὰ ποτέρου ἂν ἡδέως κινδυνεύοις, μετὰ σοφοῦ ἰατροῦ ἢ μετὰ ἀμαθοῦς ; — Μετὰ σοφοῦ. — Ἆρ' οὖν, ἦν δ' ἐγώ, ὅτι εὐτυχέστερον ἂν οἴει πράττειν μετὰ σοφοῦ πράττων ἢ μετὰ ἀμαθοῦς ; — Ξυνεχώρει. — Ἡ σοφία ἄρα πανταχοῦ εὐτυχεῖν ποιεῖ τοὺς ἀνθρώπους. Οὐ γὰρ δήπου ἁμαρτάνοι γ' ἄν ποτέ τι σοφία, ἀλλ' ἀνάγκη ὀρθῶς πράττειν καὶ τυγχάνειν· ἦ γὰρ ἂν οὐκέτι σοφία εἴη.

Συνωμολογησάμεθα τελευτῶντες οὐκ οἶδ' ὅπως ἐν κεφα- b
λαίῳ οὕτω τοῦτο ἔχειν, σοφίας παρούσης, ᾧ ἂν παρῇ, μηδὲν προσδεῖσθαι εὐτυχίας· ἐπειδὴ δὲ τοῦτο συνωμολογησάμεθα, πάλιν ἐπυνθανόμην αὐτοῦ τὰ πρότερον ὡμολογημένα πῶς ἂν ἡμῖν ἔχοι. Ὡμολογήσαμεν γάρ, ἔφην, εἰ ἡμῖν ἀγαθὰ πολλὰ παρείη, εὐδαιμονεῖν ἂν καὶ εὖ πράττειν. — Συνέφη. — Ἆρ' οὖν εὐδαιμονοῖμεν ἂν διὰ τὰ παρόντα ἀγαθά, εἰ μηδὲν ἡμᾶς ὠφελοῖ ἢ εἰ ὠφελοῖ ; — Εἰ ὠφελοῖ, ἔφη. —

Fremden, ich und du, Sohn des Axiochos! – Wie denn so? sprach er. – Weil wir das Glück schon im vorigen gesetzt hatten, und nun noch einmal von demselben reden wollten. – Wie ist nur wieder dieses? – Das ist ja doch lächerlich, sagte ich, was schon lange dasteht noch einmal hinstellen wollen, und zweimal dasselbe sagen. – Wie meinst du das aber? sprach er. – Die Weisheit ist ja eben gutes Glück, das kann ja jedes Kind einsehn. – Darüber wunderte er sich, so neu und einfältig ist er noch. – Und ich, da ich merkte, daß er sich wunderte, sprach, Weißt du etwa nicht, Kleinias, daß im guten Flötenspielen die e
Flötenspieler die glücklichsten sind? – Das gab er zu. – Und, sprach ich, im Schreiben und Lesen der Buchstaben die Schulmeister? – Freilich. – Und wie in Gefahren zur See, glaubst du, daß irgend ein Anderer glücklicher ist als ein weiser Steuermann, sobald man im Ganzen spricht? – Gewiß nicht. – Und wie, wenn du zu Felde gezogen wärest, mit welchem von beiden möchtest du am liebsten Gefahr und Glück teilen, mit 280a
einem weisen Heerführer oder mit einem ungeschickten? – Mit einem weisen. – Und wenn du krank wärest, mit wem möchtest du es lieber wagen, mit einem weisen Arzt oder mit einem ungeschickten? – Mit einem weisen. – Nicht wahr, weil du glaubst besseres Glück zu haben, wenn du mit einem weisen zu schaffen hast, als wenn mit einem Ungeschickten? – Das gab er zu. – Die Weisheit also macht, daß die Menschen in allen Dingen Glück haben. Denn nie wird einer aus Weisheit etwas verfehlen, sondern immer richtig handeln und es erlangen. Denn sonst wäre es ja keine Weisheit mehr.

3.2. Nur Wissen und Weisheit sind an sich gut

Und so wurden wir am Ende einig darüber, ich weiß nicht wie, b
überhaupt verhielte es sich immer so, daß wenn Weisheit da wäre, bei wem sie wäre, der keines guten Glückes weiter bedürfe. Nachdem wir nun hierin übereingekommen, befragte ich ihn noch einmal um das vorher eingestandene, wie es wohl damit stände. Wir hatten nämlich eingestanden, sprach ich, wenn wir viel Gutes hätten, dann würden wir glückselig sein und uns wohl befinden. – Das gab er zu. – Würden wir also glückselig sein vermöge des vorhandenen Guten, wenn es uns

Ἆρ᾽ οὖν ἄν τι ὠφελοῖ, εἰ εἴη μόνον ἡμῖν, χρῴμεθα δ᾽ αὐτοῖς c
μή; οἷον σιτία εἰ ἡμῖν εἴη πολλά, ἐσθίοιμεν δὲ μή, ἢ ποτόν,
πίνοιμεν δὲ μή, ἔσθ᾽ ὅ τι ὠφελοίμεθ᾽ ἄν; — Οὐ δῆτα, ἔφη. —
Τί δέ; οἱ δημιουργοὶ πάντες, εἰ αὐτοῖς εἴη πάντα τὰ ἐπιτή-
δεια παρεσκευασμένα ἑκάστῳ εἰς τὸ ἑαυτοῦ ἔργον, χρῷντο
δ᾽ αὐτοῖς μή, ἆρ᾽ ἂν οὗτοι εὖ πράττοιεν διὰ τὴν κτῆσιν,
ὅτι κεκτημένοι εἶεν πάντα ἃ δεῖ κεκτῆσθαι τὸν δημιουργόν;
οἷον τέκτων, εἰ παρεσκευασμένος εἴη τά τε ὄργανα ἅπαντα
καὶ ξύλα ἱκανά, τεκταίνοιτο δὲ μή, ἔσθ᾽ ὅ τι ὠφελοῖτ᾽ ἂν
ἀπὸ τῆς κτήσεως; — Οὐδαμῶς, ἔφη. — Τί δέ, εἴ τις κεκτη- d
μένος εἴη πλοῦτόν τε καὶ ἃ νῦν δὴ ἐλέγομεν πάντα τὰ
ἀγαθά, χρῷτο δὲ αὐτοῖς μή, ἆρ᾽ ἂν εὐδαιμονοῖ διὰ τὴν
τούτων κτῆσιν τῶν ἀγαθῶν; — Οὐ δῆτα, ὦ Σώκρατες. —
Δεῖ ἄρα, ἔφην, ὡς ἔοικεν, μὴ μόνον κεκτῆσθαι τὰ τοιαῦτα
ἀγαθὰ τὸν μέλλοντα εὐδαίμονα ἔσεσθαι, ἀλλὰ καὶ χρῆσθαι
αὐτοῖς· ὡς οὐδὲν ὄφελος τῆς κτήσεως γίγνεται. — Ἀληθῆ
λέγεις. — Ἆρ᾽ οὖν, ὦ Κλεινία, ἤδη τοῦτο ἱκανὸν πρὸς τὸ e
εὐδαίμονα ποιῆσαί τινα, τό τε κεκτῆσθαι τἀγαθὰ καὶ τὸ
χρῆσθαι αὐτοῖς; — Ἔμοιγε δοκεῖ. — Πότερον, ἦν δ᾽ ἐγώ,
ἐὰν ὀρθῶς χρῆταί τις ἢ καὶ ἐὰν μή; — Ἐὰν ὀρθῶς. —
Καλῶς γε, ἦν δ᾽ ἐγώ, λέγεις. Πλέον γάρ που οἶμαι θάτερόν
ἐστιν, ἐάν τις χρῆται ὁτῳοῦν μὴ ὀρθῶς πράγματι ἢ ἐὰν ἐᾷ·
τὸ μὲν γὰρ κακόν, τὸ δὲ οὔτε κακὸν οὔτε ἀγαθόν. Ἢ οὐχ
οὕτω φαμέν; — Συνεχώρει. — Τί οὖν; ἐν τῇ ἐργασίᾳ τε 281 a
καὶ χρήσει τῇ περὶ τὰ ξύλα μῶν ἄλλο τί ἐστιν τὸ ἀπεργα-
ζόμενον ὀρθῶς χρῆσθαι ἢ ἐπιστήμη ἡ τεκτονική; — Οὐ
δῆτα, ἔφη. — Ἀλλὰ μὴν που καὶ ἐν τῇ περὶ τὰ σκεύη
ἐργασίᾳ τὸ ὀρθῶς ἐπιστήμη ἐστὶν ἡ ἀπεργαζομένη. —
Συνέφη. — Ἆρ᾽ οὖν, ἦν δ᾽ ἐγώ, καὶ περὶ τὴν χρείαν
ὧν ἐλέγομεν τὸ πρῶτον τῶν ἀγαθῶν, πλούτου τε καὶ ὑγιείας
καὶ κάλλους, τὸ ὀρθῶς πᾶσι τοῖς τοιούτοις χρῆσθαι ἐπι-
στήμη ἦν ἡγουμένη καὶ κατορθοῦσα τὴν πρᾶξιν, ἢ ἄλλο τι; b
— Ἐπιστήμη, ἦ δ᾽ ὅς. — Οὐ μόνον ἄρα εὐτυχίαν, ἀλλὰ

nutzte, oder wenn es uns nicht nutzte? – Wenn es uns nutzte, sprach er. – Und würde es uns wohl nutzen, wenn wir es nur c
hätten, und es nicht gebrauchten? Wie wenn wir viel Speisen hätten, äßen aber nicht, oder Getränk und tränken nicht, hätten wir dann einen Nutzen davon? – Nicht füglich, sprach er. – Und wie alle Künstler, wenn ihnen alle Erfordernisse zur Hand wären jedem zu seinem Werk, sie bedienten sich deren aber nicht, würden sich diese dann wohl befinden und wohl handeln vermöge dieses Besitzes, weil sie doch alles haben, was ein Künstler haben muß? Wie der Zimmermann, wenn der alle Werkzeuge in Bereitschaft hätte und auch Holz genug, zimmerte aber nicht; hätte er wohl irgend Nutzen von seinem Besitz? – Ganz und gar keinen, sprach er. – Wie nun, wenn d
Jemand Reichtum besäße und alles Gute, dessen wir vorhin erwähnten, gebrauchte es aber nicht; würde der glückselig sein durch den Besitz dieses Guten? – Nicht eben, Sokrates. – Wer also glückselig sein soll, sprach ich, der muß, wie es scheint, dergleichen Güter nicht nur besitzen, sondern auch gebrauchen, oder der Besitz wird ihm zu nichts nutz. – Du hast Recht. – Ist nun dieses etwa schon hinlänglich, Kleinias, um Jemand e
glückselig zu machen, daß er das Gute habe und gebrauche? – Mich dünkt ja. – Etwa nur, sprach ich, wenn er es recht gebraucht, oder auch wenn nicht? – Wenn recht. – Wohl gesprochen, sagte ich. Denn weit ärger, denke ich, ist es, wenn Jemand irgend etwas unrecht gebraucht, als wenn er es ganz bei Seite läßt. Denn jenes ist übel, dieses aber weder gut noch übel. Oder wollen wir nicht so sagen? – Er räumte es ein. – Wie 281a
nun? in jener Behandlung und Gebrauch der Hölzer, gibt es da etwas anderes, was den rechten Gebrauch bewirkt, als die Wissenschaft des Zimmerns? – Wohl nicht, sagt er. – Eben so auch wohl in der Behandlung der Gefäße ist es das Wissen, was die Richtigkeit bewirkt. – Das dünkte ihn auch. – Also auch wohl, sprach ich, im Gebrauch der zuerst angeführten Güter, des Reichtums, der Gesundheit und Schönheit, war es das Wissen, was zum richtigen Gebrauch aller dieser Dinge die Behandlung derselben anführt und leitet, oder etwas anderes? – Das Wis- b
sen, sagte er. – Nicht nur gut Glück also, sondern auch gut

καὶ εὐπραγίαν, ὡς ἔοικεν, ἡ ἐπιστήμη παρέχει ἐν πάσῃ
κτήσει τε καὶ πράξει. — Ὡμολόγει. — Ἆρ' οὖν ὦ πρὸς
Διός, ἦν δ' ἐγώ, ὄφελός τι τῶν ἄλλων κτημάτων ἄνευ
φρονήσεως καὶ σοφίας; ἆρά γε ἂν ὄναιτο ἄνθρωπος πολλὰ
κεκτημένος καὶ πολλὰ πράττων νοῦν μὴ ἔχων, ἢ μᾶλλον
ὀλίγα [νοῦν ἔχων]; ὧδε δὲ σκόπει· οὐκ ἐλάττω πράττων
ἐλάττω ἂν ἐξαμαρτάνοι, ἐλάττω δὲ ἁμαρτάνων ἧττον ἂν c
κακῶς πράττοι, ἧττον δὲ κακῶς πράττων ἄθλιος ἧττον ἂν
εἴη; — Πάνυ γ', ἔφη. — Πότερον οὖν ἂν μᾶλλον ἐλάττω
τις πράττοι πένης ὢν ἢ πλούσιος; — Πένης, ἔφη. —
Πότερον δὲ ἀσθενὴς ἢ ἰσχυρός; — Ἀσθενής. — Πότερον
δὲ ἔντιμος ἢ ἄτιμος; — Ἄτιμος. — Πότερον δὲ ἀνδρεῖος
ὢν καὶ σώφρων ἐλάττω ἂν πράττοι ἢ δειλός; — Δειλός.
— Οὐκοῦν καὶ ἀργὸς μᾶλλον ἢ ἐργάτης; — Συνεχώρει. —
Καὶ βραδὺς μᾶλλον ἢ ταχύς, καὶ ἀμβλὺ ὁρῶν καὶ ἀκούων
μᾶλλον ἢ ὀξύ; — Πάντα τὰ τοιαῦτα ξυνεχωροῦμεν ἀλλή- d
λοις. — Ἐν κεφαλαίῳ δ', ἔφην, ὦ Κλεινία, κινδυνεύει
σύμπαντα ἃ τὸ πρῶτον ἔφαμεν ἀγαθὰ εἶναι, οὐ περὶ τούτου
ὁ λόγος αὐτοῖς εἶναι ὅπως αὐτά γε καθ' αὐτὰ πέφυκεν
ἀγαθά, ἀλλ' ὡς ἔοικεν ὧδ' ἔχει· ἐὰν μὲν αὐτῶν ἡγῆται
ἀμαθία, μείζω κακὰ εἶναι τῶν ἐναντίων, ὅσῳ δυνατώτερα
ὑπηρετεῖν τῷ ἡγουμένῳ κακῷ ὄντι, ἐὰν δὲ φρόνησίς τε καὶ
σοφία, μείζω ἀγαθά, αὐτὰ δὲ καθ' αὐτὰ οὐδέτερα αὐτῶν
οὐδενὸς ἄξια εἶναι. — Φαίνεται, ἔφη, ὡς ἔοικεν, οὕτως, e
ὡς σὺ λέγεις. — Τί οὖν ἡμῖν συμβαίνει ἐκ τῶν εἰρημένων;
ἄλλο τι ἢ τῶν μὲν ἄλλων οὐδὲν ὂν οὔτε ἀγαθὸν οὔτε κακόν,
τούτοιν δὲ δυοῖν ὄντοιν ἡ μὲν σοφία ἀγαθόν, ἡ δὲ ἀμαθία
κακόν; — Ὡμολόγει.

Ἔτι τοίνυν, ἔφην, τὸ λοιπὸν ἐπισκεψώμεθα. Ἐπειδὴ 282 a
εὐδαίμονες μὲν εἶναι προθυμούμεθα πάντες, ἐφάνημεν δὲ
τοιοῦτοι γιγνόμενοι ἐκ τοῦ χρῆσθαί τε τοῖς πράγμασιν καὶ

Geschäft, wie es scheint, gewährt die Erkenntnis dem Menschen bei jedem Besitz und Betrieb. – Er gestand es ein. – Ist also wohl, beim Zeus, sprach ich, irgend ein anderer Besitz etwas nutz ohne Einsicht und Weisheit? Würde wohl ein Mensch Vorteil haben, wenn er auch noch so viel besäße und täte, der keine Vernunft hat? Oder mehr wenn weniges, und er Vernunft hat? Überlege es nur so. Würde er nicht, wenn er
weniger täte, auch weniger fehlen? und wenn er weniger fehlte, c
sich auch weniger schlecht befinden? und wenn er weniger schlecht lebte, auch weniger elend sein? – Gewiß, sagte er. – In welchem Falle nun würde einer wohl weniger tun, wenn er arm wäre, oder reich? – Wenn arm, sagte er. – Und wenn er schwach wäre oder wenn stark? – Wenn schwach. – Und wenn angesehen oder unangesehen? – Wenn unangesehen. – Und würde wohl ein Tapferer und Besonnener weniger tun oder ein Feiger? – Ein Feiger. – Auch ein Träger täte wohl eher weniger als ein Tätiger? – Das räumte er ein. – Und ein Langsamer als ein Behender? und wer schlecht sieht und hört eher als wer scharf?
– Dergleichen alles gaben wir einander zu. – Im Allgemeinen d
also, sprach ich, scheint es, o Kleinias, daß von allem insgesamt, was wir zuerst Güter nannten, nicht in der Art könne die Rede sein, als ob es an und für sich von Natur gut wäre. Sondern, wie es scheint, verhält es sich so: Wenn Torheit darüber gebietet, sind diese Dinge um so größere Übel als ihr Gegenteil, je mehr sie im Stande sind, dem gebietenden, welches ja ein Übel ist, Dienst zu leisten; wenn aber Einsicht und Weisheit, dann sind sie größere Güter; an und für sich aber sind weder
die einen noch die andern irgend etwas wert. – Offenbar, e
sprach er, scheint es sich zu verhalten, wie du sagst. – Was folgt uns nun aus dem Gesagten? Etwas anderes, als daß von allem übrigen nichts weder gut ist noch übel, von diesen zweien aber die Weisheit das Gute ist und die Torheit das Übel? – Das gestand er zu. –

3.3. Um des Glücks willen muß man vorrangig nach Weisheit streben. – Aufforderung an die Sophisten, dem Beispiel zu folgen

So laß uns, sagte ich, nun auch noch das Übrige betrachten. Da 282a
wir nämlich glückselig zu sein Alle streben, und sich gezeigt hat, daß wir dies werden durch den Gebrauch der Dinge, und

ὀρθῶς χρῆσθαι, τὴν δὲ ὀρθότητα καὶ εὐτυχίαν ἐπιστήμη ἡ
παρέχουσα, δεῖ δή, ὡς ἔοικεν, ἐκ παντὸς τρόπου ἅπαντα
ἄνδρα τοῦτο παρασκευάζεσθαι, ὅπως ὡς σοφώτατος ἔσται·
ἢ οὔ; — Ναί, ἔφη. — Καὶ παρὰ πατρός γε δήπου τοῦτο
οἰόμενον δεῖν παραλαμβάνειν πολὺ μᾶλλον ἢ χρήματα, καὶ
παρ' ἐπιτρόπων καὶ φίλων τῶν τε ἄλλων καὶ τῶν φασκόν- b
των ἐραστῶν εἶναι, καὶ ξένων καὶ πολιτῶν, δεόμενον καὶ
ἱκετεύοντα σοφίας μεταδιδόναι, οὐδὲν αἰσχρόν, ὦ Κλεινία,
οὐδὲ νεμεσητὸν ἕνεκα τούτου ὑπηρετεῖν καὶ δουλεύειν καὶ
ἐραστῇ καὶ παντὶ ἀνθρώπῳ, ὁτιοῦν ἐθέλοντα ὑπηρετεῖν τῶν
καλῶν ὑπηρετημάτων, προθυμούμενον σοφὸν γενέσθαι· ἢ οὐ
δοκεῖ σοι, ἔφην ἐγώ, οὕτως; — Πάνυ μὲν οὖν εὖ μοι δοκεῖς
λέγειν, ἦ δ' ὅς. — Εἰ ἔστι γε, ὦ Κλεινία, ἦν δ' ἐγώ, ἡ σοφία c
διδακτόν, ἀλλὰ μὴ ἀπὸ ταὐτομάτου παραγίγνεται τοῖς ἀνθρώ-
ποις· τοῦτο γὰρ ἡμῖν ἔτι ἄσκεπτον καὶ οὔπω διωμολογη-
μένον ἐμοί τε καὶ σοί. — Ἀλλ' ἔμοιγε, ἔφη, ὦ Σώκρατες,
διδακτὸν εἶναι δοκεῖ. — Καὶ ἐγὼ ἡσθεὶς εἶπον· Ἦ καλῶς
λέγεις, ὦ ἄριστε ἀνδρῶν, καὶ εὖ ἐποίησας ἀπαλλάξας με
σκέψεως πολλῆς περὶ τούτου αὐτοῦ, πότερον διδακτὸν ἢ οὐ
διδακτὸν ἡ σοφία. Νῦν οὖν ἐπειδή σοι καὶ διδακτὸν δοκεῖ
καὶ μόνον τῶν ὄντων εὐδαίμονα καὶ εὐτυχῆ ποιεῖν τὸν
ἄνθρωπον, ἄλλο τι ἢ φαίης ἂν ἀναγκαῖον εἶναι φιλοσοφεῖν d
καὶ αὐτὸς ἐν νῷ ἔχεις αὐτὸ ποιεῖν; — Πάνυ μὲν οὖν, ἔφη,
ὦ Σώκρατες, ὡς οἷόν τε μάλιστα.

Κἀγὼ ταῦτα ἄσμενος ἀκούσας, Τὸ μὲν ἐμόν, ἔφην, παρά-
δειγμα, ὦ Διονυσόδωρέ τε καὶ Εὐθύδημε, οἵων ἐπιθυμῶ τῶν
προτρεπτικῶν λόγων εἶναι, τοιοῦτον, ἰδιωτικὸν ἴσως καὶ
μόλις διὰ μακρῶν λεγόμενον· σφῷν δὲ ὁπότερος βούλεται,
ταὐτὸν τοῦτο τέχνῃ πράττων ἐπιδειξάτω ἡμῖν. Εἰ δὲ μὴ
τοῦτο βούλεσθον, ὅθεν ἐγὼ ἀπέλιπον, τὸ ἑξῆς ἐπιδείξατον e
τῷ μειρακίῳ, πότερον πᾶσαν ἐπιστήμην δεῖ αὐτὸν κτᾶσθαι,

zwar den richtigen Gebrauch, diese Richtigkeit aber und das glückliche Gelingen uns die Erkenntnis zusichert: so muß demnach, wie man sieht, auf jede Weise ein jeder Mensch dafür sorgen, daß er so weise werde als möglich. Oder nicht? – Ja, sagte er. – So daß er glaubt, hiemit gebühre ihm weit mehr von seinem Vater versorgt zu werden als mit Geld, und von seinen Vormündern und Freunden, andern sowohl als solchen, die b
sich seine Liebhaber nennen, und von Fremden sowohl als Bürgern, und daß er also bittet und fleht ihm Weisheit mitzuteilen, und es für nichts schändliches oder strafbares hält, o Kleinias, um deswillen dienstbar und unterworfen zu sein dem Liebhaber sowohl als jedem andern Menschen freiwillig zu jedem ehrenvollen Dienst verhaftet, um nur weise zu werden. Oder, sprach ich, dünkt es dich nicht so? – Allerdings, sagte er, dünkt mich vollkommen richtig, was du sagst. – Wenn nämlich, o Kleinias, sprach ich, die Weisheit lehrbar ist, und sich c
nicht etwa nur von selbst bei den Menschen einstellt. Denn dies haben wir noch zu erwägen, und es ist noch nichts darüber festgesetzt zwischen dir und mir. – Ich wenigstens, o Sokrates, denke daß sie lehrbar ist. – Darüber war ich erfreut, und sagte, Sehr schön gesprochen, bester Mann, und sehr wohl hast du daran getan, mich einer großen Untersuchung eben dieses Gegenstandes zu überheben, ob nämlich die Weisheit lehrbar ist oder nicht. Nun also, da du glaubst, sowohl daß sie lehrbar ist als auch daß sie allein unter allen Dingen den Menschen selig und glücklich macht, kannst du wohl anders als behaupten, daß d
man die Weisheit suchen müsse, und selbst auch gesonnen sein dieses zu tun? – Allerdings, sagte er, so sehr als irgend möglich. – Als ich nun dieses zu meiner Freude vernommen, sprach ich, Dies also wäre mein Beispiel, o Dionysodoros und Euthydemos, wie ich wünsche, daß eine ermahnende Rede sein soll, ganz unkünstlerisch vielleicht, und nur mit Not gar weitläufig zu Stande gebracht. Welcher von euch beiden nun aber will, der zeige sich uns, indem er eben dieses nach der Kunst tut. Oder wenn ihr das nicht wollt: so zeigt dem jungen Menschen, was e
nun zunächst darauf folgt, wobei ich stehen geblieben bin, ob er nämlich jede Erkenntnis erwerben muß, oder ob es irgend

ἢ ἔστι τις μία ἣν δεῖ λαβόντα εὐδαιμονεῖν τε καὶ ἀγαθὸν ἄνδρα εἶναι, καὶ τίς αὕτη· ὥσπερ ἔλεγον ἀρχόμενος, περὶ πολλοῦ ἡμῖν τυγχάνει ὂν τόνδε τὸν νεανίσκον σοφόν τε καὶ ἀγαθὸν γενέσθαι.

Ἐγὼ μὲν οὖν ταῦτα εἶπον, ὦ Κρίτων· τῷ δὲ μετὰ τοῦτο 283
ἐσομένῳ πάνυ σφόδρα προσεῖχον τὸν νοῦν, καὶ ἐπεσκόπουν τίνα ποτὲ τρόπον ἅψοιντο τοῦ λόγου καὶ ὁπόθεν ἄρξοιντο παρακελευόμενοι τῷ νεανίσκῳ σοφίαν τε καὶ ἀρετὴν ἀσκεῖν. Ὁ οὖν πρεσβύτερος αὐτῶν, ὁ Διονυσόδωρος, πρότερος ἦρχε τοῦ λόγου, καὶ ἡμεῖς πάντες ἐβλέπομεν πρὸς αὐτὸν ὡς αὐτίκα μάλα ἀκουσόμενοι θαυμασίους τινὰς λόγους. Ὅπερ οὖν καὶ συνέβη ἡμῖν· θαυμαστὸν γάρ τινα, ὦ Κρίτων, ἀνὴρ b
κατῆρχεν λόγον, οὗ σοὶ ἄξιον ἀκοῦσαι, ὡς παρακελευστικὸς ὁ λόγος ἦν ἐπ' ἀρετήν.

Εἰπέ μοι, ἔφη, ὦ Σώκρατές τε καὶ ὑμεῖς οἱ ἄλλοι, ὅσοι φατὲ ἐπιθυμεῖν τόνδε τὸν νεανίσκον σοφὸν γενέσθαι, πότερον παίζετε ταῦτα λέγοντες ἢ ὡς ἀληθῶς ἐπιθυμεῖτε καὶ σπουδάζετε;

Κἀγὼ διενοήθην ὅτι ᾠηθήτην ἄρα ἡμᾶς τὸ πρότερον παίζειν, ἡνίκα ἐκελεύομεν διαλεχθῆναι τῷ νεανίσκῳ αὐτώ, καὶ διὰ ταῦτα προσεπαισάτην τε καὶ οὐκ ἐσπουδασάτην· ταῦτα οὖν διανοηθεὶς ἔτι μᾶλλον εἶπον ὅτι θαυμαστῶς c
σπουδάζοιμεν.

Καὶ ὁ Διονυσόδωρος, Σκόπει μήν, ἔφη, ὦ Σώκρατες, ὅπως μὴ ἔξαρνος ἔσει ἃ νῦν λέγεις. — Ἔσκεμμαι, ἦν δ' ἐγώ· οὐ γὰρ μή ποτ' ἔξαρνος γένωμαι. — Τί οὖν; ἔφη· φατὲ βούλεσθαι αὐτὸν σοφὸν γενέσθαι; — Πάνυ μὲν οὖν. — Νῦν δέ, ἦ δ' ὅς, Κλεινίας πότερον σοφός ἐστιν ἢ οὔ; — Οὔκουν φησί γέ πω· ἔστι δὲ οὐκ ἀλαζών. — Ὑμεῖς δέ, ἔφη, βούλεσθε γενέσθαι αὐτὸν σοφόν, ἀμαθῆ δὲ μὴ εἶναι; d
— Ὡμολογοῦμεν. — Οὐκοῦν ὃς μὲν οὐκ ἔστιν, βούλεσθε αὐτὸν γενέσθαι, ὃς δ' ἔστι νῦν, μηκέτι εἶναι. — Καὶ

eine einzelne gibt, welche er bekommen und dadurch glückselig und zu einem trefflichen Manne werden muß, und welche dies ist. Denn wie ich schon am Anfang sagte, gar viel ist uns daran gelegen, daß dieser Jüngling weise und gut werde.

4. Das zweite Probestück der Sophisten: eine Leugnung von Widerspruch, Irrtum und Täuschung

4.1. Dionysodoros: Weise zu werden bedeutet unterzugehen

Dies also sagte ich, o Kriton, und war sehr begierig zu sehen 283a
was nun hierauf folgen würde, und gab recht Acht, auf welche
Art sie die Rede angreifen, und wobei sie anfangen würden,
dem Jüngling zuzureden, daß er Weisheit und Tugend üben
solle. Der ältere von ihnen also, Dionysodoros, begann zuerst
die Rede, und wir Alle sahen auf ihn in der Erwartung, ganz
wunderbare Dinge sogleich zu vernehmen. Was uns denn auch
begegnete; denn eine ganz bewundernswürdige Rede, o Kri- b
ton, begann der Mann, welche dir wohl lohnen wird zu hören,
wie aufregend zur Tugend die Rede war. Sage mir doch, sprach
er, Sokrates und ihr Übrigen, die ihr zu wünschen äußert, daß
dieser junge Mensch weise werden möge, scherzet ihr nur,
indem ihr dieses sagt, oder meint und wünschet ihr es wirklich
im Ernst? – Da dachte ich, sie hätten wohl auch zuerst schon
geglaubt, daß wir scherzten, als wir sie beide aufforderten, sich
mit dem Knaben zu unterreden, und daß sie eben deshalb mit
ihm gescherzt und nichts ernstliches getrieben hätten. Weil ich
nun dies dachte, beteuerte ich noch kräftiger, daß wir es im c
höchsten Ernste meinten. – Da sagte Dionysodoros, Bedenke
dir es wohl, Sokrates, daß du nicht hernach leugnen mußt, was
du jetzt sagst. – Ich habe es schon bedacht, sprach ich, und es
hat keine Not, daß ich es jemals ableugnen sollte. – Was sagt ihr
also, sprach er, ihr wollt, daß er weise werde? – Allerdings. –
Jetzt aber, sprach er, was ist wohl Kleinias, weise oder nicht? –
Nein, sagt er ja selbst, er ist aber, sprach ich, eben kein Prahler.
– Und ihr, sprach er, wollt, er soll weise werden, und nicht d
unweise sein? – Das gestanden wir ein. – Also der er nicht ist
wollt ihr, daß er werde; der er aber jetzt ist, daß er nicht mehr
sei? – Als ich das hörte, geriet ich schon ganz in Verwirrung. Er
aber benutzte sogleich meine Verwirrung und sagte weiter –

ἐγὼ ἀκούσας ἐθορυβήθην· ὁ δέ μου θορυβουμένου ὑπο-
λαβών, Ἄλλο τι οὖν, ἔφη, ἐπεὶ βούλεσθε αὐτὸν ὃς νῦν
ἐστιν μηκέτι εἶναι, βούλεσθε αὐτόν, ὡς ἔοικεν, ἀπολωλέναι;
καίτοι πολλοῦ ἂν ἄξιοι οἱ τοιοῦτοι εἶεν φίλοι τε καὶ ἐρα-
σταί, οἵτινες τὰ παιδικὰ περὶ παντὸς ἂν ποιήσαιντο
ἐξολωλέναι.

Καὶ ὁ Κτήσιππος ἀκούσας ἠγανάκτησέν τε ὑπὲρ τῶν e
παιδικῶν καὶ εἶπεν· Ὦ ξένε Θούριε, εἰ μὴ ἀγροικότερον,
ἔφη, ἦν εἰπεῖν, εἶπον ἄν· « Σοὶ εἰς κεφαλήν », ὅ τι μαθών
μου καὶ τῶν ἄλλων καταψεύδει τοιοῦτον πρᾶγμα, ὃ ἐγὼ
οἶμαι οὐδ' ὅσιον εἶναι λέγειν, ὡς ἐγὼ τόνδε βουλοίμην ἂν
ἐξολωλέναι.

Τί δέ, ἔφη, ὦ Κτήσιππε, ὁ Εὐθύδημος, ἦ δοκεῖ σοι οἷόν
τ' εἶναι ψεύδεσθαι; — Νὴ Δία, ἔφη, εἰ μὴ μαίνομαί γε. —
Πότερον λέγοντα τὸ πρᾶγμα περὶ οὗ ἂν ὁ λόγος ᾖ, ἢ μὴ
λέγοντα; — Λέγοντα, ἔφη. — Οὐκοῦν εἴπερ λέγει αὐτό, 284 a
οὐκ ἄλλο λέγει τῶν ὄντων ἢ ἐκεῖνο ὅπερ λέγει; — Πῶς γὰρ
ἄν; ἔφη ὁ Κτήσιππος. — Ἓν μὴν κἀκεῖνό γ' ἐστὶν τῶν
ὄντων, ὃ λέγει, χωρὶν τῶς ἄλλων. — Πάνυ γε. — Οὐκοῦν
ὁ ἐκεῖνο λέγων τὸ ὄν, ἔφη, λέγει; — Ναί. — Ἀλλὰ μὴν ὅ
γε τὸ ὂν λέγων καὶ τὰ ὄντα τἀληθῆ λέγει· ὥστε ὁ Διονυσό-
δωρος, εἴπερ λέγει τὰ ὄντα, λέγει τἀληθῆ καὶ οὐδὲν κατὰ
σοῦ ψεύδεται.

Ναί, ἔφη· ἀλλ' ὁ ταῦτα λέγων, ἔφη ὁ Κτήσιππος, ὦ b
Εὐθύδημε, οὐ τὰ ὄντα λέγει.

Καὶ ὁ Εὐθύδημος, Τὰ δὲ μὴ ὄντα, ἔφη, ἄλλο τι ἢ οὐκ
ἔστιν; — Οὐκ ἔστιν. — Ἄλλο τι οὖν οὐδαμοῦ τά γε μὴ
ὄντα ὄντα ἐστίν; — Οὐδαμοῦ. — Ἔστιν οὖν ὅπως περὶ
ταῦτα [τὰ μὴ ὄντα] πράξειεν ἄν τίς τι, ὥστ' ἐκεῖνα ποιή-
σειεν ἂν καὶ ὁστισοῦν τὰ μηδαμοῦ ὄντα; — Οὐκ ἔμοιγε
δοκεῖ, ἔφη ὁ Κτήσιππος. — Τί οὖν; οἱ ῥήτορες ὅταν λέγω-
σιν ἐν τῷ δήμῳ, οὐδὲν πράττουσι; — Πράττουσι μὲν οὖν,
ἦ δ' ὅς. — Οὐκοῦν εἴπερ πράττουσι, καὶ ποιοῦσι; — Ναί. c

Aber wenn ihr wollt, daß er nicht mehr sei, der er ist: so wollt ihr ja, wie es scheint, daß er untergehe. Und das sind mir doch vortreffliche Freunde und Liebhaber, welche so über alles darauf ausgehn, daß ihr Liebling untergehe. – Und als Ktesippos das hörte, verdroß es ihn seines Lieblings wegen, und er sagte: e
Du Thurischer Fremdling, wenn es nicht zu unfein wäre zu sagen: so wollte ich dir auf den Kopf zusagen, was für eine Absicht du dabei hast, mir und den Andern das anzulügen, was wie ich meine schon zu sagen frevelhaft ist, daß ich wollte, dieser käme um! –

4.2. Euthydemos: Nichtseiendes zu sagen und zu lügen ist unmöglich. – Warnung des Sokrates vor bloßer Wortfechterei

Wie doch Ktesippos, sprach Euthydemos, glaubst du, es sei möglich zu lügen? – Beim Zeus, ja, antwortete er, wenn ich nicht toll bin. – Indem man den Gegenstand ausspricht, von dem die Rede ist, oder indem man ihn nicht ausspricht? – Indem man ihn ausspricht, sagte er. – Indem er ihn nun aus- 284a
spricht, spricht er doch nicht etwas anderes aus von dem was ist, sondern eben jenes was er ausspricht? – Wie anders? sprach Ktesippos. – Und jenes, was er ausspricht, gehört doch auch zu dem was ist, und ist Eins davon abgesondert von dem Übrigen? – Allerdings. – Wer also jenes ausspricht, spricht aus was ist, und wer spricht was ist, der spricht auch Wahres, so daß Dionysodoros, wenn er spricht was ist, auch wahr spricht und dir nichts anlügt. – Ja, sagte Ktesippos, aber wer das sagt, o b
Euthydemos, der sagt nicht was ist. – Darauf sagte Euthydemos, Aber das Nichtseiende, nicht wahr, ist nicht? – Es ist nicht. – Nicht wahr also, das Nichtseiende ist nirgend seiend? – Nirgend. – Kann nun wohl Jemand mit diesem Nichtseienden irgend etwas tun, so daß er jenes mache, wer es auch sei, das nirgend seiende? – Mich dünkt wohl nicht, sprach Ktesippos. – Wie nun die Redner, wenn sie vor dem Volke sprechen, tun sie nichts? – Sie tun allerdings etwas. – Und wenn sie tun, so c
machen sie auch? – Ja. – Das Sprechen ist also ein Tun und

— Τὸ λέγειν ἄρα πράττειν τε καὶ ποιεῖν ἐστιν ; — Ὡμο-
λόγησεν. — Οὐκ ἄρα τά γε μὴ ὄντ', ἔφη, λέγει οὐδείς —
ποιοῖ γὰρ ἂν ἤδη τί· σὺ δὲ ὡμολόγηκας τὸ μὴ ὂν μὴ οἷόν
τ' εἶναι μηδένα ποιεῖν — ὥστε κατὰ τὸν σὸν λόγον οὐδεὶς
ψευδῆ λέγει, ἀλλ' εἴπερ λέγει Διονυσόδωρος, τἀληθῆ τε καὶ
τὰ ὄντα λέγει.

Νὴ Δία, ἔφη ὁ Κτήσιππος, ὦ Εὐθύδημε· ἀλλὰ τὰ ὄντα
μὲν τρόπον τινὰ λέγει, οὐ μέντοι ὥς γε ἔχει.

Πῶς λέγεις, ἔφη ὁ Διονυσόδωρος, ὦ Κτήσιππε ; εἰσὶν
γάρ τινες οἳ λέγουσι τὰ πράγματα ὡς ἔχει ; — Εἰσὶν d
μέντοι, ἔφη, οἱ καλοί τε κἀγαθοὶ καὶ οἱ τἀληθῆ λέγοντες. —
Τί οὖν ; ἦ δ' ὅς· τἀγαθὰ οὐκ εὖ, ἔφη, ἔχει, τὰ δὲ κακὰ
κακῶς ; — Συνεχώρει. — Τοὺς δὲ καλούς τε καὶ ἀγαθοὺς
ὁμολογεῖς λέγειν ὡς ἔχει τὰ πράγματα ; — Ὁμολογῶ. —
Κακῶς ἄρα, ἔφη, λέγουσιν, ὦ Κτήσιππε, οἱ ἀγαθοὶ τὰ κακά,
εἴπερ ὡς ἔχει λέγουσιν. — Ναὶ μὰ Δία, ἦ δ' ὅς, σφόδρα γε,
τοὺς γοῦν κακοὺς ἀνθρώπους· ὧν σύ, ἐάν μοι πείθῃ, εὐλα-
βήσει εἶναι, ἵνα μή σε οἱ ἀγαθοὶ κακῶς λέγωσιν. Ὡς εὖ e
ἴσθ' ὅτι κακῶς λέγουσιν οἱ ἀγαθοὶ τοὺς κακούς. — Καὶ τοὺς
μεγάλους, ἔφη ὁ Εὐθύδημος, μεγάλως λέγουσι καὶ τοὺς
θερμοὺς θερμῶς ; — Μάλιστα δήπου, ἔφη ὁ Κτήσιππος·
τοὺς γοῦν ψυχροὺς ψυχρῶς λέγουσί τε καὶ φασὶν διαλέ-
γεσθαι. — Σὺ μέν, ἔφη ὁ Διονυσόδωρος, λοιδορεῖ, ὦ Κτή-
σιππε, λοιδορεῖ. — Μὰ Δί' οὐκ ἔγωγε, ἦ δ' ὅς, ὦ Διονυ-
σόδωρε, ἐπεὶ φιλῶ σε, ἀλλὰ νουθετῶ σε ὡς ἑταῖρον, καὶ
πειρῶμαι πείθειν μηδέποτε ἐναντίον ἐμοῦ οὕτως ἀγροίκως
λέγειν ὅτι ἐγὼ τούτους βούλομαι ἐξολωλέναι οὓς περὶ
πλείστου ποιοῦμαι. 285 a

Ἐγὼ οὖν, ἐπειδή μοι ἐδόκουν ἀγριωτέρως πρὸς ἀλλήλους
ἔχειν, προσέπαιζόν τε τὸν Κτήσιππον καὶ εἶπον ὅτι Ὦ
Κτήσιππε, ἐμοὶ μὲν δοκεῖ χρῆναι ἡμᾶς παρὰ τῶν ξένων
δέχεσθαι ἃ λέγουσιν, ἐὰν ἐθέλωσι διδόναι, καὶ μὴ ὀνόματι
διαφέρεσθαι. Εἰ γὰρ ἐπίστανται οὕτως ἐξολλύναι ἀνθρώ-

Machen? – Das gab er zu. – Also spricht auch Niemand das was
nicht ist, denn er machte es alsdann; du aber hast eingestanden,
daß Niemand das Nichtseiende machen könne. So daß nach
deiner Rede Niemand falsches spricht, sondern, spricht Dio-
nysodoros, so spricht er auch wahres und was ist. – Beim Zeus,
Euthydemos, sagte Ktesippos, gewissermaßen spricht er frei-
lich von dem was ist, aber nicht so wie es sich verhält. – Was
sagst du, Ktesippos, sprach Dionysodoros, gibt es welche, die
von den Dingen so sprechen, wie sie sich verhalten? – Freilich, d
sagte jener, alle Rechtlichen, und die wahr sprechen. – Wie
nun? verhält sich nicht das Gute gut und das Schlechte
schlecht? – Das gab er zu. – Und rechtliche Leute, behauptest
du, sprechen von den Dingen, wie sie sich verhalten? – Das
behaupte ich. – Also schlecht sprechen die Guten vom schlech-
ten, wenn sie so davon sprechen wie es sich verhält? – Ja, beim
Zeus, sprach jener, gar sehr, von allen schlechten Menschen,
unter welche du, wenn du mir folgst, dich hüten wirst zu ge-
hören, damit die Guten nicht schlecht von dir sprechen. Denn e
das wisse nur, daß die Guten allerdings von den Schlechten
schlecht sprechen. – Sprechen sie, sagte Euthydemos, etwa
auch von den Großen groß, und von den Warmen warm? –
Allerdings freilich, sprach Ktesippos; und gewiß sprechen sie
auch von den Frostigen frostig, und sagen auch daß ihre Un-
terhaltung so ist. – Du schimpfst, Ktesippos, sprach Diony-
sodoros, du schimpfst. – Beim Zeus, Dionysodoros, ich nicht,
sprach Ktesippos; denn ich bin dir gut. Sondern ich ermahne
dich nur als Freund, und gebe mir Mühe dich zu bewegen, daß
du nie wieder in meiner Gegenwart so ungeschliffen sagen
mögest, ich wollte, daß diejenigen umkämen, die ich am
höchsten achte. – Da mir nun schien, als würden sie zu heftig 285a
gegen einander: so machte ich einen Scherz mit dem Ktesippos,
und sagte, Mich dünkt, Ktesippos, wir sollten von den Frem-
den annehmen, was sie sagen, wenn sie uns davon mitteilen
wollen, und uns nicht um Worte streiten. Denn wenn sie ver-

πους ὥστ᾽ ἐκ πονηρῶν τε καὶ ἀφρόνων χρηστούς τε καὶ ἔμφρονας ποιεῖν, καὶ τοῦτο εἴτε αὐτὼ ηὑρήκατον εἴτε καὶ παρ᾽ ἄλλου του ἐμαθέτην φθόρον τινὰ καὶ ὄλεθρον τοιοῦτον b ὥστε ἀπολέσαντες πονηρὸν ὄντα χρηστὸν πάλιν ἀποφῆναι· εἰ τοῦτο ἐπίστασθον — δῆλον δὲ ὅτι ἐπίστασθον· ἐφάτην γοῦν τὴν τέχνην σφῶν εἶναι τὴν νεωστὶ ηὑρημένην ἀγαθοὺς ποιεῖν τοὺς ἀνθρώπους ἐκ πονηρῶν — συγχωρήσωμεν οὖν αὐτοῖν αὐτό· ἀπολεσάντων ἡμῖν τὸ μειράκιον καὶ φρόνιμον ποιησάντων, καὶ ἅπαντάς γε ἡμᾶς τοὺς ἄλλους. Εἰ δὲ ὑμεῖς οἱ νέοι φοβεῖσθε, ὥσπερ ἐν Καρὶ ἐν ἐμοὶ ἔστω ὁ κίνδυνος· c ὡς ἐγώ, ἐπειδὴ καὶ πρεσβύτης εἰμί, παρακινδυνεύειν ἕτοιμος καὶ παραδίδωμι ἐμαυτὸν Διονυσοδώρῳ τούτῳ ὥσπερ τῇ Μηδείᾳ τῇ Κόλχῳ. Ἀπολλύτω με, καὶ εἰ μὲν βούλεται, ἑψέτω, εἰ δ᾽, ὅ τι βούλεται, τοῦτο ποιείτω· μόνον χρηστὸν ἀποφηνάτω.

Καὶ ὁ Κτήσιππος, Ἐγὼ μέν, ἔφη, καὶ αὐτός, ὦ Σώκρατες, ἕτοιμός εἰμι παρέχειν ἐμαυτὸν τοῖς ξένοις, καὶ ἐὰν βούλωνται δέρειν ἔτι μᾶλλον ἢ νῦν δέρουσιν, εἴ μοι ἡ δορὰ μὴ εἰς ἀσκὸν τελευτήσει, ὥσπερ ἡ τοῦ Μαρσύου, ἀλλ᾽ εἰς ἀρετήν. d Καίτοι με οἴεται Διονυσόδωρος οὑτοσὶ χαλεπαίνειν αὐτῷ· ἐγὼ δὲ οὐ χαλεπαίνω, ἀλλ᾽ ἀντιλέγω πρὸς ταῦτα ἅ μοι δοκεῖ πρός με μὴ καλῶς λέγειν. Ἀλλὰ σὺ τὸ ἀντιλέγειν, ἔφη, ὦ γενναῖε Διονυσόδωρε, μὴ κάλει λοιδορεῖσθαι· ἕτερον γάρ τί ἐστι τὸ λοιδορεῖσθαι.

Καὶ ὁ Διονυσόδωρος, Ὡς ὄντος, ἔφη, τοῦ ἀντιλέγειν, ὦ Κτήσιππε, ποιεῖ τοὺς λόγους;

Πάντως δήπου, ἔφη, καὶ σφόδρα γε· ἢ σύ, ὦ Διονυσό- e δωρε, οὐκ οἴει εἶναι ἀντιλέγειν;

Οὔκουν σὺ τἂν, ἔφη, ἀποδείξαις πώποτε ἀκούσας οὐδενὸς ἀντιλέγοντος ἑτέρου ἑτέρῳ.

Ἀληθῆ λέγεις, ἔφη· ἀλλὰ ἀκούων μὲν νυνί σοι ἀποδείκνυμι ἀντιλέγοντος Κτησίππου Διονυσοδώρῳ.

Ἦ καὶ ὑπόσχοις ἂν τούτου λόγον;

stehen, Menschen auf solche Weise untergehen zu lassen, daß
sie sie aus schlechten und unvernünftigen zu guten und ver-
nünftigen machen; mögen sie nun einen solchen Tod und Un-
tergang selbst erfinden oder von Andern gelernt haben, daß sie b
einen als einen Schlechten untergehn und als einen Guten wie-
der hervorkommen lassen; wenn sie dies verstehen, und offen-
bar verstehen sie es, denn sie sagten ja, dies wäre ihre neuer-
dings erfundene Kunst, die Menschen aus Schlechten zu Guten
zu machen: so wollen wir ihnen beiden dies zugestehen. Mö-
gen sie uns den Knaben umbringen und ihn dann vernünftig
machen und uns übrige insgesamt dazu. Wenn aber ihr Jün-
geren euch fürchtet: so mag wie am Karier an mir der Versuch c
gemacht werden. Denn ich, da ich ohnedies schon alt bin, bin
bereit die Gefahr zu bestehen, und übergebe mich hier dem
Dionysodoros wie der Kolchischen Medeia; er bringe mich
um, ja er koche mich wenn er will, und alles was er will soll ihm
freistehn, nur bringe er mich als einen guten wieder zum Vor-
schein. – Darauf sagte Ktesippos, Auch ich, o Sokrates, bin
bereit mich den Fremden hinzugeben, sogar, wenn sie wollen,
mich zu gerben, ärger als sie es schon jetzt tun, wenn nur am
Ende nicht aus meinem Fell wie aus des Marsyas ein Schlauch d
wird, sondern Tugend. Dionysodoros glaubt freilich, ich wäre
ihm böse; ich bin ihm aber gar nicht böse, sondern ich wider-
spreche ihm nur auf das, was er, gar nicht schön wie mich
dünkt, gegen mich gesagt hat. Also Dionysodoros, fuhr er
fort, nenne das Widersprechen nicht Schimpfen; denn schimp-
fen ist ganz etwas anderes. –

4.3. Dionysodoros: Wegen der Unmöglichkeit, Nichtseiendes zu sagen, heißt zu widersprechen nur, über etwas anderes zu reden

Darauf fiel Dionysodoros ein, Also, Ktesippos, du redest, als
gäbe es wirklich ein Widersprechen? – Allerdings, sagte er, gar e
sehr. Und du, Dionysodoros, glaubst etwa nicht, daß es ein
Widersprechen gibt? – Du wirst doch gewiß nicht zeigen kön-
nen, sagte jener, daß du je gehört hast Einen dem Andern
widersprechen! – Ganz recht, sagte er, Aber laß uns hören, ob
ich dir nicht jetzt zeige, daß Ktesippos dem Dionysodoros wi-
derspricht. – Willst du mir also hierüber Rede stehen? – Gern,

Πάνυ, ἔφη.

Τί οὖν; ἦ δ' ὅς· εἰσὶν ἑκάστῳ τῶν ὄντων λόγοι; — Πάνυ γε. — Οὐκοῦν ὡς ἔστιν ἕκαστον ἢ ὡς οὐκ ἔστιν; — Ὡς ἔστιν. — Εἰ γὰρ μέμνησαι, ἔφη, ὦ Κτήσιππε, καὶ ἄρτι 286 a
ἐπεδείξαμεν μηδένα λέγοντα ὡς οὐκ ἔστι· τὸ γὰρ μὴ ὂν οὐδεὶς ἐφάνη λέγων. — Τί οὖν δὴ τοῦτο; ἦ δ' ὃς ὁ Κτήσιππος· ἧττόν τι ἀντιλέγομεν ἐγώ τε καὶ σύ; — Πότερον οὖν, ἦ δ' ὅς, ἀντιλέγοιμεν ἂν τοῦ αὐτοῦ πράγματος λόγον ἀμφότεροι λέγοντες, ἢ οὕτω μὲν ἂν δήπου ταὐτὰ λέγοιμεν; — Συνεχώρει. — Ἀλλ' ὅταν μηδέτερος, ἔφη, τὸν τοῦ πράγματος λόγον λέγῃ, τότε ἀντιλέγοιμεν ἄν; ἢ οὕτω γε τὸ b
παράπαν οὐδ' ἂν μεμνημένος εἴη τοῦ πράγματος οὐδέτερος ἡμῶν; — Καὶ τοῦτο συνωμολόγει. — Ἀλλ' ἄρα, ὅταν ἐγὼ μὲν τὸν τοῦ πράγματος λόγον λέγω, σὺ δὲ ἄλλου τινὸς ἄλλον, τότε ἀντιλέγομεν; ἢ ἐγὼ λέγω μὲν τὸ πρᾶγμα, σὺ δὲ οὐδὲ λέγεις τὸ παράπαν· ὁ δὲ μὴ λέγων τῷ λέγοντι πῶς ἂν ἀντιλέγοι;

Καὶ ὁ μὲν Κτήσιππος ἐσίγησεν· ἐγὼ δὲ θαυμάσας τὸν λόγον, Πῶς, ἔφην, ὦ Διονυσόδωρε, λέγεις; οὐ γάρ τοι ἀλλὰ τοῦτόν γε τὸν λόγον πολλῶν δὴ καὶ πολλάκις ἀκηκοὼς c
ἀεὶ θαυμάζω. Καὶ γὰρ οἱ ἀμφὶ Πρωταγόραν σφόδρα ἐχρῶντο αὐτῷ καὶ οἱ ἔτι παλαιότεροι· ἐμοὶ δὲ ἀεὶ θαυμαστός τις δοκεῖ εἶναι καὶ τούς τε ἄλλους ἀνατρέπων καὶ αὐτὸς αὐτόν· οἶμαι δὲ αὐτοῦ τὴν ἀλήθειαν παρὰ σοῦ κάλλιστα πεύσεσθαι. Ἄλλο τι ψευδῆ λέγειν οὐκ ἔστιν; — τοῦτο γὰρ δύναται ὁ λόγος· ἦ γάρ; — ἀλλ' ἢ λέγοντ' ἀληθῆ λέγειν ἢ μὴ λέγειν;

Συνεχώρει.

Πότερον οὖν ψευδῆ μὲν λέγειν οὐκ ἔστι, δοξάζειν μέντοι d
ἔστιν;

Οὐδὲ δοξάζειν, ἔφη.

sagte er. – Wie also, sprach jener, man kann doch über alle
Dinge sprechen? – Allerdings. – Doch wie jedes ist, oder auch
wie es nicht ist? – Wie es ist. – Denn wenn du dich erinnerst, 286a
haben wir auch nur eben gezeigt, daß Niemand spricht, wie
etwas nicht ist. – Und was soll das? sprach Ktesippos, wider-
sprechen wir einander deshalb weniger, ich und du? – Etwa
denn, fragte jener, werden wir einander widersprechen, wenn
wir beide wissen, was über die Sache zu sagen ist? oder würden
wir in diesem Falle doch gewiß einerlei sagen? – Das räumte er
ein. – Aber wenn keiner von uns sagt, was über die Sache zu
sagen ist, würden wir dann einander widersprechen? oder wür- b
de ja so überhaupt der Sache gar nicht erwähnt von keinem von
uns? – Auch das gab er ebenfalls zu. – Also etwa, fuhr er fort,
wenn ich sage, was über diese Sache zu sagen ist, du aber, was
über eine andere, widersprechen wir dann wohl einander?
Oder spreche ich dann zwar von der Sache, du aber sprichst
ganz und gar nicht davon? und wie kann nun wohl, wer gar
nicht von etwas spricht, dem widersprechen, der davon
spricht? –

4.4. Sokrates: Im Kern besagt die sophistische These, man könne nichts Falsches sagen, daher auch nicht irren und nicht widerlegen. Wozu gibt es dann Lehrer?

Hierauf schwieg Ktesippos. Ich aber war verwundert über die
Rede und sprach, Wie meinst du das, Dionysodoros? denn ich
habe diese Rede schon von gar Vielen gehört und wundere c
mich immer darüber. Denn schon die Schule des Protagoras
bediente sich dieses Satzes gar sehr, und noch ältere. Mich aber
dünkte es immer eine ganz wunderliche Sache damit zu sein,
und daß er nicht nur alle andern umstößt, sondern auch sich
selbst. Ich glaube aber, daß ich die eigentliche Bewandtnis da-
von durch dich am besten erfahren werde. Nicht wahr, man
kann nicht falsches sprechen, dies besagt eigentlich der Satz?
Nicht so? Sondern man spricht entweder, und dann auch wah-
res, oder man spricht nicht? – Er gab zu, daß es so wäre. – Soll
nun etwa falsches zu sprechen zwar nicht möglich sein, vor- d
zustellen aber wohl möglich? – Auch nicht vorzustellen, sagte
er. – Also, sprach ich, gibt es auch überall keine falsche Vor-

Οὐδ᾽ ἄρα ψευδής, ἦν δ᾽ ἐγώ, δόξα ἔστι τὸ παράπαν.

Οὐκ ἔφη.

Οὐδ᾽ ἄρα ἀμαθία οὐδ᾽ ἀμαθεῖς ἄνθρωποι· ἢ οὐ τοῦτ᾽ ἂν εἴη ἀμαθία, εἴπερ εἴη, τὸ ψεύδεσθαι τῶν πραγμάτων ;

Πάνυ γε, ἔφη.

᾽Αλλὰ τοῦτο οὐκ ἔστιν, ἦν δ᾽ ἐγώ.

Οὐκ ἔφη.

Λόγου ἕνεκα, ὦ Διονυσόδωρε, λέγεις τὸν λόγον, ἵνα δὴ ἄτοπον λέγῃς, ἢ ὡς ἀληθῶς δοκεῖ σοι οὐδεὶς εἶναι ἀμαθὴς ἀνθρώπων ;

᾽Αλλὰ σύ, ἔφη, ἔλεγξον. e

῏Η καὶ ἔστι τοῦτο κατὰ τὸν σὸν λόγον, ἐξελέγξαι, μηδενὸς ψευδομένου ;

Οὐκ ἔστιν, ἔφη ὁ Εὐθύδημος.

Οὐδ᾽ ἄρα ἐκέλευεν, ἔφην ἐγώ, νῦν δὴ Διονυσόδωρος ἐξελέγξαι ;

Τὸ γὰρ μὴ ὂν πῶς ἄν τις κελεύσαι ; σὺ δὲ κελεύεις ;

῞Οτι, ἦν δ᾽ ἐγώ, ὦ Εὐθύδημε, τὰ σοφὰ ταῦτα καὶ τὰ
εὖ ἔχοντα οὐ πάνυ τι μανθάνω, ἀλλὰ παχέως πως ἐννοῶ.
῎Ισως μὲν οὖν φορτικώτερόν τι ἐρήσομαι, ἀλλὰ συγγίγνωσκε.
῞Ορα δέ· εἰ γὰρ μήτε ψεύδεσθαι ἔστιν μήτε ψευδῆ δοξάζειν 287
μήτε ἀμαθῆ εἶναι, ἄλλο τι οὐδ᾽ ἐξαμαρτάνειν ἔστιν, ὅταν
τίς τι πράττῃ ; πράττοντα γὰρ οὐκ ἔστιν ἁμαρτάνειν τούτου
ὃ πράττει· οὐχ οὕτω λέγετε ;

Πάνυ γ᾽, ἔφη.

Τοῦτό ἐστιν ἤδη, ἦν δ᾽ ἐγώ, τὸ φορτικὸν ἐρώτημα. Εἰ
γὰρ μὴ ἁμαρτάνομεν μήτε πράττοντες μήτε λέγοντες μήτε
διανοούμενοι, ὑμεῖς, ὦ πρὸς Διός, εἰ ταῦτα οὕτως ἔχει,
τίνος διδάσκαλοι ἥκετε ; ἢ οὐκ ἄρτι ἔφατε ἀρετὴν κάλλιστ᾽
ἂν παραδοῦναι ἀνθρώπων τῷ ἐθέλοντι μανθάνειν ; b

Εἶτ᾽, ἔφη, ὦ Σώκρατες, ὁ Διονυσόδωρος ὑπολαβών, οὕτως εἶ Κρόνος ὥστε ἃ τὸ πρῶτον εἴπομεν νῦν ἀναμιμνῄσκει, καὶ εἴ τι πέρυσιν εἶπον, νῦν ἀναμνησθήσει, τοῖς δ᾽ ἐν τῷ παρόντι λεγομένοις οὐχ ἕξεις ὅ τι χρῇ ;

stellung? – Nein, sagte er. – Also auch keinen Unverstand und keine unverständigen Menschen? Oder wäre nicht eben das der Unverstand, wenn es welchen gäbe, das Sich irren an den Gegenständen? – Freilich, sagte er. – Dies aber findet nicht Statt? fragte ich. – Nein, sagte er. – Sagst du nun dies etwa nur um zu reden, Dionysodoros, und um etwas wunderliches zu sagen? oder denkst du in der Tat, daß kein Mensch unverständig ist? –
So widerlege du es, sagte er. – Findet das denn Statt nach e
deiner Meinung, sprach ich, Widerlegen, wenn sich doch Niemand irrte? – Das findet nicht Statt, sagte Euthydemos. – Auch hieß ich dir jetzt nicht mich widerlegen, sagte Dionysodoros; denn wie könnte Jemand etwas fodern was nicht ist! – O Euthydemos, sprach ich, diese überweisen und vortrefflichen Dinge lerne ich freilich nicht recht; aber ich merke doch bald so etwas darin. Vielleicht werde ich dich daher etwas beschwerliches fragen, allein verzeihe es mir; sieh aber. Denn wenn man
weder Unwahres sprechen kann, noch Unrichtiges vorstellen, 287a
noch unverständig sein, nicht wahr, so kann man ja auch nicht fehlen, wenn man etwas tut? Denn was einer tut, das kann er doch nicht verfehlen indem er es tut. Meint ihr es nicht so? – Freilich, sagte er. – Und hier kommt nun, sprach ich, meine beschwerliche Frage. Denn wenn wir gar nicht fehlen weder im Handeln noch im Reden noch im Denken, wenn sich dies so verhält: so sagt doch, beim Zeus, ihr, als wessen Lehrer seid ihr denn hieher gekommen? Oder sagtet ihr nicht eben, ihr ver-
ständet am besten jedem Menschen, der nur lernen wollte, Tu- b
gend mitzuteilen? – Also, Sokrates, nahm Dionysodoros das Wort, bist du so altväterisch, daß du jetzt wieder vorbringst, was wir vorher sagten? Auch wenn ich vor dem Jahre etwas gesagt hätte, würdest du es wieder vorbringen; mit dem aber, was gegenwärtig gesprochen wird, weißt du nichts anzufangen? –

Καὶ γάρ, ἔφην ἐγώ, χαλεποί εἰσιν πάνυ — εἰκότως· παρὰ
σοφῶν γὰρ λέγονται — ἐπεὶ καὶ τούτῳ τῷ τελευταίῳ παγ-
χάλεπον χρήσασθαί ἐστιν ᾧ λέγεις. Τὸ γὰρ « Οὐκ ἔχω ὅ τι
χρῶμαι » τί ποτε λέγεις, ὦ Διονυσόδωρε ; ἢ δῆλον ὅτι ὡς
οὐκ ἔχω ἐξελέγξαι αὐτόν ; ἐπεὶ εἰπέ, τί σοι ἄλλο νοεῖ τοῦτο c
τὸ ῥῆμα, τὸ « Οὐκ ἔχω ὅ τι χρήσωμαι τοῖς λόγοις » ;

Ἀλλ' ὃ σὺ λέγεις, ἔφη, τούτῳ γ' οὐ πάνυ χαλεπὸν χρῆσθαι· ἐπεὶ ἀπόκριναι.

Πρὶν σὲ ἀποκρίνασθαι, ἦν δ' ἐγώ, ὦ Διονυσόδωρε ;

Οὐκ ἀποκρίνει ; ἔφη.

Ἦ καὶ δίκαιον ;

Δίκαιον μέντοι, ἔφη.

Κατὰ τίνα λόγον ; ἦν δ' ἐγώ· ἢ δῆλον ὅτι κατὰ τόνδε
ὅτι σὺ νῦν πάσσοφός τις ἡμῖν ἀφῖξαι περὶ λόγους, καὶ
οἶσθα ὅτε δεῖ ἀποκρίνασθαι καὶ ὅτε μή ; καὶ νῦν οὐδ' ἂν d
ὁτιοῦν ἀποκρίνει, ἅτε γιγνώσκων ὅτι οὐ δεῖ ;

Λαλεῖς, ἔφη, ἀμελήσας ἀποκρίνασθαι· ἀλλ', ὠγαθέ, πείθου καὶ ἀποκρίνου, ἐπειδὴ καὶ ὁμολογεῖς με σοφὸν εἶναι.

Πειστέον τοίνυν, ἦν δ' ἐγώ, καὶ ἀνάγκη, ὡς ἔοικεν· σὺ γὰρ ἄρχεις. Ἀλλ' ἐρώτα.

Πότερον οὖν ψυχὴν ἔχοντα νοεῖ τὰ νοοῦντα, ἢ καὶ τὰ ἄψυχα ;

Τὰ ψυχὴν ἔχοντα.

Οἶσθα οὖν τι, ἔφη, ῥῆμα ψυχὴν ἔχον ;

Μὰ Δία οὐκ ἔγωγε.

Τί οὖν ἄρτι ἤρου ὅ τι μοι νοοῖ τὸ ῥῆμα ; e

Τί ἄλλο γε, ἦν δ' ἐγώ, ἢ ἐξήμαρτον διὰ τὴν βλακείαν ;
ἢ οὐκ ἐξήμαρτον, ἀλλὰ καὶ τοῦτο ὀρθῶς εἶπον, εἰπὼν ὅτι
νοεῖ τὰ ῥήματα ; πότερα φῂς ἐξαμαρτάνειν με ἢ οὔ ; εἰ
γὰρ μὴ ἐξήμαρτον, οὐδὲ σὺ ἐξελέγξεις, καίπερ σοφὸς ὤν,
οὐδ' ἔχεις ὅ τι χρῇ τῷ λόγῳ· εἰ δ' ἐξήμαρτον, οὐδ' οὕτως
ὀρθῶς λέγεις, φάσκων οὐκ εἶναι ἐξαμαρτάνειν. Καὶ ταῦτα 288 a
οὐ πρὸς ἃ πέρυσιν ἔλεγες λέγω. Ἀλλὰ ἔοικεν, ἔφην ἐγώ, ὦ

4.5. Die sophistische Leugnung des Irrtums führt zu einem Widerspruch

Es ist eben sehr schwer, sagte ich. Ganz natürlich; wird es doch von weisen Männern gesprochen. Denn auch mit diesem letzten ist sehr schwer etwas anzufangen, was du eben sagtest. Nämlich eben dieses, Ich weiß nichts damit anzufangen, wie meinst du dies, Dionysodoros? offenbar doch wohl so, daß ich es nicht zu widerlegen weiß? Oder sage was diese Redensart dir c
sonst sagen will, Nicht wissen, was man mit einer Rede anfangen soll? – Aber, was du da sagst, sprach er, damit ist gewaltig schwer etwas anzufangen. Antworte mir! – Ehe du geantwortet hast? fragte ich. – Antwortest du nicht? sprach er. – Ist das wohl Recht so? sprach ich. – Ganz recht, antwortete er. – Aus welchem Grunde doch? sprach ich. Oder offenbar aus dem, daß du jetzt als ein hochweiser Mann im Reden zu uns gekommen bist, und gar wohl weißt, wenn man antworten muß, und d
wenn nicht; und eben daher auch jetzt nicht das mindeste antwortest, wohl wissend, daß du es jetzt nicht mußt. – Du schwatzest, sagte er, und denkst nicht ans Antworten. Allein, du Guter, gehorche hübsch und antworte, da du doch zugibst, daß ich weise bin. – Ich werde wohl müssen, wie es scheint, sprach ich; denn du hast zu befehlen, also frage nur. – Also was etwas sagen will, muß das eine Seele haben, oder will auch das Unbeseelte etwas sagen? – Es muß eine Seele haben. – Kennst du also etwa, sprach er, eine Redensart, die eine Seele hat? – Beim Zeus, ich nicht. – Wie konntest du also nur eben fragen, e
was mir wohl die Redensart sagen wollte? – Wie anders, sprach ich, als daß ich gefehlt habe aus Dummheit! Oder habe ich nicht gefehlt, und war auch das recht gesagt, daß die Redensart etwas sagen wollte? Was meinst du, habe ich gefehlt oder nicht? Denn habe ich nicht gefehlt, so wirst du mich auch nicht widerlegen, wiewohl du sehr weise bist, und weißt dann auch nichts mit der Rede anzufangen. Habe ich aber gefehlt: so hast du auch so nicht Recht, indem du ja behauptest, man könne nicht fehlen. 288a
Und das geht nicht gegen etwas, was du vor dem Jahre gesagt

Διονυσόδωρέ τε καὶ Εὐθύδημε, οὗτος μὲν ὁ λόγος ἐν ταὐτῷ μένειν καὶ ἔτι ὥσπερ τὸ παλαιὸν καταβαλὼν πίπτειν, καὶ ὥστε τοῦτο μὴ πάσχειν οὐδ᾽ ὑπὸ τῆς ὑμετέρας πω τέχνης ἐξηυρῆσθαι, καὶ ταῦτα οὑτωσὶ θαυμαστῆς οὔσης εἰς ἀκρίβειαν λόγων.

Καὶ ὁ Κτήσιππος, Θαυμάσιά γε λέγετ᾽, ἔφη, ὦ ἄνδρες Θούριοι εἴτε Χῖοι εἴθ᾽ ὁπόθεν καὶ ὅπῃ χαίρετον ὀνομαζό- b
μενοι· ὡς οὐδὲν ὑμῖν μέλει τοῦ παραληρεῖν.

Καὶ ἐγὼ φοβηθεὶς μὴ λοιδορία γένηται, πάλιν κατεπράυνον τὸν Κτήσιππον καὶ εἶπον· Ὦ Κτήσιππε, καὶ νῦν δὴ ἃ πρὸς Κλεινίαν ἔλεγον, καὶ πρὸς σὲ ταὐτὰ ταῦτα λέγω, ὅτι οὐ γιγνώσκεις τῶν ξένων τὴν σοφίαν ὅτι θαυμασία ἐστίν. Ἀλλ᾽ οὐκ ἐθέλετον ἡμῖν ἐπιδείξασθαι σπουδάζοντε, ἀλλὰ τὸν Πρωτέα μιμεῖσθον τὸν Αἰγύπτιον σοφιστὴν γοητεύοντε ἡμᾶς. Ἡμεῖς οὖν τὸν Μενέλαον μιμώμεθα, καὶ μὴ ἀφιώ- c
μεθα τοῖν ἀνδροῖν ἕως ἂν ἡμῖν ἐκφανῆτον ἐφ᾽ ᾧ αὐτὼ σπουδάζετον· οἶμαι γάρ τι αὐτοῖν πάγκαλον φανεῖσθαι, ἐπειδὰν ἄρξωνται σπουδάζειν. Ἀλλὰ δεώμεθα καὶ παραμυθώμεθα καὶ προσευχώμεθα αὐτοῖν ἐκφανῆναι. Ἐγὼ οὖν μοι δοκῶ καὶ αὐτὸς πάλιν ὑφηγήσασθαι οἵω προσεύχομαι αὐτὼ φανῆναί μοι· ὅθεν γὰρ τὸ πρότερον ἀπέλιπον, τὸ ἑξῆς τούτοις d
πειράσομαι, ὅπως ἂν δύνωμαι, διελθεῖν πᾶν, ὅπως ἐκκαλέσωμαι καὶ ἐλεήσαντέ με καὶ οἰκτίραντε συντεταμένον καὶ σπουδάζοντα καὶ αὐτὼ σπουδάσητον.

Σὺ δέ, ὦ Κλεινία, ἔφην, ἀνάμνησόν με πόθεν τότ᾽ ἀπελίπομεν. Ὡς μὲν οὖν ἐγῷμαι, ἐνθένδε ποθέν. Φιλοσοφητέον ὡμολογήσαμεν τελευτῶντες· ἦ γάρ; — Ναί, ἦ δ᾽ ὅς. — Ἡ δέ γε φιλοσοφία κτῆσις ἐπιστήμης· οὐχ οὕτως; ἔφην. — Ναί, ἔφη. — Τίνα ποτ᾽ οὖν ἂν κτησάμενοι ἐπιστήμην

hast. Also, o Dionysodoros und Euthydemos, scheint dieser Satz immer auf demselben Fleck zu bleiben, und noch immer wie vor alten Zeiten indem er umwirft mitzufallen; und dagegen, daß ihm dies nicht begegne, scheint nicht einmal eure Kunst ein Mittel ausgefunden zu haben, die doch so ganz bewunderungswürdig ist in der Genauigkeit des Redens. – Darauf sagte Ktesippos, Wunderliche Dinge redet ihr Thurischen Männer oder Chiischen, oder woher und wie ihr sonst am lieb- b
sten möget genannt werden, denen so gar nichts darauf ankommt, Unsinn zu reden. – Da besorgte ich, es möchte ein Zank entstehen, und besänftigte den Ktesippos wieder, und sagte, O Ktesippos, was ich nur eben zum Kleinias sagte, eben dasselbe sage ich auch zu dir, du begreifst nur die Weisheit dieser Fremdlinge nicht, wie bewunderungswürdig sie ist, und wie sie nur noch nicht Ernst machen wollen, sie uns zu zeigen, sondern den Proteus nachahmen, den Ägyptischen Sophisten, und uns bezaubern. Wir also wollen den Menelaos nachahmen, c
und nicht ablassen von den Männern, bis sie uns das sehen lassen, womit es ihnen Ernst ist. Denn ich glaube, sie werden uns etwas gar herrliches erscheinen lassen, wenn sie erst anfangen Ernst zu machen. Also wollen wir sie bitten und flehen und ihnen zureden, daß sie es uns sehen lassen.

5. Fortsetzung der Musterunterweisung des Sokrates: Auf welche Erkenntnis zielt das Philosophieren?

5.1. Welche Erkenntnis ist uns wirklich nützlich? Sichtung einiger Künste

Daher, denke ich, will ich ihnen selbst noch einmal vorzeichnen, wie ich wünsche, daß sie uns erscheinen mögen. Wo ich nämlich vorher stehen blieb, von da will ich versuchen, ihnen d
das folgende so gut ich kann durchzunehmen, ob ich sie etwa damit herauslocke, daß sie aus Mitleid und Erbarmen mit mir, wie ich mich anstrenge und es ernstlich nehme, auch selbst ernst machen. Du aber, Kleinias, sprach ich, erinnere mich doch wo wir vorher stehen blieben. Wie ich glaube dabei: man müsse die Weisheit suchen und philosophieren, wurde zuletzt festgesetzt. Nicht wahr? – Ja, sagte er. – Die Philosophie aber ist der Besitz einer Erkenntnis. Nicht so? sprach ich. – Ja. –

ὀρθῶς κτησαίμεθα; ἆρ᾽ οὐ τοῦτο μὲν ἁπλοῦν, ἥτις ἡμᾶς e
ὀνήσει; — Πάνυ γ᾽, ἔφη. — Ἆρ᾽ οὖν ἄν τι ἡμᾶς ὀνήσειεν, εἰ ἐπισταίμεθα γιγνώσκειν περιιόντες ὅπου τῆς γῆς χρυσίον πλεῖστον κατορώρυκται; — Ἴσως, ἔφη. — Ἀλλὰ τὸ πρότερον, ἦν δ᾽ ἐγώ, τοῦτό γε ἐξηλέγξαμεν ὅτι οὐδὲν πλέον, οὐδ᾽ εἰ ἄνευ πραγμάτων καὶ τοῦ ὀρύττειν τὴν γῆν τὸ πᾶν ἡμῖν χρυσίον γένοιτο· ὥστε οὐδ᾽ εἰ τὰς πέτρας χρυσᾶς
ἐπισταίμεθα ποιεῖν, οὐδενὸς ἂν ἀξία ἡ ἐπιστήμη εἴη. Εἰ 289 a
γὰρ μὴ καὶ χρῆσθαι ἐπιστησόμεθα τῷ χρυσίῳ, οὐδὲν ὄφελος αὐτοῦ ἐφάνη ὄν· ἢ οὐ μέμνησαι; ἔφην ἐγώ. — Πάνυ γ᾽, ἔφη, μέμνημαι. — Οὐδέ γε, ὡς ἔοικε, τῆς ἄλλης ἐπιστήμης ὄφελος γίγνεται οὐδέν, οὔτε χρηματιστικῆς οὔτε ἰατρικῆς οὔτε ἄλλης οὐδεμιᾶς, ἥτις ποιεῖν τι ἐπίσταται, χρῆσθαι δὲ μὴ ᾧ ἂν ποιήσῃ· οὐχ οὕτως; — Συνέφη. — Οὐδέ γε εἴ τις
ἔστιν ἐπιστήμη ὥστε ἀθανάτους ποιεῖν, ἄνευ τοῦ ἐπίστασθαι b
τῇ ἀθανασίᾳ χρῆσθαι οὐδὲ ταύτης ἔοικεν ὄφελος οὐδέν, εἴ τι δεῖ τοῖς πρόσθεν ὡμολογημένοις τεκμαίρεσθαι. — Συνεδόκει ἡμῖν πάντα ταῦτα. — Τοιαύτης τινὸς ἄρα ἡμῖν ἐπιστήμης δεῖ, ὦ καλὲ παῖ, ἦν δ᾽ ἐγώ, ἐν ᾗ συμπέπτωκεν ἅμα τό τε ποιεῖν καὶ τὸ ἐπίστασθαι χρῆσθαι τούτῳ ὃ ἂν ποιῇ. — Φαίνεται, ἔφη. — Πολλοῦ ἄρα δεῖ, ὡς ἔοικεν, ἡμᾶς λυροποιοὺς δεινοὺς εἶναι καὶ τοιαύτης τινὸς ἐπιστήμης ἐπη-
βόλους. Ἐνταῦθα γὰρ δὴ χωρὶς μὲν ἡ ποιοῦσα τέχνη, χωρὶς c
δὲ ἡ χρωμένη διῄρηται τοῦ αὐτοῦ πέρι· ἡ γὰρ λυροποιικὴ καὶ ἡ κιθαριστικὴ πολὺ διαφέρετον ἀλλήλοιν. Οὐχ οὕτως; — Συνέφη. — Οὐδὲ μὴν αὐλοποιικῆς γε δῆλον ὅτι δεόμεθα· καὶ γὰρ αὕτη ἑτέρα τοιαύτη. — Συνεδόκει. — Ἀλλὰ πρὸς θεῶν, ἔφην ἐγώ, εἰ τὴν λογοποιικὴν τέχνην μάθοιμεν, ἆρά ἐστιν αὕτη ἣν ἔδει κεκτημένους ἡμᾶς εὐδαίμονας εἶναι; — Οὐκ οἶμαι, ἔφη, ἐγώ, ὁ Κλεινίας ὑπολαβών.

Was für eine Erkenntnis müssen wir aber wohl haben, um die
rechte zu haben? Ist nicht soviel wenigstens ganz unbedingt e
gewiß, daß es diejenige sein muß, die uns etwas nutzt? – Frei-
lich, sagte er. – Würde es uns nun etwas nutzen, wenn wir
verständen herumzugehn und zu erkennen, wo das meiste
Gold vergraben ist? – Vielleicht, sagte er. – Aber vorher,
sprach ich, haben wir doch dieses erwiesen, daß es uns nichts
hülfe wenn auch ohne weiteres, und ohne erst in der Erde zu
graben, uns alles zu Gold würde; so daß wenn wir auch die
Steine wüßten zu Gold zu machen, diese Erkenntnis uns nichts 289a
wert wäre. Denn wenn wir nicht auch wüßten, das Gold zu
brauchen: so würde es uns, wie sich gezeigt hatte, gar nichts
nutz sein. Oder erinnerst du dich dessen nicht? sprach ich. –
Sehr wohl, sagte er, erinnere ich mich dessen. – Eben so wenig,
wie es scheint, werden die übrigen Erkenntnisse uns zu etwas
nutz sein, weder die Erwerbkunst noch die Heilkunst noch
sonst irgend eine, welche etwas hervorzubringen weiß, nicht
aber auch das zu gebrauchen, was sie hervorgebracht hat. Nicht
so? – Er stimmte ein. – Ja, auch nicht einmal wenn es eine
Kunst gäbe unsterblich zu machen, ohne daß man wüßte die b
Unsterblichkeit zu gebrauchen: so scheint, auch nicht einmal
diese würde etwas nutz sein, wenn man aus dem Einge-
standenen schließen darf. – Über alles dieses kamen wir über-
ein. – Einer solchen Erkenntnis also bedürfen wir, schöner
Knabe, sprach ich, in welcher das Hervorbringen und das Ge-
brauchenwissen des Hervorgebrachten beides zusammenfällt.
– Das scheint wohl, sagte er. – Weit gefehlt also, daß wir müß-
ten Kitharenmacher sein, und nach einer solchen Erkenntnis c
trachten. Denn hier ist bei demselben Gegenstand die hervor-
bringende Kunst für sich und die gebrauchende auch für sich,
jede abgesondert von der andern. Denn die Kunst, eine Kith-
are zu machen, und die, sie zu spielen, sind ganz verschieden
von einander. Nicht so? – Er bejahete es. – Auch des Flöten-
machens also bedürfen wir wohl nicht; denn damit ist es wieder
eben so? – Das dünkte ihn auch. – Aber bei den Göttern,
sprach ich, wenn wir nun die Kunst Reden zu machen lernten,
ob diese es etwa ist, durch welche wir glückselig sein müßten,
wenn wir sie besäßen? – Das denke ich wohl nicht, fiel mir

Τίνι τεκμηρίῳ, ἦν δ' ἐγώ, χρῇ ; d

Ὁρῶ, ἔφη, τινὰς λογοποιούς, οἳ τοῖς ἰδίοις λόγοις, οἷς
αὐτοὶ ποιοῦσιν, οὐκ ἐπίστανται χρῆσθαι, ὥσπερ οἱ λυροποιοὶ
ταῖς λύραις, ἀλλὰ καὶ ἐνταῦθα ἄλλοι δυνατοὶ χρῆσθαι οἷς
ἐκεῖνοι ἠργάσαντο [οἱ λυροποιεῖν αὐτοὶ ἀδύνατοι]· δῆλον
οὖν ὅτι καὶ περὶ λόγους χωρὶς ἡ τοῦ ποιεῖν τέχνη καὶ ἡ τοῦ
χρῆσθαι.

Ἱκανόν μοι δοκεῖς, ἔφην ἐγώ, τεκμήριον λέγειν, ὅτι οὐχ
αὕτη ἐστὶν ἡ τῶν λογοποιῶν τέχνη, ἣν ἂν κτησάμενός τις
εὐδαίμων εἴη. Καίτοι ἐγὼ ᾤμην ἐνταῦθά που φανήσεσθαι
τὴν ἐπιστήμην ἣν δὴ πάλαι ζητοῦμεν. Καὶ γάρ μοι οἵ τε e
ἄνδρες αὐτοί, οἱ λογοποιοί, ὅταν συγγένωμαι αὐτοῖς, ὑπέρ-
σοφοι, ὦ Κλεινία, δοκοῦσιν εἶναι, καὶ αὐτὴ ἡ τέχνη αὐτῶν
θεσπεσία τις καὶ ὑψηλή. Καὶ μέντοι οὐδὲν θαυμαστόν· ἔστι
γὰρ τῆς τῶν ἐπῳδῶν τέχνης μόριον, μικρῷ γε ἐκείνης ὑπο-
δεεστέρα. Ἡ μὲν γὰρ τῶν ἐπῳδῶν ἔχεών τε καὶ φαλαγγίων 290 a
καὶ σκορπίων καὶ τῶν ἄλλων θηρίων τε καὶ νόσων κήλησίς
ἐστιν, ἡ δὲ δικαστῶν τε καὶ ἐκκλησιαστῶν καὶ τῶν ἄλλων
ὄχλων κήλησίς τε καὶ παραμυθία τυγχάνει οὖσα· ἢ σοί,
ἔφην ἐγώ, ἄλλως πως δοκεῖ ;

Οὔκ, ἀλλ' οὕτω μοι φαίνεται, ἔφη, ὡς σὺ λέγεις.

Ποῖ οὖν, ἔφην ἐγώ, τραποίμεθ' ἂν ἔτι ; ἐπὶ ποίαν
τέχνην ;

Ἐγὼ μὲν οὐκ εὐπορῶ, ἔφη.

Ἀλλ', ἦν δ' ἐγώ, ἐμὲ οἶμαι ηὑρηκέναι.

Τίνα ; ἔφη ὁ Κλεινίας.

Ἡ στρατηγική μοι δοκεῖ, ἔφην ἐγώ, τέχνη παντὸς μᾶλλον b
εἶναι ἣν ἄν τις κτησάμενος εὐδαίμων εἴη.

Οὐκ ἔμοιγε δοκεῖ.

Πῶς ; ἦν δ' ἐγώ.

Θηρευτική τις ἥδε γέ ἐστιν τέχνη ἀνθρώπων.

Τί δὴ οὖν ; ἔφην ἐγώ.

Οὐδεμία, ἔφη, τῆς θηρευτικῆς αὐτῆς ἐπὶ πλέον ἐστὶν ἢ

Kleinias ein. – Aus welchem Grunde? sprach ich. – Ich sehe, d
sagte er, einige Redenmacher, welche ihre eignen Reden, die sie machen, nicht zu gebrauchen wissen, eben wie die Kitharenmacher ihre Kitharen; sondern auch hier sind Andere geschickt, das was jene verfertiget haben zu gebrauchen, welche selbst ihrerseits des Redenmachens unkundig sind. Offenbar also ist auch bei den Reden abgesondert die Kunst des Verfertigens von der des Gebrauchs. – Du scheinst mir einen hinlänglichen Grund angegeben zu haben, sprach ich, daß die Kunst der Redenmacher nicht diese sein kann, durch deren Besitz einer glückselig würde. Wiewohl ich dachte, hier würde
sich uns gewiß die Erkenntnis zeigen, die wir so lange schon e
suchen. Denn sowohl die Männer selbst, die Redenschreiber, o Kleinias, wenn ich unter ihnen bin, dünken mich immer gar weise; als auch ihre Kunst eine gar göttliche und erhabene. Und das ist auch kein Wunder; denn sie ist ein Teil der Beschwörungskunst, nur um ein Weniges beschränkter als jene.
Denn die Beschwörungskunst ist eine Besänftigung der 290a
Schlangen, Spinnen, Skorpione und anderer Tiere und Übel, jene aber ist für Richter und Gemeindemänner und andere Versammlungen die Besänftigung und Besprechung. Oder, sprach ich, dünkt es dich anders wie? – Nein, sagte er, sondern so leuchtet es mir ein, wie du es vorträgst. – Wohin also, sprach ich, können wir uns noch wenden, zu welcher Kunst? – Ich weiß keinen Rat, sagte er. – Aber ich, sprach ich, glaube sie gefunden zu haben. – Was für eine, fragte Kleinias? – Die
Kriegskunst nämlich dünkt mich vor jeder andern die zu sein, b
deren Besitz glückselig macht. – Das scheint mir doch nicht. – Wie so? fragte ich. – Sie ist ja wohl eine Kunst, Jagd zu machen auf Menschen? – Nun? und weiter? sprach ich. – Keine Art der

ὅσον θηρεῦσαι καὶ χειρώσασθαι· ἐπειδὰν δὲ χειρώσωνται τοῦτο ὃ ἂν θηρεύωνται, οὐ δύνανται τούτῳ χρῆσθαι, ἀλλ' οἱ μὲν κυνηγέται καὶ οἱ ἁλιῆς τοῖς ὀψοποιοῖς παραδιδόασιν, οἱ δ' αὖ γεωμέτραι καὶ οἱ ἀστρονόμοι καὶ οἱ λογιστικοί — c
θηρευτικοὶ γάρ εἰσι καὶ οὗτοι· οὐ γὰρ ποιοῦσι τὰ διαγράμματα ἕκαστοι τούτων, ἀλλὰ τὰ ὄντα ἀνευρίσκουσιν — ἅτε οὖν χρῆσθαι αὐτοῖς οὐκ ἐπιστάμενοι, ἀλλὰ θηρεῦσαι μόνον, παραδιδόασι δήπου τοῖς διαλεκτικοῖς καταχρῆσθαι αὐτῶν τοῖς εὑρήμασιν, ὅσοι γε αὐτῶν μὴ παντάπασιν ἀνόητοί εἰσιν.

Εἶεν, ἦν δ' ἐγώ, ὦ κάλλιστε καὶ σοφώτατε Κλεινία· τοῦτο οὕτως ἔχει ;

Πάνυ μὲν οὖν. Καὶ οἵ γε στρατηγοί, ἔφη, οὕτω τὸν αὐτὸν τρόπον, ἐπειδὰν ἤ πόλιν τινὰ θηρεύσωνται ἢ στρατόπεδον, d
παραδιδόασι τοῖς πολιτικοῖς ἀνδράσιν — αὐτοὶ γὰρ οὐκ ἐπίστανται χρῆσθαι τούτοις ἃ ἐθήρευσαν — ὥσπερ, οἶμαι, οἱ ὀρτυγοθῆραι τοῖς ὀρτυγοτρόφοις παραδιδόασιν. Εἰ οὖν, ἦ δ' ὅς, δεόμεθα ἐκείνης τῆς τέχνης ἥτις ᾧ ἂν κτήσηται ἢ ποιήσασα ἢ θηρευσαμένη αὐτὴ καὶ ἐπιστήσεται χρῆσθαι, καὶ ἡ τοιαύτη ποιήσει ἡμᾶς μακαρίους, ἄλλην δή τινα, ἔφη, ζητητέον ἀντὶ τῆς στρατηγικῆς.

ΚΡ. Τί λέγεις σύ, ὦ Σώκρατες ; ἐκεῖνο τὸ μειράκιον e
τοιαῦτ' ἐφθέγξατο ;

ΣΩ. Οὐκ οἴει, ὦ Κρίτων ;

ΚΡ. Μὰ Δί' οὐ μέντοι. Οἶμαι γὰρ αὐτὸν ἐγώ, εἰ ταῦτ' εἶπεν, οὔτ' Εὐθυδήμου οὔτε ἄλλου οὐδενὸς ἔτ' ἀνθρώπου δεῖσθαι εἰς παιδείαν.

ΣΩ. Ἀλλ' ἆρα, ὦ πρὸς Διός, μὴ ὁ Κτήσιππος ἦν ὁ ταῦτ' εἰπών, ἐγὼ δὲ οὐ μέμνημαι ;

ΚΡ. Ποῖος Κτήσιππος ; 291 a

ΣΩ. Ἀλλὰ μὴν τό γε εὖ οἶδα, ὅτι οὔτε Εὐθύδημος οὔτε Διονυσόδωρος ἦν ὁ εἰπὼν ταῦτα· ἀλλ', ὦ δαιμόνιε Κρίτων, μή τις τῶν κρειττόνων παρὼν αὐτὰ ἐφθέγξατο ; ὅτι γὰρ ἤκουσά γε ταῦτα, εὖ οἶδα.

Jagd aber, sprach er, geht doch auf etwas weiteres als eben auf das Erjagen und Einfangen. Haben sie aber eingefangen was sie jagten: so sind sie selbst nicht im Stande es zu gebrauchen; sondern die Jäger und Fischer übergeben es den Köchen, die Meßkünstler aber und Rechner und Sternkundigen, nämlich c
auch diese sind Jagende, weil sie ja ihre Figuren und Zahlenreihen nicht machen, sondern diese sind schon, und sie finden sie nur auf, wie sie sind; wie also nun diese auch nicht selbst verstehn sie zu gebrauchen, sondern nur zu jagen: so übergeben sie, so viele ihrer nicht ganz unverständig sind, ihre Erfindungen den Dialektikern, um Gebrauch davon zu machen. – Wohl, sprach ich, du schönster und weisester Kleinias! verhält sich dies so? – Freilich, sagte er, und die Heerführer, wenn sie eine Stadt erjagt haben oder ein Heer, übergeben es ja auf d
dieselbe Weise den Staatsmännern. Denn sie selbst wissen das nicht zu gebrauchen, was sie erjagt haben, eben wie die Wachtelfänger, meine ich, den Wachtelmästern ihren Fang übergeben. Wenn wir also, fuhr er fort, eine solche Kunst gebrauchen, welche, was sie, es sei nun hervorbringend oder auffindend, erworben hat, auch selbst zu gebrauchen weiß, und eine solche nur uns glückselig machen kann: so müssen wir, sprach er, eine andere suchen als die Kriegskunst.

5.2. Wie steht es mit der königlichen Kunst? Auch bei ihr scheitert die Suche. Euthydemos will helfen

KRITON: Was sagst du, Sokrates? So hätte dieser Knabe e
gesprochen?

SOKRATES: Glaubst du es nicht, Kriton?

KRITON: Nein, beim Zeus, denn ich denke, wenn er das gesagt hätte, bedürfte er weder des Euthydemos noch sonst irgend eines Menschen zu seiner Unterweisung.

SOKRATES: Ob etwa, beim Zeus, der Ktesippos es war, der es sagte, und ich entsinne mich nur nicht recht?

KRITON: Was doch Ktesippos! 291a

SOKRATES: Aber das weiß ich doch, daß es weder Dionysodoros war noch Euthydemos, der das sagte. Oder, bester Kriton, war auch etwa ein ganz Anderer dabei, der dies gesprochen hat? Denn daß ich es gehört habe, weiß ich doch ganz gewiß.

ΚΡ. Ναὶ μὰ Δία, ὦ Σώκρατες· τῶν κρειττόνων μέντοι
τις ἐμοὶ δοκεῖ, καὶ πολύ γε. Ἀλλὰ μετὰ τοῦτο ἔτι τινὰ
ἐζητήσατε τέχνην ; καὶ ηὕρετε ἐκείνην ἢ οὐχ ηὕρετε, ἧς
ἕνεκα ἐζητεῖτε ;

ΣΩ. Πόθεν, ὦ μακάριε, ηὕρομεν ; ἀλλ᾽ ἦμεν πάνυ b
γελοῖοι· ὥσπερ τὰ παιδία τὰ τοὺς κορύδους διώκοντα, ἀεὶ
ᾠόμεθα ἑκάστην τῶν ἐπιστημῶν αὐτίκα λήψεσθαι, αἱ δ᾽ ἀεὶ
ὑπεξέφευγον. Τὰ μὲν οὖν πολλὰ τί ἄν σοι λέγοιμι ; ἐπὶ δὲ
δὴ τὴν βασιλικὴν ἐλθόντες τέχνην καὶ διασκοπούμενοι
αὐτὴν εἰ αὕτη εἴη ἡ τὴν εὐδαιμονίαν ἀπεργαζομένη,
ἐνταῦθα ὥσπερ εἰς λαβύρινθον ἐμπεσόντες, οἰόμενοι ἤδη
ἐπὶ τέλει εἶναι, περικάμψαντες πάλιν ὥσπερ ἐν ἀρχῇ τῆς
ζητήσεως ἀνεφάνημεν ὄντες καὶ τοῦ ἴσου δεόμενοι ὅσουπερ c
ὅτε τὸ πρῶτον ἐζητοῦμεν.

ΚΡ. Πῶς δὴ τοῦτο ὑμῖν συνέβη, ὦ Σώκρατες ;

ΣΩ. Ἐγὼ φράσω. Ἔδοξε γὰρ δὴ ἡμῖν ἡ πολιτικὴ καὶ ἡ βασιλικὴ τέχνη ἡ αὐτὴ εἶναι.

ΚΡ. Τί οὖν δή ;

ΣΩ. Ταύτῃ τῇ τέχνῃ ἥ τε στρατηγικὴ καὶ αἱ ἄλλαι
παραδιδόναι ἄρχειν τῶν ἔργων ὧν αὐταὶ δημιουργοί εἰσιν,
ὡς μόνῃ ἐπισταμένῃ χρῆσθαι. Σαφῶς οὖν ἐδόκει ἡμῖν αὕτη
εἶναι ἣν ἐζητοῦμεν, καὶ ἡ αἰτία τοῦ ὀρθῶς πράττειν ἐν τῇ
πόλει, καὶ ἀτεχνῶς κατὰ τὸ Αἰσχύλου ἰαμβεῖον μόνη ἐν τῇ d
πρύμνῃ κατῆσθαι τῆς πόλεως, πάντα κυβερνῶσα καὶ πάντων
ἄρχουσα πάντα χρήσιμα ποιεῖν.

ΚΡ. Οὐκοῦν καλῶς ὑμῖν ἐδόκει, ὦ Σώκρατες ;

ΣΩ. Σὺ κρινεῖς, ὦ Κρίτων, ἐὰν βούλῃ ἀκούειν· μετὰ γὰρ
τὰ ἔμπροσθεν συμβάντα αὖθις μετὰ ταῦτα ἐσκοποῦμεν
ὡδέ πως· Φέρε, πάντων ἄρχουσα ἡ βασιλικὴ τέχνη τι ἡμῖν
ἀπεργάζεται ἔργον ἢ οὐδέν ; Πάντως δήπου, ἡμεῖς ἔφαμεν e
πρὸς ἀλλήλους. Οὐ καὶ σὺ ἂν ταῦτα φαίης, ὦ Κρίτων ;

ΚΡ. Ἔγωγε.

ΣΩ. Τί οὖν ἂν φαίης αὐτῆς ἔργον εἶναι ; ὥσπερ εἰ σὲ

KRITON: Ja, beim Zeus, Sokrates, ein ganz anderer muß es
wohl gewesen sein, und ein weit besserer. Aber was für eine
Kunst suchtet ihr nun noch nach diesen? und habt ihr jene
gefunden oder habt ihr sie nicht gefunden, nach der ihr such-
tet?

SOKRATES: Woher, Bester, sollten wir sie gefunden haben? b
sondern wir machten uns ganz lächerlich. Wie die Kinder, wel-
che den Schwalben nachlaufen, glaubten wir jede Wissenschaft
nun gleich zu fangen, und dann flogen sie uns immer weg. Was
soll ich dir von den andern allen erst erzählen? Aber als wir an
die königliche Kunst kamen und diese in Betrachtung zogen,
ob sie etwa die wäre, welche Glückseligkeit gewährt und be-
wirkt: so gerieten wir eben da erst in ein neues Labyrinth, und
wo wir glaubten am Ende zu sein, mußten wir wieder umwen-
den, und befanden uns wie am Anfang der Untersuchung, in- c
dem uns noch immer eben soviel fehlte, als da wir zuerst die
Frage aufwarfen.

KRITON: Wie ist euch das doch begegnet?

SOKRATES: Das will ich dir erklären. Eine und dieselbe
schienen uns diese beiden zu sein, die Staatskunst und die kö-
nigliche Kunst.

KRITON: Und weiter.

SOKRATES: Und daß dieser Kunst die Kriegskunst und die
übrigen die Werke, welche sie verfertigen, in ihre Gewalt
übergeben, als welche allein wisse sie zu gebrauchen. Ganz klar
also schien sie uns die zu sein, die wir suchten, und die Ursach
alles Richtighandelns im Staate, ja recht nach des Aischylos d
Vers alles lenkend sie allein am Steuer zu sitzen des Staats und
über alles herrschend alles nützlich zu machen.

KRITON: Und war das nicht ganz recht gedacht, Sokrates?

SOKRATES: Du sollst es richten, Kriton, wenn du auch hö-
ren willst, wie es uns nach diesem erging. Wir überlegten es
nämlich auch wiederum so. Wohlan, diese alles beherrschende
königliche Kunst, was für ein Werk bewirkt sie uns denn?
Oder etwa keines? Ganz gewiß doch eins, sagten wir zu einan- e
der. Hättest du nicht auch so gesagt, Kriton?

KRITON: Ich gewiß.

SOKRATES: Was, würdest du also sagen, wäre ihr Werk?

ἐγὼ ἐρωτῴην, πάντων ἄρχουσα ἡ ἰατρικὴ ὧν ἄρχει, τί ἔργον παρέχεται ; οὐ τὴν ὑγίειαν ⟨ἂν⟩ φαίης ;

ΚΡ. Ἔγωγε.

ΣΩ. Τί δέ ; ἡ ὑμετέρα τέχνη ἡ γεωργία, πάντων ἄρχουσα ὧν ἄρχει, τί ἔργον ἀπεργάζεται ; οὐ τὴν τροφὴν ἂν φαίης 292 a
τὴν ἐκ τῆς γῆς παρέχειν ἡμῖν ;

ΚΡ. Ἔγωγε.

ΣΩ. Τί δέ ; ἡ βασιλικὴ πάντων ἄρχουσα ὧν ἄρχει, τί ἀπεργάζεται ; ἴσως οὐ πάνυ γ' εὐπορεῖς.

ΚΡ. Μὰ τὸν Δία, ὦ Σώκρατες.

ΣΩ. Οὐδὲ γὰρ ἡμεῖς, ὦ Κρίτων· ἀλλὰ τοσόνδε γε οἶσθα, ὅτι εἴπερ ἐστὶν αὕτη ἣν ἡμεῖς ζητοῦμεν, ὠφέλιμον αὐτὴν δεῖ εἶναι.

ΚΡ. Πάνυ γε.

ΣΩ. Οὐκοῦν ἀγαθόν γέ τι δεῖ ἡμῖν αὐτὴν παραδιδόναι ;

ΚΡ. Ἀνάγκη, ὦ Σώκρατες.

ΣΩ. Ἀγαθὸν δέ γέ που ὡμολογήσαμεν ἀλλήλοις ἐγώ τε b
καὶ Κλεινίας οὐδὲν εἶναι ἄλλο ἢ ἐπιστήμην τινά.

ΚΡ. Ναί, οὕτως ἔλεγες.

ΣΩ. Οὐκοῦν τὰ μὲν ἄλλα ἔργα, ἃ φαίη ἄν τις πολιτικῆς εἶναι — πολλὰ δέ που ταῦτ' ἂν εἴη, οἷον πλουσίους τοὺς πολίτας παρέχειν καὶ ἐλευθέρους καὶ ἀστασιάστους — πάντα ταῦτα οὔτε κακὰ οὔτε ἀγαθὰ ἐφάνη, ἔδει δὲ σοφοὺς ποιεῖν καὶ ἐπιστήμης μεταδιδόναι, εἴπερ ἔμελλεν αὕτη εἶναι ἡ ὠφελοῦσά τε καὶ εὐδαίμονας ποιοῦσα. c

ΚΡ. Ἔστι ταῦτα· τότε γοῦν οὕτως ὑμῖν ὡμολογήθη, ὡς σὺ τοὺς λόγους ἀπήγγειλας.

ΣΩ. Ἆρ' οὖν ἡ βασιλικὴ σοφοὺς ποιεῖ τοὺς ἀνθρώπους καὶ ἀγαθούς ;

ΚΡ. Τί γὰρ κωλύει, ὦ Σώκρατες ;

ΣΩ. Ἀλλ' ἆρα πάντας καὶ πάντα ἀγαθούς ; καὶ πᾶσαν ἐπιστήμην, σκυτοτομικήν τε καὶ τεκτονικὴν καὶ τὰς ἄλλας ἁπάσας, αὕτη ἡ παραδιδοῦσά ἐστιν ;

Wie wenn ich dich fragte, indem die Heilkunst nun alles regiert, was sie zu regieren hat, was für ein Werk schafft sie uns? Würdest du nicht antworten, die Gesundheit?

KRITON: Ich gewiß.

SOKRATES: Und eure Kunst, die Landwirtschaft, wenn die alles regiert, was sie zu regieren hat, was bewirkt sie uns? Wür- 292a
dest du nicht sagen, sie verschaffe uns die aus der Erde hervorgehende Nahrung?

KRITON: Ja.

SOKRATES: Wie also die königliche Kunst? wenn sie alles regiert, worüber sie zu regieren hat, was bewirkt sie? Vielleicht weißt du nicht sonderlich etwas zu sagen.

KRITON: Nein, beim Zeus.

SOKRATES: Auch wir nicht, Kriton. Allein soviel weißt du doch, daß wenn sie die ist, die wir suchen, sie uns nützlich sein muß?

KRITON: Gewiß.

SOKRATES: Also muß sie uns doch etwa Gutes verschaffen?

KRITON: Notwendig, Sokrates.

SOKRATES: Und gut, waren wir übereingekommen, ich b
und Kleinias, sei nichts anders als eine gewisse Erkenntnis.

KRITON: Ja, so sagtest du.

SOKRATES: Und nicht wahr alles andere, was man als Werke der Staatskunst nennen könnte, und deren wären nun viele, als die Bürger reich zu machen, und frei und ruhig, alles dieses hatte sich gezeigt als weder gut noch böse. Weise aber mußte sie uns machen und Erkenntnis mitteilen, wenn sie die Nutzenschaffende sein soll und die glückselig machende. c

KRITON: So ist es. Wenigstens damals hattet ihr dies festgesetzt, nach dem was du von dem Gespräch erzählt hast.

SOKRATES: Macht also wohl die königliche Kunst die Menschen weise und gut?

KRITON: Warum nicht, Sokrates?

SOKRATES: Aber etwan Alle und gut zu allem? und ist sie es etwa die alle Erkenntnis, auch die von der Lederbereitung und vom Zimmern, und alle die andern verleiht?

ΚΡ. Οὐκ οἶμαι ἔγωγε, ὦ Σώκρατες.

ΣΩ. Ἀλλὰ τίνα δὴ ἐπιστήμην; ᾗ τί χρησόμεθα; τῶν d
μὲν γὰρ ἔργων οὐδενὸς δεῖ αὐτὴν δημιουργὸν εἶναι τῶν μήτε κακῶν μήτε ἀγαθῶν, ἐπιστήμην δὲ παραδιδόναι μηδεμίαν ἄλλην ἢ αὐτὴν ἑαυτήν. Λέγωμεν δὴ οὖν τίς ποτέ ἐστιν αὕτη, ᾗ τί χρησόμεθα; βούλει φῶμεν, ὦ Κρίτων, ᾗ ἄλλους ἀγαθοὺς ποιήσομεν;

ΚΡ. Πάνυ γε.

ΣΩ. Οἳ τί ἔσονται ἡμῖν ἀγαθοὶ καὶ τί χρήσιμοι; ἢ ἔτι λέγωμεν ὅτι ἄλλους ποιήσουσιν, οἱ δὲ ἄλλοι ἐκεῖνοι ἄλλους; ὅ τι δέ ποτε ἀγαθοί εἰσιν, οὐδαμοῦ ἡμῖν φαίνονται, ἐπειδή- e
περ τὰ ἔργα τὰ λεγόμενα εἶναι τῆς πολιτικῆς ἠτιμάσαμεν, ἀλλ' ἀτεχνῶς τὸ λεγόμενον ὁ Διὸς Κόρινθος γίγνεται, καὶ ὅπερ ἔλεγον, τοῦ ἴσου ἡμῖν ἐνδεῖ ἢ ἔτι πλέονος πρὸς τὸ εἰδέναι τίς ποτέ ἐστιν ἡ ἐπιστήμη ἐκείνη ἣ ἡμᾶς εὐδαίμονας ποιήσει.

ΚΡ. Νὴ τὸν Δία, ὦ Σώκρατες, εἰς πολλήν γε ἀπορίαν, ὡς ἔοικεν, ἀφίκεσθε.

ΣΩ. Ἔγωγε οὖν καὶ αὐτός, ὦ Κρίτων, ἐπειδὴ ἐν ταύτῃ
τῇ ἀπορίᾳ ἐνεπεπτώκη, πᾶσαν ἤδη φωνὴν ἠφίειν, δεόμενος 293 a
τοῖν ξένοιν ὥσπερ Διοσκόρω ἐπικαλούμενος σῶσαι ἡμᾶς, ἐμέ τε καὶ τὸ μειράκιον, ἐκ τῆς τρικυμίας τοῦ λόγου, καὶ παντὶ τρόπῳ σπουδάσαι, καὶ σπουδάσαντας ἐπιδεῖξαι τίς ποτ' ἐστὶν ἡ ἐπιστήμη ἧς τυχόντες ἂν καλῶς τὸν ἐπίλοιπον βίον διέλθοιμεν.

ΚΡ. Τί οὖν; ἠθέλησέν τι ὑμῖν ἐπιδεῖξαι ὁ Εὐθύδημος;

ΣΩ. Πῶς γὰρ οὔ; καὶ ἤρξατό γε, ὦ ἑταῖρε, πάνυ μεγαλοφρόνως τοῦ λόγου ὧδε·

Πότερον δή σε, ἔφη, ὦ Σώκρατες, ταύτην τὴν ἐπιστή- b
μην περὶ ἣν πάλαι ἀπορεῖτε διδάξω, ἢ ἐπιδείξω ἔχοντα;

Ὦ μακάριε, ἦν δ' ἐγώ, ἔστι δὲ ἐπὶ σοὶ τοῦτο;

KRITON: Das glaube ich nicht, Sokrates.

SOKRATES: Also was denn für eine Erkenntnis? mit der wir d
was doch anfangen? Denn auf alle jene Werke soll sie sich nicht verstehen, die weder gut noch böse sind, und auch keine andere Erkenntnis mitteilen, als nur sich selbst. So müssen wir doch sagen, was sie ist, und was wir mit ihr anfangen? Sollen wir also etwa sagen, die wodurch wir Andere gut machen?

KRITON: Gewiß.

SOKRATES: Und wozu sollen uns diese gut sein? und wozu nützlich? Oder sollen wir noch weiter sagen, diese sollen wieder Andere gut machen, und die wieder Andere? Worin sie
aber gut sind, das wird uns nirgends zum Vorschein kommen, e
da wir ja alles, was für ein Werk der Staatskunst gehalten wird, verworfen haben. Also wird dies offenbar, wie man sagt, das ewige Einerlei, und wie ich sagte, es fehlt uns noch eben so viel, oder gar mehr als zuvor daran, daß wir wüßten, welches doch jene Erkenntnis ist, die uns glückselig machen würde.

KRITON: Beim Zeus, Sokrates, wie es scheint, seid ihr in große Verlegenheit geraten?

SOKRATES: Deshalb auch, Kriton, weil ich in diese Verle-
genheit geraten war, ging ich durch alle Töne, und bat die 293a
Fremdlinge und flehte sie an wie die Dioskuren, uns zu retten, mich und den jungen Menschen aus dieser Brandung unseres Gesprächs, und nun auf alle Weise Ernst zu machen, und uns im Ernst zu zeigen, welches doch die Erkenntnis ist, die wir erlangen müßten, um das übrige Leben schön zu verbringen.

KRITON: Und wie? verstand Euthydemos sich dazu, sich hierüber hören zu lassen?

SOKRATES: Wie sollte er nicht? und begann gar vornehm seine Rede so.

6. Das dritte Probestück der Sophisten: Paradebeispiele sophistischer Argumentationskunst

6.1. Wer irgendetwas weiß, weiß alles. Insbesondere die beiden Sophisten wissen alles immer – und die Prüfung dieser Behauptung

Soll ich dich, o Sokrates, diese Erkenntnis über welche ihr b
schon so lange in Verlegenheit seid, lehren, oder soll ich dir zeigen, daß du sie hast? – O Glückseliger, sprach ich, hängt

Πάνυ μὲν οὖν, ἔφη.

Ἐπίδειξον τοίνυν νὴ Δί', ἔφην ἐγώ, ἔχοντα· πολὺ γὰρ ῥᾷον ἢ μανθάνειν τηλικόνδε ἄνδρα.

Φέρε δή μοι ἀπόκριναι, ἔφη· ἔστιν ὅ τι ἐπίστασαι; — Πάνυ γε, ἦν δ' ἐγώ, καὶ πολλά, σμικρά γε. — Ἀρκεῖ, ἔφη. Ἆρ' οὖν δοκεῖς οἷόν τέ τι τῶν ὄντων τοῦτο ὃ τυγχάνει ὄν, αὐτὸ τοῦτο μὴ εἶναι; — Ἀλλὰ μὰ Δί' οὐκ ἔγωγε. — Οὐκοῦν c
σύ, ἔφη, ἐπίστασαί τι; — Ἔγωγε. — Οὐκοῦν ἐπιστήμων εἶ, εἴπερ ἐπίστασαι; — Πάνυ γε, τούτου γε αὐτοῦ. — Οὐδὲν διαφέρει· ἀλλ' οὐκ ἀνάγκη σε ἔχει πάντα ἐπίστασθαι ἐπιστήμονά γε ὄντα; — Μὰ Δί', ἔφην ἐγώ· ἐπεὶ πολλὰ ἄλλ' οὐκ ἐπίσταμαι. — Οὐκοῦν εἴ τι μὴ ἐπίστασαι, οὐκ ἐπιστήμων εἶ. — Ἐκείνου γε, ὦ φίλε, ἦν δ' ἐγώ. — Ἧττον οὖν τι, ἔφη, οὐκ ἐπιστήμων εἶ; ἄρτι δὲ ἐπιστήμων ἔφησθα εἶναι· καὶ οὕτως τυγχάνεις ὢν αὐτὸς οὗτος ὃς εἶ, καὶ αὖ πάλιν οὐκ εἶ, κατὰ ταὐτὰ ἅμα. d

Εἶεν, ἦν δ' ἐγώ, Εὐθύδημε· τὸ γὰρ λεγόμενον, καλὰ δὴ πάντα λέγεις· πῶς οὖν ἐπίσταμαι ἐκείνην τὴν ἐπιστήμην ἣν ἐζητοῦμεν; ὡς δὴ τοῦτο ἀδύνατόν ἐστιν τὸ αὐτὸ εἶναί τε καὶ μή, εἴπερ ἓν ἐπίσταμαι, ἅπαντα ἐπίσταμαι — οὐ γὰρ ἂν εἴην ἐπιστήμων τε καὶ ἀνεπιστήμων ἅμα — ἐπεὶ δὲ πάντα ἐπίσταμαι, κἀκείνην δὴ τὴν ἐπιστήμην ἔχω· ἆρα οὕτως λέγεις, καὶ τοῦτό ἐστιν τὸ σοφόν;

Αὐτὸς σαυτόν γε δὴ ἐξελέγχεις, ἔφη, ὦ Σώκρατες. e

Τί δέ, ἦν δ' ἐγώ, ὦ Εὐθύδημε, σὺ οὐ πέπονθας τοῦτο τὸ αὐτὸ πάθος; ἐγὼ γάρ τοι μετὰ σοῦ ὁτιοῦν ἂν πάσχων καὶ μετὰ Διονυσοδώρου τοῦδε, φίλης κεφαλῆς, οὐκ ἂν πάνυ ἀγανακτοίην. Εἰπέ μοι, σφὼ οὐχὶ τὰ μὲν ἐπίστασθον τῶν ὄντων, τὰ δὲ οὐκ ἐπίστασθον;

Ἥκιστά γε, ἔφη, ὦ Σώκρατες, ὁ Διονυσόδωρος.

Πῶς λέγετον; ἔφην ἐγώ· ἀλλ' οὐδὲν ἄρα ἐπίστασθον;

Καὶ μάλα, ἦ δ' ὅς.

Πάντ' ἄρα, ἔφην ἐγώ, ἐπίστασθον, ἐπειδήπερ καὶ ὁτιοῦν; 294 a

denn dies von dir ab? – Freilich, sagte er. – Nun so zeige mir,
beim Zeus, sprach ich, daß ich sie schon habe; denn das ist ja
weit leichter, als wenn ich alter Mann sie erst noch lernen sollte.
– Wohlan denn, so antworte mir, sprach er. Weißt du wohl
etwas? – Freilich, sagte ich, und recht viel, Kleinigkeiten we-
nigstens. – Das genügt, sprach er. Dünkt dich nun möglich,
daß irgend etwas das, was es ist, zugleich auch nicht sei? – Nein, c
sondern unmöglich. – Und du, sprach er, weißt doch etwas? –
Ja. – Also bist du wissend, wenn du weißt? – Ja freilich, um
dieses. – Einerlei. Aber bist du nicht gezwungen, alles zu wis-
sen, wenn du wissend bist? – Nein bei Gott, sagte ich, da ich ja
so vieles andere nicht weiß. – Also, wenn du etwas nicht weißt,
bist du nichtwissend? – Ja, um jenes wohl, Lieber, sprach ich. –
Bist du deshalb weniger nichtwissend, und eben sagtest du, du
wärest wissend? und so bist du was du bist, und bist es auch
wieder nicht, ganz auf dieselbe Weise? – Wohl, sprach ich, Eu- d
thydemos. Denn bei dir ist doch einmal Alles schön gespro-
chen, wie man zu sagen pflegt. Wie besitze ich also jene Er-
kenntnis, welche wir suchten, weil nun also unmöglich ist, daß
man dasselbe sei und nicht sei? Nämlich wenn ich Eins weiß,
weiß ich alles; denn ich kann ja nicht zugleich wissend sein und
nichtwissend. Wenn ich aber alles weiß: so habe ich also auch
jene Erkenntnis? Meinst du es so, und ist das die Weisheit
davon? – Du widerlegst dich ja selbst, Sokrates, sagte er. – Und e
wie, Euthydemos? sprach ich, befindest du dich nicht ganz in
demselben Falle? Ich meines Teils, was mir auch immer begeg-
ne mit dir gemeinschaftlich und mit unserm Dionysodoros
dem teuren Haupte, das soll mich gar nicht verdrießen. Sage
mir doch, wißt ihr nicht auch Einiges und Anderes nicht? –
Keineswegs, Sokrates, sagte Dionysodoros. – Wie meint ihr?
sprach ich. Also wißt ihr etwa nichts? – O wohl, sprach er. –
Alles also, sprach ich, wißt ihr, wenn doch irgend etwas? – 294a

Πάντ᾽, ἔφη· καὶ σύ γε πρός, εἴπερ καὶ ἓν ἐπίστασαι, πάντα ἐπίστασαι.

Ὦ Ζεῦ, ἔφην ἐγώ, ὡς θαυμαστὸν λέγεις καὶ ἀγαθὸν μέγα πεφάνθαι. Μῶν καὶ οἱ ἄλλοι πάντες ἄνθρωποι πάντ᾽ ἐπίστανται, ἢ οὐδέν;

Οὐ γὰρ δήπου, ἔφη, τὰ μὲν ἐπίστανται, τὰ δ᾽ οὐκ ἐπίστανται, καὶ εἰσὶν ἅμα ἐπιστήμονές τε καὶ ἀνεπιστήμονες.

Ἀλλὰ τί; ἦν δ᾽ ἐγώ.

Πάντες, ἦ δ᾽ ὅς, πάντα ἐπίστανται, εἴπερ καὶ ἕν.

Ὦ πρὸς τῶν θεῶν, ἦν δ᾽ ἐγώ, ὦ Διονυσόδωρε — δῆλοι b
γάρ μοί ἐστον ἤδη ὅτι σπουδάζετον, καὶ μόλις ὑμᾶς προὐκαλεσάμην σπουδάζειν — αὐτὼ τῷ ὄντι πάντα ἐπίστασθον; οἷον τεκτονικὴν καὶ σκυτικήν;

Πάνυ γ᾽, ἔφη.

Ἦ καὶ νευρορραφεῖν δυνατώ ἐστον;

Καὶ ναὶ μὰ Δία καττύειν, ἔφη.

Ἦ καὶ τὰ τοιαῦτα, τοὺς ἀστέρας ὁπόσοι εἰσί, καὶ τὴν ἄμμον;

Πάνυ γε, ἦ δ᾽ ὅς· εἶτ᾽ οὐκ ἂν οἴει ὁμολογῆσαι ἡμᾶς;

Καὶ ὁ Κτήσιππος ὑπολαβών· Πρὸς Διός, ἔφη, Διονυσόδωρε, τεκμήριόν τί μοι τούτων ἐπιδείξατον τοιόνδε, ᾧ c
εἴσομαι ὅτι ἀληθῆ λέγετον.

Τί ἐπιδείξω; ἔφη.

Οἶσθα Εὐθύδημον ὁπόσους ὀδόντας ἔχει, καὶ ὁ Εὐθύδημος ὁπόσους σύ;

Οὐκ ἐξαρκεῖ σοι, ἔφη, ἀκοῦσαι ὅτι πάντα ἐπιστάμεθα;

Μηδαμῶς, ἦ δ᾽ ὅς, ἀλλὰ τοῦτο ἔτι ἡμῖν μόνον εἴπατον καὶ ἐπιδείξατον ὅτι ἀληθῆ λέγετον· καὶ ἐὰν εἴπητον ὁπόσους ἑκάτερος ἔχει ὑμῶν, καὶ φαίνησθε γνόντες ἡμῶν ἀριθμησάντων, ἤδη πεισόμεθα ὑμῖν καὶ τἆλλα.

Ἡγουμένω οὖν σκώπτεσθαι οὐκ ἠθελέτην, ἀλλ᾽ ὡμο- d
λογησάτην πάντα χρήματα ἐπίστασθαι, καθ᾽ ἓν ἕκαστον ἐρωτώμενοι ὑπὸ Κτησίππου. Ὁ γὰρ Κτήσιππος πάνυ

Alles, sagte er, und du ebenfalls, wenn du auch nur Eins weißt, weißt alles. – O Zeus, sprach ich, was sagst du Wunderbares, und welch großes Gut kommt da ans Licht! Und wissen etwa auch alle andern Menschen alles oder nichts? – Sie können ja doch nicht, sagte er, einiges wissen und anderes nicht wissen, und so zugleich wissend sein und nichtwissend. – Sondern wie ist es nun? fragte ich. – Alle, sagte er, wissen Alles, sobald sie Eins wissen. – O, um der Götter willen, Dionysodoros, sprach b
ich, denn nun sehe ich offenbar, daß ihr es im Ernst meint, und daß ich euch endlich dahin gebracht habe, Ernst zu machen, ihr Zwei also wißt in der Tat Alles; wie Zimmern und Gerben? – Freilich, sagte er. – Auch schustern? – Auch, beim Zeus, und Schuhflicken dazu. – Etwa auch dergleichen, wieviel Sterne es gibt, und wieviel Sand? – Freilich, sagte er. Also du glaubtest wohl wir würden dies nicht bejahen? – Da nahm Ktesippos das Wort und sagte: Um Zeus willen, Dionysodoros, zeige mir doch einen Beweis hievon, woran ich erkennen kann, daß ihr c
die Wahrheit redet. – Was soll ich dir zeigen? sprach er. – Weißt du, wieviel Zähne Euthydemos hat, und Euthydemos, wieviele du? – Ist es dir nicht genug, sprach nun jener, zu hören, daß wir alles wissen? – Keinesweges, sagte er, sondern dieses Eine wenigstens beantwortet, und zeigt daß ihr die Wahrheit redet. Und wenn ihr sagt Jeder, wieviel der Andere hat, und es sich zeigt daß ihr es wußtet, wenn wir sie hernach zählen: so wollen wir euch dann auch das übrige glauben. – Da sie nun dachten, er triebe Spott, so wollten sie nicht; sondern blieben nur immer d
dabei, sie wüßten alle Dinge, wie Ktesippos sie einzeln darum

ἀπαρακαλύπτως οὐδὲν ὅ τι οὐκ ἠρώτα τελευτῶν, καὶ τὰ αἴσχιστα, εἰ ἐπισταίσθην· τὼ δὲ ἀνδρειότατα ὁμόσε ᾔτην τοῖς ἐρωτήμασιν, ὁμολογοῦντες εἰδέναι, ὥσπερ οἱ κάπροι οἱ πρὸς τὴν πληγὴν ὁμόσε ὠθούμενοι, ὥστ᾽ ἔγωγε καὶ αὐτός, ὦ Κρίτων, ὑπ᾽ ἀπιστίας ἠναγκάσθην τελευτῶν ἐρέσθαι [τὸν Εὐθύδημον] εἰ καὶ ὀρχεῖσθαι ἐπίσταιτο ὁ Διονυσόδωρος· ὁ δέ, e
Πάνυ, ἔφη.

Οὐ δήπου, ἦν δ᾽ ἐγώ, καὶ ἐς μαχαίρας γε κυβιστᾶν καὶ ἐπὶ τροχοῦ δινεῖσθαι τηλικοῦτος ὤν, οὕτω πόρρω σοφίας ἥκεις;

Οὐδέν, ἔφη, ὅ τι οὔ.

Πότερον δέ, ἦν δ᾽ ἐγώ, πάντα νῦν μόνον ἐπίστασθον ἢ καὶ ἀεί;

Καὶ ἀεί, ἔφη.

Καὶ ὅτε παιδία ἤστην καὶ εὐθὺς γενόμενοι ἠπίστασθε πάντα;

Ἐφάτην ἅμα ἀμφοτέρω.

Καὶ ἡμῖν μὲν ἄπιστον ἐδόκει τὸ πρᾶγμα εἶναι· ὁ δ᾽ 295 a
Εὐθύδημος, Ἀπιστεῖς, ἔφη, ὦ Σώκρατες;

Πλήν γ᾽ ὅτι, ⟨ἦν δ᾽⟩ ἐγώ, εἰκὸς ὑμᾶς ἐστι σοφοὺς εἶναι.

Ἀλλ᾽ ἦν, ἔφη, ἐθελήσῃς μοι ἀποκρίνεσθαι, ἐγὼ ἐπιδείξω καὶ σὲ ταῦτα τὰ θαυμαστὰ ὁμολογοῦντα.

Ἀλλὰ μήν, ἦν δ᾽ ἐγώ, ἥδιστα ταῦτα ἐξελέγχομαι. Εἰ γάρ τοι λέληθα ἐμαυτὸν σοφὸς ὤν, σὺ δὲ τοῦτο ἐπιδείξεις ὡς πάντα ἐπίσταμαι καὶ ἀεί, τί μεῖζον ἕρμαιον αὐτοῦ ἂν εὕροιμι ἐν παντὶ τῷ βίῳ;

Ἀποκρίνου δή, ἔφη.

Ὡς ἀποκρινουμένου ἐρώτα. b

Ἆρ᾽ οὖν, ἔφη, ὦ Σώκρατες, ἐπιστήμων του εἶ ἢ οὔ; — Ἔγωγε. — Πότερον οὖν ᾧ ἐπιστήμων εἶ, τούτῳ καὶ ἐπίστασαι, ἢ ἄλλῳ τῳ; — Ὧι ἐπιστήμων. Οἶμαι γάρ σε τὴν ψυχὴν λέγειν· ἢ οὐ τοῦτο λέγεις;

befragte. Denn der hatte es nun gar kein Hehl mehr, und ich weiß nicht, wonach er sie zuletzt nicht fragte, auch nach dem allerunschicklichsten, ob sie es auch wüßten. Sie aber gingen immer ganz dreist auf die Fragen los, eingestehend, sie wüßten es, wie die wilden Schweine die auf das Messer auflaufen. So daß auch ich, o Kriton, zuletzt aus Unglauben mich nicht enthalten konnte den Euthydemos zu fragen, ob Dionysodoros auch das Tanzen verstände? – Und er sagte, allerdings. – Doch e
nicht auch den Messertanz, fragte ich, und das Scheibendrehen in seinem Alter? so weise ist er doch nicht? – Nichts, sprach jener, was er nicht könnte. – Und, sprach ich, wußte er etwa nur jetzt alles, oder auch immer? – Auch immer. – Auch als ihr kleine Kinder waret und gleich nach eurer Geburt wußtet ihr es? – Auch da alles, sagten sie beide zugleich. –

6.2. Beweis des Euthydemos, auch Sokrates wisse alles immer

Und uns dünkte das Ding unglaublich zu sein. Da sagte Eu- 295a
thydemos: Du glaubst es wohl nicht, Sokrates? – Nur, sprach ich, das sehe ich wohl, daß ihr weise Männer seid. – Aber, sagte er, wenn du mir antworten willst, will ich zeigen, daß auch du diese wunderbaren Dinge von dir eingestehst. – O, sprach ich, das wird mir große Freude machen, dessen überführt zu werden. Denn wenn ich, ohne es gewußt zu haben, weise bin, und du mir dieses zeigen kannst, daß ich Alles weiß und immer, was für einen größeren Fund könnte ich tun in meinem ganzen Leben? – Antworte also, sagte er. – Frage nur, sprach ich, ich b
will gewiß antworten. – Bist du irgend um einiges wissend, Sokrates, oder nicht? – Das bin ich. – Und womit du wissend bist, eben damit weißt du auch? oder mit etwas anderem? – Eben damit, sagte ich. Denn ich denke doch, du meinst die Seele, oder meinst du die nicht? – Schämst du dich nicht, Sokra-

Οὐκ αἰσχύνει, ἔφη, ὦ Σώκρατες; ἐρωτώμενος ἀντερωτᾷς;

Εἶεν, ἦν δ' ἐγώ· ἀλλὰ πῶς ποιῶ; οὕτω γὰρ ποιήσω
ὅπως ἂν σὺ κελεύῃς. Ὅταν μὴ εἰδῶ ὅ τι ἐρωτᾷς, κελεύεις
με ὅμως ἀποκρίνεσθαι, ἀλλὰ μὴ ἐπανερέσθαι;

Ὑπολαμβάνεις γὰρ δήπου τι, ἔφη, ὃ λέγω; c

Ἔγωγε, ἦν δ' ἐγώ.

Πρὸς τοῦτο τοίνυν ἀποκρίνου ὃ ὑπολαμβάνεις.

Τί οὖν, ἔφην, ἂν σὺ μὲν ἄλλῃ ἐρωτᾷς διανοούμενος,
ἐγὼ δὲ ἄλλῃ ὑπολάβω, ἔπειτα πρὸς τοῦτο ἀποκρίνωμαι,
ἐξαρκεῖ σοι ἐὰν μηδὲν πρὸς ἔπος ἀποκρίνωμαι;

Ἔμοιγε, ἦ δ' ὅς· οὐ μέντοι σοί γε, ὡς ἐγᾦμαι.

Οὐ τοίνυν μὰ Δία ἀποκρινοῦμαι, ἦν δ' ἐγώ, πρότερον
πρὶν ἂν πύθωμαι.

Οὐκ ἀποκρινεῖ, ἔφη, πρὸς ἃ ἂν ἀεὶ ὑπολαμβάνῃς, ὅτι
ἔχων φλυαρεῖς καὶ ἀρχαιότερος εἶ τοῦ δέοντος.

Κἀγὼ ἔγνων αὐτὸν ὅτι μοι χαλεπαίνοι διαστέλλοντι τὰ d
λεγόμενα, βουλόμενός με θηρεῦσαι τὰ ὀνόματα περιστήσας.
Ἀνεμνήσθην οὖν τοῦ Κόννου, ὅτι μοι κἀκεῖνος χαλεπαίνει
ἑκάστοτε ὅταν αὐτῷ μὴ ὑπείκω, ἔπειτά μου ἧττον ἐπιμε-
λεῖται ὡς ἀμαθοῦς ὄντος· ἐπεὶ δὲ οὖν διενενοήμην καὶ παρὰ
τοῦτον φοιτᾶν, ᾠήθην δεῖν ὑπείκειν, μή με σκαιὸν ἡγησά-
μενος φοιτητὴν μὴ προσδέχοιτο. Εἶπον οὖν· Ἀλλ' εἰ δοκεῖ
σοι, Εὐθύδημε, οὕτω ποιεῖν, ποιητέον· σὺ γὰρ πάντως που e
κάλλιον ἐπίστασαι διαλέγεσθαι ἢ ἐγώ, τέχνην ἔχων ἰδιώτου
ἀνθρώπου. Ἐρώτα οὖν πάλιν ἐξ ἀρχῆς.

Ἀποκρίνου δή, ἔφη, πάλιν, πότερον ἐπίστασαί τῳ ἃ
ἐπίστασαι ἢ οὔ; — Ἔγωγε, ἔφην, τῇ γε ψυχῇ.

Οὗτος αὖ, ἔφη, προσαποκρίνεται τοῖς ἐρωτωμένοις. Οὐ 296 a
γὰρ ἔγωγε ἐρωτῶ ὅτῳ, ἀλλ' εἰ ἐπίστασαί τῳ.

Πλέον αὖ, ἔφην ἐγώ, τοῦ δέοντος ἀπεκρινάμην ὑπὸ ἀπαι-
δευσίας. Ἀλλὰ συγγίγνωσκέ μοι· ἀποκρινοῦμαι γὰρ ἤδη
ἁπλῶς ὅτι ἐπίσταμαί τῳ ἃ ἐπίσταμαι. — Πότερον, ἦ δ' ὅς,
τῷ αὐτῷ τούτῳ γ' ἀεί, ἢ ἔστι μὲν ὅτε τούτῳ, ἔστιν δὲ ὅτε
ἑτέρῳ; — Ἀεί, ὅταν ἐπίστωμαι, ἦν δ' ἐγώ, τούτῳ.

tes? sprach er, Du bist der Gefragte und machst Gegenfragen? –
Gut, sprach ich. Aber wie soll ich es machen? Ich will es gern so
machen, wie du befiehlst. Wenn ich also nicht weiß was du
fragst, befiehlst du, daß ich dann dennoch antworten soll, und
nicht nachfragen? – Du denkst dir doch etwas bei dem was ich c
frage? sagte er. – O ja. – Nun so antworte, sprach er, nach dem
was du dir dabei denkst. – Wie aber, fragte ich, wenn du nun
etwas anderes bei deiner Frage im Sinne hattest und ich wieder
etwas anderes dabei denke, und in Beziehung hierauf antworte,
wirst du denn zufrieden damit sein, wenn ich, was gar nicht zur
Sache gehört, antworte? – Ich wohl, sprach er, aber du freilich
nicht, wie ich glaube. – Nun so will ich, beim Zeus, nicht eher
antworten, sprach ich, bis ich es gehörig erforscht habe. – Du
willst, sagte er, nur deshalb nicht so antworten, wie du es je-
desmal verstanden hast, weil du faselst und alberner bist als
sich schickt. – Da merkte ich, daß er mir böse war, weil ich das d
Gesagte aus einander setzte, da er mich mit Worten umstellen
und fangen wollte. Und ich dachte an den Konnos, wie der mir
auch jedesmal böse ist, wenn ich ihm nicht folge, und sich dann
weniger Mühe mit mir gibt, weil er mich für ungelehrig hält.
Da ich nun im Sinne hatte, auch bei diesen zur Schule zu gehn:
so glaubte ich folgen zu müssen, damit sie mich nicht für wi-
derspenstig hielten, und mich abwiesen. Ich sagte also: Nun,
wenn du meinst, Euthydemos, daß ich es so machen soll: so e
will ich es so machen. Denn wie man die Untersuchung im
Gespräch führen muß, verstehst ja auf alle Weise du kunstrei-
cher Mann besser als ich Ungelehrter. Frage mich also noch
einmal von Anfang. – So antworte noch einmal, sprach er, ob
du mit etwas weißt was du weißt, oder nicht? – Ja, sagte ich,
mit der Seele. – Schon wieder, sagte er, setzt der Mann etwas 296a
hinzu zur Antwort auf die Frage. Ich frage ja nicht, womit du
weißt, sondern nur ob mit etwas? – Da habe ich schon wieder,
sprach ich, mehr als ich sollte geantwortet aus Ungeschick.
Aber verzeihe es mir, ich will auch nun ganz schlicht antwor-
ten, daß ich immer mit etwas weiß was ich weiß. – Auch immer,
sprach er, mit demselbigen, oder bisweilen mit diesem, bis-
weilen mit etwas anderem? – Immer, wenn ich weiß, sprach

Οὐκ αὖ, ἔφη, παύσει παραφθεγγόμενος;

Ἀλλ' ὅπως μή τι ἡμᾶς σφήλῃ τὸ « ἀεὶ » τοῦτο.

Οὔκουν ἡμᾶς γ', ἔφη, ἀλλ' εἴπερ, σέ. Ἀλλ' ἀποκρίνου· b
ἦ ἀεὶ τούτῳ ἐπίστασαι; — Ἀεί, ἦν δ' ἐγώ, ἐπειδὴ δεῖ ἀφελεῖν τὸ « ὅταν ». — Οὐκοῦν ἀεὶ μὲν τούτῳ ἐπίστασαι· ἀεὶ δ' ἐπιστάμενος πότερον τὰ μὲν τούτῳ ἐπίστασαι ᾧ ἐπίστασαι, τὰ δ' ἄλλῳ, ἢ τούτῳ πάντα; — Τούτῳ, ἔφην ἐγώ, ἅπαντα, ἅ γ' ἐπίσταμαι.

Τοῦτ' ἐκεῖνο, ἔφη· ἥκει τὸ αὐτὸ παράφθεγμα.

Ἀλλ' ἀφαιρῶ, ἔφην ἐγώ, τὸ « ἅ γ' ἐπίσταμαι ».

Ἀλλὰ μηδὲ ἕν, ἔφη, ἀφέλῃς· οὐδὲν γάρ σου δέομαι. Ἀλλά μοι ἀπόκριναι· δύναιο ἂν ἅπαντα ἐπίστασθαι, εἰ μὴ c
πάντα ἐπίσταιο;

Τέρας γὰρ ἂν εἴη, ἦν δ' ἐγώ.

Καὶ ὃς εἶπε· Προστίθει τοίνυν ἤδη ὅ τι βούλει· πάντα γὰρ ὁμολογεῖς ἐπίστασθαι.

Ἔοικα, ἔφην ἐγώ, ἐπειδήπερ γε οὐδεμίαν ἔχει δύναμιν τὸ « ἃ ἐπίσταμαι », πάντα δὲ ἐπίσταμαι.

Οὐκοῦν καὶ ἀεὶ ὡμολόγηκας ἐπίστασθαι τούτῳ ᾧ ἐπίστασαι, εἴτε ὅταν ἐπίστῃ εἴτε ὅπως βούλει· ἀεὶ γὰρ ὡμολόγηκας ἐπίστασθαι καὶ ἅμα πάντα. Δῆλον οὖν ὅτι καὶ παῖς ὢν ἠπίστω, καὶ ὅτ' ἐγίγνου, καὶ ὅτ' ἐφύου· καὶ πρὶν αὐτὸς d
γενέσθαι, καὶ πρὶν οὐρανὸν καὶ γῆν γενέσθαι, ἠπίστω ἅπαντα, εἴπερ ἀεὶ ἐπίστασαι. Καὶ ναὶ μὰ Δία, ἔφη, αὐτὸς ἀεὶ ἐπιστήσει καὶ ἅπαντα, ἂν ἐγὼ βούλωμαι.

Ἀλλὰ βουληθείης, ἦν δ' ἐγώ, ὦ πολυτίμητε Εὐθύδημε, εἰ δὴ τῷ ὄντι ἀληθῆ λέγεις. Ἀλλ' οὔ σοι πάνυ πιστεύω ἱκανῷ εἶναι, εἰ μή σοι συμβουληθείη ὁ ἀδελφός σου οὑτοσὶ Διονυσόδωρος· οὕτω τάχα ἄν. Εἴπετον δέ μοι, ἦν δ' ἐγώ — τὰ μὲν γὰρ ἄλλα οὐκ ἔχω ὑμῖν πῶς ⟨ἂν⟩ ἀμφισβητοίην, e
οὕτως εἰς σοφίαν τερατώδεσιν ἀνθρώποις, ὅπως οὐ πάντα ἐπίσταμαι, ἐπειδὴ ὑμεῖς φατε — τὰ δὲ τοιάδε πῶς φῶ

ich, mit diesem. – Wirst du denn niemals, sagte er, aufhören
hinzuzusetzen? – Daß uns sonst nur nicht dieses Immer einen
Streich spiele. – Uns gewiß nicht, sagte er; sondern wenn ja, so b
geschieht es dir. Also antworte. Weißt du immer mit demsel-
bigen? – Immer, sprach ich, da doch nun das Wenn weg soll. –
Also immer weißt du hiemit; und immer wissend weißt du
etwa einiges hiemit, womit du weißt, Anderes mit etwas an-
derem? oder alles hiemit? – Hiemit, sprach ich, alles insgesamt,
was ich nur weiß. – Da haben wir es! sagte er, schon wieder
kommt derselbe Zusatz. – Ich nehme es schon wieder zurück,
sprach ich, dieses Was ich nur weiß. – Gar nichts, sagte er, sollst
du davon zurücknehmen; ich verlange es gar nicht. Antworte
mir nur. Könntest du wohl Alles insgesamt wissen, wenn du c
nicht Alles wüßtest? – Das wäre freilich ein Wunder! sagte ich. –
Darauf sagte er: Nun setze immer hinzu, was du nur willst! hast
du doch eingestanden, daß du alles wüßtest. – So scheint es,
sprach ich; wenn nämlich dies gar nichts bedeuten soll, das Was
ich nur weiß, so weiß ich freilich alles. – Also hast du auch
eingestanden, daß du immer weißt mit demselbigen womit du
weißt, sei's auch wenn du weißt oder wie du sonst willst, du
hast doch eingestanden, daß du immer weißt und auch Alles.
Also ist offenbar, daß du auch wußtest als du ein Kind warest,
und als du geboren und gezeugt wurdest, ja auch ehe du warest d
und ehe Himmel und Erde war, wußtest du alles insgesamt,
wenn du immer weißt. Und wirst auch, beim Zeus, immer
wissen, und alles insgesamt, wenn ich nur will. –

6.3. Sokrates fragt, ob er auch wisse, daß rechtschaffene Männer ungerecht sind? Die Wirkung der Frage; Dionysodoros weicht auf verwandtschaftliche Beziehungen aus

Möchtest du es dann immer wollen, du vielverehrter Euthy-
demos! sagte ich, wenn du anders in der Tat Recht hast. Aber
ich traue dir nicht recht, daß du es im Stande bist, wenn nicht
auch dieser dein Bruder Dionysodoros mit will; dann aber viel-
leicht wohl. Sagt mir aber doch, sprach ich, denn im Übrigen
weiß ich freilich nicht, wie ich euch das bestreiten soll, die ihr e
solche Wunder von Weisheit seid, daß ich nicht alles weiß, da
ihr es ja sagt; dergleichen aber, Euthydemos, wie soll ich sagen

ἐπίστασθαι, Εὐθύδημε, ὡς οἱ ἀγαθοὶ ἄνδρες ἄδικοί εἰσιν; φέρε εἰπέ, τοῦτο ἐπίσταμαι ἢ οὐκ ἐπίσταμαι;

Ἐπίστασαι μέντοι, ἔφη.

Τί; ἦν δ' ἐγώ.

Ὅτι οὐκ ἄδικοί εἰσιν οἱ ἀγαθοί.

Πάνυ γε, ἦν δ' ἐγώ, πάλαι. Ἀλλ' οὐ τοῦτο ἐρωτῶ· ἀλλ' 297 a
ὡς ἄδικοί εἰσιν οἱ ἀγαθοί, ποῦ ἐγὼ τοῦτο ἔμαθον;

Οὐδαμοῦ, ἔφη ὁ Διονυσόδωρος.

Οὐκ ἄρα ἐπίσταμαι, ἔφην, τοῦτο ἐγώ.

Διαφθείρεις, ἔφη, τὸν λόγον, ὁ Εὐθύδημος πρὸς τὸν Διονυσόδωρον, καὶ φανήσεται οὑτοσὶ οὐκ ἐπιστάμενος, καὶ ἐπιστήμων ἅμα ὢν καὶ ἀνεπιστήμων. Καὶ ὁ Διονυσόδωρος ἠρυθρίασεν.

Ἀλλὰ σύ, ἦν δ' ἐγώ, πῶς λέγεις, ὦ Εὐθύδημε; οὐ δοκεῖ
σοι ὀρθῶς ἀδελφὸς λέγειν ὁ πάντ' εἰδώς; b

Ἀδελφὸς γάρ, ἔφη, ἐγώ εἰμι Εὐθυδήμου, ταχὺ ὑπολαβὼν ὁ Διονυσόδωρος;

Κἀγὼ εἶπον· Ἔασον, ὠγαθέ, ἕως ἂν Εὐθύδημός με διδάξῃ ὡς ἐπίσταμαι τοὺς ἀγαθοὺς ἄνδρας ὅτι ἄδικοί εἰσι, καὶ μή μοι φθονήσῃς τοῦ μαθήματος.

Φεύγεις, ἔφη, ὦ Σώκρατες, ὁ Διονυσόδωρος, καὶ οὐκ ἐθέλεις ἀποκρίνεσθαι.

Εἰκότως γ', εἶπον ἐγώ· ἥττων γάρ εἰμι καὶ τοῦ ἑτέρου ὑμῶν, ὥστε πολλοῦ δέω μὴ οὐ δύο γε φεύγειν. Πολὺ γάρ
πού εἰμι φαυλότερος τοῦ Ἡρακλέους, ὃς οὐχ οἷός τε ἦν τῇ c
τε ὕδρᾳ διαμάχεσθαι, σοφιστρίᾳ οὔσῃ καὶ διὰ τὴν σοφίαν ἀνιείσῃ, εἰ μίαν κεφαλὴν τοῦ λόγου τις ἀποτέμοι, πολλὰς ἀντὶ τῆς μιᾶς, καὶ καρκίνῳ τινὶ ἑτέρῳ σοφιστῇ ἐκ θαλάττης ἀφιγμένῳ, νεωστί μοι δοκεῖν καταπεπλευκότι· ὃς ἐπειδὴ αὐτὸν ἐλύπει οὕτως ἐκ τοῦ ἐπ' ἀριστερὰ λέγων καὶ δάκνων, τὸν Ἰόλεων τὸν ἀδελφιδοῦν βοηθὸν ἐπεκαλέσατο, ὁ δὲ αὐτῷ
ἱκανῶς ἐβοήθησεν. Ὁ δ' ἐμὸς Ἰόλεως [Πατροκλῆς] εἰ ἔλθοι, d
πλέον ἂν θάτερον ποιήσειεν.

daß ich das weiß, daß rechtschaffene Männer ungerecht sind?
Komm, sage mir, weiß ich das auch, oder weiß ich es nicht? –
Du weißt es freilich, sagte er. – Wie denn? fragte ich. – Daß die
Rechtschaffenen nicht ungerecht sind. – Das freilich, sagte ich,
schon lange. Aber das frage ich nicht, sondern daß die Recht- 297a
schaffenen ungerecht sind, wo ich das gelernt habe? – Nir-
gends, sagte Dionysodoros. – Also, sprach ich, weiß ich doch
dieses nicht. – Du verdirbst uns Alles, sagte nun Euthydemos
zum Dionysodoros. Denn nun wird herauskommen, daß er
nicht weiß, und daß er zugleich wissend ist und nichtwissend. –
Da errötete Dionysodoros. – Aber du, sprach ich, wie meinst
du, Euthydemos? dünkt dich, daß er nicht richtig spreche, die-
ser Bruder, der alles weiß. – Geschwind nahm Dionysodoros b
hier das Wort, und fragte: Also bin ich etwa des Euthydemos
Bruder? – Laß das, Bester, sprach ich, bis Euthydemos mich
gelehrt hat, daß ich weiß, die Rechtschaffenen sind ungerecht,
und mißgönne mir das Kunststück nicht. – Du entläufst,
Sokrates, sagte Dionysodoros, und willst nicht antworten. –
Ganz natürlich, sprach ich. Denn ich bin schon schwächer als
Einer von euch, so daß ich vor beiden zugleich wohl nicht
umhin kann zu fliehen. Denn ich bin ja um vieles schlechter als c
Herakles, der ja nicht im Stande war, gegen die Hydra zu
kämpfen, diese Sophistin, die so klug war, wenn ihrem Satz ein
Kopf abgeschnitten wurde, viele neue statt des einen heraus-
zustrecken, und zugleich auch gegen den andern Sophisten,
den Seekrebs, der eben erst, dünkt mich, seewärts her ange-
schwommen gekommen war; sondern als dieser ihn nun auch
noch ängstete, und ihn so von links her ansprach und biß, rief
Herakles seinen Brudersohn Joleos zu Hülfe. Und der half ihm
freilich genug; wenn aber mein Joleos Patrokles käme, der d

Ἀπόκριναι δή, ἔφη ὁ Διονυσόδωρος, ὁπότε σοι ταῦτα ὕμνηται· πότερον ὁ Ἰόλεως τοῦ Ἡρακλέους μᾶλλον ἦν ἀδελφιδοῦς ἢ σός;

Κράτιστον τοίνυν μοι, ὦ Διονυσόδωρε, ἦν δ' ἐγώ, ἀποκρίνασθαί σοι. Οὐ γὰρ μὴ ἀνῇς ἐρωτῶν, σχεδόν τι ἐγὼ τοῦτ' εὖ οἶδα, φθονῶν καὶ διακωλύων, ἵνα μὴ διδάξῃ με Εὐθύδημος ἐκεῖνο τὸ σοφόν. — Ἀποκρίνου δή, ἔφη. — Ἀποκρίνομαι δή, εἶπον, ὅτι τοῦ Ἡρακλέους ἦν ὁ Ἰόλεως ἀδελφιδοῦς, ἐμὸς δ', ὡς ἐμοὶ δοκεῖ, οὐδ' ὁπωστιοῦν. Οὐ γὰρ e Πατροκλῆς ἦν αὐτῷ πατήρ, ὁ ἐμὸς ἀδελφός, ἀλλὰ παραπλήσιος μὲν τοὔνομα Ἰφικλῆς, ὁ Ἡρακλέους ἀδελφός. — Πατροκλῆς δέ, ἦ δ' ὅς, σός; — Πάνυ γ', ἔφην ἐγώ, ὁμομήτριός γε, οὐ μέντοι ὁμοπάτριος. — Ἀδελφὸς ἄρα ἐστί σοι καὶ οὐκ ἀδελφός. — Οὐχ ὁμοπάτριός γε, ὦ βέλτιστε, ἔφην· ἐκείνου μὲν γὰρ Χαιρέδημος ἦν πατήρ, ἐμὸς δὲ Σωφρονίσκος. — Πατὴρ δὲ ἦν, ἔφη, Σωφρονίσκος καὶ Χαιρέδημος; — Πάνυ γ', ἔφην· ὁ μέν γε ἐμός, ὁ δὲ ἐκείνου. — Οὐκοῦν, 298 a ἦ δ' ὅς, ἕτερος ἦν Χαιρέδημος τοῦ πατρός; — Τοὐμοῦ γ', ἔφην ἐγώ. — Ἆρ' οὖν πατὴρ ἦν ἕτερος ὢν πατρός; ἢ σὺ εἶ ὁ αὐτὸς τῷ λίθῳ; — Δέδοικα μὲν ἔγωγ', ἔφην, μὴ φανῶ ὑπὸ σοῦ ὁ αὐτός· οὐ μέντοι μοι δοκῶ. — Οὐκοῦν ἕτερος εἶ, ἔφη, τοῦ λίθου; — Ἕτερος μέντοι. — Ἄλλο τι οὖν ἕτερος, ἦ δ' ὅς, ὢν λίθου οὐ λίθος εἶ; καὶ ἕτερος ὢν χρυσοῦ οὐ χρυσὸς εἶ; — Ἔστι ταῦτα. — Οὐκοῦν καὶ ὁ Χαιρέδημος, ἔφη, ἕτερος ὢν πατρὸς οὐκ ἂν πατὴρ εἴη. — Ἔοικεν, ἦν δ' ἐγώ, οὐ πατὴρ εἶναι.

Εἰ γὰρ δήπου, ἔφη, πατήρ ἐστιν ὁ Χαιρέδημος, ὑπολα- b βὼν ὁ Εὐθύδημος, πάλιν αὖ ὁ Σωφρονίσκος ἕτερος ὢν πατρὸς οὐ πατήρ ἐστιν, ὥστε σύ, ὦ Σώκρατες, ἀπάτωρ εἶ.

Καὶ ὁ Κτήσιππος ἐκδεξάμενος, Ὁ δὲ ὑμέτερος, ἔφη, αὖ πατὴρ οὐ ταὐτὰ ταῦτα πέπονθεν; ἕτερός ἐστιν τοὐμοῦ πατρός; — Πολλοῦ γ', ἔφη, δεῖ, ὁ Εὐθύδημος. — Ἀλλά, ἦ δ' ὅς, ὁ αὐτός; — Ὁ αὐτὸς μέντοι. — Οὐκ ἂν συμβου-

würde nur Übel ärger machen. – Antworte also, sagte Dionysodoros, da du doch dieses selbst vorgebracht hast, ob wohl Joleos mehr des Herakles Brudersohn war, als der deinige? – Es wird wohl das Beste sein, Dionysodoros, sprach ich, daß ich dir antworte; denn du läßt doch nicht ab mit Fragen, wiewohl ich fast weiß, du tust es nur aus Neid, um zu hindern, daß Euthydemos mich nicht jenes Kunststück lehren soll. – Antworte also, sprach er. – So antworte ich denn, daß Joleos des Herakles Brudersohn allerdings war, der meinige aber, meines e
Erachtens, ganz und gar nicht ist. Denn nicht Patrokles mein Bruder war sein Vater, sondern der seinige hieß freilich ähnlich genug Iphikles, des Herakles Bruder. – Patrokles aber, sprach er, ist der deinige? – Ja, sagte ich, von mütterlicher Seite, nicht aber von väterlicher. – Also ist er dein Bruder und auch nicht dein Bruder? – Von Vaterseite nämlich nicht, Bester; denn sein Vater war Chairedemos, der meinige aber Sophroniskos. – Vater also, sprach er, war Sophroniskos und auch Chairedemos? – Allerdings, sprach ich, jener der meinige und der andere 298a
seiner. – Also, fragte er, war Chairedemos ein anderer als Vater? – Als der meinige, ja, sprach ich. – War er also etwa Vater, da er doch ein anderer war als Vater? Oder bist du einerlei mit einem Stein? – Ich fürchte wohl, sprach ich, unter deinen Händen könnte ich es werden; ich denke aber doch nicht. – Also bist du ein anderer als der Stein? – Ein anderer. – Und nicht wahr, weil du ein anderer bist als der Stein, bist du nicht Stein? und weil ein anderer als Gold, bist du nicht Gold? – Richtig. – Also auch Chairedemos, sagte er, wenn er ein anderer ist als Vater, ist nicht Vater. – Er scheint, sprach ich, nicht Vater zu sein. – Und wenn Chairedemos Vater ist, nahm Euthydemos b
das Wort, so ist wiederum Sophroniskos ein anderer als Vater, und nicht Vater, so daß du, o Sokrates, vaterlos wärest. –

6.4. Ktesippos' heldenhafter Kampf gegen sophistische Weisheiten

Da fiel Ktesippos ein und sagte, Eurem Vater aber begegnet wohl nicht das nämliche? ist er nicht ein anderer als mein Vater? – Weit gefehlt, sprach Euthydemos. – Also, fragte jener, derselbe? – Derselbe freilich. – Das wollte ich nicht gar gern. Aber,

λοίμην. Ἀλλὰ πότερον, ὦ Εὐθύδημε, ἐμὸς μόνον ἐστὶ πατὴρ ἢ καὶ τῶν ἄλλων ἀνθρώπων ; — Καὶ τῶν ἄλλων, ἔφη· ἢ οἴει τὸν αὐτὸν πατέρα ὄντα οὐ πατέρα εἶναι ; — Ὤιμην δῆτα, ἔφη ὁ Κτήσιππος. — Τί δέ ; ἦ δ᾽ ὅς· χρυσὸν ὄντα μὴ χρυσὸν εἶναι ; ἢ ἄνθρωπον ὄντα μὴ ἄνθρωπον ; — Μὴ γάρ, ἔφη ὁ Κτήσιππος, ὦ Εὐθύδημε· τὸ λεγόμενον, οὐ λίνον λίνῳ συνάπτεις· δεινὸν γὰρ λέγεις πρᾶγμα, εἰ ὁ σὸς πατὴρ πάντων ἐστὶν πατήρ. — Ἀλλ᾽ ἔστιν, ἔφη. — Πότερον ἀνθρώπων ; ἦ δ᾽ ὃς ὁ Κτήσιππος, ἢ καὶ ἵππων καὶ τῶν ἄλλων πάντων ζῴων ; — Πάντων, ἔφη. — Ἦ καὶ μήτηρ ἡ μήτηρ ; — Καὶ ἡ μήτηρ γε. — Καὶ τῶν ἐχίνων ἄρα, ἔφη, ἡ σὴ μήτηρ μήτηρ ἐστὶ τῶν θαλαττίων. — Καὶ ἡ σή γ᾽, ἔφη. — Καὶ σὺ ἄρα ἀδελφὸς εἶ τῶν βοιδίων καὶ κυναρίων καὶ χοιριδίων. — Καὶ γὰρ σύ, ἔφη. — Καὶ πρὸς ἄρα σοι πατὴρ ἐστι καὶ κύων. — Καὶ γὰρ σοί, ἔφη. c d

Αὐτίκα δέ γε, ἦ δ᾽ ὃς ὁ Διονυσόδωρος, ἄν μοι ἀποκρίνῃ, ὦ Κτήσιππε, ὁμολογήσεις ταῦτα. Εἰπὲ γάρ μοι, ἔστι σοι κύων ; — Καὶ μάλα πονηρός, ἔφη ὁ Κτήσιππος. — Ἔστιν οὖν αὐτῷ κυνίδια ; — Καὶ μάλ᾽, ἔφη, ἕτερα τοιαῦτα. — Οὐκοῦν πατήρ ἐστιν αὐτῶν ὁ κύων ; — Ἔγωγέ τοι εἶδον, ἔφη, αὐτὸν ὀχεύοντα τὴν κύνα. — Τί οὖν ; οὐ σός ἐστιν ὁ κύων ; — Πάνυ γ᾽, ἔφη. — Οὐκοῦν πατὴρ ὢν σός ἐστιν, ὥστε σὸς πατὴρ γίγνεται ὁ κύων καὶ σὺ κυναρίων ἀδελφός ; e

Καὶ αὖθις ταχὺ ὑπολαβὼν ὁ Διονυσόδωρος, ἵνα μὴ πρότερόν τι εἴποι ὁ Κτήσιππος, Καὶ ἔτι γέ μοι μικρόν, ἔφη, ἀπόκριναι· τύπτεις τὸν κύνα τοῦτον ; — Καὶ ὁ Κτήσιππος γελάσας, Νὴ τοὺς θεούς, ἔφη· οὐ γὰρ δύναμαι σέ. — Οὐκοῦν τὸν σαυτοῦ πατέρα, ἔφη, τύπτεις ;

Πολὺ μέντοι, ἔφη, δικαιότερον ⟨ἂν⟩ τὸν ὑμέτερον πατέρα τύπτοιμι, ὅ τι μαθὼν σοφοὺς ὑεῖς οὕτως ἔφυσεν. Ἀλλ᾽ ἦ που, ὦ Εὐθύδημε [ὁ Κτήσιππος], πόλλ᾽ ἀγαθὰ ἀπὸ τῆς ὑμετέρας σοφίας ταύτης ἀπολέλαυκεν ὁ πατὴρ ὁ ὑμέτερός τε καὶ τῶν κυνιδίων. 299 a

Euthydemos, fuhr er fort, ist er etwa nur mein Vater oder auch c
der übrigen Menschen? – Auch der übrigen, antwortete er.
Oder meinst du, derselbe sei Vater und auch nicht Vater? – Das
meinte ich freilich, sagte Ktesippos. – Wie, fragte jener, also
wäre auch Gold zugleich nicht Gold, und ein Mensch nicht
Mensch? – Wenn du nur nicht, sagte Ktesippos, Gerissenes
wieder mit Gerissenem zusammenknüpfst. Denn das ist auch
eine üble Sache, wenn dein Vater aller Vater ist. – Das ist er aber
doch, sagte jener. – Etwa nur der Menschen, fragte Ktesippos,
oder auch der Pferde und aller übrigen Tiere? – Aller, sagte er. – d
Auch deine Mutter eben so die Mutter von allen? – Auch die
Mutter. – Also ist deine Mutter auch die Mutter der Schwein-
igel? – Auch deine, sagte er. – Und du bist also der Bruder der
Stinte und der jungen Hunde und der Ferkel? – Aber auch du,
sagte er. – Und obenein ist dein Vater wohl gar ein Hund? –
Auch deiner, sagte er. – Sogleich, Ktesippos, wenn du mir
antworten willst, sagte Dionysodoros, sollst du das zugestehn.
Sage mir, hast du einen Hund? – Und das einen recht bösen,
sprach Ktesippos. – Hat er auch Junge? – Ja, sprach er, eben e
solche. – Deren Vater ist also doch der Hund. – Ja wohl, sprach
er, ich habe selbst gesehn wie er die Hündin beschwängerte. –
Wie nun, ist der Hund nicht dein? – Freilich, sagte er. – Und so
wie dein, ist er auch Vater; so daß der Hund dein Vater wird,
und du der jungen Hunde Bruder. Und sogleich fuhr Diony-
sodoros weiter fort, damit Ktesippos nicht zuvor etwas sagen
könnte, und sprach, Und noch dies einzige beantworte mir:
Schlägst du wohl diesen Hund? – Da lachte Ktesippos und
antwortete, Ja bei den Göttern, denn dich kann ich nicht. –
Also schlägst du deinen Vater? – Mit weit besserem Recht, 299a
sagte Ktesippos, möchte ich wohl euren Vater schlagen, was er
sich doch gedacht hat, so weise Söhne zu zeugen. Aber gewiß o
Euthydemos, hat wohl euer und der Hündchen Vater schon
sehr viel Gutes dieser eurer Weisheit zu verdanken? – Er
braucht gar nicht viel Gutes, Ktesippos, weder er noch du. –

᾿Αλλ᾿ οὐδὲν δεῖται πολλῶν ἀγαθῶν, ὦ Κτήσιππε, οὔτ᾿ ἐκεῖνος οὔτε σύ.

Οὐδὲ σύ, ἦ δ᾿ ὅς, ὦ Εὐθύδημε, αὐτός ;

Οὐδὲ ἄλλος γε οὐδεὶς ἀνθρώπων. Εἰπὲ γάρ μοι, ὦ Κτή-
σιππε, εἰ ἀγαθὸν νομίζεις εἶναι ἀσθενοῦντι φάρμακον πιεῖν b
ἢ οὐκ ἀγαθὸν εἶναι δοκεῖ σοι, ὅταν δέηται· ἢ εἰς πόλεμον ὅταν ἴῃ, ὅπλα ἔχοντα μᾶλλον ἰέναι ἢ ἄνοπλον. — Ἔμοιγε, ἔφη. Καίτοι οἶμαί τί σε τῶν καλῶν ἐρεῖν. — Σὺ ἄριστα εἴσει, ἔφη· ἀλλ᾿ ἀποκρίνου. ᾿Επειδὴ γὰρ ὡμολόγεις ἀγαθὸν εἶναι φάρμακον, ὅταν δέῃ, πίνειν ἀνθρώπῳ, ἄλλο τι τοῦτο τὸ ἀγαθὸν ὡς πλεῖστον δεῖ πίνειν, καὶ καλῶς ἐκεῖ ἕξει, ἐάν τις αὐτῷ τρίψας ἐγκεράσῃ ἐλλεβόρου ἅμαξαν ; — Καὶ ὁ Κτήσιππος εἶπεν· Πάνυ γε σφόδρα, ὦ Εὐθύδημε, ἐὰν ᾖ γε
ὁ πίνων ὅσος ὁ ἀνδριὰς ὁ ἐν Δελφοῖς. — Οὐκοῦν, ἔφη, καὶ c
ἐν τῷ πολέμῳ ἐπειδὴ ἀγαθόν ἐστιν ὅπλα ἔχειν, ὡς πλεῖστα δεῖ ἔχειν δόρατά τε καὶ ἀσπίδας, ἐπειδήπερ ἀγαθόν ἐστιν ; — Μάλα δήπου, ἔφη ὁ Κτήσιππος· σὺ δ᾿ οὐκ οἴει, ὦ Εὐθύδημε, ἀλλὰ μίαν καὶ ἓν δόρυ ; — Ἔγωγε. — Ἦ καὶ τὸν Γηρυόνην ἄν, ἔφη, καὶ τὸν Βριάρεων οὕτως σὺ ὁπλίσαις ; ἐγὼ δὲ ᾤμην σὲ δεινότερον εἶναι, ἅτε ὁπλομάχην ὄντα, καὶ τόνδε τὸν ἑταῖρον.

Καὶ ὁ μὲν Εὐθύδημος ἐσίγησεν· ὁ δὲ Διονυσόδωρος πρὸς
τὰ πρότερον ἀποκεκριμένα τῷ Κτησίππῳ ἤρετο, Οὐκοῦν καὶ d
χρυσίον, ἦ δ᾿ ὅς, ἀγαθὸν δοκεῖ σοι εἶναι ἔχειν ; — Πάνυ, καὶ ταῦτά γε πολύ, ἔφη ὁ Κτήσιππος. — Τί οὖν ; ἀγαθὰ οὐ δοκεῖ σοι χρῆναι ἀεί τ᾿ ἔχειν καὶ πανταχοῦ ; — Σφόδρα γ᾿, ἔφη. — Οὐκοῦν καὶ τὸ χρυσίον ἀγαθὸν ὁμολογεῖς εἶναι ; — Ὡμολόγηκα μὲν οὖν, ἦ δ᾿ ὅς. — Οὐκοῦν ἀεὶ δεῖ αὐτὸ ἔχειν καὶ πανταχοῦ καὶ ὡς μάλιστα ἐν ἑαυτῷ ; καὶ εἴη ἂν
εὐδαιμονέστατος εἰ ἔχοι χρυσίου μὲν τρία τάλαντα ἐν τῇ e
γαστρί, τάλαντον δ᾿ ἐν τῷ κρανίῳ, στατῆρα δὲ χρυσοῦ ἐν ἑκατέρῳ τὠφθαλμῷ ; — Φασί γε οὖν, ὦ Εὐθύδημε, ἔφη ὁ Κτήσιππος, τούτους εὐδαιμονεστάτους εἶναι Σκυθῶν καὶ

Noch auch gewiß du selbst, Euthydemos. – Noch auch irgend ein anderer Mensch. Denn sage mir nur, Ktesippos, ob du es einem Kranken gut hältst Arzenei zu nehmen, wenn er ihrer b bedarf, oder nicht? Oder wenn einer in den Krieg zieht, lieber mit Waffen zu gehen als unbewaffnet? – Ich denke so, antwortete er, wiewohl ich glaube, du wirst wieder etwas herrliches sagen. – Das wirst du am besten wissen, sagte er, antworte nur. Denn da du zugibst, daß es einem Menschen gut ist, wenn er ihrer bedarf, Arzenei zu nehmen: so muß er also recht viel von diesem Guten nehmen, und es wird ihm vortrefflich bekommen, wenn ihm einer ein ganz Fuder voll Niesewurz klein stieße und eingäbe. – Gar vortrefflich, Euthydemos, wenn der Einnehmende so groß wäre als die delphische Bildsäule. – c Und, fuhr jener fort, wenn es im Kriege gut ist Waffen zu tragen: so muß man ja wohl so viel als nur möglich Spieße und Schilder haben, wenn es ja gut ist? – Gewiß, sagte Ktesippos. Und du, Euthydemos, glaubst das wohl nicht, sondern nur eins, und einen Spieß? – Ja, so glaube ich. – Würdest du etwa auch den Geryones und Briareus so bewaffnen? Hierauf, hatte ich geglaubt, verständest du dich besser, da ihr ja Fechtmeister seid, du und dieser Freund. – Da schwieg Euthydemos; Dionysodoros aber fragte den Ktesippos in Bezug auf das vorher d Geantwortete, dünkt es dich nicht auch gut, Gold haben? – Freilich, und zwar viel, antwortete Ktesippos. – Und bist du nicht der Meinung, daß man gute Sachen immer haben muß und überall? – Gar sehr. – Und das Gold hältst du doch auch für gut? – Das habe ich freilich zugegeben. – Also muß man es immer haben und überall, und vornehmlich bei sich. Und der wäre also der glückseligste, der drei Talente Gold im Bauch e hätte, und ein Talent im Schädel und einen Stater in jedem Auge. – Sagt man doch auch, sprach Ktesippos, daß das die glückseligsten und trefflichsten Männer sind unter den Sky-

ἀρίστους ἄνδρας, οἳ χρυσίον τε ἐν τοῖς κρανίοις ἔχουσιν
πολὺ τοῖς ἑαυτῶν, ὥσπερ σὺ νῦν δὴ ἔλεγες τὸν κύνα τὸν
πατέρα, καὶ ὃ θαυμασιώτερόν γε ἔτι, ὅτι καὶ πίνουσιν ἐκ
τῶν ἑαυτῶν κρανίων κεχρυσωμένων, καὶ ταῦτα ἐντὸς καθο-
ρῶσιν, τὴν ἑαυτῶν κορυφὴν ἐν ταῖς χερσὶν ἔχοντες.

Πότερον δὲ ὁρῶσιν, ἔφη ὁ Εὐθύδημος, καὶ Σκύθαι γε καὶ 300 a
οἱ ἄλλοι ἄνθρωποι τὰ δυνατὰ ὁρᾶν ἢ τὰ ἀδύνατα ; — Τὰ
δυνατὰ δήπου. — Οὐκοῦν καὶ σύ, ἔφη ; — Κἀγώ. — Ὁρᾷς
οὖν τὰ ἡμέτερα ἱμάτια ; — Ναί. — Δυνατὰ οὖν ὁρᾶν ἐστιν
ταῦτα. — Ὑπερφυῶς, ἔφη ὁ Κτήσιππος. — Τί δέ ; ἦ δ᾽
ὅς. — Μηδέν. Σὺ δὲ ἴσως οὐκ οἴει αὐτὰ ὁρᾶν· οὕτως ἡδὺς
εἶ. Ἀλλά μοι δοκεῖς, Εὐθύδημε, οὐ καθεύδων ἐπικεκοιμῆ-
σθαι καί, ⟨εἰ⟩ οἷόν τε λέγοντα μηδὲν λέγειν, καὶ σὺ τοῦτο
ποιεῖν.

Ἦ γὰρ οὐχ οἷόν τ᾽, ἔφη ὁ Διονυσόδωρος, σιγῶντα b
λέγειν ; — Οὐδ᾽ ὁπωστιοῦν, ἦ δ᾽ ὃς ὁ Κτήσιππος. — Ἆρ᾽
οὐδὲ λέγοντα σιγᾶν ; — Ἔτι ἧττον, ἔφη. — Ὅταν οὖν
λίθους λέγῃς καὶ ξύλα καὶ σιδήρια, οὐ σιγῶντα λέγεις ; —
Οὔκουν εἴ γε ἐγώ, ἔφη, παρέρχομαι ἐν τοῖς χαλκείοις, ἀλλὰ
φθεγγόμενα καὶ βοῶντα μέγιστον τὰ σιδήρια λέγεται, ἐάν
τις ἅψηται· ὥστε τοῦτο μὲν ὑπὸ σοφίας ἔλαθες οὐδὲν εἰπών.
Ἀλλ᾽ ἔτι μοι τὸ ἕτερον ἐπιδείξατον, ὅπως αὖ ἔστιν λέγοντα
σιγᾶν.

Καί μοι ἐδόκει ὑπεραγωνιᾶν ὁ Κτήσιππος διὰ τὰ παιδικά. c
Ὅταν σιγᾷς, ἔφη ὁ Εὐθύδημος, οὐ πάντα σιγᾷς ; —
Ἔγωγε, ἦ δ᾽ ὅς. — Οὐκοῦν καὶ τὰ λέγοντα σιγᾷς, εἴπερ
τῶν ἁπάντων ἐστὶν [τὰ λεγόμενα]. — Τί δέ ; ἔφη ὁ Κτή-
σιππος, οὐ σιγᾷ πάντα ; — Οὐ δήπου, ἔφη ὁ Εὐθύδημος.
— Ἀλλ᾽ ἆρα, ὦ βέλτιστε, λέγει τὰ πάντα ; — Τά γε δήπου
λέγοντα. — Ἀλλά, ἦ δ᾽ ὅς, οὐ τοῦτο ἐρωτῶ, ἀλλὰ τὰ πάντα
σιγᾷ ἢ λέγει ;

Οὐδέτερα καὶ ἀμφότερα, ἔφη ὑφαρπάσας ὁ Διονυσόδωρος· d
εὖ γὰρ οἶδα ὅτι τῇ ἀποκρίσει οὐχ ἕξεις ὅ τι χρῇ.

then, die recht viel Gold haben in ihren Schädeln, auf die Art wie du vorher den Hund meinen Vater nanntest; und was das wunderbarste ist, sie trinken auch aus diesen ihren eignen vergoldeten Schädeln und sehn inwendig hinein, indem sie ihren eignen Schopf in der Hand halten. – Was für Dinge sehen aber 300a
wohl die Skythen und alle andere Menschen, fragte Euthydemos, die sich zeigen lassen oder die sich nicht zeigen lassen? – Die sich zeigen lassen, offenbar. – Also auch du? – Auch ich. – Siehst du wohl unsere Kleider? – Ja. – Lassen sich die nun wohl zeigen? – Allerdings, ganz ungemein, sprach Ktesippos. – Was denn, fragte jener, lassen sie sich zeigen? – Nichts. Du aber glaubtest es ginge ganz und gar nicht, so gut bist du. Aber, Euthydemos, mich dünkt du träumst ohne zu schlafen, und wenn es irgend möglich ist, zu reden ohne etwas zu sagen, so tust du es gewiß. – Ist das etwa, sprach Dionysodoros, nicht b
möglich für Schweigende zu reden? – Ganz und gar nicht, sagte Ktesippos. – Auch nicht für Redende zu schweigen? – Noch weniger. – Wenn du also für Steine, Holz oder Eisen redest, redest du da nicht für Schweigende? – Keinesweges, antwortete er, wenn ich dabei in der Schmiede herumgehe; denn da schreit das Eisen gewaltig wenn man es anrührt, so daß dir hier doch aus übergroßer Weisheit entgangen ist, daß du nichts sagst. Aber zeigt mir nun auch das andere, wie es wiederum für Redende möglich ist zu schweigen. Und Ktesippos schien mir c
sehr in Eifer zu sein wegen seines Lieblings. – Wenn du schweigst, sprach Euthydemos, schweigst du nicht für Alle? – Ja. – Also auch für Redende zugleich schweigst du, wenn doch die Redenden unter den Allen begriffen sind. – Wie, fragte Ktesippos, schweigen denn nicht Alle? – Nein doch, sagte Euthydemos. – Also, Bester, reden etwa Alle? – Ja, die Redenden. – Aber, sagte jener, danach frage ich ja nicht, sondern Alle, ob die reden oder schweigen? – Keines von beiden, und beides, d
sagte hurtig einfallend Dionysodoros, denn mit der Antwort,

Καὶ ὁ Κτήσιππος, ὥσπερ εἰώθει, μέγα πάνυ ἀνακαγχάσας, Ὦ Εὐθύδημε, ἔφη, ὁ ἀδελφός σου ἐξημφοτέρικεν τὸν λόγον, καὶ ἀπόλωλέ τε καὶ ἥττηται. Καὶ ὁ Κλεινίας πάνυ ἥσθη καὶ ἐγέλασεν, ὥστε ὁ Κτήσιππος ἐγένετο πλεῖον ἢ δεκαπλάσιος. Ὁ δέ μοι πανοῦργος ὢν ὁ Κτήσιππος παρ᾽ αὐτῶν τούτων αὐτὰ ταῦτα παρηκηκόει· οὐ γάρ ἐστιν ἄλλων τοιαύτη σοφία τῶν νῦν ἀνθρώπων.

Κἀγὼ εἶπον· Τί γελᾷς, ὦ Κλεινία, ἐπὶ σπουδαίοις οὕτω e
πράγμασιν καὶ καλοῖς ;

Σὺ γὰρ ἤδη τι πώποτε εἶδες, ὦ Σώκρατες, καλὸν πρᾶγμα ; ἔφη ὁ Διονυσόδωρος.

Ἔγωγε, ἔφην, καὶ πολλά γε, ὦ Διονυσόδωρε.

Ἆρα ἕτερα ὄντα τοῦ καλοῦ, ἔφη, ἢ ταὐτὰ τῷ καλῷ ; 301 a

Κἀγὼ ἐν παντὶ ἐγενόμην ὑπὸ ἀπορίας, καὶ ἡγούμην δίκαια πεπονθέναι ὅτι ἔγρυξα, ὅμως δὲ ἕτερα ἔφην αὐτοῦ γε τοῦ καλοῦ· πάρεστιν μέντοι ἑκάστῳ αὐτῶν κάλλος τι.

Ἐὰν οὖν, ἔφη, παραγένηταί σοι βοῦς, βοῦς εἶ, καὶ ὅτι νῦν ἐγώ σοι πάρειμι, Διονυσόδωρος εἶ ;

Εὐφήμει τοῦτό γε, ἦν δ᾽ ἐγώ.

Ἀλλὰ τίνα τρόπον, ἔφη, ἑτέρου ἑτέρῳ παραγενομένου τὸ ἕτερον ἕτερον ἂν εἴη ;

Ἆρα τοῦτο, ἔφην ἐγώ, ἀπορεῖς ; Ἤδη δ᾽ ἰδίᾳ τοῖν b
ἀνδροῖν τὴν σοφίαν ἐπεχείρουν μιμεῖσθαι, ἅτε ἐπιθυμῶν αὐτῆς.

Πῶς γὰρ οὐκ ἀπορῶ, ἔφη, καὶ ἐγὼ καὶ οἱ ἄλλοι ἅπαντες ἄνθρωποι ὃ μὴ ἔστι ;

Τί λέγεις, ἦν δ᾽ ἐγώ, ὦ Διονυσόδωρε ; οὐ τὸ καλὸν καλόν ἐστιν καὶ τὸ αἰσχρὸν αἰσχρόν ; — Ἐὰν ἔμοιγε, ἔφη, δοκῇ. — Οὐκοῦν δοκεῖ ; — Πάνυ γ᾽, ἔφη. — Οὐκοῦν καὶ τὸ ταὐτὸν ταὐτὸν καὶ τὸ ἕτερον ἕτερον ; οὐ γὰρ δήπου τό γε ἕτερον ταὐτόν, ἀλλ᾽ ἔγωγε οὐδ᾽ ἂν παῖδα ᾤμην τοῦτο ἀπορῆσαι, c
ὡς οὐ τὸ ἕτερον ἕτερόν ἐστιν. Ἀλλ᾽, ὦ Διονυσόδωρε, τοῦτο μὲν ἑκὼν παρῆκας, ἐπεὶ τὰ ἄλλα μοι δοκεῖτε, ὥσπερ οἱ

das weiß ich gewiß, wirst du nichts anfangen können. – Da lachte, wie er pflegt, Ktesippos laut auf und sagte: o Euthydemos, dein Bruder hat die Frage doppelt genommen, und ist verloren und überwunden. – Da freute sich Kleinias sehr und lachte, so daß dem Ktesippos noch mehr als zehnfach der Mut wuchs. Wie mich aber dünkt, hatte der schlaue Ktesippos schon von ihnen selbst eben dieses abgehört. Denn es gibt nirgend sonst noch solche Weisheit unter den Menschen.

6.5. Sokrates gibt seinen Widerstand gegen die beiden Sophisten auf, entlockt ihnen nur noch weitere Tricks

Und ich sagte darauf: Warum lachst du doch, Kleinias, über so e
wichtige und schöne Dinge? – Hast du denn schon jemals ein
schönes Ding gesehn, Sokrates? fragte Dionysodoros. – O ja,
sagte ich, viele. – Waren die verschieden von dem Schönen, 301a
sprach er, oder einerlei mit dem Schönen? – Da war ich nun
wieder auf jeden Fall in der Klemme, und dachte, mir geschähe
Recht dafür, daß ich gemuckst hätte. Dennoch aber sagte ich,
Verschieden von dem Schönen selbst; aber jedes hat doch eine
gewisse Schönheit bei sich. – Also, sprach er, wenn du einen
Ochsen bei dir hast, bist du ein Ochs? und weil du jetzt mich bei
dir hast, bist du Dionysodoros. – Sprich wenigstens nicht ruchloses, wie das letzte, sagte ich. – Aber auf welche Weise, sprach
er, kann denn, wenn nun ein verschiedenes Ding zu einem
verschiedenen hinzukommt, dies verschiedene das verschiedene sein? – Also dagegen, sagte ich, findest du Bedenken? b
denn nun unterfing ich mich schon den Männern ihre Weisheit
nachzuahmen, weil ich so großes Vergnügen daran fand. –
Wie, sprach er, sollte ich nicht Bedenken haben, ich und alle
andern Menschen, gegen das was nicht ist? – Wie meinst du,
sprach ich, ist nicht das Schöne schön und das Häßliche häßlich? – Wenn ich es dafür halte, sprach er. – Hältst du es also
dafür? – Freilich, sagte er. – Also ist doch auch das Einerlei
einerlei und das Verschiedene verschieden. Denn das Verschiedene ist doch wohl nicht das Einerleie. Dagegen, dachte ich, c
würde kein Kind Bedenken finden, daß das Verschiedene verschieden ist! Doch Dionysodoros, dies hast du nur mit Willen
so übersehen. Denn übrigens dünkt mich, daß wie jeder ausge-

δημιουργοὶ οἷς ἕκαστα προσήκει ἀπεργάζεσθαι, καὶ ὑμεῖς
τὸ διαλέγεσθαι παγκάλως ἀπεργάζεσθαι.

Οἶσθα οὖν, ἔφη, ὅ τι προσήκει ἑκάστοις τῶν δημιουργῶν;
πρῶτον τίνα χαλκεύειν προσήκει, οἶσθα; — Ἔγωγε· ὅτι
χαλκέα. — Τί δὲ κεραμεύειν; — Κεραμέα. — Τί δὲ σφάτ-
τειν τε καὶ ἐκδέρειν καὶ τὰ μικρὰ κρέα κατακόψαντα ἕψειν
καὶ ὀπτᾶν; — Μάγειρον, ἦν δ' ἐγώ. — Οὐκοῦν ἐάν τις, d
ἔφη, τὰ προσήκοντα πράττῃ, ὀρθῶς πράξει; — Μάλιστα.
— Προσήκει δέ γε, ὡς φῄς, τὸν μάγειρον κατακόπτειν καὶ
ἐκδέρειν; ὡμολόγησας ταῦτα ἢ οὔ; — Ὡμολόγησα, ἔφην,
ἀλλὰ συγγνώμην μοι ἔχε. — Δῆλον τοίνυν, ἦ δ' ὅς, ὅτι ἄν τις
σφάξας τὸν μάγειρον καὶ κατακόψας ἑψήσῃ καὶ ὀπτήσῃ, τὰ
προσήκοντα ποιήσει· καὶ ἐὰν τὸν χαλκέα τις αὐτὸν χαλκεύῃ
καὶ τὸν κεραμέα κεραμεύῃ, καὶ οὗτος τὰ προσήκοντα πράξει.

Ὦ Πόσειδον, ἦν δ' ἐγώ, ἤδη κολοφῶνα ἐπιτίθης τῇ e
σοφίᾳ. Ἆρά μοί ποτε αὕτη παραγενήσεται ὥστε μοι οἰκεία
γενέσθαι;

Ἐπιγνοίης ἂν αὐτήν, ὦ Σώκρατες, ἔφη, οἰκείαν γενο-
μένην;

Ἐάν σύ γε βούλῃ, ἔφην ἐγώ, δῆλον ὅτι.

Τί δέ, ἦ δ' ὅς, τὰ σαυτοῦ οἴει γιγνώσκειν;

Εἰ μή τι σὺ ἄλλο λέγεις· ἀπὸ σοῦ γὰρ δεῖ ἄρχεσθαι,
τελευτᾶν δ' εἰς Εὐθύδημον τόνδε.

Ἆρ' οὖν, ἔφη, ταῦτα ἡγεῖ σὰ εἶναι, ὧν ἂν ἄρξῃς καὶ
ἐξῇ σοι αὐτοῖς χρῆσθαι ὅ τι ἂν βούλῃ; οἷον βοῦς καὶ πρό- 302 a
βατον, ἆρ' ἂν ἡγοῖο ταῦτα σὰ εἶναι, ἅ σοι ἐξείη καὶ ἀπο-
δόσθαι καὶ δοῦναι καὶ θῦσαι ὅτῳ βούλοιο θεῶν; ἃ δ' ἂν μὴ
οὕτως ἔχῃ, οὐ σά;

Κἀγώ (ᾔδη γὰρ ὅτι ἐξ αὐτῶν καλόν τι ἀνακύψοιτο [τῶν
ἐρωτημάτων], καὶ ἅμα βουλόμενος ὅ τι τάχιστ' ἀκοῦσαι),
Πάνυ μὲν οὖν, ἔφην, οὕτως ἔχει· τὰ τοιαῦτά ἐστιν μόνα
ἐμά. — Τί δέ; ζῷα, ἔφη, οὐ ταῦτα καλεῖς ἃ ἂν ψυχὴν
ἔχῃ; — Ναί, ἔφην. — Ὁμολογεῖς οὖν τῶν ζῴων ταῦτα b

lernte Künstler was ihm zu fertigen zukommt, so auch ihr das
Gespräch ganz vortrefflich ausarbeitet. – Weißt du also, sprach
er, was jedem Künstler zukommt? Zuerst wem kommt das
Schmieden zu? – Ich weiß, dem Schmied. – Wem Töpfe ma-
chen? – Dem Töpfer. – Und schlachten und abledern, und das
kleine Fleisch zerlegen, kochen und braten? – Dem Koch, d
sprach ich. – Wenn man nun einem tut, was ihm zukommt, so
tut man doch Recht? – Gewiß. – Und dem Koch, sagst du,
kommt schlachten und abledern zu? Hast du das zugegeben
oder nicht? – Freilich habe ich es zugegeben, aber sieh es mir
nur nach. – Offenbar also, fuhr er fort, wenn Jemand den Koch
schlachtet, zerlegt, kocht und bratet: so tut er ihm was ihm
zukommt. Und wenn Jemand den Schmied schmiedet und den
Töpfer auf der Scheibe dreht: so tut er ihm was ihm zukommt?
– O Poseidon! rief ich aus, jetzt hast du deiner Weisheit die e
Krone aufgesetzt! Werde ich die wohl je so gewinnen, daß sie
mir eigen wird? – Würdest du sie wohl erkennen, Sokrates,
wenn sie dir eigen geworden wäre? – Wenn du es willst, sprach
ich, dann gewiß. – Und wie, sprach er, glaubst du zu erkennen,
was dein ist? – Wenn du nicht etwa anders meinst, sagte ich;
denn mit dir muß man anfangen und mit dem Euthydemos
endigen. – Glaubst du also etwa, daß das dein ist, worüber du
zu gebieten hast, und womit du anfangen kannst, was du 302a
willst? Zum Beispiel, würdest du glauben, diejenigen Ochsen
und Schafe wären dein, welche du dürftest verkaufen, ver-
schenken und schlachten welchem Gott du wolltest? und mit
denen es sich nicht so verhielte, die wären nicht dein? – Da
merkte ich schon, daß hieraus wieder eins aufducken würde
von jenen herrlichen Fragestücken, und da ich es gern bald-
möglichst hören wollte, antwortete ich: Allerdings, so verhält
es sich, dergleichen allein ist mein. – Und wie? Tiere nennst du
doch das, was eine Seele hat? – Ja, sprach ich. – Du gibst also b

μόνα εἶναι σά, περὶ ἃ ἄν σοι ἐξουσία ᾖ πάντα ταῦτα ποιεῖν
ἃ νῦν δὴ ἐγὼ ἔλεγον ; — Ὁμολογῶ. — Καὶ ὅς, εἰρωνικῶς
πάνυ ἐπισχὼν ὥς τι μέγα σκοπούμενος, Εἰπέ μοι, ἔφη, ὦ
Σώκρατες, ἔστιν σοι Ζεὺς πατρῷος ; — Καὶ ἐγὼ ὑποπτεύσας
ἥξειν τὸν λόγον οἷπερ ἐτελεύτησεν, ἄπορόν τινα στροφὴν
ἔφευγόν τε καὶ ἐστρεφόμην ἤδη ὥσπερ ἐν δικτύῳ εἰλημμένος·
Οὐκ ἔστιν, ἦν δ' ἐγώ, ὦ Διονυσόδωρε. — Ταλαίπωρος ἄρα
τις σύ γε ἄνθρωπος εἶ καὶ οὐδὲ Ἀθηναῖος, ᾧ μήτε θεοὶ c
πατρῷοί εἰσιν μήτε ἱερὰ μήτε ἄλλο μηδὲν καλὸν καὶ ἀγαθόν.
— Ἔα, ἦν δ' ἐγώ, ὦ Διονυσόδωρε, εὐφήμει καὶ μὴ χαλεπῶς
με προδίδασκε. Ἔστι γὰρ ἔμοιγε καὶ ἱερὰ οἰκεῖα καὶ πατρῷα
καὶ τὰ ἄλλα ὅσαπερ τοῖς ἄλλοις Ἀθηναίοις τῶν τοιούτων.
— Εἶτα τοῖς ἄλλοις, ἔφη, Ἀθηναίοις οὐκ ἔστιν Ζεὺς ὁ
πατρῷος ; — Οὐκ ἔστιν, ἦν δ' ἐγώ, αὕτη ἡ ἐπωνυμία Ἰώνων
οὐδενί, οὔθ' ὅσοι ἐκ τῆσδε τῆς πόλεως ἀπῳκισμένοι εἰσὶν
οὔθ' ἡμῖν, ἀλλὰ Ἀπόλλων πατρῷος διὰ τὴν τοῦ Ἴωνος d
γένεσιν· Ζεὺς δ' ἡμῖν πατρῷος μὲν οὐ καλεῖται, ἕρκειος δὲ
καὶ φράτριος, καὶ Ἀθηναία φρατρία. — Ἀλλ' ἀρκεῖ γ', ἔφη
ὁ Διονυσόδωρος· ἔστιν γάρ σοι, ὡς ἔοικεν, Ἀπόλλων τε καὶ
Ζεὺς καὶ Ἀθηνᾶ. — Πάνυ, ἦν δ' ἐγώ. — Οὐκοῦν καὶ οὗτοι
σοὶ θεοὶ ἂν εἶεν ; ἔφη. — Πρόγονοι, ἦν δ' ἐγώ, καὶ δεσπό-
ται. — Ἀλλ' οὖν σοί γε, ἔφη· ἢ οὐ σοὺς ὡμολόγηκας αὐτοὺς
εἶναι ; — Ὡμολόγηκα, ἔφην· τί γὰρ πάθω ; — Οὐκοῦν,
ἔφη, καὶ ζῷά εἰσιν οὗτοι οἱ θεοί ; ὡμολόγηκας γὰρ ὅσα e
ψυχὴν ἔχει ζῷα εἶναι. Ἢ οὗτοι οἱ θεοὶ οὐκ ἔχουσιν ψυχήν ;
— Ἔχουσιν, ἦν δ' ἐγώ. — Οὐκοῦν καὶ ζῷά εἰσιν ; — Ζῷα,
ἔφην. — Τῶν δέ γε ζῴων, ἔφη, ὡμολόγηκας ταῦτ' εἶναι σά,
ὅσα ἄν σοι ἐξῇ καὶ δοῦναι καὶ ἀποδόσθαι καὶ θῦσαι δὴ θεῷ
ὅτῳ ἂν βούλῃ. — Ὡμολόγηκα, ἔφην· οὐκ ἔστιν γάρ μοι
ἀνάδυσις, ὦ Εὐθύδημε. — Ἴθι δή μοι εὐθύς, ἦ δ' ὅς, εἰπέ·
ἐπειδὴ σὸν ὁμολογεῖς εἶναι τὸν Δία καὶ τοὺς ἄλλους θεούς,
ἆρα ἔξεστί σοι αὐτοὺς ἀποδόσθαι ἢ δοῦναι ἢ ἀλλ' ὅ τι ἂν 303
βούλῃ χρῆσθαι ὥσπερ τοῖς ἄλλοις ζῴοις ;

zu, von den Tieren seien allein diejenigen dein, womit du
Macht hast alles das zu tun, was ich eben erwähnte? – Das gebe
ich zu. – Darauf hielt er spöttisch verstellter Weise inne, als ob
er auf etwas großes sänne, und fragte dann, Sage mir, Sokrates,
hast du einen väterlichen Zeus? – Da ahndete mir schon, daß es
kommen würde wie es zuletzt auch kam, und ich drehte und
wendete mich ratlos und vergeblich wie im Netze gefangen,
und sagte: Nein, den habe ich nicht, Dionysodoros. – So bist
du ja ein ganz erbärmlicher Mensch, und gar nicht ein Athener, c
wenn du weder väterliche Götter hast, noch heiliges, noch
sonst etwas schönes und gutes. – Halt, sagte ich, Dionysodo-
ros, sprich besser, und laß mich nicht so hart an als Lehrer.
Denn ich habe ja allerdings Altäre und Heiligtümer häusliche
und väterliche, und alles was andere Athener von der Art ha-
ben. – Also andere Athener haben keinen väterlichen Zeus? –
Nein, sagte ich, diesen Namen führt er bei keinen Ioniern,
weder bei denen, die von dieser Stadt aus anderwärts hinge-
zogen sind, noch bei uns selbst. Sondern väterlich heißt uns d
Apollon wegen Erzeugung des Ion. Zeus aber wird bei uns
nicht väterlich genannt, sondern der Zeus des Gehöftes und
der Brüderschafts-Zeus, und so auch Athene, die Athene der
Brüderschaften. – Das ist ja genug, sprach Dionysodoros; so
hast du doch, wie es scheint, einen Apollon und Zeus und
Athene. – Ja wohl, sagte ich. – Also sind doch auch diese deine
Götter? – Ja, Ahnherrn, sagte ich, und Gebieter. – Immer doch
deine, sprach er, oder hast du nicht eingestanden, daß sie dein
sind? – Ich habe es eingestanden, sagte ich, denn was will ich
machen? – Nun sind doch diese Götter Tiere? Denn du hast e
eingestanden, was eine Seele habe sei Tier. Oder haben diese
Götter keine Seele? – Sie haben, sprach ich. – Also sind sie doch
auch Tiere? – Das sind sie. – Und von Tieren, gestandest du,
wären nur diejenigen dein, welche du Macht hättest zu ver-
schenken, zu verkaufen und zu schlachten welchem Gott du
wolltest. – Ich habe es eingestanden, sprach ich. Denn ich kann
ja doch nicht entschlüpfen, Euthydemos. – So komm denn,
fuhr er fort, und sage mir gleich, da du bekennst, Zeus sei dein
und die andern Götter, ob du sie wohl dürftest verschenken 303a
oder verkaufen, oder was du sonst wolltest mit ihnen anfangen

Ἐγὼ μὲν οὖν, ὦ Κρίτων, ὥσπερ πληγεὶς ὑπὸ τοῦ λόγου, ἐκείμην ἄφωνος· ὁ δὲ Κτήσιππός μοι ἰὼν ὡς βοηθήσων, Πυππὰξ ὦ Ἡράκλεις, ἔφη, καλοῦ λόγου. — Καὶ ὁ Διονυσόδωρος, Πότερον οὖν, ἔφη, ὁ Ἡρακλῆς πυππάξ ἐστιν ἢ ὁ πυππὰξ Ἡρακλῆς; — Καὶ ὁ Κτήσιππος, Ὦ Πόσειδον, ἔφη, δεινῶν λόγων. Ἀφίσταμαι· ἀμάχω τὼ ἄνδρε.

Ἐνταῦθα μέντοι, ὦ φίλε Κρίτων, οὐδεὶς ὅστις οὐ τῶν b παρόντων ὑπερεπήνεσε τὸν λόγον καὶ τὼ ἄνδρε, καὶ γελῶντες καὶ κροτοῦντες καὶ χαίροντες ὀλίγου παρετάθησαν. Ἐπὶ μὲν γὰρ τοῖς ἔμπροσθεν ἐφ' ἑκάστοις πᾶσι παγκάλως ἐθορύβουν μόνοι οἱ τοῦ Εὐθυδήμου ἐρασταί, ἐνταῦθα δὲ ὀλίγου καὶ οἱ κίονες οἱ ἐν τῷ Λυκείῳ ἐθορύβησάν τ' ἐπὶ τοῖν ἀνδροῖν καὶ ἥσθησαν. Ἐγὼ μὲν οὖν καὶ αὐτὸς οὕτω διετέθην ὥστε ὁμολογεῖν μηδένας πώποτε ἀνθρώπους ἰδεῖν οὕτω σοφούς, c καὶ παντάπασι καταδουλωθεὶς ὑπὸ τῆς σοφίας αὐτοῖν ἐπὶ τὸ ἐπαινεῖν τε καὶ ἐγκωμιάζειν αὐτὼ ἐτραπόμην, καὶ εἶπον· Ὦ μακάριοι σφὼ τῆς θαυμαστῆς φύσεως, οἳ τοσοῦτον πρᾶγμα οὕτω ταχὺ καὶ ἐν ὀλίγῳ χρόνῳ ἐξειργάσθον. Πολλὰ μὲν οὖν καὶ ἄλλα οἱ λόγοι ὑμῶν καλὰ ἔχουσιν, ὦ Εὐθύδημέ τε καὶ Διονυσόδωρε· ἐν δὲ τοῖς καὶ τοῦτο μεγαλοπρεπέστερον, ὅτι τῶν πολλῶν ἀνθρώπων καὶ τῶν σεμνῶν δὴ καὶ δοκούντων τι εἶναι οὐδὲν ὑμῖν μέλει, ἀλλὰ τῶν ὁμοίων ὑμῖν d μόνον. Ἐγὼ γὰρ εὖ οἶδα ὅτι τούτους τοὺς λόγους πάνυ μὲν ἂν ὀλίγοι ἀγαπῷεν ἄνθρωποι ὅμοιοι ὑμῖν, οἱ δ' ἄλλοι οὕτως νοοῦσιν αὐτοὺς ὥστ' εὖ οἶδ' ὅτι αἰσχυνθεῖεν ἂν μᾶλλον ἐξελέγχοντες τοιούτοις λόγοις τοὺς ἄλλους ἢ αὐτοὶ ἐξελεγχόμενοι. Καὶ τόδε αὖ ἕτερον δημοτικόν τι καὶ πρᾷον ἐν τοῖς λόγοις· ὁπόταν φῆτε μήτε καλὸν εἶναι μηδὲν μήτε ἀγαθὸν πρᾶγμα μήτε λευκὸν μηδ' ἄλλο τῶν τοιούτων μηδέν, μηδὲ τὸ παράπαν ἑτέρων ἕτερον, ἀτεχνῶς μὲν τῷ ὄντι ξυρράπ- e τετε τὰ στόματα τῶν ἀνθρώπων, ὥσπερ καὶ φατέ· ὅτι δ'

wie mit andern Tieren? – Da lag ich nun, Kriton, von der Rede getroffen sprachlos da. Ktesippos aber wollte mir zu Hülfe kommen, und sagte, Der Popanz Herakles! was für ein schönes Stück! – Wie doch, sprach Dionysodoros, ist Herakles der Popanz, oder der Popanz Herakles? – Da rief Ktesippos aus: O Poseidon! was für gewaltige Reden! Ich lasse ab; denn die Männer sind unbezwinglich.

7. Jubel bei den Freunden der Sophisten. Ratschläge des Sokrates an Euthydemos und Dionysodoros

Und hier, lieber Kriton, war auch keiner unter den An- b
wesenden, der die Rede nicht über die Maßen gelobt hätte, und die beiden erlagen fast dem Lachen und dem lauten Beifall und der Freude. Denn beim vorigen entstand zwar auch schon jedesmal gar schönes Getümmel unter den Freunden des Euthydemos allein. Hierbei aber wollten fast die Säulen im Lykeion mit einstimmen in das Getümmel, und sich freuen an den Männern. Und ich selbst war so ergriffen, daß ich gestehn mußte, nie so weise Männer gesehen zu haben, und ganz bezwun- c
gen und gefangen von ihrer Weisheit wendete ich mich dazu sie beide zu preisen und zu verherrlichen, und sagte, O ihr glückseligen beiden über eure wunderbaren Gaben, daß ihr eine so große Sache so leicht und in so weniger Zeit zu Stande gebracht! Denn unter vielem andern schönen, das sich in euren Reden findet, o Euthydemos und Dionysodoros, ist dieses fast das erhabenste, daß ihr euch um die meisten Menschen und um die ernsthaften zumal und die für etwas gehalten werden nichts d
kümmert, sondern um die welche euch gleichen nur. Denn das weiß ich gewiß, daß mit diesen Reden nur wenig Menschen recht zufrieden sein möchten, die euch gleichen; die andern aber haben wohl so wenig Verstand davon, daß ich gewiß weiß, sie würden sich mehr schämen, mit solchen Reden Andere zu widerlegen, als selbst dadurch widerlegt zu werden. Auch dies ist noch etwas recht leutseliges und gutmütiges in euren Reden, daß wenn ihr nun leugnet, es sei überall gar nichts schön oder gut oder auch weiß und was irgend von der Art, oder auch es sei überall nichts vom Andern verschieden, e
ihr dann freilich recht ordentlich den Leuten den Mund zusam-

οὐ μόνον τὰ τῶν ἄλλων, ἀλλὰ δόξαιτε ἂν καὶ τὰ ὑμέτερα αὐτώ, τοῦτο πάνυ χαρίεν τέ ἐστιν καὶ τὸ ἐπαχθὲς τῶν λόγων ἀφαιρεῖται. Τὸ δὲ δὴ μέγιστον, ὅτι ταῦτα οὕτως ἔχει ὑμῖν καὶ τεχνικῶς ἐξηύρηται, ὥστ' ἐ⟨ν⟩ πάνυ ὀλίγῳ χρόνῳ ὁντινοῦν ἂν μαθεῖν ἀνθρώπων, ἔγνων ἔγωγε καὶ τῷ Κτησίππῳ τὸν νοῦν προσέχων ὡς ταχὺ ὑμᾶς ἐκ τοῦ παραχρῆμα μιμεῖσθαι οἷός τε ἦν. Τοῦτο μὲν οὖν τοῦ πράγματος σφῷν πρὸς μὲν 304 a τὸ ταχὺ παραδιδόναι καλόν, ἐναντίον δ' ἀνθρώπων διαλέγεσθαι οὐκ ἐπιτήδειον, ἀλλ' ἄν γέ μοι πείθησθε, εὐλαβήσεσθε μὴ πολλῶν ἐναντίον λέγειν, ἵνα μὴ ταχὺ ἐκμαθόντες ὑμῖν μὴ εἰδῶσιν χάριν. Ἀλλὰ μάλιστα μὲν αὐτὼ πρὸς ἀλλήλω μόνω διαλέγεσθον, εἰ δὲ μή, εἴπερ ἄλλου του ἐναντίον, ἐκείνου μόνου ὃς ἂν ὑμῖν διδῷ ἀργύριον. Τὰ αὐτὰ δὲ ταῦτα, ἐὰν σωφρονῆτε, καὶ τοῖς μαθηταῖς συμβουλεύσετε, μηδέ- b ποτε μηδενὶ ἀνθρώπων διαλέγεσθαι ἀλλ' ἢ ὑμῖν τε καὶ αὑτοῖς· τὸ γὰρ σπάνιον, ὦ Εὐθύδημε, τίμιον, τὸ δὲ ὕδωρ εὐωνότατον, ἄριστον ὄν, ὡς ἔφη Πίνδαρος. Ἀλλ' ἄγετε, ἦν δ' ἐγώ, ὅπως κἀμὲ καὶ Κλεινίαν τόνδε παραδέξεσθον.

Ταῦτα, ὦ Κρίτων, καὶ ἄλλα βραχέα διαλεχθέντες ἀπῇμεν. Σκόπει οὖν ὅπως συμφοιτήσεις παρὰ τὼ ἄνδρε, ὡς ἐκείνω φατὸν οἵω τε εἶναι διδάξαι τὸν ἐθέλοντ' ἀργύριον c διδόναι, καὶ οὔτε φύσιν οὔθ' ἡλικίαν ἐξείργειν οὐδεμίαν — ὃ δὲ καὶ σοὶ μάλιστα προσήκει ἀκοῦσαι, ὅτι οὐδὲ τοῦ χρηματίζεσθαί φατον διακωλύειν οὐδέν — μὴ οὐ παραλαβεῖν ὁντινοῦν εὐπετῶς τὴν σφετέραν σοφίαν.

ΚΡ. Καὶ μήν, ὦ Σώκρατες, φιλήκοος μὲν ἔγωγε καὶ ἡδέως ἄν τι μανθάνοιμι, κινδυνεύω μέντοι κἀγὼ εἷς εἶναι τῶν οὐχ ὁμοίων Εὐθυδήμῳ, ἀλλ' ἐκείνων ὧν δὴ καὶ σύ

mennäht, wie ihr auch selbst sagt; aber nicht nur Anderer ih-
rem scheint ihr dies anzutun, sondern auch eurem eignen, das
ist eben das artige davon und benimmt diesen Reden alles ver-
haßte. Das größte aber ist, daß diese Sache so beschaffen und
von euch recht kunstreich so ausgedacht ist, daß es in gar we-
niger Zeit jeder Mensch lernen kann. Das habe ich bemerkt
und recht Acht gehabt auf den Ktesippos, wie schnell er aus
dem Stegereif im Stande war, euch nachzuahmen. Diese künst-
liche Eigenschaft eures Geschäftes ist nun für das schnellere 304a
Überliefern freilich gar schön, aber vor vielen Menschen be-
trieben zu werden eignen sich diese Reden deshalb weniger;
sondern, wenn ihr mir wenigstens folgen wollt, werdet ihr
euch hüten, vor Vielen so zu reden, damit sie nicht die Kunst
allzuschnell erlernen, und euch dann wenig Dank dafür wissen.
Sondern redet hübsch meist nur unter Euch so; oder wenn ja
vor jemand anderm, nur vor dem, der euch bezahlt. Und eben
dies müßt ihr auch, wenn ihr verständig handeln wollt, euren b
Schülern raten, ja nie vor keinem andern Menschen, sondern
immer nur vor euch und unter sich diese Kunst zu treiben.
Denn es ist nun einmal so, Euthydemos, das seltene ist das
geltende, und das Wasser ist das allerwohlfeilste, ohnerachtet
es das vortrefflichste ist, wie Pindaros sagt. Aber kommt,
sprach ich, damit ihr auch mich und diesen Kleinias hier gleich
aufnehmet.

8. Epilog zwischen Sokrates und Kriton

8.1. Kriton soll bei den Sophisten lernen und hat Bedenken

Dies, o Kriton, und einiges andere wenige sprachen wir
noch, und gingen dann. Sieh also nun zu, wie du auch zu den
beiden Männern kommst, da sie verhießen, daß sie es jeden c
lehren könnten, der nur bezahlen wollte, und daß sie keine
Gemütsart noch Alter ausschließen wollten. Ja was dir beson-
ders wichtig sein muß, sie sagten auch den, der mit dem Er-
werb beschäftiget wäre, hindere nichts ihre Weisheit sich sehr
leicht anzueignen.

KRITON: Gewiß, Sokrates, bin ich ein großer Redefreund
und mag gern etwas lernen. Indes scheint es fast, daß auch ich
einer von denen bin, die dem Euthydemos nicht gleichen; son-

ἔλεγες, τῶν ἥδιον ἂν ἐξελεγχομένων ὑπὸ τῶν τοιούτων d
λόγων ἢ ἐξελεγχόντων. Ἀτὰρ γελοῖόν μοι δοκεῖ εἶναι τὸ
νουθετεῖν σε, ὅμως δέ, ἅ γ' ἤκουον, ἐθέλω σοι ἀπαγγεῖλαι.
Τῶν ἀφ' ὑμῶν ἀπιόντων ἴσθ' ὅτι προσελθών τίς μοι περι-
πατοῦντι, ἀνὴρ οἰόμενος πάνυ εἶναι σοφός, τούτων τις τῶν
περὶ τοὺς λόγους τοὺς εἰς τὰ δικαστήρια δεινῶν, Ὦ Κρί-
των, ἔφη, οὐδὲν ἀκροᾷ τῶνδε τῶν σοφῶν ; — Οὐ μὰ τὸν
Δία, ἦν δ' ἐγώ· οὐ γὰρ οἷός τ' ἦ προσστὰς κατακούειν ὑπὸ
τοῦ ὄχλου. — Καὶ μήν, ἔφη, ἄξιόν γ' ἦν ἀκοῦσαι. — Τί
δέ ; ἦν δ' ἐγώ. — Ἵνα ἤκουσας ἀνδρῶν διαλεγομένων οἳ νῦν e
σοφώτατοί εἰσι τῶν περὶ τοὺς τοιούτους λόγους. — Κἀγὼ
εἶπον· Τί οὖν ἐφαίνοντό σοι ; — Τί δὲ ἄλλο, ἦ δ' ὅς,
ἢ οἷάπερ ἀεὶ ἄν τις τῶν τοιούτων ἀκούσαι ληρούντων
καὶ περὶ οὐδενὸς ἀξίων ἀναξίαν σπουδὴν ποιουμένων ;
Οὑτωσὶ γάρ πως καὶ εἶπεν τοῖς ὀνόμασιν. Καὶ ἐγώ, Ἀλλὰ
μέντοι, ἔφην, χαρίεν γέ τι πρᾶγμά ἐστιν ἡ φιλοσοφία. —
Ποῖον, ἔφη, χαρίεν, ὦ μακάριε ; οὐδενὸς μὲν οὖν ἄξιον,
ἀλλὰ καὶ εἰ νῦν παρεγένου, πάνυ ἄν σε οἶμαι αἰσχυνθῆναι 305 a
ὑπὲρ τοῦ σεαυτοῦ ἑταίρου· οὕτως ἦν ἄτοπος, ἐθέλων ἑαυτὸν
παρέχειν ἀνθρώποις οἷς οὐδὲν μέλει ὅ τι ἂν λέγωσιν, παντὸς
δὲ ῥήματος ἀντέχονται. Καὶ οὗτοι, ὅπερ ἄρτι ἔλεγον, ἐν
τοῖς κρατίστοις εἰσὶ τῶν νῦν. Ἀλλὰ γάρ, ὦ Κρίτων, ἔφη,
τὸ πρᾶγμα αὐτὸ καὶ οἱ ἄνθρωποι οἱ ἐπὶ τῷ πράγματι διατρί-
βοντες φαῦλοί εἰσιν καὶ καταγέλαστοι. Ἐμοὶ δέ, ὦ Σώκρα-
τες, τὸ πρᾶγμα ἐδόκει οὐκ ὀρθῶς ψέγειν οὔθ' οὗτος οὔτ' εἴ b
τις ἄλλος ψέγει· τὸ μέντοι ἐθέλειν διαλέγεσθαι τοιούτοις
ἐναντίον πολλῶν ἀνθρώπων ὀρθῶς μοι ἐδόκει μέμφεσθαι.

ΣΩ. Ὦ Κρίτων, θαυμάσιοί εἰσιν οἱ τοιοῦτοι ἄνδρες. Ἀτὰρ οὔπω οἶδα ὅ τι μέλλω ἐρεῖν. Ποτέρων ἦν ὁ προσελθών σοι καὶ μεμφόμενος τὴν φιλοσοφίαν ; πότερον τῶν ἀγωνίσασθαι δεινῶν ἐν τοῖς δικαστηρίοις, ῥήτωρ τις, ἢ τῶν τοὺς

dern von jenen, von denen du auch sagtest, daß sie lieber d
möchten durch solche Reden widerlegt werden als selbst widerlegen. Und obschon es mir gar lächerlich vorkommt dich zurechtzuweisen: so muß ich dir doch, was ich gehört habe, wieder erzählen.

8.2. Ein Unbekannter über das erzählte Gespräch und über die Philosophie. Gegenkritik des Sokrates

Höre also, daß einer von denen, die von euch gingen, mir begegnete indem ich umher ging, ein Mann der sich sehr klug dünkt, von jenen einer die stark sind in den gerichtlichen Reden, der fragte mich: Nun, Kriton, du hörst nicht zu bei dieser Weisheit? – Nein beim Zeus, sagte ich, denn auch als ich dabei stand, konnte ich nichts verstehen wegen des Gedränges. – Schade! sprach er, es lohnte wohl es zu hören. – Wie so? fragte
ich. – So hättest du, sagte er, Männer reden gehört, welche jetzt e
die weisesten sind in dergleichen Reden. – Darauf sagte ich: Wie sind sie dir denn vorgekommen? – Wie anders, antwortete er, als wie man diese Leute immer hört Possen treiben, und sich um nichtswerte Dinge eine unwürdige Mühe geben. – So sagte er wörtlich. Da sprach ich: Aber es ist doch eine schöne Sache um die Philosophie. – Wie doch schön, sagte er, du Guter? Gar
nichts wert. Vielmehr wenn du auch jetzt wärest zugegen ge- 305a
wesen, würdest du dich, glaube ich, recht geschämt haben für deinen Freund, so abgeschmackt war er, sich solchen Menschen hingeben zu wollen, denen gar nichts daran liegt, was sie sagen, die sich aber an jedes Wort hängen. Und diese, wie ich eben sagte, sind von den besten jetzt. Aber eben, lieber Kriton, die Sache selbst und die Menschen die sich damit abgeben sind ganz schlecht und lächerlich. – Mich indes, o Sokrates, dünkt,
die Sache selbst könne wohl weder dieser mit Recht tadeln b
noch wer sie sonst tadelt. Allein mit solchen Menschen sich vor vielen andern einlassen zu wollen, das schien er mir mit Recht zu mißbilligen.

SOKRATES: O Kriton, wunderlich sind solche Menschen. Allein ich weiß noch nicht, was ich sagen soll. Zu welchen gehörte der, der dir begegnete und die Philosophie tadelte? war er einer von denen die selbst vor Gericht zu streiten ver-

τοιούτους εἰσπεμπόντων, ποιητὴς τῶν λόγων οἷς οἱ ῥήτορες ἀγωνίζονται ;

ΚΡ. Ἥκιστα νὴ τὸν Δία ῥήτωρ, οὐδὲ οἶμαι πώποτ' c αὐτὸν ἐπὶ δικαστήριον ἀναβεβηκέναι· ἀλλ' ἐπαΐειν αὐτόν φασι περὶ τοῦ πράγματος νὴ τὸν Δία καὶ δεινὸν εἶναι καὶ δεινοὺς λόγους συντιθέναι.

ΣΩ. Ἤδη μανθάνω· περὶ τούτων καὶ αὐτὸς νῦν δὴ ἔμελλον λέγειν. Οὗτοι γάρ εἰσιν μέν, ὦ Κρίτων, οὓς ἔφη Πρόδικος μεθόρια φιλοσόφου τε ἀνδρὸς καὶ πολιτικοῦ, οἴονται δ' εἶναι πάντων σοφώτατοι ἀνθρώπων, πρὸς δὲ τῷ εἶναι καὶ δοκεῖν πάνυ παρὰ πολλοῖς, ὥστε παρὰ πᾶσιν εὐδοκιμεῖν ἐμποδὼν σφίσιν εἶναι οὐδένας ἄλλους ἢ τοὺς περὶ φιλο- d σοφίαν ἀνθρώπους. Ἡγοῦνται οὖν, ἐὰν τούτους εἰς δόξαν καταστήσωσιν μηδενὸς δοκεῖν ἀξίους εἶναι, ἀναμφισβητήτως ἤδη παρὰ πᾶσιν τὰ νικητήρια εἰς δόξαν οἴσεσθαι σοφίας πέρι. Εἶναι μὲν γὰρ τῇ ἀληθείᾳ σφεῖς σοφώτατοι, ἐν δὲ τοῖς ἰδίοις λόγοις ὅταν ἀποληφθῶσιν, ὑπὸ τῶν ἀμφὶ Εὐθύδημον κολούεσθαι. Σοφοὶ δὲ ἡγοῦνται εἶναι πάνυ — εἰκότως· μετρίως μὲν γὰρ φιλοσοφίας ἔχειν, μετρίως δὲ πολιτικῶν, πάνυ ἐξ εἰκότος λόγου· μετέχειν γὰρ ἀμφοτέρων e ὅσον ἔδει, ἐκτὸς δὲ ὄντες κινδύνων καὶ ἀγώνων καρποῦσθαι τὴν σοφίαν.

ΚΡ. Τί οὖν ; δοκοῦσί σοί τι, ὦ Σώκρατες, λέγειν ; οὐ γάρ τοι ἀλλὰ ὅ γε λόγος ἔχει τινὰ εὐπρέπειαν τῶν ἀνδρῶν.

ΣΩ. Καὶ γὰρ ἔχει οὕτως, ὦ Κρίτων, εὐπρέπειαν μᾶλλον ἢ ἀλήθειαν. Οὐ γὰρ ῥᾴδιον αὐτοὺς πεῖσαι ὅτι καὶ ἄνθρωποι 306 a καὶ τἆλλα πάντα ὅσα μεταξύ τινοιν δυοῖν ἐστιν καὶ ἀμφοτέροιν τυγχάνει μετέχοντα, ὅσα μὲν ἐκ κακοῦ καὶ ἀγαθοῦ, τοῦ μὲν βελτίω, τοῦ δὲ χείρω γίγνεται· ὅσα δὲ ἐκ δυοῖν ἀγαθοῖν μὴ πρὸς ταὐτόν, ἀμφοῖν χείρω, πρὸς ὃ ἂν ἑκάτερον ᾖ χρηστὸν ἐκείνων ἐξ ὧν συνετέθη· ὅσα δ' ἐκ δυοῖν κακοῖν

stehn, ein Redner? oder von denen die solche hinschicken, ein Verfertiger der Reden mit denen die Redner streiten?

KRITON: Keinesweges ein Redner, beim Zeus, ich glaube c
nicht, daß er jemals die Gerichtsstätte betreten hat. Aber man sagt, daß er die Sache versteht und stark darin ist, und vortreffliche Reden ausarbeitet.

SOKRATES: Ich verstehe schon, und eben von diesen wollte ich auch selbst reden. Das sind die Leute, von denen Prodikos sagt, sie ständen auf der Grenze zwischen Philosophen und Staatsmännern. Sie glauben aber die Weisesten unter allen zu sein, und außerdem daß sie es sind auch bei den Meisten dafür zu gelten, so daß wenn sie nicht bei Allen diesen Ruhm davon
trügen, ihnen hiebei Niemand im Wege stehe, als die sich mit d
der Philosophie beschäftigen. Sie glauben daher, wenn sie diese nur in den Ruf bringen könnten, daß man sie für nichts wert hielte, alsdann sie selbst unbestritten überall den Sieg davon tragen müßten im Rufe der Weisheit. Denn die weisesten wären sie doch in der Tat; wenn sie aber in der Unterhaltung den kürzeren zögen, so wären es die aus des Euthydemos Schule, von denen sie eingeengt würden. Für weise aber halten sie sich mit großem Scheine des Rechtes, weil sie sich nämlich mäßig mit der Philosophie einließen und mäßig mit den Staatsge-
schäften, und das aus einem recht scheinbaren Grunde; denn sie e
ließen sich mit beiden so viel ein als nötig, und könnten ohne alle Gefahr und Streit die Früchte der Weisheit ernten.

KRITON: Und wie? dünkt dich etwas damit gesagt zu sein, Sokrates? Denn gewiß doch hat der Männer Rede einen recht stattlichen Schein.

SOKRATES: Das hat sie auch in der Tat, Kriton, mehr
Schein als Gedeihn. Denn es ist nicht leicht sie zu überzeugen, 306a
daß sei es ein Mensch oder was irgend sonst in der Mitte steht zwischen zwei Dingen und an beiden Teil hat, wenn es aus einem Gut und einem Übel zusammengesetzt ist, alsdann besser als das eine sein wird, aber schlechter als das andere; wenn aber aus zweierlei Gutem, das sich nicht auf denselben Gegenstand bezieht, dann schlechter als jedes von beiden dazu, wozu jedes Einzelne von jenen, woraus es besteht, gut ist; und daß nur was aus zwei Übeln bestehend, die es nicht in derselben

συντεθέντα μὴ πρὸς τὸ αὐτὸ ὄντοιν ἐν τῷ μέσῳ ἐστίν, ταῦτα μόνα βελτίω ἑκατέρου ἐκείνων ἐστίν, ὧν ἀμφοτέρων μέρος b
μετέχουσιν. Εἰ μὲν οὖν ἡ φιλοσοφία ἀγαθόν ἐστιν καὶ ἡ πολιτικὴ πρᾶξις, πρὸς ἄλλο δὲ ἑκατέρα, οὗτοι δ' ἀμφοτέρων μετέχοντες τούτων ἐν μέσῳ εἰσίν, οὐδὲν λέγουσιν — ἀμφοτέρων γάρ εἰσι φαυλότεροι — εἰ δὲ ἀγαθὸν καὶ κακόν, τῶν μὲν βελτίους, τῶν δὲ χείρους· εἰ δὲ κακὰ ἀμφότερα, οὕτως ἄν τι λέγοιεν ἀληθές, ἄλλως δ' οὐδαμῶς. Οὐκ ἂν οὖν οἶμαι αὐτοὺς ὁμολογῆσαι οὔτε κακὼ αὐτὼ ἀμφοτέρω εἶναι οὔτε c
τὸ μὲν κακόν, τὸ δὲ ἀγαθόν· ἀλλὰ τῷ ὄντι οὗτοι ἀμφοτέρων μετέχοντες ἀμφοτέρων ἥττους εἰσὶν πρὸς ἑκάτερον πρὸς ὃ ἥ τε πολιτικὴ καὶ ἡ φιλοσοφία ἀξίω λόγου ἐστόν, καὶ τρίτοι ὄντες τῇ ἀληθείᾳ ζητοῦσι πρῶτοι δοκεῖν εἶναι. Συγγιγνώσκειν μὲν οὖν αὐτοῖς χρὴ τῆς ἐπιθυμίας καὶ μὴ χαλεπαίνειν, ἡγεῖσθαι μέντοι τοιούτους εἶναι οἷοί εἰσιν· πάντα γὰρ ἄνδρα χρὴ ἀγαπᾶν ὅστις καὶ ὁτιοῦν λέγει ἐχόμενον φρονήσεως πρᾶγμα καὶ ἀνδρείως ἐπεξιὼν διαπονεῖται. d

ΚΡ. Καὶ μήν, ὦ Σώκρατες, καὶ αὐτὸς περὶ τῶν ὑέων, ὥσπερ ἀεὶ πρός σε λέγω, ἐν ἀπορίᾳ εἰμὶ τί δεῖ αὐτοῖς χρήσασθαι. Ὁ μὲν οὖν νεώτερος ἔτι καὶ σμικρός ἐστιν, Κριτόβουλος δ' ἤδη ἡλικίαν ἔχει καὶ δεῖταί τινος ὅστις αὐτὸν ὀνήσει. Ἐγὼ μὲν οὖν ὅταν σοὶ ξυγγένωμαι, οὕτω διατίθεμαι ὥστε μοι δοκεῖ μανίαν εἶναι τὸ ἕνεκα τῶν παίδων ἄλλων μὲν πολλῶν σπουδὴν τοιαύτην ἐσχηκέναι, καὶ περὶ τοῦ γάμου ὅπως ἐκ γενναιοτάτης ἔσονται μητρός, καὶ περὶ e
τῶν χρημάτων ὅπως ὡς πλουσιώτατοι, αὐτῶν δὲ περὶ παιδείας ἀμελῆσαι· ὅταν δὲ εἴς τινα ἀποβλέψω τῶν φασκόντων ἂν παιδεῦσαι ἀνθρώπους, ἐκπέπληγμαι καί μοι δοκεῖ εἷς ἕκαστος αὐτῶν σκοποῦντι πάνυ ἀλλόκοτος εἶναι,

Beziehung sind, sich in der Mitte zwischen beiden befindet,
besser sein wird, als jedes von den beiden, woran es Teil hat. Ist b
nun also die Philosophie gut, und die ausübende Staatskunst
auch, aber jede in einer andern Beziehung und diese wollen in
der Mitte zwischen beiden stehn: so ist nichts damit gesagt;
denn sie sind alsdann schlechter als beide. Ist aber die eine
etwas gutes und die andere dagegen etwas übles: so sind sie
freilich besser als die Einen, aber auch schlechter als die An-
dern. Und nur wenn beide etwas schlechtes wären, in diesem
Falle allein hätten sie Recht; sonst aber auf keine Weise. Allein
ich glaube nicht, daß sie eingestehen werden, weder daß beide c
schlecht sind, noch daß die eine schlecht ist und nur die andere
gut. Also sind in der Tat diese, welche an beiden Anteil haben
wollen, schlechter als jeder von beiden darin, in Beziehung
worauf eben Staatskunst und Philosophie ihren Wert haben;
und ohnerachtet sie der Wahrheit nach die dritten sind, suchen
sie doch als die ersten zu erscheinen. Verzeihen muß man ihnen
nun wohl dieses Verlangen, und ihnen nicht darum zürnen; sie
aber doch nur für das ansehn, was sie wirklich sind. Denn man
muß mit jedem vorlieb nehmen, der nur irgend etwas vernünf-
tiges behandelt, und mit wackerem Ernst durcharbeitet. d

8.3. Kritons Sorgen und Sokrates' Mahnung zu wahrer philosophischer Tätigkeit

KRITON: Wegen meiner Söhne nun, o Sokrates, bin ich ja
gewiß, wie ich dir auch jedesmal sage, in rechter Verlegenheit,
was ich mit ihnen beginnen soll. Der jüngere zwar ist nur noch
klein, Kritobulos aber wächst schon heran, und bedarf eines,
der ihm forthilft. So oft ich nun mit dir zusammenkomme, ist
mir so zu Mut, daß es mich große Torheit dünkt, meiner Söhne
wegen für viele andere Dinge soviel Sorge getragen zu haben,
sowohl für meine Verheiratung, um sie mit einer recht wohl- e
gearteten Mutter zu erzeugen, als auch für mein Vermögen, um
sie so wohlhabend als möglich zu machen, wenn ich nun nicht
auch für ihren Unterricht sorgen wollte. So oft ich aber auf
einen von denen hinsehe, die sich dafür ausgeben Jünglinge zu
unterrichten und zu bilden: so werde ich ganz irre und sie
dünken mich insgesamt, wenn ich sie recht betrachte, ganz

ὥς γε πρὸς σὲ τἀληθῆ εἰρῆσθαι· ὥστε οὐκ ἔχω ὅπως 307 a
προτρέπω τὸ μειράκιον ἐπὶ φιλοσοφίαν.

ΣΩ. Ὦ φίλε Κρίτων, οὐκ οἶσθα ὅτι ἐν παντὶ ἐπιτηδεύματι οἱ μὲν φαῦλοι πολλοὶ καὶ οὐδενὸς ἄξιοι, οἱ δὲ σπουδαῖοι ὀλίγοι καὶ παντὸς ἄξιοι; ἐπεὶ γυμναστικὴ οὐ καλὸν δοκεῖ σοι εἶναι, καὶ χρηματιστικὴ καὶ ῥητορικὴ καὶ στρατηγία;

ΚΡ. Ἔμοιγε πάντως δήπου.

ΣΩ. Τί οὖν; ἐν ἑκάστῃ τούτων τοὺς πολλοὺς πρὸς
ἕκαστον τὸ ἔργον οὐ καταγελάστους ὁρᾷς; b

ΚΡ. Ναὶ μὰ τὸν Δία, καὶ μάλα ἀληθῆ λέγεις.

ΣΩ. Τί οὖν; τούτου ἕνεκα αὐτός τε φεύξει πάντα τὰ ἐπιτηδεύματα καὶ τῷ ὑεῖ οὐκ ἐπιτρέψεις;

ΚΡ. Οὔκουν δίκαιόν γε, ὦ Σώκρατες.

ΣΩ. Μὴ τοίνυν ὅ γε οὐ χρὴ ποίει, ὦ Κρίτων, ἀλλ᾽ ἐάσας χαίρειν τοὺς ἐπιτηδεύοντας φιλοσοφίαν, εἴτε χρηστοί εἰσιν εἴτε πονηροί, αὐτὸ τὸ πρᾶγμα βασανίσας καλῶς τε καὶ εὖ,
ἐὰν μέν σοι φαίνηται φαῦλον ὄν, πάντ᾽ ἄνδρα ἀπότρεπε, c
μὴ μόνον τοὺς ὑεῖς· ἐὰν δὲ φαίνηται οἷον οἶμαι αὐτὸ ἐγὼ εἶναι, θαρρῶν δίωκε καὶ ἄσκει, τὸ λεγόμενον δὴ τοῦτο, αὐτός τε καὶ τὰ παιδία.

verkehrt zu sein, damit ich dir doch die Wahrheit gerade heraussage, so daß ich nicht weiß wie ich den jungen Menschen zur Philosophie aufmuntern kann. 307a

SOKRATES: Lieber Kriton, weißt du denn nicht, daß in jedem Geschäft der schlechten viele sind, und diese nichts wert, der trefflichen hingegen nur wenige, diese dann aber auch alles wert. Oder hältst du die Turnkunst nicht für etwas schönes, und die Haushaltungskunst, und die Redekunst und die Kriegskunst?

KRITON: Ja wohl recht sehr.

SOKRATES: Und wie nun? siehst du nicht in jeder die Meisten zu jedem Geschäft sich ganz erbärmlich und lächerlich anstellen? b

KRITON: Ja, beim Zeus, da sprichst du sehr wahr.

SOKRATES: Und wolltest nun deshalb du selbst dich allen diesen Geschäften entziehen, und sie auch deinen Söhnen nicht gestatten?

KRITON: Das wäre ja wohl keinesweges recht, Sokrates!

SOKRATES: Tue also ja nicht, was sich nicht gebührt, Kriton! Sondern die laß ganz bei Seite, die sich der Philosophie befleißigen, ob sie gut sind oder schlecht, und nur die Sache selbst prüfe recht gut und gründlich; und erscheint sie dir als c schlecht, so mahne jedermann davon ab, nicht nur deine Söhne, erscheint sie dir aber so, wie sie auch mir vorkommt, so gehe ihr getrost nach und übe sie, du selbst, wie man zu sagen pflegt, und deine Kinder.

Ἱππίας μείζων
Hippias der Größere

GLIEDERUNG

1. Prolog: Vorstellung der Person des Hippias (281a1)
1.1. Das Verhältnis der Sophistik zur älteren Philosophie (281a1)
1.2. Hippias' Lehrtätigkeit in Sparta (283b5)
1.2.1. Das Problem der dortigen Erziehungsgesetze (283b5)
1.2.2. Die Themen von Hippias' Lehrvorträgen (285b5)
2. Erörterung über das Schöne anhand von Definitionen des Hippias (286c2)
2.1. Entwicklung der Fragestellung (286c2)
2.2. Hippias' erste Definition: Schönes ist ein schönes Mädchen. Kritik (287e2)
2.3. Hippias' zweite Definition: Das Schöne ist das Gold, oder allgemeiner: das jeweils schickliche Material. Kritik beider Versionen (289d5)
2.4. Hippias' dritte Definition: Das Schönste ist, was typischerweise zum glücklichen Leben gehört. Kritik (291d1)
3. Diskussion des Schönen anhand von Definitionen des Sokrates (293c9)
3.1. Erste Definition: Das Schöne ist das Schickliche. Kritik (293c9)
3.2. Die zweite Definition des Sokrates (295a7)
3.2.1. Erste Fassung: Das Schöne ist das Brauchbare. Einschränkung (295a7)
3.2.2. Zweite Fassung: Das Schöne ist das Nützliche. Kritik (296e2)
3.3. Die dritte Definition des Sokrates: Schön ist, was uns durch Auge und Ohr Vergnügen bereitet (297e3)
3.3.1. Formulierung der Definition und Absicherung gegen einige Einwände (297e3)
3.3.2. Etwas macht die Sinneseindrücke durch Auge und Ohr sowohl je für sich als auch zusammen schön (299b8)
3.3.3. Über Begriffe, die zwei Gegenständen nur zusammen zukommen und nicht jedem von ihnen einzeln (300c9)
3.3.4. Was uns durch Auge und Ohr Vergnügen bereitet, ge-

Ἱππίας μείζων

ΣΩΚΡΑΤΗΣ ΙΠΠΙΑΣ

ΣΩΚΡΑΤΗΣ. Ἱππίας ὁ καλός τε καὶ σοφός, ὡς διὰ 281 a
χρόνου ἡμῖν κατῆρας εἰς τὰς Ἀθήνας.
ΙΠΠΙΑΣ. Οὐ γὰρ σχολή, ὦ Σώκρατες. Ἡ γὰρ Ἦλις,
ὅταν τι δέηται διαπράξασθαι πρός τινα τῶν πόλεων, ἀεὶ ἐπὶ
πρῶτον ἐμὲ ἔρχεται τῶν πολιτῶν αἱρουμένη πρεσβευτήν,
ἡγουμένη δικαστὴν καὶ ἄγγελον ἱκανώτατον εἶναι τῶν λόγων
οἳ ἂν παρὰ τῶν πόλεων ἑκάστων λέγωνται. Πολλάκις μὲν b
οὖν καὶ εἰς ἄλλας πόλεις ἐπρέσβευσα, πλεῖστα δὲ καὶ περὶ
πλείστων καὶ μεγίστων εἰς τὴν Λακεδαίμονα· διὸ δή, ὃ σὺ
ἐρωτᾷς, οὐ θαμίζω εἰς τούσδε τοὺς τόπους.
ΣΩ. Τοιοῦτον μέντοι, ὦ Ἱππία, ἔστιν τὸ τῇ ἀληθείᾳ
σοφόν τε καὶ τέλειον ἄνδρα εἶναι. Σὺ γὰρ καὶ ἰδίᾳ ἱκανὸς
εἶ παρὰ τῶν νέων πολλὰ χρήματα λαμβάνων ἔτι πλείω
ὠφελεῖν ὧν λαμβάνεις, καὶ αὖ δημοσίᾳ τὴν σαυτοῦ πόλιν c
ἱκανὸς εὐεργετεῖν, ὥσπερ χρὴ τὸν μέλλοντα μὴ καταφρο-
νήσεσθαι, ἀλλ' εὐδοκιμήσειν ἐν τοῖς πολλοῖς. Ἀτάρ, ὦ
Ἱππία, τί ποτε τὸ αἴτιον ὅτι οἱ παλαιοὶ ἐκεῖνοι, ὧν ὀνό-
ματα μεγάλα λέγεται ἐπὶ σοφίᾳ, Πιττακοῦ τε καὶ Βίαντος
καὶ τῶν ἀμφὶ τὸν Μιλήσιον Θαλῆν καὶ ἔτι τῶν ὕστερον
μέχρι Ἀναξαγόρου, ὡς ἢ πάντες ἢ οἱ πολλοὶ αὐτῶν φαί-
νονται ἀπεχόμενοι τῶν πολιτικῶν πράξεων ;
ΙΠ. Τί δ' οἴει, ὦ Σώκρατες, ἄλλο γε ἢ ἀδύνατοι ἦσαν
καὶ οὐχ ἱκανοὶ ἐξικνεῖσθαι φρονήσει ἐπ' ἀμφότερα, τά τε d
κοινὰ καὶ τὰ ἴδια ;
ΣΩ. Ἆρ' οὖν πρὸς Διός, ὥσπερ αἱ ἄλλαι τέχναι ἐπι-

Hippias der Größere

SOKRATES HIPPIAS

1. Prolog: Vorstellung der Person des Hippias

1.1. Das Verhältnis der Sophistik zur älteren Philosophie

SOKRATES: Hippias, du herrlicher und weiser, wie seit gar 281a
langer Zeit kommst du uns endlich einmal wieder nach Athen!

HIPPIAS: Ich hatte eben nicht Muße, Sokrates. Denn wenn Elis irgend etwas auszurichten hat bei einer andern Stadt, so kommt sie immer unter allen Bürgern zuerst zu mir und wählt mich zum Gesandten, weil sie mich für den besten Beurteiler und Berichterstatter dessen hält, was von jeder Stadt vorge- b
tragen wird. So bin ich schon oft auch zu andern Städten abgeschickt worden, am meisten aber, und in den meisten und wichtigsten Angelegenheiten nach Lakedaimon. Daher komme ich denn, was dich wundert, nicht häufig in diese Gegenden.

SOKRATES: Soviel hat es auf sich, Hippias, in der Tat ein weiser und vollkommner Mann sein! Denn du kannst sowohl für dich viel Geld von den jungen Leuten ziehn, wofür du ihnen doch noch mehr leistest als du ziehst; als auch wiederum c
in öffentlichen Angelegenheiten vermagst du deiner Vaterstadt nützlich zu sein, wie es der muß der nicht gering geschätzt werden will, sondern in großem Ansehen stehen bei den Leuten. Jedoch, o Hippias, was mag wohl die Ursache sein, daß jene Alten, deren Namen so hoch berühmt sind ihrer Weisheit wegen, Pittakos und Bias und Thales der Milesier und auch noch die späteren bis auf den Anaxagoras herab entweder alle oder doch die meisten sich aller Staatsgeschäfte scheinen enthalten zu haben?

HIPPIAS: Was anders meinst du wohl, Sokrates, als daß sie es nicht fähig waren, und nicht geschickt beides mit ihrer Ein- d
sicht zu umfassen, die gemeinsamen Angelegenheiten und ihre besonderen.

SOKRATES: Also, beim Zeus, sollen wir, wie die anderen

δεδώκασι καὶ εἰσὶ παρὰ τοὺς νῦν δημιουργοὺς οἱ παλαιοὶ φαῦλοι, οὕτω καὶ τὴν ὑμετέραν τὴν τῶν σοφιστῶν τέχνην ἐπιδεδωκέναι φῶμεν καὶ εἶναι τῶν ἀρχαίων τοὺς περὶ τὴν σοφίαν φαύλους πρὸς ὑμᾶς;

ΙΠ. Πάνυ μὲν οὖν ὀρθῶς λέγεις.

ΣΩ. Εἰ ἄρα νῦν ἡμῖν, ὦ Ἱππία, ὁ Βίας ἀναβιοίη, γέλωτ' ἂν ὄφλοι πρὸς ὑμᾶς, ὥσπερ καὶ τὸν Δαίδαλόν φασιν οἱ 282 a
ἀνδριαντοποιοί, νῦν εἰ γενόμενος τοιαῦτ' ἐργάζοιτο οἷα ἦν ἀφ' ὧν τοὔνομ' ἔσχεν, καταγέλαστον ἂν εἶναι.

ΙΠ. Ἔστι μὲν ταῦτα, ὦ Σώκρατες, οὕτως ὡς σὺ λέγεις· εἴωθα μέντοι ἔγωγε τοὺς παλαιούς τε καὶ προτέρους ἡμῶν πρότερόν τε καὶ μᾶλλον ἐγκωμιάζειν ἢ τοὺς νῦν, εὐλαβούμενος μὲν φθόνον τῶν ζώντων, φοβούμενος δὲ μῆνιν τῶν τετελευτηκότων.

ΣΩ. Καλῶς γε σύ, ὦ Ἱππία, νομίζων τε καὶ διανοούμενος, b
ὥς ἐμοὶ δοκεῖς. Συμμαρτυρῆσαι δέ σοι ἔχω ὅτι ἀληθῆ λέγεις καὶ τῷ ὄντι ὑμῶν ἐπιδέδωκεν ἡ τέχνη πρὸς τὸ καὶ τὰ δημόσια πράττειν δύνασθαι μετὰ τῶν ἰδίων. Γοργίας τε γὰρ οὗτος ὁ Λεοντῖνος σοφιστὴς δεῦρο ἀφίκετο δημοσίᾳ οἴκοθεν πρεσβεύων, ὡς ἱκανώτατος ὢν Λεοντίνων τὰ κοινὰ πράττειν, καὶ ἔν τε τῷ δήμῳ ἔδοξεν ἄριστα εἰπεῖν, καὶ ἰδίᾳ ἐπιδείξεις ποιούμενος καὶ συνὼν τοῖς νέοις χρήματα πολλὰ εἰργάσατο ἐκ τῆσδε τῆς πόλεως· εἰ δὲ βούλει, ὁ ἡμέτερος ἑταῖρος c
Πρόδικος οὗτος πολλάκις μὲν καὶ ἄλλοτε δημοσίᾳ ἀφίκετο, ἀτὰρ τὰ τελευταῖα ἔναγχος ἀφικόμενος δημοσίᾳ ἐκ Κέω λέγων τ' ἐν τῇ βουλῇ πάνυ ηὐδοκίμησεν καὶ ἰδίᾳ ἐπιδείξεις ποιούμενος καὶ τοῖς νέοις συνὼν χρήματα ἔλαβεν θαυμαστὰ ὅσα. Τῶν δὲ παλαιῶν ἐκείνων οὐδεὶς πώποτε ἠξίωσεν ἀργύριον μισθὸν πράξασθαι οὐδ' ἐπιδείξεις ποιήσασθαι ἐν παντοδαποῖς ἀνθρώποις τῆς ἑαυτοῦ σοφίας· οὕτως ἦσαν εὐήθεις d
καὶ ἐλελήθειν αὐτοὺς ἀργύριον ὡς πολλοῦ ἄξιον εἴη. Τούτων δ' ἑκάτερος πλέον ἀργύριον ἀπὸ σοφίας εἴργασται ἢ ἄλλος

Künste zugenommen haben und mit den heutigen Meistern verglichen die alten nur schlecht sind, ebenso so auch von eurer, der Sophisten, Kunst sagen, daß sie fortgeschritten ist, und daß die alten Weisen gegen euch nur schlecht sind?

HIPPIAS: Allerdings vollkommen richtig ist das.

SOKRATES: Wenn uns also jetzt Bias wieder auflebte, so
würde er lächerlich erscheinen neben euch; eben wie die Bild- 282a
hauer sagen, daß wenn Dädalos jetzt lebte und dergleichen Werke bildete, als durch welche er berühmt geworden ist, man ihn auslachen würde?

HIPPIAS: Es verhält sich allerdings, Sokrates, so wie du sagst. Indes pflege ich meines Teils die Alten und die vor uns waren auch vor den jetzigen und mehr als sie zu preisen, aus Scheu vor der Abgunst der Lebenden und aus Furcht vor dem Zorn der Verstorbenen.

SOKRATES: Ganz richtig, o Hippias, meinst und bedenkst b
du es wie mir scheint. Und ich muß es dir bezeugen, daß du Recht hast und daß eure Kunst wirklich so weit fortgeschritten ist, daß ihr nun auch die öffentlichen Angelegenheiten zu behandeln versteht neben euren besonderen. Denn da ist der Sophist Gorgias der Leontiner hieher gekommen von Staats wegen von Hause als Gesandter, also doch als der tüchtigste unter allen Leontinern um die öffentlichen Angelegenheiten zu betreiben, und hat sich sowohl den Ruhm erworben vor dem Volke ganz vortrefflich gesprochen zu haben, als auch dadurch daß er sich anderwärts hören läßt, und den Jünglingen Unter-
richt gibt, vieles Geld verdient und empfangen in dieser Stadt. c
Auch wenn du willst unser Freund Prodikos ist nicht nur sonst öfters in öffentlichen Angelegenheiten hier gewesen, sondern auch noch das letztemal ganz neuerlich kam er von Staatswegen aus Kea, und hat sich nicht nur durch eine Rede vor dem Rate großen Ruhm erworben, sondern ebenfalls auch vor Andern sich hören lassen, und die Jünglinge um sich versammelt, und damit wer weiß wieviel Geld gewonnen. Von jenen Alten aber begehrte keiner je Geld zu verdienen als Lohn noch auch
sich hören zu lassen vor allerlei Leuten mit seiner Weisheit. So d
einfältig waren sie, und merkten nicht einmal wieviel das Geld wert wäre. Diese beiden aber haben jeder mehr Geld mit ihrer

δημιουργὸς ἀφ' ἧστινος τέχνης· καὶ ἔτι πρότερος τούτων Πρωταγόρας.

ΙΠ. Οὐδὲν γάρ, ὦ Σώκρατες, οἶσθα τῶν καλῶν περὶ τοῦτο. Εἰ γὰρ εἰδείης ὅσον ἀργύριον εἴργασμαι ἐγώ, θαυμάσαις ἄν· καὶ τὰ μὲν ἄλλα ἐῶ, ἀφικόμενος δέ ποτε εἰς
Σικελίαν, Πρωταγόρου αὐτόθι ἐπιδημοῦντος καὶ εὐδοκιμοῦν- e
τος καὶ πρεσβυτέρου ὄντος πολὺ νεώτερος ὢν ἐν ὀλίγῳ πάνυ χρόνῳ πλεῖν ἢ πεντήκοντα καὶ ἑκατὸν μνᾶς εἰργασάμην, καὶ ἐξ ἑνός γε χωρίου πάνυ σμικροῦ, Ἰνυκοῦ, πλεῖν ἢ εἴκοσι μνᾶς· καὶ τοῦτο ἐλθὼν οἴκαδε φέρων τῷ πατρὶ ἔδωκα, ὥστε ἐκεῖνον καὶ τοὺς ἄλλους πολίτας θαυμάζειν τε καὶ ἐκπεπλῆχθαι. Καὶ σχεδόν τι οἶμαι ἐμὲ πλείω χρήματα εἰργάσθαι ἢ ἄλλους σύνδυο οὕστινας βούλει τῶν σοφιστῶν.

ΣΩ. Καλόν γε, ὦ Ἱππία, λέγεις καὶ μέγα τεκμήριον
σοφίας τῆς τε σεαυτοῦ καὶ τῶν νῦν ἀνθρώπων πρὸς τοὺς 283 a
ἀρχαίους, ὅσον διαφέρουσι. Τῶν γὰρ προτέρων πολλὴ ἀμαθία κατὰ τὸν σὸν λόγον· τοὐναντίον γὰρ Ἀναξαγόρᾳ φασὶν συμβῆναι ἢ ὑμῖν· καταλειφθέντων γὰρ αὐτῷ πολλῶν χρημάτων καταμελῆσαι καὶ ἀπολέσαι πάντα· οὕτως αὐτὸν ἀνόητα σοφίζεσθαι. Λέγουσι δὲ καὶ περὶ ἄλλων τῶν παλαιῶν ἕτερα τοιαῦτα. Τοῦτο μὲν οὖν μοι δοκεῖς καλὸν τεκμήριον ἀποφαί-
νειν περὶ σοφίας τῶν νῦν πρὸς τοὺς προτέρους, καὶ πολλοῖς b
συνδοκεῖ ὅτι τὸν σοφὸν αὐτὸν αὑτῷ μάλιστα δεῖ σοφὸν εἶναι· τούτου δ' ὅρος ἐστὶν ἄρα, ὃς ἂν πλεῖστον ἀργύριον ἐργάσηται.

Καὶ ταῦτα μὲν ἱκανῶς ἐχέτω· τόδε δέ μοι εἰπέ, σὺ αὐτὸς πόθεν πλεῖστον ἀργύριον εἰργάσω τῶν πόλεων εἰς ἃς ἀφικνεῖ; ἢ δῆλον ὅτι ἐκ Λακεδαίμονος, οἷπερ καὶ πλειστάκις ἀφῖξαι;

ΙΠ. Οὐ μὰ τὸν Δία, ὦ Σώκρατες.

ΣΩ. Πῶς φῄς; Ἀλλ' ἐλάχιστον;

ΙΠ. Οὐδὲν μὲν οὖν τὸ παράπαν πώποτε. c

Weisheit verdient als irgend ein anderer Meister welcher Kunst du willst, und noch vor ihnen Protagoras ebenfalls.

HIPPIAS: Du weißt noch gar nicht das rechte von dieser Sache, Sokrates. Denn wenn du wüßtest, wieviel Geld ich verdient habe, würdest du dich erst wundern. Anderes übergehe ich, aber ich kam einst nach Sikelien als eben Protagoras sich dort aufhielt der sehr berühmt und älter war als ich, und dort e
habe ich, der viel jüngere, in ganz kurzer Zeit mehr als hundert und funfzig Minen verdient, ja in einem einzigen ganz kleinen Städtchen Inykos mehr als zwanzig Minen. Und dies brachte ich mit nach Hause als ich zurückkam, und gab es meinem Vater, so daß er und alle meine Landsleute sich wunderten und erstaunten. Ja ich glaube daß ich mehr Geld verdient habe als welche zwei Sophisten du sonst willst zusammen.

SOKRATES: Das ist ja ein herrlicher und großer Beweis der Weisheit, Hippias, deiner eigenen sowohl wie überhaupt der 283a
unserer jetzigen Männer, wie weit sie die Alten übertreffen. Denn die früheren beschreibt man doch als sehr dumm nach deiner Rede. Gleich dem Anaxagoras, sagt man, sei ganz das Gegenteil begegnet wie Euch; er habe nämlich ein großes Vermögen, was ihm hinterlassen worden, ganz vernachlässigt und alles verloren, so unverständig habe er die Weisheit getrieben. Und ähnliches erzählt man auch von Andern unter den Alten. Dies dünkt mich also ein schöner Beweis den du beibringst für die heutige Weisheit im Vergleich mit der früheren, und Viele b
sind gewiß derselben Meinung, daß nämlich der Weise vorzüglich müsse für sich selbst weise sein. Und davon ist ja die natürliche Erklärung, wer das meiste Geld verdient.

1.2. Hippias' Lehrtätigkeit in Sparta

1.2.1. Das Problem der dortigen Erziehungsgesetze

Doch hievon sei es nun genug. Das sage mir aber, wo hast du wohl das meiste Geld verdient unter allen Städten in die du zu gehen pflegst? Doch wohl gewiß in Lakedaimon, wo du auch am öftersten warst?

HIPPIAS: Nein, beim Zeus, Sokrates.

SOKRATES: Wie denn? wohl gar am wenigsten?

HIPPIAS: Ganz und gar nichts niemals. c

ΣΩ. Τέρας λέγεις καὶ θαυμαστόν, ὦ Ἱππία. Καί μοι εἰπέ· πότερον ἡ σοφία ἡ σὴ οὐχ οἵα τοὺς συνόντας αὐτῇ καὶ μανθάνοντας εἰς ἀρετὴν βελτίους ποιεῖν;

ΙΠ. Καὶ πολύ γε, ὦ Σώκρατες.

ΣΩ. Ἀλλὰ τοὺς μὲν Ἰνυκίνων ὑεῖς οἷός τε ἦσθα ἀμείνους ποιῆσαι, τοὺς δὲ Σπαρτιατῶν ἠδυνάτεις;

ΙΠ. Πολλοῦ γε δέω.

ΣΩ. Ἀλλὰ δῆτα Σικελιῶται μὲν ἐπιθυμοῦσιν ἀμείνους γίγνεσθαι, Λακεδαιμόνιοι δ' οὔ;

ΙΠ. Πάντως που, ὦ Σώκρατες, καὶ Λακεδαιμόνιοι. d

ΣΩ. Ἆρ' οὖν χρημάτων ἐνδείᾳ ἔφευγον τὴν σὴν ὁμιλίαν;

ΙΠ. Οὐ δῆτα, ἐπεὶ ἱκανὰ αὐτοῖς ἐστιν.

ΣΩ. Τί δῆτ' ἂν εἴη ὅτι ἐπιθυμοῦντες καὶ ἔχοντες χρήματα, καὶ σοῦ δυναμένου τὰ μέγιστα αὐτοὺς ὠφελεῖν, οὐ πλήρη σε ἀργυρίου ἀπέπεμψαν; Ἀλλ' ἐκεῖνο, μῶν μὴ Λακεδαιμόνιοι σοῦ βέλτιον ἂν παιδεύσειαν τοὺς αὑτῶν παῖδας; Ἢ τοῦτο φῶμεν οὕτως, καὶ σὺ συγχωρεῖς;

ΙΠ. Οὐδ' ὁπωστιοῦν. e

ΣΩ. Πότερον οὖν τοὺς νέους οὐχ οἷός τ' ἦσθα πείθειν ἐν Λακεδαίμονι ὡς σοὶ συνόντες πλέον ἂν εἰς ἀρετὴν ἐπιδιδοῖεν ἢ τοῖς ἑαυτῶν, ἢ τοὺς ἐκείνων πατέρας ἠδυνάτεις πείθειν ὅτι σοὶ χρὴ παραδιδόναι μᾶλλον ἢ αὐτοὺς ἐπιμελεῖσθαι, εἴπερ τι τῶν ὑῶν κήδονται; Οὐ γάρ που ἐφθόνουν γε τοῖς ἑαυτῶν παισὶν ὡς βελτίστοις γενέσθαι.

ΙΠ. Οὐκ οἶμαι ἔγωγε φθονεῖν.

ΣΩ. Ἀλλὰ μὴν εὔνομός γ' ἡ Λακεδαίμων.

ΙΠ. Πῶς γὰρ οὔ;

ΣΩ. Ἐν δέ γε ταῖς εὐνόμοις πόλεσιν τιμιώτατον ἡ ἀρετή. 284 a

ΙΠ. Πάνυ γε.

SOKRATES: Wunderbar ist ja das und unbegreiflich, o Hippias. Denn sage mir doch, ist deine Weisheit nicht eine solche, daß sie die welche mit ihr umgehen und sie erlernen in der Tugend weiter bringt?

HIPPIAS: Gar sehr, Sokrates.

SOKRATES: Also der Inykiner Söhne konntest du wohl besser machen, bei den Spartanern aber vermochtest du es nicht?

HIPPIAS: Das nun ganz und gar nicht.

SOKRATES: Also haben wohl die Sikelier Lust besser zu werden, die Lakedaimonier aber nicht?

HIPPIAS: Auf alle Weise, o Sokrates, auch die Lakedaimo- d
nier.

SOKRATES: So vermieden sie wohl aus Geldmangel deinen Umgang?

HIPPIAS: Keinesweges; denn dessen haben sie genug.

SOKRATES: Was kann das also wohl sein, daß obschon sie Lust haben und auch Geld, und du im Stande bist ihnen den größten Nutzen zu schaffen, sie dich nicht mit Geld beladen entlassen? Aber wie ist es damit, ob nicht die Lakedaimonier ihre Söhne selbst besser als du unterrichten mögen? Oder wollen wir dies so erklären, und gibst du es zu?

HIPPIAS: Nicht im mindesten. e

SOKRATES: Warst du nun in Lakedaimon nicht im Stande die jungen Leute zu überreden, daß sie durch den Umgang mit dir bessere Fortschritte in der Tugend machen würden, als durch den mit den Ihrigen, oder vermochtest du nicht ihre Väter zu überreden, daß sie lieber dir ihre Söhne übergeben müßten, als sich ihrer selbst annehmen, wenn ihnen irgend an ihnen gelegen wäre? Denn mißgönnt werden sie es doch wohl ihren Söhnen nicht haben, daß sie so vortrefflich würden als möglich?

HIPPIAS: Das glaube ich wohl nicht, daß sie es ihnen mißgönnten!

SOKRATES: Und gut regiert ist doch Lakedaimon?

HIPPIAS: Wie sollte es nicht.

SOKRATES: Und in wohl regierten Staaten ist doch das al- 284a
lergeachtetste die Tugend?

HIPPIAS: Freilich.

ΣΩ. Σὺ δὲ ταύτην παραδιδόναι ἄλλῳ κάλλιστ' ἀνθρώπων ἐπίστασαι.

ΙΠ. Καὶ πολύ γε, ὦ Σώκρατες.

ΣΩ. Ὁ οὖν κάλλιστ' ἐπιστάμενος ἱππικὴν παραδιδόναι ἆρ' οὐκ ἂν ἐν Θετταλίᾳ τῆς Ἑλλάδος μάλιστα τιμῷτο καὶ πλεῖστα χρήματα λαμβάνοι, καὶ ἄλλοθι ὅπου τοῦτο σπουδάζοιτο;

ΙΠ. Εἰκός γε.

ΣΩ. Ὁ δὴ δυνάμενος παραδιδόναι τὰ πλείστου ἄξια μαθήματα εἰς ἀρετὴν οὐκ ἐν Λακεδαίμονι μάλιστα τιμήσεται καὶ πλεῖστα ἐργάσεται χρήματα, ἂν βούληται, καὶ ἐν b
ἄλλῃ πόλει ἥτις τῶν Ἑλληνίδων εὐνομεῖται, ἀλλ' ἐν Σικελίᾳ, ὦ ἑταῖρε, οἴει μᾶλλον καὶ ἐν Ἰνυκῷ; Ταῦτα πειθώμεθα, ὦ Ἱππία; Ἐὰν γὰρ σὺ κελεύῃς, πειστέον.

ΙΠ. Οὐ γὰρ πάτριον, ὦ Σώκρατες, Λακεδαιμονίοις κινεῖν τοὺς νόμους, οὐδὲ παρὰ τὰ εἰωθότα παιδεύειν τοὺς ὑεῖς.

ΣΩ. Πῶς λέγεις; Λακεδαιμονίοις οὐ πάτριον ὀρθῶς πράττειν, ἀλλ' ἐξαμαρτάνειν; c

ΙΠ. Οὐκ ἂν φαίην ἔγωγε, ὦ Σώκρατες.

ΣΩ. Οὐκοῦν ὀρθῶς ἂν πράττοιεν βέλτιον, ἀλλὰ μὴ χεῖρον παιδεύοντες τοὺς νέους;

ΙΠ. Ὀρθῶς· ἀλλὰ ξενικὴν παίδευσιν οὐ νόμιμον αὐτοῖς παιδεύειν, ἐπεὶ εὖ ἴσθι, εἴπερ τις ἄλλος ἐκεῖθεν χρήματα ἔλαβεν πώποτε ἐπὶ παιδεύσει, καὶ ἐμὲ ἂν λαβεῖν πολὺ μάλιστα· χαίρουσι γοῦν ἀκούοντες ἐμοῦ καὶ ἐπαινοῦσιν· ἀλλ', ὃ λέγω, οὐ νόμος.

ΣΩ. Νόμον δὲ λέγεις, ὦ Ἱππία, βλάβην πόλεως εἶναι ἢ d
ὠφελίαν;

ΙΠ. Τίθεται μέν, οἶμαι, ὠφελίας ἕνεκα, ἐνίοτε δὲ καὶ βλάπτει, ἐὰν κακῶς τεθῇ ὁ νόμος.

SOKRATES: Und eben sie verstehst du besser als irgend Jemand andern Menschen beizubringen?

HIPPIAS: Bei weitem besser.

SOKRATES: Wer nun am besten verstände die Reitkunst zu lehren, würde der nicht unter allen hellenischen Ländern am meisten in Thessalien geehrt und belohnt werden, und wo man sich sonst auf diese Sache vorzüglich legte?

HIPPIAS: Wahrscheinlich doch.

SOKRATES: Und wer diejenigen Kenntnisse beizubringen weiß, die am meisten förderlich sind zur Tugend, der wird nicht in Lakedaimon am meisten geehrt werden, und das meiste Geld verdienen wenn er will, und in andern hellenischen b
Städten welche gut regiert werden, sondern mehr meinst du, in Sikelien, Freund, und in Inykos? Das sollen wir glauben, Hippias? Denn wenn du es befiehlst, muß man es glauben.

HIPPIAS: Es ist eben nicht hergebracht bei den Lakedaimoniern, o Sokrates, an ihren Einrichtungen zu rühren oder anders als nach der bestehenden Weise ihre Söhne zu unterrichten.

SOKRATES: Wie sagst du? es ist nicht hergebracht bei den Lakedaimoniern richtig zu handeln, sondern Fehler zu bege- c
hen?

HIPPIAS: Das möchte ich nicht behaupten, Sokrates.

SOKRATES: Würden sie denn nicht richtig handeln, wenn sie ihre jungen Leute besser und nicht schlechter unterrichteten?

HIPPIAS: Richtig allerdings: allein einen ausländischen Unterricht ist bei ihnen nicht gesetzlich zu geben. Denn das wisse nur, wenn irgend jemand jemals dort mit dem Unterricht der Jugend Geld verdient hätte: so würde ich bei weitem das meiste verdient haben. Sie mögen mich wenigstens sehr gern reden hören und loben mich. Aber wie gesagt, das Gesetz gestattet es nicht.

SOKRATES: Das Gesetz aber, Hippias, meinst du denn das d
sei ein Verderben für den Staat oder ein Nutzen?

HIPPIAS: Gegeben wird das Gesetz, glaube ich, allerdings des Nutzens wegen, bisweilen aber schadet doch, wenn es schlecht gegeben wird, auch das Gesetz.

ΣΩ. Τί δέ; Οὐχ ὡς ἀγαθὸν μέγιστον πόλει τίθενται τὸν νόμον οἱ τιθέμενοι; Καὶ ἄνευ τούτου μετὰ εὐνομίας ἀδύνατον οἰκεῖν;

ΙΠ. Ἀληθῆ λέγεις.

ΣΩ. Ὅταν ἄρα ἀγαθοῦ ἁμάρτωσιν οἱ ἐπιχειροῦντες τοὺς νόμους τιθέναι, νομίμου τε καὶ νόμου ἡμαρτήκασιν· ἢ πῶς λέγεις;

ΙΠ. Τῷ μὲν ἀκριβεῖ λόγῳ, ὦ Σώκρατες, οὕτως ἔχει· οὐ e
μέντοι εἰώθασιν ἄνθρωποι ὀνομάζειν οὕτω.

ΣΩ. Πότερον, ὦ Ἱππία, οἱ εἰδότες ἢ οἱ μὴ εἰδότες;

ΙΠ. Οἱ πολλοί.

ΣΩ. Εἰσὶν δ' οὗτοι οἱ εἰδότες τὸ ἀληθές, οἱ πολλοί;

ΙΠ. Οὐ δῆτα.

ΣΩ. Ἀλλὰ μήν που οἵ γ' εἰδότες τὸ ὠφελιμώτερον τοῦ ἀνωφελεστέρου νομιμώτερον ἡγοῦνται τῇ ἀληθείᾳ πᾶσιν ἀνθρώποις· ἢ οὐ συγχωρεῖς;

ΙΠ. Ναί, συγχωρῶ ὅτι γε τῇ ἀληθείᾳ.

ΣΩ. Οὐκοῦν ἔστιν τε καὶ ἔχει οὕτως, ὡς οἱ εἰδότες ἡγοῦνται;

ΙΠ. Πάνυ γε.

ΣΩ. Ἔστι δέ γε Λακεδαιμονίοις, ὡς σὺ φῄς, ὠφελι-
μώτερον τὴν ὑπὸ σοῦ παίδευσιν, ξενικὴν οὖσαν, παιδεύεσθαι 285
μᾶλλον ἢ τὴν ἐπιχωρίαν.

ΙΠ. Καὶ ἀληθῆ γε λέγω.

ΣΩ. Καὶ γὰρ ὅτι τὰ ὠφελιμώτερα νομιμώτερά ἐστι, καὶ τοῦτο λέγεις, ὦ Ἱππία;

ΙΠ. Εἶπον γάρ.

ΣΩ. Κατὰ τὸν σὸν ἄρα λόγον τοῖς Λακεδαιμονίων ὑέσιν ὑπὸ Ἱππίου παιδεύεσθαι νομιμώτερόν ἐστιν, ὑπὸ δὲ τῶν πατέρων ἀνομώτερον, εἴπερ τῷ ὄντι ὑπὸ σοῦ πλείω ὠφεληθήσονται.

ΙΠ. Ἀλλὰ μὴν ὠφεληθήσονται, ὦ Σώκρατες.

ΣΩ. Παρανομοῦσιν ἄρα Λακεδαιμόνιοι οὐ διδόντες σοι b
χρυσίον καὶ ἐπιτρέποντες τοὺς αὐτῶν ὑεῖς.

SOKRATES: Wie? die die Gesetze anordnen, setzen die sie nicht ein als das größte Gut für den Staat, und ist es nicht ohne dieses unmöglich, in guter Ordnung zu leben?

HIPPIAS: Ganz recht.

SOKRATES: Wenn also die, welche unternehmen Gesetze zu geben, das Gute verfehlen, so haben sie ja auch das Gesetz und das Gesetzliche verfehlt. Oder wie meinst du?

HIPPIAS: Wenn man es recht genau nimmt, Sokrates, ist es e
allerdings so; allein die Menschen pflegen doch nicht so zu reden.

SOKRATES: Welche, Hippias, die Kundigen oder die Unkundigen?

HIPPIAS: Die Leute.

SOKRATES: Sind diese wohl des Wahren kundig, die Leute?

HIPPIAS: Wohl nicht.

SOKRATES: Aber die Kundigen werden doch wohl gewiß das nützlichere für in Wahrheit gesetzmäßiger als das unnützere halten, und zwar allen Menschen. Oder gibst du das nicht zu?

HIPPIAS: Für in Wahrheit gesetzmäßiger, ja das gebe ich zu.

SOKRATES: Und es ist doch und verhält sich wirklich so, wie die Kundigen dafür halten?

HIPPIAS: Allerdings.

SOKRATES: Nun ist es ja aber für die Lakedaimonier wie du behauptest nützlicher, nach deiner obgleich ausländischen An- 285a
weisung erzogen zu werden, als nach der einheimischen.

HIPPIAS: Und darin habe ich gewiß Recht.

SOKRATES: Und daß das nÜtzlichere auch das gesetzmäßigere ist, auch dieses behauptest du, Hippias?

HIPPIAS: Das sagte ich.

SOKRATES: Nach deiner Rede also ist es für die Söhne der Lakedaimonier auch gesetzmäßiger von dem Hippias unterwiesen zu werden, von ihren Vätern aber, das wäre das gesetzwidrigere, wenn sie doch in der Tat durch dich werden besser gefördert werden.

HIPPIAS: Das werden sie wahrlich besser, Sokrates.

SOKRATES: Gesetzwidrig also handeln die Lakedaimonier, b
wenn sie dir nicht Geld geben und dir ihre Söhne überlassen.

ΙΠ. Συγχωρῶ ταῦτα· δοκεῖς γάρ μοι τὸν λόγον πρὸς ἐμοῦ λέγειν, καὶ οὐδέν με δεῖ αὐτῷ ἐναντιοῦσθαι.

ΣΩ. Παρανόμους μὲν δή, ὦ ἑταῖρε, τοὺς Λάκωνας εὑρίσκομεν, καὶ ταῦτ᾽ εἰς τὰ μέγιστα, τοὺς νομιμωτάτους δοκοῦντας εἶναι. Ἐπαινοῦσι δὲ δή σε πρὸς θεῶν, ὦ Ἱππία, καὶ χαίρουσιν ἀκούοντες ποῖα; Ἢ δῆλον δὴ ὅτι ἐκεῖνα, ἃ σὺ κάλλιστα ἐπίστασαι, τὰ περὶ τὰ ἄστρα τε καὶ τὰ οὐράνια c
πάθη;

ΙΠ. Οὐδ᾽ ὁπωστιοῦν· ταῦτά γε οὐδ᾽ ἀνέχονται.

ΣΩ. Ἀλλὰ περὶ γεωμετρίας τι χαίρουσιν ἀκούοντες;

ΙΠ. Οὐδαμῶς, ἐπεὶ οὐδ᾽ ἀριθμεῖν ἐκείνων γε, ὡς ἔπος εἰπεῖν, πολλοὶ ἐπίστανται.

ΣΩ. Πολλοῦ ἄρα δέουσιν περί γε λογισμῶν ἀνέχεσθαί σου ἐπιδεικνυμένου.

ΙΠ. Πολλοῦ μέντοι νὴ Δία.

ΣΩ. Ἀλλὰ δῆτα ἐκεῖνα, ἃ σὺ ἀκριβέστατα ἐπίστασαι ἀνθρώπων διαιρεῖν, περί τε γραμμάτων δυνάμεως καὶ d
συλλαβῶν καὶ ῥυθμῶν καὶ ἁρμονιῶν;

ΙΠ. Περὶ ποίων, ὠγαθέ, ἁρμονιῶν καὶ γραμμάτων;

ΣΩ. Ἀλλὰ τί μήν ἐστιν ἃ ἡδέως σου ἀκροῶνται καὶ ἐπαινοῦσιν; Αὐτός μοι εἰπέ, ἐπειδὴ ἐγὼ οὐχ εὑρίσκω.

ΙΠ. Περὶ τῶν γενῶν, ὦ Σώκρατες, τῶν τε ἡρώων καὶ τῶν ἀνθρώπων, καὶ τῶν κατοικίσεων, ὡς τὸ ἀρχαῖον ἐκτίσθησαν αἱ πόλεις, καὶ συλλήβδην πάσης τῆς ἀρχαιολογίας ἥδιστα ἀκροῶνται, ὥστ᾽ ἔγωγε δι᾽ αὐτοὺς ἠνάγκασμαι ἐκμεμα- e
θηκέναι τε καὶ ἐκμεμελετηκέναι πάντα τὰ τοιαῦτα.

ΣΩ. Ναὶ μὰ Δί᾽, ὦ Ἱππία, ηὐτύχηκάς γε ὅτι Λακεδαιμόνιοι οὐ χαίρουσιν ἄν τις αὐτοῖς ἀπὸ Σόλωνος τοὺς ἄρχοντας τοὺς ἡμετέρους καταλέγῃ· εἰ δὲ μή, πράγματ᾽ ἂν εἶχες ἐκμανθάνων.

HIPPIAS: Das gebe ich zu; denn du scheinst zu meinem Vorteil zu reden, und dem darf ich ja nicht widersprechen.

1.2.2. Die Themen von Hippias' Lehrvorträgen

SOKRATES: Als gesetzwidrige also finden wir die Lakedaimonier, und zwar in den wichtigsten Dingen, da sie doch sonst für die rechtlichsten gelten. Und dich also bei den Göttern loben sie, o Hippias, und hören dich gern reden, wovon doch? Oder gewiß davon, was du am besten verstehst, von den Ster- c
nen und dem was am Himmel vorgeht?

HIPPIAS: Keinesweges. Das mögen sie gar nicht leiden.

SOKRATES: Aber von der Meßkunst mögen sie gern etwas hören?

HIPPIAS: Mit nichten. Denn Viele von ihnen, um es mit einem Worte zu sagen, können nicht einmal zählen.

SOKRATES: Daran ist also nicht zu denken, daß sie dir zuhören sollten, wenn du dich in schwierigen Rechnungen zeigest?

HIPPIAS: Gar nicht, beim Zeus.

SOKRATES: Aber jenes was unter allen Menschen du am genauesten zu bestimmen verstehst, von den Eigenschaften d
der Buchstaben und Sylben, der Tonverhältnisse und Sylbenmaße?

HIPPIAS: Was sprichst du Guter von Tonverhältnissen und Buchstaben?

SOKRATES: Aber was ist es denn, wobei sie dir gern zuhören und weshalb sie dich loben? Sage es mir doch selbst, da ich es nicht finde.

HIPPIAS: Wenn ich ihnen spreche von den Geschlechtern der Heroen sowohl als der Menschen, und von den Niederlassungen, wie vor alters die Städte sind angelegt worden, und alles überhaupt was zu den Altertümern gehört das hören sie am liebsten; so daß ich um ihretwillen genötigt worden bin e
dergleichen Dinge zu erforschen und einzulernen.

SOKRATES: Beim Zeus, Hippias, da ist es ja ein Glück für dich, daß es den Lakedaimoniern nicht auch Vergnügen macht, wenn ihnen jemand alle unsere Archonten vom Solon an herzählt. Denn sonst hättest du viel Mühe um sie zu lernen.

ΙΠ. Πόθεν, ὦ Σώκρατες; Ἅπαξ ἀκούσας πεντήκοντα ὀνόματα ἀπομνημονεύσω.

ΣΩ. Ἀληθῆ λέγεις, ἀλλ' ἐγὼ οὐκ ἐνενόησα ὅτι τὸ μνημονικὸν ἔχεις· ὥστ' ἐννοῶ ὅτι εἰκότως σοι χαίρουσιν οἱ Λακεδαιμόνιοι ἅτε πολλὰ εἰδότι, καὶ χρῶνται ὥσπερ ταῖς 286 a
πρεσβύτισιν οἱ παῖδες πρὸς τὸ ἡδέως μυθολογῆσαι.

ΙΠ. Καὶ ναὶ μὰ Δί', ὦ Σώκρατες, περί γε ἐπιτηδευμάτων καλῶν καὶ ἔναγχος αὐτόθι ηὐδοκίμησα διεξιὼν ἃ χρὴ τὸν νέον ἐπιτηδεύειν. Ἔστι γάρ μοι περὶ αὐτῶν παγκάλως λόγος συγκείμενος, καὶ ἄλλως εὖ διακείμενος καὶ τοῖς ὀνόμασι· πρόσχημα δέ μοί ἐστι καὶ ἀρχὴ τοιάδε τις τοῦ λόγου. Ἐπειδὴ ἡ Τροία ἥλω, λέγει ὁ λόγος ὅτι Νεοπτόλεμος Νέστορα ἔροιτο ποῖά ἐστι καλὰ ἐπιτηδεύματα, ἃ ἄν τις ἐπιτηδεύσας b
νέος ὢν εὐδοκιμώτατος γένοιτο· μετὰ ταῦτα δὴ λέγων ἐστὶν ὁ Νέστωρ καὶ ὑποτιθέμενος αὐτῷ πάμπολλα νόμιμα καὶ πάγκαλα. Τοῦτον δὴ καὶ ἐκεῖ ἐπεδειξάμην καὶ ἐνθάδε μέλλω ἐπιδεικνύναι εἰς τρίτην ἡμέραν, ἐν τῷ Φειδοστράτου διδασκαλείῳ, καὶ ἄλλα πολλὰ καὶ ἄξια ἀκοῆς· ἐδεήθη γάρ μου Εὔδικος ὁ Ἀπημάντου. Ἀλλ' ὅπως παρέσει καὶ αὐτὸς καὶ ἄλλους ἄξεις, οἵτινες ἱκανοὶ ἀκούσαντες κρῖναι τὰ λεγόμενα. c

ΣΩ. Ἀλλὰ ταῦτ' ἔσται, ἂν θεὸς ἐθέλῃ, ὦ Ἱππία. Νυνὶ μέντοι βραχύ τί μοι περὶ αὐτοῦ ἀπόκριναι· καὶ γάρ με εἰς καλὸν ὑπέμνησας. Ἔναγχος γάρ τις, ὦ ἄριστε, εἰς ἀπορίαν με κατέβαλεν ἐν λόγοις τισὶν τὰ μὲν ψέγοντα ὡς αἰσχρά, τὰ δ' ἐπαινοῦντα ὡς καλά, οὕτω πως ἐρόμενος καὶ μάλα ὑβριστικῶς· Πόθεν δέ μοι σύ, ἔφη, ὦ Σώκρατες, οἶσθα ὁποῖα καλὰ καὶ αἰσχρά; Ἐπεὶ φέρε, ἔχοις ἂν εἰπεῖν τί ἐστι d
τὸ καλόν; Καὶ ἐγὼ διὰ τὴν ἐμὴν φαυλότητα ἠπορούμην τε καὶ οὐκ εἶχον αὐτῷ κατὰ τρόπον ἀποκρίνασθαι· ἀπιὼν οὖν

HIPPIAS: Woher, Sokrates? Wenn ich funfzig Namen Einmal höre, will ich sie behalten.

SOKRATES: Das ist wahr! ich bedachte nicht daß du auch die Gedächtniskunst besitzest, und merke nun wohl, daß die Lakedaimonier Recht haben dich gern zu hören da du soviel 286a
weißt, und daß sie sich deiner bedienen wie die Kinder der alten Mütterchen um ihnen allerlei anmutiges zu erzählen.

HIPPIAS: Ja, aber beim Zeus, Sokrates, auch von allen löblichen und schönen Kenntnissen und Fertigkeiten, deren sich die Jugend befleißigen müsse, habe ich noch neuerlich dort mit großem Ruhme gesprochen. Denn ich habe eine gar herrliche Rede darüber aufgesetzt, die auch sonst, besonders aber was die Worte betrifft, vortrefflich gestellt ist. Die Einkleidung und der Anfang der Rede aber ist so. Nachdem Troja eingenommen worden, heißt es in der Rede, habe Neoptolemos den Nestor gefragt, welches die rechten Übungen wären, die ein junger b
Mann üben müsse um zu großem Ruhme zu gelangen. Drauf wird denn Nestor redend eingeführt und gibt ihm gar viel löbliches und gar schönes an die Hand. Diese Rede habe ich dort vorgetragen und werde sie auch hier vortragen übermorgen in des Pheidostratos Schule und noch viel anderes hörenswürdiges. Denn Eudikos der Sohn des Apemantos hat mich hierum gebeten. Stelle du dich nur auch ein und bringe noch Andere mit die auch im Stande sind was geredet wird zu c
beurteilen.

2. Erörterung über das Schöne anhand von Definitionen des Hippias

2.1. Entwicklung der Fragestellung

SOKRATES: Das soll geschehen so Gott will, Hippias. Jetzt aber beantworte mir nur ein weniges hiervon, was du mir gar zur schönen Stunde in Erinnerung gebracht hast. Denn neulich bester Mann hat mich Einer recht in Verlegenheit gesetzt, als ich an gewissen Reden einiges tadelte als schlecht, anderes lobte als schön, indem er mich, und das ganz spöttisch, so etwa fragte, Aber woher Sokrates, weißt du mir denn was schön ist und was schlecht? Denn sprich, könntest du wohl sagen was das d
Schöne ist? Da ward ich mit meiner Unfähigkeit verlegen, und wußte nicht gehörigerweise zu antworten. Wie ich nun weg-

ἐκ τῆς συνουσίας ἐμαυτῷ τε ὠργιζόμην καὶ ὠνείδιζον, καὶ
ἠπείλουν, ὁπότε πρῶτον ὑμῶν τῳ τῶν σοφῶν ἐντύχοιμι,
ἀκούσας καὶ μαθὼν καὶ ἐκμελετήσας ἰέναι πάλιν ἐπὶ τὸν
ἐρωτήσαντα, ἀναμαχούμενος τὸν λόγον. Νῦν οὖν, ὃ λέγω,
εἰς καλὸν ἥκεις, καί με δίδαξον ἱκανῶς αὐτὸ τὸ καλὸν ὅ τι
ἐστίν, καὶ πειρῶ μοι ὅ τι μάλιστα ἀκριβῶς εἰπεῖν ἀποκρινό- e
μενος, μὴ ἐξελεγχθεὶς τὸ δεύτερον αὖθις γέλωτα ὄφλω.
Οἶσθα γὰρ δήπου σαφῶς, καὶ σμικρόν που τοῦτ᾽ ἂν εἴη
μάθημα ὧν σὺ τῶν πολλῶν ἐπίστασαι.

ΙΠ. Σμικρὸν μέντοι νὴ Δί᾽, ὦ Σώκρατες, καὶ οὐδενὸς
ἄξιον, ὡς ἔπος εἰπεῖν.

ΣΩ. Ῥᾳδίως ἄρα μαθήσομαι καὶ οὐδείς με ἐξελέγξει ἔτι.

ΙΠ. Οὐδεὶς μέντοι· φαῦλον γὰρ ἂν εἴη τὸ ἐμὸν πρᾶγμα
καὶ ἰδιωτικόν. 287 a

ΣΩ. Εὖ γε νὴ τὴν Ἥραν λέγεις, ὦ Ἱππία, εἰ χειρω-
σόμεθα τὸν ἄνδρα. Ἀτάρ μή τι κωλύω μιμούμενος ἐγὼ
ἐκεῖνον, ἐὰν σοῦ ἀποκρινομένου ἀντιλαμβάνωμαι τῶν λόγων,
ἵνα ὅ τι μάλιστά με ἐκμελετήσῃς; Σχεδὸν γάρ τι ἔμπειρός
εἰμι τῶν ἀντιλήψεων. Εἰ οὖν μή τί σοι διαφέρει, βούλομαι
ἀντιλαμβάνεσθαι, ἵν᾽ ἐρρωμενέστερον μάθω.

ΙΠ. Ἀλλ᾽ ἀντιλαμβάνου. Καὶ γάρ, ὃ νυνδὴ εἶπον, οὐ
μέγα ἐστὶ τὸ ἐρώτημα, ἀλλὰ καὶ πολὺ τούτου χαλεπώτερα b
ἂν ἀποκρίνασθαι ἐγώ σε διδάξαιμι, ὥστε μηδένα ἀνθρώπων
δύνασθαί σε ἐξελέγχειν.

ΣΩ. Φεῦ ὡς εὖ λέγεις· ἀλλά γ᾽, ἐπειδὴ καὶ σὺ κελεύεις,
φέρε ὅ τι μάλιστα ἐκεῖνος γενόμενος πειρῶμαί σε ἐρωτᾶν.
Εἰ γὰρ δὴ αὐτῷ τὸν λόγον τοῦτον ἐπιδείξαις ὃν φῄς, τὸν
περὶ τῶν καλῶν ἐπιτηδευμάτων, ἀκούσας, ἐπειδὴ παύσαιο
λέγων, ἔροιτ᾽ ἂν οὐ περὶ ἄλλου πρότερον ἢ περὶ τοῦ καλοῦ,
ἔθος γάρ τι τοῦτ᾽ ἔχει, καὶ εἴποι ἄν· Ὦ ξένε Ἠλεῖε, ἆρ᾽ οὐ c
δικαιοσύνῃ δίκαιοί εἰσιν οἱ δίκαιοι; Ἀπόκριναι δή, ὦ Ἱππία,
ὡς ἐκείνου ἐρωτῶντος.

gegangen war aus der Versammlung schmähte und zürnte ich
mir selbst und drohte, daß wo ich zuerst einem von euch Wei-
sen begegnete, den wollte ich hierüber hören, und wenn ich es
wohl aufgefaßt und durchgedacht hätte, wollte ich wieder zu
dem Frager hingehn um die Rede durchzufechten. Nun kamst
du mir also, wie gesagt, ganz gelegen, und belehre mich nur
gründlich über das Schöne selbst was es ist, und suche es mir so e
genau als möglich zu beantworten, damit ich nicht, wenn ich
das zweite Mal wieder zu Schanden werde, mir Gelächter be-
reite. Denn du weißt es gewiß genau, und es ist wohl nur etwas
geringes unter den vielen Kenntnissen die du besitzest.

HIPPIAS: Etwas gar geringes, o Sokrates, und nichts wert
muß ich dir sagen.

SOKRATES: Also werde ich es leicht lernen, und niemand
wird mich mehr widerlegen.

HIPPIAS: Niemand gewiß, sonst bestände ich mit meiner
Sache schlecht, und es wäre gar nichts damit. 287a

SOKRATES: Herrlich bei der Hera, Hippias, wenn wir den
Mann bezwängen. Aber hindert es dich wohl nicht, wenn ich es
jenem nachtue, und wenn du mir geantwortet hast, der Rede
etwas anzuhaben suche, damit du es mir desto gründlicher
beibringest? Denn vielleicht verstehe ich mich etwas auf Ein-
wendungen; wenn es dir also keinen Unterschied macht, so will
ich dir Einwendungen machen, damit ich desto fester und si-
cherer werde in der Sache.

HIPPIAS: Tue das nur. Denn wie ich schon sagte, diese Frage
ist gar nichts großes, und ich wollte dich viel schwereres als b
dieses beantworten lehren, so daß dich kein Mensch sollte wi-
derlegen können.

SOKRATES: O welche herrliche Verheißung! Wohlan denn
weil du es so willst, so laß mich so gut als möglich jenen vor-
stellen und versuchen dich zu fragen. Wenn du ihm als jene
Rede vorgetragen hättest, deren du erwähnst, die von den
schönen Übungen und Kenntnissen; so würde er dich, wenn
du geendiget hättest, nach nichts anderem eher fragen als eben
nach dem Schönen, denn das ist so seine Art, und würde sagen, c
o Fremdling aus Elis, sind nicht die Gerechten durch die Ge-
rechtigkeit gerecht? Antworte also Hippias, als ob jener dich
fragte.

ΙΠ. Ἀποκρίνουμαι ὅτι δικαιοσύνη.

ΣΩ. Οὐκοῦν ἔστι τι τοῦτο, ἡ δικαιοσύνη;

ΙΠ. Πάνυ γε.

ΣΩ. Οὐκοῦν καὶ σοφίᾳ οἱ σοφοί εἰσι σοφοὶ καὶ τῷ ἀγαθῷ πάντα τἀγαθὰ ἀγαθά;

ΙΠ. Πῶς δ' οὔ;

ΣΩ. Οὖσί γέ τισι τούτοις· οὐ γὰρ δή που μὴ οὖσί γε.

ΙΠ. Οὖσι μέντοι.

ΣΩ. Ἆρ' οὖν οὐ καὶ τὰ καλὰ πάντα τῷ καλῷ ἔστι καλά;

ΙΠ. Ναί, τῷ καλῷ. d

ΣΩ. Ὄντι γέ τινι τούτῳ;

ΙΠ. Ὄντι· ἀλλὰ τί γὰρ μέλλει;

ΣΩ. Εἰπὲ δή, ὦ ξένε, φήσει, τί ἐστι τοῦτο τὸ καλόν;

ΙΠ. Ἄλλο τι οὖν, ὦ Σώκρατες, ὁ τοῦτο ἐρωτῶν δεῖται πυθέσθαι, τί ἐστι καλόν;

ΣΩ. Οὔ μοι δοκεῖ, ἀλλ' ὅ τι ἐστὶ τὸ καλόν, ὦ Ἱππία.

ΙΠ. Καὶ τί διαφέρει τοῦτ' ἐκείνου;

ΣΩ. Οὐδέν σοι δοκεῖ;

ΙΠ. Οὐδὲν γὰρ διαφέρει.

ΣΩ. Ἀλλὰ μέντοι δῆλον ὅτι σὺ κάλλιον οἶσθα. Ὅμως δέ, ὠγαθέ, ἄθρει· ἐρωτᾷ γάρ σε οὐ τί ἐστι καλόν, ἀλλ' ὅ τι ἐστὶ τὸ καλόν. e

ΙΠ. Μανθάνω, ὠγαθέ, καὶ ἀποκρινοῦμαί γε αὐτῷ ὅ τι ἐστὶ τὸ καλόν, καὶ οὐ μή ποτε ἐλεγχθῶ. Ἔστι γάρ, ὦ Σώκρατες, εὖ ἴσθι, εἰ δεῖ τὸ ἀληθὲς λέγειν, παρθένος καλὴ καλόν.

ΣΩ. Καλῶς γε, ὦ Ἱππία, νὴ τὸν κύνα, καὶ εὐδόξως ἀπεκρίνω. Ἄλλο τι οὖν, ἂν ἐγὼ τοῦτο ἀποκρίνωμαι, τὸ ἐρωτώμενόν τε ἀποκεκριμένος ἔσομαι καὶ ὀρθῶς, καὶ οὐ 288 a
μὴ ἐλεγχθῶ;

HIPPIAS: Ich werde antworten, Allerdings durch die Gerechtigkeit.

SOKRATES: Also ist dieses doch etwas, die Gerechtigkeit?

HIPPIAS: Freilich.

SOKRATES: Und die Weisen sind durch die Weisheit weise, und alles gute durch das Gute gut?

HIPPIAS: Wie anders?

SOKRATES: So nämlich daß dieses alles etwas ist, und keinesweges doch daß es nichts wäre?

HIPPIAS: Freilich, daß es etwas ist!

SOKRATES: Ist also nicht auch alles schöne durch das Schöne schön?

HIPPIAS: Ja durch das Schöne. d

SOKRATES: Welches also doch auch etwas ist?

HIPPIAS: Allerdings etwas. Aber was will er nur?

SOKRATES: So sage mir denn, Fremdling, wird er sprechen, was ist denn dieses, das Schöne?

HIPPIAS: Will der nun nicht wissen, wer dieses fragt, Sokrates, was schön ist?

SOKRATES: Nein dünkt mich; sondern was das Schöne ist, Hippias.

HIPPIAS: Und wie ist denn dies verschieden von jenem?

SOKRATES: Dünkt es dich etwa gar nicht verschieden?

HIPPIAS: Nein gar nicht.

SOKRATES: Du weißt es freilich gewiß besser. Indes sieh nur Guter, er fragt dich ja nicht was schön ist, sondern was das Schöne ist. e

2.2. Hippias' erste Definition: Schönes ist ein schönes Mädchen. Kritik

HIPPIAS: Ich verstehe Guter, und ich will ihm beantworten was das Schöne ist, und er soll gewiß nichts dagegen haben. Nämlich wisse nur, Sokrates, wenn ich es dir recht sagen soll, ein schönes Mädchen ist schön.

SOKRATES: Herrlich, o Hippias, beim Zeus, und sehr annehmlich hast du geantwortet. Also nicht wahr, wenn ich dies antworte, werde ich die Frage beantwortet haben, und zwar 288a
richtig, und werde nicht widerlegt werden?

ΙΠ. Πῶς γὰρ ἄν, ὦ Σώκρατες, ἐλεγχθείης, ὅ γε πᾶσιν δοκεῖ καὶ πάντες σοι μαρτυρήσουσιν οἱ ἀκούοντες ὅτι ὀρθῶς λέγεις;

ΣΩ. Εἶεν· πάνυ μὲν οὖν. Φέρε δή, ὦ Ἱππία, πρὸς ἐμαυτὸν ἀναλάβω ὃ λέγεις. Ὁ μὲν ἐρήσεταί με οὑτωσί πως· Ἴθι μοι, ὦ Σώκρατες, ἀπόκριναι· ταῦτα πάντα ἃ φῂς καλὰ εἶναι, εἰ τί ἐστιν αὐτὸ τὸ καλόν, ταῦτ' ἂν εἴη καλά; Ἐγὼ δὲ δὴ ἐρῶ ὅτι εἰ παρθένος καλὴ καλόν, ἔστι <τι> δι' ὃ ταῦτ' ἂν εἴη καλά.

ΙΠ. Οἴει οὖν ἔτι αὐτὸν ἐπιχειρήσειν σε ἐλέγχειν ὡς οὐ b καλόν ἐστιν ὃ λέγεις, ἢ ἐὰν ἐπιχειρήσῃ, οὐ καταγέλαστον ἔσεσθαι;

ΣΩ. Ὅτι μὲν ἐπιχειρήσει, ὦ θαυμάσιε, εὖ οἶδα· εἰ δ' ἐπιχειρήσας ἔσται καταγέλαστος, αὐτὸ δείξει· ἃ μέντοι ἐρεῖ, ἐθέλω σοι λέγειν.

ΙΠ. Λέγε δή.

ΣΩ. Ὡς γλυκὺς εἶ, φήσει, ὦ Σώκρατες. Θήλεια δ' ἵππος καλὴ οὐ καλόν, ἣν καὶ ὁ θεὸς ἐν τῷ χρησμῷ ἐπῄνεσεν; τί φήσομεν, ὦ Ἱππία; Ἄλλο τι ἢ φῶμεν καὶ τὴν ἵππον καλὸν c εἶναι, τήν γε καλήν; Πῶς γὰρ ἂν τολμῷμεν ἔξαρνοι εἶναι τὸ καλὸν μὴ καλὸν εἶναι;

ΙΠ. Ἀληθῆ λέγεις, ὦ Σώκρατες· ἐπεί τοι καὶ ὀρθῶς αὐτὸ ὁ θεὸς εἶπεν· πάγκαλαι γὰρ παρ' ἡμῖν ἵπποι γίγνονται.

ΣΩ. Εἶεν, φήσει δή· τί δὲ λύρα καλή; Οὐ καλόν; Φῶμεν, ὦ Ἱππία;

ΙΠ. Ναί.

ΣΩ. Ἐρεῖ τοίνυν μετὰ τοῦτ' ἐκεῖνος, σχεδόν τι εὖ οἶδα ἐκ τοῦ τρόπου τεκμαιρόμενος· Ὦ βέλτιστε σύ, τί δὲ χύτρα καλή; Οὐ καλὸν ἄρα;

ΙΠ. Ὦ Σώκρατες, τίς δ' ἐστὶν ὁ ἄνθρωπος; Ὡς ἀπαί- d δευτός τις, ὃς οὕτω φαῦλα ὀνόματα ὀνομάζειν τολμᾷ ἐν σεμνῷ πράγματι.

ΣΩ. Τοιοῦτός τις, ὦ Ἱππία, οὐ κομψός, ἀλλὰ συρφετός,

HIPPIAS: Wie sollte dir wohl widerlegt werden, o Sokrates, was Alle eben so meinen, und wovon dir alle die es hören einzeugen werden, daß es recht ist?

SOKRATES: Wohl! Freilich auch! Aber laß mich doch, Hippias, noch einmal für mich selbst überdenken was du sagst. Jener wird mich so ohngefähr fragen, Komm Sokrates, und antworte mir. Alles das was du schön nennst, wird wenn das Schöne selbst was doch ist schön sein? Und darauf werde ich antworten, wenn eine schöne Jungfrau schön ist wodurch alles jenes schön ist.

HIPPIAS: Glaubst du also, er werde wagen dich zu wider- b legen, daß das nicht schön ist was du anführst, oder wenn er es wagte, werde er sich nicht lächerlich machen?

SOKRATES: Daß er es wagen wird, Bester, weiß ich gewiß; ob er sich aber wenn er es wagt lächerlich machen wird, das muß die Sache zeigen. Was er indes sprechen wird, will ich dir wohl sagen.

HIPPIAS: So sage es denn.

SOKRATES: Wie sinnreich du bist, Sokrates! wird er sagen, eine schöne Stute aber, ist die nicht schön, die doch der Gott selbst im Orakel gelobt hat? Was sollen wir sagen, Hippias? c Müssen wir nicht sagen auch eine Stute sei schön, eine schöne nämlich? Denn wie wollten wir es wagen zu leugnen, daß etwas schönes nicht schön sei?

HIPPIAS: Du hast Recht, Sokrates, und ganz richtig hat auch der Gott dieses gesagt. Denn sehr schöne Stuten gibt es bei uns.

SOKRATES: Wohl, wird er also sagen. Aber wie eine schöne Leier, ist die nicht schön? Sollen wir es bejahen, Hippias?

HIPPIAS: Ja.

SOKRATES: Darauf, ich kann es mir recht denken, denn ich kenne seine Weise, wird er sagen, Aber du Bester; wie? eine schöne Kanne ist die nicht schön?

HIPPIAS: O Sokrates, wer ist der Mensch? Wie unge- d schliffen muß er sein, daß er so gemeine Dinge vorzubringen wagt bei einer ernsthaften Sache?

SOKRATES: Es ist eben so einer, Hippias, gar kein feiner Mann, sondern so aus dem Haufen, der sich um nichts küm-

οὐδὲν ἄλλο φροντίζων ἢ τὸ ἀληθές. Ἀλλ' ὅμως ἀποκριτέον
τῷ ἀνδρί, καὶ ἔγωγε προαποφαίνομαι· εἴπερ ἡ χύτρα κεκε-
ραμευμένη εἴη ὑπὸ ἀγαθοῦ κεραμέως λεία καὶ στρογγύλη καὶ
καλῶς ὠπτημένη, οἷαι τῶν καλῶν χυτρῶν εἰσί τινες δίωτοι,
τῶν ἓξ χοᾶς χωρουσῶν, πάγκαλαι, εἰ τοιαύτην ἐρωτῴη
χύτραν, καλὴν ὁμολογητέον εἶναι. Πῶς γὰρ ἂν φαῖμεν καλὸν e
ὂν μὴ καλὸν εἶναι;

ΙΠ. Οὐδαμῶς, ὦ Σώκρατες.

ΣΩ. Οὐκοῦν καὶ χύτρα, φήσει, καλὴ καλόν; Ἀποκρίνου.

ΙΠ. Ἀλλ' οὕτως, ὦ Σώκρατες, ἔχει, οἶμαι· καλὸν μὲν
καὶ τοῦτο τὸ σκεῦός ἐστιν καλῶς εἰργασμένον, ἀλλὰ τὸ
ὅλον τοῦτο οὐκ ἔστιν ἄξιον κρίνειν ὡς ὂν καλὸν πρὸς ἵππον
τε καὶ παρθένον καὶ τἆλλα πάντα τὰ καλά.

ΣΩ. Εἶεν· μανθάνω, ὦ Ἱππία, ὡς ἄρα χρὴ ἡμᾶς ἀντι- 289 a
λέγειν πρὸς τὸν ταῦτα ἐρωτῶντα τάδε· Ὦ ἄνθρωπε, ἀγνοεῖς
ὅτι τὸ τοῦ Ἡρακλείτου εὖ ἔχει, ὡς ἄρα πιθήκων ὁ κάλλιστος
αἰσχρὸς ἀνθρώπων γένει συμβάλλειν, καὶ χυτρῶν ἡ καλλίστη
αἰσχρὰ παρθένων γένει συμβάλλειν, ὥς φησιν Ἱππίας ὁ
σοφός. Οὐχ οὕτως, ὦ Ἱππία;

ΙΠ. Πάνυ μὲν οὖν, ὦ Σώκρατες, ὀρθῶς ἀπεκρίνω.

ΣΩ. Ἄκουε δή· μετὰ τοῦτο γὰρ εὖ οἶδ' ὅτι φήσει· Τί δέ,
ὦ Σώκρατες; τὸ τῶν παρθένων γένος θεῶν γένει ἄν τις
συμβάλλῃ, οὐ ταὐτὸν πείσεται ὅπερ τὸ τῶν χυτρῶν τῷ τῶν b
παρθένων συμβαλλόμενον; Οὐχ ἡ καλλίστη παρθένος αἰσχρὰ
φανεῖται; ἢ οὐ καὶ Ἡράκλειτος ταὐτὸν τοῦτο λέγει, ὃν
σὺ ἐπάγει, ὅτι ἀνθρώπων ὁ σοφώτατος πρὸς θεὸν πίθηκος
φανεῖται καὶ σοφίᾳ καὶ κάλλει καὶ τοῖς ἄλλοις πᾶσιν;
Ὁμολογήσωμεν, ὦ Ἱππία, τὴν καλλίστην παρθένον πρὸς
θεῶν γένος αἰσχρὰν εἶναι;

ΙΠ. Τίς γὰρ ἂν ἀντείποι τούτῳ γε, ὦ Σώκρατες;

ΣΩ. Ἂν τοίνυν ταῦτα ὁμολογήσωμεν, γελάσεταί τε καὶ c
ἐρεῖ· Ὦ Σώκρατες, μέμνησαι οὖν ὅ τι ἠρωτήθης; Ἔγωγε,
φήσω, ὅτι αὐτὸ τὸ καλὸν ὅ τί ποτέ ἐστιν. Ἔπειτα, φήσει,

mert als um das Wahre. Aber antworten müssen wir ihm doch
schon, und also trage ich vor. Wenn die Kanne von einem
guten Töpfer gedreht ist hübsch glatt und rund und dann
schön gebrannt, wie es solche schöne Kannen gibt zweihenk-
lige von denen die sechs Maß halten, welche sehr schön sind,
wenn er eine solche Kanne meint, werden wir wohl gestehen
müssen, daß sie schön ist. Denn wie sollten wir sagen, daß e
etwas schönes nicht schön sei?

HIPPIAS: Das wollen wir auch nicht, Sokrates.

SOKRATES: Also, wird er sagen, auch eine schöne Kanne ist
schön? Antworte.

HIPPIAS: Allein, o Sokrates, es verhält sich glaube ich so.
Auch ein solches Gefäß ist freilich schön, wenn es schön ge-
arbeitet ist; aber die ganze Sache verdient nicht mit gerechnet
zu werden als etwas schönes im Vergleich mit Pferden, Mäd-
chen und allem sonstigem schönen.

SOKRATES: Wohl! Nun verstehe ich, Hippias, daß wir dem 289a
welcher dergleichen fragt so entgegnen müssen. Weißt du denn
nicht Mensch, daß Herakleitos Recht hat, daß der schönste Affe
häßlich ist mit dem menschlichen Geschlecht verglichen? und
so ist auch die schönste Kanne häßlich mit Mädchen vergli-
chen, wie der weise Hippias sagt. Nicht so, Hippias?

HIPPIAS: Ganz vortrefflich, o Sokrates, hast du da geant-
wortet.

SOKRATES: Höre nur. Hierauf nämlich weiß ich gewiß wird
er sagen, Wie aber, Sokrates, wenn Jemand nun die Mädchen
im Allgemeinen mit den Göttinnen vergliche, wird es ihnen
nicht eben so ergehen, wie den Kannen im Vergleich mit den b
Mädchen? Wird nicht das schönste Mädchen häßlich erschei-
nen? Oder sagt nicht Herakleitos, den du selbst angeführt hast,
ganz dasselbige, daß der weiseste Mensch gegen Gott nur als
ein Affe erscheinen wird, sowohl an Weisheit als Schönheit und
allem übrigen? Sollen wir das zugeben, Hippias, daß das
schönste Mädchen mit Göttinnen verglichen häßlich ist?

HIPPIAS: Wer könnte dem wohl widersprechen, Sokrates?

SOKRATES: Wenn wir ihm nun das zugeben, wird er lachen c
und sagen, Besinnst du dich wohl, Sokrates, was du bist ge-
fragt worden? – Freilich werde ich sagen, was nämlich das

ἐρωτηθεὶς τὸ καλόν, ἀποκρίνει ὃ τυγχάνει ὄν, ὡς αὐτὸς φῄς, οὐδὲν μᾶλλον καλὸν ἢ αἰσχρόν; Ἔοικε, φήσω· ἢ τί μοι συμβουλεύεις, ὦ φίλε, φάναι;

ΙΠ. Τοῦτο ἔγωγε· καὶ δὴ πρός γε θεοὺς ὅτι οὐ καλὸν τὸ ἀνθρώπειον γένος, ἀληθῆ ἐρεῖ.

ΣΩ. Εἰ δέ σε ἠρόμην, φήσει, ἐξ ἀρχῆς, τί ἐστι καλόν τε
καὶ αἰσχρόν, εἴ μοι ἅπερ νῦν ἀπεκρίνω ἄρα, σὺ ἂν ὀρθῶς d
ἀπεκέκρισο. Ἔτι δὲ καὶ δοκεῖ σοι αὐτὸ τὸ καλόν, ᾧ καὶ τἆλλα πάντα κοσμεῖται καὶ καλὰ φαίνεται, ἐπειδὰν προσγένηται ἐκεῖνο τὸ εἶδος, τοῦτ' εἶναι παρθένος ἢ ἵππος ἢ λύρα;

ΙΠ. Ἀλλὰ μέντοι, ὦ Σώκρατες, εἰ τοῦτό γε ζητεῖ, πάντων ῥᾷστον ἀποκρίνασθαι αὐτῷ, τί ἐστι τὸ καλόν, ᾧ καὶ τὰ ἄλλα πάντα κοσμεῖται καὶ προσγενομένου αὐτοῦ καλὰ φαίνε-
ται. Εὐηθέστατος οὖν ἐστιν ὁ ἄνθρωπος καὶ οὐδὲν ἐπαΐει e
περὶ καλῶν κτημάτων. Ἐὰν γὰρ αὐτῷ ἀποκρίνῃ ὅτι τοῦτ' ἐστὶν ὃ ἐρωτᾷ τὸ καλὸν οὐδὲν ἄλλο ἢ χρυσός, ἀπορήσει καὶ οὐκ ἐπιχειρήσει σε ἐλέγχειν. Ἴσμεν γάρ που πάντες, ὅτι ὅπου ἂν τοῦτο προσγένηται, κἂν πρότερον αἰσχρὸν φαίνηται, καλὸν φανεῖται χρυσῷ γε κοσμηθέν.

ΣΩ. Ἄπειρος εἶ τοῦ ἀνδρός, ὦ Ἱππία, ὡς σχέτλιός ἐστι καὶ οὐδὲν ῥᾳδίως ἀποδεχόμενος.

ΙΠ. Τί οὖν τοῦτο, ὦ Σώκρατες; Τὸ γὰρ ὀρθῶς λεγόμενον
ἀνάγκη αὐτῷ ἀποδέχεσθαι, ἢ μὴ ἀποδεχομένῳ καταγελάστῳ 290 a
εἶναι.

ΣΩ. Καὶ μὲν δὴ ταύτην γε τὴν ἀπόκρισιν, ὦ ἄριστε, οὐ μόνον οὐκ ἀποδέξεται, ἀλλὰ πάνυ με καὶ τωθάσεται, καὶ ἐρεῖ· Ὦ τετυφωμένε σύ, Φειδίαν οἴει κακὸν εἶναι δημιουργόν; Καὶ ἐγώ, οἶμαι, ἐρῶ ὅτι οὐδ' ὁπωστιοῦν.

Schöne selbst eigentlich ist. – Und also, wird er sagen, nach dem Schönen gefragt antwortest du etwas, was wie du selbst sagst um nichts mehr schön ist als häßlich? – Das scheint freilich, werde ich sagen. Oder was rätst du mir, Lieber, daß ich sagen soll?

HIPPIAS: Dasselbe, rate ich. Denn daß das menschliche Geschlecht im Vergleich mit den Göttern nicht schön ist, darin hat er ganz recht.

SOKRATES: Wenn ich dich nun von Anfang an gefragt hätte, wird er sagen, was ist wohl schön und auch häßlich, und du hättest mir ebenso geantwortet: hättest du dann nicht recht d
geantwortet? Und dünkt dich noch immer das Schöne selbst, wodurch alles andere geschmückt wird und als schön erscheint, wenn jener Begriff ihm zukommt, dünkt dich das noch immer ein Mädchen zu sein oder ein Pferd oder eine Leier?

2.3. Hippias' zweite Definition: Das Schöne ist das Gold, oder allgemeiner: das jeweils schickliche Material. Kritik beider Versionen

HIPPIAS: Aber Sokrates, wenn er darnach fragt, das ist ja am allerleichtesten zu beantworten, was das Schöne ist wodurch alles geschmückt wird, und wenn jenes ihm zukommt als schön erscheint. Der Mensch ist gewiß ganz einfältig und versteht e
nichts von schönen Sachen. Denn wenn du ihm antwortest, Dieses Schöne, wonach du fragst, ist nichts anders als das Gold: so wird er in die Enge gebracht sein und nicht weiter versuchen dich zu widerlegen. Denn das wissen wir ja Alle, daß wo dieses nur hinkommt, alles wenn es auch vorher noch so häßlich war, schön erscheint, wenn es durch Gold geschmückt ist.

SOKRATES: Du kennst den Mann nicht, Hippias, wie unartig er ist und nicht etwas annimmt.

HIPPIAS: Wie so das, Sokrates? Denn was richtig gesagt ist muß er doch annehmen, oder wenn er es nicht annimmt macht 290a
er sich lächerlich.

SOKRATES: Doch aber wird er gewiß diese Antwort, o Bester, nicht nur nicht annehmen, sondern mich gar durchziehen und sagen, Du ganz Vernagelter, hältst du etwa den Pheidias für einen schlechten Meister? – Da werde ich, denke ich, sagen, das täte ich keinesweges.

ΙΠ. Καὶ ὀρθῶς γ' ἐρεῖς, ὦ Σώκρατες.

ΣΩ. Ὀρθῶς μέντοι. Τοιγάρτοι ἐκεῖνος, ἐπειδὰν ἐγὼ ὁμολογῶ ἀγαθὸν εἶναι δημιουργὸν τὸν Φειδίαν, Εἶτα, φήσει, οἴει, τοῦτο τὸ καλὸν ὃ σὺ λέγεις, ἠγνόει Φειδίας; Καὶ ἐγώ· b
Τί μάλιστα; φήσω. Ὅτι, ἐρεῖ, τῆς Ἀθηνᾶς τοὺς ὀφθαλμοὺς οὐ χρυσοῦς ἐποίησεν, οὐδέ τὸ ἄλλο πρόσωπον οὐδὲ τοὺς πόδας οὐδὲ τὰς χεῖρας, εἴπερ χρυσοῦν γε δὴ ὂν κάλλιστον ἔμελλε φαίνεσθαι, ἀλλ' ἐλεφάντινον, δῆλον ὅτι τοῦτο ὑπὸ ἀμαθίας ἐξήμαρτεν ἀγνοῶν ὅτι χρυσὸς ἄρ' ἐστὶν ὁ πάντα καλὰ ποιῶν, ὅπου ἂν προσγένηται. Ταῦτα οὖν λέγοντι τί ἀποκρινώμεθα, ὦ Ἱππία;

ΙΠ. Οὐδὲν χαλεπόν· ἐροῦμεν γὰρ ὅτι ὀρθῶς ἐποίησε. Καὶ c
γὰρ τὸ ἐλεφάντινον, οἶμαι, καλόν ἐστιν.

ΣΩ. Τοῦ οὖν ἕνεκα, φήσει, οὐ καὶ τὰ μέσα τῶν ὀφθαλμῶν ἐλεφάντινα εἰργάσατο, ἀλλὰ λίθινα, ὡς οἷόν τ' ἦν ὁμοιότητα τοῦ λίθου τῷ ἐλέφαντι ἐξευρών; Ἦ καὶ ὁ λίθος ὁ καλὸς καλόν ἐστι; Φήσομεν, ὦ Ἱππία;

ΙΠ. Φήσομέν τοι, ὅταν γε πρέπων ᾖ.

ΣΩ. Ὅταν δὲ μὴ πρέπων, αἰσχρόν; Ὁμολογῶ ἢ μή;

ΙΠ. Ὁμολόγει, ὅταν γε μὴ πρέπῃ.

ΣΩ. Τί δὲ δή; ὁ ἐλέφας καὶ ὁ χρυσός, φήσει, ὦ σοφὲ d
σύ, οὐχ ὅταν μὲν πρέπῃ, καλὰ ποιεῖ φαίνεσθαι, ὅταν δὲ μή, αἰσχρά; Ἔξαρνοι ἐσόμεθα ἢ ὁμολογήσομεν αὐτῷ ὀρθῶς λέγειν αὐτόν;

ΙΠ. Ὁμολογήσομεν τοῦτό γε, ὅτι ὃ ἂν πρέπῃ ἑκάστῳ, τοῦτο καλὸν ποιεῖ ἕκαστον.

ΣΩ. Πότερον πρέπει, φήσει, ὅταν τις τὴν χύτραν ἣν ἄρτι ἐλέγομεν, τὴν καλήν, ἕψῃ ἔτνους καλοῦ μεστήν, χρυσῆ τορύνη αὐτῇ ἢ συκίνη;

ΙΠ. Ἡράκλεις, οἷον λέγεις ἄνθρωπον, ὦ Σώκρατες. Οὐ βούλει μοι εἰπεῖν τίς ἐστιν;

ΣΩ. Οὐ γὰρ ἂν γνοίης, εἴ σοι εἴποιμι τοὔνομα. e

HIPPIAS: Und daran wirst du ganz recht sagen, o Sokrates.

SOKRATES: Ganz recht freilich. Aber wenn ich dann zugegeben habe, daß Pheidias ein trefflicher Künstler ist; wird jener sagen, Und du glaubst also, daß Pheidias das Schöne was du b
mir nennst nicht gekannt habe? – Da werde ich fragen, Wie so? – Weil er, so wird er antworten, seiner Athene die Augen nicht golden gemacht hat, auch sonst weder das Angesicht noch Hände und Füße, wenn es doch golden am schönsten würde erschienen sein, sondern elfenbeinern. Offenbar hat er das aus Einfalt verfehlt, weil er nicht wußte, daß Gold das ist, was alles schön macht, wo es hinkommt. Wenn er nun das sagt, was sollen wir ihm antworten, Hippias?

HIPPIAS: Das ist nicht schwer. Wir wollen sagen, er hätte c
recht getan. Denn Elfenbeinernes, denke ich, ist auch schön.

SOKRATES: Weshalb aber, wird er dann sagen, hat er nicht das Innere der Augen auch elfenbeinern gemacht sondern steinern, und einen soviel nur möglich dem Elfenbein ähnlichen Stein dazu aufgefunden. Ist etwa auch ein schöner Stein schön? Sollen wir es bejahen, Hippias?

HIPPIAS: Wir wollen es bejahen, wenn er nämlich schicklich ist.

SOKRATES: Wenn aber nicht schicklich, dann häßlich? Soll ich das zugeben, oder nicht?

HIPPIAS: Gib es zu, wenn er nicht schicklich ist.

SOKRATES: Wie aber das Elfenbein und das Gold, wird er d
sagen, du Weiser, werden nicht auch diese nur wenn sie sich schicken, machen daß etwas schön erscheint, wenn aber nicht, häßlich? – Wollen wir das leugnen, oder wollen wir gestehen, daran habe er Recht?

HIPPIAS: Das können wir ja zugeben, daß was sich für jedes schickt das macht jedes schön.

SOKRATES: Wenn nun aber Jemand, wird er sagen, in der schönen Kanne, von der wir vorher sprachen, schönen Hirsebrei kocht, schickt sich dann einen goldener Querl hinein oder einer von Feigenholz?

HIPPIAS: Herakles, was für ein Mensch ist das, Sokrates! Willst du mir nicht sagen wer er ist? e

SOKRATES: Du kennst ihn ja doch nicht, wenn ich dir auch den Namen sage.

ΙΠ. Ἀλλὰ καὶ νῦν ἔγωγε γιγνώσκω, ὅτι ἀμαθής τίς ἐστιν.

ΣΩ. Μέρμερος πάνυ ἐστίν, ὦ Ἱππία· ἀλλ' ὅμως τί φήσομεν; Ποτέραν πρέπειν τοῖν τορύναιν τῷ ἔτνει καὶ τῇ χύτρᾳ; ἢ δῆλον ὅτι τὴν συκίνην; Εὐωδέστερον γάρ που τὸ ἔτνος ποιεῖ, καὶ ἅμα, ὦ ἑταῖρε, οὐκ ἂν συντρίψασα ἡμῖν τὴν χύτραν ἐκχέαι τὸ ἔτνος καὶ τὸ πῦρ ἀποσβέσειεν καὶ τοὺς μέλλοντας ἑστιᾶσθαι ἄνευ ὄψου πάνυ γενναίου ποιήσειεν· ἡ δὲ χρυσῆ ἐκείνη πάντ' ἂν ταῦτα ποιήσειεν, ὥστ' ἐμοὶ δοκεῖ τὴν συκίνην ἡμᾶς μᾶλλον φάναι πρέπειν ἢ τὴν 291 a
χρυσῆν, εἰ μή τι σὺ ἄλλο λέγεις.

ΙΠ. Πρέπει μὲν γάρ, ὦ Σώκρατες, μᾶλλον· οὐ μεντἂν ἔγωγε τῷ ἀνθρώπῳ τοιαῦτα ἐρωτῶντι διαλεγοίμην.

ΣΩ. Ὀρθῶς γε, ὦ φίλε· σοὶ μὲν γὰρ οὐκ ἂν πρέποι τοιούτων ὀνομάτων ἀναπίμπλασθαι, καλῶς μὲν ουτωσὶ ἀμπεχομένῳ, καλῶς δὲ ὑποδεδεμένῳ, εὐδοκιμοῦντι δὲ ἐπὶ σοφίᾳ ἐν πᾶσι τοῖς Ἕλλησιν· ἀλλ' ἐμοὶ οὐδὲν πρᾶγμα φύρεσθαι πρὸς τὸν ἄνθρωπον. Ἐμὲ οὖν προδίδασκε καὶ ἐμὴν b
χάριν ἀποκρίνου. Εἰ γὰρ δὴ πρέπει γε μᾶλλον ἡ συκίνη τῆς χρυσῆς, φήσει ὁ ἄνθρωπος, ἄλλο τι καὶ καλλίων ἂν εἴη, ἐπειδήπερ τὸ πρέπον, ὦ Σώκρατες, κάλλιον ὡμολόγησας εἶναι τοῦ μὴ πρέποντος; Ἄλλο τι ὁμολογῶμεν, ὦ Ἱππία, τὴν συκίνην καλλίω τῆς χρυσῆς εἶναι;

ΙΠ. Βούλει σοι εἴπω, ὦ Σώκρατες, ὃ εἰπὼν εἶναι τὸ καλὸν ἀπαλλάξεις σαυτὸν τῶν πολλῶν λόγων;

ΣΩ. Πάνυ μὲν οὖν· μὴ μέντοι πρότερόν γε, πρὶν ἄν μοι c
εἴπῃς, ποτέραν ἀποκρίνωμαι οἶν ἄρτι ἔλεγον τοῖν τορύναιν πρέπουσάν τε καὶ καλλίω εἶναι.

ΙΠ. Ἀλλ', εἰ βούλει, αὐτῷ ἀπόκριναι, ὅτι ἡ ἐκ τῆς συκῆς εἰργασμένη.

ΣΩ. Λέγε δὴ νυνὶ ὃ ἄρτι ἔμελλες λέγειν. Ταύτῃ μὲν γὰρ

HIPPIAS: Dafür kenne ich ihn doch nun schon, daß es ein dummer Mensch ist.

SOKRATES: Krittlich ist er gar sehr, Hippias. Aber doch,
welcher Querl, wollen wir sagen, schicke sich für den Hirsebrei
und die Kanne? Offenbar doch der von Feigenholz? Denn er
gibt nicht nur dem Hirsebrei einen besseren Geruch, Freund,
sondern zugleich sind wir auch sicher, daß er uns nicht die
Kanne zerschlägt und den Hirsebrei verschüttet und das Feuer
auslöscht, und die welche bewirtet werden sollen um ein gar
schönes Gemüse bringt. Der goldene aber könnte das alles tun;
so daß mich dünkt, wir müssen sagen, der Querl von Feigen- 291a
holz schicke sich besser als der goldene, wenn du nicht etwas
anderes meinst.

HIPPIAS: Freilich schickt sich der besser, Sokrates; aber ich möchte doch mit einem Menschen kein Gespräch führen, der nach solchen Dingen fragt.

SOKRATES: Da hast du auch Recht, Lieber. Denn für dich
schickt es sich wohl nicht dich mit solchen Wörtern zu befas-
sen, der du so schön bekleidet bist, und so schön beschuht, und
berühmt in jeder Art von Weisheit unter allen Hellenen, mir
aber macht es nichts aus mich mit dem Menschen abzugeben. b
Lehre du mich also nur ein, und antworte mir zu Liebe. –
Wenn also der von Feigenholz sich besser schickt als der golde-
ne, wird der Mensch sagen, so muß er ja wohl auch schöner
sein, da du ja einmal zugegeben hast, o Sokrates, daß das
schickliche schöner ist als das nicht schickliche? Also wollen wir
zugeben, Hippias, der von Feigenholz sei schöner als der
goldene?

HIPPIAS: Soll ich dir sagen, Sokrates, was du sagen mußt daß das Schöne sei, um ihn von allen diesen Weitläufigkeiten abzubringen?

SOKRATES: Allerdings; nur ja nicht bevor du mir erst ge- c
sagt hast, welcher von den beiden Querlen, von denen ich
vorhin sagte, ich antworten soll, daß der schickliche und schö-
nere sei?

HIPPIAS: Wenn du willst, so antworte ihm denn, der aus Feigenholz gearbeitete.

SOKRATES: Nun sage mir also was du eben sagen wolltest.

τῇ ἀποκρίσει, ἂν φῶ τὸ καλὸν χρυσὸν εἶναι, οὐδὲν ὥς ἔοικέ
μοι ἀναφανήσεται κάλλιον ὂν χρυσὸς ἢ ξύλον σύκινον· τὸ
δὲ νῦν τί αὖ λέγεις τὸ καλὸν εἶναι ;

ΙΠ. Ἐγώ σοι ἐρῶ. Ζητεῖν γάρ μοι δοκεῖς τοιοῦτόν τι τὸ d
καλὸν ἀποκρίνασθαι, ὃ μηδέποτε αἰσχρὸν μηδαμοῦ μηδενὶ
φανεῖται.

ΣΩ. Πάνυ μὲν οὖν, ὦ Ἱππία· καὶ καλῶς γε νῦν ὑπολαμ-
βάνεις.

ΙΠ. Ἄκουε δή· πρός γὰρ τοῦτο, ἴσθι, ἐάν τις ἔχῃ ὅ τι
ἀντείπῃ, φάναι ἐμὲ μηδ' ὁτιοῦν ἐπαΐειν.

ΣΩ. Λέγε δή ὡς τάχιστα πρὸς θεῶν.

ΙΠ. Λέγω τοίνυν ἀεὶ καὶ παντὶ καὶ πανταχοῦ κάλλιστον
εἶναι ἀνδρί, πλουτοῦντι, ὑγιαίνοντι, τιμωμένῳ ὑπὸ τῶν
Ἑλλήνων, ἀφικομένῳ εἰς γῆρας, τοὺς αὑτοῦ γονέας τελευτή-
σαντας καλῶς περιστείλαντι, ὑπὸ τῶν αὑτοῦ ἐκγόνων καλῶς e
καὶ μεγαλοπρεπῶς ταφῆναι.

ΣΩ. Ἰοὺ ἰού, ὦ Ἱππία, ἦ θαυμασίως τε καὶ μεγαλείως
καὶ ἀξίως σαυτοῦ εἴρηκας· καὶ νὴ τὴν Ἥραν ἄγαμαί σου,
ὅτι μοι δοκεῖς εὐνοϊκῶς, καθ' ὅσον οἷός τ' εἶ, βοηθεῖν· ἀλλὰ
γὰρ τοῦ ἀνδρὸς οὐ τυγχάνομεν, ἀλλ' ἡμῶν δὴ νῦν καὶ πλεῖσ-
τον καταγελάσεται, εὖ ἴσθι.

ΙΠ. Πονηρόν γ', ὦ Σώκρατες, γέλωτα· ὅταν γὰρ πρὸς
ταῦτα ἔχῃ μὲν μηδὲν ὅ τι λέγῃ, γελᾷ δέ, αὑτοῦ καταγε-
λάσεται καὶ ὑπὸ τῶν παρόντων αὐτὸς ἔσται καταγέλαστος. 292 a

ΣΩ. Ἴσως οὕτως ἔχει· ἴσως μέντοι ἐπί γε ταύτῃ τῇ
ἀποκρίσει, ὡς ἐγὼ μαντεύομαι, κινδυνεύσει οὐ μόνον μου
καταγελᾶν.

ΙΠ. Ἀλλὰ τί μήν ;

ΣΩ. Ὅτι, ἂν τύχῃ βακτηρίαν ἔχων, ἂν μὴ ἐκφύγω
φεύγων αὐτόν, εὖ μάλα μου ἐφικέσθαι πειράσεται.

Denn aus dieser Antwort die ich geben soll, daß das Schöne Gold sei, kommt mir wie es scheint heraus, daß Gold um nichts schöner ist als ein Stück Feigenholz. Jetzt aber, was willst du wiederum erklären, daß das Schöne sei?

2.4. Hippias' dritte Definition: Das Schönste ist, was typischerweise zum glücklichen Leben gehört. Kritik

HIPPIAS: Das will ich dir sagen. Denn du dünkst mich dar- d
auf auszugehn, ein solches Schönes zu antworten, was niemals irgendwo irgend jemanden häßlich erscheinen kann.

SOKRATES: Eben das, Hippias, und itzt hast du es recht getroffen.

HIPPIAS: So höre denn. Und merke dir, daß wenn hiegegen Jemand noch etwas einzuwenden hat, ich dann sagen will, daß ich gar nichts verstehe.

SOKRATES: Sage es nur geschwind bei den Göttern.

HIPPIAS: Ich sage also, daß es immer für Jeden und überall das schönste ist wenn ein Mann, reich gesund geehrt unter den Hellenen in einem hohen Alter, und nachdem er seine verstorbenen Eltern ansehnlich bestattet, selbst wiederum von seinen e
Kindern schön und prachtvoll begraben wird.

SOKRATES: Ho ho! Hippias, wahrlich wunderbar und herrlich und deiner würdig hast du da gesprochen! Und, bei der Hera, ich freue mich über dich. Denn du scheinst mit dem besten Willen soviel du nur vermagst mir zu Hülfe zu kommen. Allein den Mann treffen wir doch nicht; sondern nun wird er uns erst am ärgsten auslachen, das wisse nur.

HIPPIAS: Das wäre doch ein schlechtes Lachen, Sokrates. Denn wenn er hiegegen zwar nichts zu sagen weiß, aber doch lacht: so lacht er sich selbst aus, und wird von allen die zugegen 292a
sind belacht werden.

SOKRATES: Vielleicht steht es so; vielleicht aber wird er mich, wie mir ahndet, über diese Antwort am Ende nicht nur auslachen –

HIPPIAS: Sondern was denn?

SOKRATES: Ja wenn er zufällig einen Stock hat, und ich mich nicht hüte und ihm aus dem Wege gehe, so wird er suchen mir tüchtig beizukommen.

ΙΠ. Πῶς λέγεις ; Δεσπότης τίς σου ὁ ἄνθρωπός ἐστιν, καὶ τοῦτο ποιήσας οὐκ ἀπαχθήσεται καὶ δίκας ὀφλήσει ; Ἦ οὐκ ἔνδικος ὑμῖν ἡ πόλις ἐστίν, ἀλλ᾽ ἐᾷ ἀδίκως τύπτειν b ἀλλήλους τοὺς πολίτας ;

ΣΩ. Οὐδ᾽ ὁπωστιοῦν ἐᾷ.

ΙΠ. Οὐκοῦν δώσει δίκην ἀδίκως γέ σε τύπτων.

ΣΩ. Οὔ μοι δοκεῖ, ὦ Ἱππία, οὔκ, εἰ ταῦτά γε ἀποκριναίμην, ἀλλὰ δικαίως, ἔμοιγε δοκεῖ.

ΙΠ. Καὶ ἐμοὶ τοίνυν δοκεῖ, ὦ Σώκρατες, ἐπειδήπερ γε αὐτὸς ταῦτα οἴει.

ΣΩ. Οὐκοῦν εἴπω σοι καὶ ᾗ αὐτὸς οἴομαι δικαίως ἂν τύπτεσθαι ταῦτα ἀποκρινόμενος ; Ἦ καὶ σύ με ἄκριτον τυπτήσεις ; Ἦ δέξει λόγον ;

ΙΠ. Δεινὸν γὰρ ἂν εἴη, ὦ Σώκρατες, εἰ μὴ δεχοίμην· c ἀλλὰ πῶς λέγεις ;

ΣΩ. Ἐγώ σοι ἐρῶ, τὸν αὐτὸν τρόπον, ὅνπερ νυνδή, μιμούμενος ἐκεῖνον, ἵνα μὴ πρὸς σὲ λέγω ῥήματα, οἷα ἐκεῖνος εἰς ἐμὲ ἐρεῖ, χαλεπά τε καὶ ἀλλόκοτα. Εὖ γὰρ ἴσθι, εἰπέ μοι, φήσει, ὦ Σώκρατες, οἴει ἂν ἀδίκως πληγὰς λαβεῖν, ὅστις διθύραμβον τοσουτονὶ ᾄσας οὕτως ἀμούσως πολὺ ἀπῇσας ἀπὸ τοῦ ἐρωτήματος ; — Πῶς δή ; φήσω ἐγώ. — Ὅπως ; φήσει· οὐχ οἷός τ᾽ εἶ μεμνῆσθαι ὅτι τὸ καλὸν αὐτὸ ἠρώτων, ᾧ παντὶ ᾧ ἂν προσγένηται ὑπάρχει ἐκείνῳ καλῷ d εἶναι, καὶ λίθῳ καὶ ξύλῳ καὶ ἀνθρώπῳ καὶ θεῷ καὶ πάσῃ πράξει καὶ παντὶ μαθήματι ; Αὐτὸ γὰρ ἔγωγε, ὤνθρωπε, κάλλος ἐρωτῶ ὅ τι ἐστίν, καὶ οὐδέν σοι μᾶλλον γεγωνεῖν δύναμαι ἢ εἴ μοι παρεκάθησο λίθος, καὶ οὗτος μυλίας, μήτε ὦτα μήτ᾽ ἐγκέφαλον ἔχων. — Εἰ οὖν φοβηθεὶς εἴποιμι ἐγὼ ἐπὶ τούτοις τάδε, ἆρα οὐκ ἂν ἄχθοιο, ὦ Ἱππία ; — Ἀλλὰ μέντοι τόδε τὸ καλὸν εἶναι Ἱππίας ἔφη· καίτοι ἐγὼ αὐτὸν e ἠρώτων οὕτως, ὥσπερ σὺ ἐμέ, ὃ πᾶσι καλόν καὶ ἀεί ἐστιν. Πῶς οὖν φῄς ; Οὐκ ἀχθέσει, ἂν εἴπω ταῦτα ;

HIPPIAS: Was sagst du? Ist der Mensch dein Herr, daß er so etwas tun kann, ohne daß es ihm übel bekomme und er Strafe leiden müsse? Oder gibt es kein Recht in eurer Stadt, sondern b
man leidet, daß die Bürger einander unrechtmäßigerweise schlagen?

SOKRATES: Gar nicht leidet man das.

HIPPIAS: So muß er ja gestraft werden, wenn er dich ohne Ursache schlägt.

SOKRATES: Das dünkt mich nur gar nicht, Hippias, wenn ich so antworte, sondern sehr mit Recht.

HIPPIAS: Nun so glaube ich es denn auch, Sokrates, da du es ja selbst meinst.

SOKRATES: Soll ich dir nun sagen, weshalb ich glaube, daß ich mit Recht geschlagen würde, wenn ich so antwortete? Oder willst du mich auch ungehört schlagen, oder willst du Rede annehmen?

HIPPIAS: Das wäre ja arg, Sokrates, wenn ich das nicht täte. c
Wie meinst du es also?

SOKRATES: Ich will es dir sagen auf dieselbe Art wie nur eben, indem ich jenen nachahme, damit ich nicht zu dir so rede, wie er mich gewiß anlassen wird in harten und bösen Worten. Denn wisse nur, so wird er sprechen, Sage mir doch, Sokrates, glaubst du ungerechterweise Schläge zu bekommen, der du mir einen so langen Dithyramben vorsingst, und dabei gar unmusikalisch von der Frage weit abspringst? – Wie so? werde ich fragen. – Wie? wird er sagen, kannst du dich denn nicht erinnern, daß ich nach dem Schönen selbst fragte, wodurch allem bei dem es sich befindet dieses zukommt, daß es schön ist, d
es sei nun Stein oder Holz Mensch oder Gott und so auch jede Handlung und jede Fertigkeit? Denn nach der Schönheit selbst frage ich dich ja, Mensch, und ich könnte ja nicht mehr schreien, wenn du auch ein Stein wärest, der bei mir säße, und zwar ein Mühlstein ohne Ohren und ohne Hirn. – Würdest du wohl nicht böse werden, Hippias, wenn ich in Furcht gejagt hierauf dieses sagte? „Aber Hippias sagt doch, ohnerachtet ich e
ihn ebenso gefragt habe wie du mich, daß dieses das Schöne sei, was immer und für Alle schön ist. Was sagst du nun?“ wirst du böse werden wenn ich dieses sage?

ΙΠ. Εὖ γ' οὖν οἶδα, ὦ Σώκρατες, ὅτι πᾶσι καλὸν τοῦτ' ἐστίν, ὃ ἐγὼ εἶπον, καὶ δόξει.

ΣΩ. Ἦ καὶ ἔσται; φήσει· ἀεὶ γάρ που καλὸν τό γε καλόν.

ΙΠ. Πάνυ γε.

ΣΩ. Οὐκοῦν καὶ ἦν; φήσει.

ΙΠ. Καὶ ἦν.

ΣΩ. Ἦ καὶ τῷ Ἀχιλλεῖ, φήσει, ὁ ξένος ὁ Ἠλεῖος ἔφη καλὸν εἶναι ὑστέρῳ τῶν προγόνων ταφῆναι, καὶ τῷ πάππῳ αὐτοῦ Αἰακῷ, καὶ τοῖς ἄλλοις ὅσοι ἐκ θεῶν γεγόνασιν, καὶ αὐτοῖς τοῖς θεοῖς; 293 a

ΙΠ. Τί τοῦτο; Βάλλ' ἐς μακαρίαν. Τοῦ ἀνθρώπου οὐδ' εὔφημα, ὦ Σώκρατες, ταῦτά γε τὰ ἐρωτήματα.

ΣΩ. Τί δέ; Τὸ ἐρομένου ἑτέρου φάναι ταῦτα οὕτως ἔχειν οὐ πάνυ δύσφημον;

ΙΠ. Ἴσως.

ΣΩ. Ἴσως τοίνυν σὺ εἶ οὗτος, φήσει, ὃς παντὶ φῄς καὶ ἀεὶ καλὸν εἶναι ὑπὸ μὲν τῶν ἐκγόνων ταφῆναι, τοὺς δὲ γονέας θάψαι· ἢ οὐχ εἷς τῶν ἁπάντων καὶ Ἡρακλῆς ἦν καὶ οὓς νυνδὴ ἐλέγομεν πάντες;

ΙΠ. Ἀλλ' οὐ τοῖς θεοῖς ἔγωγε ἔλεγον.

ΣΩ. Οὐδὲ τοῖς ἥρωσιν, ὡς ἔοικας. b

ΙΠ. Οὐχ ὅσοι γε θεῶν παῖδες ἦσαν.

ΣΩ. Ἀλλ' ὅσοι μή;

ΙΠ. Πάνυ γε.

ΣΩ. Οὐκοῦν κατὰ τὸν σὸν αὖ λόγον, ὡς φαίνεται, τῶν ἡρώων τῷ μὲν Ταντάλῳ καὶ τῷ Δαρδάνῳ καὶ τῷ Ζήθῳ δεινόν τε καὶ ἀνόσιον καὶ αἰσχρόν ἐστι, Πέλοπι δὲ καὶ τοῖς ἄλλοις τοῖς οὕτω γεγονόσι καλόν.

ΙΠ. Ἔμοιγε δοκεῖ.

ΣΩ. Σοὶ τοίνυν δοκεῖ, φήσει, ὃ ἄρτι οὐκ ἔφησθα, τὸ θάψαντι τοὺς προγόνους ταφῆναι ὑπὸ τῶν ἐκγόνων ἐνίοτε καὶ ἐνίοις αἰσχρὸν εἶναι· ἔτι δὲ μᾶλλον, ὡς ἔοικεν, ἀδύνατον c

HIPPIAS: Das weiß ich doch gewiß, Sokrates, daß das was ich sagte an Allen schön ist und so erscheinen wird.

SOKRATES: Ob es aber auch sein wird? wird jener sagen. Denn das Schöne ist doch immer schön?

HIPPIAS: Freilich.

SOKRATES: Also auch war? wird er sagen.

HIPPIAS: Auch war.

SOKRATES: Auch für den Achilles also, wird er fragen, sagte der Fremde aus Elis, daß es schön sei, nach seinen Ahnen begraben zu werden, und für seinen Großvater Aiakos und für die Andern, die von den Göttern abstammen, und für die Götter selbst? 293a

HIPPIAS: Was ist das wieder? in die Grube mit ihm! die Fragen des Menschen sind ja ganz frevelhaft!

SOKRATES: Aber wie? wenn ein Anderer fragt, zu sagen, daß es sich so verhält, ist das nicht eben so frevelhaft?

HIPPIAS: Vielleicht wohl.

SOKRATES: Vielleicht also bist du der, wird er sagen, der du ja behauptest, es sei immer und für alle insgesamt schön von seinen Kindern begraben zu werden und seine Eltern zu begraben. Oder war nicht auch Herakles einer von diesen Allen insgesamt, und Alle die wir jetzt erwähnten?

HIPPIAS: Aber für die Götter habe ich nicht gemeint.

SOKRATES: Auch für die Heroen nicht, wie es scheint? b

HIPPIAS: Nicht für die welche Kinder der Götter waren.

SOKRATES: Aber für die es nicht waren?

HIPPIAS: Freilich.

SOKRATES: Also nach deiner Rede wiederum ist dies wie es scheint unter den Heroen für den Tantalos und Dardanos und Zethos böse, unheilig und schlecht; für den Pelops aber und die eine ähnliche Abstammung haben schön?

HIPPIAS: So dünkt mich.

SOKRATES: Also meinst du nun, wird er sagen, was du eben vorhin nicht meintest, daß die Voreltern begraben zu haben und von den Kindern begraben zu werden manchmal und für Manche schlecht ist; ja was noch mehr ist, wie mir scheint, daß c
dies unmöglich für Alle könne schön sein und gewesen sein. So daß es diesem ja ergangen ist gerade wie vorher dem Mädchen

πᾶσι τοῦτο γενέσθαι καὶ εἶναι καλόν, ὥστε τοῦτό γε ὥσπερ καὶ τὰ ἔμπροσθεν ἐκεῖνα, ἥ τε παρθένος καὶ ἡ χύτρα, ταὐτὸν πέπονθε, καὶ ἔτι γελοιοτέρως τοῖς μέν ἐστι καλόν, τοῖς δ' οὐ καλόν. Καὶ οὐδέπω καὶ τήμερον, φήσει, οἷός τ' εἶ, ὦ Σώκρατες, περὶ τοῦ καλοῦ ὅ τι ἐστὶν τὸ ἐρωτώμενον ἀποκρίνασθαι. Ταῦτά μοι καὶ τοιαῦτα ὀνειδιεῖ δικαίως, ἐὰν αὐτῷ οὕτως ἀποκρίνωμαι.

Τὰ μὲν οὖν πολλά, ὦ Ἱππία, σχεδόν τί μοι οὕτω διαλέγεται· ἐνίοτε δ' ὥσπερ ἐλεήσας μου τὴν ἀπειρίαν καὶ d
ἀπαιδευσίαν αὐτός μοι προβάλλει ἐρωτῶν, εἰ τοιόνδε μοι δοκεῖ εἶναι τὸ καλόν, ἢ καὶ περὶ ἄλλου ὅτου ἂν τύχῃ πυνθανόμενος καὶ περὶ οὗ ἂν λόγος ᾖ.

ΙΠ. Πῶς τοῦτο λέγεις, ὦ Σώκρατες;

ΣΩ. Ἐγώ σοι φράσω. Ὦ δαιμόνιε, φησί, Σώκρατες, τὰ μὲν τοιαῦτα ἀποκρινόμενος καὶ οὕτω παῦσαι· λίαν γὰρ εὐήθη τε καὶ εὐεξέλεγκτά ἐστιν· ἀλλὰ τὸ τοιόνδε σκόπει εἴ σοι δοκεῖ καλὸν εἶναι, οὗ καὶ νυνδὴ ἐπελαβόμεθα ἐν τῇ e
ἀποκρίσει, ἡνίκ' ἔφαμεν τὸν χρυσόν, οἷς μὲν πρέπει, καλὸν εἶναι, οἷς δὲ μή, οὔ, καὶ τἆλλα πάντα, οἷς ἂν τοῦτο προσῇ. Αὐτὸ δὴ τοῦτο τὸ πρέπον καὶ τὴν φύσιν αὐτοῦ τοῦ πρέποντος σκόπει, εἰ τοῦτο τυγχάνει ὂν τὸ καλόν· ἐγὼ μὲν οὖν εἴωθα συμφάναι τὰ τοιαῦτα ἑκάστοτε· οὐ γὰρ ἔχω ὅ τι λέγω· σοὶ δ' οὖν δοκεῖ τὸ πρέπον καλὸν εἶναι;

ΙΠ. Πάντως δήπου, ὦ Σώκρατες.

ΣΩ. Σκοπώμεθα, μή πῃ ἄρ' ἐξαπατώμεθα.

ΙΠ. Ἀλλὰ χρὴ σκοπεῖν.

ΣΩ. Ὅρα τοίνυν· τὸ πρέπον ἆρα τοῦτο λέγομεν, ὃ παραγενόμενον ποιεῖ ἕκαστα φαίνεσθαι καλὰ τούτων, οἷς 294 a
ἂν παρῇ, ἢ ὃ εἶναι ποιεῖ, ἢ οὐδέτερα τούτων;

ΙΠ. Ἔμοιγε δοκεῖ —

ΣΩ. Πότερα;

ΙΠ. Ὃ ποιεῖ φαίνεσθαι καλά· ὥσπερ γε ἐπειδὰν ἱμάτιά

und der Kanne, und noch lächerlicher ist dies für Einige schön, für Andere nicht schön. Und, wird er sagen, du wirst wohl auch heute noch nicht im Stande sein, Sokrates, die Frage wegen des Schönen, was es ist, zu beantworten. Diese Vorwürfe und dergleichen mehr wird er mir mit Recht machen, wenn ich ihm so antworte.

3. Diskussion des Schönen anhand von Definitionen des Sokrates

3.1. Erste Definition: Das Schöne ist das Schickliche. Kritik

Meistenteils freilich, Hippias, spricht er auf diese Weise mit mir; bisweilen aber erbarmt er sich gleichsam meiner Unge- d schickteit und Unwissenheit, so daß er mir selbst etwas vorlegt und fragt, ob mich etwa dies dünkte das Schöne zu sein, oder wonach eben sonst geforscht wird und wovon die Rede ist.

HIPPIAS: Wie meinst du das, Sokrates?

SOKRATES: Das will ich dir erzählen. Du wunderlicher Sokrates, spricht er dann, dergleichen und auf diese Weise zu antworten höre nur auf; denn das ist gar zu einfältig und gar zu leicht zu widerlegen. Sondern so etwas überlege dir, ob du etwa meinst schön sei das, worauf wir auch gestoßen sind bei e unsern Antworten, als wir nämlich sagten das Gold sei da schön wo es sich hin schicke, wohin aber nicht, da nicht, und so auch alles Andere dem dieses zukomme. Eben dieses also betrachte dir, das Schickliche, und das Wesen des Schicklichen, ob etwa dieses das Schöne ist. Ich nun pflege ihm dergleichen immer beizustimmen, denn ich weiß nicht was ich sonst sagen soll. Dir aber, däucht das Schickliche schön zu sein?

HIPPIAS: Auf alle Weise, Sokrates.

SOKRATES: So laß uns zusehen, daß wir nicht auch wieder damit betrogen werden.

HIPPIAS: Das müssen wir freilich sehn.

SOKRATES: Sieh also zu. Sollen wir nun von dem Schicklichen sagen, es sei das, was Alles und jedes bei dem es sich 294a findet schön scheinen macht, oder auch schön sein, oder keines von beiden?

HIPPIAS: Das dünkt mich.

SOKRATES: Aber welches doch? das was schön scheinen macht? wie zum Beispiel wenn einer angemessene Kleider und

τις λάβῃ ἢ ὑποδήματα ἁρμόττοντα, κἂν ᾖ γελοῖος, καλλίων φαίνεται.

ΣΩ. Οὐκοῦν εἴπερ καλλίω ποιεῖ φαίνεσθαι ἢ ἔστι τὸ πρέπον, ἀπάτη τις ἂν εἴη περὶ τὸ καλὸν τὸ πρέπον, καὶ οὐκ ἂν εἴη τοῦτο, ὃ ἡμεῖς ζητοῦμεν, ὦ Ἱππία; ἡμεῖς γάρ που ἐκεῖνο ζητοῦμεν, ᾧ πάντα τὰ καλὰ πράγματα καλά b ἐστιν· ὥσπερ ᾧ πάντα τὰ μεγάλα ἐστὶ μεγάλα, τῷ ὑπερέχοντι· τούτῳ γὰρ πάντα μεγάλα ἐστί, καὶ ἂν μὴ φαίνηται, ὑπερέχῃ δέ, ἀνάγκη αὐτοῖς μεγάλοις εἶναι· οὕτω δή, φαμέν, καὶ τὸ καλόν, ᾧ καλὰ πάντα ἐστίν, ἄν τ' οὖν φαίνηται ἄν τε μή, τί ἂν εἴη; τὸ μὲν γὰρ πρέπον οὐκ ἂν εἴη· καλλίω γὰρ ποιεῖ φαίνεσθαι ἢ ἔστιν, ὡς ὁ σὸς λόγος, οἷα δ' ἔστιν οὐκ ἐᾷ φαίνεσθαι· τὸ δὲ ποιοῦν εἶναι καλά, ὅπερ νυνδὴ εἶπον, ἐάν τε φαίνηται ἐάν τε μή, πειρατέον λέγειν τί c ἐστιν· τοῦτο γὰρ ζητοῦμεν, εἴπερ τὸ καλὸν ζητοῦμεν.

ΙΠ. Ἀλλὰ τὸ πρέπον, ὦ Σώκρατες, καὶ εἶναι καὶ φαίνεσθαι ποιεῖ καλὰ παρόν.

ΣΩ. Ἀδύνατον ἄρα τῷ ὄντι καλὰ ὄντα μὴ φαίνεσθαι καλὰ εἶναι, παρόντος γε τοῦ ποιοῦντος φαίνεσθαι;

ΙΠ. Ἀδύνατον.

ΣΩ. Ὁμολογήσωμεν οὖν τοῦτο, ὦ Ἱππία, πάντα τὰ τῷ ὄντι καλὰ καὶ νόμιμα καὶ ἐπιτηδεύματα καὶ δοξάζεσθαι καλὰ εἶναι καὶ φαίνεσθαι ἀεὶ πᾶσιν, ἢ πᾶν τοὐναντίον d ἀγνοεῖσθαι καὶ πάντων μάλιστα ἔριν καὶ μάχην περὶ αὐτῶν εἶναι καὶ ἰδίᾳ ἑκάστοις καὶ δημοσίᾳ ταῖς πόλεσιν;

ΙΠ. Οὕτω μᾶλλον, ὦ Σώκρατες· ἀγνοεῖσθαι.

ΣΩ. Οὐκ ἄν, εἴ γέ που τὸ φαίνεσθαι αὐτοῖς προσῆν· προσῆν δ' ἄν, εἴπερ τὸ πρέπον καλὸν ἦν καὶ μὴ μόνον καλὰ ἐποίει εἶναι, ἀλλὰ καὶ φαίνεσθαι· ὥστε τὸ πρέπον, εἰ μὲν τὸ καλὰ ποιοῦν ἐστιν εἶναι, τὸ καλὸν ἂν εἴη, ὃ ἡμεῖς ζητοῦμεν, οὐ μέντοι τό γε ποιοῦν φαίνεσθαι· εἰ δ' αὖ τὸ φαίνεσθαι

Schuhe antäte, würde er dann, wenn er auch eine Fratze ist
doch schöner erscheinen? Und nicht wahr, wenn das Schickli-
che etwas schöner scheinen macht als es ist, so wäre das Schick-
liche eine Täuschung in Bezug auf das Schöne, und nicht das
was wir suchen, Hippias? Denn wir suchen ja wohl jenes, wo- b
durch alle schöne Sachen schön sind, so wie alle große Dinge
groß sind durch Überragung. Denn dadurch ist alles groß,
auch wenn es nicht so erscheint, ragt aber über anderes, so ist es
notwendig groß. Dasselbe wollen wir nun auch von dem Schö-
nen sagen, wodurch alles schön ist, es mag nun so erscheinen
oder nicht, was das wohl sein mag. Denn das Schickliche kann
es nicht sein, da ja dies nach deiner Rede etwas schöner er-
scheinen macht als es ist, und es nicht so wie es ist auch er-
scheinen läßt. Sondern das schön sein machende, wie ich eben
sagte, mag etwas nun so erscheinen oder nicht, das wollen wir c
versuchen zu beschreiben was es wohl ist. Denn dies suchen
wir, wenn wir das Schöne suchen.

HIPPIAS: Aber das Schickliche, Sokrates, macht wo es ist sowohl schön sein als schön scheinen.

SOKRATES: Also wäre es unmöglich daß etwas was in der Tat schön ist nicht auch schön zu sein scheine, wenn es doch das scheinen machende an sich hat?

HIPPIAS: Unmöglich.

SOKRATES: Wollen wir das also zugeben, Hippias, daß alle
in Wahrheit schönen Einrichtungen und Handlungsweisen
auch immer von Allen dafür gehalten werden und so erschei- d
nen? Oder vielmehr ganz im Gegenteil, daß sie verkannt wer-
den, und daß mehr als über irgend etwas über sie Streit und
Zank ist sowohl zwischen den Einzelnen als auch öffentlich
zwischen den Staaten?

HIPPIAS: Das letztere vielmehr, Sokrates, daß sie verkannt werden.

SOKRATES: Das könnten sie aber nicht, wenn sie auch das Scheinen an sich hätten, und das hätten sie, wenn das Schickliche das Schöne wäre, und nicht nur schön sein machte sondern auch scheinen. So daß das Schickliche, wenn es das schön sein machende ist, allerdings das Schöne sein wird was wir suchen, dann jedoch nicht zugleich auch das schön scheinen

ποιοῦν ἐστιν τὸ πρέπον, οὐκ ἂν εἴη τὸ καλόν, ὃ ἡμεῖς e
ζητοῦμεν· εἶναι γὰρ ἐκεῖνό γε ποιεῖ, φαίνεσθαι δὲ καὶ εἶναι
ποιεῖν οὐ μόνον καλὰ οὐκ ἂν ποτε δύναιτο τὸ αὐτό, ἀλλ᾽
οὐδὲ ἄλλο ὁτιοῦν. Ἑλώμεθα δή, πότερα δοκεῖ τὸ πρέπον εἶναι
τὸ φαίνεσθαι καλὰ ποιοῦν, ἢ τὸ εἶναι.

ΙΠ. Τὸ φαίνεσθαι, ἔμοιγε δοκεῖ, ὦ Σώκρατες.

ΣΩ. Βαβαί, οἴχεται ἄρ᾽ ἡμᾶς διαπεφευγός, ὦ Ἱππία, τὸ
καλὸν γνῶναι ὅ τί ποτ᾽ ἐστίν, ἐπειδή γε τὸ πρέπον ἄλλο τι
ἐφάνη ὂν ἢ καλόν.

ΙΠ. Ναὶ μὰ Δία, ὦ Σώκρατες, καὶ μάλα ἔμοιγε ἀτόπως.

ΣΩ. Ἀλλὰ μέντοι, ὦ ἑταῖρε, μήπω γε ἀνῶμεν αὐτό· ἔτι 295 a
γάρ τινα ἐλπίδα ἔχω ἐκφανήσεσθαι τί ποτ᾽ ἐστὶν τὸ καλόν.

ΙΠ. Πάντως δήπου, ὦ Σώκρατες· οὐδὲ γὰρ χαλεπόν
ἐστιν εὑρεῖν. Ἐγὼ μὲν οὖν εὖ οἶδ᾽ ὅτι, εἰ ὀλίγον χρόνον εἰς
ἐρημίαν ἐλθὼν σκεψαίμην πρὸς ἐμαυτόν, ἀκριβέστερον ἂν
αὐτό σοι εἴποιμι τῆς ἁπάσης ἀκριβείας.

ΣΩ. Ἆ μὴ μέγα, ὦ Ἱππία, λέγε. Ὁρᾷς ὅσα πράγματα
ἡμῖν ἤδη παρέσχηκε· μὴ καὶ ὀργισθὲν ἡμῖν ἔτι μᾶλλον
ἀποδρᾷ. Καίτοι οὐδὲν λέγω· σὺ μὲν γάρ, οἶμαι, ῥᾳδίως αὐτὸ b
εὑρήσεις, ἐπειδὰν μόνος γένῃ. Ἀλλὰ πρὸς θεῶν ἐμοῦ ἐναντίον
αὐτὸ ἔξευρε, εἰ δὲ βούλει, ὥσπερ νῦν ἐμοὶ συζήτει· καὶ ἐὰν
μὲν εὕρωμεν, κάλλιστα ἕξει· εἰ δὲ μή, στέρξω, οἶμαι, ἐγὼ
τῇ ἐμῇ τύχῃ, σὺ δ᾽ ἀπελθὼν ῥᾳδίως εὑρήσεις. Καὶ ἐὰν νῦν
εὕρωμεν, ἀμέλει οὐκ ὀχληρὸς ἔσομαί σοι πυνθανόμενος ὅ
τι ἦν ἐκεῖνο, ὃ κατὰ σαυτὸν ἐξηῦρες· νῦν δὲ θέασαι αὖ τόδ᾽
εἴ σοι δοκεῖ εἶναι τὸ καλόν· λέγω δὴ αὐτὸ εἶναι — ἀλλὰ γὰρ c
ἐπισκόπει μοι πάνυ προσέχων τὸν νοῦν, μὴ παραληρήσω —

machende, wenn aber wiederum das Schickliche das schön scheinen machende ist: so wird es nicht das Schöne sein welches e wir suchen; denn das soll schön sein machen. Beides aber das Scheinen und das Sein zugleich kann weder wenn vom Schönen die Rede ist eins und dasselbige bewirken, noch auch wenn von irgend etwas Anderem. So laß uns demnach wählen, welches von beiden das Schickliche uns zu sein dünkt, das schön scheinen machende oder das schön sein?

HIPPIAS: Das scheinen machende, wie mich dünkt, Sokrates.

SOKRATES: O weh! so ist es uns ja schon wieder entschlüpft, Hippias, zu erfahren was das Schöne ist, nun sich ja gezeigt hat, daß das Schickliche etwas Anderes ist als das Schöne.

HIPPIAS: Ja beim Zeus, Sokrates, und das zu meinem großen Erstaunen.

SOKRATES: Dennoch wollen wir es noch nicht fahren las- 295a sen, Freund. Denn ich habe einige Hoffnung daß es doch noch zum Vorschein kommen wird was das Schöne denn ist.

HIPPIAS: Ganz gewiß, Sokrates! Es ist ja auch gar nicht schwer zu finden. Denn das weiß ich sicher, wenn ich nur auf kurze Zeit allein gehn, und es bei mir selbst überlegen könnte, so wollte ich es dir auf ein Haar genau sagen.

3.2. Die zweite Definition des Sokrates

3.2.1. Erste Fassung: Das Schöne ist das Brauchbare. Einschränkung

SOKRATES: Sprich ja nicht groß, Hippias! Du siehst ja, wieviel es uns schon hat zu schaffen gemacht, daß es uns nicht gar böse wird und uns noch weiter entflieht. Doch das ist nichts b gesagt. Denn du, das glaube ich wohl, wirst es leicht finden wenn du allein bist. Aber um der Götter willen finde es doch in meiner Gegenwart, oder suche es wie bis jetzt mit mir. Finden wir es dann, so ist das ganz vortrefflich; wo nicht, so werde ich mich wohl in mein Schicksal fügen müssen, du aber wirst fortgehn und es sehr leicht herausbringen. Und finden wir es jetzt, so werde ich dir offenbar hernach nicht beschwerlich fallen, und dich fragen was doch das gewesen ist, was du für dich selbst herausgebracht hast. Nun betrachte also einmal dieses, ob du

τοῦτο γὰρ δὴ ἔστω ἡμῖν καλόν, ὃ ἂν χρήσιμον ᾖ. Εἶπον δὲ ἐκ τῶνδε ἐννοούμενος· καλοί, φαμέν, οἱ ὀφθαλμοί εἰσιν, οὐχ οἳ ἂν δοκῶσι τοιοῦτοι εἶναι οἷοι μὴ δυνατοὶ ὁρᾶν, ἀλλ᾽ οἳ ἂν δυνατοί τε καὶ χρήσιμοι πρὸς τὸ ἰδεῖν· ἦ γάρ;

ΙΠ. Ναί.

ΣΩ. Οὐκοῦν καὶ τὸ ὅλον σῶμα οὕτω λέγομεν καλὸν εἶναι, τὸ μὲν πρὸς δρόμον, τὸ δὲ πρὸς πάλην, καὶ αὖ τὰ ζῷα πάντα, ἵππον [καλὸν] καὶ ἀλεκτρυόνα καὶ ὄρτυγα, καὶ τὰ d σκεύη πάντα καὶ τὰ ὀχήματα τά τε πεζὰ καὶ τὰ ἐν τῇ θαλάττῃ πλοῖά τε καὶ τριήρεις, καὶ τά γε ὄργανα πάντα τά τε ὑπὸ τῇ μουσικῇ καὶ τὰ ὑπὸ ταῖς ἄλλαις τέχναις, εἰ δὲ βούλει, τὰ ἐπιτηδεύματα καὶ τοὺς νόμους, σχεδόν τι πάντα ταῦτα καλὰ προσαγορεύομεν τῷ αὐτῷ τρόπῳ· ἀποβλέποντες πρὸς ἕκαστον αὐτῶν, ᾗ πέφυκεν, ᾗ εἴργασται, ᾗ κεῖται, τὸ μὲν χρήσιμον, ᾗ χρήσιμον καὶ πρὸς ὃ χρήσιμον καὶ ὁπότε χρήσιμον, καλόν φαμεν εἶναι, τὸ δὲ ταύτῃ πάντῃ ἄχρηστον e αἰσχρόν· ἆρ᾽ οὐ καὶ σοὶ δοκεῖ οὕτως, ὦ Ἱππία;

ΙΠ. Ἔμοιγε.

ΣΩ. Ὀρθῶς ἄρα νῦν λέγομεν, ὅτι τυγχάνει παντὸς ὂν μᾶλλον καλὸν τὸ χρήσιμον;

ΙΠ. Ὀρθῶς μέντοι, ὦ Σώκρατες.

ΣΩ. Οὐκοῦν τὸ δυνατὸν ἕκαστον ἀπεργάζεσθαι, εἰς ὅπερ δυνατόν, εἰς τοῦτο καὶ χρήσιμον, τὸ δὲ ἀδύνατον ἄχρηστον;

ΙΠ. Πάνυ γε.

ΣΩ. Δύναμις μὲν ἄρα καλόν, ἀδυναμία δὲ αἰσχρόν;

ΙΠ. Σφόδρα γε· τά τε οὖν ἄλλα, ὦ Σώκρατες, μαρτυρεῖ ἡμῖν ὅτι τοῦτο οὕτως ἔχει, ἀτὰρ οὖν καὶ τὰ πολιτικά· ἐν 296 a γὰρ τοῖς πολιτικοῖς τε καὶ τῇ ἑαυτοῦ πόλει τὸ μὲν δυνατὸν εἶναι πάντων κάλλιστον, τὸ δὲ ἀδύνατον πάντων αἴσχιστον.

ΣΩ. Εὖ λέγεις· ἆρ᾽ οὖν πρὸς θεῶν, ὦ Ἱππία, διὰ ταῦτα καὶ ἡ σοφία πάντων κάλλιστον, ἡ δὲ ἀμαθία πάντων αἴσχιστον;

meinst es sei das Schöne. Ich behaupte also es sei – aber über- c
lege es ja und gib sehr wohl Achtung, daß ich nicht etwas törichtes vorbringe. Nämlich das soll uns das Schöne sein, was brauchbar ist. Ich sagte das aber hierauf sehend. Schön sind doch, sagen wir, nicht die Augen, die uns so aussehn als ob sie nicht sehn könnten, sondern die welche es können und brauchbar sind zum sehen. Nicht wahr?

HIPPIAS: Ja.

SOKRATES: Nicht auch vom ganzen Leibe sagen wir so daß er schön sein, der eine im Laufen, der andere im Ringen, und so
auch alle Tiere nennen wir schön, Pferde und Hühner und d
Wachteln und alle Gefäße und Fahrzeuge zu Lande und zur See, Frachtschiffe und Kriegesschiffe, und alle Werkzeuge die für die Tonkunst und die für andere Künste, ja wenn du willst auch alle Beschäftigungen und Einrichtungen, dies eben alles nennen wir schön in demselben Sinne; darauf sehend bei jedem, wie es geartet, wie es ausgearbeitet ist, in welchem Zustande es sich befindet, sagen wir das Brauchbare, in wiefern es
brauchbar ist, und wozu und wann, sei schön, was aber so e
überall unbrauchbar ist, auch häßlich. Dünkt dich das nun nicht auch so, Hippias?

HIPPIAS: O ja.

SOKRATES: Richtig also erklären wir es nun, daß ganz gewiß das Brauchbare das Schöne ist.

HIPPIAS: Ganz richtig sicherlich, Sokrates.

SOKRATES: Und nicht wahr, was etwas zu verrichten vermag, das ist dazu was es vermag auch brauchbar, das unvermögende aber unbrauchbar?

HIPPIAS: Freilich.

SOKRATES: Vermögen also ist schön, Unvermögen aber häßlich.

HIPPIAS: Gar sehr auch in andern Dingen, o Sokrates; vor-
züglich aber beweiset uns, daß es sich wirklich so verhält, auch 296a
das bürgerliche Leben. Denn in öffentlichen Dingen in seinem eigenen Staat vermögend sein, das ist das schönste von allem, unvermögend aber bei weitem das schlechteste.

SOKRATES: Wohl gesprochen. Ist also etwa auch bei den Göttern, Hippias, eben deshalb die Weisheit bei weitem das schönste und die Torheit das häßlichste?

ΙΠ. Ἀλλὰ τί οἴει, ὦ Σώκρατες;

ΣΩ. Ἔχε δὴ ἠρέμα, ὦ φίλε ἑταῖρε· ὡς φοβοῦμαι τί ποτ' αὖ λέγομεν.

ΙΠ. Τί δ' αὖ φοβεῖ, ὦ Σώκρατες, ἐπεὶ νῦν γέ σοι ὁ λόγος b παγκάλως προβέβηκε;

ΣΩ. Βουλοίμην ἄν, ἀλλά μοι τόδε συνεπίσκεψαι· ἆρ' ἄν τίς τι ποιήσειεν ὃ μήτ' ἐπίσταιτο μήτε τὸ παράπαν δύναιτο;

ΙΠ. Οὐδαμῶς· πῶς γὰρ ἂν ὅ γε μὴ δύναιτο;

ΣΩ. Οἱ οὖν ἐξαμαρτάνοντες καὶ κακὰ ἐργαζόμενοί τε καὶ ποιοῦντες ἄκοντες, ἄλλο τι οὗτοι, εἰ μὴ ἐδύναντο ταῦτα ποιεῖν, οὐκ ἄν ποτε ἐποίουν;

ΙΠ. Δῆλον δή.

ΣΩ. Ἀλλὰ μέντοι δυνάμει γε δύνανται οἱ δυνάμενοι· οὐ c γάρ που ἀδυναμίᾳ γε.

ΙΠ. Οὐ δῆτα.

ΣΩ. Δύνανται δέ γε πάντες ποιεῖν οἱ ποιοῦντες ἃ ποιοῦσιν;

ΙΠ. Ναί.

ΣΩ. Κακὰ δέ γε πολὺ πλείω ποιοῦσιν ἢ ἀγαθὰ πάντες ἄνθρωποι, ἀρξάμενοι ἐκ παίδων, καὶ ἐξαμαρτάνουσιν ἄκοντες.

ΙΠ. Ἔστι ταῦτα.

ΣΩ. Τί οὖν; Ταύτην τὴν δύναμιν καὶ ταῦτα τὰ χρήσιμα, ἃ ἂν ᾖ ἐπὶ τὸ κακόν τι ἐργάζεσθαι χρήσιμα, ἆρα φήσομεν ταῦτα εἶναι καλά, ἢ πολλοῦ δεῖ;

ΙΠ. Πολλοῦ, ἔμοιγε δοκεῖ, ὦ Σώκρατες. d

ΣΩ. Οὐκ ἄρα, ὦ Ἱππία, τὸ δυνατόν τε καὶ τὸ χρήσιμον ἡμῖν, ὡς ἔοικεν, ἐστὶ τὸ καλόν.

ΙΠ. Ἐάν γε, ὦ Σώκρατες, ἀγαθὰ δύνηται καὶ ἐπὶ τοιαῦτα χρήσιμον ᾖ.

ΣΩ. Ἐκεῖνο μὲν τοίνυν οἴχεται, τὸ δυνατόν τε καὶ χρήσιμον ἁπλῶς εἶναι καλόν· ἀλλ' ἄρα τοῦτ' ἦν ἐκεῖνο, ὦ Ἱππία, ὃ ἐβούλετο ἡμῶν ἡ ψυχὴ εἰπεῖν, ὅτι τὸ χρήσιμόν τε καὶ τὸ δυνατὸν ἐπὶ τὸ ἀγαθόν τι ποιῆσαι, τοῦτ' ἐστὶ τὸ καλόν;

HIPPIAS: Wie wolltest du anders meinen, Sokrates?

SOKRATES: Halt nur stille, lieber Freund, denn mir wird bange, was wir schon wieder vorbringen.

HIPPIAS: Wie so ist dir wieder bange, Sokrates, da dir ja b
jetzt die Rede herrlich vorwärts geht.

SOKRATES: Ich wünschte es wohl; aber überlege nur das mit mir: könnte einer wohl etwas tun, was er weder verstände noch überall vermöchte?

HIPPIAS: Keinesweges! denn wie sollte er tun, was er nicht vermöchte?

SOKRATES: Die also Fehler begehen und schlechtes wider Willen verrichten und tun, nicht wahr die würden doch dies nicht getan haben, wenn sie es nicht vermocht hätten?

HIPPIAS: Offenbar.

SOKRATES: Und nicht wahr, wer etwas vermag, vermag es c
durch ein Vermögen? denn durch ein Unvermögen doch gewiß nicht!

HIPPIAS: Freilich nicht.

SOKRATES: Es vermögen also doch Alle, welche etwas tun, das zu tun, was sie tun.

HIPPIAS: Ja.

SOKRATES: Nun aber tun alle Menschen weit mehr schlechtes als gutes von Kindheit an, und fehlen immer wider Willen.

HIPPIAS: So ist es.

SOKRATES: Wie also? Dieses Vermögen und dieses Brauchbare, was brauchbar ist um etwas schlechtes zu verrichten, sollen wir sagen das sei schön? oder nichts weniger?

HIPPIAS: Nichts weniger freilich, dünkt mich. d

SOKRATES: Also nicht das Vermögende, Hippias, und das Brauchbare ist uns das Schöne.

HIPPIAS: Doch wenn es Gutes vermag und dazu brauchbar ist.

SOKRATES: Das ist also doch fort, daß das Vermögende und Brauchbare schlechthin schön ist; sondern das war es wohl eigentlich, Hippias, was unsere Seele sagen wollte, daß das Brauchbare und Vermögende um Gutes zu verrichten das Schöne sei.

HIPPIAS: Das glaube ich auch. e

ΙΠ. Ἔμοιγε δοκεῖ. e

ΣΩ. Ἀλλὰ μὴν τοῦτό γε ὠφέλιμόν ἐστιν. Ἢ οὔ;

ΙΠ. Πάνυ γε.

ΣΩ. Οὕτω δὴ καὶ τὰ καλὰ σώματα καὶ τὰ καλὰ νόμιμα καὶ ἡ σοφία καὶ ἃ νυνδὴ ἐλέγομεν πάντα καλά ἐστιν ὅτι ὠφέλιμα.

ΙΠ. Δῆλον ὅτι.

ΣΩ. Τὸ ὠφέλιμον ἄρα ἔοικεν ἡμῖν εἶναι τὸ καλόν, ὦ Ἱππία.

ΙΠ. Πάντως δήπου, ὦ Σώκρατες.

ΣΩ. Ἀλλὰ μὴν τό γε ὠφέλιμον τὸ ποιοῦν ἀγαθόν ἐστιν.

ΙΠ. Ἔστι γάρ.

ΣΩ. Τὸ ποιοῦν δέ γ' ἐστὶν οὐκ ἄλλο τι ἢ τὸ αἴτιον· ἦ γάρ;

ΙΠ. Οὕτως.

ΣΩ. Τοῦ ἀγαθοῦ ἄρα αἴτιόν ἐστιν τὸ καλόν. 297 a

ΙΠ. Ἔστι γάρ.

ΣΩ. Ἀλλὰ μὴν τό γε αἴτιον, ὦ Ἱππία, καὶ οὗ ἂν αἴτιον ᾖ τὸ αἴτιον, ἄλλο ἐστίν· οὐ γάρ πού τό γε αἴτιον αἰτίου αἴτιον ἂν εἴη· ὧδε δὲ σκόπει· οὐ τὸ αἴτιον ποιοῦν ἐφάνη;

ΙΠ. Πάνυ γε.

ΣΩ. Οὐκοῦν ὑπὸ τοῦ ποιοῦντος ποιεῖται οὐκ ἄλλο τι ἢ τὸ γιγνόμενον, ἀλλ' οὐ τὸ ποιοῦν;

ΙΠ. Ἔστι ταῦτα.

ΣΩ. Οὐκοῦν ἄλλο τι τὸ γιγνόμενον, ἄλλο δὲ τὸ ποιοῦν;

ΙΠ. Ναί.

ΣΩ. Οὐκ ἄρα τό γ' αἴτιον αἴτιον αἰτίου ἐστίν, ἀλλὰ τοῦ γιγνομένου ὑφ' ἑαυτοῦ. b

ΙΠ. Πάνυ γε.

ΣΩ. Εἰ ἄρα τὸ καλόν ἐστιν αἴτιον ἀγαθοῦ, γίγνοιτ' ἂν ὑπὸ τοῦ καλοῦ τὸ ἀγαθόν· καὶ διὰ ταῦτα, ὡς ἔοικεν, σπουδάζομεν καὶ τὴν φρόνησιν καὶ τἆλλα πάντα τὰ καλά, ὅτι τὸ ἔργον αὐτῶν καὶ τὸ ἔκγονον σπουδαστόν ἐστιν, τὸ ἀγαθόν,

3.2.2. Zweite Fassung: Das Schöne ist das Nützliche. Kritik

SOKRATES: Das ist aber doch das nützliche. Oder nicht?

HIPPIAS: Freilich.

SOKRATES: So sind wohl auch die schönen Körper und die schönen Einrichtungen und die Weisheit und alles was wir jetzt erwähnten, schön, weil nützlich.

HIPPIAS: Offenbar.

SOKRATES: Das Nützliche also zeigt sich uns nun das Schöne zu sein, o Hippias.

HIPPIAS: Auf alle Weise, Sokrates.

SOKRATES: Aber das nützliche ist doch das Gutes hervorbringende?

HIPPIAS: Das ist es.

SOKRATES: Das hervorbringende aber ist doch wohl nichts anders als die Ursache. Nicht wahr?

HIPPIAS: Richtig.

SOKRATES: Die Ursach des Guten also ist das Schöne. 297a

HIPPIAS: So ist es.

SOKRATES: Aber die Ursache, Hippias, und dasjenige wovon eine Ursache Ursache ist, sind zweierlei. Denn die Ursache ist doch wohl nicht der Ursache Ursache. Überlege es so. Zeigte sich die Ursache nicht offenbar als ein wirkendes?

HIPPIAS: Allerdings.

SOKRATES: Von dem wirkenden wird aber doch offenbar das Werdende bewirkt, nicht aber das wirkende?

HIPPIAS: So ist es.

SOKRATES: Also ein anderes ist das Werdende ein anderes das Wirkende.

HIPPIAS: Ja.

SOKRATES: Also ist die Ursache nicht der Ursache Ursache, sondern des durch sie werdenden. b

HIPPIAS: Freilich.

SOKRATES: Wenn also das Schöne die Ursache des Guten ist, so entstände aus dem Schönen das Gute, und wir bemühen uns deshalb wie es scheint um Einsicht und um alles andere Schöne, weil desselben Werk und Erzeugnis, nämlich das Gute, der Mühe wert ist, und so mag am Ende nach dem was wir gefunden haben das Schöne gleichsam den Vater des Guten vorstellen.

καὶ κινδυνεύει ἐξ ὧν εὑρίσκομεν ἐν πατρός τινος ἰδέᾳ εἶναι τὸ καλὸν τοῦ ἀγαθοῦ.

ΙΠ. Πάνυ μὲν οὖν· καλῶς γὰρ λέγεις, ὦ Σώκρατες.

ΣΩ. Οὐκοῦν καὶ τόδε καλῶς λέγω ὅτι οὔτε ὁ πατὴρ ὑός ἐστιν, οὔτε ὁ ὑὸς πατήρ ;

ΙΠ. Καλῶς μέντοι. c

ΣΩ. Οὐδέ γε τὸ αἴτιον γιγνόμενόν ἐστιν, οὐδὲ τὸ γιγνόμενον αὖ αἴτιον.

ΙΠ. Ἀληθῆ λέγεις.

ΣΩ. Μὰ Δία, ὦ ἄριστε, οὐδὲ ἄρα τὸ καλὸν ἀγαθόν ἐστιν, οὐδὲ τὸ ἀγαθὸν καλόν· ἢ δοκεῖ σοι οἷόν τε εἶναι ἐκ τῶν προειρημένων ;

ΙΠ. Οὐ μὰ τὸν Δία, οὔ μοι φαίνεται.

ΣΩ. Ἀρέσκει οὖν ἡμῖν καὶ ἐθέλοιμεν ἂν λέγειν ὡς τὸ καλὸν οὐκ ἀγαθὸν οὐδὲ τὸ ἀγαθὸν καλόν ;

ΙΠ. Οὐ μὰ τὸν Δία, οὐ πάνυ μοι ἀρέσκει.

ΣΩ. Ναὶ μὰ τὸν Δία, ὦ Ἱππία· ἐμοὶ δέ γε πάντων ἥκιστα ἀρέσκει ὧν εἰρήκαμεν λόγων. d

ΙΠ. Ἔοικε γὰρ οὕτως.

ΣΩ. Κινδυνεύει ἄρα ἡμῖν, οὐχ ὥσπερ ἄρτι ἐφαίνετο, κάλλιστος εἶναι τῶν λόγων, τὸ ὠφέλιμον καὶ τὸ χρήσιμόν τε καὶ τὸ δυνατὸν ἀγαθόν τι ποιεῖν καλὸν εἶναι, οὐχ οὕτως ἔχειν, ἀλλ', εἰ οἷόν τέ ἐστιν, ἐκείνων εἶναι γελοιότερος τῶν πρώτων, ἐν οἷς τήν τε παρθένον ᾠόμεθ' εἶναι τὸ καλὸν καὶ ἓν ἕκαστον τῶν ἔμπροσθεν λεχθέντων.

ΙΠ. Ἔοικεν.

ΣΩ. Καὶ ἐγὼ μέν γε οὐκ ἔτι ἔχω, ὦ Ἱππία, ὅποι τράπωμαι, ἀλλ' ἀπορῶ· σὺ δὲ ἔχεις τι λέγειν ;

ΙΠ. Οὐκ ἔν γε τῷ παρόντι, ἀλλ', ὥσπερ ἄρτι ἔλεγον, e σκεψάμενος εὖ οἶδ' ὅτι εὑρήσω.

HIPPIAS: Allerdings sehr richtig, Sokrates.

SOKRATES: So ist auch wohl das sehr richtig, daß der Vater nicht Sohn ist, noch auch der Sohn Vater?

HIPPIAS: Richtig freilich. c

SOKRATES: Eben so wenig also ist auch die Ursache Bewirktes noch das Bewirkte die Ursache.

HIPPIAS: Wahr gesprochen.

SOKRATES: Beim Zeus, Bester, so ist also auch das Schöne nicht gut noch das Gute schön. Oder dünkt es dich möglich zufolge des Gesagten?

HIPPIAS: Nein, beim Zeus, mir scheint es nicht.

SOKRATES: Kann uns nun wohl das gefallen, und möchten wir es behaupten, daß das Schöne nicht gut ist noch auch das Gute schön?

HIPPIAS: Nein, beim Zeus, mir gefällt es gar nicht.

SOKRATES: Wahrlich, beim Zeus, Hippias, mir gefällt es am wenigsten unter allem was wir gesagt haben. d

HIPPIAS: So scheint es freilich.

SOKRATES: Also mag wohl keineswegs, wie uns eben dies die schönste Erklärung schien, daß das Nützliche und das um etwas Gutes zu bewirken brauchbare und vermögende das Schöne sei, keineswegs mag es sich so verhalten, sondern diese noch lächerlicher sein wo möglich als die vorigen, da wir glaubten ein Mädchen wäre das Schöne und was wir vorher nach einander gesagt haben.

HIPPIAS: So scheint es.

SOKRATES: Und ich meines Teils weiß nicht mehr, Hippias, wohin ich mich wenden soll, sondern bin ratlos. Hast du aber etwas zu sagen?

HIPPIAS: Jetzt im Augenblick wohl nicht; aber wie ich eben e
sagte, wenn ich darüber nachdenke weiß ich wohl daß ich es finden werde.

ΣΩ. Ἀλλ' ἐγώ μοι δοκῶ ὑπὸ ἐπιθυμίας τοῦ εἰδέναι οὐχ οἷός τε σὲ εἶναι περιμένειν μέλλοντα· καὶ γὰρ οὖν δή τι καὶ οἶμαι ἄρτι ηὐπορηκέναι. Ὅρα γάρ· εἰ ὃ ἂν χαίρειν ἡμᾶς ποιῇ, μή τι πάσας τὰς ἡδονάς, ἀλλ' ὃ ἂν διὰ τῆς ἀκοῆς καὶ τῆς ὄψεως, τοῦτο φαῖμεν εἶναι καλόν, πῶς τι ἄρ' ἂν ἀγωνιζοίμεθα; Οἵ τέ γέ που καλοὶ ἄνθρωποι, ὦ Ἱππία, καὶ τὰ 298 a
ποικίλματα πάντα καὶ τὰ ζωγραφήματα καὶ τὰ πλάσματα τέρπει ἡμᾶς ὁρῶντας, ἃ ἂν καλὰ ᾖ· καὶ οἱ φθόγγοι οἱ καλοὶ καὶ ἡ μουσικὴ ξύμπασα καὶ οἱ λόγοι καὶ αἱ μυθολογίαι ταὐτὸν τοῦτο ἐργάζονται, ὥστ' εἰ ἀποκριναίμεθα τῷ θρασεῖ ἐκείνῳ ἀνθρώπῳ ὅτι «Ὦ γενναῖε, τὸ καλόν ἐστι τὸ δι' ἀκοῆς τε καὶ ὄψεως ἡδύ», οὐκ ἄν, οἴει, αὐτὸν τοῦ θράσους ἐπίσχοιμεν;

ΙΠ. Ἐμοὶ γοῦν δοκεῖ νῦν, ὦ Σώκρατες, εὖ λέγεσθαι τὸ καλὸν ὃ ἔστιν. b

ΣΩ. Τί δ'; Ἆρα τὰ ἐπιτηδεύματα τὰ καλὰ καὶ τοὺς νόμους, ὦ Ἱππία, δι' ἀκοῆς ἢ δι' ὄψεως φήσομεν ἡδέα ὄντα καλὰ εἶναι, ἢ ἄλλο τι εἶδος ἔχειν;

ΙΠ. Ταῦτα δ' ἴσως, ὦ Σώκρατες, κἂν παραλάθοι τὸν ἄνθρωπον.

ΣΩ. Μὰ τὸν κύνα, ὦ Ἱππία, οὐχ ὅν γ' ἂν ἐγὼ μάλιστα αἰσχυνοίμην ληρῶν καὶ προσποιούμενος τὶ λέγειν μηδὲν λέγων.

ΙΠ. Τίνα τοῦτον;

ΣΩ. Σωκράτη τὸν Σωφρονίσκου, ὃς ἐμοὶ οὐδὲν ἂν μᾶλλον ταῦτα ἐπιτρέποι ἀνερεύνητα ὄντα ῥᾳδίως λέγειν ἢ ὡς c
εἰδότα ἃ μὴ οἶδα.

ΙΠ. Ἀλλὰ μὴν ἔμοιγε καὶ αὐτῷ, ἐπειδὴ σὺ εἶπες, δοκεῖ τι ἄλλο εἶναι τοῦτο τὸ περὶ τοὺς νόμους.

ΣΩ. Ἔχ' ἡσυχῇ, ὦ Ἱππία· κινδυνεύομεν γάρ τοι, ἐν τῇ

3.3. Die dritte Definition des Sokrates: Schön ist, was uns durch Auge und Ohr Vergnügen bereitet

3.3.1. Formulierung der Definition und Absicherung gegen einige Einwände

SOKRATES: Ich aber glaube, daß ich aus Begierde es zu wissen gar nicht im Stande bin dein Zaudern abzuwarten. So glaube ich jetzt gleich auch schon wieder etwas ausgesonnen zu haben. Sieh nur, wenn wir sagten, das was uns Vergnügen macht, nicht jede Art von Lust meine ich, sondern vermöge des Gehörs und des Gesichtes, das wäre das Schöne; wie würden wir dann wohl kämpfen? Weil doch schöne Menschen, o Hip- 298a
pias, und so auch alle Kunstwerke, Gemälde und Bildnereien wenn sie schön sind uns ergötzen wenn wir sie sehen; so auch schöne Töne, die gesamte Musik und Reden und Dichtungen bewirken eben dasselbe. So daß wenn wir jenem verwegenen Menschen antworten, Teuerster, das Schöne ist das durch Augen und Ohren uns zukommende Angenehme, meinst du nicht daß wir dann seiner Verwegenheit etwas Einhalt tun würden?

HIPPIAS: Mir wenigstens scheint jetzt das Schöne ganz vortrefflich erklärt zu sein, was es ist. b

SOKRATES: Aber wie? sollen wir sagen daß schöne Handlungsweisen und Einrichtungen, weil sie uns durch Gehör oder Gesicht vergnügen, schön sind, oder daß die unter einen andern Begriff gehören?

HIPPIAS: Vielleicht denkt der Mensch daran gar nicht, Sokrates.

SOKRATES: Beim Hunde, Hippias, von dem ist das nicht zu erwarten, vor dem ich mich am meisten scheuen würde, wenn ich albern wäre und mir einbildete etwas zu sagen, da ich doch nichts sagte.

HIPPIAS: Wer ist denn das?

SOKRATES: Sokrates der Sohn des Sophroniskos, der mir ebenso wenig verstattet etwas ohne daß ich es gründlich er- c
forscht habe oben hin zu sagen, als was ich nicht weiß als wüßte ich es.

HIPPIAS: Mir scheint selbst dieses, nachdem du es gesagt hast, etwas anderes zu sein mit den Gesetzen.

SOKRATES: Sachte, Hippias. Denn ich besorge wir sind mit

αὐτῇ ἐμπεπτωκότες ἀπορίᾳ περὶ τοῦ καλοῦ, ἐν ᾗπερ νυνδή, οἴεσθαι ἐν ἄλλῃ τινὶ εὐπορίᾳ εἶναι.

ΙΠ. Πῶς τοῦτο λέγεις, ὦ Σώκρατες;

ΣΩ. Ἐγώ σοι φράσω ὅ γ' ἐμοὶ καταφαίνεται, εἰ ἄρα τὶ λέγω. Ταῦτα μὲν γὰρ τὰ περὶ τοὺς νόμους τε καὶ τὰ d
ἐπιτηδεύματα τάχ' ἂν φανείη οὐκ ἐκτὸς ὄντα τῆς αἰσθήσεως, ἣ διὰ τῆς ἀκοῆς τε καὶ ὄψεως ἡμῖν οὖσα τυγχάνει· ἀλλ' ὑπομείνωμεν τοῦτον τὸν λόγον, τὸ διὰ τούτων ἡδὺ καλὸν εἶναι, μηδὲν τὸ τῶν νόμων εἰς μέσον παράγοντες. Ἀλλ' εἰ ἡμᾶς ἔροιτο εἴτε οὗτος ὃν λέγω, εἴτε ἄλλος ὁστισοῦν· — Τί δή, ὦ Ἱππία τε καὶ Σώκρατες, ἀφωρίσατε τοῦ ἡδέος τὸ ταύτῃ ἡδύ, ᾗ λέγετε καλὸν εἶναι, τὸ δὲ κατὰ τὰς ἄλλας αἰσθήσεις σίτων τε καὶ ποτῶν καὶ τῶν περὶ τἀφρο- e
δίσια καὶ τἆλλα πάντα τὰ τοιαῦτα οὔ φατε καλὰ εἶναι; Ἦ οὐδὲ ἡδέα, οὐδὲ ἡδονὰς τὸ παράπαν ἐν τοῖς τοιούτοις φατὲ εἶναι, οὐδ' ἐν ἄλλῳ ἢ τῷ ἰδεῖν τε καὶ ἀκοῦσαι; — Τί φήσομεν, ὦ Ἱππία;

ΙΠ. Πάντως δήπου φήσομεν, ὦ Σώκρατες, καὶ ἐν τοῖς ἄλλοις μεγάλας πάνυ ἡδονὰς εἶναι.

ΣΩ. — Τί οὖν, φήσει, ἡδονὰς οὔσας οὐδὲν ἧττον ἢ καὶ ἐκείνας ἀφαιρεῖσθε τοῦτο τοὔνομα καὶ ἀποστερεῖτε τοῦ καλὰς εἶναι; — Ὅτι, φήσομεν, καταγελῴη ἂν ἡμῶν οὐδεὶς 299 a
ὅστις οὔ, εἰ φαῖμεν μὴ ἡδὺ εἶναι φαγεῖν, ἀλλὰ καλόν, καὶ ὄζειν ἡδὺ μὴ ἡδύ, ἀλλὰ καλόν· τὰ δέ που περὶ τὰ ἀφροδίσια πάντες ἂν ἡμῖν μάχοιντο ὡς ἥδιστον ὄν, δεῖν δὲ αὐτό, ἐάν τις καὶ πράττῃ, οὕτω πράττειν, ὥστε μηδένα ὁρᾶν, ὡς αἴσχιστον ὂν ὁρᾶσθαι. — Ταῦτα ἡμῶν λεγόντων, ὦ Ἱππία, — Μανθάνω, ἂν ἴσως φαίη, καὶ ἐγώ, ὅτι πάλαι αἰσχύνεσθε ταύτας τὰς ἡδονὰς φάναι καλὰς εἶναι, ὅτι οὐ δοκεῖ τοῖς ἀνθρώποις· ἀλλ' ἐγὼ οὐ τοῦτο ἠρώτων, ὃ δοκεῖ τοῖς πολλοῖς b
καλὸν εἶναι, ἀλλ' ὅ τι ἔστιν, — ἐροῦμεν δή, οἶμαι, ὅπερ ὑπεθέμεθα, ὅτι τοῦθ' ἡμεῖς γέ φαμεν τὸ μέρος τοῦ ἡδέος,

dem Schönen in dieselben schlechten Umstände geraten wie vorher, und glauben nur uns in andern guten zu befinden.

HIPPIAS: Wie meinst du das, Sokrates?

SOKRATES: Ich will dir sagen wie es mir vorkommt ob ich
vielleicht Recht habe. Denn dieses mit den Handlungsweisen d
und Gesetzen könnte vielleicht scheinen gar nicht außerhalb der Wahrnehmung zu liegen, die uns durch das Gehör und das Gesicht kommt. Sondern laß uns die Erklärung fest halten, daß das auf diese Weise entstehende angenehme schön sei, ohne etwas von Gesetzen dabei vorzubringen. Aber wenn uns nun sei es dieser, den ich meine, oder irgend ein Anderer fragte, Woher aber, o Hippias und Sokrates, habt Ihr doch von dem Angenehmen überhaupt diese bestimmte Weise des Angenehmen abgesondert, welche euch nun das Schöne sein soll, was
aber durch andere Empfindungen entsteht bei Speise und e
Trank und der Geschlechtslust und alles andere dieser Art sagt ihr soll nicht schön sein? Sagt ihr denn auch, daß dies nicht angenehm ist, und daß überall keine Lust in dergleichen ist, und überhaupt in nichts anderm, als dem Sehen und Hören? Was sollen wir sagen, Hippias?

HIPPIAS: Auf alle Weise müssen wir sagen, daß es auch in diesem andern sehr große Lust gibt.

SOKRATES: Warum also, wird er sagen, wenn sie eben so gut Lust sind als jene, beraubt ihr sie dieses Namens, und sprecht ihnen ab daß sie nicht schön sind? – Weil uns, wollen
wir sagen, Jedermann ohne Ausnahme auslachen würde, wenn 299a
wir sagten, Essen wäre nicht angenehm sondern schön, und Wohlgeruch wäre nicht angenehm sondern schön. Was aber die Liebes Sachen betrifft: so würden Alle dafür streiten, daß dieses das allerangenehmste sei, wenn aber jemand dergleichen tut, muß er es doch so tun daß es Niemand sieht, weil es das schändlichste ist dabei gesehen zu werden. – Wenn wir dies sagen, wird er vielleicht sprechen, Ich merke wohl, Hippias, daß ihr euch schon lange schämt zu sagen solche Genüsse wären schön,
weil die Menschen es nicht dafür halten; aber ich fragte danach b
gar nicht, was die meisten Menschen für schön halten, sondern was schön ist. Dann werden wir wohl sagen, meine ich, was wir schon aufgestellt haben, daß wir behaupten, dieser Teil des

τὸ ἐπὶ τῇ ὄψει τε καὶ ἀκοῇ γιγνόμενον, καλὸν εἶναι. Ἀλλὰ ἔχεις τι χρῆσθαι τῷ λόγῳ ἤ τι καὶ ἄλλο ἐροῦμεν, ὦ Ἱππία;

ΙΠ. Ἀνάγκη πρός γε τὰ εἰρημένα, ὦ Σώκρατες, μὴ ἄλλ' ἄττα ἢ ταῦτα λέγειν.

ΣΩ. — Καλῶς δή λέγετε, φήσει. Οὐκοῦν εἴπερ τὸ δι' ὄψεως καὶ ἀκοῆς ἡδὺ καλόν ἐστιν, ὃ μὴ τοῦτο τυγχάνει ὂν c τῶν ἡδέων, δῆλον ὅτι οὐκ ἂν καλὸν εἴη; — Ὁμολογήσομεν;

ΙΠ. Ναί.

ΣΩ. — Ἦ οὖν τὸ δι' ὄψεως ἡδύ, φήσει, δι' ὄψεως καὶ ἀκοῆς ἐστιν ἡδύ, ἢ τὸ δι' ἀκοῆς ἡδὺ δι' ἀκοῆς καὶ ὄψεώς ἐστιν ἡδύ; — Οὐδαμῶς, φήσομεν, τὸ διὰ τοῦ ἑτέρου ὂν τοῦτο δι' ἀμφοτέρων εἴη ἄν· τοῦτο γὰρ δοκεῖς ἡμῖν λέγειν· ἀλλ' ἡμεῖς ἐλέγομεν ὅτι καὶ ἑκάτερον τούτων αὐτὸ καθ' αὑτὸ τῶν ἡδέων καλὸν εἴη, καὶ ἀμφότερα. — Οὐχ οὕτως ἀποκρινούμεθα;

ΙΠ. Πάνυ μὲν οὖν. d

ΣΩ. — Ἆρ' οὖν, φήσει, ἡδὺ ἡδέος ὁτιοῦν ὁτουοῦν διαφέρει τούτῳ τῷ ἡδὺ εἶναι; Μὴ γὰρ εἰ μείζων τις ἡδονὴ ἢ ἐλάττων ἢ μᾶλλον ἢ ἧττόν ἐστιν, ἀλλ' εἴ τις αὐτῷ τούτῳ διαφέρει, τῷ ἡ μὲν ἡδονὴ εἶναι, ἡ δὲ μὴ ἡδονή, τῶν ἡδονῶν; — Οὐχ ἡμῖν γε δοκεῖ· οὐ γάρ;

ΙΠ. Οὐ γὰρ οὖν δοκεῖ.

ΣΩ. — Οὐκοῦν, φήσει, δι' ἄλλο τι, ἢ ὅτι ἡδοναί εἰσι, προείλεσθε ταύτας τὰς ἡδονὰς ἐκ τῶν ἄλλων ἡδονῶν, τοιοῦτόν τι δρῶντες ἐπ' ἀμφοῖν, ὅτι ἔχουσίν τι διάφορον e τῶν ἄλλων, εἰς ὃ ἀποβλέποντες καλάς φατε αὐτὰς εἶναι; Οὐ γάρ που διὰ τοῦτο καλή ἐστιν ἡδονὴ ἡ διὰ τῆς ὄψεως, ὅτι δι' ὄψεώς ἐστιν· εἰ γὰρ τοῦτο αὐτῇ ἦν τὸ αἴτιον καλῇ εἶναι, οὐκ ἄν ποτε ἦν ἡ ἑτέρα, ἡ διὰ τῆς ἀκοῆς, καλή·

Angenehmen, welcher durch Gesicht und Gehör entsteht sei das Schöne. Aber weißt du hiemit etwas zu machen, oder sollen wir etwa auch sonst etwas sagen, Hippias?

HIPPIAS: Wir dürfen, wenigstens dem bisherigen gemäß, nichts anderes reden als dieses.

3.3.2. Etwas macht die Sinneseindrücke durch Auge und Ohr sowohl je für sich als auch zusammen schön

SOKRATES: Schön! wird er dann sagen, wenn also das durch Gesicht und Gehör entstehende Angenehme schön ist, c so muß das nicht hiezu gehörige Angenehme offenbar nicht schön sein. Wollen wir das zugeben?

HIPPIAS: Ja.

SOKRATES: Ist also wohl das dem Gesicht zugehörige Angenehme durch das Gesicht und Gehör zugleich angenehm? oder das dem Gehör zugehörige durch das Gehör und Gesicht zugleich? – Wir werden sagen, keineswegs entstehe ja das, was aus dem Einen entsteht, aus beiden, denn das scheinst du zu sagen; sondern wir sagten, daß jedes einzelne von diesen für sich schön sei und also auch beide. Wollen wir nicht so antworten?

HIPPIAS: Freilich. d

SOKRATES: Dann wird er sagen, Ist denn ein Angenehmes vom Andern dadurch unterschieden, daß es angenehm ist? Ich frage nicht, ob eine Lust wohl größer oder kleiner, stärker oder schwächer ist als die andere, sondern ob eine eben dadurch von der andern unterschieden ist, daß die eine Lust Lust ist, die andere aber nicht Lust? – Das dünkt uns wohl nicht, nicht wahr?

HIPPIAS: Nein, das dünkt mich freilich nicht.

SOKRATES: Also, wird er sagen, habt ihr aus einem andern Grunde als weil sie Lust sind diese Arten der Lust aus den andern herausgehoben, weil ihr etwas an beiden entdeckt habt, e was sie unterscheidendes von den übrigen an sich haben, in Beziehung worauf ihr eben sagt, sie wären schön. Denn nicht deshalb ist die durch das Gesicht entstehende Lust schön, weil sie durch das Gesicht entsteht. Denn wenn dies die Ursache wäre, weshalb sie schön ist: so wäre ja die andere aus dem

οὔκουν ἔστιν γε δι᾽ ὄψεως ἡδονή. — Ἀληθῆ λέγεις, φήσομεν;

ΙΠ. Φήσομεν γάρ.

ΣΩ. — Οὐδέ γ᾽ αὖ ἡ δι᾽ ἀκοῆς ἡδονή, ὅτι δι᾽ ἀκοῆς ἐστι, 300 a διὰ ταῦτα τυγχάνει καλή· οὐ γὰρ ἄν ποτε αὖ ἡ διὰ τῆς ὄψεως καλὴ ἦν· οὔκουν ἔστιν γε δι᾽ ἀκοῆς ἡδονή. — Ἀληθῆ φήσομεν, ὦ Ἱππία, λέγειν τὸν ἄνδρα ταῦτα λέγοντα;

ΙΠ. Ἀληθῆ.

ΣΩ. — Ἀλλὰ μέντοι ἀμφότεραί γ᾽ εἰσὶν καλαί, ὥς φατέ. — Φαμὲν γάρ;

ΙΠ. Φαμέν.

ΣΩ. — Ἔχουσιν ἄρα τι τὸ αὐτό, ὃ ποιεῖ αὐτὰς καλὰς εἶναι, τὸ κοινὸν τοῦτο, ὃ καὶ ἀμφοτέραις αὐταῖς ἔπεστι κοινῇ καὶ ἑκατέρᾳ ἰδίᾳ· οὐ γὰρ ἄν που ἄλλως ἀμφότεραί τε b καλαὶ ἦσαν καὶ ἑκατέρα. — Ἀποκρίνου ἐμοὶ ὡς ἐκείνῳ.

ΙΠ. Ἀποκρίνομαι, καὶ ἐμοὶ δοκεῖ ἔχειν ὡς λέγεις.

ΣΩ. Εἰ ἄρα τι αὗται αἱ ἡδοναὶ ἀμφότεραι πεπόνθασιν, ἑκατέρα δὲ μή, οὐκ ἂν τούτῳ γε τῷ παθήματι εἶεν καλαί.

ΙΠ. Καὶ πῶς ἂν εἴη τοῦτο, ὦ Σώκρατες, μηδετέρας πεπονθυίας τι τῶν ὄντων ὁτιοῦν, ἔπειτα τοῦτο τὸ πάθος, ὃ μηδετέρα πέπονθεν, ἀμφοτέρας πεπονθέναι;

ΣΩ. Οὐ δοκεῖ σοι; c

ΙΠ. Πολλὴ γὰρ ἄν μ᾽ ἔχοι ἀπειρία καὶ τῆς τούτων φύσεως καὶ τῆς τῶν παρόντων λέξεως λόγων.

ΣΩ. Ἡδέως γε, ὦ Ἱππία. Ἀλλὰ γὰρ ἐγὼ ἴσως κινδυνεύω δοκεῖν μέν τι ὁρᾶν οὕτως ἔχον, ὡς σὺ φῄς ἀδύνατον εἶναι, ὁρῶ δ᾽ οὐδέν.

ΙΠ. Οὐ κινδυνεύεις, ὦ Σώκρατες, ἀλλὰ πάνυ ἑτοίμως παρορᾷς.

Gehör entstehende nicht schön; denn die ist ja nicht mehr die Lust durch das Gesicht. – Da hast du Recht, werden wir sagen müssen. –

HIPPIAS: Das werden wir müssen.

SOKRATES: Eben so ist auch die Lust durch das Gehör nicht 300a
deshalb, weil sie durch das Gehör entsteht, schön; denn sonst wäre die durch das Gesicht nicht schön, weil diese doch nicht mehr die Lust durch das Gehör ist. Sollen wir nun sagen, Hippias, der Mann habe Recht wenn er dies sagt?

HIPPIAS: Gewiß.

SOKRATES: Aber beide sind doch schön wie ihr sagt? Denn das sagen wir doch.

HIPPIAS: Ja.

SOKRATES: Es ist also etwas einerlei in beiden, was eben macht, daß sie schön sind, dies gemeinsame, was ihnen beiden gemeinschaftlich zukommt und jeder einzelnen für sich. Denn b
sonst wären sie nicht beide schön, und auch jede einzeln. Antworte mir nun wie jenem.

HIPPIAS: Ich antworte es dünkt mich auch so zu sein wie du sagst.

SOKRATES: Wenn also diesen Arten der Lust beiden etwas zukäme, jeder einzelnen aber nicht: so wären sie vermöge dieser Eigenschaft nicht schön.

HIPPIAS: Wie sollte das aber wohl zugehn, daß keiner von beiden einzeln irgend was es auch sei zukäme, und dann doch eben dasselbe, was keiner von beiden zukommt, beiden zukäme?

SOKRATES: Das glaubst du nicht? c

HIPPIAS: Ich müßte denn gar nichts verstehn weder von der Natur dieser Dinge, noch von den Ausdrücken unserer jetzigen Reden.

SOKRATES: Das kann gern sein, Hippias, und vielleicht bilde ich mir nur ein etwas zu sehn, womit es sich so verhält, wie du erklärst es sei unmöglich, sehe es aber doch wirklich nicht.

HIPPIAS: Nicht nur vielleicht, sondern ganz offenbar mußt du übersichtig sein.

ΣΩ. Καὶ μὴν πολλά γέ μοι προφαίνεται τοιαῦτα πρὸ τῆς ψυχῆς, ἀλλὰ ἀπιστῶ αὐτοῖς, ὅτι σοὶ μὲν οὐ φαντάζεται, ἀνδρὶ πλεῖστον ἀργύριον εἰργασμένῳ τῶν νῦν ἐπὶ σοφίᾳ, ἐμοὶ d
δέ, ὃς οὐδὲν πώποτε εἰργασάμην· καὶ ἐνθυμοῦμαι, ὦ ἑταῖρε, μὴ παίζῃς πρός με καὶ ἑκὼν ἐξαπατᾷς· οὕτως μοι σφόδρα καὶ πολλὰ φαίνεται.

ΙΠ. Οὐδεὶς σοῦ, ὦ Σώκρατες, κάλλιον εἴσεται, εἴτε παίζω εἴτε μή, ἐὰν ἐπιχειρήσῃς λέγειν τὰ προφαινόμενά σοι ταῦτα· φανήσει γὰρ οὐδὲν λέγων. Οὐ γὰρ μήποτε εὕρῃς, ὃ μήτ᾽ ἐγὼ πέπονθα μήτε σύ, τοῦτ᾽ ἀμφοτέρους ἡμᾶς πεπονθότας.

ΣΩ. Πῶς λέγεις, ὦ Ἱππία; Ἴσως μέντοι τὶ λέγεις, e
ἐγὼ δ᾽ οὐ μανθάνω· ἀλλά μου σαφέστερον ἄκουσον ὃ βούλομαι λέγειν. Ἐμοὶ γὰρ φαίνεται, ὃ μήτ᾽ ἐγὼ πέπονθα εἶναι μήτ᾽ εἰμὶ μηδ᾽ αὖ σὺ εἶ, τοῦτο ἀμφοτέρους πεπονθέναι ἡμᾶς οἷόν τ᾽ εἶναι· ἕτερα δ᾽ αὖ, ἃ ἀμφότεροι πεπόνθαμεν εἶναι, ταῦτα οὐδέτερον εἶναι ἡμῶν.

ΙΠ. Τέρατα αὖ ἀποκρινομένῳ ἔοικας, ὦ Σώκρατες, ἔτι μείζω ἢ ὀλίγον πρότερον ἀπεκρίνω. Σκόπει γάρ· πότερον εἰ ἀμφότεροι δίκαιοί ἐσμεν, οὐ καὶ ἑκάτερος ἡμῶν εἴη ἄν, ἢ εἰ ἄδικος ἑκάτερος, οὐ καὶ ἀμφότεροι, ἢ εἰ ὑγιαίνοντες, οὐ καὶ ἑκάτερος; Ἢ εἰ κεκμηκώς τι ἢ τετρωμένος ἢ πεπληγ- 301 a
μένος ἢ ἄλλ᾽ ὁτιοῦν πεπονθὼς ἑκάτερος ἡμῶν εἴη, οὐ καὶ ἀμφότεροι αὖ ἂν τοῦτο πεπόνθοιμεν; Ἔτι τοίνυν εἰ χρυσοῖ ἢ ἀργυροῖ ἢ ἐλεφάντινοι, εἰ δὲ βούλει, γενναῖοι ἢ σοφοὶ ἢ τίμιοι ἢ γέροντές γε ἢ νέοι ἢ ἄλλο ὅ τι βούλει τῶν ἐν ἀνθρώποις ἀμφότεροι τύχοιμεν ὄντες, ἆρ᾽ οὐ μεγάλη ἀνάγκη καὶ ἑκάτερον ἡμῶν τοῦτο εἶναι;

ΣΩ. Πάντως γε δήπου. b

ΙΠ. Ἀλλὰ γὰρ δὴ σύ, ὦ Σώκρατες, τὰ μὲν ὅλα τῶν πραγμάτων οὐ σκοπεῖς, οὐδ᾽ ἐκεῖνοι, οἷς σὺ εἴωθας δια-

3.3.3. Über Begriffe, die zwei Gegenständen nur zusammen zukommen und nicht jedem von ihnen einzeln

SOKRATES: Und doch schwebt mir gar viel dergleichen vor der Seele, aber ich traue ihnen allen zusammen nicht, weil du es nicht auch siehst, der Mann der unter allen jetztlebenden am d meisten Geld mit der Weisheit verdient hat, sondern nur ich der ich nie das mindeste verdient habe. Nun besinne ich mich ob du nicht Spott mit mir treibst und mich wissentlich hintergehst, so deutlich und so zahlreich erscheint es mir.

HIPPIAS: Niemand kann ja sicherer erfahren als du, Sokrates, ob ich Scherz treibe oder nicht, wenn du nur versuchen willst zu sagen, was dir denn so erscheint. Denn so wirst du gleich sehen, daß es nichts ist. Denn gewiß wirst du niemals finden, daß was weder mir zukommt noch dir, dieses doch uns beiden zukomme.

SOKRATES: Was sagst du, Hippias? Vielleicht hast du recht, e und ich verstehe es nur nicht. Höre aber doch deutlicher von mir, was ich sagen will. Denn mir scheint, was mir nicht zukommt zu sein und ich nicht bin, und auch du nicht bist, doch uns beiden zukommen zu können, und anderes wiederum was uns beiden nicht zugeschrieben werden kann, daß wir es wären, jedem Einzelnen zuzukommen.

HIPPIAS: Noch größere Wunder hast du da wieder ausgesprochen, als du nur eben vorher aussprachst. Denn bedenke nur, wenn wir beide gerecht sind, müßte es dann nicht auch jeder von uns beiden sein, oder wenn Jeder von uns ungerecht wäre, wären wir es dann nicht auch beide? oder wenn Beide gesund, dann nicht auch Jeder? oder wenn jeder von uns bei- 301a den krank wäre, verwundet, geschlagen, oder was sonst jedem von uns müßte begegnet sein, käme dann nicht auch dasselbe uns beiden zu? Eben so wenn wir beide golden wären oder silbern oder elfenbeinern, oder wenn du willst edel weise geehrt alt jung oder was du sonst willst was Menschen sein können, wenn wir das beide wären, ist nicht ganz notwendig, daß auch jeder von uns es sein müßte?

SOKRATES: Allerdings freilich. b

HIPPIAS: Aber niemals, Sokrates, siehst du auf das Ganze, und eben so wenig die mit denen du zu reden gewohnt bist,

λέγεσθαι, κρούετε δὲ ἀπολαμβάνοντες τὸ καλὸν καὶ ἕκαστον τῶν ὄντων ἐν τοῖς λόγοις κατατέμνοντες. Διὰ ταῦτα οὕτω μεγάλα ὑμᾶς λανθάνει καὶ διανεκῆ σώματα τῆς οὐσίας πεφυκότα. Καὶ νῦν τοσοῦτόν σε λέληθεν, ὥστε οἴει εἶναί τι ἢ πάθος ἢ οὐσίαν, ἢ περὶ μὲν ἀμφότερ' ἄττα ἔστιν ἅμα, περὶ δὲ ἑκάτερον οὔ, ἢ αὖ περὶ μὲν ἑκάτερον, περὶ δὲ c ἀμφότερα οὔ· οὕτως ἀλογίστως καὶ ἀσκέπτως καὶ εὐήθως καὶ ἀδιανοήτως διάκεισθε.

ΣΩ. Τοιαῦτα, ὦ Ἱππία, τὰ ἡμέτερά ἐστιν, οὐχ οἷα βούλεταί τις, φασὶν ἄνθρωποι ἑκάστοτε παροιμιαζόμενοι, ἀλλ' οἷα δύναται· ἀλλά σὺ ἡμᾶς ὀνίνης ἀεὶ νουθετῶν· ἐπεὶ καὶ νῦν, πρὶν ὑπὸ σοῦ ταῦτα νουθετηθῆναι, ὡς εὐήθως διεκείμεθα, ἔτι σοι μᾶλλον ἐγὼ ἐπιδείξω εἰπὼν ἃ διενοούμεθα περὶ αὐτῶν, ἢ μὴ εἴπω; d

ΙΠ. Εἰδότι μὲν ἐρεῖς, ὦ Σώκρατες· οἶδα γὰρ ἑκάστους τῶν περὶ τοὺς λόγους, ὡς διάκεινται· ὅμως δ' εἴ τι σοὶ ἥδιον, λέγε.

ΣΩ. Ἀλλὰ μὴν ἥδιόν γε. Ἡμεῖς γάρ, ὦ βέλτιστε, οὕτως ἀβέλτεροι ἦμεν, πρίν σε ταῦτ' εἰπεῖν, ὥστε δόξαν εἴχομεν περὶ ἐμοῦ τε καὶ σοῦ, ὡς ἑκάτερος ἡμῶν εἷς ἐστιν, τοῦτο δέ, ὃ ἑκάτερος ἡμῶν εἴη, οὐκ ἄρα εἶμεν ἀμφότεροι· οὐ γὰρ εἷς ἐσμεν, ἀλλὰ δύο. Οὕτως εὐηθικῶς εἴχομεν· νῦν δὲ παρὰ σοῦ ἤδη ἀνεδιδάχθημεν ὅτι εἰ μὲν δύο ἀμφότεροί ἐσμεν, e δύο καὶ ἑκάτερον ἡμῶν ἀνάγκη εἶναι, εἰ δὲ εἷς ἑκάτερος, ἕνα καὶ ἀμφοτέρους ἀνάγκη· οὐ γὰρ οἷόν τε διανεκεῖ λόγῳ τῆς οὐσίας κατὰ Ἱππίαν ἄλλως ἔχειν, ἀλλ' ὃ ἂν ἀμφότερα ᾖ, τοῦτο καὶ ἑκάτερον, καὶ ὃ ἑκάτερον, ἀμφότερα εἶναι. Πεπεισμένος δὴ νῦν ἐγὼ ὑπὸ σοῦ ἐνθάδε κάθημαι· πρότερον μέντοι, ὦ Ἱππία, ὑπόμνησόν με· πότερον εἷς ἐσμεν ἐγώ τε καὶ σύ, ἢ σύ τε δύο εἶ κἀγὼ δύο;

ΙΠ. Τί λέγεις, ὦ Σώκρατες;

ΣΩ. Ταῦτα ἅπερ λέγω· φοβοῦμαι γάρ σε σαφῶς λέγειν

sondern ihr nehmt euch das Schöne und so auch jedes andere um daran zu klopfen besonders in euren Reden und zerlegt es. Darum entgehn euch ganze große Hauptstücke in dem Wesen der Dinge. Und jetzt bist du so unbedacht gewesen, daß du meinst es könne irgend eine Beschaffenheit oder Eigenschaft geben, die zwei Dingen zusammen wohl zukomme, jedem einzelnen aber nicht, oder wiederum jedem einzelnen zwar von c
zweien, beiden zusammen aber nicht. So unnachdenklich und unüberlegt und einfältig und unverständig seid ihr.

SOKRATES: So müssen wir uns behelfen, o Hippias, wie die Leute im Sprichwort zu sagen pflegen, nicht wie einer will, sondern wie er kann. Aber du besserst uns jedesmal um vieles, wenn du uns zurechtweisest. So auch jetzt, soll ich dir noch deutlicher zeigen, wie einfältig wir waren, ehe du uns zurechtgewiesen hast, indem ich dir sage was wir über die Sache denken; oder soll ich es dir nicht sagen? d

HIPPIAS: Neues wirst du mir freilich nicht sagen, Sokrates. Denn ich weiß schon von Allen die sich mit Reden abgeben, wie es mit ihnen steht. Wenn es dir aber lieber ist, so sage es nur.

SOKRATES: Lieber ist es mir freilich. Wir nämlich, Bester, waren, ehe du uns das gesagt hattest, so weit zurück, daß wir in der Meinung standen von mir und dir zum Beispiel, daß jeder von uns beiden Einer wäre, und daß dieses, was jeder von uns wäre, beide zusammen nicht wären; denn so wären wir nicht Einer sondern Zwei, so einfältig waren wir. Nun aber sind wir von dir belehrt, daß wenn wir Beide Zwei sind, auch Jeder von e
uns Beiden Zwei sein muß, und wiederum, wenn Jeder von uns Beiden Einer ist, auch notwendig Beide nur Einer sind. Denn nach den Hauptstücken vom Wesen der Dinge, wie Hippias sagt, kann es ich unmöglich anders verhalten, sondern was Beide sind das ist auch jeder von beiden, und was jeder das sind auch beide. Davon bin ich also jetzt durch dich überzeugt, und sitze hier. Nur das zeige mir noch zuvor, Hippias, ob wir beide ich und du nur Einer sind, oder ob du Zwei bist und ich auch Zwei?

HIPPIAS: Was meinst du nur, Sokrates?

SOKRATES: Eben dieses was ich sage. Denn ich fürchte

ὅτι μοι χαλεπαίνεις, ἐπειδὰν τὶ δόξῃς σαυτῷ λέγειν· ὅμως 302 a
δ' ἔτι μοι εἰπέ· οὐχ εἷς ἡμῶν ἑκάτερός ἐστιν καὶ πέπονθε τοῦτο, εἷς εἶναι;

ΙΠ. Πάνυ γε.

ΣΩ. Οὐκοῦν εἴπερ εἷς, καὶ περιττὸς ἂν εἴη ἑκάτερος ἡμῶν· ἢ οὐ τὸ ἓν περιττὸν ἡγεῖ;

ΙΠ. Ἔγωγε.

ΣΩ. Ἦ καὶ ἀμφότεροι οὖν περιττοί ἐσμεν δύο ὄντες;

ΙΠ. Οὐκ ἂν εἴη, ὦ Σώκρατες.

ΣΩ. Ἀλλ' ἄρτιοί γε ἀμφότεροι· ἦ γάρ;

ΙΠ. Πάνυ γε.

ΣΩ. Μῶν οὖν, ὅτι ἀμφότεροι ἄρτιοι, τούτου ἕνεκα καὶ ἑκάτερος ἄρτιος ἡμῶν ἐστιν;

ΙΠ. Οὐ δῆτα. b

ΣΩ. Οὐκ ἄρα πᾶσα ἀνάγκη, ὡς νυνδὴ ἔλεγες, ἃ ἂν ἀμφότεροι, καὶ ἑκάτερον, καὶ ἃ ἂν ἑκάτερος, καὶ ἀμφοτέρους εἶναι.

ΙΠ. Οὐ τά γε τοιαῦτα, ἀλλ' οἷα ἐγὼ πρότερον ἔλεγον.

ΣΩ. Ἐξαρκεῖ, ὦ Ἱππία· ἀγαπητὰ γὰρ καὶ ταῦτα, ἐπειδὴ τὰ μὲν οὕτω φαίνεται, τὰ δ' οὐχ οὕτως ἔχοντα. Καὶ γὰρ ἐγὼ ἔλεγον, εἰ μέμνησαι ὅθεν οὗτος ὁ λόγος ἐλέχθη, ὅτι ἡ διὰ τῆς ὄψεως καὶ δι' ἀκοῆς ἡδονὴ οὐ τούτῳ εἶεν καλαί, ὅ
τι τυγχάνοιεν ἑκατέρα μὲν αὐτῶν εἶναι πεπονθυῖα, ἀμφό- c
τεραι δὲ μή, ἢ ἀμφότεραι μέν, ἑκατέρα δὲ μή, ἀλλ' ἐκείνῳ ᾧ ἀμφότεραί τε καὶ ἑκατέρα, διότι συνεχώρεις ἀμφοτέρας τε αὐτὰς εἶναι καλὰς καὶ ἑκατέραν. Τούτου δὴ ἕνεκα τῇ οὐσίᾳ τῇ ἐπ' ἀμφότερα ἑπομένῃ ᾤμην, εἴπερ ἀμφότερά ἐστι καλά, ταύτῃ δεῖν αὐτὰ καλὰ εἶναι, τῇ δὲ κατὰ τὰ ἕτερα ἀπολειπομένῃ μή· καὶ ἔτι νῦν οἴομαι· ἀλλά μοι λέγε,

mich vor dir deutlich zu reden, weil du mir böse bist, da du 302a
Recht zu haben glaubtest. Aber doch sage mir das noch, ist nicht jeder von uns Einer und hat dies wirklich an sich, Einer zu sein?

HIPPIAS: Freilich.

SOKRATES: Und nicht wahr, wenn einer, so ist auch jeder von uns ungrade? Oder hältst du Eins nicht für ungrade?

HIPPIAS: Ich gewiß.

SOKRATES: Sind wir also auch beide zusammen ungerade, da wir doch zwei sind?

HIPPIAS: Unmöglich, Sokrates.

SOKRATES: Sondern gerade sind wir beide. Nicht wahr?

HIPPIAS: Freilich.

SOKRATES: Ist nun etwa weil wir beide gerade sind deshalb auch Jeder von uns beiden gerade?

HIPPIAS: Wohl nicht. b

SOKRATES: Also ist es wohl nicht ganz notwendig, wie du doch eben sagtest, daß was beide sind auch jeder Einzelne, und was jeder Einzelne auch beide sein müssen.

HIPPIAS: In solchen Dingen nicht, aber in allem was ich anführte.

3.3.4. Was uns durch Auge und Ohr Vergnügen bereitet, gehört zu den im vorangehenden erörterten Begriffen

SOKRATES: Das ist mir genug, Hippias. Denn ich bin auch mit diesen Dingen schon zufrieden, wenn nur einiges sich so zu verhalten scheint, anderes aber auch nicht. Denn ich sagte ja selbst, wenn du dich noch erinnerst, woher uns diese Rede gekommen ist, daß die Lust durch das Gesicht und durch das Gehör nicht vermöge desjenigen schön sein könnten, was jeder
von beiden zwar zukäme, beiden zusammen aber nicht, noch c
auch vermöge dessen, was beide zusammen zwar wären, jede einzeln aber nicht, sondern vermöge dessen was beiden zusammen und auch jeder einzeln zukäme, weil du doch zugabst, daß sie beide schön wären und auch jede einzeln. Darum meinte ich, daß sie vermöge des ihnen beiderseits einwohnenden Wesens schön wären, da sie doch beide schön sein sollen, nicht aber vermöge des einer von ihnen fehlenden; und das glaube

ὥσπερ ἐξ ἀρχῆς· ἡ δι' ὄψεως ἡδονὴ καὶ ἡ δι' ἀκοῆς, εἴπερ
ἀμφότεραί τ' εἰσὶν καλαὶ καὶ ἑκατέρα, ἆρα ὃ ποιεῖ αὐτὰς d
καλὰς οὐχὶ καὶ ἀμφοτέραις γε αὐταῖς ἕπεται καὶ ἑκατέρᾳ ;

ΙΠ. Πάνυ γε.

ΣΩ. Ἆρ' οὖν ὅτι ἡδονὴ ἑκατέρα τ' ἐστὶν καὶ ἀμφότεραι,
διὰ τοῦτο ἂν εἶεν καλαί ; Ἢ διὰ τοῦτο μὲν καὶ αἱ ἄλλαι
πᾶσαι ἂν οὐδὲν τούτων ἧττον εἶεν καλαί ; Οὐδὲν γὰρ ἧττον
ἡδοναὶ ἐφάνησαν οὖσαι, εἰ μέμνησαι.

ΙΠ. Μέμνημαι.

ΣΩ. Ἀλλ' ὅτι γε δι' ὄψεως καὶ ἀκοῆς αὗταί εἰσι, διὰ
τοῦτο ἐλέγετο καλὰς αὐτὰς εἶναι. e

ΙΠ. Καὶ ἐρρήθη οὕτως.

ΣΩ. Σκόπει δέ, εἰ ἀληθῆ λέγω. Ἐλέγετο γάρ, ὡς ἐγὼ
μνήμης ἔχω, τοῦτ' εἶναι καλὸν τὸ ἡδύ, οὐ πᾶν, ἀλλ' ὃ ἂν
δι' ὄψεως καὶ ἀκοῆς ᾖ.

ΙΠ. Ἀληθῆ.

ΣΩ. Οὐκοῦν τοῦτό γε τὸ πάθος ἀμφοτέραις μὲν ἕπεται,
ἑκατέρᾳ δ' οὔ ; Οὐ γάρ που ἑκάτερόν γε αὐτῶν, ὅπερ ἐν
τοῖς πρόσθεν ἐλέγετο, δι' ἀμφοτέρων ἐστίν, ἀλλ' ἀμφότερα
μὲν δι' ἀμφοῖν, ἑκάτερον δ' οὔ· ἔστι ταῦτα ;

ΙΠ. Ἔστιν.

ΣΩ. Οὐκ ἄρα τούτῳ γε ἑκάτερον αὐτῶν ἐστι καλόν, ὃ
μὴ ἕπεται ἑκατέρῳ· τὸ γὰρ ἀμφότερον ἑκατέρῳ οὐχ ἕπεται·
ὥστε ἀμφότερα μὲν αὐτὰ φάναι καλὰ κατὰ τὴν ὑπόθεσιν
ἔξεστιν, ἑκάτερον δὲ οὐκ ἔξεστιν· ἢ πῶς λέγομεν ; Οὐκ 303 a
ἀνάγκη ;

ΙΠ. Φαίνεται.

ΣΩ. Φῶμεν οὖν ἀμφότερα μὲν καλὰ εἶναι, ἑκάτερον δὲ
μὴ φῶμεν ;

ΙΠ. Τί γὰρ κωλύει ;

ΣΩ. Τόδε ἔμοιγε δοκεῖ, ὦ φίλε, κωλύειν, ὅτι ἦν που
ἡμῖν τὰ μὲν οὕτως ἐπιγιγνόμενα ἑκάστοις, εἴπερ ἀμφοτέροις

ich auch noch. Also sage mir wie von Anfang, wenn die Lust durch das Gesicht und die durch das Gehör beide schön sind d und auch jede, muß nicht das was sie schön macht beiden gemeinschaftlich einwohnen und auch jeder?

HIPPIAS: Freilich.

SOKRATES: Können sie nun etwa deshalb schön sein, weil beide und auch jede einzeln Lust sind? oder müßten nicht alsdann die übrigen alle eben so gut schön sein als diese? Denn für Lust erkannten wir sie doch eben so sehr wenn du dich erinnerst.

HIPPIAS: Ich erinnere mich.

SOKRATES: Sondern weil sie durch das Gesicht und durch das Gehör kommen, deshalb ward gesagt wären sie schön. e

HIPPIAS: Das wurde gesagt.

SOKRATES: So überlege denn ob ich Recht habe. Wir sagten nämlich, wie ich in Gedanken habe, dieses wäre schön, nicht alles Angenehme, sondern was durch das Gesicht und durch das Gehör käme.

HIPPIAS: Richtig.

SOKRATES: Ist nun dies nicht etwas was beiden gemeinschaftlich zukommt, jeder von beiden aber nicht? Denn wie wir auch schon vorher sagten, jede von beiden entsteht doch nicht aus beiden, sondern beide aus beiden, jede von beiden aber nicht. Ist es nicht so?

HIPPIAS: So ist es.

SOKRATES: Nicht also dadurch ist doch jede von beiden schön, was nicht auch jeder von beiden zukommt. Die Entstehung aus beiden kommt aber nicht jeder für sich zu. So daß man von dieser Erklärung aus zwar sagen darf daß beide zusammen schön sind, daß aber jede von beiden, darf man nicht. 303a Oder was sollen wir sagen? folgt das nicht?

HIPPIAS: Es scheint wohl.

SOKRATES: Sollen wir also sagen beide zusammen seien zwar schön, jede von beiden aber nicht?

HIPPIAS: Was hindert uns?

SOKRATES: Dieses dünkt mich wird uns hindern, Lieber, weil es einiges gab was den Dingen so zukommt, daß wenn es beiden zukommt, es auch jedem einzelnen zukommen muß,

ἐπιγίγνοιτο, καὶ ἑκατέρῳ, καὶ εἴπερ ἑκατέρῳ, καὶ ἀμφοτέροις, ἅπαντα ὅσα σὺ διῆλθες· ἦ γάρ;

ΙΠ. Ναί.

ΣΩ. Ἃ δέ γ' αὖ ἐγὼ διῆλθον, οὔ· ὧν δὴ ἦν καὶ αὐτὸ τὸ ἑκάτερον καὶ τὸ ἀμφότερον. Ἔστιν οὕτως;

ΙΠ. Ἔστιν.

ΣΩ. Ποτέρων οὖν, ὦ Ἱππία, δοκεῖ σοι τὸ καλὸν εἶναι; b
Πότερον ὧν σὺ ἔλεγες· εἴπερ ἐγὼ ἰσχυρὸς καὶ σύ, καὶ ἀμφότεροι, καὶ εἴπερ ἐγὼ δίκαιος καὶ σύ, καὶ ἀμφότεροι, καὶ εἴπερ ἀμφότεροι, καὶ ἑκάτερος· οὕτω δὴ καὶ εἴπερ ἐγὼ καλὸς καὶ σύ, καὶ ἀμφότεροι, καὶ εἴπερ ἀμφότεροι, καὶ ἑκάτερος; ἢ οὐδὲν κωλύει, ὥσπερ ἀρτίων ὄντων τινῶν ἀμφοτέρων τάχα μὲν ἑκάτερα περιττὰ εἶναι, τάχα δ' ἄρτια, καὶ αὖ ἀρρήτων ἑκατέρων ὄντων τάχα μὲν ῥητὰ τὰ συναμφότερα εἶναι, τάχα δ' ἄρρητα, καὶ ἄλλα μυρία τοιαῦτα, ἃ δὴ καὶ c
ἐγὼ ἔφην ἐμοὶ προφαίνεσθαι; Ποτέρων δὴ τιθεῖς τὸ καλόν; Ἢ ὥσπερ ἐμοὶ περὶ αὐτοῦ καταφαίνεται, καὶ σοί; Πολλὴ γὰρ ἀλογία ἔμοιγε δοκεῖ εἶναι ἀμφοτέρους μὲν ἡμᾶς εἶναι καλούς, ἑκάτερον δὲ μή, ἢ ἑκάτερον μέν, ἀμφοτέρους δὲ μή, ἢ ἄλλο ὁτιοῦν τῶν τοιούτων. Οὕτως αἱρεῖ, ὥσπερ ἐγώ, ἢ 'κείνως;

ΙΠ. Οὕτως ἔγωγε, ὦ Σώκρατες.

ΣΩ. Εὖ γε σὺ ποιῶν, ὦ Ἱππία, ἵνα καὶ ἀπαλλαγῶμεν πλείονος ζητήσεως· εἰ γὰρ τούτων γ' ἐστὶ τὸ καλόν, οὐκ ἂν d
ἔτι εἴη τὸ δι' ὄψεως καὶ ἀκοῆς ἡδὺ καλόν· ἀμφότερα μὲν γὰρ ποιεῖ καλὰ τὸ δι' ὄψεως καὶ ἀκοῆς, ἑκάτερον δ' οὔ· τοῦτο δ' ἦν ἀδύνατον, ὡς ἐγώ τε καὶ σὺ δὴ ὡμολογοῦμεν, ὦ Ἱππία.

ΙΠ. Ὡμολογοῦμεν γάρ.

ΣΩ. Ἀδύνατον ἄρα τὸ δι' ὄψεως καὶ ἀκοῆς ἡδὺ καλὸν εἶναι, ἐπειδή γε καλὸν γιγνόμενον τῶν ἀδυνάτων τι παρέχεται.

und wenn jedem einzeln, auch beiden, alles nämlich was du anführtest. Nicht wahr?

HIPPIAS: Ja.

SOKRATES: Was ich aber anführte damit verhielt es sich nicht so, wozu eben dieses das einzeln und beides selbst auch gehörte. Ist es so?

HIPPIAS: So ist es.

3.3.5. Das Scheitern der dritten Definition des Schönen

SOKRATES: Zu welchem von beiden, o Hippias, dünkt dich b
nun das Schöne zu gehören? Zu denen welche du anführtest, wie wenn ich und du stark sind wir es auch beide sind, und wenn ich und du gerecht, auch beide, und wenn beide, dann auch jeder einzeln, ist es so auch wenn ich und du jeder schön sind, daß wir es dann auch beide sind, und wenn beide, dann auch jeder von beiden? oder hindert nichts, daß sowie wenn zwei Dinge zusammen gerade sind doch jedes von ihnen sowohl ungerade sein kann als gerade, und wenn von zwei Dingen jedes einzeln unbestimmbar ist, doch beide zusammen sowohl bestimmbar sein können als auch ebenfalls unbestimmbar, und viel anderes dergleichen was mir wie ich dir sagte c
vorschwebte. Zu welchen von beiden willst du nun das Schöne rechnen? Kommt es dir etwa eben so vor wie mir? Denn mir scheint es sehr unvernünftig, daß wir beide sollten schön sein können und doch jeder von uns einzeln nicht, oder jeder von uns einzeln wohl, beide zusammen aber nicht. Wählst du also dieselbe Seite wie ich oder die andere?

HIPPIAS: Ich gewiß dieselbe, Sokrates.

SOKRATES: Daran tust du sehr wohl, damit wir noch von einer weiteren Untersuchung los kommen. Denn wenn das d
Schöne zu diesen Dingen gehört, so kann nicht das durch Auge und Ohr kommende Angenehme schön sein. Denn dieses durch Auge und Ohr macht nur beides schön, jedes für sich aber nicht. Dies war aber unmöglich wie wir beide übereingekommen sind, Hippias.

HIPPIAS: Darin sind wir übereingekommen.

SOKRATES: Unmöglich also ist das durch Auge und Ohr kommende Angenehme schön, weil wenn dies schön sein soll, etwas unmögliches folgt.

ΙΠ. Ἔστι ταῦτα.

ΣΩ. — Λέγετε δὴ πάλιν, φήσει, ἐξ ἀρχῆς, ἐπειδὴ τούτου διημάρτετε· τί φατε εἶναι τοῦτο τὸ καλὸν τὸ ἐπ' ἀμφο- e
τέραις ταῖς ἡδοναῖς, δι' ὅ τι ταύτας πρὸ τῶν ἄλλων τιμήσαντες καλὰς ὠνομάσατε; — Ἀνάγκη δή μοι δοκεῖ εἶναι, ὦ Ἱππία, λέγειν, ὅτι ἀσινέσταται αὗται τῶν ἡδονῶν εἰσι καὶ βέλτισται, καὶ ἀμφότεραί καὶ ἑκατέρα· ἢ σύ τι ἔχεις λέγειν ἄλλο, ᾧ διαφέρουσι τῶν ἄλλων;

ΙΠ. Οὐδαμῶς· τῷ ὄντι γὰρ βέλτισταί εἰσιν.

ΣΩ. — Τοῦτ' ἄρα, φήσει, λέγετε δὴ τὸ καλὸν εἶναι, ἡδονὴν ὠφέλιμον; — Ἐοίκαμεν, φήσω ἔγωγε· σὺ δέ;

ΙΠ. Καὶ ἐγώ.

ΣΩ. — Οὐκοῦν ὠφέλιμον, φήσει, τὸ ποιοῦν τἀγαθόν, τὸ δὲ ποιοῦν καὶ τὸ ποιούμενον ἕτερον νυνδὴ ἐφάνη, καὶ εἰς τὸν πρότερον λόγον ἥκει ὑμῖν ὁ λόγος; οὔτε γὰρ τὸ ἀγαθὸν ἂν εἴη καλὸν οὔτε τὸ καλὸν ἀγαθόν, εἴπερ ἄλλο αὐτῶν ἑκά- 304 a
τερόν ἐστι. — Παντός γε μᾶλλον, φήσομεν, ὦ Ἱππία, ἂν σωφρονῶμεν· οὐ γάρ που θέμις τῷ ὀρθῶς λέγοντι μὴ συγχωρεῖν.

ΙΠ. Ἀλλὰ δή γ', ὦ Σώκρατες, τί οἴει ταῦτα εἶναι ξυνάπαντα; κνήσματά τοί ἐστιν καὶ περιτμήματα τῶν λόγων, ὅπερ ἄρτι ἔλεγον, κατὰ βραχὺ διῃρημένα· ἀλλ' ἐκεῖνο καὶ καλὸν καὶ πολλοῦ ἄξιον, οἷόν τ' εἶναι εὖ καὶ καλῶς λόγον καταστησάμενον ἐν δικαστηρίῳ ἢ ἐν βουλευτηρίῳ ἢ ἐπ' ἄλλῃ τινὶ ἀρχῇ, πρὸς ἣν ἂν ὁ λόγος ᾖ, πείσαντα οἴχεσθαι b
φέροντα οὐ τὰ σμικρότατα, ἀλλὰ τὰ μέγιστα τῶν ἄθλων, σωτηρίαν αὑτοῦ τε καὶ τῶν αὑτοῦ χρημάτων καὶ φίλων. Τούτων οὖν χρὴ ἀντέχεσθαι, χαίρειν ἐάσαντα τὰς σμικρολογίας ταύτας, ἵνα μὴ δοκῇ λίαν ἀνόητος εἶναι λήρους καὶ φλυαρίας ὥσπερ νῦν μεταχειριζόμενος.

HIPPIAS: So ist es.

SOKRATES: So sagt denn, wird er sprechen, noch einmal von Anfang, weil ihr doch dies verfehlt habt, was behauptet ihr denn daß dieses schöne sei in den beiden Arten der Lust, wes- e
halb ihr diese vor andern ehret und sie schön nennt? – Mich dünkt, Hippias, wir müssen sagen, daß sie die unschädlichsten und besten Arten der Lust sind, sowohl beide als jede für sich. Oder weißt du etwas anderes zu sagen wodurch sie sich von den übrigen unterscheiden?

HIPPIAS: Gar nicht, denn sie sind in der Tat die Besten.

SOKRATES: Das also, wird er sprechen, sagt ihr sei das Schöne, die nützliche Lust? – So scheint es, würde ich sagen. Und du?

HIPPIAS: Auch ich.

SOKRATES: Aber das Nützliche wird er sagen ist das Gutes bewirkende, und das bewirkende und bewirkte hatte sich uns als verschieden gezeigt, und so kommt uns die Rede wieder auf die vorige zurück. Denn weder das Gute kann schön sein noch das Schöne gut, wenn jedes von ihnen etwas anderes ist. – Das 304a
werden wir auf alle Weise zugeben müssen, Hippias, wenn wir vernünftig sind. Denn es ist unerlaubt was einer richtig sagt ihm nicht einzuräumen.

4. Kritik des Hippias an Sokrates, und wie dieser selbst seine Lage sieht: sein dämonisches Geschick

HIPPIAS: Aber Sokrates, was soll doch dies alles sein? Das sind ja nur Brocken und Schnitzel von Reden wie ich schon vorher sagte, ganz ins kleine zerpflückt. Aber das ist sowohl schön als viel wert, wenn man im Stande ist eine ganze Rede gut und schön vorzutragen vor Gericht oder im Rat oder vor einer andern öffentlichen Gewalt an welche die Rede sich wen- b
det, und diese so zu überreden, daß man zuletzt nicht etwa unbedeutende, sondern die höchsten Preise davon trägt, nämlich Sicherheit für sich selbst und für sein Eigentum und seine Freunde. Darauf mußt du dich legen, und diese Kleinigkeiten fahren lassen, damit du dich nicht allzu unverständig ausnimmst, wenn du dich wie jetzt immer mit Possen und leerem Geschwätz abgibst.

ΣΩ. Ὦ Ἱππία φίλε, σὺ μὲν μακάριος εἶ, ὅτι τε οἶσθα ἃ
χρὴ ἐπιτηδεύειν ἄνθρωπον, καὶ ἐπιτετήδευκας ἱκανῶς, ὥς
φῄς· ἐμὲ δὲ δαιμονία τις τύχη, ὡς ἔοικεν, κατέχει, ὅστις c
πλανῶμαι μὲν καὶ ἀπορῶ ἀεί, ἐπιδεικνὺς δὲ τὴν ἐμαυτοῦ
ἀπορίαν ὑμῖν τοῖς σοφοῖς λόγῳ αὖ ὑπὸ ὑμῶν προπηλακίζομαι,
ἐπειδὰν ἐπιδείξω. Λέγετε γάρ με, ἅπερ καὶ σὺ νῦν λέγεις,
ὡς ἠλίθιά τε καὶ σμικρὰ καὶ οὐδενὸς ἄξια πραγματεύομαι·
ἐπειδὰν δὲ αὖ ἀναπεισθεὶς ὑπὸ ὑμῶν λέγω ἅπερ ὑμεῖς, ὡς
πολὺ κράτιστόν ἐστιν οἷόν τ' εἶναι λόγον εὖ καὶ καλῶς
καταστησάμενον < τὶ > περαίνειν ἐν δικαστηρίῳ ἢ ἐν ἄλλῳ
τινὶ συλλόγῳ, ὑπό τε ἄλλων τινῶν τῶν ἐνθάδε καὶ ὑπὸ τού- d
του τοῦ ἀνθρώπου τοῦ ἀεί με ἐλέγχοντος πάντα κακὰ ἀκούω.
Καὶ γάρ μοι τυγχάνει ἐγγύτατα γένους ὢν καὶ ἐν τῷ αὐτῷ
οἰκῶν· ἐπειδὰν οὖν εἰσέλθω οἴκαδε εἰς ἐμαυτοῦ καί μου
ἀκούσῃ ταῦτα λέγοντος, ἐρωτᾷ εἰ οὐκ αἰσχύνομαι τολμῶν
περὶ καλῶν ἐπιτηδευμάτων διαλέγεσθαι, οὕτω φανερῶς
ἐξελεγχόμενος περὶ τοῦ καλοῦ ὅτι οὐδ' αὐτὸ τοῦτο ὅ τί ποτ'
ἔστιν οἶδα. — Καίτοι πῶς σὺ εἴσει, φησίν, ἢ λόγον ὅστις
καλῶς κατεστήσατο ἢ μή, ἢ ἄλλην πρᾶξιν ἡντινοῦν, τὸ καλὸν e
ἀγνοῶν ; καὶ ὁπότε οὕτω διάκεισαι, οἴει σοι κρεῖττον εἶναι
ζῆν μᾶλλον ἢ τεθνάναι ; — Συμβέβηκε δή μοι, ὅπερ λέγω,
κακῶς μὲν ὑπὸ ὑμῶν ἀκούειν καὶ ὀνειδίζεσθαι, κακῶς δὲ
ὑπ' ἐκείνου· ἀλλὰ γὰρ ἴσως ἀναγκαῖον ὑπομένειν ταῦτα
πάντα· οὐδὲν γὰρ ἄτοπον εἰ ὠφελοίμην. Ἐγὼ οὖν μοι δοκῶ,
ὦ Ἱππία, ὠφελῆσθαι ἀπὸ τῆς ἀμφοτέρων ὑμῶν ὁμιλίας·
τὴν γὰρ παροιμίαν ὅ τί ποτε λέγει, τὸ χαλεπὰ τὰ καλά,
δοκῶ μοι εἰδέναι.

SOKRATES: Ja, lieber Hippias, du bist freilich glücklicher
dran, daß du nicht nur weißt worauf ein Mensch Fleiß wenden
soll, sondern auch schon Fleiß genug darauf gewendet hast wie
du sagst. Mich aber wie es scheint hat ein böses höheres Ge- c
schick in seiner Gewalt, so daß ich immer irre und immer ver-
legen bin, und wenn ich meine Verlegenheit Euch Weisen zei-
ge, wieder von euch mit Worten gemißhandelt werde, wenn
ich sie euch gezeigt habe. Denn ihr sagt mir immer, was du mir
auch jetzt sagst, daß ich mich mit albernen geringfügigen
nichts werten Dingen abgebe. Wenn ich aber von euch über-
zeugt dasselbe sage wie ihr, daß es bei weitem vortrefflicher ist,
wenn man versteht eine gut und schön gesetzte Rede vor-
zutragen vor Gericht oder sonst einer öffentlichen Versamm-
lung: so habe ich wiederum von einigen Andern hier, vorzüg- d
lich aber von diesem Menschen der mich immer züchtiget alles
Üble zu hören. Denn er ist mir gar nahe verwandt und wohnt
mit mir zusammen. Wenn ich nun zu mir zu Hause komme,
und er hört mich so sprechen; so fragt er mich, ob ich mich
denn nicht schäme, davon was man schönes lernen und treiben
soll zu reden, der ich so offenbar überwiesen worden bin, daß
ich eben dieses das Schöne gar nicht einmal weiß was es ist. Wie
willst du also wohl wissen, spricht er, ob jemand eine Rede
schön ausgeführt hat oder nicht, oder irgend eine andere Hand- e
lung, der du von dem Schönen selbst nichts weißt. Und wenn
es so um dich steht, meinst du daß es dir besser sei zu leben als
tot zu sein? So geht es mir also, wie gesagt, von euch werde ich
gescholten und geschimpft, und von jenem auch. Aber ich wer-
de wohl eben das alles ertragen müssen, und es wäre auch nicht
so schrecklich, wenn es mir nur nützte. Ich nun, Hippias, glau-
be allerdings Nutzen zu haben von euer beider Umgang. Was
wenigstens das Sprichwort meint, daß das Schöne schwer ist,
das glaube ich nun zu verstehen.

HINWEISE DES HERAUSGEBERS

Die Gesichtspunkte, nach denen diese Platon-Ausgabe gestaltet ist, werden in der Einleitung zum 1. Band dargestellt. Zum vorliegenden 3. Band sind die folgenden speziellen Angaben nachzutragen: a) Der griechische Text des Dialogs *Menon*, für die Ausgabe von „Les Belles Lettres“ erarbeitet von A. Croiset, erschien dort in Bd. 3,2, S. 234–280 (Paris 1923, 15. Aufl. 1984); der Text des *Kratylos*, von L. Méridier, in Bd. 5,2, S. 49–138 (Paris 1931, 5. Aufl. 1989); der des *Euthydemos*, ebenfalls von L. Méridier, in Bd. 5,1, S. 143–197 (Paris 1931, 7. Aufl. 1989); und der des *Hippias maior*, von A. Croiset, in Bd. 2, S. 8–43 (Paris 1921, 6. Aufl. 1972). – b) Der deutsche Text aller vier Dialoge stammt von F. Schleiermacher. Bei ihm stand der *Menon* in Bd. II,1, S. 341–396 (2. verbess. Aufl., Berlin 1818), der *Kratylos* in Bd. II,2, S. 23–128 (2. verbess. Aufl., Berlin 1824), der *Euthydemos* in Bd. II,1, S. 409–468 (2. verbess. Aufl., Berlin 1818) und der *Hippias maior* in Bd. II,3, S. 411–456 (2. verbess. Aufl., Berlin 1826).

Platon
Sämtliche Werke

Griechisch und Deutsch

Nach der Übersetzung Friedrich Schleiermachers, ergänzt durch Übersetzungen von Franz Susemihl u.a.. Griechischer Text nach der letztgültigen Gesamtausgabe der Association Guillaume Budé. Herausgegeben von Karlheinz Hülser. Zehn Bände in Kassette it 1401-1410

PROTAGORAS · APOLOGIE. Sämtliche Werke I
Ion. Protagoras. Apologie. Kriton. Laches. Lysis. Charmides. it 1401

EUTHYPHRON · GORGIAS. Sämtliche Werke II
Euthyphron. Alkibiades I. Gorgias. Menexenos. it 1402

MENON · KRATYLOS. Sämtliche Werke III
Menon. Kratylos. Euthydemos. Hippias maior. it 1403

SYMPOSION · PHAIDON. Sämtliche Werke IV
Hippias minor. Symposion. Phaidon. it 1404

POLITEIA. Sämtliche Werke V
Politeia. it 1405

PHAIDROS · THEAITETOS. Sämtliche Werke VI
Phaidros. Theaitetos. it 1406

Platon
Sämtliche Werke

SOPHISTES · POLITIKOS. Sämtliche Werke VII
Parmenides. Sophistes. Politikos. it 1407

TIMAIOS · KRITIAS. Sämtliche Werke VIII
Philebos. Timaios. Kritias. it 1408

NOMOI. Sämtliche Werke IX
Nomoi. it 1409

BRIEFE. Sämtliche Werke X
Briefe. Unechtes. it 1410